L'ACADIE
hier et aujourd'hui

L'ACADIE
hier et aujourd'hui

Phil Comeau

Warren A. Perrin

Mary Broussard Perrin

ANDREPONT PUBLISHING LLC

La Grande Marée

ISBN 978-0-9768927-4-8

Imprimé aux États-Unis d'Amérique

Coordination éditoriale : Phil Comeau
Révision linguistique : Claire LeBlanc Lapointe
Graphisme de la couverture et illustration des cartes : Megan Barra
Mise en page : André Andrepont et Carolyn Fontenot
Imprimeur : Andrepont Printing - Opelousas, Louisiane

Oeuvre d'art de la couverture : George Rodrigue
Spinning Cotton in Erath (1977)

Photos des auteurs sur la couverture :
(Rangée supérieure de gauche à droite) Zachary Richard, Michel Bastarache, Françoise Euguehard, Herménégilde Chiasson, Barry Ancelet. (Deuxième rangée de gauche à droite) Jean-Marie Nadeau, Maryvonne Le Gac, Alexandre Riopel, Gisèle Faucher, Georges Arsenault.

Photos sur la quatrième de couverture : Directeurs
(De gauche à droite) Phil Comeau, Warren Perrin, Mary Broussard Perrin.

Références photographiques : Julien Faugère (Z. Richard), Philip Gould (B. Ancelet), Mathieu Léger (H. Chiasson), Acadie-Nouvelle (J-M. Nadeau), Kermit Bouillion (M. Broussard Perrin), Ed Broussard (W. Perrin). Les photos dont les sources ne sont pas mentionnées ont été fournies par les auteurs.

5043 I 49 S Service Road
Opelousas, Louisiane
USA 70570

Distribution au Canada :
La Grande Marée Ltée
C.P. 3126 Succ. Bureau principal
Tracadie-Sheila, Nouveau-Brunswick
Canada E1X 1G5

Table des matières

III. ACADIE REMARQUABLE

IV. LA DIGNITÉ D'UN PEUPLE

V. HISTORIQUES DES RÉGIONS ACADIENNES

CARTES

Les cartes de l'Acadie d'hier

Les cartes de l'Acadie d'aujourd'hui

La localisation des établissements, les caractéristiques physiques et les autres informations qui figurent sur ces cartes ont été puisées dans une variété de sources, notamment des cartes des 17e et 18e siècles et des consultations menées auprès d'historiens acadiens. L'orthographe des noms français respecte l'usage contemporain. Phil Comeau a cherché et compilé les cartes, et Megan Barra les a illustrées

PROLOGUE

Shane K. Bernard

Un malentendu très répandu persiste toujours, du moins là où j'habite, à savoir que tous les Acadiens en exil — lesquels avaient été déplacés de force de la Nouvelle-Écosse par les militaires britanniques il y a de cela quelque 260 ans — sont venus s'installer dans le sud de la Louisiane pour recommencer leur vie à zéro. Cela, bien sûr, est faux. Non seulement près de la moitié des Acadiens exilés sont morts des suites de maladie, de famine, de froid, de naufrage et de violence pendant la déportation, mais les survivants ont fini par être disséminés le long des frontières de l'Ancien et du Nouveau Monde.

Pour les non-initiés, rien n'illustre plus efficacement ce point que la populaire affiche murale *Acadie : l'odyssée d'un peuple* publiée par Parcs Canada en collaboration avec le Centre d'études acadiennes de l'Université de Moncton, au Nouveau-Brunswick (Canada). L'affiche révèle la complexité de la déportation de manière visuelle. Les exilés ne furent pas simplement embarqués sur un seul bateau pour voguer d'un « endroit » à « un autre ». Au contraire, ils ont été, pour emprunter au titre du livre de l'historien Carl A. Brasseaux sur le sujet, « dispersés aux quatre vents ».

Les flèches et les lignes en volutes de l'affiche sont à l'image du chaos brutal de l'expulsion — une tentative délibérée de détruire le peuple acadien en les dispersant sur une partie assez importante du globe. Expulsés de leur patrie par ce que l'historien John Mack Faragher appelle le premier épisode d'un nettoyage ethnique parrainé par un État européen contre un peuple européen dans l'histoire de l'Amérique du Nord, les exilés acadiens de la Nouvelle-Écosse— de même que ceux du Nouveau-Brunswick et de l'Île-du-Prince-Édouard modernes — se sont retrouvés dans diverses parties du monde. Il s'agit notamment des colonies britanniques de l'Amérique du Nord, de l'Angleterre, de la France, de Saint-Pierre et Miquelon, du Québec, de la Louisiane, de Saint-Domingue (Haïti moderne), de la Guyane française et même des Malouines (îles Falkland modernes, à quelque 11 265 km de la Nouvelle-Écosse). Le projet des Britanniques qui visait à anéantir le peuple acadien a échoué — ce livre en soi en est la preuve. L'identité acadienne a survécu, non seulement à un ou deux endroits, mais dans divers endroits du monde.

INTRODUCTION

Darrell Bourque

Une des décisions les plus importantes que tout être humain doit prendre, un jour ou l'autre, consiste à distinguer ce dont nous voulons nous souvenir et ce que nous voulons oublier. Nous arrivons tous à cette croisée des chemins, que nous le voulions ou non. La mémoire et la façon dont nous l'utilisons sont des éléments déterminants de notre vie personnelle, de notre expérience culturelle, de notre identité, de notre citoyenneté et de notre participation à tous les aspects du commerce et de la communication avec les autres êtres humains que nous rencontrons, à l'échelle locale ou mondiale.

Cette expérience mémorielle est aussi vieille que le monde. Comme le rapportent les histoires d'anciennes croyances, une personne qui passe dans l'au-delà doit boire les eaux du Léthé si elle veut oublier les douleurs de ses vies antérieures, et les eaux de la fontaine de Mnémosyne si elle veut se rappeler les leçons de sa vie afin de ne pas répéter les erreurs et la douleur inhérente lors de ses réincarnations futures.

Dans la littérature occidentale, nous retrouvons cette expérience mémorielle dans l'histoire de Zeus olympien et de la déesse Mnémosyne (déesse de la mémoire). D'après la légende, Zeus, anxieux, est allé voir Mnémosyne, fille d'Ouranos (le Ciel) et de Gaïa (la Terre), s'inquiétant de la façon dont on se souviendrait de ses grandes expériences divines. Elle lui propose de dormir avec elle pendant neuf nuits consécutives au cours desquelles ils concevront neuf muses qui seront les vaisseaux du souvenir : un vaisseau pour les exploits épiques (Calliope), un pour l'histoire (Clio), la poésie lyrique (Érato), la musique (Euterpe), la tragédie (Melpomène), la danse (Terpsichore), le chant sacré (Polymnie), la comédie (Thalie) et l'astronomie (Uranie) – un vaisseau du souvenir pour la façon dont nous déchiffrons le ciel, faisons de la musique, pour les déboires et les sottises de l'être humain, pour les manifestations d'amour et les chants de nature divine, pour la façon de nous mouvoir et la façon dont nous voyageons dans le temps et dans nos histoires.

Dans *L'Acadie hier et aujourd'hui – L'histoire d'un peuple*, les auteurs exploitent l'utilisation de Clio, la muse de l'histoire, pour raconter les aventures d'un peuple remarquable et résilient. Ces Acadiens d'hier et d'aujourd'hui sont des danseurs amusants et respectueux, contraints de lire le ciel et d'autres textes quasi impossibles à déchiffrer pour être en mesure de survivre. Les auteurs incarnent l'histoire tragique des Cadiens dans une saga sans fin, ponctuée de révélations d'une intelligence surprenante, d'endurance et de quelque chose qui dépasse de manière absolue la simple survivance.

Cette histoire, divisée en cinq parties, comprend un bref retour sur l'arrivée des premiers colons français au début des années 1600 dans les territoires pré-canadiens, leurs expériences avec les autorités détenant le pouvoir, leurs expériences avec les Amérindiens, principalement les Mi'kmaq. Elle relate les actions qui ont mené à l'Ordre de déportation de 1755 et les brutalités qui ont suivi, les divers mouvements de résistance et la grande dispersion, y compris une des premières « migrations » humaines, laquelle fut dirigée par Joseph Beausoleil Broussard qui les mena de Halifax à la Louisiane. Elle rappelle aussi les autres tentatives d'éradication qui ont conduit ces Cadiens vers ce que les Perrin appellent des coins reculés. L'histoire s'achève sur une note qui rappelle que cette histoire continue de s'écrire, et qu'une part importante de celle-ci se manifeste dans le Congrès mondial acadien (CMA), lequel a vu le jour en 1994, et se poursuit avec le Congrès de 2014.

L'Acadie hier et aujourd'hui – L'histoire d'un peuple aborde aussi les éléments géographiques indispensables à la compréhension de l'histoire des Acadiens : d'où ils sont partis et les endroits où ils se sont établis. Les auteurs nous indiquent les principales régions de France d'où ces gens ont émigré, mais ils nous rappellent que presque toutes les parties de la France affirment avoir contribué à ce que sont devenus les communautés et les établissements acadiens dans le Nouveau Monde. Les principales régions du pré-Canada historique et du Canada actuel sont présentées dans l'histoire des Acadiens, de même que les établissements dans le territoire continental des États-Unis d'Amérique et autres endroits du monde.

Sont également mis en lumière dans ce livre les détails des importantes synthèses entre l'histoire et la culture des Acadiens à travers le monde, mais essentiellement en Louisiane et au Canada. Cela touche notamment les métissages qui ont produit les riches cultures noire et créole qui prévalent en Louisiane et au Texas (mais pas exclusivement là), la musique cadienne, les enjeux et les événements liés à la Proclamation royale, les expériences amérindiennes, les Acadiens en Angleterre, l'élevage du bétail, l'histoire de Grand-Pré, la recherche d'un ou de plusieurs passés communs au Canada et en Louisiane, les arts visuels, la naissance des rencontres mondiales, la musique, les pratiques traditionnelles, le cinéma, la littérature, les droits des minorités et l'histoire de Beausoleil Broussard, un héros acadien.

Dans *L'Acadie hier et aujourd'hui – L'histoire d'un peuple*, Phil Comeau, Warren A. Perrin et Mary Broussard Perrin ont fait ce que tout historien et militant des causes culturelles doit faire pour s'assurer que son travail n'est pas un document statique ou un exercice pédagogique. Ils ont écrit une histoire vivante et stimulante dans laquelle ils voient l'histoire à la fois comme un rapport *et* une interrogation, à la fois comme un rapport des méfaits dans ce cas-ci, mais aussi comme une projection d'espoir. Ils voient l'histoire comme une quête qui, à la fois, clarifie et complexifie les histoires simples. Dans le présent ouvrage, ils ont mis en œuvre un travail de dévouement et d'amour pour dire qui ils sont et qui nous sommes en tant qu'Acadiens.

Le livre est une invitation à voir la culture comme quelque chose de contextuel et de précieux, à voir la façon dont, par la narration de l'histoire d'un groupe de personnes, nous sommes à même de comprendre l'humanité dans son ensemble et les responsabilités en tant que citoyens du monde. *L'Acadie hier et aujourd'hui – L'histoire d'un peuple* est un élargissement de la perspective historique dans tous les sens du mot. Il raconte l'histoire d'un peuple ignoré par de nombreuses personnes qui vivent dans les courants dominants de leur propre culture, mais il raconte aussi l'histoire du triomphe remarquable d'un peuple qui peut contribuer dans une large mesure à notre compréhension de l'histoire, de la tradition populaire, de la musique du monde, de l'art sous toutes ses formes, sans parler des droits de la personne, du respect de la vie et de l'histoire des peuples qui peuvent sembler *différents* ou *mineurs*. Ce livre nous rappelle que toutes nos histoires ont une valeur et que toutes nos histoires sont une espèce de guide vers un comportement humain responsable et compatissant. Il nous rappelle que le divin comme le profane, l'extraordinaire comme le modeste, méritent tous que leurs histoires soient rapportées fidèlement.

AVANT-PROPOS

Mary Broussard Perrin

Traiter des nombreux aspects liés à la déportation des Acadiens par les Britanniques et à la réinstallation des Acadiens dans des endroits éloignés est une entreprise complexe. Le violent bouleversement du Grand Dérangement a laissé des milliers d'Acadiens sans foyer puisque l'ordre de déportation était acheminé implacablement d'un établissement acadien au suivant, dans une marche inexorable, d'un bout à l'autre de l'Acadie. Des familles ont été séparées, et dans de nombreux cas, n'ont jamais été réunies.

La plupart des Acadiens qui ont survécu à ce brutal bouleversement se sont retrouvés dans des endroits inconnus et éloignés, un peu partout dans le monde occidental. L'Acadie de nos ancêtres a ouvert la voie à un bon nombre d'Acadies plus petites, certaines plus permanentes que d'autres. Une part importante de l'histoire de ces nouvelles Acadies n'a pas encore été documentée. Une histoire contemporaine du peuple acadien n'est pas complète sans une compréhension authentique des épreuves, des réussites et des échecs des Acadiens et des Acadies partout dans le monde.

Aujourd'hui, un bon nombre des mythes et légendes entourant l'exil ont été considérablement démystifiés. Alors que plus de documents archéologiques, civils, religieux et personnels sont accessibles grâce aux ouvrages historiques ayant fait l'objet de recherches approfondies, les éléments mystérieux et anonymes sont maintenant révélés, nous offrant des noms, des personnalités, des occupations et des liens familiaux. Au cours des 75 dernières années, la manifestation la plus visible et la plus documentée de la vie acadienne contemporaine aux États-Unis a été la culture cadienne de la Louisiane, laquelle s'est épanouie jusqu'à occuper une place prépondérante comme jamais auparavant, et qui était, de ses débuts jusqu'aux environs de la moitié du 20e siècle, une culture qui existait dans l'ombre. La musique, la danse, la nourriture, les traditions et le folklore cadiens, de même que la générosité de la nature louisianaise ont tous été des facteurs importants de l'exposition de cette identité acadienne au monde.

À l'heure actuelle, l'évolution des Acadiens en Cadiens commence à se manifester en Europe, au Canada et dans diverses régions des colonies américaines. Avant que la Louisiane devienne le principal sanctuaire des Acadiens déportés, neuf colonies de la côte est des États-Unis actuels, dont le peuple était toujours à la recherche d'une identité anglaise, ont été forcées, en 1755, de donner asile à 7000 réfugiés francophones exilés de la Nouvelle-Écosse par les Britanniques. Imaginons l'impact de ces déportés laissés en grand nombre dans des régions à plus faible densité de population : au Massachusetts (900 exilés), au Connecticut (675), dans l'État de New York (200), en Pennsylvanie (700), au Maryland (900), en Caroline du Nord (300), en Caroline du Sud (950), en Géorgie (350), et en Virginie, 1150 réfugiés ont été redirigés vers l'Angleterre à la suite du refus de cet État de les accueillir.

Il y a toujours cette question qui nous trotte derrière la tête. Pourquoi ces colons anglais censément chrétiens n'ont-ils pas traité les Acadiens avec plus de charité ou, à tout le moins, avec une certaine empathie? Nous savons maintenant que la situation était plus complexe et plus difficile que nous l'avions d'abord supposé. Comme Christopher Hodson l'a si éloquemment décrit dans son livre, *The Acadian Diaspora* [La diaspora acadienne], le traumatisme subi par les Acadiens exilés, jumelé aux exigences imposées aux gouvernements et aux citoyens des colonies ont brassé une myriade d'émotions et ont suscité de nouvelles questions complexes en matière de justice et de préjudices. Rappelons que, en règle générale, les Anglais avaient peur des Français en raison d'escarmouches qui avaient ultimement mené à la guerre de Sept Ans (1756-1763).

On a souvent affirmé que les exilés n'étaient pas bienvenus dans les colonies et qu'ils ont été affamés et laissés dans le plus grand dénuement, tandis que les législateurs, les Planters influents, les shérifs et les populations essentiellement protestantes des quelques villes déjà établies ont tenté de s'en accommoder, ou, si ça ne marchait pas, de se débarrasser légalement de l'afflux inattendu d'exilés catholiques francophones. Bien que la majeure partie de cela soit vraie, il faut aussi préciser que beaucoup de colons n'étaient pas préparés à ces événements et qu'ils étaient préoccupés par leurs propres problèmes : les ralentissements économiques et la crainte d'une invasion par l'armée française à laquelle les Acadiens auraient pu prêter main-forte. Comble d'ironie, pour ajouter encore plus de complexité à la situation, quelques semaines avant que les Acadiens arrivent au Maryland, la région fut frappée par un tremblement de terre causant d'importantes destructions et un chaos majeur.

Ces colons étaient déchirés entre les remontrances chrétiennes, à savoir nourrir les affamés et donner un abri à ceux qui n'en avaient pas, et les considérations pratiques, les réalités politiques et le sectarisme culturel. Un exemple terrible illustre bien cette situation. En 1755, un conseiller municipal de Woodbury au Connecticut, Elisha Stoddard, a soumis à la servitude les enfants soi-disant orphelins d'un couple acadien, Paul Landry et sa femme. Il refusa de les rendre aux Landry lorsqu'ils apparurent en loques, couverts de vermines, fantomatiques et affamés, après avoir cherché leurs enfants pendant deux ans, à pied, dans des conditions climatiques intolérables. Le conseiller de Woodbury, imperturbable, refusa de réunir la famille en dépit des efforts herculéens déployés par les Landry pour retracer leurs enfants perdus. Il invoqua les « conditions misérables » des parents et les « affaires » cruciales liées au travail des enfants. Deux jours plus tard, les Landry furent expulsés de la ville par la force. Paul Landry a réclamé ses enfants alors âgés de sept et cinq ans auprès de l'Assemblée législative du Connecticut, mais les documents relatifs à cette demande n'ont jamais été retrouvés.

Il y eut aussi le cas des 1150 Acadiens déportés par bateau en Virginie. À leur arrivée, ils furent contraints de séjourner sur les navires, le temps qu'on décide de leur sort; ils ont passé quatre mois d'enfer dans les entrailles de ces bateaux crasseux où pullulaient les maladies. Finalement, il fut décidé de les déporter à nouveau, cette fois vers l'Angleterre. Puis, en 1763, les survivants – environ la moitié du groupe original – furent envoyés en France, un pays qui, à leurs yeux, était un pays étranger au même titre que l'Angleterre.

Le 28 juillet 2013, à Princess Anne au Maryland, avec l'appui du Maryland Historical Trust, une plaque historique a été inaugurée pour commémorer les 913 Acadiens qui y furent exilés. Bien que la plupart des Acadiens aient fini par s'installer dans des endroits comptant une plus grande présence francophone, comme la Louisiane par exemple, certains d'entre eux y sont restés et ont anglicisé leur nom pour mieux s'intégrer à leur nouveau milieu. Ce chapitre de l'histoire acadienne est très bien expliqué par Gregory A. Wood dans son livre *Acadians in Maryland*. La plaque reconnaît l'apport des Acadiens, apport qui s'est traduit par leurs efforts pour créer leurs propres communautés. Un quartier de la ville de Baltimore porte toujours le nom de Frenchtown. Marie Rundquist, du Maryland, une descendante de ces Acadiens, a organisé l'événement auquel ont participé les Cadiens Martin Guidry et Warren A. Perrin de la Louisiane. Ils y ont présenté des exposés sur l'histoire acadienne et ont offert un drapeau acadien louisianais à la délégation du Maryland. J'ai également participé à l'événement, en compagnie de ma nièce Mélanie Perrin, de Washington D.C.

Cet endroit et les personnes que nous y avons côtoyées nous ont beaucoup émus. Cet événement nous a ravis, car nous avons senti que la culture acadienne — tant celle du passé que du présent — continuera à s'exprimer et à évoluer à l'échelle de la planète, au cours du 21e siècle et au-delà.

MOT DU DIRECTEUR

Warren A. Perrin

En août 2012, j'ai été invité, avec Kermit Bouillion, directeur du programme des légendes vivantes au Musée acadien, et Pat Mould, chef cuisinier du sud de la Louisiane, à participer au Festival acadien de la Nouvelle-Acadie dans la région de Lanaudière, non loin de Montréal, au Québec. Nous avons été chaleureusement accueillis par la présidente du festival, Évangéline Richard, et son mari Raymond Gaudet. Ayant eu vent des compressions budgétaires en Louisiane, ils ont organisé, avec l'aide précieuse de Vera-Ann Petley, une campagne de financement dans le but d'appuyer nos programmes en français.

Bien que j'aie nourri pendant presque toute ma vie une passion pour la culture et l'histoire des Acadiens, j'ai été étonné de découvrir une si forte présence acadienne dans cette région. Lors d'un déjeuner de travail avec Mme Petley et Alexandre Riopel, un historien local, l'idée m'est venue de concevoir un livre avec photos retraçant le bref historique des communautés acadiennes à travers le monde. Le lendemain, j'ai discuté avec Roger Léger, mon éditeur et imprimeur canadien, Sylvain Gaudet, historien, et Phil Comeau, cinéaste et réalisateur du film *Les Acadiens du Québec*. Ils se sont engagés à appuyer mon projet et m'ont encouragé à le mettre en œuvre.

Lorsque ma femme Mary a accepté de collaborer au livre (après tout, c'est elle l'écrivaine de la famille), j'ai aussitôt tracé une ébauche. Jean-Robert Frigault du Conseil pour le développement du français en Louisiane (CODOFIL) m'a fourni les premières informations dont la gamme a par la suite été élargie par environ cent auteurs, écrivains, historiens, éducateurs et directeurs de musée de partout dans le monde.

À mesure que l'échéance fixée pour soumettre le manuscrit en français et en anglais à l'éditeur approchait, j'avais besoin d'un nouvel éclairage sur le projet dans lequel je m'étais investi depuis plus de deux ans. En janvier 2014, Mary et moi avons invité Phil Comeau à dîner pour discuter du livre. Phil était à Lafayette pour présenter deux de ses films récents et une rétrospective de quelques autres portant sur les Acadiens, dans le cadre du Cinema on the Bayou Film Festival.

Connaissant Phil depuis plus de 25 ans, je savais qu'il s'intéressait passionnément à l'histoire et à la vie contemporaine des Acadiens. Il semblait être la personne la plus apte à mener ce livre à terme avec professionnalisme. Tout comme moi, Phil s'est rendu dans presque toutes les régions acadiennes du monde et il croit ardemment au potentiel d'évolution des peuples de notre diaspora. J'ai pensé qu'il apporterait une perspective canadienne et acadienne francophone au projet.

Phil a accepté volontiers de travailler avec nous à la réalisation du livre. Auteur publié qui a écrit quelque 70 scénarios, dont 35 sur des sujets acadiens, il a rassemblé dix nouveaux articles pour le livre et il a convaincu certains auteurs d'écrire sur des sujets inédits. Grâce à son travail acharné, le livre contient maintenant 65 articles; il n'est donc plus un « bref historique ».

Phil étant parfaitement bilingue, je savais qu'il serait le mieux placé pour coordonner la traduction en anglais de 22 articles d'auteurs francophones et en français de 43 articles d'auteurs anglophones. Délaissant temporairement l'écriture cinématographique, il s'est concentré à temps plein sur le livre pendant plus de quatre mois, travaillant d'arrache-pied, y compris les fins de semaine et en soirée, pour respecter les délais de publication. Phil est, en effet, un bourreau de travail avoué. Mary et moi lui sommes très reconnaissants de son engagement. Nous le remercions de l'aide qu'il nous a offerte pour que nous puissions atteindre notre objectif de lancer le livre lors du Congrès mondial acadien. Nous espérons que le livre contribuera à éduquer, à renseigner et à joindre un grand nombre d'Acadiens à travers le monde. Je souhaite qu'il aide à mieux comprendre l'Acadie, celle d'hier et celle d'aujourd'hui.

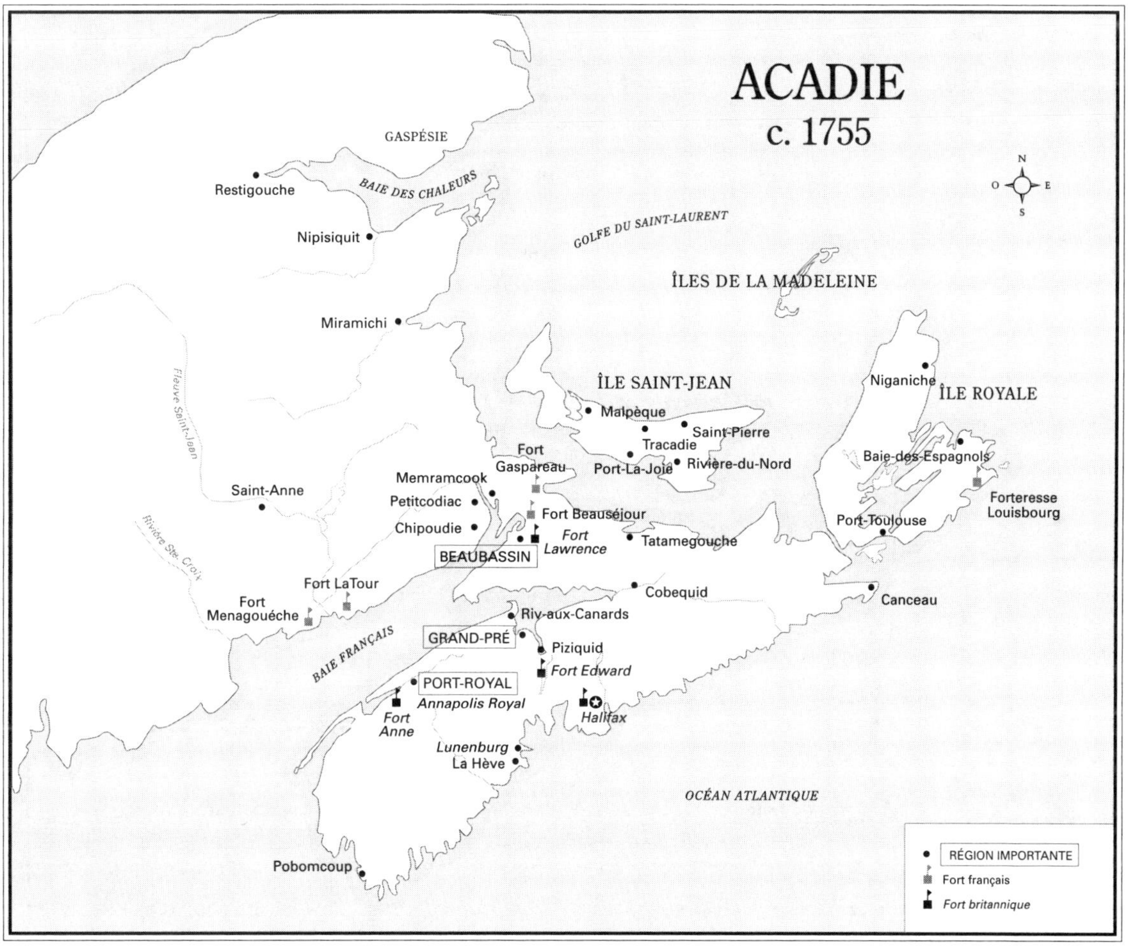
ACADIE
c. 1755
N
O
E
S
GASPÉSIE
Restigouche
BAIE DES CHALEURS
Nipisiquit
GOLFE DU SAINT-LAURENT
ÎLES DE LA MADELEINE
Miramichi
Fleuve Saint-Jean
ÎLE SAINT-JEAN
Niganiche
ÎLE ROYALE
Malpèque
Saint-Pierre
Tracadie
Fort
Gaspareau
Port-La-Joie
Rivière-du-Nord
Baie-des-Espagnols
Memramcook
Saint-Anne
Petitcodiac
Forteresse
Louisbourg
Fort Beauséjour
Chipoudie
Port-Toulouse
Rivière Ste. Croix
Fort
Lawrence
Tatamegouche
BEAUBASSIN
Fort LaTour
Cobequid
Canceau
Fort
Menagouéche
Riv-aux-Canards
BAIE FRANÇAIS
GRAND-PRÉ
Piziquid
Fort Edward
PORT-ROYAL
Annapolis Royal
Fort
Anne
Halifax
Lunenburg
La Hève
OCÉAN ATLANTIQUE
Pobomcoup
RÉGION IMPORTANTE
Fort français
Fort britannique

LES PROVINCES D'ORIGINE DES COLONS EN ACADIE
L'ANGLETERRE
Artois
Flandre
Hainaut
Picardie
ÎLE-DE-FRANCE
Normandie
PARIS
Champagne
Lorraine
Alsace
Bretagne
Maine
Orléanais
Bourgogne
Anjou
Touraine
Franche-Comté
Berry
Poitou
Bourbonnais
Aunis
Marche
Angoumois
Lyonnais
Saintonge
Limousin
Savoie
Auvergne
OCÉAN ATLANTIQUE
Guyenne
Dauphiné
Gascogne
Comtat Venaissin
Comté de Nice
Languedoc
Provence
Béarn
Comté de Foix
Roussilon
MER MÉDITERRANÉE
ESPAGNE
N
O
E
S
Poitou : près de 50 % des colons en Acadie
Autres provinces avec beaucoup de colons

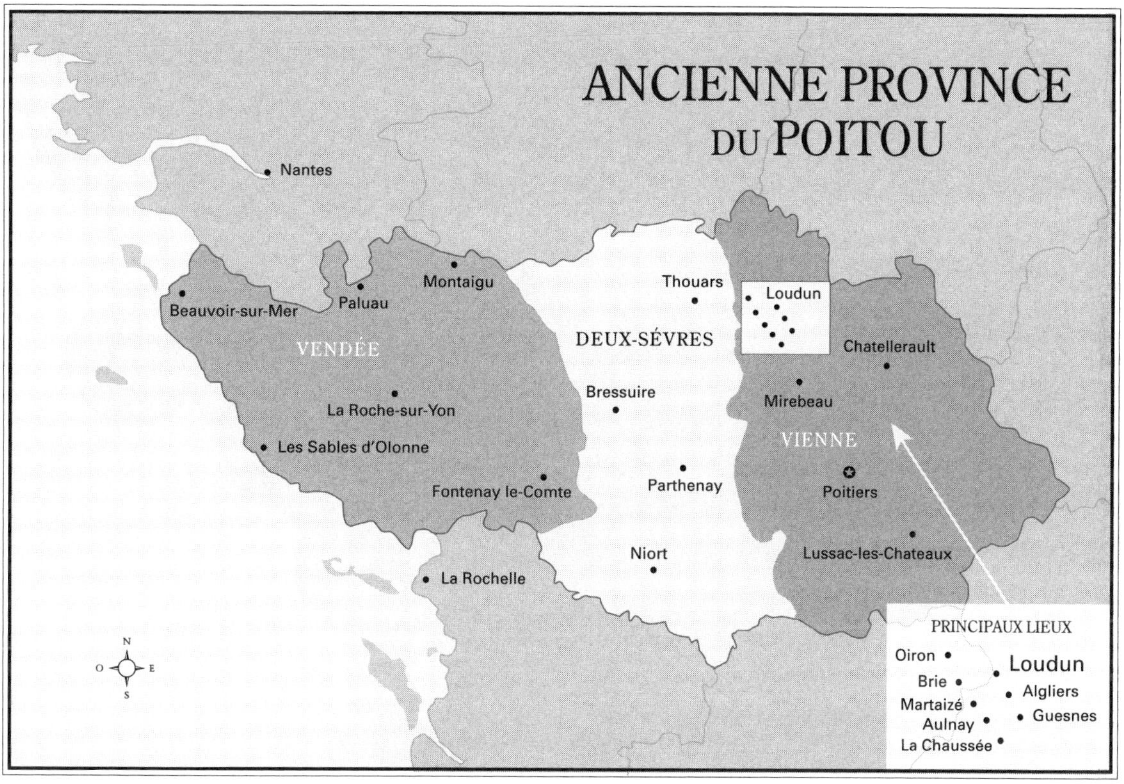
ANCIENNE PROVINCE
DU POITOU
Nantes
Montaigu
Paluau
Beauvoir-sur-Mer
VENDÉE
La Roche-sur-Yon
Les Sables d'Olonne
Fontenay le-Comte
La Rochelle
Thouars
DEUX-SÈVRES
Bressuire
Parthenay
Niort
Loudun
Chatellerault
Mirebeau
VIENNE
Poitiers
Lussac-les-Chateaux
N
O
E
S
PRINCIPAUX LIEUX
Oiron
Loudun
Brie
Algliers
Martaizé
Aulnay
Guesnes
La Chaussée

I

Acadie du monde

ACADIE

Zachary Richard

La première fois que je suis allé en Acadie du Nord, c'était durant l'été de 1975. J'avais déjà fait la tournée en France (1973) et au Québec (1974), et ma visite musico-spirituelle au pays de mes ancêtres était la cerise sur mon sundae francophone. Je ne sais comment, mais un message a traversé les siècles pour me rappeler au berceau. Ce voyage épique s'est effectué quelques semaines après mon passage à la deuxième édition des Festivals Acadiens et Créoles à Lafayette où j'avais réussi à choquer l'élite francophone de Louisiane en chantant *Réveille* avec fureur, pendant que mes collègues brandissaient deux drapeaux « *Acadian Power* » : un chêne vert sur un champ blanc, avec un ruban bleu en bas (symbolisant les bayous), l'étoile dorée de l'Acadie au coin et les mots « Solidarité » et « Fierté » séparés par une goutte de sang rouge, vestige de notre passé catholique et signe que toute chose qui en vaut la peine ne peut se faire sans effort.

Je ne me rappelle pas comment m'est arrivée l'invitation pour participer au Frolic acadien du 15 août 1975. Peut-être par le Québec. Je ne me souviens pas non plus de la genèse des drapeaux cousus par les doigts habiles de jeunes Québécoises. Ça s'est passé certainement chez Kenneth Richard dans l'arrière-pays de Cankton en Louisiane où nous nous réunissions pour faire de la musique et préparer la révolution.

C'est dans cette maison que j'ai rencontré mon premier Acadien (du Nord). Donald Doiron venait de Miramichi au Nouveau-Brunswick et il est arrivé en Louisiane sur le pouce parce qu'il avait entendu dire que les écoles louisianaises cherchaient des professeurs de français. Grâce à Donald, j'ai appris que ce n'était pas un mythe, que le peuple acadien existait bel et bien. Avec ses cheveux longs et ses habits « hippie », Donald faisait partie de notre petite communauté acadiano-louisianaise. En fait on ne pouvait pas deviner qu'il venait d'ailleurs, tant et aussi longtemps qu'il n'ouvrait pas la bouche. Son accent canadien le trahissait quand il parlait anglais, mais son français sonnait comme le nôtre, comme le parler cadien.

Le message qui est arrivé du Nouveau-Brunswick, par je ne sais quel chemin miraculeux, était une invitation pour participer au deuxième « Frolic acadien ». Un *frolic* est une fête qui suit l'accomplissement d'un travail commun, comme la construction d'une grange ou une récolte. Selon une vieille tradition, on fête après le travail. Mais en 1975, on ne célébrait pas la construction d'une maison ou d'une boucherie : on célébrait la « construction de la nation acadienne ». On n'a pas eu besoin de me demander deux fois.

Je ne sais pas d'où vient mon sentiment d'identité acadienne. Quand je parlais français avec mes grands-parents, mes oncles et mes tantes, il était évident qu'il se passait quelque chose de particulier. La langue française définissait une zone culturelle fort différente de celle de la culture anglo-américaine que je retrouvais à l'école, à la télévision ou à la radio. J'ai toujours été conscient qu'une partie de ma vie, la partie cadienne, était quelque chose d'unique. Cependant, personne dans ma famille ne m'a jamais expliqué la nature de cette « différence » et il se peut que personne dans ma famille ne se soit même jamais posé la question.

Je ne me souviens pas de la première fois où j'ai entendu parler du Grand Dérangement, le terme que les Acadiens utilisent pour désigner la période troublée qui s'est terminée par le nettoyage ethnique du pays, en 1755. Ce terme me semble une façon particulièrement ironique de faire référence à des événements qui allaient arracher les Acadiens de leur pays et coûter la vie à un tiers, sinon à la moitié d'entre eux. Un maringouin est dérangeant, mais la déportation forcée d'un peuple est autre chose. Je pense que c'était une façon d'humaniser les évènements de 1755. C'était une catastrophe inimaginable, mais en la qualifiant de « dérangement », il a été probablement plus facile de passer à travers.

Est-ce que mes grands-parents m'ont parlé du Grand Dérangement? S'ils l'ont fait en 1975, j'étais beaucoup trop jeune pour m'en souvenir. Il est plus probable que j'ai découvert le terme grâce à la lecture du livre *The Acadian Miracle* [Le miracle acadien], publié en 1927 par Dudley LeBlanc. Mais, peu importe comment j'ai connu le terme, j'ai été profondément touché par l'histoire de mes ancêtres, de leur déportation, de leur exil et des années difficiles qu'ils ont connues avant d'arriver en Louisiane.

Je suis Zachary à Eddie à Fergus à Sylvain à Anaclet à Pierre à Pierre à Alexandre à Martin à Michel Richard. Mon ancêtre est arrivé en 1641 de Saintonge, un des théâtres principaux des guerres de religion qui ont bouleversé l'ouest de la France pendant des siècles. Mon ancêtre Pierre à Alexandre a été le premier à arriver en Louisiane. Il est descendu dans le port de La Nouvelle-Orléans, en février 1765, accompagné de sa famille et de 190 autres Acadiens dont son cousin, le chef de la résistance armée, Joseph Broussard dit Beausoleil. Il semble que la tête dure soit un trait de caractère familial.

Malgré l'indifférence et l'ethnocentrisme de mon pays natal, et en dépit de l'assimilation institutionnalisée à laquelle les Acadiens de la Louisiane ont été soumis, l'histoire du Grand Dérangement a réussi à traverser les siècles pour me retrouver. Et maintenant, durant cet été de 1975, je devais participer à un festival de musique dédié à la création de la « nation acadienne ». J'aurais marché à genoux jusqu'en Acadie, s'il avait fallu.

Le spectacle eut lieu sur la Butte à Napoléon, à Cap-Pelé, avec vue sur la baie Verte et l'Île-du-Prince-Édouard (l'Île Saint-Jean à l'origine). J'allais apprendre plus tard que mon ancêtre Alexandre à Martin avait fui les troubles qui bouleversaient Beaubassin et s'était installé sur l'Île Saint-Jean, quelques années avant la Déportation. Mais en cet été de 1975, je m'intéressais à la généalogie uniquement dans son sens large.

Ce qui m'a frappé entre l'œil et la corne, comme on aime à le dire dans la paroisse d'Évangeline, ce sont les similitudes étonnantes entre les gens de l'Acadie et ceux de la Louisiane d'héritage acadien. Nous avons tous les mêmes noms de famille (Arceneau, Boudreau, Cormier, Comeau, etc.). Et nous nous ressemblons tous (bassin génétique limité). Mais ce qui est encore plus frappant pour moi, c'est la vision du monde que partagent ces deux sociétés : la société acadienne des provinces maritimes du Canada et celle de la Louisiane francophone. Les deux communautés sont rurales, avec des économies fondées sur l'agriculture, l'élevage et la pêche. Les deux communautés ont des traditions familiales très fortes. Les deux sont encore attachées à la religion catholique. Et les deux ont été obligées de se maintenir face à l'intolérance, aux préjugés et au dénigrement dont elles étaient victimes.

Une fois que j'ai fini de jouer, une vieille dame est venue me voir. Non seulement elle ressemblait à ma grand-mère, Sarah Sonnier, mais elle parlait comme elle avec cet accent délicieusement épais des Cadiens. Elle a commencé par me demander s'il y avait véritablement des Acadiens qui habitaient la Louisiane. Quand j'ai répondu oui, elle m'a posé le même type de questions que ma grand-mère aurait posées : elle voulait savoir comment on vivait, ce qu'on mangeait, comment on s'amusait. Des questions simples qui touchaient la base de la vie. Elle m'a dit que son nom était LeBlanc. En me quittant, elle m'a embrassé en m'assurant qu'elle allait prier pour moi. Comme l'aurait fait ma grand-mère. Encore aujourd'hui, j'ai la larme à l'œil quand j'y pense.

Comment est-il possible que ce sentiment d'identité, ce sentiment d'appartenance et même de parenté persistent après plus de deux cent cinquante ans de séparation? Et comment se fait-il que les liens entre les communautés acadiennes du Canada et celle de la Louisiane soient de plus en plus forts? Comment se fait-il que l'identité acadienne persiste malgré une pression constante d'assimilation? Peut-être parce que nous sommes toujours fâchés.

Pendant ma première visite en Acadie, j'ai noué des amitiés fortes avec beaucoup d'Acadiens, notamment le poète Gérald LeBlanc. C'est durant ce premier voyage que Gérald et moi avons été expulsés d'un restaurant. Nous avons refusé de parler une autre langue que le français au serveur. « *Speak white or leave* », autrement dit « parlez anglais ou partez », nous a-t-on répondu. Cet épisode s'est déroulé sept ans seulement après la fameuse histoire de la tête de cochon du maire Jones. En février 1968, une délégation d'étudiants de l'Université de Moncton avait présenté une tête de cochon à ce francophobe notoire au cours d'une réunion du conseil municipal, après qu'il eut refusé de les reconnaitre. Pour la première fois de ma vie, j'ai été victime de préjugés ethniques. Le sentiment que cela a suscité en moi a contribué fortement à l'évolution du francophone militant que je suis fier d'être devenu.

La communauté acadienne du Nouveau-Brunswick particulièrement, mais aussi celles de la Nouvelle-Écosse et de l'Île-du-Prince-Édouard ont beaucoup évolué depuis ma première visite, en 1975. Le Sommet francophone de

1999 à Moncton a démontré la valeur du français non seulement aux anglophones, mais aux Acadiens eux-mêmes. Mais l'événement le plus marquant, celui qui a réveillé la fierté chez les Acadiens fut le Congrès mondial acadien de 1994. J'ai encore des frissons quand je me revois en train d'interpréter *Réveille* devant des dizaines de milliers d'Acadiens qui chantaient tous avec moi. D'une façon irréversible, la boucle a été bouclée : un descendant d'exilés est revenu au pays de ses ancêtres, après plus de deux cent soixante ans pour chanter une chanson inspirée par la Déportation. Le défi, pour nous en Louisiane maintenant, est d'importer ce sentiment pour permettre aux Cadiens, comme l'a dit Dewey Balfa après le Newport Folk Festival de 1964, « d'entendre l'écho des applaudissements ».

LA NAISSANCE D'UN PEUPLE – DE 1604 À 1755

Warren A. Perrin

Le présent article résume les cent cinquante premières années de l'histoire commune des Acadiens. En 1604, le Français Pierre Dugua de Mons a mené la première tentative de colonisation sur l'Île Sainte-Croix (aujourd'hui à la frontière du Nouveau-Brunswick et du Maine), du côté nord de la baie de Fundy. Cette tentative échoua. En 1605, il chercha un meilleur emplacement sur le continent de l'autre côté de la baie de Fundy. Il choisit alors un endroit situé du côté nord de l'actuel bassin Annapolis, en face de l'Île Goat, qui deviendra Port-Royal.

Les ressortissants français se sont établis à Port-Royal, devenu l'Acadie en 1605, soit quinze ans avant l'arrivée des quarante et un pèlerins du *Mayflower* ancré au large de Plymouth, au Massachusetts. En 1613, Sir Samuel Argall de Virginie a attaqué et incendié Port-Royal, et il a détruit par la suite le nouvel établissement de Saint-Sauveur sur l'Île Mount Desert (dans l'actuel Maine). Comme tous ses navires marchands devaient passer à proximité de l'Acadie, Sir Samuel Argall se sentait menacé. Le territoire de l'Acadie s'étendait vers le sud jusqu'à l'actuelle ville de Philadelphie.

À la suite de cette destruction, l'Acadie, y compris le territoire qui sera occupé par les pèlerins, sera sous domination anglaise jusqu'en 1632. C'est le début de cent cinquante ans de guerre entre les Anglais et les Français en Amérique du Nord. Le 4 novembre 1620, le roi Jacques Ier d'Angleterre revendique l'Acadie. Que ce soit à la suite de campagnes militaires ou de traités négociés, la colonie d'Acadie a changé de mains plusieurs fois entre 1604 et 1710. Elle est cédée définitivement en 1713. Les régions actuelles du Nouveau-Brunswick, de l'Île-du-Prince-Édouard et du Cap-Breton où vivaient les Acadiens — et qui étaient considérées comme un territoire français — ont été cédées aux Anglais en 1763 seulement, lors du Traité de Paris.

En 1636, Port-Royal, la capitale de l'Acadie, est déplacée physiquement de la rive nord de la rivière Dauphin à l'emplacement actuel de la ville d'Annapolis Royal, où le *sakmow* Membertou, le grand chef légendaire de la Première Nation mi'kmaw[1], avait déjà eu un campement d'été. Port-Royal est demeurée la capitale jusqu'à ce que le gouverneur britannique Edward Cornwallis fonde Halifax en 1749.

Les premières familles pionnières françaises ont traversé l'Atlantique pour venir au Nouveau Monde sur le *Saint-Jehan*; elles sont parties pour l'Acadie le 1er avril 1636. Plus de la moitié des Acadiens étaient originaires de la région du Poitou en France et les autres provenaient des provinces avoisinantes (voir la carte à la page xiv), bien que les historiens soutiennent que chaque province de France a fourni au moins un Acadien à l'établissement de l'Acadie. Des familles immigrantes ont remplacé les aventuriers français dans la colonie. Jusqu'en 1714, bien d'autres familles françaises ont émigré en Acadie. Puisque le contrôle européen sur la colonie changeait fréquemment, ces premiers colons ont cherché avec beaucoup de diligence à rester neutres dans les affrontements anticipés entre la France et l'Angleterre.

Le 7 octobre 1690, l'Angleterre a rattaché l'Acadie au Massachusetts. Le 14 juin 1691, le sieur Robinau de Villebon s'emparait de Port-Royal qui était alors aux mains des Anglais; il est nommé nouveau gouverneur français de l'Acadie. Le 26 septembre 1697, le Traité de Ryswick cédait officiellement l'Acadie à la France.

Le 18 septembre 1710, Port-Royal est de nouveau assiégée par une flotte anglaise commandée par Francis Nicholson. Malgré un vaillant combat, la capitulation de Port-Royal est signée le 13 octobre 1710. Port-Royal est alors rebaptisée Annapolis Royal en l'honneur de la reine Anne de Grande-Bretagne. Depuis, pour les Britanniques, l'Acadie est devenue la Nouvelle-Écosse.

Le Traité d'Utrecht signé en 1713 met fin à la guerre de Succession d'Espagne qui l'oppose à la France et dont l'enjeu est la succession au trône d'Espagne, mais également en Amérique du Nord. L'Acadie est alors cédée définitivement à l'Angleterre. Selon l'article 14 du Traité : « Il est expressément prescrit [...] que ceux qui seront disposés à rester sur place et à devenir des sujets du royaume de Grande-Bretagne jouiront du libre exercice de leur religion selon l'usage de l'Église romaine, pourvu que les lois de la Grande-Bretagne le permettent[2] ». Les Acadiens qui sont restés en Nouvelle-Écosse — devenant ainsi des sujets britanniques — avaient le droit de pratiquer leur religion catholique.

Dans une lettre datée du 23 juin 1713 et adressée au gouverneur Nicholson, la reine Anne d'Angleterre décrète aussi ce qui suit : « Attendu que [...] nous sommes prêts à témoigner par une marque notre faveur envers ses sujets; [...] et rester chez eux en qualité de sujets de la Grande-Bretagne, le privilège de conserver la propriété et la jouissance de leurs terres et bâtiments sans être aucunement molestés, aussi pleinement et librement que les autres sujets possèdent ou peuvent posséder leurs terres ou leurs domaines, ou de les vendre s'ils préféraient partir ailleurs[3]. » Le décret de la « bonne reine Anne » garantissait aux Acadiens les mêmes droits que ceux conférés aux autres sujets de la Couronne britannique. En 1714, leur droit étant garanti et avec les encouragements des autorités britanniques d'Annapolis Royal, la plupart des Acadiens ont choisi de demeurer sur leurs terres sous le nouveau régime. Malheureusement pour eux, la reine Anne meurt prématurément le 1er août 1714, à l'âge de 49 ans. George Ier lui succède.

Les gouverneurs du nouveau roi ont tenté de convaincre les Acadiens de prêter serment d'allégeance à la Couronne britannique sans condition. La population anglaise étant toujours inférieure en nombre à la population acadienne, ils exerçaient un contrôle très fragile sur la colonie. C'est pourquoi les Britanniques voulaient faire prêter le serment d'allégeance absolu.

Les Acadiens ont refusé de prêter ce serment assorti de restrictions qui laissaient planer la renonciation aux droits que leur conférait le Traité d'Utrecht de 1713. L'une de ces restrictions contredisait un droit accordé par la reine Anne, en vertu duquel ils pouvaient rester sur place ou se déplacer vers un territoire français. Ils ont aussi fait valoir aux autorités britanniques qu'ils redoutaient des représailles de la part des Premières Nations qui, jusque-là, les avaient traités comme des « frères de sang ». Les Acadiens craignaient fortement qu'un serment d'allégeance inconditionnel à la Couronne britannique puisse les contraindre à prendre les armes contre les Français lors de toutes nouvelles guerres.

Au début des années 1700, Paul Mascarene, un huguenot de France, devint le principal intermédiaire entre le gouverneur Samuel Vetch et les habitants — les Acadiens et les Amérindiens. En 1714, il négocie avec les Mi'kmaq, les Abénaquis et les Malécites un traité qui oblige les deux parties à vivre en paix. C'était en partie en réponse à une étonnante lettre adressée au gouvernement par les « chefs mi'kmaq des Mines » qui déclaraient : « Nous sommes nos propres maîtres; nous ne dépendons de personne. »

Le 13 janvier 1716, trente-six Acadiens signent un serment d'allégeance sous condition au roi George Ier. En avril 1720, le gouverneur Richard Philipps, arrivé en grande pompe à Annapolis Royal, en Nouvelle-Écosse, fait étalage de la puissance britannique. Le 28 décembre 1720, l'Office des colonies à Londres avise le gouverneur Philipps : « [...] ne vous hasardez point dans cette expulsion [des Acadiens] sans un ordre positif de Sa Majesté à cet effet [...] qu'ils restent sur les terres qu'ils occupent[4]. »

Le gouverneur Philipps tenait à ce que les Acadiens acceptent de prêter serment. Il les décrivait comme des « sujets neutres d'un autre prince. » Les Acadiens ont confié à une délégation dirigée par le père Justinien Durand la tâche d'expliquer au gouverneur Philipps, peu de temps après son arrivée, pourquoi il leur était impossible de prêter le serment d'allégeance : « Ils étaient certains que les Indiens leur trancheraient la gorge lorsqu'ils deviendraient des sujets britanniques. » Pendant les années qui ont suivi, le gouverneur Philipps a tenté de les persuader graduellement, mais pour la *première* fois, les Acadiens ont évoqué le fait qu'ils avaient le *droit* d'être là. Cette idée nouvelle montre que les Acadiens estimaient être maîtres de leur destinée et qu'ils avaient des droits inhérents.

George II a accédé au trône d'Angleterre en octobre 1727 et les Acadiens ont consenti à prêter serment d'allégeance à certaines conditions. Cependant, le conseil d'Annapolis Royal a déclaré, le 13 novembre 1727, que l'entente était nulle et déshonorante en raison des restrictions qu'elle contenait sur le statut de neutralité des Acadiens.

Le 3 janvier 1730, le gouverneur Philipps a écrit aux autorités à Londres que tous les Acadiens « de toutes les paroisses ont prêté le serment d'allégeance. » Dans son rapport, le gouverneur Philipps a toutefois omis de dire qu'il avait persuadé les Acadiens de signer le serment en leur garantissant la neutralité qu'ils réclamaient depuis si longtemps.

Pour les autorités de Londres, les Acadiens étaient donc des « Français neutres » qui pouvaient pratiquer librement leur religion et posséder leurs terres. Devenus sujets britanniques, ils ont scrupuleusement respecté l'engagement conditionnel qu'ils avaient pris envers la Couronne britannique.

Le notaire Alexandre Bourq a rédigé une note sur la concession faite par le gouverneur Phillips. Il a fait parvenir une copie du document aux représentants français, en plus d'en conserver une. Jusqu'en 1755, les Acadiens étaient exemptés de l'obligation de prendre les armes ou de combattre dans des guerres contre la France et les Mi'kmaq. En les persuadant d'accepter l'amendement oral au serment, le gouverneur Philipps s'est appuyé sur leur croyance qu'une parole donnée était une promesse sacrée. Comme le mentionne John Mack Faragher, auteur de *A Great and Noble Scheme* (2005) [Un noble et grand projet], les Acadiens ont résisté et ont finalement obtenu du gouverneur britannique la reconnaissance de leur neutralité. Londres et Halifax ont reconnu le nouveau statut des Acadiens.

Les années 1730 ont été prospères pour les Acadiens. L'entassement a mené à des litiges concernant les terres. Un grand nombre d'Acadiens se sont donc réinstallés sur des terres le long de rivières à marées : Chipoudie, Petitcodiac et Memramcook (dans l'actuel Nouveau-Brunswick). Aucun gouvernement n'exerçait un contrôle sur eux. En 1740, Joseph et Alexandre Beausoleil Broussard, les frères Broussard (mes ancêtres) qui avaient épousé les sœurs Thibodeau, ont fondé le village de Beausoleil sur la Petitcodiac. Lors de la déportation en 1755, ils sont devenus des chefs de la résistance acadienne contre les Britanniques.

En 1741, la guerre de la Succession d'Autriche a marqué la fin d'une longue période de paix entre la France et l'Angleterre. À la suite de cet événement, le nouveau gouverneur Paul Mascarene, qui a fait preuve de bonne volonté et de patience envers les Acadiens, a écrit le 2 juillet 1744 au secrétaire à la Guerre, à Londres : « Les Acadiens [...] sont restés loyaux et ne se sont absolument pas joints à l'ennemi [...] ils nous ont aidés à réparer nos ouvrages jusqu'à la veille de l'assaut[5]. »

Dans son livre intitulé *Cornwallis — The Violent Birth of Halifax* (2013) [Cornwallis, la naissance violente de Halifax], l'écrivain Jon Tattrie souligne que « le 21 juin 1749, le gouverneur Edward Cornwallis foule le sol à trois endroits, au même moment. Les mesures qu'il a prises décideront du destin de dizaines de milliers de gens sur la moitié d'un continent. Pour les Mi'kmaq, le gouverneur général britannique occupait leur terre ancestrale — Mi'kma'ki — nom millénaire des sept districts formant le principal gouvernement de la nation mi'kmaw, aujourd'hui la Nouvelle-Écosse, le Nouveau-Brunswick, l'Île-du-Prince-Édouard et certains secteurs du Maine. Pour la France, le gouverneur Cornwallis entrait en Acadie, le centre des ambitions territoriales de la Nouvelle-France dans le Nouveau Monde. Pour le gouverneur Cornwallis et la Couronne britannique qu'il représentait, il s'agissait de la Nouvelle-Écosse, un territoire cédé par la France à l'Angleterre en 1713 et qu'ils entendaient dominer par l'arrivée massive de soldats et de colons. »

De plus, les actions menées par le gouverneur Cornwallis durant les trois années qui ont suivi seront à l'origine des événements qui façonneront non seulement l'avenir de la Nouvelle-Écosse, mais aussi celui du vaste territoire qui deviendra le Canada. Professant une philosophie militariste brutale acquise sur le champ de bataille sanglant de Culloden en Écosse, le gouverneur Cornwallis a élaboré un plan visant à obliger les Acadiens et les Mi'kmaq à prêter allégeance à son roi, lequel plan consistait à quitter le territoire ou à être massacrés.

Sa conquête de la Nouvelle-Écosse est à l'origine de l'expulsion des Acadiens. Elle a créé les conditions qui ont permis à son collègue, le major-général James Wolfe, de revendiquer la victoire définitive de l'Angleterre sur la France sur les plaines d'Abraham, à Québec, dix ans plus tard. Elle a aussi poussé les Mi'kmaq au bord de l'extinction. Selon l'historien mi'kmaw Daniel Paul, « William Shirley, gouverneur britannique du Massachusetts, à l'instar du gouverneur Cornwallis, a fait des proclamations sur le scalp des hommes, des femmes et des enfants des Premières Nations. » Le gouverneur Cornwallis a remis sa démission à l'été de 1752, à la suite de différends non résolus avec la Chambre de commerce de Londres.

Après une telle répression, Peregrine Hopson a été nommé gouverneur de la Nouvelle-Écosse, le 3 août 1752. Croyant que les Acadiens seraient de bons sujets britanniques, en décembre 1753, il ordonne aux commandants de Grand-Pré et de Piziquid (aujourd'hui Windsor) de « considérer les Acadiens de la même façon que les autres sujets de Sa Majesté [...][6] ». Pendant son court règne, le gouverneur Hopson s'est montré compatissant et compréhensif envers les Acadiens. Malheureusement, il a dû quitter la colonie pour des raisons de santé. Il se trouvait en Angleterre juste avant et pendant la déportation des Acadiens, et comme le mentionnait John Mack Faragher « ayant confié le gouvernement de la province au lieutenant-colonel Charles Lawrence, président du Conseil des gouverneurs, un homme de la même trempe que le gouverneur Cornwallis, plutôt qu'au gouverneur Mascarene, plus conciliant. »

Quoi qu'il en soit, en 1753, les tensions entre les Anglais et les Français se sont aggravées constamment en Europe et en Amérique du Nord. Le contrôle de cette « corniche continentale », ainsi désignée par l'historien John Brebner — c'est-à-dire la région allant du nord-est du Massachusetts et du Maine jusqu'au sud-est de la Nouvelle-France, comprenant le sud du Nouveau-Brunswick, l'Île-du-Prince-Édouard et la Nouvelle-Écosse (provinces actuelles) — revêtait une importance cruciale. Selon l'historien N.E.S. Griffiths dans *From Migrant to Acadian* [De migrant à Acadien], ce secteur est devenu une des plus importantes régions en Amérique du Nord où les deux puissances pouvaient orchestrer leurs stratégies militaires. Les Acadiens utilisaient le système ingénieux d'aboiteaux[7] pour transformer leurs marais d'eau salée en terres agricoles fertiles qui étaient convoitées par les habitants de la Nouvelle-Angleterre. Toutefois, les Acadiens occupaient ces terres auxquelles ils manifestaient leur attachement et ils prêtaient allégeance uniquement à leur communauté très unie, composée de familles étroitement liées, non aux puissances militaires.

En 1754, Charles Lawrence, un homme au caractère violent, est le nouveau lieutenant-gouverneur de la Nouvelle-Écosse. Sa personnalité militaire ne convient pas à la situation difficile qui requiert de la subtilité. Richard Bulkeley, l'aide de camp du gouverneur Cornwallis, a décrit Charles Lawrence comme un homme craint en raison de ses méthodes vigoureuses et de son intolérance aux compromis ou aux concessions. Signe avant-coureur, le gouverneur Lawrence écrit à ses supérieurs, à Londres, le 1er août 1754 : « Comme ils possèdent les meilleures et les plus grandes terres de la Province, la situation ne saurait être réglée de façon tangible tant qu'ils resteront comme ils sont [...] je ne puis m'empêcher d'être d'avis que [...] il serait de loin préférable qu'on les envoie loin d'ici[8]. »

En novembre 1754, le gouverneur Lawrence entreprend la planification de la déportation non autorisée avec le gouverneur du Massachusetts, William Shirley, qui est aussi le commandant en chef des forces britanniques en Nouvelle-Angleterre et un partisan inconditionnel de la suprématie britannique en Amérique du Nord. Certains allèguent qu'ils ont laissé planer sur la région une menace perfide de la part des Français pour ainsi obtenir l'appui de la milice du Massachusetts qui a alors rassemblé des troupes. En avril 1755, environ 2 000 hommes de la Nouvelle-Angleterre sont arrivés dans l'isthme de Chignectou, la langue de terre resserrée entre la Nouvelle-Écosse et le Nouveau-Brunswick actuels. Les partisans du nettoyage ethnique de la colonie qualifiaient ce plan de façon obsédante de « noble et grand projet. »

Le secrétaire d'État, Thomas Robinson, révèle que les autorités britanniques se sont alarmées des mesures draconiennes préconisées par le gouverneur Lawrence lorsqu'il écrit : « On ne peut donc que vous recommander fortement de faire preuve de la plus grande prudence dans votre conduite envers ces Neutres [...] qu'ils peuvent avoir la possession sereine de leurs peuplements en vertu des règlements pertinents [...] ».

Selon la loi anglaise, Charles Lawrence, le gouverneur de la Nouvelle-Écosse, n'avait pas le pouvoir d'ignorer l'édit de 1713 de la reine Anne ni les politiques établies précédemment par le gouverneur Hopson. Néanmoins, il a fait fi des lois et des conventions de 1730 dans lesquelles le gouverneur Phillips accordait oralement aux Acadiens le statut de Français neutres; plus précisément, il a passé outre à la partie de la loi qui interdisait la confiscation des bateaux et des armes des Acadiens, et il a restreint leurs déplacements.

En 1755, l'année du « nettoyage ethnique », aucune loi anglaise ne contenait de dispositions sur la confiscation des biens d'un père de famille ou sur le châtiment de sa femme et de ses enfants pour une infraction qu'il aurait commise. La loi prévoyait de graves sanctions pour des crimes politiques et des actes de trahison, mais jamais — pour quelque motif que ce soit — la confiscation des terres ou de tout autre bien appartenant à un groupe de personnes et son expulsion.

Néanmoins, le 28 juillet 1755, le nouveau juge en chef Jonathan Belcher, ne connaissant rien de l'histoire et de la population de la province, a rendu public un mémoire mal documenté indiquant que les Acadiens ne seraient plus tolérés en Nouvelle-Écosse. Il a rendu sa décision sans permettre aux Acadiens d'obtenir une audience ou même de comparaître devant un juge, ce qui allait manifestement à l'encontre de la loi de Grande-Bretagne selon laquelle les sujets ne pouvaient pas être reconnus coupables sans être officiellement accusés devant une cour de justice. Dans un discours prononcé à Fredericton, au Nouveau Brunswick, le 14 septembre 2004, Michel Bastarache, un ancien juge de la Cour suprême du Canada, l'a d'ailleurs dit lorsqu'il a mentionné que la déportation était un acte illégal pour deux raisons : elle enfreignait la loi publique britannique et elle fut adoptée sans un vote de l'Assemblée. [Pour un examen plus approfondi de la question, voir l'article de M. Bastarache à la page __].

Dans la décision qu'il a rendue, le juge Belcher a conclu que les Acadiens étaient bien des sujets britanniques, mais il a ignoré la loi et la jurisprudence britanniques depuis longtemps établies, c'est-à-dire l'article III de la Pétition des droits (1628) qui précise qu'aucun sujet britannique ne doit être exilé « si ce n'est qu'en vertu d'une sentence légale de ses pairs » et « par le statut dénommé *Grande charte des libertés d'Angleterre*, il est arrêté et établi qu'aucun homme libre ne pourra être arrêté ou mis en prison, ni dépossédé de son franc-fief, de ses libertés ou franchises, ni mis hors la loi ou exilé, ni molesté d'aucune autre manière, si ce n'est qu'en vertu d'une sentence légale de ses pairs ou des lois du pays[9] ». De plus, selon l'article IV de la Pétition des droits : « Il a aussi été déclaré et institué, par autorité du Parlement en la 28e année du règne du roi Édouard III que nulle personne, de quelque rang ou condition qu'elle soit, ne pourra être dépouillée de sa terre ou de ses tenures, ni arrêtée, emprisonnée, privée du droit de transmettre ses biens par succession ou mise à mort, sans avoir été admise à se défendre dans une procédure régulière[10]. »

Selon N.E.S. Griffiths, sommité de l'histoire des Acadiens et professeur émérite du département d'histoire de l'Université Carleton, la déportation était différente des autres actions menées par le gouvernement pour quatre raisons. Premièrement, le déplacement des Acadiens était envisagé depuis longtemps, contrairement aux autres déportations, comme celle de l'exil des Écossais en 1745 qui était une conséquence directe d'actions particulières visant à régler un problème récent. Deuxièmement, la pression exercée pour qu'une action soit entreprise ne venait pas d'une source interne du gouvernement, mais du territoire voisin du Massachusetts; Londres s'est constamment opposée à une telle action. Troisièmement, l'initiative elle-même différait grandement des autres déportations, comme celles qui ont suivi les rébellions de Monmouth et des Jacobites, organisées à la suite de batailles et dont le nombre de déportés représentait une infime partie des communautés visées, tandis que la déportation des Acadiens visait à déplacer toute une population qui avait été jugée collectivement, et non par un tribunal. Quatrièmement, un gouverneur et une reine avaient autorisé les Acadiens à conserver leur identité culturelle. Tout au long de leur histoire, les Acadiens avaient pris les décisions qui s'imposaient pour modeler leur existence, s'appuyant sur la certitude qu'ils formaient un peuple distinct. Une telle croyance est toujours enracinée au 21e siècle.

La première intervention militaire fut menée au début de juin 1755, avant que la guerre ne soit déclarée. Des troupes anglaises et des forces du Massachusetts commandées par le lieutenant-colonel Robert Monckton ont pris le Fort Beauséjour situé sur la rive ouest de la rivière Missaguash (la frontière actuelle entre la Nouvelle-Écosse et le Nouveau-Brunswick). Plus de 400 Acadiens ont été capturés et emprisonnés au fort français, renommé Fort Cumberland, et plus tard emprisonnés à Halifax. Des troupes de Halifax et du Fort Edward à Piziquid (aujourd'hui Windsor en Nouvelle-Écosse) se préparaient à lancer la campagne militaire la plus brutale et la plus fructueuse jamais entreprise par les forces britanniques. Ils avaient reçu l'ordre de confisquer les armes des Acadiens de la région de Grand-Pré. Le 31 juillet 1755, le gouverneur Lawrence a donné des instructions très précises au lieutenant-colonel Monckton, le commandant de Beauséjour. La Grande-Bretagne et la France n'étaient pas encore en guerre.

Le premier vrai conflit d'envergure mondiale est connu en Europe comme la guerre de Sept Ans et en Amérique du Nord comme la guerre contre les Indiens et les Français. Les hostilités sont déclenchées le 18 mai 1756. La déportation avait donc commencé dix mois plus tôt, en temps de paix, sous le contrôle de dirigeants militaires paranoïaques responsables de la colonie britannique. Les lois civiles en vigueur ont en fait été ignorées. La campagne a été menée avec une implacable efficacité par un groupe de soldats des troupes régulières britanniques appuyés par 2 000 miliciens du Massachusetts. Le 10 octobre 1755, les premiers Acadiens sont déportés de la région de Chignectou.

À Grand-Pré, le 5 septembre 1755, le colonel John Winslow, invoquant une rencontre, a attiré les hommes et les garçons de plus de dix ans dans l'église où ils sont emprisonnés. Le colonel Winslow applique alors les autres instructions du gouverneur Lawrence que lui avait remises le lieutenant-colonel Monckton. Tous les Acadiens sont arrêtés. Leurs biens sont incendiés et leurs récoltes sont détruites afin que les Acadiens, qui s'étaient enfuis dans les bois, périssent pendant les mois d'hiver ou soient éventuellement forcés de se rendre.

Le 27 octobre 1755, quatorze navires transportant 1600 Acadiens de la région de Grand-Pré et environ 1300 de Piziquid et de Cobequid (aujourd'hui Truro en Nouvelle-Écosse) ont rejoint dix navires dans la baie de Fundy qui transportent environ 1900 prisonniers acadiens de la région de Beaubassin. Quelques mois plus tard, à l'arrivée des prochains navires de transport, les Britanniques déportent 600 autres Acadiens de Grand-Pré. Les Acadiens ont été cruellement expulsés des terres qu'ils avaient occupées pendant cent cinquante ans. Ils ont immédiatement sombré dans un état de pauvreté la plus totale.

Avec la guerre de Sept Ans (1756-1762) qui a suivi, ont commencé sept années de migrations forcées des Acadiens vers des colonies anglo-américaines le long du littoral atlantique, vers l'Angleterre et enfin vers la France. Il s'en est suivi quarante ans de migration et de réinstallation au Québec, en Guyane française, aux îles Malouines, dans les provinces maritimes du Canada, en France (dont Saint-Pierre et Miquelon), aux Antilles et en Louisiane.

Le généalogiste Stanley LeBlanc a soulevé un point important sur la distinction souvent omise entre la Nouvelle-Écosse, l'Île-du-Prince-Édouard (Île Saint-Jean) et le Nouveau-Brunswick. Bien que la plupart des gens aient tendance à considérer ces régions comme faisant partie de l'Acadie, une importante distinction s'impose concernant l'exil des Acadiens. En 1755, ceux de la Nouvelle-Écosse ont été déportés vers des colonies britanno-américaines et l'Angleterre. L'Angleterre ne pouvait pas les envoyer en France, car ils étaient des sujets britanniques et non des sujets français. Lorsque les Britanniques ont saisi la Forteresse de Louisbourg à l'Île Royale (aujourd'hui le Cap-Breton) et l'Île-du-Prince-Édouard, selon les protocoles de l'époque, la plupart des Acadiens et des habitants français non acadiens ont été rapatriés en France, puisqu'ils vivaient sur un territoire français.

Des Acadiens de l'Île-du-Prince-Édouard ont réussi à s'enfuir et ils se sont établis au Québec. Des déportés de l'Île se trouvaient sur les trois navires (le *Duke William,* le *Violet* et le *Ruby*) en route pour la France et qui ont sombré, causant la mort de quelque 865 déportés en 1758.

Les 1100 Acadiens exilés en Angleterre en 1755, après que la colonie de Virginie eut refusé de les accueillir, ont été rapatriés en France à la fin de la guerre en 1763. Les Français de l'Île-du-Prince-Édouard et de Louisbourg (Cap-Breton) qui avaient épousé des Acadiennes ont été autorisés à partir pour la Louisiane lors des migrations de 1785.

La guerre menée contre les Acadiens était profondément injuste, parce qu'elle ne reposait sur aucun motif de justice. Dans son livre *Missing Links in a Lost Chapter of American History* (1895) [Les chaînons manquants du chapitre perdu de l'histoire américaine], l'historien Édouard Richard écrit que « le gouverneur Lawrence voulait expulser les Acadiens, en 1755, afin de se livrer au pillage. » À la signature du Traité de Paris en 1763, la terre ancestrale des Acadiens n'existait plus. Le Cap-Breton, le Nouveau-Brunswick et l'Île-du-Prince-Édouard avaient successivement été cédés à l'Angleterre. Pourtant, les Acadiens tombés dans l'embuscade de 1755 — « le Grand Dérangement » comme ils l'appelaient — n'ont jamais tenu de propos haineux à l'égard de leurs persécuteurs, même s'ils avaient été emprisonnés, dépouillés de leurs biens et « dispersés au loin » comme l'a écrit l'Américain Longfellow en 1847 dans son poème *Évangeline, un conte d'Acadie.* Selon Edme Rameau de Saint-Père, historien français, en 1755, la colonie comptait 18 000 Acadiens. Neuf ans plus tard, comme il l'indique dans une lettre datée du 22 mars 1764 aux Lords du Commerce à Londres, le gouverneur Montagu Wilmot en recensera seulement 1700 en Nouvelle-Écosse.

Les Acadiens ont été victimes d'un destin tragique. On estime qu'environ le tiers de la population totale a été décimée dans cette tragédie aux proportions historiques. John Mack Faragher précise que la déportation des Acadiens s'apparente aux opérations de nettoyage ethnique d'aujourd'hui. En l'occurrence, un grand nombre d'exilés sont morts – directement ou indirectement – en raison de leur déracinement. Dans *Crucible of War* (2000) [Le creuset des guerres], l'historien Fred Anderson décrit que l'expulsion « rappelle d'une manière terrifiante les opérations de nettoyage ethnique d'aujourd'hui [...] exécutées avec une froideur et un calcul qu'on a rarement vus dans d'autres opérations de guerre. »

Les colons français, formant maintenant un peuple ayant acquis une nouvelle ethnicité, étaient dispersés dans les pays côtiers de l'Atlantique. Lorsqu'on s'arrête à toutes les horreurs commises en Amérique du Nord, le déracinement des Acadiens peut sembler moins abominable, certes, par comparaison au traitement que les États-Unis ont réservé aux Amérindiens et aux Africains, mais ses répercussions sont profondes.

La guerre de Sept Ans résulte d'un antagonisme entre la France et la Grande-Bretagne, dont les intérêts dans leurs empires coloniaux et commerciaux se chevauchaient. Ultimement, la Grande-Bretagne a expulsé ses rivaux français et espagnols des territoires contestés, s'appropriant une grande partie de la Nouvelle-France dans l'est du Canada, la Floride espagnole et certaines îles des Caraïbes.

Les Acadiens et un grand nombre de tribus d'Amérindiens ont été exclus des traités de paix qui ont suivi. Ne pouvant donc pas retourner sur leurs terres, ils ont dû chercher à s'établir ailleurs. Selon l'article 37 de la capitulation de Montréal par Vaudreuil (1760), « aucuns [...] Français, de ceux qui sont présentement en Canada [...] ne pourront être portés ni transmigrés dans les colonies anglaises, ni en l'ancienne Angleterre[11]. » Le général Jeffrey Amherst a écrit dans la marge : « Accordé, excepté à l'égard des Acadiens ».

L'article 54 comporte une restriction semblable : « Quant aux officiers de milices, aux miliciens et aux Acadiens qui sont prisonniers à la Nouvelle-Angleterre, ils seront renvoyés sur leurs terres[12] ». Le document prescrit aussi : « Accordé, à la réserve des Acadiens. » En fin de compte, tous ceux qui ont participé à la guerre ont été autorisés, sans restriction, à retourner pacifiquement sur leurs terres, sauf les Acadiens. Ces derniers ont par la suite été autorisés à retourner sur leurs terres ancestrales à la condition de prêter le serment d'allégeance. Incapables de reprendre leurs fermes ancestrales fertiles qui avaient déjà été données aux colons protestants de la Nouvelle-Angleterre, ceux qui sont retournés ou qui sont restés ont commencé à défricher la terre et à reconstruire dans des coins éloignés, dans les provinces maritimes actuelles du Canada.

Expulsés vers un grand nombre de ports reculés, les Acadiens ont été liés, malgré eux et à bien des égards, à des événements et à des concepts ayant une portée historique, comme l'impérialisme, les tentatives de réinstallation, le dépeuplement, la surpopulation, l'esclavage et, surtout, la Révolution américaine à laquelle ils ont participé activement. Encore aujourd'hui, l'histoire acadienne continue de s'écrire comme une longue errance qui subit encore les contrecoups des réalités de la modernité. Dans un effort soutenu visant à maintenir leur identité culturelle et les liens spirituels, les Acadiens de la diaspora se rassemblent dans le cadre du Congrès mondial acadien (CMA) depuis 1994. Organisé tous les cinq ans dans différentes régions à forte densité acadienne, cet événement d'une durée d'un peu plus de deux semaines célèbre de façon magistrale la culture et l'histoire acadiennes. En 2014, le Congrès a eu lieu dans l'Acadie des terres et forêts, une région englobant la triple frontière du Nouveau-Brunswick, du Québec et de l'État du Maine.

Bibliographie

ARSENAULT, Bona. *Histoire des Acadiens*, Ottawa, 1988.

BRASSEAUX, Carl A. *The Founding of New Acadia: The Beginnings of Acadian Life In Louisiana, 1765-1803*, Louisiana State University Press, 1987.

FARRAGHER, John Mack. *A Great and Noble Scheme*, New York, W.W. Norton and Co. Inc., 2005.

HODSON, Christopher. *The Acadian Diaspora*, Oxford University Press, 2012.

Notes de fin

1. Les Autochtones autrefois appelés Micmacs épellent maintenant leur nom ainsi : Mi'kmaw (au singulier) et Mi'kmaq (au pluriel). L'Union of Nova Scotia Indians [Union des Indiens de la Nouvelle-Écosse] et le Mi'kmaq Grand Council [Grand conseil de la Nation mi'kmaw] ont adopté cette graphie; ils demandent que tout le monde en fasse autant. Ces nouvelles épellations reflètent plus fidèlement la langue mi'kmaw

2. « La vérité sur la déportation des Acadiens » – article paru en anglais dans *L'Évangéline,* le 25 novembre et les 2 et 9 décembre 1897 – transcription de Fidèle Thériault — http://1755.ca/historio/ojagen.htm

3. « La vérité sur la déportation des Acadiens » – article paru en anglais dans *L'Évangéline,* le 25 novembre et les 2 et 9 décembre 1897 – transcription de Fidèle Thériault

4. Complément historique – *Chronologie de l'histoire du Québec, de l'Acadie et du Canada français,* Livre III : 1714-1763 http://www.jean-laurendeau.com/034_c3_1copmplementhist.html

5. « La vérité sur la déportation des Acadiens » – article paru en anglais dans *L'Évangéline,* le 25 novembre et les 2 et 9 décembre 1897 – transcription de Fidèle Thériault

6. Ibid.

7. Digue destinée à drainer les marais en bordure de la mer

8. « La vérité sur la déportation des Acadiens » – article paru en anglais dans *L'Évangéline,* le 25 novembre et les 2 et 9 décembre 1897 – transcription de Fidèle Thériault

9. *Pétition des droits* – Royaume-Uni – http://mjp.univ-perp.fr/constit/uk1628.html

10. Ibid.

11. Ce serait l'article 39 d'après le document intitulé *Articles de la capitulation de Montréal de 1760* — http://www.axl.cefan.ulaval.ca/francophonie/Montreal-capitulation-1760.htm

12. Ce serait l'article 55 d'après le document intitulé *Articles de la capitulation de Montréal de 1760*

LA REMARQUABLE HISTOIRE DÉMOGRAPHIQUE DU PEUPLE ACADIEN

Warren A. Perrin

Les Acadiens jouissaient du taux d'accroissement démographique le plus élevé en Amérique du Nord. Deux facteurs principaux pouvaient expliquer la taille et la santé des familles acadiennes : la stabilité de cette population et l'accès, dès l'enfance, à un approvisionnement constant d'aliments nutritifs. Le fait d'avoir beaucoup d'enfants était essentiel à la gestion et à l'expansion des entreprises agricoles. Dans les années 1730, le gouverneur de la Nouvelle-Écosse, Richard Phillips, souligne que « la forte croissance des Acadiens [...], comme la progéniture de Noé, se propage dans toute la province ».

Selon le mythe d'Évangeline, les Acadiennes étaient chastes, pures et vertueuses. Dans les faits, elles étaient émancipées, indépendantes, pragmatiques, travailleuses et très fécondes. La passion et la fécondité sont deux notions différentes, mais de toute évidence, les Acadiennes jouissaient des deux en abondance.

Au premier temps de l'Acadie, l'illégitimité faisait partie de la vie. Il existe des documents prouvant que certaines femmes ont engagé une action en justice pour établir la paternité de leur enfant, notamment l'affaire Broussard. Marie Daigle a demandé au Conseil de reconnaître que Joseph Beausoleil Broussard, mari d'Agnès Thibodeau, était le père biologique de l'enfant de sa fille. Marie Daigle a accusé Broussard d'avoir eu des rapports sexuels avec sa fille Mary qui a ensuite donné naissance à une fille. Elle représentait sa fille devant le Conseil.

La sage-femme qui a procédé à l'accouchement a dû prêter serment et rapporter que Mary, au moment des pires douleurs de l'enfantement, avait déclaré que Joseph Broussard était le père de son enfant. Le Conseil a tranché en faveur de Marie Daigle et a ordonné à Beausoleil de lui verser une pension alimentaire. Deux mois après le verdict, la mère de Beausoleil, Catherine Richard, a convaincu le Conseil de réduire la pension alimentaire. Plus tard, Jeanne Dupuis, la femme de Guillaume Blanchard, a offert de prendre l'enfant et de s'en occuper pour la modeste somme de cinq shillings par mois. Mary Daigle, confrontée à la possibilité de perdre son enfant, a dû renoncer à la pension alimentaire.

Les Acadiennes ont des lignées génétiques fécondes. Les mariages entre membres d'une même famille étant très fréquents en Acadie, près de la moitié d'entre eux exigeaient une dispense de l'Église catholique, dispense souvent attribuable à une grossesse prénuptiale, d'après les historiens.

Le taux de mortalité infantile au sein des familles acadiennes était faible. Les trois quarts de leurs enfants atteignaient l'âge adulte comparativement à la moitié, ailleurs en Amérique du Nord et en France. Les connaissances en matière de contraception naturelle permettaient de concentrer les naissances pendant les périodes les plus chaudes de l'année, ce qui augmentait les chances de survie de l'enfant. Les Acadiens avaient des familles nombreuses, et le fait que les différentes générations vivaient sous le même toit leur permettait d'unir leurs efforts et de se soutenir mutuellement. La plupart des maisons acadiennes n'avaient qu'une seule pièce, mais les parents disposaient d'un *cabinet à coucher* pour préserver leur intimité. Les longs hivers canadiens exposaient les Acadiens à des températures très froides — un climat propice aux relations intimes — et le grand nombre de descendants qui en résultaient fournissait la main-d'œuvre familiale. Ajoutons que les prêtres catholiques encourageaient les familles nombreuses afin de « répandre la parole de Dieu ». Les Acadiens surpassaient donc en nombre la population britannique, ce qui suscitait des craintes du côté de Londres.

La victoire remportée lors de la guerre de Sept Ans (1756-1763) a contribué à minimiser l'inquiétude des Britanniques quant au problème de la dénatalité. Les Français, en Europe, pendant une période de recrudescence nationaliste, ont analysé que leur défaite était en partie attribuable à une baisse de fécondité ayant entraîné la dénatalité. Selon eux, la faute en incombait autant à l'Église catholique qu'à l'armée française.

En démographie, la fécondité est la capacité de reproduction potentielle d'un individu ou d'une population. La fécondité est soumise aussi bien aux facteurs génétique qu'environnemental, et elle constitue la principale mesure de la forme physique. À l'époque, pour bon nombre de personnes, la réponse se trouvait dans l'émulation; ils se sont donc naturellement tournés vers la légendaire fécondité acadienne. Selon l'historien Christopher Hodson, le poète Diéreville aurait écrit cette strophe pour souligner leur étonnante capacité à procréer :

Ils n'ont plus qu'à peupler le monde
C'est ce qu'ils font aussi le mieux
Ne partageant point leur tendresse
Dès les premiers transports de la verte jeunesse
Ils font bien des enfants jusqu'à ce qu'ils soient vieux

Après l'exil, on a pensé que les Acadiens détenaient la clé pour résoudre le problème des Français apparemment impuissants. Selon Hodson, la question portait alors sur la façon de concrétiser ce qui leur semblait la solution. Certains décideurs ont voulu installer les 4 000 réfugiés acadiens au sein de colonies françaises comme la Guyane, Saint-Domingue (Haïti) et les Malouines. D'autres souhaitaient les réimplanter dans des villes françaises. D'autres encore, comme l'abbé Gabriel-François Coyer, suggéraient de les envoyer cultiver les terres agricoles disponibles, espérant non seulement l'accroissement du rendement des cultures, mais aussi celui de la population.

Le ministre d'État français, Choiseul, souhaitait établir une colonie acadienne à Belle-Ile-en-Mer, une île au large des côtes de la Bretagne. Cette île avait été prise par les Britanniques pendant la guerre, puis remise à la France en échange de l'île Minorque dans la Méditerranée. Le puissant ministre aurait déclaré à une personne accusée d'un crime grave à qui il accordait sa clémence que : « Sa Majesté [le roi Louis XV] accorde une protection spéciale à tous les Acadiens ».

Fait intéressant, les Acadiens étaient dorénavant considérés comme des personnes vertueuses et dignes de respect, non seulement pour leur fécondité, mais aussi pour leur dévouement au travail et leur loyauté envers leur patrimoine français. Au bout du compte, toutes ces idées furent mises en œuvre avec des résultats allant du simple échec à la catastrophe, résultats attribuables à une piètre planification, à une absence de soutien financier, aux climats intolérables ou aux sols pauvres. Comme ils l'avaient fait en Acadie, les Acadiens utilisèrent leur nouveau statut pour poursuivre leur but ultime : le retour en Amérique du Nord pour y bâtir la Nouvelle-Acadie.

Avant l'exil, l'influence mi'kmaw[1] sur l'ethnicité acadienne et l'accroissement démographique ne sont pas surestimés. Comme les premiers colons étaient des hommes, ils ont profité de la relative liberté sexuelle des femmes mi'kmaq célibataires. Les documents indiquent que de nombreux colons français en Acadie ont marié des femmes mi'kmaq, résultat du respect culturel mutuel et de l'information écologique commune.

Les Mi'kmaq avaient six règles relatives au mariage. Un, l'homme devait demander la permission à la famille. Deux, il devait résider dans la hutte familiale. Trois, il devait chasser et trapper uniquement pour la famille. Quatre, il devait rester avec la famille pendant au moins un an. Cinq, les relations intimes n'étaient permises qu'après le mariage. Six, l'homme devait démontrer sa capacité à subvenir aux besoins de sa famille. J'estime que ces coutumes autochtones furent généralement adoptées par les Acadiens, qu'elles ont contribué à la stabilité des mariages, et conséquemment, à mettre beaucoup d'enfants au monde et à leur enseigner à survivre en terre étrangère.

Le croisement de races a donné ce qu'on appelle les Métis (Mi'kmaw et Acadien). Certains prétendent qu'un Acadien serait même devenu chef d'une tribu en mariant la fille du chef. Ces relations interculturelles ont suscité la méfiance des autorités britanniques envers les Acadiens et, par conséquent, une loi a été adoptée leur interdisant de « pactiser avec les Indiens ». Selon l'historien mi'kmaw, Daniel Paul, de telles lois n'ont jamais été abrogées; elles existent donc toujours.

Le métissage avec le « noble sauvage » a engendré des moeurs sexuelles plus « libres ». Par exemple, quand un Mi'kmaw croisait un enfant né hors mariage, il y voyait un signe de fécondité, ce qui rendait cette femme plus désirable. Les Acadiens furent les premiers Européens à respecter la culture amérindienne. Hélas, comme le souligne John Mack Faragher dans *A Great and Nobel Scheme* (2005) [Un noble et grand projet], la déportation acadienne, en 1755, a détruit les possibles avantages à long terme qu'aurait suscités un lien étroit ininterrompu. Daniel Paul conclut que les Acadiens et les Mi'kmaq apprenaient à « conjuguer » le meilleur des deux mondes. Si cette association s'était poursuivie, on peut en conclure que les relations entre Européens et Amérindiens d'Amérique du Nord auraient été positivement différentes.

La professeure Amy H. Sturgis, auteure et spécialiste des Amérindiens, apparaît dans une série de courts métrages documentaires produits par l'*Institute of Human Studies* [Institut des sciences humaines]. Dans l'un d'entre eux, *The Expulsion of Acadians* (2012) [L'expulsion des Acadiens], elle souligne que la déportation revêt une grande importance pour deux raisons. Premièrement, c'est l'un des seuls nettoyages ethniques parrainés par un État européen en Amérique du Nord. Les Acadiens avaient créé beaucoup de richesse, et les Britanniques s'en sont emparés par la force. Cet événement précède la création des États-Unis d'Amérique, mais il met la table pour d'autres violations des droits de la personne, comme ce fut le cas du Sentier des larmes, en 1830, qui a signé l'expulsion des Amérindiens de leurs terres ancestrales.

Deuxièmement, la déportation acadienne marque la fin d'un possible changement historique. L'économie des Acadiens reposait sur le commerce, non sur les rafles. Ils avaient compris qu'ils étaient coincés entre deux grandes puissances, et comme ils commercèrent avec les deux, leur prospérité en fut d'autant plus grande. À l'instar des Mi'kmaq, ils prirent conscience qu'ils possédaient certains droits intrinsèques qu'aucun gouvernement ne pouvait leur enlever. Ils ont choisi la neutralité, ils sont donc devenus des révolutionnaires avant la lettre. Cette petite idée a donné naissance à de plus grandes idées; elle a préparé le terrain pour la Déclaration d'indépendance américaine qui fut signée en 1776. En s'élevant contre toute forme de tyrannie — de nature monarchique ou démocratique —, les Acadiens sont devenus des républicains classiques, dont la philosophie se fonde sur la conformité aux règles élémentaires de civisme.

La professeure Muriel K. Roy de l'Université de Moncton, dans son article *Peuplement et croissance démographique en Acadie*[2], relève un autre facteur important en matière d'accroissement de la population : celui de la nuptialité, c'est-à-dire la fréquence des mariages au sein d'une population. La nuptialité varie en fonction de l'âge moyen du premier mariage dans une société donnée et des structures par âge d'une population.

Manifestement, la nuptialité sera plus faible chez une population vieillissante que chez une population plus jeune. C'est un facteur important en matière de fécondité. De l'histoire européenne, il ressort que les types de nuptialité ont joué un rôle très important dans l'affaiblissement de la fécondité. Le mariage tardif et le célibat répandu sont des éléments qui réduisent le taux de fécondité. Par conséquent, la croissance de la population acadienne était élevée comparativement à celle de l'Europe. Les Acadiennes se mariaient à un âge relativement jeune (21 ans), alors qu'en France, l'âge moyen était de 25.

Les femmes acadiennes étaient délurées; elles étaient très différentes des puritaines du 18e siècle. Les Acadiennes aimaient danser et boire en compagnie des hommes « à la nuit tombée », et les tavernes étaient ouvertes les dimanches, même durant la célébration de la messe. Au jour de l'An, les hommes et les garçons allaient de maison en maison pour embrasser les femmes. On appelait cette manifestation le « nouveau départ ».

Selon Daniel Paul, les Mi'kmaq ont adopté cette coutume et tout le monde y prenait grand plaisir. Les femmes aimaient les chansons et les interactions sociales qui traduisaient leurs attitudes envers les hommes. Certaines paroles de chansons étaient lascives, car elles relataient la polissonnerie des femmes acadiennes. Les femmes étaient également actives au plan social et politique. Comme indiqué dans l'affaire Broussard, les femmes jouaient un rôle important au sein de leur société. Selon l'Acadienne Antonine Maillet, célèbre romancière, dramaturge et érudite, les femmes étaient parfois vulgaires et nettement plus sensuelles que leurs homologues d'autres sociétés limitrophes.

Enfin, l'isolement et un approvisionnement constant en aliments frais peuvent expliquer l'excellent état de santé des Acadiens. La professeure Roy constate que l'Acadie semble avoir été épargnée par les fléaux de la guerre, de la famine et des épidémies (seulement deux, en plus de 150 ans). La bonne santé des Acadiens ne favorisait pas uniquement une excellente fécondité, mais elle leur permettait aussi de vivre jusqu'à un âge avancé. Le désir et la fierté d'avoir une famille nombreuse ont perduré bien après que les Acadiens se furent installés en Louisiane. En 1938, en Louisiane, dans le cadre du Crowley Rice Festival, une récompense de 50 $ était remise à la famille la plus nombreuse.

Dans *Scattered to the Wind* (1991) [Semer aux quatre vents], Carl Brasseaux fait état des projections relatives aux taux de croissance chez les Acadiens de 1750 à 1975. Tenant compte du fait que la population acadienne a doublé tous les 25 ans, et dans l'hypothèse où la déportation n'aurait pas eu lieu, il affirme que l'Acadie aurait compté 7 680 000 personnes au cours de l'année 1975. Rappelons qu'aujourd'hui, on compte de trois à quatre millions d'Acadiens de par le monde. Manifestement, le nettoyage ethnique que les Britanniques ont pratiqué sur les Acadiens au milieu du 18e siècle se fait encore sentir au 21e siècle.

Nous avons constaté à quel point les Acadiens ont prospéré et proliféré avant l'exil, de même qu'ils ont survécu à leur dispersion. Tout cela est attribuable en grande partie au taux élevé de leur fécondité et à leur faculté d'adaptation. Même si l'assimilation croissante a assombri l'avenir culturel, l'intérêt des jeunes à maintenir vivant leur patrimoine acadien est en hausse. Il y a 30 ans, la professeure Roy écrivait : « Dans le passé, les ressources collectives, la volonté et la ténacité n'ont pas fait défaut aux Acadiens. Pourquoi l'avenir ferait-il mentir le passé? » Soyez assurés qu'il en va encore de même aujourd'hui.

Cinq illustres Acadiennes

Madeleine LeBlanc

Madeleine LeBlanc est une héroïne acadienne de Grand-Pré; elle faisait partie du premier contingent de colons installés dans la région de Baie Sainte-Marie. Elle est une des dix enfants de Pierre LeBlanc et de Marie Madeleine Babin (mariée en 1745 à Grand-Pré). La famille a été déportée en 1755, à Salem, au Massachusetts. En 1771, huit ans après le Traité de Paris, la famille LeBlanc, accompagnée de la famille de François Doucet, retourne en Nouvelle-Écosse. Leurs terres de Grand-Pré étant occupées par les colons anglais, ils trouvent refuge dans une région isolée au sud-ouest de la province, connue sous le nom de Baie Sainte-Marie. À leur arrivée sur l'île de Séraphin, ils se sont laissé aller au découragement à la vue de cette région densément boisée et au souvenir cuisant de tant de parents et d'amis déportés.

Donnant l'exemple, la jeune et courageuse Madeleine attrape une hache et attaque le premier arbre. La jeune héroïne s'adresse à tout le groupe avec détermination : « Nous avons assez pleuré, construisons-nous un abri pour la nuit ». Ces simples mots stimulèrent les familles et, grâce aux efforts communs, l'abri fut construit.

Stimulés sans relâche par Madeleine, quatre ans plus tard, en 1775, les premiers Acadiens obtenaient l'acte de propriété de 1735 arpents de terre. Par conséquent, les premières familles à s'établir à Pointe-de-l'Église furent celles des LeBlanc et Doucet. En 1975, un groupe de femmes de Baie Sainte-Marie fondèrent une association en son honneur. En 2000, l'association reçut son statut portant officiellement le nom de la Société Madeleine LeBlanc. Au début des années 1980, une pierre tombale en ardoise fut érigée en sa mémoire au cimetière Sainte-Marie, près de la plus grande église en bois de toute l'Amérique du Nord. Aujourd'hui, Pointe-de-l'Église héberge aussi l'Université Sainte-Anne, la seule université acadienne de la Nouvelle-Écosse.

Marguerite Cyr

Marguerite Blanche (Thibodeau) Cyr appelée affectueusement « tante Blanche » (1738-1810) est une héroïne acadienne originaire de Rivière-aux-Canards, à Grand-Pré. Elle s'installera plus tard dans le village de Grande Rivière (aujourd'hui Saint-Léonard au Nouveau-Brunswick). Petite-fille de René LeBlanc, notaire de Grand-Pré, elle se marie en 1758 à François-Joseph Cyr à l'âge de 20 ans. Après plusieurs années de fuite à l'époque des déportations, ils s'installent près d'Ekoupag, une mission amérindienne. Marguerite a mis au monde treize enfants, dont neuf ont survécu. En 1785, avec l'arrivée massive de loyalistes dans la région, la communauté acadienne se dirige alors vers le nord, le long de la rivière Saint-Jean, et fonde le village de Saint-David (aujourd'hui dans le Maine).

En 1797, à l'époque de la *misère noire* (grande famine), douze ans après la fondation de la colonie, tante Blanche se distingue par ses qualités de meneuse. Elle a 59 ans. L'automne précédent, l'hiver est arrivé prématurément et les récoltes ont peu donné. Au milieu de l'hiver, la colonie se retrouve avec peu à manger. Les hommes doivent partir chasser, mais une tempête fait rage pendant plusieurs jours, forçant les animaux et les chasseurs à se mettre à l'abri. Tante Blanche sait que certaines familles ont de quoi manger et d'autres pas. Elle se charge donc de regrouper les vivres et de les redistribuer. Malgré la tempête, elle se rend de maison en maison pour s'assurer que chaque famille a de quoi manger et pour s'occuper des malades. Elle est la tante d'un bon nombre de villageois, car elle est mariée à un Cyr, et les sept frères de cette famille ont quasiment peuplé la moitié de la

colonie : 120 enfants leur sont apparentés. Heureusement, tous les résidants survivent jusqu'à l'arrivée du groupe de chasseurs. Grâce au produit de la chasse, la colonie traverse cette épreuve saine et sauve.

Tante Blanche est révérée comme une sainte. Ses admirateurs lui demandent conseil pour tout et pour rien; elle soutient ceux qui lui demandent aide et réconfort, elle joue le rôle de guérisseuse et de médiatrice lors de différends entre les résidants. À sa mort, en 1810, on l'enterre dans le cimetière de Saint-Basile, au Nouveau-Brunswick. Un musée lui est dédié à Saint-David, dans le Maine.

Antonine Maillet

Antonine Maillet, née en 1929, à Bouctouche au Nouveau-Brunswick, est romancière, dramaturge et érudite. Reconnue comme la plus célèbre ambassadrice acadienne « non officielle », elle a parcouru le monde pour faire connaître sa culture.

Antonine Maillet obtient son baccalauréat et sa maîtrise ès arts à l'Université de Moncton. En 1970, elle complète son doctorat ès lettres à l'Université Laval de Québec. De 1971 à 1976, elle enseigne la littérature et le folklore à l'Université Laval et à Montréal. Elle a écrit plus de 30 livres dont la thématique est acadienne.

Son célèbre personnage, *La Sagouine,* d'abord connue à la radio, a migré au théâtre où elle s'est imposée en Amérique du Nord et en Europe. Le livre qui lui est consacré a été traduit en huit langues. Depuis l'écriture de cette pièce à un personnage, il y a 40 ans, elle a été jouée quelque 3000 fois par la talentueuse comédienne acadienne, Viola Léger.

Un village touristique à Bouctouche, *Le Pays de La Sagouine,* se classe parmi les sites plus fréquentés du Nouveau-Brunswick. En 1979, le roman d'Antonine Maillet, *Pélagie-la-Charrette,* inspiré du retour d'exil des Acadiens, a remporté 15 prix, notamment le prestigieux Prix Goncourt décerné pour la première fois à un écrivain hors de France. Ce livre a été traduit en 12 langues.

Elle s'est mérité plusieurs distinctions, elle est notamment compagnon de l'Ordre du Canada, décorée de l'Ordre du Nouveau-Brunswick; elle a reçu la Médaille Lorne Pierce de la Société royale du Canada. En France, elle a été reçue officière de l'Ordre de la Légion d'honneur, commandeure de l'Ordre des Arts et des Lettres et de l'Ordre national du Mérite. Elle a reçu 29 doctorats honorifiques d'universités du Canada, des États-Unis et de France. De 1989 à 2000, elle a été chancelière émérite de l'Université de Moncton, première femme à occuper cette fonction. Une rue de Montréal porte son nom.

Édith Butler

Édith Butler, née en 1942 à Paquetville, au Nouveau-Brunswick, est une auteure-compositrice-interprète acadienne. Ethnologue de formation, cette chanteuse de folk réputée a souvent été qualifiée de « mère de la musique acadienne ».

Depuis sa première apparition dans la populaire émission de télévision, *Sing Along Jubilee*, coanimée par Anne Murray et John Allen Cameron, elle a joué dans plusieurs festivals folks aux É.-U. Elle a notamment partagé la scène avec des légendes telles que Bob Dylan, Joni Mitchell, Gordon Lightfoot et Buffy Sainte-Marie. Elle a joué au Japon (500 spectacles), en France, en Suisse, en Belgique, aux États-Unis et au Canada.

Elle a enregistré 28 albums solos qui se sont vendus à deux millions d'exemplaires, dont cinq disques d'or et trois, platine. Tiré d'épisodes de sa vie, de ses rêves et de ses aspirations, son dernier album, *Le Retour,* est rempli de tendresse. Conteuse hors pair, Édith Butler fait revivre avec passion et humour la tragique histoire des Acadiens. Elle a reçu maints honneurs et distinctions, notamment l'Ordre du Canada, le Grand Prix de l'Académie Charles Cros à Paris, le prix Helen Creighton pour l'ensemble de sa carrière, le prix du gouverneur général pour les arts de la scène, le prix Félix pour la meilleure performance sur scène et le prix Nellie pour la meilleure performance radiophonique. Elle a reçu trois doctorats honorifiques d'universités canadiennes. Elle a contribué de façon remarquable à la culture acadienne. Voici ce qu'en dit Antonine Maillet : « Édith Butler nous livre un visage du monde que sans elle nous n'aurions pas connu ».

Aldéa Landry

Aldéa Landry, née en 1945 à Sainte-Cécile, au Nouveau-Brunswick, est une politicienne, une avocate et une personnalité publique. Présidente de l'Association libérale du Nouveau-Brunswick, elle est devenue la fidèle conseillère, tout comme son mari Fernand, de Frank McKenna dès son élection comme chef du parti, en 1985.

En 1987, elle est élue à l'Assemblée législative; elle a occupé les fonctions de vice-première ministre, de ministre des Affaires intergouvernementales et de ministre des Pêches par intérim dans l'équipe du premier ministre Frank McKenna. Elle était la personne-ressource de McKenna pendant les négociations de l'Accord du lac Meech et la présidente du Nouveau-Brunswick au Conseil de l'unité canadienne. Plus tard, M. McKenna l'a nommée coprésidente à la commission royale d'enquête sur l'éducation au Nouveau-Brunswick.

De 1997 à 1999, Aldéa Landry fut présidente du Conseil économique des provinces de l'Atlantique. En 2004, elle a reçu un doctorat honorifique en lettres (humanités) de l'Université Mount Saint Vincent. Elle a également occupé la fonction de directrice de la Banque du Canada et, le 24 juin 2005, elle a été nommée au Comité de surveillance des activités de renseignement de sécurité et au Conseil privé de la Reine pour le Canada.

Le 21 novembre 2006, elle est devenue membre d'un comité consultatif établi par le premier ministre Stephen Harper afin de déterminer les options relatives au renouvellement et à l'avenir de la fonction publique. Elle est la première femme nommée chancelière de l'Université Sainte-Anne à Church Point, en Nouvelle-Écosse. En 2006, elle a été décorée de l'Ordre du Canada.

Cinq illustres Cadiennes

Scholastique Breaux

Scholastique « Picou » Breaux (1796-1846) a fondé la Ville du Pont des Breaux à l'âge de 33 ans. Cadienne déterminée, Scholastique a dessiné le plan de la ville, incluant les terrains pour l'école et l'église, et une carte détaillée de la zone, y compris le pont construit par son défunt mari. Plus tard, elle s'est mise à vendre des lots. La ville a été fondée officiellement le 5 août 1829. Une sculpture de bronze de Scholastique Breaux, réalisée par Celia Guilbeau Soper (arrière-arrière-petite-fille de Scholastique Breaux), fut installée en 1997 dans le parc urbain de Breaux Bridge.

Cléoma Breaux-Falcon

Cléoma Breaux-Falcon (1906–1941), musicienne et chanteuse, a enregistré le premier disque cadien avec son mari, Joseph Falcon, à La Nouvelle-Orléans, le 27 avril 1928. La chanson qui s'intitulait *Lafayette* ou *Allons à Lafayette* s'est bien vendue, ce qui a entraîné l'enregistrement d'autres musiciens cadiens.

Bien qu'elle jouât une impressionnante variété d'instruments, Cléoma a contribué principalement à la musique cadienne comme guitariste et chanteuse. Sa voix émouvante et sa guitare rythmique ont établi les normes de la musique cadienne encore en vigueur aujourd'hui. Comme l'ont affirmé les historiens Ryan Brasseaux et Kevin Fontenot, elle collait parfaitement à l'époque des années 1920 et aux nouveaux rôles joués par les femmes, à l'opposé de l'époque précédente où les femmes étaient confinées au foyer.

Soeur Helen Prejean

Soeur Helen Prejean, née en 1939, à Baton Rouge, est une femme respectée qui milite pour l'abolition de la peine de mort. En 1957, elle s'est jointe aux Sisters of Saint Joseph of Medaille (maintenant Congregation of St. Joseph). En 1962, elle a obtenu un baccalauréat ès arts en anglais et en éducation au Dominican College de St Mary, à La Nouvelle-Orléans. En 1973, elle a obtenu une maîtrise ès arts en éducation religieuse à l'Université Saint Paul d'Ottawa, au Canada. Elle a été directrice de l'éducation religieuse dans la paroisse St Frances Cabrini à La Nouvelle-Orléans, directrice de la formation dans sa communauté religieuse et enseignante dans une école secondaire.

Elle a commencé à militer pour l'abolition de la peine de mort à La Nouvelle-Orléans, en 1981, quand une connaissance lui a demandé de correspondre avec un homme condamné pour meurtre, Elmo Patrick Sonnier, incarcéré au pénitencier de l'État de la Louisiane. Il avait été condamné à mort par électrocution. Elle lui a rendu visite en prison et a accepté d'être sa conseillère spirituelle jusqu'à son exécution. Cette expérience lui a permis de mieux connaître le processus relatif aux exécutions, ce qui l'a conduite à dénoncer la peine capitale.

À la même époque, elle fondait « Survive », une organisation dédiée au soutien des familles des victimes de violence. Helen Prejean a depuis accompagné bon nombre de condamnés à mort et assisté à plusieurs exécutions. De 1993 à 1995, elle a présidé, à l'échelle nationale, la *National Coalition to Abolish the Death Penalty* [Coalition nationale pour l'abolition de la peine de mort].

Helen Boudreaux

Helen Boudreaux, née en 1939 à Catahoula, est une compositrice-interprète cadienne. Elle est la fille d'un métayer qui travaillait aux champs pour faire vivre sa famille. Guitariste autodidacte, elle a composé et interprété des chansons cadiennes toute sa vie. Elle a soutenu de jeunes musiciens cadiens.

Elle a été mise en nomination à cinq reprises par la *Cajun French Music Association* (CFMA) [Association de la musique cadienne française] comme interprète féminine de l'année; elle a remporté le prix à trois reprises. La CFMA lui a aussi remis un prix pour l'ensemble de sa carrière. Active dans le domaine de la préservation et de la promotion de la langue française cadienne, Helen Boudreaux est la mère de huit enfants. Elle compte aussi 23 petits-enfants et 12 arrières-petits-enfants. Elle a été conductrice de poids lourds pendant plusieurs années. Elle a écrit son autobiographie et enregistré quatre albums de musique cadienne et country. Le Musée acadien d'Erath en Louisiane l'a déclarée « légende vivante ».

Kathleen Babineaux-Blanco

Kathleen Babineaux-Blanco est née en 1942 à New Iberia, en Louisiane. Elle fut la première femme à siéger à titre de gouverneure (54e) de la Louisiane, de 2004 à 2008.

Elle a prêté serment en anglais et en français. De 1996 à 2004, alors qu'elle effectuait deux mandats en qualité de lieutenante-gouverneure, elle a contribué à développer des relations avec les francophones du monde entier et, en 1999, elle accueillait le deuxième Congrès mondial acadien en Louisiane. En 2004, elle a participé au troisième Congrès mondial acadien en Nouvelle-Écosse.

À la fin de son mandat, malgré le bouleversement engendré par les ouragans Katrina et Rita, elle avait atteint tous les objectifs qu'elle s'était fixés, en particulier celui de privilégier les investissements au profit de l'éducation, de la prématernelle à l'université. Elle a attiré plusieurs entreprises en Louisiane; elle a aussi fourni le financement et les politiques nécessaires pour jeter les bases du rétablissement des côtes de la Louisiane.

Bibliographie

FARAGHER, John Mack. *A Great and Nobel Scheme,* New York, W.W. Norton and Co. Inc. (2005)

ROY, Muriel K. « Peuplement et croissance démographique en Acadie », article paru dans *Les Acadiens des Martimes*, publié sous la direction de Jean Daigle, Université de Moncton (1980)

BRASSEAUX, Ryan, et Kevin Fontenot. Article « Cleoma Breaux Falcon » dans *Louisiana Women* (2009).

Notes de fin

1. Les Autochtones de la côte est canadienne autrefois appelés Micmacs épellent maintenant leur nom ainsi : Mi'kmaw (au singulier) et Mi'kmaq (au pluriel). L'Union of Nova Scotia Indians [Union des Indiens de la Nouvelle-Écosse] et le Mi'kmaq Grand Council [Grand conseil de la Nation mi'kmaw] ont adopté cette graphie; ils demandent que tout le monde en fasse autant. Ces nouvelles épellations reflètent plus fidèlement la langue mi'kmaw

2. Article paru dans *Les Acadiens des Martimes*, publié sous la direction de Jean Daigle, Université de Moncton (1980)

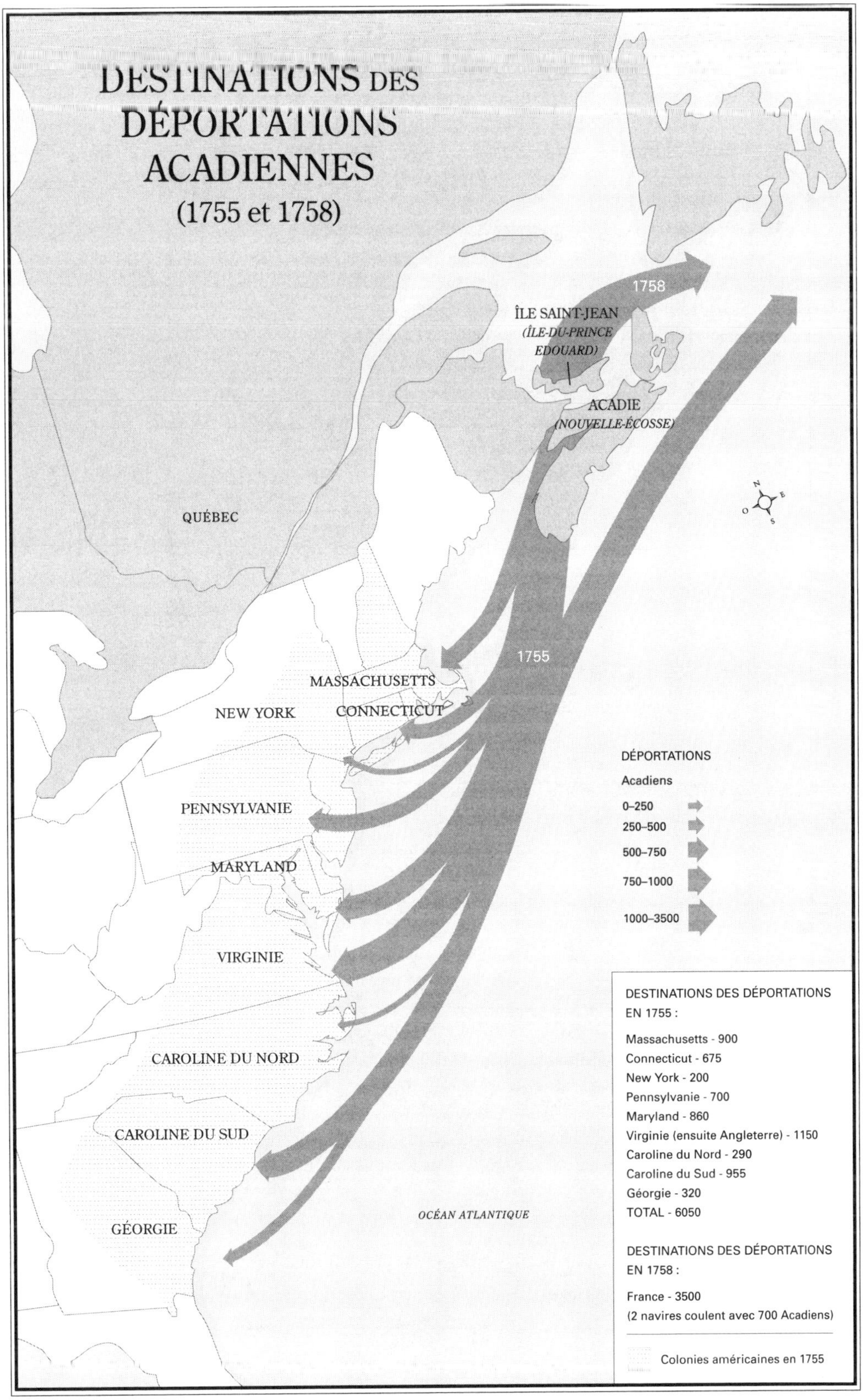
DESTINATIONS DES DÉPORTATIONS ACADIENNES (1755 et 1758)
1758
ÎLE SAINT-JEAN
(ÎLE-DU-PRINCE EDOUARD)
ACADIE
(NOUVELLE-ÉCOSSE)
QUÉBEC
1755
MASSACHUSETTS
NEW YORK
CONNECTICUT
PENNSYLVANIE
MARYLAND
VIRGINIE
CAROLINE DU NORD
CAROLINE DU SUD
GÉORGIE
OCÉAN ATLANTIQUE
DÉPORTATIONS
Acadiens
0–250
250–500
500–750
750–1000
1000–3500
DESTINATIONS DES DÉPORTATIONS EN 1755 :
Massachusetts - 900
Connecticut - 675
New York - 200
Pennsylvanie - 700
Maryland - 860
Virginie (ensuite Angleterre) - 1150
Caroline du Nord - 290
Caroline du Sud - 955
Géorgie - 320
TOTAL - 6050
DESTINATIONS DES DÉPORTATIONS EN 1758 :
France - 3500
(2 navires coulent avec 700 Acadiens)
Colonies américaines en 1755

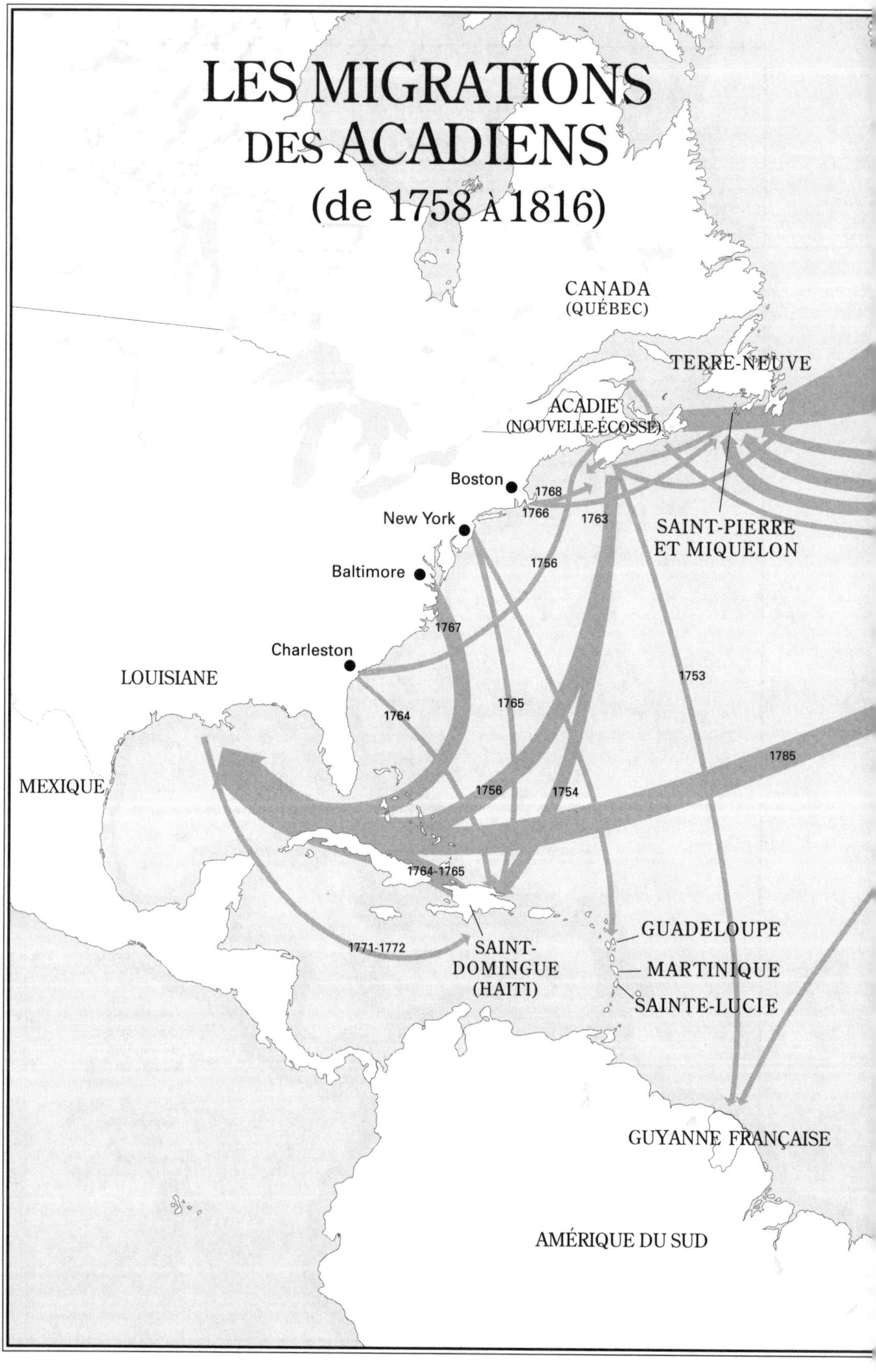
LES MIGRATIONS DES ACADIENS
(de 1758 À 1816)
CANADA
(QUÉBEC)
TERRE-NEUVE
ACADIE
(NOUVELLE-ÉCOSSE)
Boston
New York
Baltimore
Charleston
SAINT-PIERRE
ET MIQUELON
LOUISIANE
MEXIQUE
1768
1766
1763
1756
1767
1753
1765
1764
1785
1756
1754
1764-1765
1771-1772
SAINT-
DOMINGUE
(HAITI)
GUADELOUPE
MARTINIQUE
SAINTE-LUCIE
GUYANNE FRANÇAISE
AMÉRIQUE DU SUD

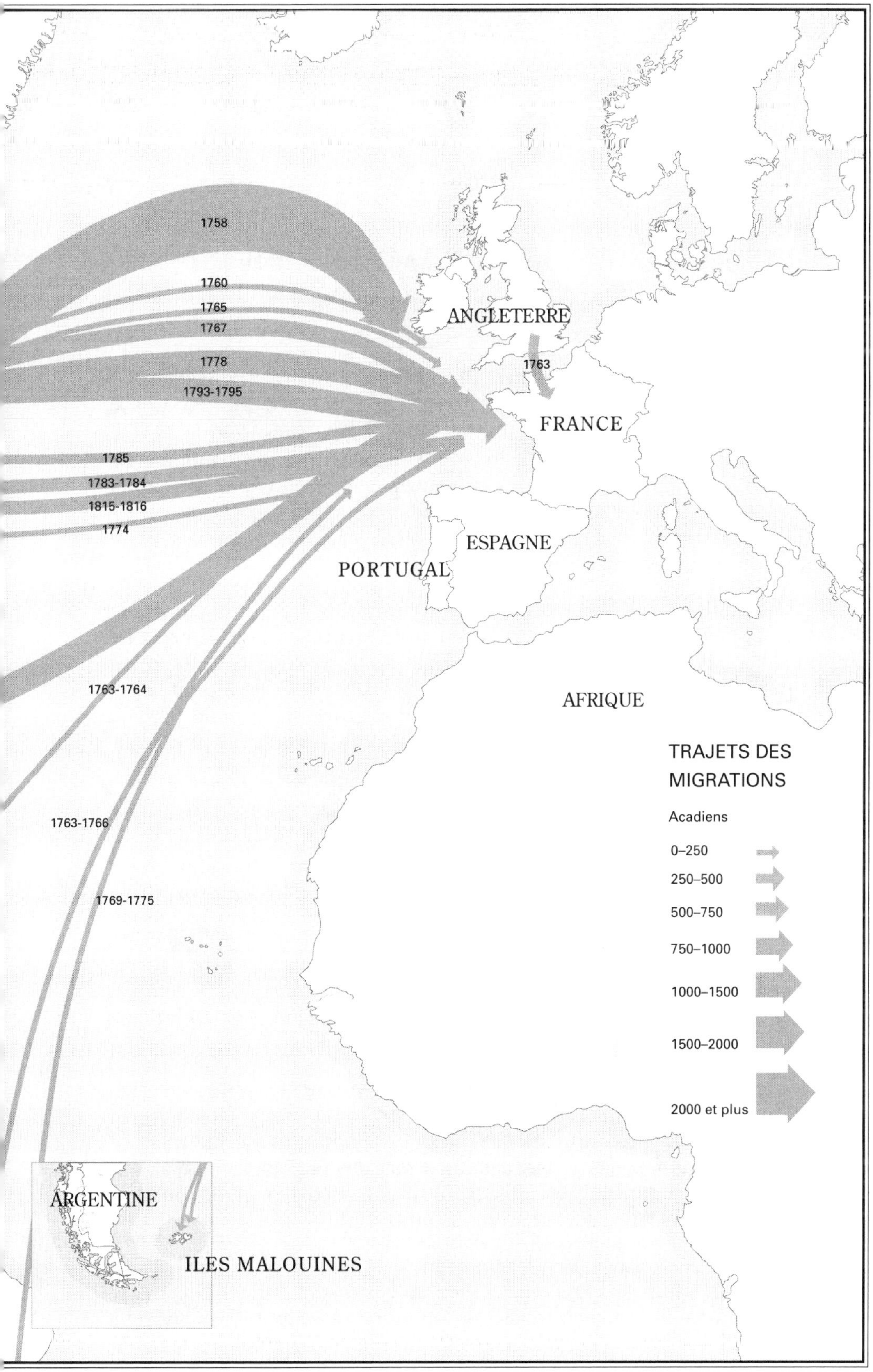
ANGLETERRE
FRANCE
ESPAGNE
PORTUGAL
AFRIQUE
ARGENTINE
ILES MALOUINES
1758
1760
1765
1767
1778
1793-1795
1763
1785
1783-1784
1815-1816
1774
1763-1764
1763-1766
1769-1775
TRAJETS DES MIGRATIONS
Acadiens
0–250
250–500
500–750
750–1000
1000–1500
1500–2000
2000 et plus

Les retombées contemporaines de la diaspora acadienne

Barry Jean Ancelet

Les diasporas sont un phénomène étrange. Elles représentent la dispersion d'une communauté humaine causée par des événements tragiques ou catastrophiques. Néanmoins, elles finissent souvent par produire de nouvelles communautés importantes, de même que des communautés sociales et culturelles hybrides qui survivent et même s'épanouissent, en grande partie grâce à l'innovation et à l'adaptation que requiert cette survie.

La Nouvelle-Orléans a vu récemment la formation d'une telle diaspora provoquée par la dévastation laissée par l'ouragan Katrina, en 2005, quand les résidants ont dû migrer vers Phoenix, Salt Lake City et Cape Cod. D'autres migrations massives (forcées ou volontaires) ont eu un effet sur la culture et la structure sociale de la nation. La présence d'un si grand nombre de races et d'ethnies au sein de la population du continent résulte de l'immigration d'Européens, d'Africains et d'Asiatiques.

Après la guerre de l'Indépendance, les descendants des fondateurs des treize colonies originelles mettent le cap vers l'ouest et franchissent les Appalaches, déplaçant les Amérindiens qui y vivent. Après l'achat de la Louisiane et la guerre de 1812, de nouvelles vagues de gens affluent dans le centre du pays.

En 1830, on a recours à l'*Indian Removal Act* [Loi sur l'exclusion des Indiens] pour expulser un nombre indéterminé d'Amérindiens de leurs terres ancestrales vers des territoires inconnus, à l'autre bout du continent, y compris les Cherokees qui sont envoyés sur l'infâme « Sentier des larmes » en Oklahoma où ils se convertissent en cowboys.

Après la guerre de Sécession, un nombre indéterminé d'anciens esclaves remontent vers le Nord, tandis que beaucoup d'autres se dirigent vers l'Ouest. Après la grande inondation du Mississippi de 1927, d'autres habitants du Sud migrent dans le Nord. Lors de la Grande Crise, des habitants des régions semi-arides et du Sud partent dans toutes les directions. Après la Deuxième Guerre mondiale, des habitants des régions rurales vont s'établir dans les villes.

Chaque fois, ceux qui migrent apportent des pans de leur culture. Ils exercent une influence sur leur nouveau milieu de vie et sont influencés par celui-ci. Ils font partie de la scène culturelle en constante évolution. Des endroits comme Chicago et New York, par exemple, sont devenus d'importants centres de création de nouvelles versions de blues et de jazz, Detroit a produit le *Motown*, les villes de Bakersfield et d'Austin sont devenues les foyers de variantes fascinantes de la musique country.

En ce qui concerne plus particulièrement la Louisiane, des Cadiens et des Créoles[1] se rassemblèrent dans le sud-est du Texas, à Houston, et dans la région de la baie de San Francisco, en Californie, au début du 20e siècle. Ils y fondèrent des salles de danse et des restaurants où la musique et la nourriture du sud de la Louisiane prirent de nouveaux accents et de nouvelles saveurs. Lors du ralentissement du secteur pétrolier dans les années 1980, des Cadiens et des Créoles ont cherché de l'emploi et un refuge dans des centres urbains comme Atlanta et Denver, où ils ont continué eux aussi à célébrer leur musique et leur cuisine.

D'une part, les cultures acadienne et cadienne ont survécu en marge de la société en résistant au changement. D'autre part, elles se sont épanouies dans la marge grâce à un sentiment d'identité étonnamment fort et à une habile stratégie de survie qui intégrait le changement. Il y a plusieurs raisons à cela. Selon mon collègue, Carl Brasseaux, entre 50 % et 70 % des paysans français, qui à la longue devinrent des Acadiens, provenaient d'un rayon de 32 km autour de Loudun, dans le nord de la province du Poitou.

Ce fait démographique, établi au terme d'un examen exhaustif des premiers documents coloniaux, contribue à expliquer la très forte résilience de l'identité culturelle et sociale des Acadiens. Lorsque les Britanniques les déportèrent de la Nouvelle-Écosse en 1755, c'était dans l'intention exprimée de les disperser dans les colonies britanniques de telle façon qu'ils soient absorbés dans la société d'accueil et y perdent leur culture. Cela ne s'est pas produit. Au lieu de l'éliminer, l'exil a galvanisé l'identité acadienne.

Les Acadiens qui arrivèrent en Louisiane entre 1764 et 1788 allaient se dissoudre, croyait-on, dans la société créole française. Cela ne s'est pas produit. Ils préservèrent leur spécificité culturelle et sociale, bien après les périodes française et espagnole. Sous la pression du nationalisme farouche qui accompagnait la Première Guerre mondiale, on s'attendait à ce qu'ils se fondent dans le creuset américain. Cela ne s'est pas produit. Les Cadiens trouvèrent des moyens de négocier le courant dominant et de continuer à célébrer leurs traditions et leur langue. Ceux qui vivaient dans les paroisses du sud-ouest de la Louisiane, touchées récemment par l'ouragan Rita, s'y trouvaient parce qu'ils y étaient revenus et avaient reconstruit leurs foyers après le passage d'Audrey.

Dans le même ordre d'idée, voici une histoire intéressante. Boudreaux hébergeait deux anciens compagnons de l'armée chez lui, pendant quelques jours, l'un de New York et l'autre du Missouri. Pendant qu'il leur faisait visiter le vieux domaine familial qu'il venait d'hériter de son père, ils se sont retrouvés devant une vieille grange abandonnée. L'un d'eux a ouvert la porte et ils ont vu un ancien tracteur figé dans la rouille et recouvert de toiles d'araignée. Le gars de New York a suggéré : « Téléphonons à un musée. » Le gars du Missouri a proposé : « Téléphonons à un magasin d'antiquités. » Boudreaux a plutôt téléphoné à son beau-frère. Trois jours plus tard, il débroussaillait son pâturage avec ce tracteur.

En 1803, la France vend la Louisiane aux jeunes États-Unis. Le gouvernement fédéral et plus tard celui de l'État de la Louisiane ont déployé un éventail de mesures en vue de nous américaniser, notamment en remplaçant notre langue maternelle par l'anglais, langue de l'avenir. Ces mesures visaient à éradiquer le sentiment d'identité tenace qu'avaient forgé nos ancêtres acadiens dans le creuset du Nouveau Monde, et ce, dès le début du 17e siècle. Ce sentiment d'identité fut ensuite galvanisé par un certain nombre de traumatismes sociaux, dont le Grand Dérangement et plus tard par une succession quasi ininterrompue d'ouragans, d'inondations, de sécheresses, de crises économiques et de guerres. Ajoutons à cela les effets « américanisants » de certaines périodes de prospérité dans les domaines de l'agriculture, du pétrole ou de l'économie de guerre, l'amélioration des transports et l'éducation publique.

Récemment, certains chercheurs, depuis des historiens comme Shane Bernard jusqu'aux anthropologues comme Marc David, ont affirmé que ces facteurs ont influé sur l'identité cadienne contemporaine beaucoup plus directement que les événements de 1755, et que l'on trouve bien peu de traces d'une identité acadienne transmise traditionnellement chez les Cadiens. C'est peut-être le cas, pourtant nous voici rendus au début du 21e siècle et nous nous identifions encore comme des Cadiens et des Acadiens.

Divers facteurs survenus au cours du 20e siècle ont indéniablement suscité un regain d'intérêt pour la relation entre Cadiens et Acadiens. En 1913, le tournage du film muet *Évangeline* en Nouvelle-Écosse et d'une autre version de ce film, en Louisiane en 1919, renforce et élargit les effets du poème écrit par Longfellow jusqu'à donner naissance à l'industrie du tourisme culturel. Les commémorations du bicentenaire de la Déportation, en 1955, ramènent les questions acadiennes à l'avant-plan et permettent aux Cadiens de renouer des liens avec les Acadiens. Ces liens vont se resserrer davantage grâce aux Congrès mondiaux acadiens qui se tiennent aux cinq ans depuis 1994.

Parallèlement, il est également indéniable que la culture cadienne contemporaine a, à sa façon, évolué de l'identité acadienne à l'identité cadienne au fil des siècles, comme l'historien Carl Brasseaux l'a clairement démontré dans ses recherches. Durant le premier Congrès mondial acadien tenu à Moncton en 1994, des représentants de la diaspora acadienne venus de régions éloignées se rassemblèrent pour célébrer leur identité tenace. Dans un premier temps, les émouvantes réunions incitèrent de nombreux participants à s'intéresser surtout à leurs points communs, y compris les noms de famille, les traits de langage et les modèles de coopération sociale. Mais il devint vite évident qu'à bien des égards, la cuisine et la musique par exemple, les cultures acadienne et cadienne avaient évolué au-delà du cadre de leurs origines communes.

Tels des jumeaux séparés à l'adolescence et réunis plus tard, les participants aux volets « conférences » et « réunions de famille » comprirent que leurs ressemblances, tout comme leurs différences, étaient importantes et méritaient qu'on s'y intéresse. Ce que nous avons en commun malgré des siècles de séparation a sans doute une importance déterminante dans notre ADN culturel. Les différences que nous avons fini par cerner reflètent également d'importantes influences qui nous ont marqués dans nos milieux respectifs. C'est la dualité entre l'hérédité et l'environnement à l'échelle sociétale. Les relations qui s'éta-

[illegible] de ces rassemblements acadiens ont renouvelé, ou peut-être carrément réinventé les véritables liens affectifs, dans l'esprit de ce que Louder et Waddell ont appelé « l'archipel retrouvé ».

Si nous avons réussi à survivre, c'est peut-être parce que nous avons appris à négocier la marge en nous adaptant constamment et en apportant des solutions novatrices aux pressions des cultures qui dominent dans nos milieux respectifs. Malgré tout le respect dû au personnage fictif, et néanmoins omniprésent d'Évangeline, sa réaction de patience passive à toute épreuve est loin d'être le modèle qui nous a permis de nous rendre jusqu'ici. Dans la réalité, nos ancêtres recréèrent une société avec les maigres ressources dont ils disposaient, réussissant adroitement à tracer leur chemin dans les moments difficiles comme dans les moments heureux. L'héroïsme discret dont ils ont fait preuve est beaucoup plus représentatif de ce qui a fonctionné; la persistance et la résistance de cette forme d'héroïsme ont parfois été directes, plus souvent indirectes, et caractérisées par une sorte de judo socioculturel.

Depuis 1755, les experts ont sans cesse prédit notre mort imminente sous l'effet de l'acculturation et de l'assimilation, et surtout la nôtre, ici, en Louisiane. On nous l'a prédit lors de la vente de notre territoire en 1803, de la guerre de 1812, après la guerre de Sécession, puis à nouveau après la Première Guerre mondiale, et après 1916 quand l'État a interdit l'usage du français dans son système d'éducation publique obligatoire, en 1921 après la révision de la Constitution de l'État qui élimina le statut légal du français, lors de l'inondation de 1927 qui donna lieu à un déluge d'aide et d'influence — en anglais — de partout au pays, renforcé par une autre vague d'aide et d'influence nationales après le krach économique de 1929 et le développement de l'industrie pétrolière, dans les années 1930, développement qui entraîna un autre afflux d'influences et d'argent « américanisants », et lors de la Deuxième Guerre mondiale qui ajouta encore une autre couche d'américanisation. Alouette!

Et pourtant, certains d'entre nous sont encore debout, faisant mentir les prédictions de linguistes, de sociologues et de politiciens par leur simple présence tenace. Journalistes et chercheurs me demandent souvent quelles sont, de façon réaliste, les chances de survie du français chez nous. J'en suis venu à penser que la véritable question est plutôt la suivante : comment se fait-il qu'il reste encore, ne serait-ce que des traces de français après tous les efforts systématiques et organisés visant à l'éradiquer? Et pourtant, nous sommes encore là, moins qu'avant il est vrai, mais encore là, malgré tout. Sans même parler de nous aider, je me demande parfois ce qui se passerait si seulement ils cessaient de nous nuire.

L'esprit d'adaptation au cœur de notre survie peut s'observer dans bon nombre d'expressions culturelles et sociales. Pensons par exemple à l'évolution contemporaine des maisons et des mets cadiens, évolution caractérisée par l'inclusion de porches et de piments, deux éléments qui reflètent l'apport continu de notre contexte en constante évolution. Les maisons dites cadiennes sont les réponses concrètes au climat radicalement différent que les exilés nouvellement arrivés trouvèrent dans le sud de la Louisiane, dont les plus importantes furent inspirées par les Créoles africains. Pour garder l'humidité et la chaleur à l'extérieur, on souleva les maisons du sol en les construisant sur pilotis. Les porches protégeaient les murs extérieurs du soleil et procuraient une surface habitable extérieure bien aérée. Les portes et fenêtres étaient conçues pour procurer autant de ventilation transversale que possible dans les surfaces habitables toutes simples des premières maisons.

Certaines de ces caractéristiques ont été stylisées dans ce qui est maintenant convenu d'appeler les maisons de style acadien. Le rapport avec les Acadiens est parfois minime, car les Cadiens vivent dans des maisons en rangée, des immeubles à appartements, des parcs de maisons mobiles et des lotissements luxueux.

Il est ironique que le *gombo* et le riz en sauce, parmi les mets les plus emblématiques de la culture cadienne, doivent tous deux leur existence, en Louisiane, à la culture créole africaine. Selon une blague populaire, un vrai Cadien est quelqu'un qui peut, d'un simple coup d'œil sur un champ de riz, déterminer combien de sauce il faudra pour le recouvrir. On utilise souvent le *gombo* comme métaphore du métissage culturel qui s'est produit dans le sud de la Louisiane. Ce processus a façonné les maisons dans lesquelles nous vivons, les plats que nous mangeons, les histoires que nous racontons et la musique sur laquelle nous dansons.

Le terme « cadien » est utile pour désigner les résultats de cette créolisation de la culture acadienne. Et ce processus continue de produire des innovations culinaires telles que les pâtés impériaux aux écrevisses, les *tamales* aux écrevisses, le roux au micro-ondes et certains plats qui défient l'imagination. Pendant ce temps, nous pouvons aussi nous régaler de hamburgers et de poulet frit arrosés de thé glacé et de *Dr Pepper* sans avoir l'impression de renier notre « cadianité ».

La musique cadienne constitue une autre importante version de la créolisation culturelle, un exemple patent de la négociation culturelle cadienne. Dans ce domaine, non seulement nous avons survécu dans la marge, mais nous avons même prospéré en dansant dans la marge et en débordant de la marge, intégrant des influences musicales de sources extérieures et improvisant de nouveaux styles à partir de l'intérieur. Pour fonctionner de façon optimale, ce processus doit être organique et continu; il doit préserver et créer en même temps, produisant une musique qui à la fois étonne par sa nouveauté et rassure par sa familiarité. Comme Dewey Balfa l'a exprimé de façon si éloquente : « La tradition n'est pas un produit, mais un processus. Elle est comme un arbre : il faut arroser les racines pour faire pousser les branches. Les deux sont importantes. »

En fin de compte, la diaspora des Acadiens entraîna la dispersion de nos ancêtres dans des endroits éloignés où ils ont appris à évoluer pour survivre. Ce processus a produit des versions de la culture acadienne que l'on pourrait considérer comme assimilées. Richard Guidry a provoqué de nombreux remous, en 1978, lors de la Conférence sur l'Acadie tenue dans un haut lieu du savoir qui s'appelle ironiquement l'Université de Moncton (le général Monckton déporta les Acadiens de cette région). Il a affirmé que la perte de la langue n'était pas la seule forme d'assimilation, laissant entendre que les Acadiens du Québec étaient peut-être tout aussi assimilés que les Cadiens de la Louisiane.

Malgré les différences entre les communautés auxquelles les Acadiens de la diaspora ont donné naissance, le sentiment d'appartenance des Acadiens et leurs formes de coopération sociale semblent en effet remarquablement résilients. Il est peut-être vrai, comme l'ont souligné Maurice Basque et d'autres personnes des provinces maritimes, que l'Acadie doit se situer géopolitiquement pour exister vraiment. Néanmoins, je serais porté à croire que la persistance de l'identité acadienne, dans la plupart des lieux où nous avons abouti, constitue peut-être notre plus grande victoire sur ceux qui essayèrent de nous éliminer en tant que peuple, lors de ce que le chercheur John Mack Faragher a décrit comme rien de moins qu'une tentative de nettoyage ethnique. Au lieu de déraciner la nation acadienne, ces personnes ne firent que disperser ses graines involontairement dans de nombreux endroits où elles produisirent une grande diversité de formes évoluées.

Ce revirement positif de notre histoire n'est vrai que si nous continuons de reconnaître et d'embrasser les ressemblances qui nous unissent et les différences qui nous distinguent les uns des autres. Il importe également de nous rappeler qu'il est possible de raviver et d'améliorer notre compréhension du passé sans remettre en cause nos réalités contemporaines respectives.

Bibliographie

JACKSON, Helen Hunt. *A Century of Dishonor: A Sketch of the United States Government's Dealings with Some of the Indian Tribes* (New York: Harper & Brothers, 1881, rév. 1885, rpt. Norman: University of Oklahoma Press, 1995).

Notes de fin

1. Le terme « créole » est historiquement utilisé pour désigner les descendants des premiers colons français en Louisiane, et des Noirs francophones qui ont immigré en Louisiane via les Antilles et Saint-Domingue. La culture créole a développé sa propre cuisine et sa propre version du français

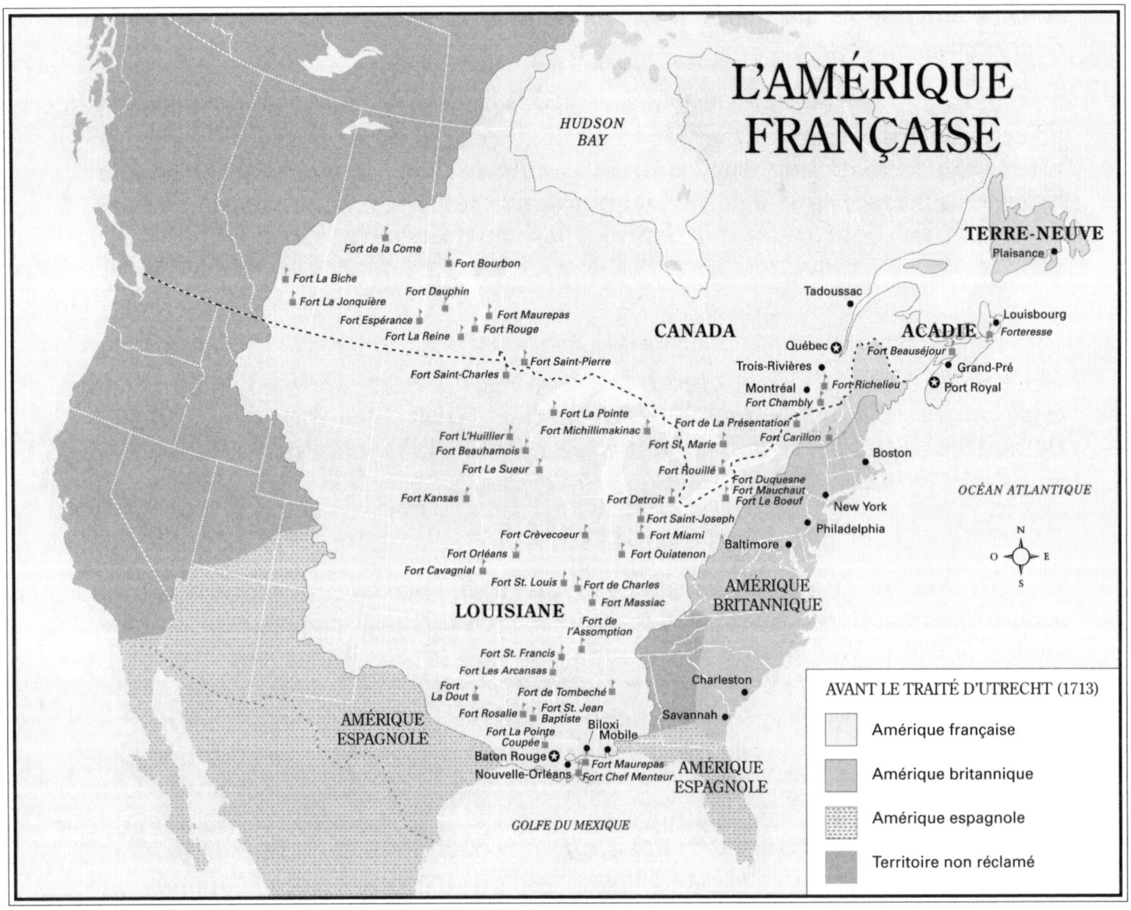
L'AMÉRIQUE FRANÇAISE
HUDSON BAY
TERRE-NEUVE
Plaisance
Louisbourg
Forteresse
ACADIE
Fort Beauséjour
Grand-Pré
Port Royal
CANADA
Tadoussac
Québec
Trois-Rivières
Montréal
Fort Richelieu
Fort Chambly
Fort de La Présentation
Fort Carillon
Fort St. Marie
Fort Rouillé
Fort Duquesne
Fort Mauchaut
Fort Le Boeuf
Fort Detroit
Fort Saint-Joseph
Fort Miami
Fort Ouiatenon
Fort de la Corne
Fort Bourbon
Fort La Biche
Fort Dauphin
Fort La Jonquière
Fort Maurepas
Fort Espérance
Fort Rouge
Fort La Reine
Fort Saint-Pierre
Fort Saint-Charles
Fort La Pointe
Fort Michillimakinac
Fort L'Huillier
Fort Beauhamois
Fort Le Sueur
Fort Kansas
Fort Crèvecoeur
Fort Orléans
Fort Cavagnial
Fort St. Louis
Fort de Charles
Fort Massiac
LOUISIANE
Fort de l'Assomption
Fort St. Francis
Fort Les Arcansas
Fort La Dout
Fort de Tombeché
Fort Rosalie
Fort St. Jean Baptiste
Fort La Pointe Coupée
Biloxi
Mobile
Baton Rouge
Nouvelle-Orléans
Fort Maurepas
Fort Chef Menteur
AMÉRIQUE ESPAGNOLE
AMÉRIQUE ESPAGNOLE
GOLFE DU MEXIQUE
Boston
New York
Philadelphia
Baltimore
AMÉRIQUE BRITANNIQUE
Charleston
Savannah
OCÉAN ATLANTIQUE
N
O
E
S
AVANT LE TRAITÉ D'UTRECHT (1713)
Amérique française
Amérique britannique
Amérique espagnole
Territoire non réclamé

La langue française et les Acadiens en Amérique du Nord

Alain Troubat

J'ai toujours été passionné par l'histoire de l'Acadie, de la Louisiane et de la Nouvelle-France. Le Canada et plus de la moitié des États-Unis ont déjà été français. Que reste-t-il de cette influence perdue? Huit millions de Canadiens parlent français, dont sept millions au Québec. Et presque dix millions d'Américains parlent français, mais vingt millions déclarent avoir des ancêtres français, d'après le recensement de l'an 2000 dans lequel on posait, pour la dernière fois, une question sur l'origine ethnique et linguistique.

Cet article traite plus particulièrement de la langue parlée par les Acadiens et les Cadiens. Au Canada Atlantique, 300 000 Acadiens (outre les 500 000 Acadiens d'origine) ont en commun le français. Ils sont dispersés dans les provinces du Nouveau-Brunswick, de la Nouvelle-Écosse, de l'Île-du-Prince-Édouard et de Terre-Neuve. En Louisiane, plus spécifiquement dans la région des 22 paroisses regroupées sous le nom d'Acadiana, on compte 800 000 Cadiens, dont seulement 200 000 parlent encore français. Au Texas, parmi les quelque 200 000 Cadiens, ils ne sont que 50 000 à parler français. Au Québec, un million de Québécois portent un patronyme acadien[1], mais il faut noter que trois millions de francophones vivant dans cette province ont des ancêtres acadiens[2].

En Louisiane, les grands-parents parlent toujours français, mais l'utilisation du français à l'école fut bannie en 1921 par une *Loi constitutionnelle* de l'État, et les étudiants, qui passaient outre, étaient sévèrement punis. Une génération complète a été assimilée de force à la langue anglaise. Aujourd'hui, les petits-enfants ne parlent français que rarement avec leurs grands-parents, mais un réveil se produit en Louisiane, et de plus en plus d'enfants apprennent le français dans les écoles. Depuis 1968, le Conseil pour le développement du français en Louisiane (CODOFIL) lutte pour sauvegarder la langue française dans cet État. La *Loi sur l'enseignement du français*[3] a précédé la loi sur la création du CODOFIL[4], lois signées par le gouverneur McKeithen. La première classe d'immersion fut ouverte en 1984, à Baton Rouge. Aujourd'hui, partout en Louisiane, trente écoles d'immersion française offrent des cours de français jusqu'à la 8e année, à plus de 4000 étudiants cadiens. Des universités octroient aussi des diplômes en études francophones.

En Louisiane aujourd'hui, les descendants des Acadiens qui se sont installés dans cet Etat sont fiers de leur origine française, malgré les difficultés qu'ils ont dû affronter dans le passé pour se faire reconnaître. Le pôle d'influence cadienne est la ville de Lafayette située au cœur de l'Acadiana. Les Cadiens ont une expression « lâche pas la patate » qui résume bien leur détermination à survivre comme peuple. En raison de cette détermination, la Louisiane sortira toujours du lot.

La Nouvelle-Angleterre compte près d'un million de descendants d'Acadiens. Parmi le groupe des déportés de 1755, ceux qui sont restés dans la région ont été assimilés, mais au cours de la deuxième partie du 19e siècle, la deuxième vague d'Acadiens, qui sont venus ici pour travailler dans les filatures, se sont battus pour conserver leur langue. Leurs ancêtres qui sont venus d'Acadie et du Québec ne parlaient pas l'anglais. Jusqu'à la fin de la Deuxième Guerre mondiale, ils vivaient regroupés en paroisses dont les écoles étaient françaises. À la génération suivante, les enfants se sont dispersés dans d'autres régions et ont pratiquement tous perdu l'usage de leur langue. En 1903, est fondée à Waltham, au Massachusetts, la Société mutuelle de l'Assomption (aujourd'hui Assomption Vie, dont le siège social est à Moncton, au N.-B.). Quatre ans plus tard, elle compte déjà 58 succursales. Cela permet à la population de se regrouper pour promouvoir l'éducation et favoriser la protection de la religion catholique, de la culture acadienne et de la langue française. À titre de comparaison, aujourd'hui en Nouvelle-Angleterre, seule l'élite parle français, alors qu'en Louisiane, l'élite française a perdu sa langue d'origine.

Dans l'État du Maine, dans la région du nord-est, soit le comté d'Aroostook, environ 25 % des Acadiens au sein d'une population de 75 000 habitants parlent français. Leurs voisins immédiats sont le Nouveau-Brunswick et le Québec. Plus au sud, dans le comité d'Androscoggin, 15 % des 103 000 habitants parlent français.

Voilà la situation actuelle des principaux territoires où les Acadiens habitent en Amérique du Nord. Comme je fais partie des organismes France-Canada et France-Louisiane, j'y ai passé du temps. Mais revenons au début de l'implantation des Acadiens en Amérique et à leur histoire, à leur douloureux déracinement et à leur combat pour continuer à vivre en français et à être reconnus comme peuple.

En 1881, lors de la première convention acadienne, le peuple acadien a fixé le 15 août comme Fête nationale. En 1884, ils choisissent un drapeau en signe de ralliement. Il s'inspire du drapeau tricolore français doté d'une étoile dorée sur fond bleu. En 1969, le Nouveau-Brunswick devient la seule province officiellement bilingue du Canada. En 2013, l'Université de Moncton — avec des campus à Moncton, Shippagan et Edmundston — a fêté son 50e anniversaire. En 1978, les écoles bilingues sont remplacées par des écoles unilingues francophones. En 2003, en Nouvelle-Écosse, l'Université Sainte-Anne et les six campus du Collège de l'Acadie fusionnent pour assurer un meilleur accès aux études postsecondaires en français. Aujourd'hui, dans les provinces atlantiques, les Acadiens qui parlent français forment 32 % de la population du Nouveau-Brunswick, 5 % de la Nouvelle-Écosse — leur berceau originel — et 4 % de l'Île-du-Prince-Édouard.

Dans les Maritimes, notre ancienne Acadie, on a des raisons d'être optimiste. Le Canada est bilingue, les trois provinces maritimes sont proches du Québec qui est francophone à 90 %. Et comme dans plusieurs régions de l'Amérique du Nord, le mouvement pour protéger l'identité acadienne est bien vivant. Même si l'Acadie a cessé d'être une colonie il y a trois cents ans, les Acadiens du continent restent toujours inspirés par le drapeau acadien qui symbolise l'attachement des Acadiens au patrimoine français depuis 410 ans.

Notes de fin

1. Sondage Groupe Léger, 1988
2. Étude démographique, UQAM 2008
3. Act 408
4. Act 409

La création du Congrès mondial acadien

Jean-Marie Nadeau

Alors que mon grand ami Warren Perrin compilait les textes de ce livre magnifique sur les Acadiens du monde — livre écrit en collégialité —, il m'a demandé d'expliquer l'origine et la naissance du Congrès mondial acadien (CMA). Comment pouvais-je résister à la requête de Warren? Impossible! Je me suis donc prêté à l'exercice avec enthousiasme.

C'est toujours difficile de cerner la genèse d'une idée, mais c'est plus facile de situer le moment où cette idée a été exprimée ou diffusée publiquement pour la première fois. De fait, c'était en mai 1988, lors de la réunion de fondation de l'Association acadienne de l'Alberta tenue à Edmonton, où j'étais invité à titre de conférencier. J'y ai exprimé l'idée d'un Congrès mondial acadien. Ce fut un moment magique; la proposition a soulevé une vague d'enthousiasme.

Mais qu'est-ce qui a fait germer cette idée? De 1985 à 1989, j'ai occupé la fonction de secrétaire général de la Société nationale de l'Acadie (SNA). J'ai donc eu le privilège de voyager pour rencontrer les Acadiens partout où ils vivaient, que ce soit en Louisiane, au Texas, dans le Maine, en Nouvelle-Angleterre, au Québec ou en France. Chacune de ces réunions était teintée d'émotion et de solidarité. La même question revenait sans cesse : que devaient faire les organismes nationaux, provinciaux, locaux, et même les individus, pour devenir membres de la SNA? À chaque fois, je devais répondre que la SNA était strictement un organisme canadien regroupant les Acadiens des associations des quatre provinces atlantiques : la Société de l'Acadie du Nouveau-Brunswick (SANB), la Fédération acadienne de la Nouvelle-Écosse (FANE), la Société Saint-Thomas-d'Aquin (SSTA) de l'Île-du-Prince-Édouard et la Fédération des francophones de Terre-Neuve-et-du-Labrador (FFTNL). En 1988, les quatre associations provinciales de la jeunesse acadienne sont devenues membres à part entière de la SNA. Nous étions visiblement dépassés. J'avais horreur de devoir rejeter toutes les demandes d'adhésion qui provenaient du monde entier, mais je n'avais pas le choix.

Après avoir beaucoup voyagé en France, en Louisiane et ailleurs en compagnie du père Léger Comeau qui présidait à l'époque la SNA, et après avoir participé aux réunions de fondation des associations de la Fédération acadienne du Québec en 1987 et de celles de l'Alberta en 1988, j'ai décidé de lancer l'idée du CMA. J'ai pensé que c'était une belle façon pour les Acadiens du monde de se regrouper et décider comment se renforcer les uns les autres pour pérenniser et accroître le patrimoine acadien. Mais comment cette idée a-t-elle germé? Vient-elle du regretté Philippe Rossillon (président des *Amitiés acadiennes* à Paris, en France), de Maryvonne LeGac (Belle-Ile-en-Mer, en France), de Roger Léger (Montréal, au Québec) ou de quelqu'un d'autre? Je ne saurais le dire. Tout ce que je sais, c'est que cette belle et grande idée a vu le jour en suivant l'exemple d'autres peuples exilés de par le monde : Juifs, Palestiniens, Irlandais, Écossais, Arméniens, etc. Je me suis dit : « Pourquoi pas nous? »

Réaliser cette idée ne fut pas une chose facile, en particulier du point de vue personnel. Même si l'idée du CMA était considérée comme excellente et prometteuse, le conseil d'administration de la SNA jugeait qu'il en avait déjà plein les bras à traiter de questions se rapportant à la pérennité des Acadiens dans l'Acadie du Canada atlantique, ce que j'appelle la métropole de l'Acadie. Le CA ne voulait pas mettre cet objectif en danger en tentant de pérenniser les Acadiens du monde entier. Cette approche me semblait mesquine et dépourvue de générosité et d'ambition. On m'a même ordonné de ne plus m'occuper de cette question, du moins à titre de secrétaire général de la SNA. Bien sûr, à l'époque, Mulroney, Thatcher et Reagan étaient au pouvoir : le mot d'ordre était de mettre la hache dans tout ce qui était lié aux domaines social ou culturel. Cela en a effrayé plus d'un. Mais comme je suis quelque peu rebelle — dans la lignée de Beausoleil Broussard —, personne ne pouvait m'empêcher de faire ce que je voulais dans mon temps libre.

Quoi qu'il en soit, le regretté Acadien André Boudreau de l'Alberta me pressait de rédiger un texte substantiel pour clarifier et étoffer cette idée. Avez-vous déjà tenté de dire « non » à André Boudreau? Parlez-en avec quelques ministres de l'époque, comme Bernard Valcourt à l'échelon fédéral ou Denis Losier à l'échelon provincial. André Boudreau voulait ce texte pour la première réunion d'organisation du CMA prévue le 21 novembre 1988, à Toronto. Donc, sous la pression, je l'ai rédigé rapidement au Cap-Pelé, au Nouveau-Brunswick, juste avant de partir en mission en Europe pour la SNA. On peut lire ce texte dans mon dernier livre, *L'Acadie possible*[1].

Comme mon conseil d'administration ne voulait pas que je m'occupe de cette question, et que je n'avais pas les moyens financiers de me rendre à cette réunion à Toronto, j'avais le cœur lourd. Cependant, je savais que le projet était entre de bonnes mains, celles des premiers chevaliers acadiens : André Boudreau, Daniel Arsenault, Yvon Samson, Pierre Laforest, Serge Martin, Jean Cormier, Denis Jean, Robert Frenette et Raymond Lanteigne. Plusieurs d'entre eux ont joué un rôle important dans l'organisation des quatre CMA qui ont suivi. Nous devons les en remercier et leur rendre hommage.

Il faut également signaler que, outre les réserves de la SNA vis-à-vis du CMA, plusieurs Acadiens des milieux artistiques et politiques du Canada atlantique étaient aussi rebutés par cette idée. Pour eux, comme pour la SNA, il n'y avait qu'une seule Acadie — la véritable Acadie — et c'était celle des quatre provinces atlantiques. Certains croyaient fermement que l'Acadie de la diaspora n'était que du folklore et qu'on ne devait plus s'en préoccuper. Les années ont fini par apaiser ces tensions. Ceux qui, au début, étaient contre le CMA ont changé d'idée, et plusieurs d'entre eux ont pu en tirer parti, artistiquement et politiquement. Aujourd'hui, tout le monde veut être sur la photo, et c'est tant mieux!

Une société internationale fut créée en 1990, et son bureau me fit le grand honneur de me faire parvenir la première carte d'adhérent portant le numéro 0001. Cette délicate attention m'est allée droit au cœur.

En 1989, après avoir quitté ma fonction de secrétaire général de la SNA, j'ai travaillé comme rédacteur en chef du journal du Nouveau-Brunswick, *L'Acadie Nouvelle*. Après avoir accompli ce travail pendant plus d'un an, j'ai quitté le pays jusqu'au milieu de l'année 1991. Je n'ai donc pas participé à l'organisation du premier CMA en 1994, à Moncton, au sud-est du Nouveau-Brunswick. De façon indirecte, on me consultait parfois sur la manière de régler certains conflits et luttes d'influence.

Même si j'avais souhaité m'engager davantage, certaines personnes en haut lieu ne voulaient pas me voir là. L'initiateur du projet, André Boudreau, m'a même confié qu'un ministre acadien de l'équipe McKenna lui avait dit que le gouvernement du Nouveau-Brunswick était prêt à financer le CMA, à la condition que je ne joue aucun rôle officiel, que ce soit à titre de bénévole ou d'employé. Comme je suis un militant acadien, ils craignaient que je me serve du CMA pour créer un mouvement politique acadien, autonome et international. Pour être franc, je dois admettre que cette idée m'a traversé l'esprit à l'époque, mais ça ne justifie aucunement l'ostracisme dont j'ai été victime. Peu importe, la tenue d'un premier CMA regroupant les Acadiens du monde entier restait l'objectif le plus important pour moi.

En août 1994, lors de la cérémonie d'ouverture du premier CMA au Cap-Pelé, j'étais une des seules personnes associées à l'origine de ce mouvement qui ne jouissaient pas d'une carte VIP donnant accès au cercle restreint des dignitaires. Dieu merci, par honte ou par gêne, les organisateurs du CMA ont rapidement changé d'idée et m'ont remis une de ces cartes. La seule fois où je n'ai pas eu à quémander une carte officielle pour participer au Congrès acadien fut lors du CMA de 2009, à Caraquet, dans la péninsule acadienne du Nouveau-Brunswick. Mais il convient de souligner qu'à l'époque j'étais le président de la SANB, et que même si certaines personnes avaient voulu m'éviter, cela aurait été perçu comme un affront politique.

Le plus extraordinaire c'est que cette activité s'est déroulée remarquablement bien, non seulement la première fois, en 1994, dans le sud-est du Nouveau-Brunswick, mais aussi les quatre fois suivantes à cinq ans d'intervalle : le CMA de 1999 en Louisiane, celui de 2004 en Nouvelle-Écosse, de 2009 dans le nord-est du Nouveau-Brunswick et de 2014 dans le nord-ouest du Nouveau-Brunswick. Cette dernière réunion du CMA s'est tenue dans une région qui jouxte trois territoires frontaliers : l'État du Maine et les provinces de Québec et du Nouveau-Brunswick. On appelle cette région acadienne « les terres et forêts de l'Acadie », car elle n'est bordée par aucun océan comme c'est le cas des autres régions canadiennes. Je tiens à souligner que cette région fait partie de mes plus beaux souvenirs d'enfant. Y participer fut pour moi un cadeau et une bénédiction.

Les historiens débattront pendant des années de la portée qualitative et quantitative des CMA au regard des effets sur le renforcement de l'identité acadienne. Mais nous sommes nombreux à penser que le CMA de 1994 a élevé la barre de l'identité acadienne dans le sud-est du Nouveau-Brunswick. Il a aussi stimulé les productions musicales acadiennes. En 1994, c'était la première fois de notre histoire que les Acadiens organisaient un événement international. Sans les répercussions mondiales du CMA, le Sommet international de la Francophonie de 1999 n'aurait pas eu lieu à Moncton.

En mentionnant ceci, je ne veux nullement minimiser l'importance des trois premiers congrès nationaux tenus il y a plus de cent ans. En 1881, quelque 5 000 Acadiens du monde entier ont participé au premier congrès national des Acadiens à Memramcook, au Nouveau-Brunswick, à celui de 1884 à Miscouche sur l'Île-du-Prince-Édouard, et en 1890, à celui de Church Point, en Nouvelle-Écosse. Je suis un admirateur inconditionnel de ces premiers événements qui ont été d'une grande importance pour l'avenir de l'Acadie. Je souhaite que les chercheurs – historiens, sociologues, etc. – mesurent l'importance d'évaluer la contribution des CMA contemporains à la vitalité des Acadiens. Ce que je sais, c'est que toutes ces réunions ont stimulé notre confiance en nous-mêmes, tout en créant d'importantes occasions d'affaires, de belles fêtes, sans oublier que nous en sommes les principaux acteurs! Émotionnellement, la réaction a été très positive.

L'idée d'un particulier, si elle n'est pas reprise collectivement, n'est d'aucune utilité. Que ce soit à titre de participants ou d'organisateurs, tous ceux qui ont donné corps à l'idée du Congrès mondial acadien en sont maintenant les fiduciaires. Selon certains, le CMA, à l'instar des Olympiques, se laisse emporter au plan organisationnel, du moins financièrement. Cette question doit être sérieusement évaluée. Pour le moment, elle ne semble pas inquiéter les organisateurs du CMA prévu en 2019, CMA issu d'un « jumelage » de l'Île-du-Prince-Édouard et du sud-est du Nouveau-Brunswick. Parmi les régions qui espèrent accueillir le prochain congrès, on compte les Acadiens de Trois-Rivières, au Québec, et ceux de la région du Poitou-Charentes, en France. Mais ils doivent dès maintenant élaborer une stratégie s'ils veulent remporter la palme.

Les CMA que nous avons tenus jusqu'ici ont été principalement de grandes réunions familiales; les généalogistes acadiens ont compté près de 400 patronymes acadiens. Aujourd'hui, les CMA commencent à inclure les « familles élargies » au-delà de la famille ethnique au sens strict du terme, et c'est formidable. L'Acadie est de plus en plus inclusive, ce qui est attribuable en grande partie aux tremplins que sont les CMA. Le seul regret que j'ai relativement aux CMA, c'est qu'il n'y ait pas eu suffisamment d'espace pour favoriser l'échange d'idées et les débats, mis à part le premier CMA en 1994. Bien sûr, les CMA ont toujours accueilli des réunions de jeunes, de femmes et de gens d'affaires, mais sans portée définie.

Finalement, il y a cette idée de créer un Fonds mondial pour le développement acadien qui favoriserait la croissance économique des Acadiens des provinces atlantiques (l'Acadie originelle) et, conséquemment, sa croissance identitaire, tout en misant sur l'Acadie d'ici et d'ailleurs grâce à différents échanges. Dieu merci, la SNA a récemment créé le Fonds national de l'Acadie. J'espère que nous utiliserons cet outil pour bâtir notre assise financière. Si, un jour, le français n'était plus parlé par les Acadiens des provinces atlantiques, l'Acadie cesserait d'exister où que ce soit.

C'est intéressant de voir à quel point le temps et l'histoire arrangent les choses. Alors qu'en 1988, la SNA n'acceptait pas d'emblée l'idée de la mise sur pied du Congrès mondial acadien, à la fin des années 1990, elle endossait fièrement la responsabilité d'assurer l'avenir des CMA. Cela met un baume sur les plaies liées au début de ce processus. C'est comme si on m'avait soulagé de toutes mes peines. Dans les années à venir, les CMA agiront comme des baromètres permettant de mesurer la santé de notre merveilleux peuple.

Jusqu'à présent, j'ai participé à tous les CMA, et j'ai la ferme intention de continuer à le faire aussi longtemps que ma santé me le permettra. J'espère pour nous tous que les CMA se tiendront pendant des centaines et des centaines d'années. Longue vie au CMA, longue vie à l'Acadie des provinces atlantiques et du monde entier!

NOTES DE FIN

1. Éditions de la Francophonie, 2009

LES RESSOURCES GÉNÉALOGIQUES ACADIENNES

Stanley LeBlanc

À compter de 1755, les Acadiens furent déracinés de l'Acadie et éparpillés de par le monde. Néanmoins, les descendants actuels des déportés acadiens ont réussi à remonter leurs origines jusqu'à leurs ancêtres de l'ancienne Acadie, grâce aux très nombreux documents qui ont été conservés avant, pendant et après la Déportation.

Le présent article répertorie la documentation existante. Toutefois, aucun article sur la généalogie acadienne ne serait complet sans souligner de façon particulière la contribution de Dudley J. LeBlanc, alias cousin Dud (1894-1971), sénateur de l'État de la Louisiane. Il est l'arrière-arrière-petit-fils de René LeBlanc qui, jeune orphelin, arriva en Louisiane en compagnie de Joseph Broussard dit Beausoleil, en février 1765. Dudley J. LeBlanc n'a ménagé aucun effort pour renouer les liens entre les Cadiens de la Louisiane et leurs parents acadiens vivant au Canada ou en France. En août 1936, il emmena ses « jeunes Évangéline », de jeunes filles vêtues d'un costume rappelant l'héroïne du poème de Longfellow, à Lanaudière, au Québec. De plus, M. LeBlanc est l'auteur de *The True Story of the Acadians* [La véritable histoire des Acadiens], dont une édition subséquente a paru sous le titre *The Acadian Miracle* (1966) [Le miracle acadien].

Bona Arsenault (1903-1993), ancien ministre du Parlement canadien, originaire de la région acadienne de Bonaventure au Québec, a largement contribué à retrouver plusieurs sources généalogiques et registres acadiens égarés. En 1965, après dix ans de recherche, il a publié l'impressionnante *Histoire et généalogie des Acadiens* (rév. 1978) en deux volumes cumulant 1178 pages! La version anglaise de ces volumes a été publiée en 1966 (rév. 1971).

Photo©Evangeline

Le sénateur Dudley J. LeBlanc est au centre du premier rang. Mgr Joseph-Arsène Richard (à sa droite) a officié auprès de la communauté acadienne de Verdun, un quartier de Montréal.

Il faudrait des centaines de pages uniquement pour dresser la liste des titres et des sources de la documentation acadienne existante. Par conséquent, cet article ne portera que sur les grandes catégories de documents.

Les recensements de l'Acadie antérieurs à la Déportation

Le premier recensement de l'Acadie fut effectué en 1671. D'autres recensements le furent en 1686, 1693, 1695, 1698, 1700, 1701, 1703, 1707, 1708, 1714, 1716, 1751[1] et 1752. Les deux derniers recensements contiennent des renseignements particulièrement précieux.

Les registres des sacrements de Saint-Charles-aux-Mines sortis clandestinement de l'Acadie

Lorsque les Acadiens furent rassemblés en 1755, beaucoup d'entre eux, croyant qu'ils seraient bientôt libérés, enterrèrent les registres paroissiaux et d'autres documents. Malheureusement, ils ne rentrèrent pas chez eux de sitôt, et ces documents furent perdus à jamais pour l'histoire. Par contre, les registres des années 1707 à 1748 de la paroisse catholique de Saint-Charles-aux-Mines, à Grand-Pré, furent sortis clandestinement par des Acadiens exilés au Maryland.

On ne relève aucune mention des registres chez les Acadiens, que ce soit dans le Maryland ou en Louisiane, après leur arrivée en 1767. Il y eut cependant une nouvelle entrée le 29 juin 1773 (pas un dimanche) pour le baptême de Marguerite Alein [*sic*], ce qui indique que les registres étaient entre les mains de la famille Allain, du moins pendant que celle-ci se trouvait au Maryland. Les registres furent découverts en 1895 dans les archives de l'église Saint-Gabriel dans la paroisse d'Iberville en Louisiane. D'une valeur inestimable, ces registres ont été microfilmés, dont une copie a été envoyée au Canada. Des extraits des registres ont été reproduits sur des fiches à partir du microfilm et publiés par la suite dans les registres catholiques du diocèse de Baton Rouge[1].

Les recensements acadiens de 1760 et de 1761 et la liste des prisonniers en Acadie

Certains déportés acadiens prirent le contrôle du navire *Pembroke* et retournèrent au fleuve Saint-Jean. La plupart d'entre eux aboutirent à Québec, mais certains se joignirent aux Acadiens qui s'étaient enfuis à la rivière Restigouche et en Gaspésie. Le 24 octobre 1760, on effectua le recensement des Acadiens de la rivière Restigouche et, le 31 juillet 1761, celui des Acadiens réfugiés à divers endroits de la péninsule gaspésienne. Plusieurs dirigeants acadiens résistèrent à la déportation, mais en fin de compte, ils furent forcés de se rendre. Ils furent emprisonnés au Fort Beauséjour, au Fort Edward et à Halifax. Il existe des listes de ceux qui furent gardés prisonniers dans ces trois endroits.

En 1763, au terme de la guerre de Sept Ans, ces prisonniers se virent offrir la possibilité de demeurer dans la colonie, à condition de prêter le serment d'allégeance. Ils refusèrent et, en novembre 1764, un certain nombre d'entre eux partirent en compagnie de Joseph Broussard dit Beausoleil. Ils se rendirent à Saint-Domingue, maintenant Haïti, où ils changèrent de navire et poursuivirent leur route jusqu'à La Nouvelle-Orléans où ils arrivèrent en février 1765. Un deuxième groupe quitta Halifax au début de 1765 et atteignit la Louisiane, en passant aussi par Saint-Domingue. Le premier groupe s'établit dans le territoire des Attakapas, mais plusieurs de ses membres repartirent en raison des nombreuses mortalités et s'installèrent sur les berges du Mississippi, dans les paroisses actuelles de Saint-Jacques et de l'Ascension qui étaient déjà peuplées par un groupe venu en Louisiane en mai 1765.

Les archives des navires, les listes de prisonniers, les recensements et les registres des sacrements pendant l'exil

Certains documents relatifs aux Acadiens furent envoyés dans les colonies britanniques, en Angleterre et en France. Ainsi, en 1763, des recensements dénombrèrent les Acadiens présents dans les colonies britanniques et en Angleterre. Il existe des archives des navires qui dressent une liste des Acadiens rapatriés en France en provenance d'Angleterre, en 1763, et de ceux qui furent envoyés en France entre 1755 et 1785. Les déclarations notariées de Belle-Île-en-Mer, faites par les chefs de famille, retracent leur lignée jusqu'à leurs ancêtres français. La Bretagne inscrivit le lieu d'origine des Acadiens à leur arrivée en France. Les prêtres consignèrent les récits qu'ils firent de leur généalogie et de leur histoire, récits qui furent ensuite publiés dans *The Acadians in France* [Les Acadiens en France], vol. 2.

En 1785, certains des Acadiens déportés en France reçurent la permission de se rendre en Louisiane à bord de sept navires pour lesquels nous disposons des listes de passagers. Enfin, en ce qui concerne les Acadiens qui restèrent en France après 1785, on relève certains documents faisant état d'une aide financière qui leur fut accordée ainsi que le résultat de quelques recensements.

Les documents canadiens postérieurs à la Déportation

Certains Acadiens retournèrent en Nouvelle-Écosse après 1763, mais la plupart finirent par s'établir au Nouveau-Brunswick. Une partie des Acadiens qui se réfugièrent au Québec y restèrent. On trouve donc des documents civils et des registres paroissiaux dans tous les endroits où ils s'installèrent.

Les documents de la Louisiane

a) Recensements, rôles de la milice et registres des sacrements de la Louisiane

Selon l'*Histoire des Acadiens* (1994) de Bona Arsenault, le plus gros contingent de déportés acadiens émigra en Louisiane. Par conséquent, les documents civils et les registres paroissiaux qu'on y trouve sont particulièrement importants. Il y a une liste de 32 exilés acadiens arrivés en février 1765 avec Joseph Broussard dit Beausoleil; ce dernier endossa l'échange de monnaie de carte à La Nouvelle-Orléans. Le premier recensement et le premier rôle de la milice produits après l'arrivée des Acadiens en Louisiane furent établis en avril 1766. D'autres recensements furent effectués en 1785, avant l'arrivée en Louisiane des Acadiens déportés en France : en 1769-1770 (complété en 1771), en 1774 et en 1777. Le premier recensement effectué après l'arrivée en 1785 des Acadiens de France fut celui de 1788. On procéda à d'autres recensements en 1791, 1792, 1795, 1797 et 1798. La Louisiane devint un territoire des États-Unis en 1803 et, en 1808, le territoire des Attakapas fit l'objet d'un recensement indiquant l'âge et le lieu de résidence des répondants.

Les rôles de la milice étaient généralement établis au moment des recensements. Il existe des documents spéciaux de la période durant laquelle Bernardo Galvez était gouverneur de la colonie louisianaise, de 1777 à 1785. Devenu plus tard vice-roi de la Nouvelle-Espagne, Galvez aida les treize colonies à acquérir leur indépendance de la Grande-Bretagne en défaisant les forces britanniques à Pensacola et en reprenant la Floride. Avec l'aide des Acadiens, il défit les Britanniques lors des batailles de Manchac, de Baton Rouge et de Natchez.

Les autorités religieuses, tant sous les régimes français qu'espagnol, tenaient des registres des naissances, des mariages et des décès. On trouve aussi des dispenses de mariage qui montrent les liens de parenté jusqu'aux grands-parents, et au-delà. On peut consulter les registres des sacrements à l'archidiocèse de La Nouvelle-Orléans (ANO), au diocèse de Baton Rouge (DBR), dans les *Southwest Louisiana Records* [archives du sud-ouest de la Louisiane] et les *South Louisiana Records* [archives du sud de la Louisiane], compilés par le père Donald Hébert. De 1970 jusqu'à sa mort en 2000, le père Hébert a compilé des douzaines de volumes de registres catholiques du sud de la Louisiane. Son premier volume a paru en 1974, et il en a publié 96 par la suite.

b) Contrats de mariage et documents relatifs aux terres de la Louisiane, y compris les successions et les tutelles

Les contrats de mariage — issus des lois espagnoles et appliqués en Louisiane — étaient établis par le commandant qui agissait à la fois comme principal fonctionnaire civil et comme commandant militaire d'un district. Ils servaient à modifier le régime habituel de la communauté de biens et à établir un régime en vertu duquel chaque époux conservait séparément ses propres actifs.

Les documents relatifs aux transactions foncières (concessions, ventes, actes de transfert et division des propriétés) ont été conservés et fournissent de précieux renseignements. De plus, il fallait préparer la succession de toutes les propriétés, en fonction d'un ensemble de règles se rapportant à la division des biens d'une personne à son décès. Lorsque des mineurs étaient en cause, des tuteurs et des sous-tuteurs devaient être désignés. Ces documents fournissent donc des renseignements utiles sur les époux, les enfants et d'autres personnes apparentées.

Les documents dans d'autres États

Certains Acadiens choisirent de rester dans les colonies américaines où ils avaient été déportés. Certains réfugiés acadiens sont restés au Canada, et plusieurs Acadiens déportés y sont revenus. Des Acadiens du Canada émigrèrent plus tard aux États-Unis. Par exemple, à compter de 1780, des Acadiens migrèrent à Madawaska (qui deviendra plus tard une partie du Maine) où l'on trouve de nombreux documents concernant ce groupe. Un grand nombre de ceux qui demeurèrent dans les États-Unis nouvellement créés anglicisèrent leur patronyme, de sorte qu'il est plus difficile d'établir leur arbre généalogique. Par exemple, des LeBlanc devinrent des White et des Dupuis devinrent des Wells.

Enfin, il existe plusieurs associations et sociétés généalogiques aux États-Unis, au Canada et en France en mesure d'appuyer la recherche relative à la descendance acadienne.

Notes de fin

1. Indiqué par erreur comme ayant été effectué en 1732, il s'agit du recensement des Acadiens qui ont quitté la péninsule néo-écossaise pour s'établir dans l'actuel Nouveau-Brunswick et le long du fleuve Saint-Jean

2. Acadian Records, 1707-1748, volume 1(a) rév.

II

CULTURES DE L'ACADIE

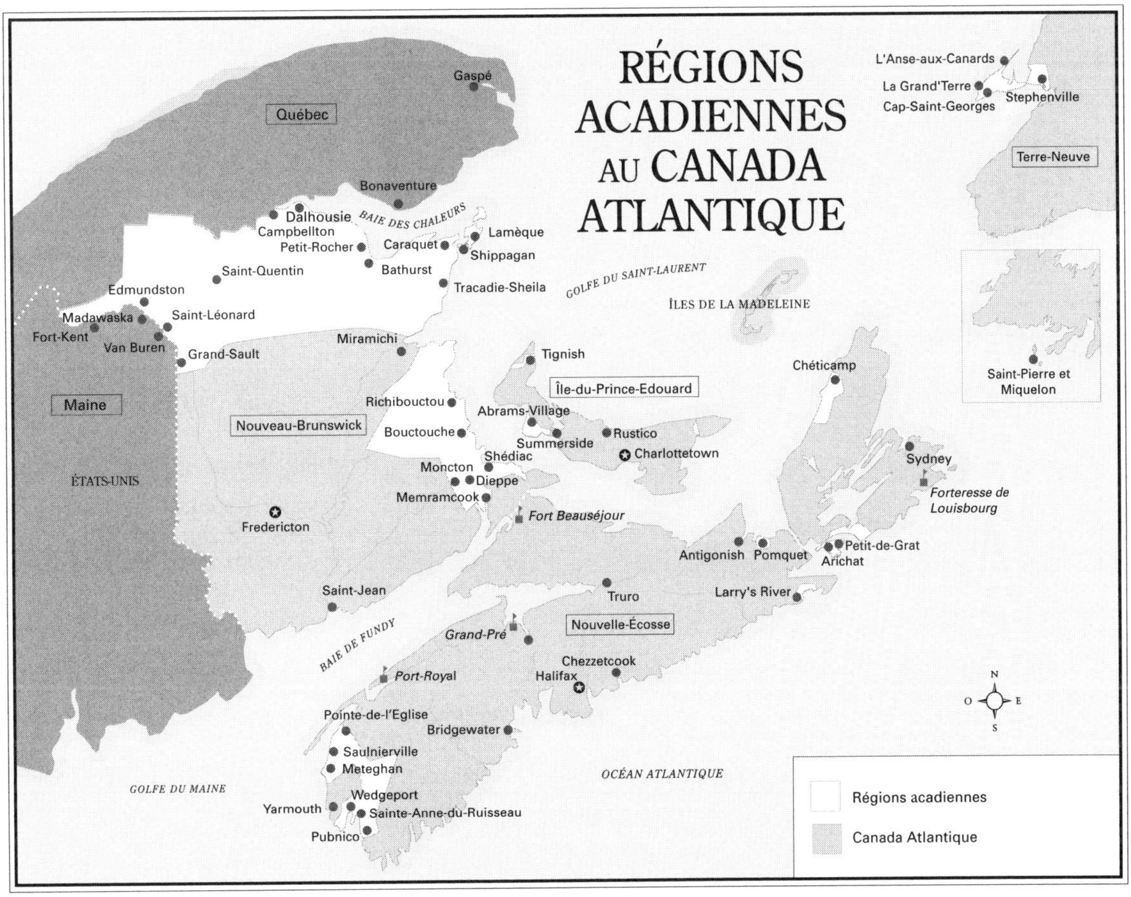
RÉGIONS ACADIENNES AU CANADA ATLANTIQUE
Québec
Gaspé
Bonaventure
Dalhousie
Campbellton
Petit-Rocher
Caraquet
Lamèque
Shippagan
Bathurst
Tracadie-Sheila
Saint-Quentin
Edmundston
Madawaska
Saint-Léonard
Fort-Kent
Van Buren
Grand-Sault
Miramichi
Baie des Chaleurs
Golfe du Saint-Laurent
Îles de la Madeleine
L'Anse-aux-Canards
La Grand'Terre
Cap-Saint-Georges
Stephenville
Terre-Neuve
Saint-Pierre et Miquelon
Maine
États-Unis
Nouveau-Brunswick
Richibouctou
Bouctouche
Tignish
Île-du-Prince-Edouard
Abrams-Village
Summerside
Rustico
Charlottetown
Shédiac
Moncton
Dieppe
Memramcook
Fredericton
Fort Beauséjour
Chéticamp
Sydney
Forteresse de Louisbourg
Antigonish
Pomquet
Petit-de-Grat
Arichat
Truro
Larry's River
Saint-Jean
Baie de Fundy
Grand-Pré
Nouvelle-Écosse
Chezzetcook
Port-Royal
Halifax
Pointe-de-l'Eglise
Bridgewater
Saulnierville
Meteghan
Wedgeport
Yarmouth
Sainte-Anne-du-Ruisseau
Pubnico
Golfe du Maine
Océan Atlantique
N
O
E
S
Régions acadiennes
Canada Atlantique

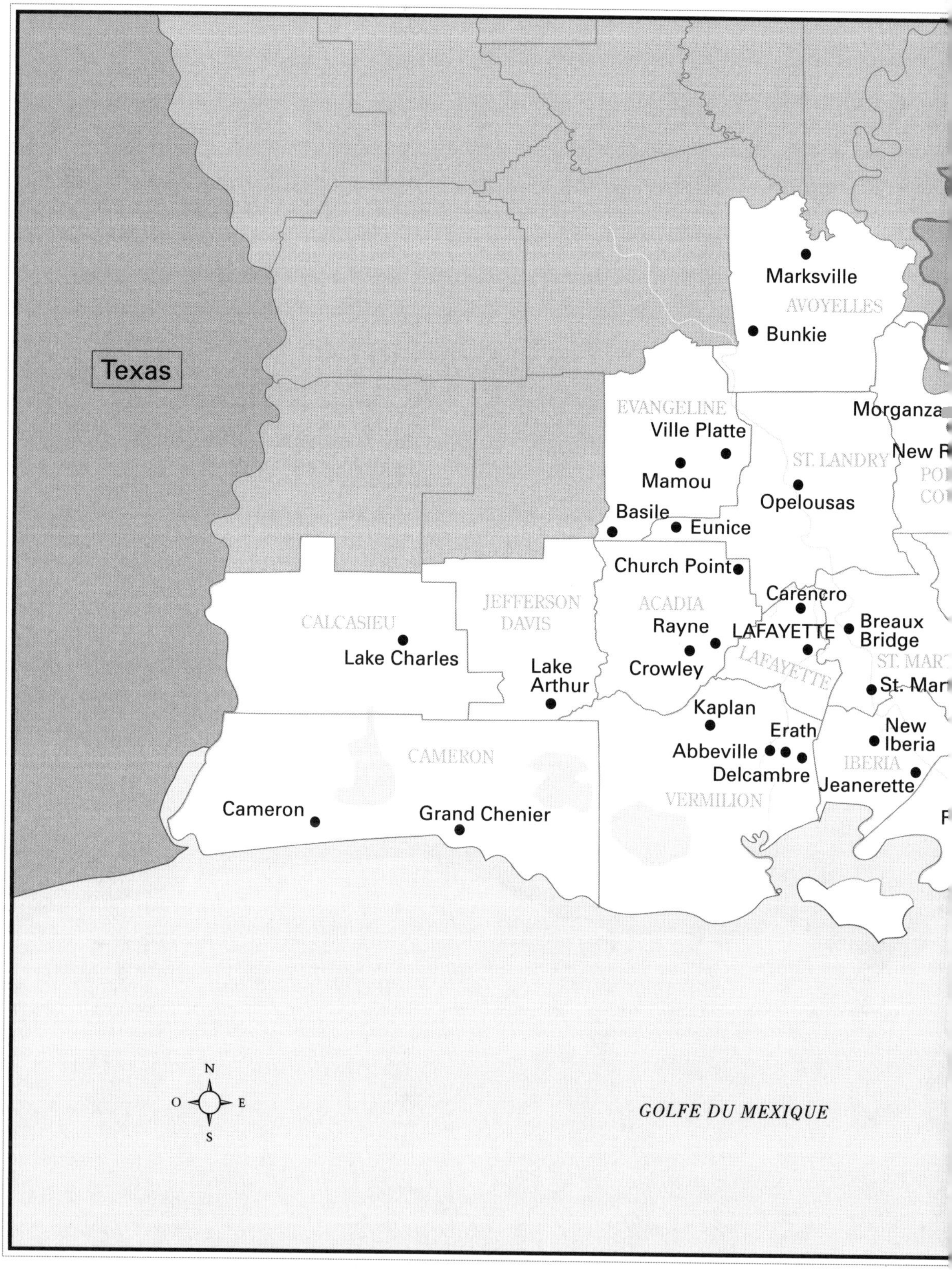
Texas
Marksville
AVOYELLES
Bunkie
EVANGELINE
Ville Platte
Mamou
Basile
Eunice
ST. LANDRY
Opelousas
Morganza
Church Point
ACADIA
Carencro
Rayne
LAFAYETTE
Breaux Bridge
CALCASIEU
JEFFERSON DAVIS
Lake Charles
Lake Arthur
Crowley
LAFAYETTE
Kaplan
Erath
New Iberia
Abbeville
Delcambre
IBERIA
Jeanerette
CAMERON
VERMILION
Cameron
Grand Chenier
N
O
E
S
GOLFE DU MEXIQUE

ACADIANA EN LOUISIANE
22 PAROISSES

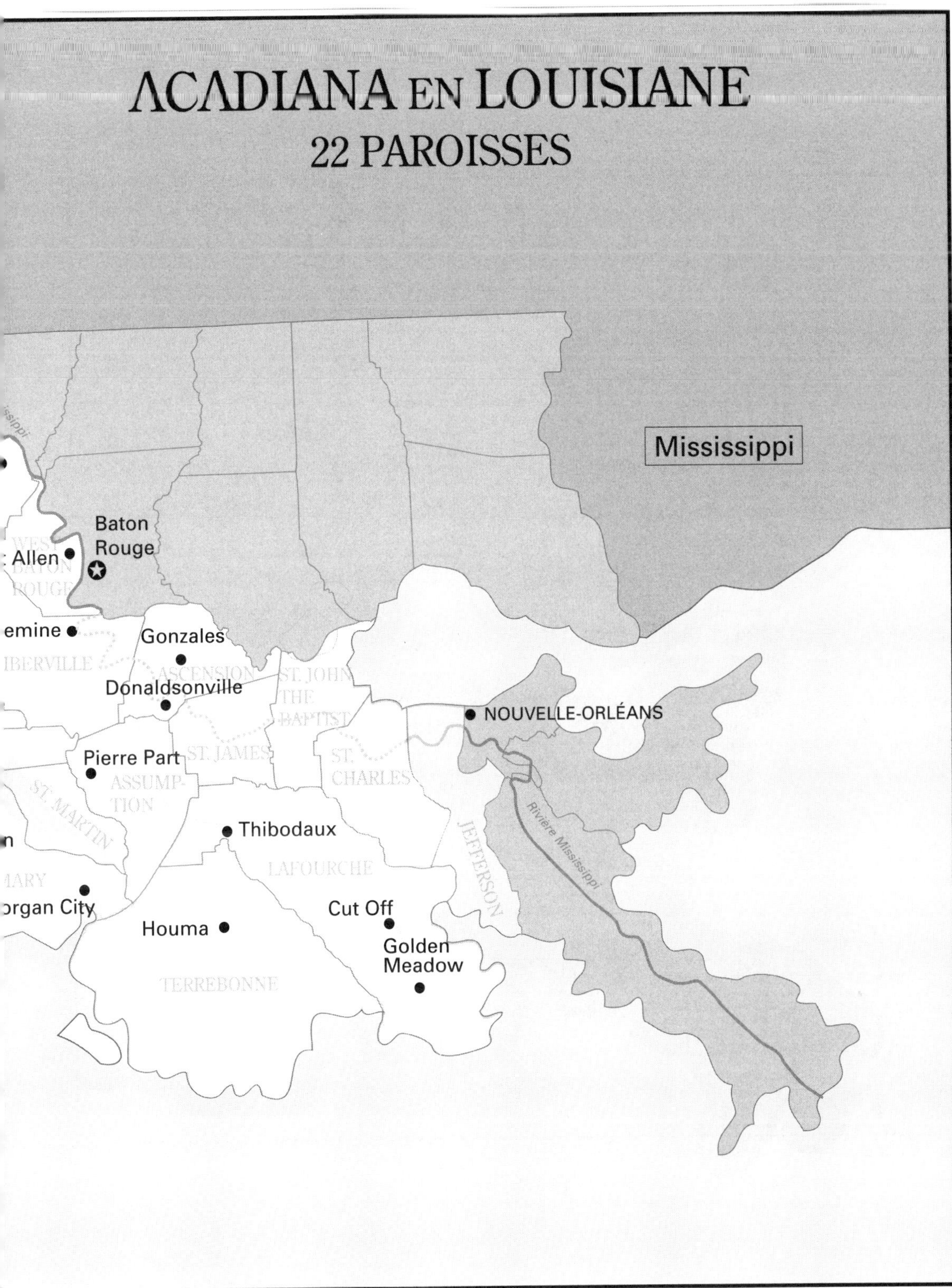

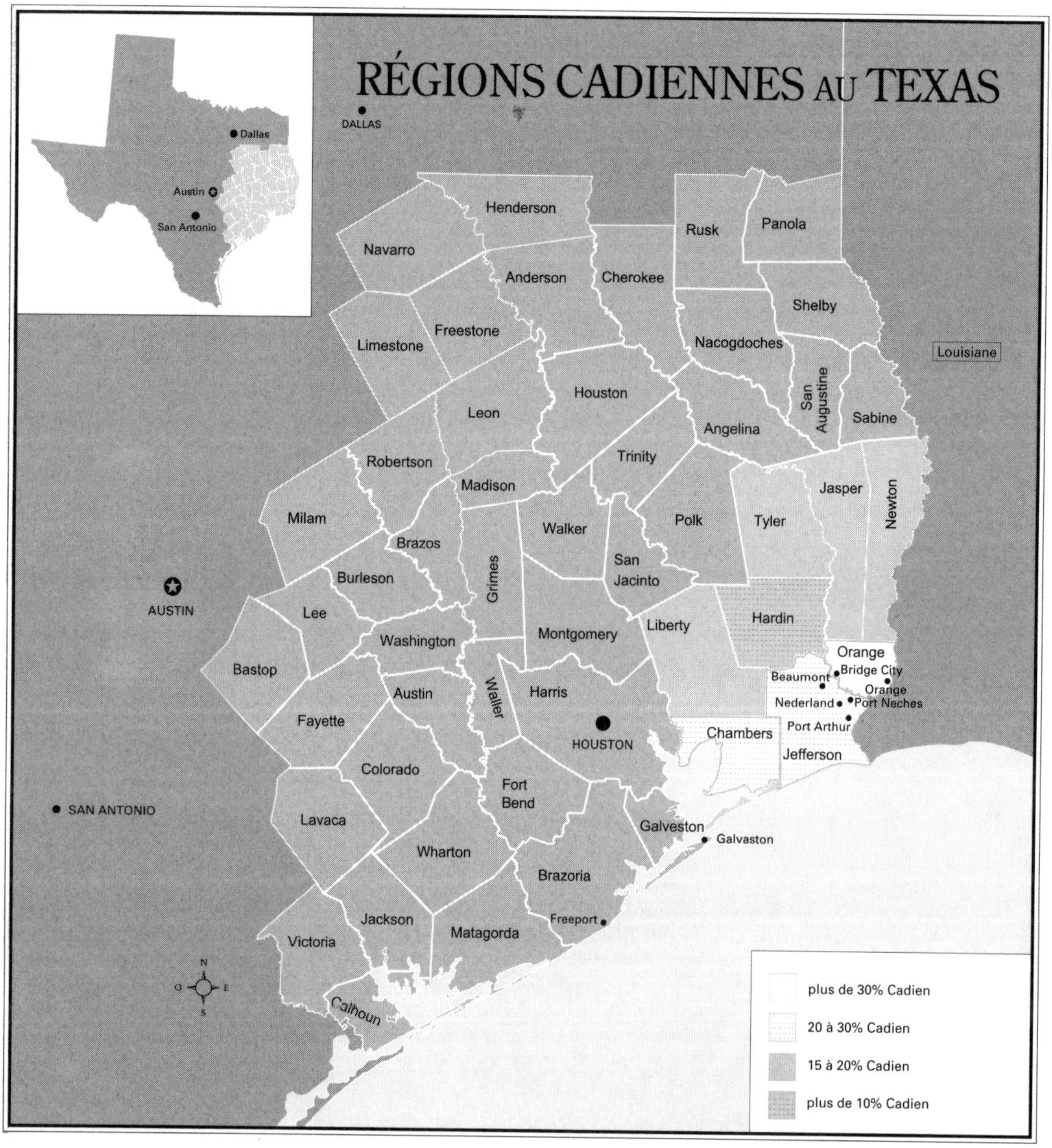
RÉGIONS CADIENNES AU TEXAS
Dallas
Austin
San Antonio
DALLAS
AUSTIN
SAN ANTONIO
Louisiane
Henderson
Navarro
Rusk
Panola
Anderson
Cherokee
Shelby
Limestone
Freestone
Nacogdoches
San Augustine
Sabine
Houston
Leon
Angelina
Robertson
Trinity
Madison
Jasper
Newton
Milam
Walker
Polk
Tyler
Brazos
San Jacinto
Burleson
Grimes
Lee
Hardin
Liberty
Montgomery
Washington
Orange
Bastop
Beaumont
Bridge City
Orange
Austin
Waller
Harris
Nederland
Port Neches
Fayette
Port Arthur
HOUSTON
Chambers
Jefferson
Colorado
Fort Bend
Lavaca
Galveston
Galvaston
Wharton
Brazoria
Jackson
Freeport
Victoria
Matagorda
Calhoun
N
O
E
S
plus de 30% Cadien
20 à 30% Cadien
15 à 20% Cadien
plus de 10% Cadien

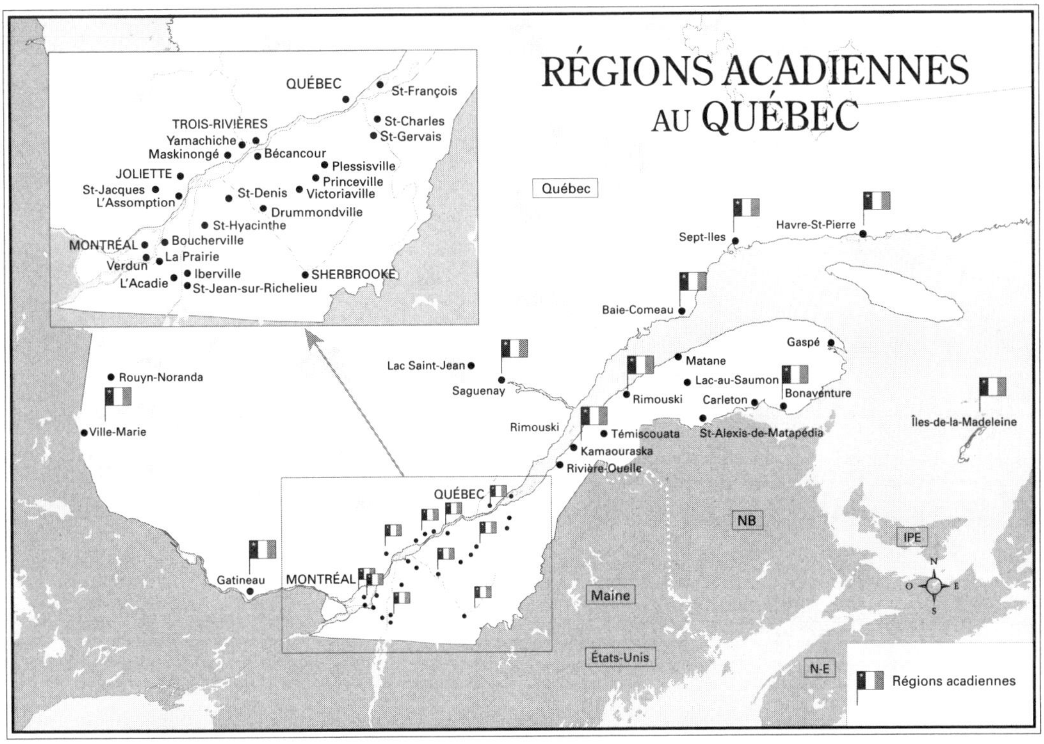
RÉGIONS ACADIENNES
AU QUÉBEC
Québec
QUÉBEC
St-François
TROIS-RIVIÈRES
St-Charles
St-Gervais
Yamachiche
Maskinongé
Bécancour
Plessisville
JOLIETTE
Princeville
St-Jacques
L'Assomption
St-Denis
Victoriaville
Drummondville
St-Hyacinthe
MONTRÉAL
Boucherville
La Prairie
Verdun
Iberville
SHERBROOKE
L'Acadie
St-Jean-sur-Richelieu
Sept-Iles
Havre-St-Pierre
Baie-Comeau
Gaspé
Lac Saint-Jean
Matane
Saguenay
Lac-au-Saumon
Rouyn-Noranda
Rimouski
Carleton
Bonaventure
Îles-de-la-Madeleine
Ville-Marie
Rimouski
Témiscouata
St-Alexis-de-Matapédia
Kamaouraska
Rivière-Ouelle
QUÉBEC
NB
IPE
Gatineau
MONTRÉAL
Maine
États-Unis
N-E
Régions acadiennes

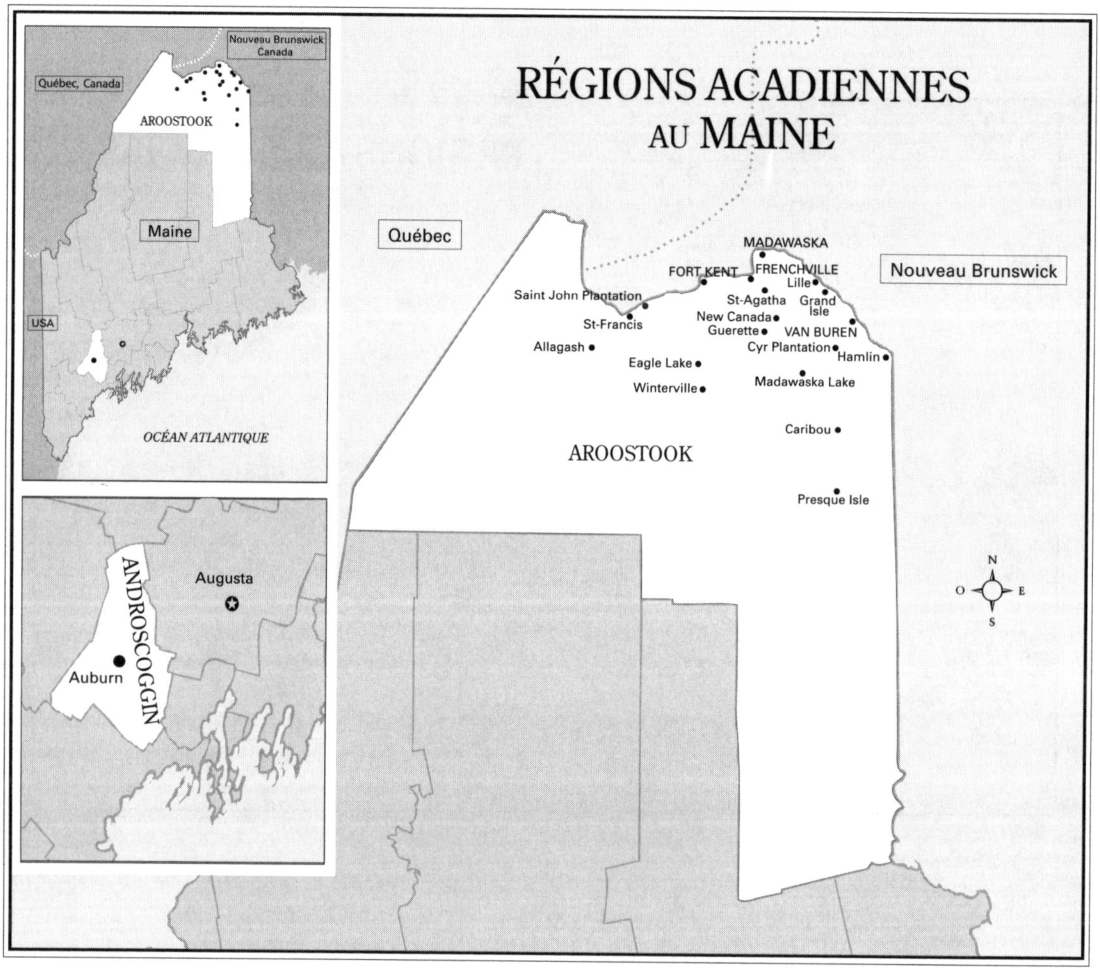

RÉGIONS ACADIENNES
AU MAINE
Nouveau Brunswick
Canada
Québec, Canada
AROOSTOOK
Maine
USA
OCÉAN ATLANTIQUE
ANDROSCOGGIN
Augusta
Auburn
Québec
Nouveau Brunswick
MADAWASKA
FORT KENT
FRENCHVILLE
Lille
Grand Isle
St-Agatha
Saint John Plantation
St-Francis
New Canada
Guerette
VAN BUREN
Allagash
Cyr Plantation
Hamlin
Eagle Lake
Madawaska Lake
Winterville
Caribou
AROOSTOOK
Presque Isle
N
O
E
S

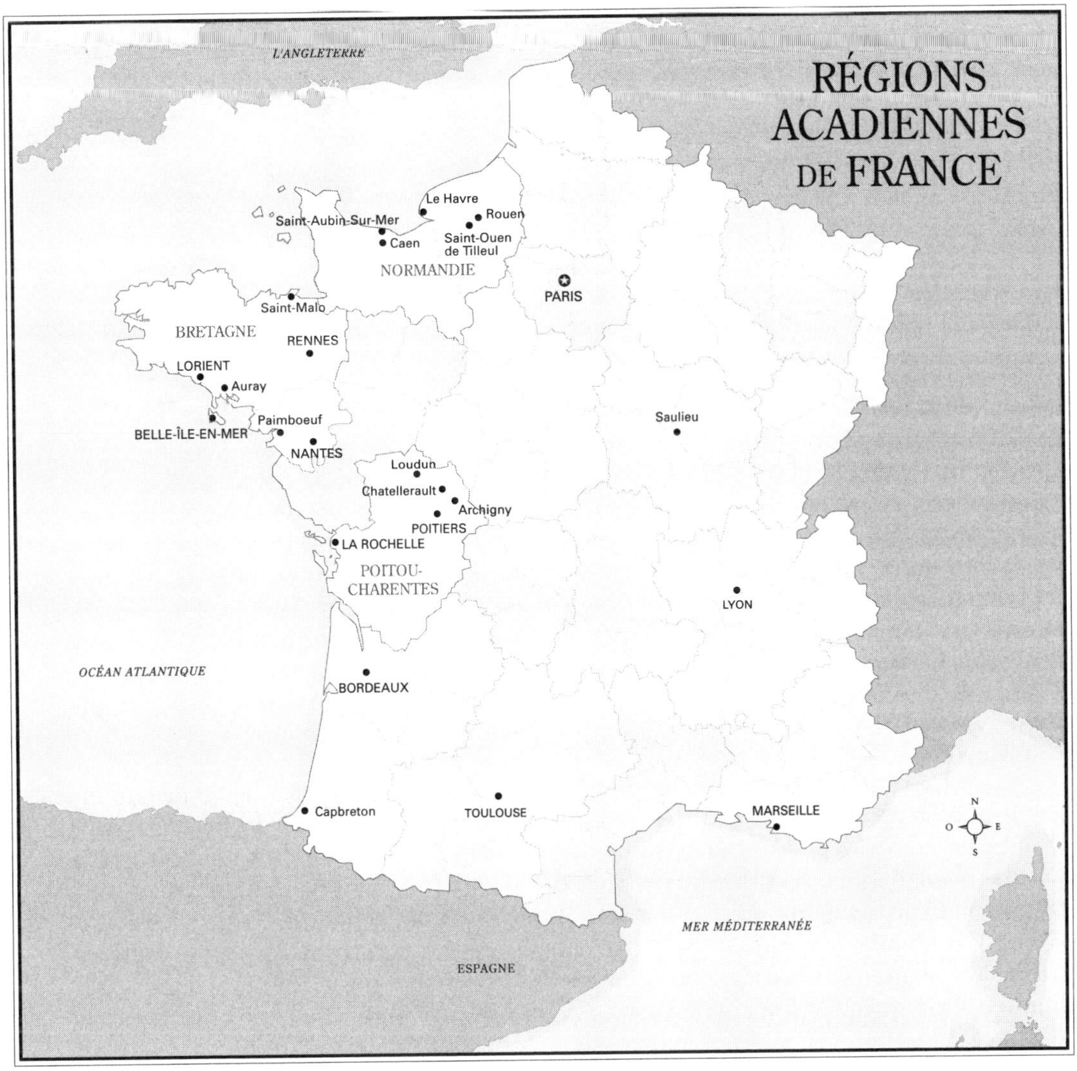
RÉGIONS ACADIENNES DE FRANCE
L'ANGLETERRE
Le Havre
Saint-Aubin-Sur-Mer
Rouen
Caen
Saint-Ouen de Tilleul
NORMANDIE
PARIS
Saint-Malo
BRETAGNE
RENNES
LORIENT
Auray
Paimboeuf
BELLE-ÎLE-EN-MER
NANTES
Saulieu
Loudun
Chatellerault
Archigny
POITIERS
LA ROCHELLE
POITOU-CHARENTES
LYON
OCÉAN ATLANTIQUE
BORDEAUX
Capbreton
TOULOUSE
MARSEILLE
N
O
E
S
MER MÉDITERRANÉE
ESPAGNE

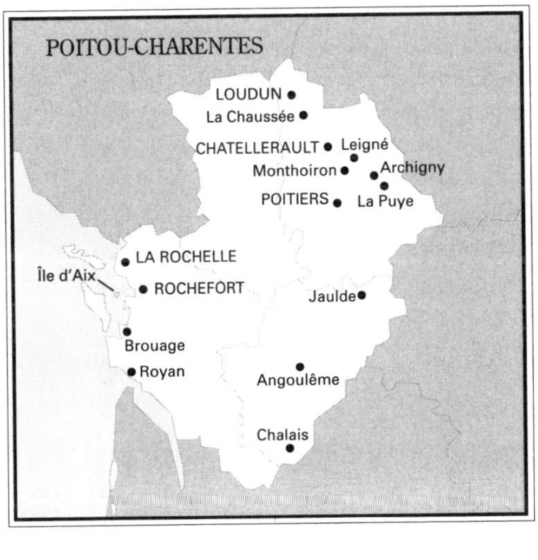
POITOU-CHARENTES
LOUDUN
La Chaussée
CHATELLERAULT
Leigné
Monthoiron
Archigny
POITIERS
La Puye
LA ROCHELLE
Île d'Aix
ROCHEFORT
Jaulde
Brouage
Royan
Angoulême
Chalais

BELLE-ÎLE-EN-MER
Triboutoux
Chubiguer
Borderun
SAUZON
LE PALAIS
Kergoyet
Antoureau
BANGOR
Kerguénolé
Kernest
Bortémont
LOCMARIA
Calastren
Le Grand-Cosquet
Kerzo

LE TOURISME CULTUREL CADIEN ET ACADIEN

Barry Jean Ancelet

Le tourisme repose sur un phénomène relativement simple : des gens quittent leur chez-soi pour découvrir des lieux différents. On aime voir, goûter, entendre et ressentir des choses qui diffèrent de celles de notre propre milieu. Par conséquent, le changement est un élément crucial du tourisme. Nous aimons nous retrouver en dehors de notre élément habituel : les montagnes pour les gens du littoral, les plages pour la population montagnarde, la ville pour les gens de la campagne, la campagne pour les citadins, etc. Le dépaysement peut aussi se traduire par un changement culturel ou linguistique, ou par une excursion dans le passé en visitant notamment des lieux historiques intéressants.

Le tourisme culturel se fonde sur le principe suivant : les gens aiment rencontrer des personnes différentes et découvrir leur façon de vivre (parler, chanter, manger et percevoir le monde). Pour les Acadiens, le tourisme culturel se pratique un peu différemment, car il s'appuie à la fois sur notre intérêt à rencontrer des gens qui nous ressemblent — à la recherche d'une filiation et d'un patrimoine commun — et différents en raison de nos histoires respectives. Dès les premiers contacts, nous sommes fascinés par nos caractéristiques communes, les noms de famille, les visages, la langue, mais très vite nous sommes émerveillés par les nuances qui distinguent une Acadie d'une autre, les aliments, l'architecture, les particularités linguistiques, etc.

Dans de nombreuses régions, le tourisme culturel a gagné en popularité, puisque ce phénomène est considéré comme un moteur idéal de développement économique avec, de surcroît, l'avantage de préserver l'environnement. Pour créer de telles entreprises, et de manière à bien nous représenter, nous devons d'abord découvrir qui nous sommes. Le meilleur tourisme culturel exige de la précision. Si quelque chose sonne faux, ça saute aux yeux. La meilleure façon d'attirer les gens est sans doute par le bouche-à-oreille, et pour que ce moyen fonctionne de façon continue, les visiteurs doivent vivre une expérience authentique. Le touriste culturel veut découvrir les vrais sentiers et non pas se limiter aux parcs thématiques à caractère artificiel. Pour se représenter avec fidélité, il faut se connaître en profondeur. Les détails sont très importants. Par exemple, servir des repas sans fourchettes à la Forteresse de Louisbourg — les fourchettes n'existaient pas à cette époque — peut, d'une manière subtile, mais essentielle, ajouter à la richesse d'une excursion dans le passé.

C'est une chose de visiter l'histoire. Les limites sont bien définies, on présente clairement aux visiteurs ce qu'on souhaite montrer. Cependant, le tourisme culturel tel que pratiqué aujourd'hui nous expose dans un cadre contemporain dont les limites ne sont pas aussi franchement définies. Évidemment, dans ce type de tourisme, on se vend soi-même. Il faut dès lors porter attention à la façon de se vendre. Il faut inventer des façons d'emmener les visiteurs là où nous voulons qu'ils aillent et éviter qu'ils se dirigent là où nous ne le souhaitons pas. Il est également essentiel de préserver notre dignité en négociant les visites culturelles de manière à éviter le piège de nous transformer en marchandises. Lorsque nous nous vendons nous-mêmes, nous risquons de perdre notre propre culture. Si nous nous présentons sur un mode touristique ou folklorique pendant un temps assez long, nous risquons de finir par croire que c'est effectivement ce que nous sommes. De plus, la pression exercée par les touristes qui veulent le même homard, les mêmes crevettes, les mêmes fruits et le même hébergement… risque de faire grimper le prix de ces produits pour les gens de la place.

Par ailleurs, il faut veiller à ce que la culture ne devienne pas une caricature d'elle-même, simplement pour satisfaire les attentes des touristes. En règle générale, un des premiers signes de la caricature est le port du costume « traditionnel », lequel laisse supposer que les personnes sont là pour jouer un rôle. Ça n'est pas forcément une mauvaise chose. Des costumes historiques authentiques enrichissent l'expérience des centres d'interprétation, comme c'est le cas à l'Habitation de Port-Royal et à la Forteresse de Louisbourg, deux lieux historiques en Nouvelle-Écosse. Une personne en costume d'époque qui nous accueille à l'entrée nous aide à franchir le pas vers le passé. Toutefois, les costumes peuvent être de mauvais goût, en particulier s'ils sont conçus pour présenter une image « traditionnelle » inventée de toutes pièces. Être vêtu en Acadien du 17e ou du 18e siècle sur un site historique est une chose, mais s'habiller en « Acadien » est une autre histoire. S'il est historiquement conforme, pourquoi le costume porté dans les villages historiques acadiens de Caraquet, au Nouveau-Brunswick, diffère-t-il autant de celui de Lafayette, en Louisiane? Nous avons été suffisamment victimes des stéréotypes de la part des étrangers, sans nous y mettre nous aussi.

En Louisiane, nous avons été confrontés à ce problème lorsque l'équipe sportive de l'Université de la Louisiane s'est donné le nom de *Ragin' Cajuns* [Cadiens déchaînés]. Pour créer une mascotte à son image, l'équipe devait décider à quoi pouvait bien ressembler un Cadien déchaîné. Les premières tentatives furent on ne peut plus stéréotypées; elles présentaient des tenues de pêche et de chasse, des bottes de caoutchouc, etc. Ce sont des stéréotypes, parce qu'il y a aussi beaucoup de Cadiens qui portent le costume-cravate. Elle a ensuite habillé sa mascotte en langouste et en alligator, ce qui correspond à une autre caricature. Toujours à la recherche de l'image appropriée, elle a proposé un homme costumé en poivre de Cayenne, une fois encore fondée sur un stéréotype, celui de notre cuisine traditionnelle. Et la liste continue!

En lien direct avec cette question de mascotte, on retrouve le phénomène d'Évangéline. Il est clair que ce personnage a joué et joue encore un rôle crucial dans le tourisme culturel de toutes les Acadies. Issue d'un patrimoine mythique sorti de l'imagination de l'écrivain américain Longfellow, *Évangéline* a fini par prêter son nom à toute une gamme d'entreprises (si bien chanté par Angèle Arsenault), par imposer « le » costume et par s'imposer comme l'identité mythique lors de nos festivals. Elle personnifie une version de l'histoire acadienne comme l'aiment les Anglo-Canadiens et les Américains.

Je ne veux diminuer en rien une histoire chérie par de nombreuses personnes, mais il y a un problème identitaire qui se dissimule derrière ce phénomène. Évangéline était une victime; elle n'a opposé aucune résistance. Elle ne menaçait pas le pouvoir en place, comme cela fut le cas de Beausoleil Broussard, un héros de la résistance qui a vraiment existé. Il s'agit d'une belle histoire d'amour et, bien sûr, un symbole admirable de loyauté et de dévotion. À la fin de l'histoire, Évangéline part sans laisser de traces. Elle est même morte à Philadelphie. Je ne dis pas que nous devrions nous en débarrasser, mais réservons-lui une place particulière, pour ensuite découvrir et ajouter d'autres histoires – nos propres histoires – qui révèlent nos véritables expériences et notre vrai passé. Il existe des personnages historiques qui font notre fierté, comme le résistant Beausoleil Broussard, et Joseph et Marie Dugas, le premier couple acadien à s'établir courageusement le long du rivage rocheux de la Baie Sainte-Marie, dans la Nouvelle-Écosse postérieure à la déportation. Il y a aussi nos populaires personnages acadiens fictifs, comme *Rosalba* et *La Sagouine*.

La Sagouine, créée par l'auteure Antonine Maillet, gagnante du prix Goncourt, est personnifiée sur scène et à l'écran par l'actrice Viola Léger, maintenant immortalisée au Pays de La Sagouine, un centre touristique situé à Bouctouche, au N.-B. Ces icônes acadiennes devraient faire partie de la manière dont nous nous percevons, dont nous nous définissons, appuyant ainsi notre histoire sur des personnes qui ont posé des gestes durables et qui nous ont légué des valeurs — au-delà de la loyauté — qui inspireront les générations futures.

À titre d'exemple, je trouve particulièrement inspirante l'histoire de Madeleine Leblanc de la Baie Sainte-Marie, en Nouvelle-Écosse. Après la déportation, lorsque les membres de la famille LeBlanc sont arrivés à cet endroit, le découragement s'empara d'eux devant les conditions difficiles qui les attendaient. Ayant été des agriculteurs prospères avant la déportation, ils se sont vite aperçus que l'abondance des récoltes qu'ils avaient connue auparavant serait impossible dans cette région boisée et rocailleuse. Mais on raconte que la jeune Madeleine s'est levée, a attrapé une hache et a dit : « Nous avons assez pleuré, c'est fini. Il est temps de bûcher et de construire une nouvelle maison. » Voilà une héroïne comme on les aime. C'est justement cette attitude qui a permis aux Acadiens — où qu'ils soient — de survivre à la déportation et de se reprendre en main dans toutes les Acadies. Nous devrions tirer une leçon de l'attitude de Madeleine LeBlanc et la célébrer en Louisiane, au Nouveau-Brunswick, au Québec, en Nouvelle-Angleterre aussi bien qu'en Nouvelle-Écosse, partout où vivent les Acadiens d'aujourd'hui.

Visiter l'Acadiana de la Louisiane

Le tourisme culturel existe en Louisiane depuis un certain temps déjà. Le touriste est fortement attiré par la nature — l'État est reconnu comme le paradis du sportif — et par l'Évangéline dont l'histoire est racontée ici un peu différemment. Certaines personnes de la Louisiane ont eu l'idée de réécrire l'histoire pour la faire vivre parmi nous. L'auteur — et juge — Felix Voorhies a inventé la « véritable histoire d'Évangéline » tout aussi fictive que celle de Longfellow, dans laquelle Évangéline porte le nom d'Emmeline Labiche, et Gabriel, celui de Louis Arceneaux.

Il existe bien une famille Labiche en Louisiane, mais s'il y a eu une Emmeline Labiche, il faut croire qu'elle est sortie tout droit de la fiction. Louis Arceneaux a réellement existé, mais il est né en Louisiane; il était le fils de Pierre Arceneaux, un des déportés établis le long du Mississippi, à Cabanocey. L'histoire d'Emmeline et de Louis ne repose pas davantage sur des faits historiques que celle d'Évangéline et de Gabriel, mais elle répond mieux aux besoins des touristes. Comme la version de cette histoire se déroule principalement en Louisiane et à des fins touristiques, on trouve à Saint-Martinville un arbre sous lequel elle aurait attendu dans l'espoir d'y rencontrer son soupirant.

Nous en sommes à notre troisième arbre. Le premier chêne d'Emmeline a brûlé après avoir été frappé par la foudre. Certains documents ont révélé que le premier chêne n'était somme toute pas le bon, et que le vrai se trouvait près du Bayou Teche. Ce deuxième chêne se trouvait un peu trop près du bayou et il y est tombé sous l'effet de l'érosion. Alors, d'autres documents sont apparus démontrant que cet arbre-là n'était pas le bon et que le vrai chêne était situé juste assez près du bayou pour être visité, mais pas trop... C'est ce chêne-là que nous montrons aux visiteurs. Cependant, il y a quelques années, il a été vandalisé par des jeunes et, depuis, il est en danger de mort.

Vous ne le croirez peut-être pas, mais d'autres documents ont été « découverts » récemment, indiquant que ce n'était pas le bon chêne; le vrai se trouve à l'arrière d'un édifice historique du voisinage. Il est entouré d'une clôture, donc protégé, et les gens peuvent venir l'admirer. J'estime que si on continue sur cette voie, on finira par avoir un chêne plus jeune que l'histoire dont il fait partie et que, dans un tel cas, Emmeline ou Évangéline aura peut-être couvé le gland pour le faire éclore…

En 1929, après avoir joué le rôle d'Évangéline dans le film du même nom tourné sur place, l'actrice Delores del Rio a offert au village de Saint-Martinville une statue d'elle-même en costume d'Évangéline en guise de remerciement pour l'accueil chaleureux qu'elle avait reçu. Il n'a pas fallu longtemps avant que cette statue, érigée juste à côté de l'église et près du cimetière, devienne sa tombe, là où elle a été enterrée après avoir succombé à une peine d'amour lorsqu'elle a découvert que Louis, ayant abandonné l'espoir de la trouver, s'est marié à une autre. Le vrai Louis, qui n'a abandonné aucune Emmeline ni aucune Évangéline, a épousé une jeune fille du nom d'Anne. Ils ont eu une belle vie et une magnifique famille dans le patelin qu'il a appelé Beaubassin, nommé d'après la terre de ses ancêtres. On lui avait volé sa terre ancestrale, mais pas sa mémoire. Je sais tout cela parce que Louis est un de mes ancêtres. S'il avait fait comme Gabriel, je ne serais pas de ce monde.

Nous avons au moins autant d'entreprises qui portent le nom d'Évangéline que dans les autres Acadies. Mais, en ce qui nous concerne, ce phénomène tend à disparaître au fil des ans. De moins en moins de gens viennent voir sa statue. Et un nouveau centre d'interprétation de l'histoire acadienne en Louisiane a ouvert ses portes à Saint-Martinville, là où le tourisme culturel a longtemps été lié au phénomène d'Évangéline. Certains jeunes chercheurs, y compris l'anthropologue Marc David, doutent que cet engouement pour l'histoire des Acadiens ait été créé de toutes pièces et ensuite perpétué, puisqu'il n'en existe pratiquement aucune trace dans l'histoire orale cadienne, du moins en lien avec les événements entourant la déportation.

Cependant, de plus en plus de gens viennent en Louisiane pour écouter notre musique et danser sur celle-ci, et pour savourer notre cuisine, ce qui représente un tout nouveau défi pour le tourisme contemporain. Pendant longtemps, l'économie liée au tourisme était faible, mais en raison de l'effondrement de l'économie lié à la crise du pétrole des années 1980, nous avons sérieusement commencé à chercher de nouveaux débouchés. Nous avons regardé autour de nous pour trouver quelque chose à vendre, et il nous est alors apparu que nous devions miser sur notre culture et sur nous-mêmes. D'une part, ça tombait bien : les médias commençaient tout juste à s'intéresser à notre caractère distinctif; ils pouvaient montrer un exemple américain de survie et de résistance dans les domaines socioculturel et linguistique. Au même moment, cet intérêt a été renforcé par la curiosité des journalistes en quête de couleur locale qui couvraient la convention républicaine à La Nouvelle-Orléans.

Les efforts déployés par le Conseil pour le développement du français en Louisiane (CODOFIL) pour préserver et restaurer la langue française en Louisiane ont suscité un grand intérêt dans un pays fasciné par les gens qui parlent une autre langue que l'anglais, et qui mangent autre chose que des hamburgers, des hotdogs et du poulet frit. Nous avons vu arriver de plus en plus de touristes qui voulaient visiter la Louisiane française et cadienne. Il fallait trouver quelque chose à leur montrer. Des restaurants comme *Mulatte's* et *Prejean's* ont commencé à offrir de la musique cadienne tous les soirs de la semaine, parce que les fins de semaine ne suffisaient plus à la demande. Ce phénomène a sérieusement influencé la scène musicale régionale qui auparavant tournait autour des soirées dansantes de fin de semaine.

Nous avons aussi assisté au développement d'attractions touristiques, comme le Village acadien et Vermilionville, qui se sont efforcés d'interpréter notre passé en regroupant d'anciens édifices authentiques sur des sites touristiques. Ma grand-mère disait que jamais auparavant elle n'avait vu autant de vieilles maisons si près les unes des autres. Les centres d'interprétation Jean Lafitte ont été aménagés à l'aide de ressources nationales et étatiques (Service national des parcs des États-Unis). Ces centres présentent des films et des pièces muséographiques qui interprètent l'histoire et la culture cadiennes, résultats de décennies de recherches menées par des universitaires. De plus, tous ces centres offrent des manifestations culturelles comme la musique, la cuisine, la tradition orale et l'artisanat. Cela n'a pas arrêté le développement de nombreuses entreprises touristiques privées qui interprètent l'histoire et la culture à leur manière.

La pression exercée par le tourisme peut parfois produire des effets étranges et potentiellement perturbateurs, comme en témoignent les récentes danses « traditionnelles » élaborées pour combler les attentes des touristes qui exigent de plus en plus de raffinement. Il y a aussi les circuits d'autobus qui font le tour d'anciens petits ports de pêche le long du bassin Atchatalaya. Les touristes y débarquent par centaines pour profiter d'excursions guidées dans des bateaux-mouches, version louisianaise.

Je suis embarrassé d'avoir été le premier à proposer de conduire les touristes à la digue du bassin pour leur faire faire un petit tour dans les marais. Si je ne l'avais pas fait, quelqu'un d'autre en aurait certainement eu l'idée; toutefois, chaque fois qu'un bateau rempli de touristes passe près de mon bateau où je pêche tranquillement avec mes enfants, je regrette d'avoir contribué de cette façon au tourisme culturel.

Aujourd'hui, il arrive que des groupes de touristes se présentent dans les salles de danse et aux *jam-sessions* [concerts de jazz improvisé]. Non seulement cet afflux touristique dérange les habitués, mais il perturbe aussi l'idée du succès que se fait le propriétaire. On voit aussi la prolifération de caricatures destinées aux touristes — la fabrication de souvenirs représentant des alligators et des écrevisses. Ça frise l'absurdité.

Aujourd'hui, il existe des marques cadiennes pour toute une gamme de produits. Vous pouvez aller pêcher dans un bateau cadien, muni d'une glacière cadienne remplie de glace cadienne et d'appâts cadiens, *jusqu'à l'écœurement.* Pendant un certain temps, à Milwaukee, nous offrions une bière cadienne. Un jour, un journaliste a demandé au musicien Marc Savoy : « Regrettez-vous que les Cadiens aient été découverts? » Ce à quoi il a répondu : « Je regrette surtout que les Cadiens se soient découverts eux-mêmes. »

Les Acadiens du Nord sont confrontés à plusieurs défis lorsqu'ils visitent la Louisiane. Tout d'abord, il fait chaud ici! La chaleur estivale écrasante exclut automatiquement un quart de l'année où nos cousins peuvent nous rendre visite. Toutefois, si vous laissez tomber l'été louisianais, vous ratez un aspect majeur de l'Acadie tropicale. D'un autre côté, il pourrait être difficile d'y trouver des Cadiens, même quand ils sont là. Puis, il y a La Nouvelle-Orléans où, en raison des circuits préétablis, de nombreux visiteurs tendent à y commencer leur visite. C'est une belle ville portant un nom français et jouissant d'une excellente réputation touristique, mais même s'il y a quelques Cadiens, ce n'est pas exactement ce qu'on peut appeler le pays des Cadiens. En outre, il n'y a pas si longtemps, cette ville créole ne se serait jamais présentée comme étant une destination cadienne. Mais si suffisamment de touristes demandent quelque chose, nous finissons par le leur fournir. Il y a maintenant suffisamment de musique et de restaurants cadiens dans la ville pour satisfaire cette demande.

Et si un jour vous pensez que Lafayette est l'endroit où il vous faut aller, là encore, il s'agit d'un centre urbain ayant une population d'environ 150 000 âmes, grandement touchée par l'industrie du pétrole et du gaz, sans parler du reste. En plus des Cadiens, on y trouve des descendants de Créoles français et africains, d'Espagnols, d'Allemands et d'Anglo-Américains. Il y a aussi des Italiens, des Libanais, des Chinois, des Vietnamiens, des Thaïlandais et des Cambodgiens. Et les Cadiens sont influencés par toute cette diversité qu'ils côtoient. On peut facilement trouver un Babineaux et un Thibodeaux en train de manger des cannellonis, des kibbehs, des sushis, des shish kebabs ou des mei fung. À Lafayette, il est aussi facile de trouver des saucisses merguez que du boudin.

Il est plus facile de trouver des gens qui se définissent comme Cadiens si vous allez dans des villes plus petites, mais là encore, c'est compliqué. Les gens qui se définissent comme Cadiens s'appellent Comeaux, Cormier, Guidry, Thibodeaux, Boudreaux, LeBlanc, Landry, Broussard et Arceneaux, mais ils s'appellent parfois Fontenot, Vidrine, Fusilier ou Ménard (d'origine française ou québécoise), Romero, Segura, Manuel (d'origine espagnole), Abshire, Walker, Clark, Putnam ou McGee (dont les origines sont assez évidentes), et même Touchet (d'origine tchèque)! Ces personnes ont presque toujours des Lejeune, Bernard, Mouton, Babin et Landry perchés sur les branches de leur arbre généalogique, même si ce n'est pas toujours manifeste.

Finalement, quand vous communiquerez avec tout ce beau monde, vous verrez qu'ils peuvent ou non parler français, qu'ils peuvent ou non aimer la musique cadienne, et même qu'ils mangent ou non du gombo. Cela dépend de leur expérience personnelle et de leur réaction aux efforts déployés pour éliminer leur langue et leur culture. Et enfin, se pointe le défi de la nature : personne ne peut oublier les alligators et les serpents. Cependant, il y a une constante : les moustiques!

Visiter l'Acadie de la Nouvelle-Écosse

Le paradoxe lié au tourisme acadien en Nouvelle-Écosse réside dans le fait que les sites historiques et les villages acadiens contemporains sont situés à des endroits différents. Cela s'explique par le fait que les Acadiens ont été expulsés des terres agricoles qu'ils possédaient à l'origine. La déportation avait pour but de confisquer les meilleures terres dans la vallée fertile, entre Grand-Pré et Port-Royal. Par conséquent, pour raconter l'histoire des Acadiens, il faut leur faire de la place au sein d'une région réputée psychologiquement et symboliquement hostile.

Ce qui n'est pas du tout impossible. Le nouveau centre d'interprétation de Grand-Pré réussit assez bien à faire une utilisation adéquate de ce site historique. Cependant, pour assurer une présence acadienne, le Centre de Grand-Pré et l'Habitation de Port-Royal n'ont d'autres choix que de rapatrier des Acadiens des régions contemporaines de la province. Et pour célébrer les journées acadiennes à Grand-Pré, les gens de la province doivent faire plusieurs heures de route pour y rester que peu de temps. Toutefois, pour les visiteurs qui recherchent une catharsis culturelle, il y a d'autres moyens d'exploiter le puissant potentiel de ces endroits.

En me fondant sur ma propre expérience et à l'intention de mes amis, j'ai ajouté une autre dimension à la visite de *Lookoff*, au faîte de la montagne Blomidon qui surplombe les terres ancestrales acadiennes de Grand-Pré. Je les prie d'imaginer que les événements de 1755 n'ont jamais eu lieu et de se demander quelle parcelle de terre de Grand-Pré serait la leur.

Ou encore, s'ils prévoient visiter l'ancien cimetière de Wolfville (la ville voisine de Grand-Pré), je les prie de contempler les tombes des personnes qui ont pris la place de leurs ancêtres dans cette région. Après quoi, je leur explique qu'ils ne peuvent pas visiter les anciens cimetières acadiens, parce qu'ils ont été recouverts il y a longtemps afin d'en effacer toute trace. Ou de visiter Horton Landing, situé tout près, de marcher sur le sol même où les déportés ont marché, juste avant d'embarquer sur les bateaux. Ironie de l'histoire, au même moment, tout près de là, un autre type de touriste vient visiter le monument dédié aux *Planters* de la Nouvelle-Angleterre.

Ou encore de visiter les jardins du Fort Anne, à Annapolis Royal (cette ville se nommait Port-Royal lorsque l'ancienne capitale de l'Acadie fut transférée ici en 1636), pas tant pour admirer les fleurs ni même la chaumière acadienne, mais pour les marécages couverts de roseaux et les digues installées par les Acadiens avant la déportation, et qui y sont encore aujourd'hui.

Il faut dire que le gouvernement a contribué à relater cette histoire grâce aux sites de la Forteresse de Louisbourg, de l'Habitation de Port-Royal et du lieu historique national de Grand-Pré, lequel a récemment été reconnu par l'UNESCO comme site du patrimoine mondial. De plus, le gouvernement, avec l'aide des Acadiens, est en train de mettre en valeur l'Établissement Melanson près de Port-Royal. Les responsables gouvernementaux ont annoncé des projets pour la création d'un nouveau site à Beaubassin, situé à la frontière actuelle de la Nouvelle-Écosse et du Nouveau-Brunswick – une liste impressionnante de sites pour commémorer un chapitre difficile de notre histoire. Ironiquement, les régions non acadiennes — Wolfville, Annapolis Royal, Amherst, Louisbourg et d'autres endroits associés à l'histoire de l'Acadie — doivent inventer une façon sympathique de présenter leur circuit s'ils souhaitent développer le potentiel affectif du tourisme culturel.

Lors du Congrès mondial acadien (CMA) de 2004, en Nouvelle-Écosse, c'était la première fois que des drapeaux acadiens flottaient partout dans la vallée entre Grand-Pré et Port-Royal. J'ai posé la question suivante à quelques Canadiens anglophones : « Pourquoi tous ces drapeaux acadiens? » L'un d'eux m'a répondu : « Eh bien! Vous savez, les Acadiens s'en viennent. » Et moi d'ajouter : « Vous voulez dire qu'ils « reviennent? » Il n'a rien répondu.

Une des Acadiennes qui travaillent à Grand-Pré m'a raconté une anecdote semblable. Un de ses voisins anglophones, à Wolfville, l'a informée qu'il quittait la région durant le Congrès pour s'éloigner de toute cette agitation. Cette résidante de Meteghan Station m'a confié que, dans le passé, elle lui aurait probablement présenté des excuses pour le dérangement, mais cette fois-ci, elle a réagi différemment : « Laisse-moi tes clés. On pourrait avoir besoin de ta chambre. » Je l'ai fait rire en lui suggérant une autre réponse possible : « Surtout, ne prends que ce que tu peux porter; un bateau t'attendra à Horton Landing. »

Datant de 1605, Annapolis Royal est considéré comme l'un des plus anciens établissements européens en Amérique du Nord, mais il convient de souligner que cette ville est liée à la culture anglaise. L'année 1605 renvoie aux francophones qui s'étaient établis de l'autre côté de la rivière, à l'Habitation (maintenant reconstruit par le gouvernement canadien comme parc historique). En 1613, le capitaine anglais Samuel Argall et ses hommes ont détruit cet établissement et les Anglais sont arrivés au nouveau site de Port-Royal (Annapolis Royal) que beaucoup plus tard. C'est peut-être un détail, mais omettre de le clarifier ne fait qu'embrouiller deux histoires dans le but de revendiquer une plus grande ancienneté.

Le tourisme historique comporte le risque de s'enliser dans un passé idéalisé. L'aménagement des villages historiques acadiens, qu'il s'agisse de celui de Pubnico, en N.-É., ou de Caraquet, au N.-B., est très intéressant. Ils offrent aux visiteurs une expérience unique, mais devons-nous nous appuyer uniquement sur l'Histoire pour nous représenter? Les visiteurs peuvent se faire une assez bonne idée de qui nous étions, mais que faisons-nous de ce que nous sommes devenus? Que pouvons-nous faire en dehors des villages historiques?

Les villages de la Nouvelle-Écosse où vivent aujourd'hui les Acadiens recèlent des trésors insoupçonnés. Il s'agit notamment de Baie Sainte-Marie (municipalité de Clare), de Par-en-Bas (municipalité d'Argyle), de Chéticamp et de l'Isle Madame au Cap-Breton. Ces municipalités sont indispensables à la compréhension de l'évolution des Acadiens du début jusqu'à nos jours. De nombreux Cadiens ont déjà visité la Nouvelle-Écosse (et inversement), en particulier durant le dernier Congrès mondial acadien. À Baie Sainte-Marie seulement, Jean-Douglas Comeau, directeur des cours d'été d'immersion française offerts à l'Université Sainte-Anne, à Pointe-de-l'Église, estime qu'environ 1000 Cadiens y ont étudié depuis 1989. Et durant leur séjour, un bon nombre de familles sont venues les voir et en ont profité pour visiter la région.

Comment pouvons-nous relever le défi que représente le tourisme culturel contemporain? En premier lieu, nous devons déterminer les sites d'intérêt potentiel et les gérer en veillant à ne pas polluer nos milieux naturel, social et culturel. Il existe un grand nombre de lacs magnifiques dans la région de Baie Sainte-Marie, en N.-É. où des circuits pourraient être organisés, mais nous devons en prendre grand soin; de nombreux résidants y ont construit des chalets et des maisons justement parce que c'est un coin tranquille et isolé. Imaginez le populaire restaurant *La Cuisine Robichaud*, à Saulnierville, spécialisée en cuisine acadienne, traditionnelle et contemporaine, fréquentée uniquement par des Québécois et des Américains pendant un été complet. Les jeudis soirs du *bootleggeux* (maison privée où on sert de l'alcool) ne seraient plus jamais les mêmes si un autobus y déversait ses touristes. Et finalement, il y a la pression que peuvent exercer les visiteurs désireux de vivre une expérience de tourisme linguistique.

Par ailleurs, dans les Acadies, il existe un grand potentiel pour développer le tourisme axé sur la nature. Le vaste océan et les lacs propres de l'Acadie du Nord sont d'une incroyable beauté pour les Cadiens de la Louisiane impressionnés par cette eau claire. De même, les bayous et les marécages de la Louisiane, avec leurs arbres couverts de mousse espagnole qui poussent dans l'eau, fascinent les Acadiens du Nord. Mais vous savez ce qu'on dit : il faut faire attention aux souhaits, ils peuvent se réaliser. Souhaitons-nous voir se développer partout une version locale des bateaux-mouches?

Les Acadies du Nord ont également un grand potentiel d'excursions marines. Il y a les pêcheurs de homard qui sont oisifs durant l'été et qui seraient disposés à offrir leurs services à des fins touristiques. Récemment, j'ai eu la chance de faire une magnifique excursion dans les Îles Tusket (au sud du village acadien de Wedgeport en N.-É.) où, durant la saison du homard, les pêcheurs déménagent pour des périodes d'une semaine. Ils pêchent et dorment sur l'île dans un pittoresque camp de pêche. Je suis certain que de nombreux touristes cadiens payeraient cher pour une excursion de ce genre. Le capitaine Victor LeBlanc m'a offert cette excursion gratuitement, simplement parce qu'il voulait me montrer un coin de pays cher à son cœur. Les Cadiens sont fascinés par les baleines; les Acadiens le sont par les alligators.

Les forêts ont le même potentiel au Nord qu'ont les prairies chez nous, que ce soit pour les randonnées équestres ou les circuits permettant d'observer les oiseaux. Toutefois, qui dit tourisme, dit affaires, et cela change tout. Il faut respecter une réglementation sans fin pour la sécurité des passagers. À ceci, s'ajoute le problème du brouillard dans la baie de Fundy, au sud-ouest de la Nouvelle-Écosse. En Louisiane, le principal problème est la chaleur. Dans toutes les Acadies, les moustiques et les mouches noires sont un problème commun. Si nous décidons de développer quoi que ce soit, il est préférable d'y aller lentement et de réfléchir aux conséquences.

Les Cadiens et les touristes en général peuvent trouver difficile de se rendre en Nouvelle-Écosse en raison du problème de transport. Le voyage en voiture à partir de la Louisiane prend 36 heures. Par avion, on doit atterrir à Halifax, louer une voiture et faire trois heures de route avant d'arriver dans les régions acadiennes. Une fois rendu, on n'y trouve que très peu d'hôtels. Des gîtes touristiques commencent à apparaître ici et là; un certain nombre de touristes les préfèrent parce qu'ils offrent un contact plus personnel et plus chaleureux. Il est évident que les Acadiens du Nord qui voyagent en sens inverse pour visiter les régions cadiennes de la Louisiane rencontrent sensiblement les mêmes problèmes. La solution de rêve serait d'avoir des vols directs entre Lafayette et Moncton ou entre La Nouvelle-Orléans et Halifax. En attendant, peu importe la distance et le temps qu'il faut pour s'y rendre, les visites en valent la peine.

Conclusion

En fin de compte, le principal actif du tourisme culturel acadien réside dans les gens qui, selon leurs propres règles et sans costume d'époque, permettent aux touristes de découvrir la vie réelle des Acadiens. Un été, mes parents m'ont accompagné à Baie Sainte-Marie; ils ont eu le privilège de rencontrer Arcade Comeau à *La Forêt acadienne* et Camille Maillet au *Vieux Moulin*, à Bangor. Une amitié est née spontanément entre eux par affinité naturelle et en raison d'un intérêt commun à explorer leurs liens. Ils ont partagé des histoires et des cadeaux, et ils ont fait des projets pour l'avenir.

Camille et mon père ont découvert qu'ils avaient le même âge et, pendant des heures, ils se sont raconté des histoires liées à leur jeunesse respective. Ils y seraient encore si nous n'avions pas dû partir. Ils se sont compris d'emblée et cela est attribuable, non pas aux expériences partagées, mais à leur façon d'appréhender la vie et de la similitude de leurs expériences dans des cadres pourtant différents. Bien que mon père et mon ami aient été impressionnés par le moulin à scie et la forêt, ce dont ils parlent encore, c'est de Camille et d'Arcade. La plus grande force de ce type de tourisme se trouve non pas dans les lieux, mais dans les visages; moins dans la nature et plus dans la nature humaine.

Il existe d'infinies possibilités qui permettent d'établir des liens entre les Acadies. Je connais de plus en plus de Cadiens qui souhaitent passer des étés « climatisés » dans le Nord. Et si vous partez pour visiter une partie de l'Acadie du Nord, autant la visiter en entier. Tout de suite, vous comprendrez que vous ne pouvez faire autrement que d'y revenir à plusieurs reprises. Certes, tous les éléments sont en place pour bâtir de bonnes entreprises, mais il faut y aller prudemment et respectueusement.

Et en passant, chez-nous en Louisiane, les hivers sont beaucoup moins froids et nous célébrons en grand le Mardi Gras aux environs du mois de mars, ce qui correspond au début du printemps. Finalement, la dispersion d'un peuple comporte certains avantages. Si nous devenons un peuple migratoire — même si ce n'est que le temps d'un voyage —, cela suffira à faire retourner l'ancien gouverneur britannique Charles Lawrence dans sa tombe.

Cuisiner cadien 101

Mary Broussard Perrin

Qu'est-ce qui distingue la cuisine cadienne? On la présente souvent comme un métissage rustique et épicé de différentes cuisines ethniques — cadienne, africaine, hispanique, allemande, amérindienne, antillaise — composé essentiellement de produits locaux. J'affirme sans l'ombre d'un doute que son caractère rustique et rural en fait l'une des cuisines les plus savoureuses du monde. Comme je suis Cadienne du côté paternel, et Irlandaise/Allemande du côté maternel, j'ai grandi en mangeant surtout de la cuisine « américaine ». Mais mon père, en bon Broussard, ne pouvait se priver longtemps de la cuisine de son enfance : *gombo*, *jambalaya*, riz et sauce, sauce piquante.

Pour plaire à son mari, ma mère a appris à cuisiner cadien avec sa belle-mère, mais comme ma grand-mère vivait à une heure et demie de chez-nous, elle a dû apprendre en quelques leçons rapides. Ma mère devait être une élève particulièrement douée, parce que mon premier souvenir d'un de ses plats cadiens fut un *gombo* de poulet — une soupe épaisse et épicée composée de poulet, de saucisse ou de fruits de mer, de légumes — épaissi à l'aide d'un roux (un mélange d'huile et de farine grillée). C'est un plat succulent et réconfortant, mais salissant pour un enfant. J'avais généralement la chance de trouver un pilon bien dodu dans mon bol, mais je devais le saisir avec mes doigts pour le manger, et invariablement le bouillon dégoulinait de ma main jusqu'à mon coude. Le *gombo*, comme les Cadiens le savent, est un plat d'hiver. Il est chaud, réconfortant et très parfumé, mais en hiver, nous portons des chemises et des chandails à manches longues et donc, une bonne partie du bouillon est « bu » par nos vêtements! C'est assurément un plat qui exige deux serviettes de table, parce que le facteur « gluant » est important.

L'okra est un légume en forme de gousse apporté par les Africains à l'époque de l'esclavage. Une fois tranchée, une substance visqueuse coule de la gousse. C'est ce qu'on appelle le facteur « gluant ». Une cuisinière expérimentée sait comment en venir à bout : elle assaisonne une tomate ou deux avec ce que nous appelons la « Sainte Trinité des condiments » — oignons, céleri et poivron — et l'acidité de la tomate supprimera la viscosité du légume. Ma mère a dû rater cette leçon importante, car elle se contentait de nous servir un *gombo* visqueux. Heureusement, je n'étais pas une enfant difficile, je mangeais sans rechigner, mais le *gombo* ne faisait pas partie de mes dix plats préférés.

Une fois adulte, je suis tombée en amour avec Warren Perrin, qui est devenu mon mari, mais aussi avec sa famille, en particulier sa mère qui était une excellente cuisinière cadienne. J'aurais parcouru un kilomètre à genoux pour son riz et sa sauce! Je n'ai jamais mangé quelque chose d'aussi bon. Elle utilisait un gros chaudron de fonte pour saisir la viande, ce qui donnait une sauce aussi épaisse et foncée que de l'ébène liquide. Rien ne me satisfaisait autant qu'un grand bol de ce plat simple, mais réalisé à la perfection. Son *gombo* était plus que bon, il était divin, une fois remise du choc d'y trouver une patte de poulet encore attachée au pilon. J'ai sursauté à la découverte de cet ingrédient, mais ma belle-mère s'est contentée de prendre la louche, de retirer « l'objet » de ma surprise et de le remettre dans le chaudron. « Les pattes de poulet », m'a-t-elle dit, « ajoutent une incomparable saveur au *gombo*, mais habituellement elles restent dans le chaudron. Je suis désolée. Je devais avoir la tête ailleurs ». Je suis loin d'être convaincue que c'était une bévue. Je crois qu'elle voulait voir comment sa future belle-fille réagirait — une fille de la ville et qui plus est, une étudiante en art. Cette thèse est renforcée par le fait que je fus la seule à qui on a servi une patte de poulet. « Bien sûr », a-t-elle ajouté d'un petit air fanfaron, « j'ai pris la peine de lui couper les ongles ». J'ai ressassé cette information pendant un moment, puis je suis passée à autre chose. J'ai appris à savourer son *gombo* bien épais et parfumé, servi sur du riz et accompagné d'une salade de patates, sans m'accrocher aux pattes.

Mais les pattes de poulet dans le *gombo* n'ont pas été le seul obstacle à surmonter pour devenir une fine connaisseuse de cuisine cadienne et une belle-fille acceptable. Je devais aussi apprendre à aimer un plat appelé *débris* [déchets]. C'est un ragoût épais servi sur du riz. Il contient de bons morceaux de bœuf et tout un tas d'abats : des rognons, du foie, du cœur et le pire de mes cauchemars, de la rate, un abat spongieux qu'on doit mastiquer pendant de longues minutes avant de pouvoir l'avaler. Pour moi, c'est le plat le moins attirant : il est rempli de veines et d'artères épaisses et caoutchouteuses, et d'autres morceaux non identifiables. Ce plat n'est pas agréable à l'œil, mais il a un goût étonnant, à la fois onctueux, doux et épicé; il déborde de saveurs.

Un jour d'été, après avoir consommé un repas bien lourd chez les parents de Warren, nous avons dû attendre quelques heures avant d'être en mesure d'avaler le dessert. Mais quel dessert! Une merveilleuse crème glacée à la vanille, faite maison, servie dans un grand bol à soupe plutôt que dans une petite coupe. Jusqu'à ce jour, je n'avais mangé que de la crème glacée achetée en magasin. La crème ayant servi à confectionner ce dessert provenait directement de la vache et, de ma vie, je n'avais jamais goûté quelque chose d'aussi riche et divin. Je n'étais pas sûre de pouvoir venir à bout de cette immense portion, mais j'y suis finalement arrivée. « Quoi, chère! », me dit madame Perrin, « mais ce n'est que le premier service. Il reste la crème glacée à la framboise et l'autre, à la pêche ». Et savez-vous quoi? Il arrive qu'on serve cette crème glacée sur un gâteau au sirop encore tout chaud... Étonnamment, aucune de ces personnes n'est obèse.

Je me suis mariée et, tout comme ma mère, j'excellais davantage à manger les plats cadiens qu'à les cuisiner. À l'époque, notre budget était serré, car Warren étudiait le droit et je ne percevais qu'un salaire d'enseignante. Le jour où Warren est revenu à la maison avec un sac de *boudin*, ç'a été la fête. J'avais déjà mangé du *boudin* (un genre de saucisse contenant un mélange épicé de riz et de viande) ailleurs que chez moi, mais c'était la première fois que j'allais en préparer. Ni Warren ni moi ne connaissions l'ombre d'une information sur le *boudin*. Était-il cru ou déjà cuit? Nous avons joué de prudence en le cuisant doucement dans une casserole d'eau frémissante. Évidemment, comme nous l'apprendrions plus tard, le *boudin* était prêt à manger. Donc, notre savoureux régal s'est transformé en une bouillie de riz pâteux, la pellicule s'étant totalement désintégrée dans l'eau chaude. Au fil du temps, j'ai tiré des leçons de mes erreurs culinaires, dont celles-ci : la sauce tomate et les écrevisses ne font pas bon ménage, et la crevette se transforme en bouillie si on la cuit plus de cinq minutes.

La cuisine cadienne, une fois maîtrisée, se révèle d'une grande simplicité. L'écrevisse à l'*étouffée*, par exemple, est un mets digne d'un roi, simple mais alléchant. La générosité de la terre et des cours d'eau du sud de la Louisiane jumelée à une grande diversité ethnique offrent aux habitants de l'Acadiana une véritable fête des sens. Même si la cuisine cadienne était naguère un secret bien gardé qu'on ne pouvait savourer que dans les cuisines rurales du sud de la Louisiane et dans la maison de nos grands-mères le dimanche, on la retrouve maintenant dans les restaurants cadiens du monde entier. Une journée d'hiver, si vous vous retrouvez en Alabama ou en Géorgie et qu'il y a du *gombo* au menu, demandez au serveur s'il est épaissi à l'aide d'un roux. S'il s'exclame avec un accent nasillard : « Un quoi? », n'insistez pas, ça ne vaut pas la peine.

LE GOMBO CULTUREL DE LA LOUISIANE

May Waggoner

Tout comme les marais louisianais débordent de gibier, le sud de la Louisiane déborde de contradictions. La mousse pousse dans l'air, c'est au printemps que les érables deviennent rouges, et les bayous coulent dans deux directions. Jusqu'à récemment, la station de radio publique diffusait des émissions de zydeco le samedi matin et des émissions du Metropolitan Opera de New York l'après-midi. Les gamins de quatre ans jouent de l'accordéon sur les scènes publiques et les couples âgés, qui ont du mal à marcher, se débrouillent tout de même sur la piste de danse.

Depuis les journées chaudes et humides d'antan où les chants de travail des esclaves résonnaient sous le ciel lourd, depuis les nuits froides d'hiver d'autrefois où les premiers Acadiens rassemblés autour de la cheminée chantaient et dansaient, la musique reste — malgré la souffrance physique et l'exil, malgré l'isolement et la négligence, au moment des difficultés économiques, des guerres et des booms pétroliers — un moyen de garder le passé vivant, de pleurer et de se réjouir.

Les livres d'histoire nous apprennent que pendant les XVIIe et XVIIIe siècles, le Nouveau Monde a accueilli des explorateurs et des colons qui ont construit une nation. Cependant, ces livres négligent de souligner que la nation a été formée par deux groupes très différents, emmenés ici contre leur volonté de pays lointains séparés par des milliers de kilomètres, transportés dans les colonies naissantes : les Africains et les Acadiens. Ils ont été entassés de force dans les cales des navires surpeuplés, leurs familles divisées et détruites[1], les corps des personnes mortes de maladie[2], de déshydratation ou de faim jetés par-dessus bord. Après des semaines et des mois en mer, cette cargaison humaine était dispersée dans les colonies. Les marchands d'esclaves accueillaient les Africains enchaînés comme leur propriété; les colons anglophones bannissaient les Acadiens catholiques comme des parias.

Dans certaines colonies du Sud, les Acadiens travaillèrent pendant sept ans dans les champs, à côté des esclaves, avant d'être « libérés de leur contrat ». Ils erraient ensuite dans les nouvelles colonies pour retrouver leurs familles dispersées. Dans certaines colonies du Nord, les personnes qui avaient elles-mêmes fui l'intolérance religieuse en Angleterre les laissèrent mourir dans les rues. Les esclaves et les exilés finirent par trouver un asile en Louisiane. Leurs expériences analogues ont produit deux musiques différentes, « distinctes, mais égales », chacune imprégnée de sa propre saveur.

Dans l'esprit de ceux qui ne la connaissent pas, la Louisiane évoque des images d'alligators, de chênes verts drapés de mousse espagnole et de musique d'accordéon qui flotte sur l'air humide des prairies et des bayous. On se sert des termes « cadien », « créole » et « zydeco » de manière interchangeable, et les idées fausses abondent. Dans les restaurants des États-Unis et d'Europe, on annonce des plats comme étant créoles ou cadiens, alors qu'ils ne sont que carbonisés ou excessivement épicés, et La Nouvelle-Orléans se vante de son identité « cadienne ».

Ceux qui ont « découvert » la musique cadienne dans les années 1970 célèbrent la résurrection d'un phénomène qui n'est jamais mort, et au même moment, ceux qui ont « découvert » le zydeco ne connaissent aucunement les trois siècles de son histoire. L'histoire de la musique louisianaise n'est pas faite d'une série de danses isolées; c'est plutôt l'histoire d'une seule et longue danse, à l'image d'une rivière qui se débarrasse du superflu et s'empare du nouveau à chaque coude.

Il est tentant de diviser la danse louisianaise entre musique cadienne et zydeco, entre Blancs et Noirs. Cependant, la vérité est plus compliquée. Bien que l'on ait connu un style noir dès les années 1920, les musiciens noirs et blancs ont joué ce qu'ils appelaient la « musique française ». Il n'y avait aucune nomenclature précise; les Noirs appelaient leur musique « lala » ou « créole ».

La culture cadienne se distingue de nombreuses façons de la culture anglophone protestante du Sud profond. Cependant, une ressemblance importante s'impose. Même si dans le Sud, pendant deux siècles, la ségrégation fut imposée par la loi, les Noirs et les Blancs ont travaillé côte à côte dans les champs, et cette collaboration a entraîné un respect réciproque. Contrairement au Nord où les lois prônaient l'interaction ethnique, mais où dans les faits, Noirs et Blancs vivaient d'une façon séparée, une camaraderie née de la familiarité s'est développée non seulement en Louisiane, mais dans tout le Sud.

L'usage a transcendé les lois; la musique a traversé les frontières artificielles. Des musiciens de toutes races jouaient ensemble, et les amitiés forgées ont favorisé l'échange d'idées et de styles musicaux. La radio diffusait toutes les musiques sans distinction de style ou de couleur. Tout comme un certain Américain de Tupelo[3] qui a créé son propre style en puisant dans la musique populaire « blanche », le blues, le rock, le R & B et ce qu'on appelait dans les années 1950 la musique « hillbilly », les descendants d'esclaves et d'exilés ont ajouté leur propre saveur au style de l'autre. Lawrence Levine a caractérisé le zydeco de « musique hybride aux fortes racines africaines ». Cette caractérisation peut s'appliquer tout aussi bien à la musique cadienne[4].

Avant d'aller plus loin, il faut définir certains termes. Les mots « Cadien » et « Cajun » découlent de la prononciation américaine du mot *Acadien*, le nom donné aux colons français des provinces maritimes du Canada, dès le commencement du dix-septième siècle. Le terme « zydeco » a fait naître maintes discussions[5], mais il s'applique en général à la musique créée par les Créoles noirs après la Deuxième Guerre mondiale, au moment où la tradition a cappella *juré* commençait à inclure des instruments pour accompagner les danseurs[6].

Le terme « Créole » compte plusieurs définitions souvent contradictoires. Le mot vient de l'espagnol « *criollo* » qui signifie « indigène ». La première définition réfère aux descendants des premiers colons restés « purs », sans une goutte de sang indigène. L'autre définition est son parfait contraire : elle s'applique à tout ce qui s'est adapté au climat louisianais, des tomates aux chevaux. Plus tard, le terme commença à différencier les Noirs francophones ou Créoles de couleur, des Noirs anglophones[7]. De nos jours, les Créoles noirs et blancs sont conscients de leur patrimoine commun. Bien que cette similitude puisse créer une certaine confusion chez les autres, il n'en reste pas moins que c'est le mélange de traditions qui a assuré leur survie culturelle.

Depuis cinquante ans, l'enthousiasme à l'égard de la taxonomie incite à classifier la musique dans des cases bien définies : pop, rock, rhythm and blues, blues, *swamp pop* [pop des marais], jazz, soul, hip-hop, rap, gospel, rock 'n' roll, heavy metal, country, reggae, etc. Elle sert aussi à distinguer la musique cadienne de la musique zydeco[8]. Cette fragmentation satisfait peut-être les ethnomusicologues, mais pas les musiciens qui s'opposent vigoureusement aux étiquettes. Par exemple, Canray Fontenot aurait décrié l'usage du terme « zydeco » en déclarant : « Je ne joue pas de cette musique zodiaque[9] ». À l'époque où Yo-Yo Ma et d'autres musiciens « classiques » enregistrent de la musique traditionnelle des Appalaches, et où le violon jazz est un instrument reconnu, peut-être serait-il temps de refuser les classifications musicales artificielles. Comme un diagramme de Venn, les traditions se chevauchent; les descendants de musiciens, noirs et blancs, qui travaillaient côte à côte dans les champs il y a deux siècles, collaborent maintenant sur scène.

Si une culture n'évolue pas, elle meurt. La créolisation — ou l'adaptation aux conditions du Nouveau Monde — a infusé une vigueur hybride aux danses cadiennes et zydeco contemporaines. L'innovation est un moyen de survie culturelle. Les théories relatives à la créolisation et à la rétention peuvent s'appliquer de manière égale à la Louisiane; les danses adaptées à la Louisiane portent toujours en elles leur passé européen. Ce caractère unique de la danse sociale de la Louisiane d'aujourd'hui résulte du mélange ethnique qui continue de redéfinir la culture.

Les Cadiens et leurs danses

Dans une culture où la cuisine joue un rôle important, on se sert souvent de la métaphore du gombo pour la définir. Pour confectionner cette soupe épaisse et épicée, on commence par un roux français, auquel on ajoute du gibier des prairies et du poisson des bayous, du riz et de l'ail importés d'Espagne, du gombo [okra] apporté d'Afrique. On épice cette soupe avec du poivre et du *tasso* des Caraïbes, le tout arrosé d'une bonne bière allemande!

Contrairement à d'autres cultures européennes qui se sont isolées ou se sont assimilées à la culture américaine, les Acadiens se sont appuyés sur la coopération et l'interaction pour assurer leur survie. Les intrépides qui provenaient du Poitou et de Vendée, arrivés en Acadie (Nouvelle-Écosse) en 1604, accueillirent trente ans plus tard des colons d'autres régions de France et d'Europe. Libérés des contraintes féodales et goûtant à la liberté pour la première fois, ils ont choisi de s'entraider et de créer des liens avec les Mi'kmaq.

Au moment de leur expulsion brutale, quatre générations plus tard, seules la langue et la religion les liaient encore à la France. Ironiquement, les premiers Européens établis en Amérique du Nord furent les premières victimes de nettoyage ethnique. Le mot n'est pas trop fort : l'Acadie en tant que telle disparut. En 1765, quand les Acadiens arrivèrent en Louisiane — alors possession espagnole — la culture française dominante de La Nouvelle-Orléans absorba les Espagnols arrivés de Malaga et des îles Canari plus facilement qu'elle ne le fit avec les Acadiens[11]. Les Créoles blancs, descendants des colons arrivés dès 1699, chérissaient leurs liens avec la mère patrie et se considéraient comme supérieurs aux paysans acadiens. En raison de concessions foncières généreuses, les Acadiens se sont établis le long de la côte du Mississippi, dans ce qui s'appellerait plus tard la Côte acadienne[12]. Plusieurs colons espagnols suivirent les Acadiens vers l'ouest; les familles Romero et Miguez se sont installées dans la ville de New Iberia. Malgré la vente de la Louisiane aux Américains en 1803, et le statut d'État accordé à la colonie en 1812, les Acadiens continuèrent de vivre, de façon assez isolée, le long des bayous et dans les prairies, et ne participèrent que marginalement à la guerre de Sécession[13].

Aux XVIIIe et XIXe siècles, des vagues d'immigration ajoutèrent d'autres groupes ethniques à la Louisiane. Une population considérable afro-créole arriva à partir de 1791 à la suite de la révolution en Haïti, et l'arrivée de réfugiés cubains en 1809 doubla la population de La Nouvelle-Orléans[14]. En 1862, un contingent de soldats de Napoléon III s'établit dans la paroisse d'Avoyelles à la suite de leur défaite au Mexique; des journalistes y trouvèrent asile après les révolutions de 1830 et de 1848; de jeunes hommes fuyaient la conscription obligatoire prussienne en 1870; les Irlandais fuyaient la famine et des gens intrépides émigrèrent dans le Nouveau Monde pour y faire fortune.

Dans le pays des prairies et des bayous, les Acadiens continuèrent à labourer leurs champs, à installer leurs pièges, à vivre simplement de la terre et à absorber de nouveaux venus qui s'appelaient McGee, McCauley, Reed, Schexnayder, Huber et Dubcek[15]. Ils ont conservé leur façon de vivre, malgré le bouleversement qui a résulté de la guerre de Sécession. Les danses reflétaient toujours l'héritage européen : les cavaliers courtisaient leurs belles lors d'une valse, d'un quadrille, d'une danse carrée, d'un reel de la Virginie, d'une polka, d'une mazurka[16].

À La Nouvelle-Orléans et aux alentours[17], la langue française est morte dans les premières années du XXe siècle, après une agonie de 50 ans. L'occupation militaire du Sud, que les Nordistes ont appelée la « reconstruction », a détruit les économies anglophone et francophone interdépendantes. Les Noirs et les Blancs ont constaté que le succès de leurs enfants dépendait de leur maîtrise de l'anglais et ils ont adopté la langue des vainqueurs. À la veille de la Première Guerre mondiale, malgré les efforts déployés pour la préserver, la langue française s'est éteinte dans la région de La Nouvelle-Orléans.

À l'aube du XXe siècle, l'isolement des Acadiens commença à se dissiper grâce à la politique du creuset énoncée par Teddy Roosevelt, à la découverte du pétrole en 1901 et au service militaire. En 1916, une loi fédérale imposa la scolarité universelle en langue anglaise. La grande dépression a entraîné l'exode de nombreux Cadiens louisianais vers l'est du Texas où ils ont travaillé dans les chantiers navals et dans l'industrie pétrolière. Ils se mirent à parler anglais, on leur accola le sobriquet de *Cajuns* [Cadiens], et ils furent exposés à une nouvelle musique. Les soldats revinrent de la Deuxième Guerre mondiale avec une vision du monde plus large et une oreille plus fine.

La scolarité en anglais porta un coup fatal à la langue française. Les enfants qui échouaient leur première année d'études primaires à cause de leur ignorance de l'anglais furent humiliés, et au moins deux générations de parents refusèrent d'enseigner et même de parler le français à leurs enfants. Comme à La Nouvelle-Orléans, ils croyaient que le succès de leurs enfants dépendait de leur assimilation. Ironiquement, les Cadiens étaient exilés de nouveau, dans la culture même qu'ils avaient fondée 150 ans auparavant.

L'intrusion du monde extérieur dans la communauté acadienne entraîna plusieurs changements dans la musique et la danse. Premier changement, les *fais-dodo*[18] ou *bals de maison* du XIXe siècle avaient lieu dans les maisons privées où la conduite des gens était étroitement surveillée. Pendant les années 1920, les salles de danse publiques apparurent, les jeunes gens furent moins surveillés et les danses à deux remplacèrent les danses de groupe.

Le deuxième changement est une simplification naturelle des mélodies et des pas de danse que les paysans européens avaient apportés en Amérique. Si l'on applique la loi de Gresham[19] à la culture, soit les pas de danse cadiens plus simples ont fait disparaître les figures plus complexes, soit les danses se sont modifiées parce que les différents groupes ethniques cherchaient un dénominateur commun sur le plancher de danse. Les danses en rond devinrent des danses de couple, la polka devint le *two-step* et la valse modifia et influença la mazurka.

Le troisième changement porte sur la structure musicale. Comme leurs ancêtres européens, les Acadiens faisaient la distinction entre la musique de danse et la musique vocale. Sauf pendant le carême où l'interdiction de la « musique » par l'Église catholique fut interprétée par les Acadiens comme uniquement destinée à la musique d'orchestre; ils dansèrent donc sur des chants a cappella[20]. Pourtant, depuis deux siècles, la musique africaine jumelait le mouvement et la voix. Au début du XXe siècle, les distinctions entre ces deux traditions commencèrent à se fondre et dans les années 1930, les musiciens se mirent à jouer des interludes instrumentaux entre les couplets. Des éléments de blues se sont intégrés à cette combinaison, et les orchestres de danse finirent par adopter le pont musical de seize mesures de la musique populaire et du bluegrass [musique des Appalaches d'origine écossaise et irlandaise].

Le quatrième changement s'est effectué quand les musiciens ont ajouté des instruments provenant de leurs traditions musicales respectives. L'orchestre traditionnel acadien composé d'un violon, d'un triangle et parfois d'un harmonica a accueilli la guitare espagnole, les instruments percussifs d'Afrique et des Caraïbes et l'accordéon diatonique allemand, ce qui a donné un timbre plus complexe. Du même coup, l'accordéon diatonique a imposé une certaine simplicité à la structure harmonique. En raison de son volume sonore, l'accordéon dominait et les chanteurs devaient changer de tonalité pour se faire entendre.

Le cinquième changement survenu au vingtième siècle se fit au plan technologique. En raison de l'amplification électrique, le « violoneux » n'était plus obligé d'appuyer avec force sur les cordes; le jeu était donc moins artificiel. La guitare électrique et la *steel guitar* [guitare hawaïenne] de la musique country-western ont fait leur entrée dans l'orchestre traditionnel, et la batterie est venue renforcer les rythmes africains. Les éléments de rock 'n' roll et les nouvelles sonorités du bluegrass, du rhythm and blues, du jitterbug, du rock et de la pop se sont fondus dans ce qui s'appelle désormais la *swamp pop*.

Le festival qui a déclenché une révolution

Les danses cadiennes seraient sans doute restées simples, et peut-être auraient elles été perdues, sans un changement survenu au plan de l'équité culturelle dans la région, changement défini par le folkloriste Alan Lomax comme étant l'équilibre entre préservation et innovation. Au milieu du XXe siècle, l'innovation et la tradition associées à des conditions favorables ont permis de faire connaître l'existence d'une musique régionale entraînante qui résistait à toute classification. Les conséquences de cette prise de conscience enracinée dans la musique ont résonné bien au-delà des salles de danse; les répercussions se sont fait sentir quarante ans plus tard jusqu'au Palais de Buckingham.

Le Newport Folk Festival de 1964 fut un tournant marquant dans l'histoire de la musique et de la danse cadiennes. Non seulement le succès retentissant des musiciens noirs et blancs a-t-il attiré l'attention sur cette musique vibrante du sud de la Louisiane, il a aussi revalorisé cette musique que les Cadiens avaient toujours prise pour acquis et qu'ils dénigraient parfois en la traitant de « chanky-chank ». Un retour à la musique traditionnelle s'ensuivit, endossé par l'enthousiasme de la communauté. À mesure que le tourisme s'accrut, les restaurants se mirent à présenter des musiciens cadiens tous les soirs de la semaine[21].

Certains activistes cadiens pressèrent la législature de l'État à mettre sur pied le Conseil pour le développement du français en Louisiane (CODOFIL), en 1968, dans le but de préserver la langue française, de l'ajouter aux programmes scolaires et de la restaurer comme une des langues officielles de l'État[22]. Certains militants francophones établirent le français cadien comme langue littéraire en publiant des livres de poésie et en mettant en scène des pièces en langue cadienne[23]. De plus, à la suite d'une campagne de treize ans contre la Couronne britannique, en 2003, un avocat cadien a réussi à faire reconnaître par la reine Elizabeth II le rôle que l'Angleterre avait joué dans l'exil des Acadiens[24].

Quiconque écoute les pièces musicales de Dewey Balfa, enregistrées avant ce festival et celles d'après, remarquera un changement de style évoluant vers une plus grande complexité, comme une réponse des musiciens à l'intérêt et à l'enthousiasme des spectateurs. À mesure que les musiciens expérimentaient des timbres et des sonorités plus complexes, les jeunes danseurs emboîtaient le pas en complexifiant leurs mouvements. La plupart d'entre eux connaissaient les danses traditionnelles françaises et allemandes, plusieurs d'entre eux avaient appris les danses folkloriques d'autres cultures, et tous connaissaient le swing, la pop, le jitterbug et le rock 'n' roll. Indifférents à la noble mission de préserver de vieilles traditions, ils voulaient simplement danser. Ils ont inventé de nouveaux pas sur les pistes de danse, y ajoutant la gestuelle de danses qu'ils connaissaient déjà.

Une anecdote amusante concerne l'invention d'une danse connue maintenant comme « la patte cassée ». Au début des années 1970, des groupes nouvellement formés comme *Coteau* et *Beausoleil* jouaient souvent dans les salles de danse et les lieux de rencontre près du campus de l'Université de la Louisiane, à Lafayette. Un soir, un jeune danseur particulièrement talentueux est arrivé se plaignant d'une entorse à la cheville. Il a quand même dansé — rien n'empêche un Cadien de danser! - en privilégiant sa jambe saine. Un observateur l'a comparé à un poulet à la patte cassée, et plusieurs autres couples se sont joints à lui en dansant de la même façon. La semaine suivante, ces danseurs furent surpris de voir autant de couples exécuter cette danse. *La patte cassée*, essentiellement une variante du jitterbug, est restée populaire et fait maintenant partie du répertoire cadien, même si c'est une pure invention, un exemple de l'évolution ponctuée de Stephen J. Gould sur la piste de danse[25]!

Quelques jeunes inventèrent une autre danse, cette fois, pour amuser les touristes. Dans la « danse à trois », un homme danse avec deux femmes qui pirouettent et tournent à l'aide de mouvements de bras complexes. Beaucoup de Cadiens, aujourd'hui, jureraient que cette danse est traditionnelle, mais elle aurait été jugée ridicule à l'époque où le but de la danse sociale était de danser en couple[26].

C'est dans les années 1970 et 1980 que la gigue cadienne — encore un exemple de la vigueur hybride — entra dans le répertoire. Cette gigue a subi l'influence de la gigue irlandaise qui, elle, est fondée sur le *step dancing* [danse de pas], en opposition aux figures compliquées[27]. Elle combine le *two-step* [deux-pas], le swing et le jitterbug, qui sont toutes à deux temps. Contrairement à la valse traditionnelle et au *two-step*, le couple se tient par une seule main et danse éloigné l'un de l'autre, comme dans la gigue traditionnelle.

Aujourd'hui, dans les salles de danse, presque tout est acceptable. Certains orchestres cadiens sont traditionnels, d'autres plus country-western, et d'autres encore intègrent le rock and roll. Les connaisseurs de danse de la région savent où et quand joue tel ou tel groupe. Le répertoire traditionnel cadien comprend des valses, du zydeco, des gigues, des danses en ligne et des *two-steps* joués à l'aide d'instruments de toutes les traditions. Le sud-ouest de la Louisiane est peut être l'une des rares régions du pays où avant d'aller danser, une femme achète de nouveaux bottillons!

Jamais la musique cadienne n'a été si variée, si ouverte à l'innovation. Des musiciens comme David Greely sont résolus à trouver leur voix dans les harmonies et les instruments de la culture elle-même. D'autres groupes, comme *Beausoleil*, partent de leurs racines en y ajoutant des rythmes antillais. De nouvelles chansons sont créées en français cadien, en français normatif, en anglais, ou dans les trois langues, influencées par les tendances musicales contemporaines. Un groupe d'Austin, *Poor Man's Fortune*, combine des éléments de la musique française, acadienne, louisianaise et bretonne. Certaines compositions ne ressemblent à la musique cadienne que dans leur instrumentation. Ce sont tous des moyens parfaitement légitimes de créer.

Le zydeco : « un joyeux travail en cours »[28]

Comme la musique cadienne, le style zydeco trouve ses origines sur trois continents. C'est une musique créolisée, teintée par la misère et l'exil. Tout le monde sait que, dans le pays des bayous, les Africains-Américains sont les descendants des esclaves amenés d'Afrique et des Antilles. Ce qui est moins connu, cependant, c'est que beaucoup d'esclaves furent libérés bien avant la guerre de Sécession, certains en raison du service militaire, d'autres en récompense de bons et loyaux services, d'autres encore en vertu d'une interdiction par l'Espagne de mettre des Amérindiens en esclavage, et enfin certains à la suite de la mort de leur maître. En 1788, 1701 esclaves libérés furent inscrits lors du recensement de la Louisiane[29]. Des communautés de Noirs libérés qui se trouvaient partout dans le sud et l'est de la Louisiane, y compris à La Nouvelle-Orléans, accueillaient des Métis appelés « gens de couleur libres ».

Comme les branches du même arbre, les traditions cadienne et zydeco sont enracinées dans le même sol; la musique de l'une trouve ses origines dans les traditions de l'autre[30]. Les créateurs des deux cultures musicales ont vécu les mêmes expériences au début et au milieu du vingtième siècle; les jeunes francophones et créoles ont été isolés dans des écoles anglophones séparées. C'est dans les maisons privées qu'on a joué la musique cadienne et zydeco. Les deux styles musicaux sont tombés en désuétude, catalogués comme de « la musique de vieux » pendant les années 1960[31], mais le rebond dans la conscience publique les a touchés de la même façon.

Des instruments simples ont été créés dans les deux cultures : le « tit fer » cadien (triangle) est façonné à partir des dents de la herse, le « frottoir » zydeco à percussion est une planche à laver ordinaire, et les deux cultures intègrent des cuillères et des os[32]. Les lignes vocales a capella apparaissent sous forme de *musique à bouche* et de *danses en rond* chez les Cadiens, mais les Afro-Créoles ont créé les chants d'esclave et le *juré*[33]. Le rythme de la *musique à bouche* est créé par le tapement de pieds et de mains, ponctuée par des cris.

Cependant, les branches de l'arbre musical se séparent et se développent dans des directions différentes. L'instrumentation est similaire, mais pas identique. Bien que l'accordéon joue un rôle primordial dans les deux styles, il s'agit de l'accordéon diatonique dans la musique cadienne, alors que le style zydeco favorise l'accordéon chromatique qui peut jouer les notes bémolisées qui conviennent mieux aux sonorités du blues. Le violon cadien est généralement absent de la musique zydeco. La musique zydeco ajoute parfois un saxophone ou une trompette. Le frottoir zydeco remplace le triangle cadien. On pourrait dire que la mélodie domine la musique cadienne, tandis que le rythme, souvent syncopé, domine la musique créole[34]. La musique zydeco est plus souvent binaire que ternaire; la musique cadienne peut être binaire ou ternaire.

La musique zydeco est plus ouvertement sexuelle que son homologue cadienne. Cette caractéristique peut choquer ceux qui font leurs premières visites aux clubs de zydeco dans la région. Historiquement, les danses africaines célébraient la fertilité, et les danseurs africains étaient moins inhibés que les danseurs blancs. À l'origine, le zydeco était franchement sexuel, et certains propriétaires d'habitations interdisaient la *kalinda*. Cette sexualité a été atténuée dans les années 1930 et 1940 pour se conformer aux normes de la communauté, mais des changements sociétaux dans les années 1980 et 1990 ont permis une expression plus ouverte de la sexualité, et le zydeco est revenu à ses racines[35].

Les éléments du *delta-stomp*, une danse développée dans le delta entre La Nouvelle-Orléans et Memphis, sont présents dans le zydeco dès le début, mais n'apparaissent que plus tard dans les danses cadiennes en raison de l'influence du rock and roll. Les danses cadiennes mettent l'accent sur le mouvement fluide, horizontal et régulier, le haut du corps bien droit. Le zydeco s'appuie sur des mouvements plus verticaux et met tout le corps à contribution; les bras peuvent être levés et rigides. À la différence des danses cadiennes contemporaines, le zydeco n'a pas été simplifié. Ses pas ont toujours été simples; aucune figure stylisée n'a disparu[36].

Le zydeco aurait-il pu naître ailleurs qu'en Louisiane francophone? Dans une région où les Africains et les Acadiens s'étaient connus et respectés depuis plus de deux siècles, les conditions favorisaient une synthèse d'éléments sociaux et musicaux provenant de trois continents. Il n'y a qu'au sud de la Louisiane que le français pouvait unir les deux cultures en se servant du blues du delta comme agent catalyseur. Peut-être ne peut-on faire mieux que de constater que le zydeco se place au confluent du rock and roll, du rhythm and blues, du cadien et du *juré*. Qui sait où les courants vont le mener?

Mais revenons à la métaphore culinaire louisianaise. Si l'on donne les mêmes ingrédients à deux individus en leur demandant de préparer un repas, on peut présumer que les résultats seront différents. Aujourd'hui, les danses cadiennes et zydeco continuent d'évoluer, aussi variées que les traditions qui les ont formées. Et c'est très bien ainsi. Tout ce qui ne peut pas s'adapter doit mourir. L'évolution de la danse est naturelle. Les contrôles artificiels sont inutiles et ridicules[37]. La tradition est un moyen, pas une fin. Malgré les efforts acharnés de certains individus pour dominer ou modifier ces danses, la musique cadienne et la musique zydeco deviendront ce qu'elles deviendront.

Notes de fin

1. On connaît le cauchemar de l'esclavage. Les esclaves arrivèrent dès 1719 en compagnie de criminels, de prisonniers, de travailleurs sous contrat et de colons. Les Amérindiens ont aussi été mis en servitude. Pourtant on connaît moins bien l'histoire des Acadiens, dont l'exil brutal causa la mort de la moitié d'entre eux et la réinstallation forcée de milliers d'autres. Pour en savoir plus, voir ANCELET, Barry, et coll. *Cajun Country*, Oxford : University of Mississippi Press, 1991; BRASSEAUX, Carl. *Scattered to the Wind: Dispersal and Wanderings of the Acadians, 1755-1809*, Lafayette: Center for Louisiana Studies, University of Southwestern Louisiana, 1991); CONRAD, Glenn. *The Cajuns: Essays on Their History*

and Culture, Lafayette: Center for Louisiana Studies, University of Southwestern Louisiana, 1978; DORMON, James. *Creoles of Color of the Gulf South*, Knoxville: University of Tennessee Press, 1996; et MIDLO-HALL, Gwendolyn. *Africans in Colonial Louisiana: The Development of Afro-Creole Culture in the Eighteenth Century*, Baton Rouge: Louisiana State University Press, 1992.

2. D'habitude, le typhus ou la variole; BRASSEAUX, Carl. *Scattered to the Wind*, p. 9.

3. Elvis Presley

4. LEVINE, Lawrence. *Black Culture and Black Consciousness: Afro-American Folk Thought from Slavery to Freedom*, Oxford: Oxford University Press, 1977, 24.

5. Pour en savoir plus sur ces termes, voir ANCELET, Barry. "Zydeco/Zarico : The Term and the Tradition" dans *Creoles of Color of the Gulf South*, James Dormon, Knoxville: University of Tennessee Press, 1996, 126–44.

6. Le mot *juré* décrit une tradition de chansons interprétées sur un accompagnement de mains et de pieds. Alan Lomax décrit le *juré* comme « le son le plus africain que j'ai trouvé en Amérique », dans SANDMEL, Ben. *Zydeco!* Jackson : University Press of Mississippi, 1999, 34. Quelques chansons *juré* ont tiré leur inspiration du répertoire cadien. Sandmel, *Zydeco!* p. 33.

7. Une autre définition concerne les langues créoles, qui se sont développées comme *lingua franca* entre les marchands d'esclaves et leur cargaison. On trouve des langues créoles néerlandaises et des langues créoles anglaises. La langue créole louisianaise est fondée sur le français. Le mot « français » n'indique aucun mélange racial : la condition *sine qua non* pour la créolité est l'adaptation.

8. L'invention du mot « zydeco » faisait partie de cette tendance. Le terme a été utilisé en 1960 par Mack MacCormack, un producteur de disques de Houston. ANCELET, Barry. *Cajun and Creole Folktales: The French Oral Tradition of South Louisiana*, Oxford: University Press of Mississippi, xix.

9. Susan Kiefer, entretien personnel avec l'auteur, le 26 juillet 2005.

10. Les Autochtones autrefois appelés Micmacs épellent maintenant leur nom ainsi : Mi'kmaw (au singulier) et Mi'kmaq (au pluriel). L'Union of Nova Scotia Indians [Union des Indiens de la Nouvelle-Écosse] et le Mi'kmaq Grand Council [Grand conseil de la Nation mi'kmaw] ont adopté cette graphie; ils demandent que tout le monde en fasse autant. Ces nouvelles épellations reflètent plus fidèlement la langue mi'kmaw

11. Les styles d'architecture et le fer forgé révèlent l'influence espagnole. Le riz, l'huile d'olive, les piments verts commencent à figurer dans la cuisine néo-orléanaise. Les beignets célèbres du Marché français sont des *sopaipillas* espagnoles!

12. La Côte acadienne comprend les paroisses (comtés) actuelles de l'Ascension et de Saint-Jacques. La Côte allemande comprend les paroisses de Saint-Charles et de Saint-Jean-Baptiste qui faisaient partie du plan de John Law. Le mot « allemand » décrit le Saint-Empire. WAGGONER, May, *Le plus beau pais du monde : Completing the Picture of Proprietary Louisiana, 1699–1722*, Lafayette: Center for Louisiana Studies, University of Louisiana at Lafayette, 2005, p. 19.

13. Beaucoup d'exilés ont combattu les Anglais avec fougue pendant la Révolution américaine et la guerre de 1812. Cinquante ans plus tard, pourtant, ils souhaitaient labourer leurs champs et n'éprouvaient aucune loyauté ni pour le Nord ni pour le Sud. Beaucoup de soldats ont déserté.

14. Des Cubains provenant de la province d'Oriente ont apporté leur amour des haricots rouges, leur plat national. Cette recette fait partie de l'iconographie culinaire de La Nouvelle-Orléans.

15. Certains Cadiens s'identifient aujourd'hui comme des « Irlandais du marais ». Tout comme les familles Rodriguez et Dominguez sont devenues Rodrigue et Domingue, plusieurs familles allemandes ont changé leurs noms : Huber pour Oubre, Dubcek pour Touchet, Himmel pour Himel.

16. SAUCIER, Corinne. *Traditions de la paroisse des Avoyelles en Louisiane,* Philadelphia : American Folklore Society, 1956, p. 52.

17. On fonda d'autres colonies importantes comme Donaldsonville et Saint-Martinville où les descendants des vieilles familles se targuent toujours de leurs ancêtres aristocrates qui ont fui la Révolution.

18. L'expression « fais-dodo » s'explique par cette tradition. Les parents amenaient leurs enfants et les bébés aux soirées dansantes. Ils les couchaient tous dans la même chambre en leur disant « fais dodo », afin que les parents puissent danser.

19. La loi de Gresham, formulée au 16e siècle, affirme que la mauvaise monnaie chasse la bonne.

20. On appelle ces danses les *danses en rond.* Les femmes interprétaient des chansons narratives et des ballades à l'occasion des *veillées*, des soirées passées entre amis. Une tradition plus ancienne est la *musique à bouche*, un solo accompagné par du tapage de pieds pour marquer le rythme. Cette *bottine souriante* se manifeste toujours dans la musique québécoise. Lorsque les exilés arrivèrent à Saint-Domingue, ils dansaient des *reels à bouche.* (ANCELET, et coll. *Cajun country*, 164).

21. Avant, les salles de danse n'étaient ouvertes que la fin de semaine.

22. À partir de la Constitution louisianaise de 1864, l'usage du français s'est érodé dans les documents juridiques. La Constitution de 1921 a été modifiée afin d'interdire l'usage des langues autres que l'anglais dans l'enseignement. BRASSEAUX, Carl et James Wilson. Entretiens personnels avec l'auteur, le 13 juillet 2005.

23. Voir aussi WAGGONER, May. *Une fantaisie collective : anthologie du drame louisianais cadien*, Lafayette : Center for Louisiana Studies, University of Louisiana at Lafayette, 1999; ARCENEAUX, Jean. *Cris sur le bayou*, Québec : Les Éditions Intermède, 1980); ARCENEAUX, Jean et coll. *Acadie tropicale*, Lafayette : Center for Louisiana Studies, University of Southwestern Louisiana, 1983.

24. PERRIN, Warren. *Acadian Redemption: From Beausoleil Broussard to the Queen's Royal Proclamation*, Erath, LA : Acadian Heritage and Cultural Foundation, 2004, p. 115.

25. La théorie de l'évolution ponctuée constate que la plupart des changements évolutionnaires se produisent au cours de périodes assez brèves de changement rapide qui ponctuent les périodes de stagnation beaucoup plus longues.

26. ANCELET, Barry. Entretien avec l'auteur, Lafayette, LA, 29 juin 2005.

27. VOYER, Simone. *La gigue : danse de pas*, Sainte-Foy, QC : Les éditions GID, 2003, p. 13.

28. SANDMEL. *Zydeco!*, p. 168.

29. BRASSEAUX, Carl. « Creoles of Color in Louisiana's Bayou country », dans *Creoles of*

Color of the Gulf South, éd. James Dormon, Knoxville : University of Tennessee Press, 1996, p. 87-88.

30. Par exemple, une des chansons les plus populaires *Allons danser Colinda* traite non pas d'une femme, mais d'une danse africaine, la kalinda.

31. SANDMEL. *Zydeco!*, p. 12.

32. On a adapté le frottoir pour que le musicien puisse le porter sur les épaules.

33. Voir la note 5 pour la définition de *juré* et la note 18 pour les définitions de *musique à bouche* et de *danses en rond*. On se servait des *hollers* pour transmettre l'information de champ en champ, se servant aussi du tapage de pieds et de mains, et des cris.

34. Cette syncope dérive de la syncope hambone (juba), une sorte de percussion dans un rythme 3-3-2 ; le musicien se frappe la poitrine et les cuisses pour marquer le rythme. Cette syncope hambone apparaît aussi dans la danse du « delta-stomp » qui provient du delta du Mississippi.

35. ANCELET, Barry. Dans Dormon, *Creoles of Color of the Gulf South*, 138.

36. LEVINE, *Black Culture and Black Consciousness*, 16.

37. Une organisation bien intentionnée dédiée à la préservation de la tradition cadienne a même décrété que la gigue devrait être bannie comme étant « inauthentique ». Inutile de dire qu'on la danse toujours. Cette décision arbitraire est aussi inefficace que la suggestion de certaines féministes pendant les années 1970 que le mot « women » soit écrit « womyn » pour retirer la syllabe offensante « men ».

LES MUSIQUES CADIENNES DU 21E SIÈCLE

Joshua Clegg Caffery

À l'instar des cours d'eau en constante mouvance des côtes louisianaises ou de la topographie tout aussi variable du bassin de l'Atchafalaya, les styles musicaux de la région de l'Acadiana sont complexes et changeants, et ils résistent à la superficialité. Leur définition dans le domaine même de la musique cadienne soulève des questions incessantes. S'agit-il de la musique d'un groupe ethnique en particulier? S'agit-il de celle des Cadiens, un peuple qui s'identifie peut-être ou pas au récit historique du génocide acadien survenu au 18e siècle et à la nouvelle configuration de la diaspora en Louisiane? S'agit-il d'une catégorie stylistique qui se définit par une certaine instrumentation, des propensions rythmiques, une structure harmonique et un langage donnés?

C'est comme si on demandait à quelqu'un de décrire Cow Island en Louisiane. Ainsi formulée, la question peut sembler plutôt facile, mais si on connaît bien le bassin de l'Atchafalaya ou les côtes louisianaises, on pourrait se demander s'il s'agit de Cow Island qui se trouve juste au sud de Butte La Rose ou de Cow Island situé près du canal intérieur dans la paroisse Sainte-Marie ou encore de Cow Island dans la région de Nunez dans la paroisse de Vermilion? Ces trois îles portent le nom de Cow Island et elles sont désignées ainsi pour différentes raisons. De même, tout essai sur la musique cadienne du 21e siècle doit traiter des « musiques » cadiennes.

De nombreux styles musicaux sont dits cadiens et de nombreux praticiens s'identifient (ou sont identifiés) à la musique cadienne pour diverses raisons. Cela dit, une catégorie générale de la musique cadienne pourrait être définie comme suit : musique ayant pour base l'accordéon et le violon joués par des Blancs du centre-sud de la Louisiane et dont les chansons sont souvent, mais pas toujours, en français cadien. Bien que les divisions ne soient pas toujours parfaitement nettes, je propose quatre catégories descriptives pour situer les principaux courants de la musique cadienne du 21e siècle. Ce sont : 1) la musique de restaurant dansant; 2) le zydecadien et ses dérivés; 3) le folk « revivaliste » et néotraditionnel; 4) le mélange éclectique.

Lorsqu'elle est au cœur d'une activité sociale dans les salles de danse et les restaurants dansants, la musique cadienne semble ne pas avoir évolué depuis les années 1980. Même si l'âge d'or des grandes salles de danse est révolu depuis longtemps, des endroits comme *La Poussière* à Breaux Bridge et le *Whiskey River Landing* à Henderson tiennent encore des danses le vendredi et le samedi soir, et le dimanche après-midi. Des orchestres de danse cadiens se produisent tous les soirs dans des restaurants dansants et des restaurants à thème cadien, comme le *Prejean's* et le *Harold's* à Lafayette. Souvent, ces ensembles qui ont tendance à adopter la formation ordinaire d'un orchestre de salle de danse : batterie, basse, guitare (électrique ou acoustique, ou les deux) et violon sont sous la direction d'un accordéoniste ou d'un chanteur. Ils peuvent à l'occasion présenter des pièces inédites, mais celles-ci sont souvent traditionnelles. La plupart des groupes vont généralement puiser dans le grand répertoire de chansons cadiennes françaises et traditionnelles qui ont été composées au siècle dernier.

La deuxième grande catégorie peut être considérée comme l'héritage laissé au 21e siècle par Wayne Toups, qui a popularisé le « zydecadien », une fusion du zydeco, du rock et de la musique cadienne. Le son éclaté et souvent déformé de sa guitare et de son clavier électriques, et la portion importante de son répertoire réservée aux chansons anglaises ont fait de nombreux adeptes parmi les jeunes cols bleus anglocadiens. Il importe de souligner que Wayne Toups continue de remplir de très grandes salles au 21e siècle. Bien qu'il évite les emprunts aux chansons cadiennes traditionnelles, comme il utilise l'accordéon et le violon qui teintent ses chansons rock et pop d'un air cadien, Wayne garde un pied dans la musique traditionnelle. Ainsi, il présente à l'occasion des concerts acoustiques et il est souvent la tête d'affiche du Festival de musique acadienne et créole, le plus grand festival de la région de l'Acadiana consacré à la musique cadienne et créole.

Au 21e siècle, d'autres musiciens se sont fait connaître de la même manière. Travis Matte et Jamie Bergeron en sont deux exemples remarquables. Ils ont conquis de fervents admirateurs en faisant ce que Wayne Toups fait le mieux : combiner certains éléments de l'instrumentation cadienne à la composition d'un orchestre rock, tout en incorporant des éléments de zydeco contemporain et de chansons en anglais teintées de cadien. Bien que Travis Matte se soit attiré les foudres des amateurs les plus intransigeants de la musique cadienne traditionnelle, il a conquis un vaste auditoire des plus loyaux parmi les Cadiens de toutes les paroisses de la région de l'Acadiana, dans le sud de la Louisiane. À l'instar de Wayne Toups, Travis Matte a amorcé sa carrière en faisant de la musique traditionnelle. Il a continué à enregistrer et à présenter des chansons du répertoire ordinaire. Ainsi, en 2013, il a lancé l'album *Old Time Cajun Songs* largement dépourvu des attributs habituels, à savoir la fusion du zydeco infusé de hip-hop et de rock cadien.

Le troisième volet de la musique cadienne du 21e siècle couvre le travail de musiciens traditionalistes qui ont grandi à l'époque de la renaissance du folk américain des années 1960 et du regain d'intérêt pour la musique et la culture cadiennes francophones des années 1970, ce qu'on appelle souvent la renaissance cadienne. Durant la première décennie du 21e siècle, les têtes d'affiche de cette génération, comme Marc et Ann Savoy qui, avec Michael Doucet de *Beausoleil*, ont créé le *Savoy-Doucet Cajun Band*, sont devenus des aînés respectés du milieu musical, alors qu'une nouvelle génération — considérée comme étant néotraditionnelle — voyait le jour.

Comme leurs prédécesseurs, les groupes néotraditionnels du début du 21e siècle sont allés puiser dans les anciens enregistrements commerciaux et les documents d'archives. Cependant, même si ces musiciens se sont inspirés du passé, ils ne sont pas des puristes pour autant. Contrairement à Wayne Toups et à Travis Matte, ils ont eu tendance à combiner les sons traditionnels avec d'autres genres musicaux typiquement américains, voire d'autres musiques du monde, plutôt qu'avec le pop ou le rock. Par exemple, les *Red Stick Ramblers* et les *Lost Bayou Ramblers* ont métissé la valse et le two-step cadiens avec le swing cadien des années 1940, le bluegrass et le honky-tonk.

Dans bien des cas, les groupes néotraditionnels avaient des liens de parenté directs avec les porte-étendards traditionnels de la génération précédente. C'est le cas des fils de Marc et d'Ann Savoy, Joel et Wilson, membres des formations *Red Stick Ramblers* et des *Pine Leaf Boys* respectivement, et de Christine Balfa qui perpétue l'héritage de son père, Dewey Balfa, avec le groupe *Balfa Toujours*. Tout comme ceux qui les ont précédés, ces groupes ont fait la tournée de festivals de musique folk, nationaux et internationaux, en tant qu'ambassadeurs musicaux et culturels de la région.

Manifestement, les trois grandes catégories de la musique cadienne du 21e siècle ne peuvent parfaitement englober les nombreuses permutations représentées par chacun des groupes qui se disent cadiens, mais elles constituent un cadre de référence. Bien des orchestres incorporent des traits distinctifs des trois catégories dans leurs propres expressions et modes de création. Par exemple, Zachary Richard réunit la philosophie de la renaissance cadienne et certains éléments des musiques pop et folk canadiens-français. En concert, il interprète quelques chansons en anglais et incorpore des éléments de zydeco, à la manière de Wayne Toups.

De même, au cours de la première décennie du 21e siècle, on a acclamé le groupe *Feufollet* pour son riche remaniement des enregistrements d'archives et pour l'écriture de chansons de style rock et indie-pop qu'il pimentait de valse et de two-step joués à l'accordéon et au violon, dans le style des salles de danse. En outre, le groupe *Steve Riley and the Mamou Playboys* combine des chansons originales de style éclectique à une musique cadienne de salles de danse, auxquelles il ajoute des éléments de zydeco, des chansons en anglais et des harmonies vocales qu'il doit au style des *Balfa Brothers*, sans oublier de vieux airs de violon appuyés par la batterie et une basse électrique.

Alors, dans l'ensemble, la musique cadienne du 21e siècle est plurielle du fait qu'elle s'inspire d'une panoplie de styles du siècle précédent qui ont tous évolué en des traditions secondaires. Comme le dit Wilson Savoy : « Toute la musique folk un tant soit peu populaire a subi des influences de la musique moderne. La musique cadienne fait des emprunts à la musique country et les deux genres se fondent depuis deux décennies. Les nouveaux groupes continuent de fusionner la musique cadienne avec d'autres styles musicaux, depuis le rock and roll jusqu'au blues, en passant par le rhythm and blues, voire la musique punk. »

La grande diversité des traditions dites secondaires favorise la création artistique et l'expression individuelle. Elle constitue, en plus d'en être un précédent, un mode d'interaction avec de nouveaux éléments (et l'acceptation de ceux-ci) de la culture pop. Au 20e siècle, nous nous sommes souvent conseillé les uns les autres de « ne pas lâcher la patate ». Disons que nous comptons maintenant de nombreuses « patates », et que les musiciens cadiens sont devenus d'habiles jongleurs.

Les influences culturelles de la musique cadienne

Barry Jean Ancelet

De récentes analyses des paroles de chansons cadiennes traditionnelles et contemporaines ont été possibles grâce à l'acquisition des premières collections d'enregistrements réalisés sur le terrain, en particulier la collection Lomax de 1934. Ces analyses ont démontré que la poésie orale a évolué depuis les ballades sans accompagnement jusqu'aux paroles de la musique de danse, condensant le format tout en conservant l'essentiel des messages. Nulle part dans les paroles des chansons traditionnelles cadiennes n'ai-je trouvé d'allusions directes à l'expérience de la Déportation, sauf celles rédigées à dessein par des artistes contemporains comme Zachary Richard. Pourtant, la poétique des chansons cadiennes semble se rapporter aux effets de ce traumatisme, notamment la solitude, la séparation de la patrie, l'errance en solitaire, les familles brisées et les amours perdues.

À l'instar de n'importe quelle tradition vivante, la musique cadienne a subi plusieurs transformations stylistiques au cours du dernier siècle. Certaines de ces transformations sont attribuables à la créativité de certains artistes, comme c'est le cas notamment d'Amédé Ardoin, Dennis McGee, Harry Choates et Iry Lejeune. D'autres changements de style sont attribuables à certaines variations dans le domaine de la musique. Ils peuvent être de nature sociale, comme le passage des danses organisées dans les maisons aux salles de danse publiques. De nature technologique, comme ceux découlant de l'amplification de ce qui avait été, forcément, une tradition acoustique, ou des effets de l'enregistrement de ce qui avait été une tradition très originale, ou ceux de la radiodiffusion de ce qui avait été une tradition fortement locale.

Avec l'essor des festivals et des concerts, il s'est produit un autre virage important qui s'est traduit par la présentation de spectacles devant des gens assis qui écoutent au lieu de danser et de se courtiser. Il faut aussi mentionner la présentation de spectacles devant des foules beaucoup plus nombreuses que par le passé sur des scènes extérieures d'une hauteur de 1,2 m plutôt que sur des estrades intérieures de 30 cm. On peut entendre l'évolution stylistique qui a résulté de ces changements en comparant les premiers enregistrements commerciaux produits de 1928 à 1938 avec ceux qui ont suivi la Deuxième Guerre mondiale. On remarque alors des changements comme la prolifération des solos instrumentaux et l'ajout d'instruments électriques comme la guitare à cordes métalliques.

Les interprètes traditionnels adaptaient instinctivement leurs prestations au contexte de diverses façons qui ne sont pas complètement étrangères à l'approche contextuelle telle que décrite par des chercheurs comme Abrahams, Georges et Goldstein. À titre d'exemple, quand on compare les enregistrements de *Dewey Bafia and the Bafia Brothers*, réalisés sur le terrain par Ralph Rinzler avant leur apparition au Newport Folk Festival et au Festival of American Folklife de la Smithsonian Institution, avec les enregistrements commerciaux du groupe produits plus tard, on perçoit clairement des changements de style, notamment le jeu plus raffiné des violoneux, des arrangements plus resserrés et l'ajout d'harmonies dans des tonalités aiguës.

Se produisant sur la même scène que des gens comme Bill Monroe, Vassar Clements et Tommy Jarrell, les Balfa apprirent plusieurs choses sur l'art de livrer des prestations devant une foule de festivaliers, y compris en adoptant un style de jeu plus intense et plus subtil au violon et des harmonies simples dans des tonalités aiguës qui donnèrent plus de relief à leurs performances. Ils se familiarisèrent aussi avec la dynamique visuelle et l'art de communiquer avec la foule qui n'avaient aucune importance auparavant lorsqu'ils se produisaient dans des salles de danse, devant quelques centaines de couples qui souhaitent surtout danser et se courtiser. Ils apprirent également à choisir leurs chansons de façon à finir leurs spectacles en beauté.

Les soirées de danse traditionnelles se terminaient toujours par une valse pour donner aux couples une dernière chance de s'enlacer, mais ils constatèrent que lors de festivals, il valait mieux terminer leurs prestations par un *two-step* endiablé. Ils se sont rendu compte que des chansons comme « T'en as eu, t'en auras plus », « Les veuves de la coulée », « Les flammes d'enfer » ou « The Bosco Stomp » étaient plus susceptibles de susciter une salve d'applaudissements enthousiastes, voire un rappel, concepts totalement inconnus dans les salles de danse.

En 1974, les organisateurs du premier *Tribute to Cajun Music* [Hommage à la musique cadienne], tenu à Lafayette, en Louisiane, firent délibérément appel à l'expérience de groupes tels que les *Balfa Brothers*, la *Famille Ardoin* et *McGee and Courville,* expérience acquise sur le circuit des festivals de musique folk. Ironiquement, ces vétérans de festivals possédaient beaucoup plus d'expérience dans ce nouveau contexte que les orchestres de danse les plus populaires de la région à l'époque, dont *Blackie Forrestier's Cajun Aces* et *Belton Richard's Musical Aces.*

Les jeunes musiciens cadiens et créoles qui voulurent redécouvrir leurs racines y furent attirés, du moins au début, par le son particulier de la musique de festivals. En plus des exemples évidents issus de la tradition de la famille Balfa – *Balfa Toujours*, dirigé par Christine Balfa, et Courtney Granger, petit-neveu de Dewey –, de nombreux orchestres de jeunes comme *Michael Doucet* et *Beausoleil* ont visiblement appris plus que la musique auprès des Balfa. Michael a également appris des riffs créoles auprès de Canray Fontenot, violoneux de l'*Ardoin Family Band.* Dans des enregistrements subséquents de Beausoleil, le frère de Michael Doucet, David, s'est joint à l'orchestre après une incursion dans le bluegrass et le country à l'ancienne, jouant des mélodies cadiennes au médiator dans un style où l'on relève une nette influence de Doc Watson, une autre découverte de Ralph Rinzler.

De nos jours, les effets de ces changements contextuels sont manifestes dans la musique de jeunes orchestres comme *Steve Riley and the Mamou Playboys* qui ont continué d'expérimenter. À l'origine, la musique de cet orchestre reflétait visiblement un désir conscient de préserver le style de violon influencé par les Balfa et leur répertoire. Ses membres ont été cités en exemple comme source d'espoir pour la continuité de la musique traditionnelle; ils illustrent le fait que de jeunes musiciens peuvent avoir envie de jouer de vieilles pièces.

Toutefois, leur jeunesse a bientôt rattrapé leur amour de la tradition. Pour stimuler leur intérêt en tant que musiciens qui passent tout leur temps sur la route, ils se sont mis à expérimenter. Au début, leurs expérimentations étaient organiques et s'inscrivaient dans la tradition, c'est-à-dire que les musiciens changeaient de style à l'intérieur du répertoire traditionnel. Ils ont adapté des pièces traditionnelles en harmonie à quatre voix et ont refait les arrangements des ouvertures musicales pour produire un effet sur la foule.

Plus tard, désireux d'accroître la complexité de leur interprétation, ils ont ajouté de nouvelles pièces découvertes en tournée dans d'autres régions de la francophonie, dont « La Pointe-au-Pic » qu'ils ont apprise au Québec. Ils ont réussi un vrai tour de force en réunissant deux chansons traditionnelles ou plus dans des pots-pourris et refait les arrangements de chansons pour créer un effet dramatique manifeste. Ces stratégies ont influencé la génération suivante, comme le montrent clairement les arrangements du jeune groupe de musique cadienne, *Feufollet*.

Pour sa part, le violoneux David Greely a finalement appris à jouer du saxophone dans le style *swamp pop* [pop des marais] pour accompagner les incursions de l'accordéoniste Steve Riley dans le zydeco. Au début, les riffs de Riley à l'accordéon, marqués par l'influence des Savoy, dénotaient aussi une nette influence de la musique zydeco de Clifton Chenier et du style fusion entre le *southern rock* [rock sudiste] et le *zydecadien* de Wayne Toups. En 1994, sur la scène du Cajun Music Festival, après avoir sorti un gros accordéon chromatique rouge et révélé leur nouvelle façon de jouer, la foule du sud de la Louisiane a vécu un moment qui n'était pas sans rappeler celui que connut la foule au Newport Folk Festival en 1965, quand Bob Dylan se brancha pour y jouer « Like a Rolling Stone ».

En entendant ces nouveaux riffs musicaux, les producteurs du festival étaient tous consternés et se sont demandé si l'orchestre par excellence de musique cadienne traditionnelle était en train de verser dans la musique progressive. Mais c'était peut-être une évolution naturelle depuis la reprise par Aldus Roger de la chanson phare de Clifton Chenier. Un échange considérable de courriels avec le gérant de l'orchestre, le bassiste Peter Schwarz, élève de Dewey Balfa, a démontré que les membres de l'orchestre étaient parfaitement conscients de questions comme les effets de l'évolution des contextes, les attentes des spectateurs chez eux et en tournée, les tensions entre l'intégrité artistique et l'intégrité culturelle.

À notre époque, le changement contextuel peut-être le plus important a trait à la tradition entre des publics principalement francophones et d'autres principalement anglophones. Au cours des vingt dernières années, même si le passage à l'anglais s'est fait facilement pour le *zydeco* (bien que les paroles laissent souvent à désirer), on continue de croire que la caractéristique fondamentale de la musique cadienne repose sur les paroles françaises. Peut-être est-il impossible de préserver suffisamment de spécificité culturelle en changeant un aspect aussi fondamental que la langue dans laquelle elle s'exprime. Toutefois, une certaine forme d'évolution semble inévitable, pour le meilleur ou pour le pire. Certains que l'on pourrait raisonnablement considérer comme des traditionalistes, y compris les *Mamou Playboys*, en ont fait l'expérience avec des résultats plus ou moins satisfaisants. Ces expériences ont produit de la musique intéressante. L'attachement de cette musique à la tradition cadienne est matière à débat.

De telles initiatives s'accompagnent parfois d'un sentiment de culpabilité. Néanmoins, on ne peut que se demander combien de temps encore, des chanteurs continueront d'interpréter des paroles qu'ils ne comprennent pas pour des auditoires qui les comprennent eux-mêmes de moins en moins. L'un des albums récents du groupe *Happytown* qui, par ailleurs, est rempli de reprises de classiques enregistrés par Lomax ainsi que de chansons originales en français, comprend aussi la chanson ultramoderne « Seems to Me », qui connaît un franc succès sur les radios de langue anglaise et qui incorpore des éléments modernes comme des pistes de voix synthétisées.

Ceux qui mesurent la durabilité des bases françaises de cette tradition musicale par la dévotion avec laquelle les interprètes les préservent risquent de sous-estimer l'importance de l'évolution des contextes et des auditoires, de même que l'élan qui pousse la tradition à tenter de survivre par tous les moyens nécessaires. Et pourtant, le groupe a poursuivi avec la parution de *Bon rêve*. Cette chanson représente un remarquable retour à la tradition et à l'idée de s'en inspirer pour créer, notamment par des paroles exclusivement françaises comme dans la pièce originale de Sam Broussard, une évocation impressionniste de la vie du violoneux créole Canray Fontenot, et la version a cappella de « La chanson des Savoy », d'après la collection Lomax de 1934, interprétée par l'orchestre dans une harmonie à quatre voix sur laquelle se termine l'album. Le dernier disque du groupe, *Dominos*, poursuit dans la même veine et inclut des chansons originales dont « Elise » de Steve Riley (du nom de sa fille) et son « Pays des étrangers », qui évoquent de façon remarquable les inquiétudes constantes chez les Acadiens d'être séparés de leur foyer et de leurs êtres chers.

Les musiciens de ce qu'on a appelé la génération de la renaissance française en Louisiane, dont Michael Doucet et Zachary Richard, continuent de créer de nouvelles chansons et recycler des chansons anciennes qui reflètent les valeurs traditionnelles et contemporaines. Récemment, Wayne Toups est revenu à ses racines après plusieurs incursions dans le *swamp pop* et le rhythm and blues pour enregistrer des chansons traditionnelles et originales en français sur *Little Wooden Box* et *Reflections of the Past*. Il semble que les principaux musiciens continuent de croire que la musique cadienne doit se faire en français, ce qui ne signifie pas pour autant qu'elle manque d'innovation.

Des groupes comme *Pine Leaf Boys, Lost Bayou Ramblers, Feufollet, Bonsoir Catin, Lafayette Rhythm Devils, Acadien* et de nombreux autres produisent encore de nouvelles chansons et en revitalisent d'anciennes par une intégration harmonieuse de sons et de styles anciens et résolument modernes. Quelques musiciens, dont Kirby Jambon, ont même exploré les possibilités du hip-hop cadien. Ils continuent de produire de la musique aussi enjouée et stimulante que ce à quoi l'on s'attend d'une musique jeune. En même temps, leur musique est aussi ancrée dans la tradition et aussi respectueuse qu'on peut l'espérer.

Cette jeune musique cadienne illustre parfaitement ce que Dewey Balfa signifiait quand il disait vouloir préserver non pas la musique elle-même, mais le processus de production musicale de telle façon que les musiciens continuent d'innover et d'improviser de nouvelles formes qui nous surprennent et nous rassurent à la fois. À ceux qui croient néanmoins qu'il n'y a pas beaucoup d'espoir pour l'avenir, je réponds que je ne voudrais pas avoir la responsabilité de le dire à tous ces jeunes Cadiens talentueux.

Garder vivante la musique cadienne au Texas

Jason Theriot

Les Johnson, connu sous le nom de Pe-Te, est né en 1934 à Grand Taso, près d'Eunice, en Louisiane. Ses ancêtres sont les descendants directs des Acadiens expulsés de la Nouvelle-Écosse au milieu du 18e siècle. Son nom de famille, Johnson, est la version américanisée de Jeansonne. Il a déménagé au Texas en 1959, où plusieurs Cadiens étaient déjà installés et d'autres encore continuaient d'y affluer pour le travail. Pe-Te a été animateur de radio et promoteur de musique cadienne pendant plus de trente ans au Texas.

Dans sa jeunesse, Pe-Te a servi dans l'aviation américaine pendant la guerre de Corée. Il était stationné à Châteauroux, en France. En 1953, comme les militaires y ont installé une nouvelle base, il a servi d'interprète pendant deux ans et demi. Pendant cette période, il a animé sa première émission de radio à l'hôpital des anciens combattants, à Alexandria, en Louisiane. À la fin de son service, Pe-Te a déménagé à Beaumont, au Texas. Il a travaillé à la Wyatt's Cafeteria et, en 1961, il déménageait à Houston. Au début, il fut inspecteur à l'usine pétrochimique Arco, où la vente de sandwichs ronds au poulet, à l'heure du repas, lui rapportait plus que son salaire. En 1979, il a fondé Pe-Te's Cajun BBQ House en face de la base Ellington Field, à Friendswood. Le restaurant et la salle de danse étaient fréquentés par les pilotes, les astronautes, les cosmonautes, les célébrités et les Cadiens.

Des gens de la région et de partout au monde sont venus pour manger, danser et écouter de la musique chez Pe-Te's Cajun BBQ House sur le chemin Galveston. Le restaurant de 650 mètres carrés était décoré d'autographes de célébrités, de plus de 4000 plaques d'immatriculation et de quelque 3000 balles de golf.

En 1981, même si le restaurant le tenait occupé, Pe-Te a accepté d'animer une émission sur la musique cadienne sur les ondes de la radio locale KTEK. Deux ans plus tard, l'émission était diffusée à KPFT, une radio financée par les auditeurs. En 2013, il célébrait sa 30e année à titre d'animateur de radio du *Pe-Te's Cajun Bandstand* [kiosque à musique cadienne de Pe-Te].

Chaque samedi matin, Pe-Te se levait à 3 h 30 pour se rendre à la station KPFT à Montrose. Sur la console, avec son chien Shaggy à ses côtés, il préparait la musique, les demandes spéciales et les annonces pour son émission d'une durée de trois heures.

Photo©Debbie Z. Harwell

Pe-Te est sans doute la personnalité publique la plus influente dans le domaine de la promotion de la musique cadienne et zydeco de la région de Houston. Les extraits suivants sont tirés d'une conversation avec Pe-Te Johnson. Il nous raconte à quoi ressemblait la vie au Texas, autrefois et aujourd'hui.

Immigration cadienne au Texas

Pe-Te : Un de mes cousins au premier degré a déménagé avec sa famille, ici à Katy, à la fin des années 1940 pour travailler dans les rizières. Il est toujours à Katy; il a maintenant 89 ans. Il a servi pendant la Deuxième Guerre mondiale... Je me souviens bien de quelques fermiers qui ont déménagé dans les régions de Port Arthur et de Beaumont pour faire les récoltes, surtout le riz, et un bon nombre d'entre eux, peu instruits, ont déménagé pour travailler dans les usines.

JT : D'où provenaient la majorité des Cadiens?

Pe-Te : De la région d'Eunice en Louisiane. Certains étaient d'Opelousas, de Ville Platte, de Basille et d'Elton. Il y avait aussi un bon nombre d'entre eux qui sont partis de Lake Charles pour aller travailler dans les usines de Beaumont et de Port Arthur, parce que c'est là qu'on versait les meilleurs salaires... À cette époque, chez nous, on était chanceux si on faisait 50 cents par jour, mais si on allait travailler à l'usine, on pouvait faire 1,25 $ l'heure. Ça faisait une grande différence.

JT : Il y a certaines choses qui nous distinguent comme peuple : nos liens de parenté étroits, le mariage au sein de la communauté, la religion catholique et la langue française. Elles étaient difficiles à trouver pour les Cadiens qui migraient ici, au Texas. Comment croyez-vous que la plupart de ces familles ont géré le fait de déménager dans une ville comme Beaumont ou Houston?

Pe-Te : C'était très difficile pour eux. J'ai connu des couples mariés qui ont quitté la ville, quitté l'État, et les femmes, surtout les femmes, ne pouvaient pas composer avec ça. Moins d'un mois après, ils étaient de retour à la maison. Et la première chose que tu savais, c'est qu'ils avaient divorcé. Ils ne pouvaient absolument pas gérer ça, comme si c'était un Nouveau Monde. Si vous quittiez, disons, Eunice, et que vous alliez à Houston, mon Dieu, c'est quelque chose qu'ils n'arrivaient pas à comprendre, tout ce monde et tout ce trafic, et différents règlements, etc. Ils ne pouvaient absolument pas gérer ça... Bon, s'ils déménageaient, disons, à Port Arthur ou dans une autre ville où il y a des Cadiens, ils pouvaient nouer des liens avec d'autres familles et se faire des amis, et c'était beaucoup plus facile. Mais certains d'entre eux ont déménagé dans des endroits où il n'y avait aucun Cadien. Et bon nombre d'entre eux étaient peu éduqués; certains maris savaient à peine lire et écrire. C'est pour ça qu'ils allaient travailler dans les usines. C'était dur pour eux de se rendre à la banque pour emprunter de l'argent ou autre chose, parce qu'ils ne parlaient pas l'anglais couramment, c'était un mauvais anglais. Ils ne pouvaient donc pas comprendre les lois dans une nouvelle communauté ou un nouvel État. Donc, c'était vraiment dur pour ces gens.

JT : Quelle a été votre réaction quand vous êtes arrivé à Beaumont en 1959 et que vous y avez trouvé autant de Cadiens francophones?

Pe-Te : J'ai été surpris. En fait, je travaillais chez Wyatt's Cafeteria à l'époque, et quand les clients arrivaient, je pouvais entendre le dialecte. Je savais d'où ils étaient. Alors, je faisais juste commencer à parler français ou leur poser une question ou dire quelque chose en français, eh ben, ils devenaient tout excités. Alors, ce fut un réel plaisir de trouver pas mal de Cadiens qui parlaient français... Il y avait un bon nombre d'entre eux qui avaient grandi en Louisiane, à Eunice ou ailleurs, et beaucoup d'entre eux n'avaient plus jamais parlé cadien. Ils s'étaient fait dire à l'école : « Non, vous ne pouvez pas parler une langue étrangère, si vous voulez faire partie de la classe supérieure ».

JT : Comment était-ce à Houston où il y avait peu de Cadiens, quand vous vous y êtes installé?

Pe-Te : À cause de ça, j'en ai presque perdu mon français. Je n'avais personne à qui parler français. Comme c'était mon plus gros problème, je m'arrangeais pour retourner à la maison une fois par mois à peu près... Ça a pris du temps avant que je rencontre du monde qui parlait français à Houston.

En 2007, Jo-El Sonnier (à droite), un musicien cadien qui fait du country et de la musique cadienne, a remis un prix à Pe-Te pour sa contribution à la musique et à la culture cadienne. The Legacy, le 34e album de Sonnier sorti en 2013, est une production complètement française avec un style classique de musique à l'accordéon.

Musique et danse cadiennes

Pe-Te Johnson fut le premier à « importer » la soirée dansante cadienne dans la région de Houston en 1980. Les soirées dansantes cadiennes du samedi soir étaient — et sont encore — une forme traditionnelle d'expression culturelle et ethnique, où des musiciens cadiens locaux jouent dans les maisons ou sur les vérandas. Ces danses ont précédé l'amplification des instruments de musique.

Pe-Te : J'ai été le premier à commencer les soirées dansantes cadiennes, ici, dans la région de Houston. Quand j'ai ouvert mon restaurant barbecue, je rêvais d'avoir des soirées dansantes cadiennes. Donc, moins d'un an après l'ouverture du restaurant, on a tenu notre première soirée dansante. Je pense qu'il y avait environ 40 personnes, alors que la salle n'était pas censée en contenir plus de 15 [rires]. J'ai fait venir un orchestre tout droit de Louisiane. Oh oui! *Lisa Cormier and the Sundown Playboys*, et ils ont joué au restaurant pendant, mon Dieu, sept ou huit ans, je pense...

De gauche à droite, Paula Baltera qui a assisté Pe-Te en faisant la liste des artistes et des chansons qui tournaient sur le Cajun Bandstand, Shaggy le « coanimateur » et J. B. Adams qui animait l'émission Zydeco Pas Salé sur KPFT, les dimanches matin de 3 h à 6 h.

Photo©Debbie Z. Harwell

JT : Pourquoi aimez-vous autant la musique?

Pe-Te : Quand j'étais jeune, on avait des soirées dansantes dans les maisons, et de fait, un samedi soir, il y avait une soirée dansante dans une maison, et une ou deux semaines plus tard, il y en avait une autre chez quelqu'un d'autre. À l'époque, il y avait juste une couple de musiciens, et Amédé Ardoin qui jouait de l'accordéon. J'avais seulement trois ans quand il a joué chez nous. À l'époque, les adultes disaient « fais dodo », et ils mettaient les enfants au lit dans la chambre du fond, et nous, les enfants, on était censé rester là et s'endormir. Sacrebleu! La musique d'accordéon, j'avais ça dans le sang [rires]. Je me faufilais jusqu'à la soirée. Finalement, après que j'ai « donné de la voix » deux ou trois fois, ils m'ont permis de rester là. Je m'assoyais aux pieds d'Amédé pendant qu'il jouait.

Plus tard, un violoneux s'est joint à lui. C'était Sady Courville ou Dennis McGee. Comme je l'ai déjà dit, ils se déplaçaient beaucoup. Et très rapidement, un guitariste s'est ajouté. Différentes personnes ont commencé à former des groupes de musique, comme Amédé Breaux et Joe Falcon. C'est de là qu'ont commencé les soirées dansantes. Très rapidement, quelqu'un a ouvert une salle de danse et ça a continué comme ça et très rapidement, chaque ville avait sa salle de danse.

Mais la musique a tellement changé. Je me souviens quand le zydeco a commencé, parce qu'il y avait des Noirs qui vivaient sur la même route que nous, et ils nous ont invités à y participer. Le samedi, ils passaient la journée à ramasser des haricots verts, des haricots mange-tout. Puis, le dimanche, ils venaient dans l'après-midi quand c'était frais et ils apportaient leurs instruments et tout le reste. Pendant que les femmes étaient dehors à écosser les haricots, ils jouaient... Je n'étais qu'un petit garçon, mais j'y allais et je cassais les haricots mange-tout, juste pour le plaisir, et j'écoutais la musique. Ils avaient une vieille cuve à lessive retournée sur laquelle ils faisaient des sons, et des chaudrons et casseroles sur lesquels ils tapaient, et ça donnait de la très bonne musique. Ils avaient toujours quelques bières maison et tout le monde prenait un petit verre. Quand j'avais huit ou neuf ans, j'y allais et quand ils ne regardaient pas, je prenais une petite gorgée et tout le reste.

JT : Y a-t-il déjà eu une intégration entre les musiciens zydeco et les musiciens cadiens lors de soirées dansantes dans les maisons?

Pe-Te : Oh! oui. En fait, Amédé Ardoin était noir et Dennis McGee était blanc. Pauvre Amédé, il a été tué, je pense que c'était un mois après avoir joué à l'une de nos soirées dansantes dans les maisons... À l'époque, il n'y avait pas de climatisation, on ouvrait grand les fenêtres pour laisser entrer l'air frais. C'était en juin, en juillet et en août, et il faisait tellement chaud qu'on était trempé tout le temps. Amédé transpirait; la sueur lui coulait dans la face pendant qu'il jouait. Une des femmes blanches s'est levée et, avec un mouchoir, lui a essuyé le front pour empêcher la sueur de lui couler dans les yeux.

Dans les années 1950, au début des années 1960 jusqu'au début des années 1970, je dirais, la musique cadienne a disparu complètement. Tout le monde a commencé à se tourner vers les grands orchestres comme celui de Bob Wills et à jouer de la musique country, comme Jimmy C. Newman qui est passé de la musique cadienne au country. Puis, vers le milieu des années 1970, la musique cadienne a commencé à reprendre du poil de la bête. Il y avait Nathan Abshire et un tas d'autres grands orchestres comme celui de Steve Riley et d'autres.

En 2008, au Bayou City Cajun Festival, Pe-Te a offert au jeune Hunter Hayes alors âgé de 17 ans, un « accordéon pour enfant ». Hunter Hayes avait en effet commencé à jouer de cet instrument à l'âge de deux ans. Hunter est maintenant un chanteur et un musicien de country américain accompli. Après avoir joué The Back Door *du musicien D. L. Menard sur cet accordéon, il l'a dédicacé puis remis à KPFT pour un encan organisé dans le cadre d'une campagne de financement.*

JT : Selon vous, quelle a été l'influence sur la musique cadienne des studios d'enregistrement, surtout ici à Houston, comme en 1946 avec Harry Choates et en 1947 avec Iry LeJeune et Clifton Chenier? C'est un petit peu ironique quand on pense à la chanson, *Jolie blonde*. Les paroles racontent l'histoire d'une femme qui quitte un Cadien pour un homme du Texas, et vous avez un homme d'une paroisse d'Acadie, Harry Choates, qui déménage dans le Triangle d'or [Beaumont, Orange et Port Allen] pour travailler sur les chantiers navals et qui joue du violon le soir. Il est le premier à enregistrer la version populaire de *Jolie blonde* dans un studio de Houston. Aujourd'hui, nous pensons que *Jolie blonde* est vraiment une version texane, enregistrée et jouée au Texas.

Pe-Te : C'est vrai. Mais ce que je veux dire, c'est que cette mélodie te rentre dans le système et te fait bouger. Je ne sais pas si c'est le son du violon ou de l'accordéon. C'est juste que dès que la musique commence, ça te colle à la peau, et tout ce que tu veux, c'est de continuer à l'écouter... En fait, il y a deux hymnes nationaux en Louisiane. Il y a *Jolie blonde* et *You are my Sunshine*. Les samedis matins, je pense que je recevais autant de demandes pour *Jolie blonde* que pour *You are my Sunshine*. Il y a très peu d'enregistrements où la chanson *Jolie blonde* est en anglais. Maintenant, certains la chantent dans les deux langues : ils chantent une ligne en français et il la répète en anglais ou l'inverse. J'ai déjà entendu une version d'un orchestre de *Chicanos* qui la faisait en espagnol, et ça m'a titillé. Dès que tu entends la musique, tu reconnais la chanson. Tu connais les paroles. Même si tu ne comprends pas le français, tu peux apprendre la chanson assez vite.

JT : Alors, Pe-Te, vous conviendrez que c'est la musique qui est la principale attraction ici?

Pe-Te : Ce n'est pas vraiment la cuisine qui les attire ici, c'est la musique. L'écrevisse et l'*étouffée* et le reste, c'est bon, d'accord, mais tu dis que *Steve Riley and the Mamou Playboys* ou Geno Delafonse jouera à telle place, t'es mieux de prévoir une foule, parce que tu auras une foule.

L'un des favoris des amateurs de musique cadienne, « Pee Wee » Kershaw.

Grâce à ses nombreux contacts, Pe-Te a trouvé plusieurs annonceurs qui ont appuyé le lancement de la nouvelle émission cadienne qui allait être diffusée les samedis matins de 7 h à 11 h. Quand Pe-Te a demandé qui en serait l'animateur, le directeur a répondu : « C'est toi ». Pe-Te a contacté quelques amis dans le domaine de la radio et ils l'ont tous encouragé à accepter. Un animateur de Beaumont a dit : « Bon sang! On a besoin de plus de musique cadienne à Houston ». Un an plus tard, la station de radio a été vendue à une station religieuse et Pe-Te avait besoin d'un nouveau foyer pour sa musique cadienne. Il a rencontré Huey P. Meaux de KPFT 90,1 FM qui l'a présenté au directeur de la station. Ce dernier a programmé l'émission de Pe-Te les samedis matins de 6 h à 9 h.

Pe-Te et le producteur Huey P. Meaux (au centre), et le chanteur et musicien Jim Oliver (à droite) à la veille du Nouvel An en 1981

Pe-Te : Un samedi matin, des randonneurs se sont présentés à la station et l'un d'eux était le directeur général de KTEK, à Alvin au Texas. J'avais installé un lecteur de cassettes huit pistes sur lequel je faisais jouer de la musique cadienne au restaurant barbecue. Il est entré et ça lui a tellement plu qu'il voulait tout savoir sur la musique cadienne, et je lui ai expliqué. Moins d'une semaine plus tard, il m'a demandé de venir à sa station de radio.

Photo©Debbie Z. Harwell

Pe-Te avait apporté sa collection de musique au studio dans de grandes caisses en bois montées sur roues afin d'offrir à son auditoire un large éventail de ses artistes cadiens favoris.

JT : Pourquoi souhaitiez-vous présenter de la musique cadienne à la radio?

Pe-Te : C'est ma culture, alors, tu sais, ça fait partie de moi. Il y a tellement de Cadiens qui continuent d'arriver et on reçoit des appels téléphoniques de partout dans le monde. J'ai même reçu un appel des astronautes de la station spatiale. Ça me plaît. J'adore ça. Plus de Cadiens déménagent dans la région de Houston. Très rapidement, si Houston n'y prend pas garde, on appellera cette ville *Ti Mamou*... On a des spectacles cadiens chaque fin de semaine, ici, dans la région de Houston et régulièrement, pendant la semaine.

JT : Vous avez vu ce que vous avez déclenché [rires]?

Pe-Te : J'ai apprécié chaque minute. Quelqu'un m'a demandé la semaine dernière : « Pe-Te, ça fait 27 ans que tu roules. On pensait que tu lâcherais au bout de 25 ans ». Chaque fois que j'atteins un certain niveau, je me dis : « Je pense que je vais essayer d'atteindre 30 ans » [rires].

JT : Comment aimeriez-vous qu'on se souvienne de vous en tant qu'animateur de radio?

Pe-Te : J'aimerais qu'ils se souviennent de moi exactement comme je suis, et du plaisir que j'ai eu à promouvoir le patrimoine cadien. Si vous voulez faire quelque chose pour moi, faites-le pendant que je suis encore vivant, n'attendez pas que je sois six pieds sous terre. En d'autres mots, ne m'envoyez pas de fleurs quand je serai mort [rires].

Le *Pe-Te's Cajun Bandstand* est toujours diffusé les samedis de 6 h à 9 h le matin, à la station KPFT 90.1 FM. On peut écouter les émissions antérieures sur le site http://archive.kpft.org/index.php

Pe-Te et Jennie se sont mariés le 31 janvier 1964. Ils ont été partenaires en amour, en affaires et dans la vie pendant 49 ans jusqu'au moment de sa mort en 2013.

Remerciements

Gracieuseté de *Houston History*, vol. 11, no 1, automne 2013

L'IMPORTANCE DE LA MUSIQUE EN ACADIE

Jeannita Thériault

Certes, nos ancêtres ont traversé des moments difficiles au cours de leur histoire. Ils ont traversé cette période pénible qu'est la Déportation qui a parfois été adoucie grâce à la musique et aux fêtes de famille; le violon et la danse occupaient une place importante dans chaque foyer. Les familles acadiennes d'autrefois avaient presque toutes un violon ou un harmonium à la maison et ce n'était pas rare qu'on déplace les meubles pour danser. Lors de ces rassemblements, ils ont connu des moments de détente, de solidarité, d'amitié et d'échanges, malgré l'incertitude sociale, économique et politique qui planait au-dessus de leurs têtes.

Aujourd'hui, en Acadie, les grandes fêtes dans les maisons ne sont plus aussi populaires qu'autrefois. La cellule familiale en a pris un coup. Plusieurs de nos jeunes s'en vont à l'extérieur pour poursuivre leurs études, tandis que de jeunes couples s'éloignent pour trouver du travail. En outre, plusieurs de nos retraités quittent la maison pour s'installer dans des résidences pour aînés. Cependant, tout n'est pas perdu, malgré la transformation de nos familles traditionnelles acadiennes. Heureusement, nos artistes continuent à partager leur talent et à nous rappeler que nous avons une Histoire, ici et à l'étranger.

Au tournant du siècle, deux grands musiciens acadiens ont fait la renommée musicale de l'Acadie, Anna Malenfant et Arthur LeBlanc. La cantatrice Anna Malenfant (1902-1988), née à Shédiac, a connu une importante carrière au Canada, mais aussi à Boston, New York et Paris. Une école de Dieppe porte son nom.

Le violoniste Arthur LeBlanc (1906-1985), né à Saint-Anselme (aujourd'hui Dieppe), s'est joint à l'Orchestre symphonique de Montréal en 1935. Acclamé par la critique après un concert à New York, il signe un contrat important avec Columbia Records et donne plus de 300 récitals aux États-Unis. En 1941, il se produit à la Maison-Blanche, à la demande du président Franklin Roosevelt. On l'aide ensuite à se procurer un précieux violon Stradivarius Des Rosiers, et il en jouera en Europe, notamment à Paris. Un quatuor à cordes qui porte son nom, « Quatuor Arthur-LeBlanc », est fondé à l'Université de Moncton et se trouve présentement en résidence permanente à l'Université Laval à Québec.

À partir des années 1960, de nouveaux musiciens conquièrent le public au-delà de nos frontières. Il s'agit notamment d'Édith Butler, Angèle Arsenault

(1944-2014), Georges Langford, Calixte Duguay, Rose-Marie Landry, Raymond Breau, Donat Lacroix et Ronald Bourgeois. Ils n'ont jamais hésité à jouer le rôle d'ambassadeurs et d'ambassadrices de l'Acadie.

Nous sommes, depuis quelques années, témoins d'une explosion extraordinaire de jeunes chanteurs et musiciens acadiens qui suivent les traces de leurs prédécesseurs, mais qui interprètent une plus grande variété de genres musicaux, notamment Roch Voisine, Marie-Jo Thério, Denis Richard, Lina Boudreau, Marc Beaulieu, Lenny Gallant, Michel Thériault, Monique Poirier, Natasha St-Pierre, Sandra Lecouteur, Suzie LeBlanc, Roger Lord, Joseph Edgar, Pascal Lejeune, Mario LeBlanc (Fayo), Danny Boudreau, Kenneth Saulnier, Marcel Aymar, Jean-François Breau, Wilfred LeBouthilier, Annie Blanchard, Jason Guerette, Jean-Marc Couture, Cayouche, Johnny Comeau, Herb LeBlanc, Isabelle Cyr, Dominique Dupuis, Lisa LeBlanc et Caroline Savoie. Plusieurs de ces artistes connaissent des carrières internationales.

Dans les années 1970, deux groupes musicaux acadiens se sont formés, dont les succès considérables résonnent toujours aujourd'hui, les groupes *1755* et *Beausoleil Broussard*. Ceux qui empruntent le même chemin s'appellent entre autres *Les Cabestran*, *Zéro degrés Celsius*, *Les Païens*, *Les Suroit*, *La Virée*, *Blou*, *Vishten*, *Radio-Radio*, *Les hôtesses d'Hilaire* et *Les Hay Babies*.

Du côté de l'enseignement de la musique, les religieuses Notre-Dame-du-Sacré-Cœur ont toujours enseigné le piano et le chant. Elles ont permis à de nombreuses jeunes acadiennes de développer leurs voix et d'apprendre le chant choral, notamment sous la direction des sœurs Florine Després, Élodie LeBlanc et Lorette Gallant. Il y a aussi d'excellents cours professionnels offerts au département de musique de l'Université de Moncton.

Du côté des chorales, Nadine Hébert assure la relève de la direction des *Jeunes Chanteurs d'Acadie*. Les professeures Monique Richard et Monette Gould font également partie des excellentes directrices de chorale. Du côté des voix d'hommes, sous la direction de Neil Michaud et de Léandre Brault, les chorales masculines se sont développées avec grand bonheur, tant du côté du chant grégorien que du chant classique et folklorique. D'ailleurs, Neil Michaud a dirigé à plusieurs reprises sa chorale à voix mixtes, *Les chanteurs du Mascaret*, en tournée chez nos cousins de la Louisiane. Aujourd'hui, cette chorale masculine existe toujours à Moncton sous la direction de Martin Waltz, ancien professeur de musique.

En conclusion, je regrette de ne pas pouvoir énumérer le nom de tous nos artistes, car ils sont trop nombreux. Cette pluralité de musiciens et de chanteurs est la preuve vivante que, de tout temps, le peuple acadien a la musique chevillée à l'âme et au cœur. Cela se transcrit aujourd'hui dans tous les genres musicaux. La musique contribue à assurer la renommée du peuple acadien non seulement chez nous, mais à travers le monde, partout où nos artistes se produisent. La musique est toujours aussi importante en Acadie!

LE CINÉMA ACADIEN AU CANADA

Phil Comeau

Depuis longtemps, les Acadiens et les Acadiennes vivent sur nos écrans de cinéma et de télévision, et maintenant sur le Web. Nous allons explorer trois genres de production cinématographique : le film documentaire, la fiction et l'animation. Les films acadiens identifiés conservent leurs titres originaux, mais un quart des films ont été traduits en anglais.

Le premier film à traiter des Acadiens, *An Acadian Elopement*, fut lancé en 1907. Ce film de fiction fut tourné en noir et blanc par Biograph Films aux États-Unis. Il raconte l'histoire d'un couple qui fait son voyage de noces en Acadie. En 1913, on tourne le premier long métrage canadien intitulé *Évangeline.* Bien que le scénario soit inspiré du poème de l'Américain Henry Longfellow, le sujet traite de la séparation d'un couple amoureux pendant la déportation des Acadiens. Réalisé par Edward P. Sullivan et William Cavanaugh pour la Canadian Bioscope Company de Halifax, le film est tourné dans la vallée d'Annapolis, terre de plusieurs de nos ancêtres acadiens. Malheureusement, ce premier long métrage acadien a disparu, et il ne reste que des photos tirées du film. Entre 1908 et 1929, aux États-Unis et au Canada, six films de différentes durées ont été tournés autour du personnage mythique d'Évangeline. Le dernier s'est tourné en Louisiane. En 1928 et 1931, on s'intéresse aussi à l'ancienne Acadie avec les courts documentaires *Land of Evangeline.*

Il faut ensuite attendre 1948 pour voir une image des Acadiens; il s'agit du long métrage *Louisiana Story* du cinéaste américain Robert Flaherty. Tourné au sud de la Louisiane avec de vrais personnages qui jouent la comédie, ce film est considéré aujourd'hui comme un classique du genre. En 1949, le court métrage documentaire, *Les Acadiens,* est produit par Crawley Films de Toronto.

À partir des années 1950

En 1952, le cinéaste québécois Roger Blais réalise deux documentaires acadiens pour l'Office national du film du Canada (ONF). Ses courts métrages, *Voix d'Acadie* et *Chanteurs d'Acadie,* illustrent le rayonnement de la chorale du Collège Saint-Joseph à Memramcook, au Nouveau-Brunswick. En 1955, il s'intéresse à nouveau aux Acadiens de Memramcook en réalisant le film de fiction, *Les Aboiteaux,* à partir du scénario de l'Acadien Léonard Forest.

En 1954, Léonard Forest devient réalisateur permanent à l'ONF. Il réalise son premier film acadien, *Pêcheurs de Pomcoup* (1956), tourné avec des pêcheurs d'espadon, à Pubnico en Nouvelle-Écosse; il traite de leur métier et de leur quotidien. Il réalise ensuite un long-métrage documentaire, *Les Acadiens de la Dispersion* (1967), qui s'intéresse à la culture acadienne à l'échelle internationale ; en France, en Louisiane et dans les provinces maritimes. Son film documentaire, *Acadie Libre* (1969), se penche sur la situation socioéconomique des Acadiens.

À la même époque, les réalisateurs québécois Pierre Perrault et Michel Brault (Québécois d'origine acadienne) tournent à Moncton *Éloge du chiac* (1969) qui présente une institutrice expliquant à ses élèves la nature du parler chiac. Le long métrage documentaire *L'Acadie, l'Acadie?!?* (1971) suit les mouvements étudiants à l'Université de Moncton, en 1968 et 1969. Ce film, considéré comme un chef-d'œuvre du genre documentaire, continue d'inspirer les cinéastes d'aujourd'hui.

À partir des années 1970

Léonard Forest réalise encore quelques films acadiens parmi la centaine que compte sa filmographie, films écrits ou produits pendant sa carrière à l'ONF, à Montréal. En 1971, il réalise le premier long métrage docu-fiction sur les Acadiens, *La Noce est pas finie*, avec la participation de pêcheurs, sur une musique du Madelinot acadien Georges Langford. L'action, improvisée, se déroule dans un village acadien fictif; le film se veut une parabole de la transformation culturelle de l'Acadie. Fait à noter, son dernier film acadien marquant sera tourné en couleur. Son court métrage documentaire, *Un soleil pas comme ailleurs* (1972), porte sur la situation socioéconomique de la Péninsule acadienne du Nouveau-Brunswick. Il montre des Acadiens en colère contre le gouvernement qui tente de les déplacer en ville.

Robert Awad, un réalisateur originaire de Kedgwick au Nouveau-Brunswick, réalise pour l'ONF à Montréal, le court métrage *Truck* (1975), un film humoristique sur l'état lamentable des routes au Nouveau-Brunswick. Il marie le genre documentaire et le film d'animation. En 1976, le cinéaste Michel Brault retourne en Acadie, cette fois avec André Gladu pour tourner une excellente série sur la musique francophone, *Le son des Français d'Amérique*, dont certains épisodes seront tournés en Louisiane. André Gladu reviendra en Acadie plusieurs années plus tard pour tourner le documentaire *Tintamarre*.

Léonard Forest jouera un rôle important dans le développement d'un cinéma acadien par des cinéastes du territoire. En 1974, à la suite de pressions qu'il a exercées et avec l'appui de l'Office national du film du Canada, s'ouvre un studio de production de films à Moncton. Ce programme décentralisé s'appelle à l'origine *Régionalisation Acadie,* mais comme il a changé de nom à quelques reprises, dans cet article, il porte le nom de « Studio ONF Acadie ». Ce programme fut la plaque tournante du cinéma acadien : il offrait aux Acadiens la possibilité de parler de leurs centres d'intérêt, de leurs préoccupations, de leur culture et de leurs particularités. Depuis son ouverture il y a 40 ans, ce studio a généré plus de 130 productions ou coproductions, faisant ainsi du Studio ONF Acadie, le plus important producteur et coproducteur de films documentaires acadiens jusqu'à maintenant. Le Studio a aussi produit quelques films de fiction et d'animation

Le premier producteur du Studio ONF Acadie est l'Acadien Paul-Eugène LeBlanc. Il produit douze films de 1974 à 1980. Les films ont, pour la plupart, comme thèmes « leitmotivs » la langue, la culture, l'histoire, la poésie, la musique traditionnelle, la religion, la pêche, la jeunesse. Parmi ces films, on compte les fictions suivantes : *Une simple journée* (Charles Thériault), *Abandounée* (Anna Girouard), *La cabane* et *Les gossipeuses* (Phil Comeau), *La confession* et *Souvenir d'un écolier* (Claude Renaud), *Au boutte du quai* (Robert Haché). Les premiers documentaires sont tous réalisés par un collectif de réalisateurs : *La nuit du 8, Y'a du bois dans ma cour, Le Frolic, cé pour ayder* et *Kouchibouguac.*

Au cours des premières années, parmi la dizaine de jeunes réalisateurs acadiens au Studio ONF Acadie, certains choisissent de s'exprimer par la fiction, tout en l'ancrant dans des préoccupations bien réelles : le souci de dénoncer une religion aliénante et asphyxiante, le problème de communication intergénérationnelle, la difficulté de s'approprier une identité acadienne nouvelle, forgée au fer par une histoire difficile. La crainte de voir disparaître l'identité et la culture hante celles et ceux qui veulent dire en images la réalité acadienne. Bref, durant les années 1970, le cinéma fictionnel et documentaire du Studio ONF Acadie devient le porte-parole d'une génération contestataire qui veut, au Nouveau-Brunswick comme en Nouvelle-Écosse, ébranler les tabous. Dès les premières années, ce Studio favorisera le développement de carrières « permanentes » de cinéastes comme Charles Thériault et Phil Comeau, et de caméramans devenus réalisateurs comme Denis Godin et Rodolphe Caron.

À partir des années 1980

En 1980, le deuxième producteur du Studio ONF Acadie est l'Acadien Rhéal Drisdelle. Il produit trois documentaires : *Armand Plourde, une idée qui fait son chemin* (Denis Godin), *J'avions 375 ans* (Phil Comeau) et *Arbres de Noël à vendre* (Denis Morissette). Son séjour comme producteur à l'ONF ne sera pas de tout repos. En 1980, la production française de l'ONF doit absorber d'importantes réductions budgétaires imposées par le gouvernement fédéral et menace de fermer le studio de Moncton. Les cinéastes et techniciens acadiens montent aux barricades afin de défendre l'existence de leur centre de production. Mais à Montréal, les pressions exercées par certains réalisateurs québécois, mécontents de voir leur budget de production diminuer, finissent par convaincre les dirigeants de la production française de l'ONF de rapatrier le budget de production acadienne à Montréal et de fermer le studio de Moncton. Jusqu'en 1982, les cinéastes acadiens des Maritimes se mobilisent pour une longue bataille dont l'objectif est la réouverture de leur Studio.

Parallèlement à cette crise, des cinéastes acadiens mettent sur pied les premières maisons de production indépendantes dans le but de continuer à faire des films. Les Productions Godin de Moncton coproduit avec Bayou Films le documentaire *C'est nice de parler les deux manières* (Denis Godin). Les Productions L. LeBlanc de Moncton produisent le documentaire, *La musique nous explique* (Phil Comeau). Les Productions Ciné-Baie de la Baie Sainte-Marie, en Nouvelle-Écosse, produisent quatre documentaires : *Les pêcheurs aux homards,*

Margo un village de bûcherons, La Pointe à Pinkney et *Acadiennes de Clare* (Phil Comeau). Ces trois maisons de production sont rapidement confrontées à l'absence de débouchés en matière de distribution et de télédiffusion, un secteur de l'industrie qui mettra du temps à se développer.

La coopérative de films *Cinémarévie Coop,* fondée à Edmundston, réussira à survivre près de 25 ans. De 1980 à 2005, elle produira les documentaires *Monsieur Lude, Avec le cœur, Le champion (*Rodolphe Caron*), La bagosse* (Benoit Bérubé), *Je danse ma vie* (France Gallant), *Mon grand-père me racontait* (Denise d'Astous), les fictions *Par un bon matin (*Rodolphe Caron*), Quand on est vache (*Hélène Daigle*), Le doute de Thomas* et *Au bout du chemin* (Samuel Caron) et les films d'animation *L'avertissement* et *Les joies de Noël* (Anne-Marie Sirois).

La crise à l'ONF se règle en janvier 1982, à la suite des pressions constantes exercées par les cinéastes et du lobbying effectué par la Société nationale de l'Acadie. Le Studio ONF Acadie ouvre à nouveau, donnant ainsi un deuxième souffle à la production acadienne. Le Français Éric Michel est nommé producteur du Studio. Par contre, pendant ce « coma » cinématographique de près de deux ans, la plupart des réalisateurs acadiens formés auront abandonné le métier. D'autres cinéastes, peut-être ceux qui sont plus contestataires, notamment Phil Comeau, Robert Awad et Denis Godin devront s'exiler à Montréal pour réaliser leurs films dans l'industrie privée. Phil Comeau réalisera *Le tapis de Grand-Pré*, un premier film acadien pour enfants avec Productions Via le Monde.

Au Studio ONF Acadie, le producteur Éric Michel donne la chance à de nouveaux talents de faire leurs preuves. Il produit les fictions *Sorry Pete* et *De l'autre côté de la glace* (Serge Morin), et deux docudrames *Toutes les photos finissent par se ressembler* et *Le grand Jack* (Herménégilde Chiasson). En documentaire, il produit les films *Bateau bleu, maison verte* (Bettie Arseneault), *Une sagesse ordinaire, Une faim qui vient de loin, Femmes aux filets* et *Crab-O-Tango* (Claudette Lajoie-Chiasson), ainsi qu'un premier film d'animation *Maille Maille* (Anne-Marie Sirois). Le film *Massabielle* (Jacques Savoie) voit aussi le jour. Jacques déménage ensuite à Montréal où il fera sa marque comme scénariste de films et de séries télévisuelles.

On voit bientôt apparaître de nouvelles maisons de production indépendantes au Nouveau-Brunswick. On fonde la compagnie *Ciné-Est en Action* dont le producteur est Lawrence Carota. Parmi les films produits, il y a les fictions *Cap Lumière* et *Madame Latour* (Herménégilde Chiasson). Cette société fermera boutique quelques années plus tard.

En 1986, le producteur Jean-Claude Bellefeuille fonde Tel-Vision Productions (aujourd'hui Bellefeuille Productions). Au début, la société produit des émissions de type magazine, mais elle passe finalement aux documentaires. Jean-Claude Bellefeuille a produit notamment les documentaires *Migrations* et *Tour de magie* (Roger LeBlanc), *L'éloge du chiac Part 2* (Marie Cadieux), *Le matois* (Paul Arseneau), *Kouchibouguac, l'histoire de Jackie Vautour et des expropriés* (Jean Bourbonnais), *Le chant du phare* (Julien Cadieux), et les séries *Les couleurs de mon accent* (Phil Comeau) et *1755* (Ivan Vanhecke).

En 1987, le Festival international du cinéma francophone en Acadie (FICFA) est créé. Depuis 1992, la société Film Zone en assume l'organisation annuelle. Le festival international a pour mission de promouvoir le cinéma de la francophonie et de le rendre accessible aux Acadiens de l'Atlantique, tout en faisant connaître le cinéma acadien en Acadie et dans la francophonie canadienne et internationale. Il a pour objectifs de contribuer au développement de l'industrie cinématographique acadienne et de le promouvoir, de développer l'intérêt pour le cinéma francophone au sein de la communauté francophone et francophile du Nouveau-Brunswick et de l'Atlantique, de développer l'intérêt pour le cinéma francophone en milieu scolaire et d'encourager les partenariats avec d'autres festivals francophones. Au cours de ses 25 ans d'existence, le FICFA a su se distinguer et acquérir une notoriété et une popularité croissantes grâce à la responsable de la programmation, Marie-Renée Duguay. Grâce au rayonnement du Festival, plusieurs cinéastes acadiens se sont fait connaître au-delà de la région.

En 1988, on fonde à Moncton une importante maison de production indépendante, *Productions Phare-Est* (aujourd'hui Phare-Est Média) qui, avec beaucoup de détermination et de talent, trouvera les moyens de durer dans le temps en faisant du documentaire et de la fiction. La société est fondée par Cécile Chevrier, Ginette Pellerin, Herménégilde Chiasson et Marc Paulin. Depuis plus de 25 ans, cette maison de production — aujourd'hui propriété de la productrice Cécile Chevrier — connait de grands succès. Parmi toutes les maisons de production acadiennes, c'est elle qui a remporté le plus grand nombre de prix dans les festivals et de nominations aux prix Gémeaux, autant en fiction qu'en documentaire.

Parmi les productions de Phare-Est Média, on compte la série *Belle-Baie* (écrite et réalisée par Renée Blanchar) coproduite avec Cirrus Communications de Montréal. Cette série connaît un grand succès sur le réseau national de Radio-Canada. Parmi les autres fictions ou docudrames, mentionnons *Anna Malenfant d'Acadie* (Ginette Pellerin), *Les années noires* (Herménégilde Chiasson), *Acadie Liberté* (Tim Radford), *1604* (Renée Blanchar), *La voisine* (Pam Gallant), *Un bon gars* (Laurence Véron) et la série pour enfants *Lunatiques* (Chris LeBlanc et Paul Bossé). Parmi les documentaires de Phare-Est Média, on trouve *Grand-Pré — Écho de l'UNESCO* (Anika Lirette), *De Moncton à Kinshasa* (Paul Arseneau), *Naufrages* (Paul-Émile d'Entremont), *Frédéric Back — grandeur nature (*Phil Comeau), *Plus grand que la mer (*Marc Savoie), *PHOQUES le film* (Raoul Jomphe), *Le souvenir nécessaire* et *Le temps X* (Renée Blanchar), et la série documentaire *Trésors vivants* (collectif). Elle coproduit avec l'ONF les séries *L'Acadie de la mer* (collectif), *Chroniques de l'Atlantique* (collectif) et les documentaires *Durelle* (Ginette Pellerin), *Ceux qui attendent* (Herménégilde Chiasson) et *À cheval sur une frontière* (Rodolphe Caron).

En 1988, on nomme le Québécois Michel Lemieux producteur au Studio ONF Acadie. Il produit les documentaires *Robichaud* (Herménégilde Chiasson) et *L'option coopérative* (Marc Paulin). Lemieux coproduit aussi des séries documentaires avec Phare-Est, titres mentionnés plus haut.

Les communautés francophones du pays n'occupent qu'un faible espace dans le contenu télévisuel accessible aux Canadiens. Afin de redresser ce déséquilibre, la Fédération culturelle canadienne-française fonde, en 1988, le Regroupement des arts médiatiques (RAM). Le RAM est un regroupement bénévole de réalisateurs, producteurs et scénaristes œuvrant en milieu minoritaire francophone.

En 1989, Pamela Gallant, réalisatrice originaire de l'Île-du-Prince-Édouard, fonde à Moncton sa propre société, Les productions bouteilles vides, et réalise les films *A la lumière des joueurs* et *Cent ans d'île.* En 1990, Paul-Marcel Albert de Caraquet, fonde les Productions du Fado et coproduit avec l'ONF et les Films de l'isle de Montréal, un court métrage fiction *Le violon d'Arthur* (réalisé par Jean-Pierre Gariépy, scénarisé par Jacques Savoie).

La même année, les artistes acadiens fondent l'Association acadienne des artistes professionnel.le.s du Nouveau-Brunswick (AAAPNB) pour représenter toutes les disciplines auprès des instances gouvernementales et pour offrir des services d'information, de promotion et de perfectionnement. Chaque discipline artistique est représentée auprès de l'AAAPNB, et les cinéastes, comédiens et techniciens acadiens sont réunis sous la discipline des arts médiatiques. L'association revendique des droits pour les artistes, vise l'amélioration de leur situation socioéconomique et travaille présentement à créer un statut de l'artiste au Nouveau-Brunswick, similaire à celui qui existe au Québec.

À partir des années 1990

De 1991 à 1997, le producteur Pierre Bernier, auparavant monteur de films acadiens, devient le cinquième producteur du Studio ONF Acadie. S'appuyant sur des réalisateurs chevronnés, il coproduit avec Phare-Est Média les documentaires *Acadie à venir* et *L'Acadie retrouvée* (Herménégilde Chiasson) et produit en solo les documentaires *Évangeline en quête* et *Mathilda la passionaria acadienne* (Ginette Pellerin), *De retour pour de bon* (Bettie Arseneault), *Vocation ménagère* (Renée Blanchar), *Épopée* (Herménégilde Chiasson) et *Cigarette* (Monique LeBlanc). Cette dernière avait tourné le film documentaire *Le lien acadien* quelques années plus tôt pour l'ONF, à Halifax.

En 1994, le réalisateur Phil Comeau lance son film de fiction, *Le secret de Jérôme,* le premier long métrage indépendant acadien. Tourné à Caraquet, le film se mérite quinze prix aux festivals canadiens et internationaux, dont trois prix au Festival international du film francophone à Namur, en Belgique. Le film est coproduit par Barry Cowling de Citadel Communications (Nouvelle-Écosse), Gilles Bélanger d'Atlantica Productions (Nouveau-Brunswick) et Marie-Andrée Vinet de Ciné-Groupe (Québec).

À partir de 1995, on voit l'ouverture de nouvelles maisons de production par des réalisateurs qui souhaitent plus d'autonomie dans leur démarche artistique. C'est le cas de Rodrigue Jean qui fonde Transmar Films, à Caraquet. Il produit et réalise le documentaire *La mémoire des rivières.* En 1999, il réalise et coproduit, avec Les Films de l'isle de Montréal, son premier long métrage fiction, *Full Blast,* qui se mérite le prix du meilleur film canadien au Festival de Toronto. Le prix Jutra, qui couronne la meilleure interprète, sera remis à Marie-Jo Thério. Ce film sera suivi de deux longs métrages ayant comme personnage principal une chanteuse acadienne, *Yellowknife (2002)* et *Long Song*

(2008). Également à Caraquet, Renée Blanchar et Didier Maigret fondent Ça Tourne Production et produisent les documentaires *Qui a tué l'Enfant Jésus?* (Renée Blanchar) et *André Lapointe, espaces (ré)créatifs* (Didier Maigret).

En 1995, à la suite de pressions exercées par les producteurs et les réalisateurs, le gouvernement provincial établit Film NB, une société de développement cinématographique similaire à ce qui existe déjà en Nouvelle-Écosse. Cet organisme doit permettre aux cinéastes de la province de réaliser plus facilement des films documentaires et des fictions qui leur ressemblent. On estime aussi que plus il y aura de travail dans la région, plus il y a de chance que les cinéastes et les équipes techniques puissent vivre chez eux en exerçant leur métier.

L'année suivante, en 1996, on fonde l'Association des producteurs du Nouveau-Brunswick (aujourd'hui nommé Média NB). Son mandat est de représenter tous les producteurs francophones et anglophones en cinéma et en télévision, au Nouveau-Brunswick.

En 1997, la réalisatrice Diane Poitras devient productrice du Studio ONF Acadie. Elle privilégie la formation de la relève et produit les documentaires *Seuls, ensemble* (Paul-Émile d'Entremont), *Les émotions ivres* (Hélène Daigle), *À demain chères prunelles* (Aube Giroux), *Plus grand que nature* (Jonathan Snow) et *L'Éternité? ou la disparition d'une culture* (Marie-Claire Dugas). Elle travaille aussi avec quelques cinéastes d'expérience sur les documentaires *Fripes de choix, guenilles de roi* (Bettie Arseneault), *Abegweit, le pont de la Confédération* (Serge Morin), et le film animé *Joséphine* (Anne-Marie Sirois).

En 1997, à Moncton, le producteur François Savoie fonde Connections Productions. Société spécialisée en séries documentaires et en variétés musicales, elle produit les séries documentaires *Francophonies d'Amérique* (collectif), *Tournants de l'histoire* (collectif), *L'Acadie en chanson* (collectif), *Profils* (collectif) et *Passeport musique* (collectif). Elle coproduit avec l'ONF la série d'animation *Animacadie* (collectif). En fiction, elle produit une série, *La Sagouine* (Phil Comeau), et coproduit avec Les Productions La Fête de Montréal, le long métrage pour enfants *La gang des hors-la-loi* (Jean Beaudry).

Fondée en 1999, l'Alliance des producteurs francophones du Canada (APFC) est créée pour répondre au besoin de concertation à l'échelle nationale. Plusieurs producteurs du Nouveau-Brunswick en sont membres. Les producteurs ont pour mission de donner une voix à leurs communautés, de leur fournir un miroir dans lequel elles se reconnaissent et qui les représente dans le paysage télévisuel national. L'Alliance représente ses membres auprès des gouvernements, institutions et organismes afin de soutenir le développement, la production et la diffusion d'œuvres francophones créées à l'extérieur du Québec. Elle fait aussi la promotion des œuvres de ses membres.

En 1999, Monique LeBlanc fonde CinImages Productions. Société spécialisée en films documentaires, elle produit plusieurs séries, dont *Petites vues de chez-nous* (collectif), *Artiste dans l'âme* (collectif), *Bazart* (collectif), *Les Acadiens du Québec* (Phil Comeau). En documentaire unique, elle produit *La Petitcodiac, une rivière renaît* (Renée Morel), *Roméo Savoie, la peinture au corps* (Monique LeBlanc). Avec l'ONF, elle coproduit *Les chemins de Marie* (Monique LeBlanc).

À partir des années 2000

En 2000, Cojak Productions est fondée à Tracadie par les producteurs Jacques Lévesque et Colette Mallais. On produit entre autres les courts métrages fiction *La légende Bricklin, Les bootleggers d'Atlantique* et *Les larmes du Lazaret,* et les documentaires *Libérateur libéré* et *Désoriental* (tous de Chris LeBlanc), *Fortunat* et *Pêcheurs de Lamèque* (Raynald Basque), *McGraw et le cercle des chefs* (Suzanne Chiasson), ainsi que la série fiction *La famille Basque* (Chris LeBlanc et Raynald Basque). Le producteur Sam Grana, ancien directeur de Film NB, fonde les Productions Grana. Même s'il travaille surtout en production anglophone, il produit la série de fiction acadienne *Samuel et la mer* (Pierre Gang).

Cette même année, en 2000, Jacques Turgeon est nommé producteur du Studio ONF Acadie. Il redonne un nouveau souffle aux films d'animation en créant le programme « AnimAcadie » qui coproduira les films animés *Faire le saut* (Anne-Marie Sirois), *Télé-Vision* (Jean-Pierre Morin), *Pimp ma botte* (Marc Daigle), *La balade de Marco* (Philippe Lanteigne), *Voodoo* (André Guy Landry) et *La plume et l'éléphant* et *Timine et Brossette* (Réal O'Neil). Il produit aussi les documentaires *Kacho Komplo* et *U.S. Assez* (Paul Bossé), *Bonnes vacances* (Louiselle Noël), *Dis-moi ce que tu manges* (Aube Giroux), *Reema allers-retours* et *Le confessionnal réinventé* (Paul-Émile D'Entremont), *Raoul Léger, la vérité morcelée* (Renée Blanchar) et *L'extrême frontière, l'œuvre poétique de Gérald Leblanc* (Rodrigue Jean). Il coproduit aussi des documentaires avec quatre maisons de production dont CinImage, Ça tourne, Ameri'ka et Appalaches.

En 2001, Mozus Productions est fondée à Moncton par Suzette Lagacé et Maurice Aubin. Ils produisent les documentaires *Cayouche, le temps d'une bière* et *Aujourd'hui on est pu en '68* (Maurice Aubin), *Au-delà des apparences* (Suzette Lagacé), *Bonnes vacances* (Louiselle Noël), *Du stir en Acadie* et *Hâvrer à la Baie* (Joël Robichaud) et les séries documentaires *Peu importe l'âge* (collectif) et *Les sceaux d'Utrecht* (Paul Bossé).

En 2004, à la suite de la fermeture de la coopérative de films Cinémarévie, Rodolphe Carin et France Gallant fondent les Productions Appalaches. Ils coproduisent trois films avec l'ONF : *Pour la cause, Marie Hélène Allain en dialogue avec la pierre,* et *Léonard Forest, cinéaste et poète* (Rodolphe Caron). Ils terminent le long métrage fiction amorcé par Cinémarévie, *Au bout du chemin* (Samuel Caron).

En 2004, les cinéastes acadiens indépendants s'unissent aux cinéastes de la francophonie canadienne pour fonder une association nationale, le Front des réalisateurs indépendants du Canada (FRIC). Ce regroupement de réalisatrices et réalisateurs francophones s'emploie à représenter ses membres sur les scènes politique et culturelle au Canada. L'association travaille au développement professionnel et au rayonnement des réalisateurs.

Alors que l'industrie privée se développe rapidement, on désire établir sur place une maison de services en postproduction. En 2006, Marc Savoie fonde la société PostMan à Moncton pour faciliter la finition vidéo. Deux ans plus tard, Storytellers de Marcel Gallant et Studio Révoluson du mixeur sonore Chris Goguen se joignent à PostMan pour la finition audio. PostMan a effectué la finition de centaines de films et d'émissions de télévision. Elle est aujourd'hui la propriété de Marc Savoie et Chris Goguen, et toujours la plus importante maison de services en postproduction, à l'est de Montréal.

En 2007, Jacques Turgeon est promu au poste de producteur exécutif de l'ONF pour toutes les régions francophones hors Montréal. Il est remplacé au Studio ONF Acadie par la productrice acadienne Murielle Rioux-Poirier. Sous sa gouverne, on développe de nouveaux cinéastes en créant le programme « Tremplin ». Une nouvelle génération de cinéastes réalise les documentaires *Habiter la danse* (Julien Cadieux), *Ils eurent treize enfants* (Anika Lirette), *La trappe* (Mathieu D'Astous), *La dernière batture* (Lina Verchery), *Voleuse de poussière* (Marie-Thérèse François), *Infusion* (Amélie Gosselin), *Un dimanche à 105 ans* et *Les inséparables* (Daniel Léger), et la fiction *Drôle de chapeau* (Mélanie Léger). Au programme « AnimAcadie », on produit les films d'animation *Le secret de Moustafa* (Joline Robichaud) et *Tic Tac* (Marc Daigle). La production de séries Web verra le jour avec les projets *Ta parole est en jeu* (collectif), *PIB* (collectif), *Chez soi* et *Ça tourne dans ma tête* (Louiselle Noël). On produit aussi quelques films de cinéastes chevronnés, dont les documentaires *Une dernière chance* (Paul-Émile d'Entremont), *Ron Turcotte, jockey légendaire* (Phil Comeau) et la coproduction *Éloge du chiac, part 2* (Marie Cadieux).

En peu de temps, sept nouvelles maisons de production indépendantes naissent au Nouveau-Brunswick. En 2007, Ameri'Ka Productions est fondée par Ginette Pellerin et Pauline Bourque. Elles coproduisent avec l'ONF le documentaire *Antonine Maillet, les possibles sont infinis* (Ginette Pellerin), et elles produisent un premier court métrage fiction *Le cowboy et les sauvages* et le documentaire *La cathédrale* (Ginette Pellerin). En 2008, Daniel Omer LeBlanc fonde une compagnie d'animation pour produire sa série humoristique *Acadieman* (Dano LeBlanc). À la suite du succès populaire (diffusion sur trois saisons) et récipiendaire de nombreux prix, il produit et réalise le long métrage d'animation *Acadieman vs le CMA*.

En 2010, à la suite de la fermeture de Cojak Productions, René Savoie et Colette Mallais fondent les Productions du Milieu. On y produit la série fiction *Rural.com* (Pat Gauvin) dans la Péninsule acadienne du Nouveau-Brunswick. Le réalisateur Jean-Pierre Desmarais fonde Imagique Productions, produit et réalise la science-fiction *Terra Mars* et le court métrage fiction *S.W.I.T.C.H.* (Jean-Pierre Desmarais). À Fredericton, Donovan Richard et Danny Thebeau fondent Redleaf Productions pour produire et réaliser ensemble la fiction historique *Délivrance.* À Moncton, le réalisateur Gilles Doiron se joint aux frères Jean-Marc et Martin Goguen pour fonder Botsford Productions. On y produit les fictions *La spare part* et *Aller-retour* (Gilles Doiron). Finalement, à Lamèque, le réalisateur Patrick Gauvin fonde Bosco Médias où il produit et réalise le documentaire *Lamèque en mouvement,* et une première série fiction pour le Web, *Pirate* (Pat Gauvin).

En 2011, la productrice Maryse Chapdelaine, qui avait auparavant coproduit les derniers films de Murielle Rioux-Poirier, devient la nouvelle productrice du Studio ONF Acadie. On relance le concours « Tremplin » pour dénicher de nouveaux talents. On produit les premiers documentaires *Une affaire de famille* (Justin Guitard), *Emma fait son cinéma* (Mélanie Léger) et *Ma radio, mon amie* (Karine Godin). Le studio fait maintenant partie du Studio de la francophonie canadienne de l'ONF, dont le nouveau producteur exécutif est Dominic Desjardins. Cet ancien réalisateur et producteur de Zazie Films a réalisé un long métrage fiction acadien, *Le divan du monde* (2009), et il a présidé pendant deux ans le Front des réalisateurs indépendants du Canada.

Le cinéma acadien est vivant

Depuis 1974, en 40 ans, le Studio ONF Acadie a accompli un travail colossal. Le studio a produit ou coproduit 130 films d'une quarantaine de cinéastes qui ont laissé leur marque en faisant connaître leurs histoires, leurs espoirs et leurs craintes, leur appartenance et leurs différences. Ils ont aussi exprimé un point de vue bien à eux, ancré dans la réalité acadienne, et se sont également intéressés à des sujets universels. Le Studio ONF Acadie a fait valoir sa pertinence dans le paysage cinématographique canadien et a permis l'éclosion de cinéastes de talent en assurant une continuité dans leur travail. Les films du studio ont reçu plus de 30 prix et mentions dans les festivals nationaux et internationaux.

L'industrie privée travaille fort pour financer et produire des films de qualité. L'industrie du cinéma acadien vit aujourd'hui un moment difficile. Les maisons de production, y compris les réalisateurs et réalisatrices d'expérience, doivent se contenter de budgets de plus en plus faméliques qui ne comblent même pas les besoins essentiels. De plus, décrocher une « licence de diffusion » de la part des réseaux nationaux tels que Radio-Canada s'avère une tâche ardue. L'arrivée en 2014 d'un nouveau réseau national, TV5-UNIS, semble promettre de nouveaux débouchés pour la francophonie canadienne. Le Web comme nouveau moyen de diffusion offre aussi de nouveaux horizons.

Malgré les défis et les emûches, le cinéma acadien a survécu et le public est toujours au rendez-vous. Des maisons de production acadiennes, fondées de longue date, sont toujours actives, notamment Phare-Est Média, Connections Productions, Bellefeuille Productions et CinImage Productions. La production acadienne, surtout riche en films documentaires, semble s'ouvrir à davantage de films de fiction et d'animation.

Le cinéma acadien s'est développé à la suite du débroussaillage effectué par le cinéaste Leonard Forest. Aujourd'hui, plusieurs cinéastes de la génération suivante sont toujours actifs. Il s'agit notamment de Rodolphe Caron, Phil Comeau, Renée Blanchar, Ginette Pellerin, Paul-Émile D'Entremont, Chris LeBlanc, Rodrigue Jean, Roger LeBlanc, Paul Arseneau et Anne-Marie Sirois. Depuis une dizaine d'années, une troisième génération de cinéastes se développe pour assurer la relève, parmi lesquels on compte de plus en plus de femmes cinéastes. Ensemble, les réalisateurs et réalisatrices, les producteurs et productrices continuent de montrer à l'Acadie et au monde entier de quel bois nous sommes faits et où nous allons. Histoire à suivre…

Bibliographie

DÉLÉAS, Josette. *Images d'Acadiens et de Cadjens de 1908 à 1994 : filmographie acadienne*, Moncton, Centre d'études acadiennes, 1995

BRIDEAU, Roland. *Culture de l'Acadie - Cinéma* sur *L'Encyclopédie canadienne,* 1996

RAINVILLE, Maurice. *Cent ans de cinéma acadien,* Moncton, N.B., 2006

Archives du Studio ONF Acadie, Moncton, N.B.

Archives du Festival international du cinéma francophone en Acadie, Moncton, N.B.

Sites Web :

Front des réalisateurs indépendants du Canada (www.fricanada.org)
Alliance des producteurs francophones du Canada (www.apfc.info)
Les maisons de production acadiennes indépendantes (sites web)
Association acadienne des artistes professionnel.le.s du Nouveau-Brunswick (www.aaapnb.ca)

Les Cadiens dans les films

Barry Jean Ancelet

Au fil du temps, le sud de la Louisiane, qualifié de « sud du Sud » par l'anthropologue C. Paige Gutierrez, a été présenté au cinéma comme une nature tropicale aux frontières culturelles, ethniques et linguistiques clairement définies. Une région qui possède apparemment tout ce qu'il faut pour correspondre aux stéréotypes hollywoodiens. Dans le Sud profond, les Cadiens sont catholiques, ils sont nombreux à parler français au sein d'un pays anglophone, et dans ce pays où règne un sens moral étroit, voire puritain, ils sont constamment dépeints comme des buveurs, des danseurs, des joueurs et des bagarreurs. Hollywood a « découvert » le pays cadien très tôt dans le développement de l'industrie du cinéma. Le premier film de Tarzan a été tourné près de Morgan City et, dans les années 1920, Dolores Del Rio jouait dans un film tiré du poème de Longfellow, *Évangeline*. Depuis ce temps, quelques dizaines de films se sont tournés chez les Cadiens de la Louisiane, dont les résultats vont d'étranges et troublants à bizarres et sinistres.

Dans les scénarios hollywoodiens, le héros cadien est confronté à des ennuis plutôt exotiques, ce qui offre à Hollywood une solution de rechange intéressante aux tournages dans le tiers-monde. Outre le fait que l'équipe de tournage n'a pas besoin de passeport ni d'adaptateur électrique, ce choix ne leur crée aucun ennui. Contrairement aux Noirs, aux Juifs, aux Amérindiens et à d'autres groupes culturels et ethniques, les Cadiens sont concentrés dans une région relativement petite et ils ne forment pas un groupe revendicateur. La représentation cinématographique des Cadiens est invariablement teintée de violence, de racisme, de xénophobie, d'alcoolisme, d'ignorance, d'isolement et de consanguinité. Les métiers traditionnels comme la trappe et la pêche sont presque exclusivement attribués aux personnages cadiens. Les cinéastes les placent donc dans un monde rural, rustique, isolé, sous-développé et très humide.

Le bayou offre un paysage photogénique d'une beauté troublante. Outre les films *Casey's Shadow* (1977) mettant en scène un entraîneur de chevaux cadien dans les prairies et *The Big Easy* (1987) dont la vedette est un flic irlandais/cadien de La Nouvelle-Orléans, les Cadiens sont invariablement représentés comme des habitants des bayous, autant dans les documentaires que dans les fictions. En fait, si l'on se fiait au grand écran, on pourrait penser que la majorité du sud de la Louisiane vit sous l'eau. Le film *Louisiana Story* se déroule dans un bayou, autour de Bayou Petit Anse. *Thunder Bay* se passe dans un village de pêcheurs et au large de la côte du golfe. La terre ferme dans *Live and Let Die* ne sert que d'obstacle au hors-bord de James Bond. Dans *Southern*

Comfort, des gardes nationaux sont égarés dans un bayou apparemment sans fin. Dans *No Mercy,* Richard Gere et Kim Bassinger sautent d'un quai le long du Mississippi pour se retrouver à Alger dans un bayou voisin (un artifice intéressant de la région métropolitaine de La Nouvelle-Orléans). Soit dit en passant, Bassinger a trouvé des moyens ingénieux de rester mouillée pendant tout le film, notamment en raison de son physique et, suppose-t-on, en raison de ses origines cadiennes. Ce ne sont là que quelques exemples.

En 1948, le documentaire de Robert Flaherty, *Louisiana Story,* qui traite de l'implantation de l'industrie pétrolière au pays des Cadiens, fait écho à certaines notions défendues par Longfellow dans *Évangeline.* Tourné à Bayou Petit Anse, le film présente les Cadiens comme des habitants de la « forêt primitive » qui vivent en harmonie avec la nature, ramant tranquillement le long des courbes naturelles des bayous, loin du tumulte et de l'agitation des villes. Standard Oil a financé *Louisiana Story,* car le film fait l'éloge du « progrès » que constitue l'industrie pétrolière. Rétrospectivement, le message se situe à l'opposé de cette image idyllique. Aujourd'hui, quand on assiste à l'arrivée d'engins bruyants qui déchirent le silence, qui découpent des lignes artificiellement droites à travers le bayou, on est conscient des graves problèmes environnementaux que cette industrie entraîne dans son sillage, comme l'intrusion d'eau salée, l'envasement et l'érosion.

Dans *Thunder Bay* (1953), James Stewart joue un Anglo-américain, rêveur et aventurier, qui conçoit, bâtit et opère la toute première plate-forme de forage pétrolier au large du golfe du Mexique. Même si par certains aspects, ce film ressemble à *Louisiana Story,* il est nettement moins complaisant envers les Cadiens. Quand leur petit village paisible est envahi par des magnats du pétrole belliqueux et rusés, ils se révoltent, luttant désespérément contre cette forme de progrès qui leur sera finalement imposé. Les Cadiens sont présentés comme des gens ignorants et superstitieux, comme l'image véhiculée dans le docu-fiction de Flaherty. Ils sont également naïfs : leur défaite est atténuée par la découverte de la « crevette dorée » qui les attire jusqu'à la plate-forme, la nuit.

Les films américains dans les années 1970

Au cours des années 1970, l'image hollywoodienne des Cadiens change du tout au tout : d'habitants des bayous idylliques et naïfs, ils se transforment en harceleurs hostiles et sournois. Cela a peut-être un lien avec le changement opéré dans la représentation des Sudistes en général (décrit par Kirby dans *Media-Made Dixie) :* de racistes romantiques du film *Gone With the Wind* aux racistes violents de *Hurry Sundown* et *Mandingo.* Toute la nation a suivi de près le déballage public des péchés du Sud pendant la lutte pour les droits civils, et la violence des nouvelles télévisées s'est transposée au grand écran.

Plusieurs autres facteurs ont contribué à l'émergence de l'image violente des Cadiens. Après des décennies de négligence, le Conseil pour le développement du français en Louisiane (CODOFIL), créé en 1968, a lancé une campagne pour la préservation de la langue et de la culture françaises. Ce mouvement reposait sur une campagne de relations publiques d'envergure qui a attiré l'attention sur les Cadiens en tant que groupe ethnique, différent et cohésif. Cet effort de préservation du français allait à l'encontre du courant nationaliste qui caractérisait la première partie de ce siècle. C'est peut-être l'ancien président américain, Theodore Roosevelt, qui a le mieux exprimé ce courant en disant : « Il n'y a place, au sein de ce pays, que pour une seule langue et c'est l'anglais » et aussi « La double identité américaine — Franco-Américains, Germano-Américains ou Hispano-Américains —, ça n'existe pas. Ceux qui se sentent Français, Allemands ou Hispaniques doivent retourner chez eux ». La musique cadienne a grandement contribué à ce mouvement lors du *Newport Folk Festival*, en 1964. Dans les années 1970, les musiciens cadiens ont livré leurs valses françaises et leurs *two-steps* à des foules enthousiastes dans de nombreux collèges et lors de festivals de musique folk, partout en Amérique. Les Cadiens sont devenus une minorité très visible célébrant leur différence.

Le documentaire de Les Blank (1971), *Spend It All,* décrit les Cadiens comme de grands buveurs et de grands joueurs qui aiment la cuisine merveilleusement exotique, qui dansent sans retenue sur une musique intense, expressive, dont les paroles sont en français. De toute évidence, Blank était fasciné par les Cadiens; il les percevait comme une alternative rafraichissante au courant dominant américain, insipide et sans racines, et ses films expriment cette fascination. Sa technique documentaire est passionnante et innovatrice. Dans la tradition des Michel Brault et Richard Leacock, Blank utilise la caméra à l'épaule de façon ingénieuse, il suit l'action, surprenant son auditoire, y compris lui-même, par les découvertes spontanées que lui révèle l'objectif. Comme Blank travaillait en Californie, sa technique documentaire n'est certainement pas inconnue des cinéastes de ce coin de pays.

Le film *Spend It All* se veut résolument authentique. Contrairement à Flaherty qui dirigeait des personnes réelles dans des scènes reconstituées, conçues pour recréer la réalité, Blank filmait ce qui se passait devant sa caméra sans imposer de direction. C'est ce qu'on appelle le « cinéma direct ». Comme c'est le cas de tous les documentaires, la vérité purement objective n'existe pas. Les centres d'intérêt et la curiosité de Blank l'amènent à pointer sa caméra dans certaines directions et à en ignorer d'autres. De plus, des liens logiques se repèrent ou se créent en salle de montage. On peut dire que même les films documentaires sont de façon non négligeable le résultat de la vision et de la compréhension du cinéaste.

L'admiration de Blank pour les valeurs du terroir découvertes chez les Cadiens ruraux est attribuable en partie à son propre désenchantement face au brassage culturel américain. En outre, s'il réalise un film sur les Cadiens, ce n'est certainement pas pour montrer qu'ils sont pareils aux autres. Il veut plutôt célébrer leur différence. Il ne souhaite pas présenter des Cadiens qui se rendent au travail dans une auto ordinaire, en empruntant des autoroutes ordinaires, pour exercer un métier ordinaire, ou cuisiner un repas ordinaire sur une cuisinière ordinaire, ou regarder la télévision ou aller à la banque, ou magasiner chez Winn Dixie. Au bout du compte, il n'a pas réalisé un film sur les Cadiens. Il a fait un film sur ce qu'il trouvait inhabituel, passionnant ou différent chez les Cadiens. Malheureusement, quand les spectateurs de Peoria, de Chicago, de Tallahassee ou de Laramie visionnent le documentaire de Blank, ils le voient comme un film sur les Cadiens. C'est un problème commun aux documentaires, surtout ceux qui ne sont pas tournés dans une tribu aborigène où la vie est carrément à l'opposé de la nôtre, mais en Amérique où il y a beaucoup de similarités, où les singularités d'une culture finissent par la définir.

En 1975, un autre documentaire met en scène des Cadiens ruraux ou habitant de petites villes (*Mamou, Eunice* et *Basile*). *The Good Times Are Killing Me* est produit par TVTV, un groupe installé en Californie et à New York qui expérimente le tout nouvel équipement de télévision portatif, les premières minicaméras. Le montage du documentaire se fait à partir de centaines d'heures d'enregistrement sur vidéocassettes, à un coût relativement peu élevé, avec le soutien de dirigeants communautaires comme Paul Tate, Revon Reed et Dewey Balfa.

Les projections des images tournées, mais non montées, sont appréciées par les résidants locaux. La version finale, cependant, dépeint les Cadiens comme une tribu étrange et vulgaire, composée de fêtards et d'ivrognes qui se trouvent en première ligne d'une bataille pour la survie ethnique et culturelle en Amérique, bataille perdue d'avance. Nathan Abshire, un musicien pauvre et alcoolique, déçu et aigri à la suite de l'arrestation de son fils accusé d'introduction par effraction et de vol dans une pharmacie, est présenté comme « l'idole de tous ». Louis Landreneau est tourné, vêtu en femme — soutien-gorge, bas-culotte, perruque et maquillage compris — sous l'œil attentif de sa mère, sans expliquer qu'il se prépare pour le défilé du Mardi Gras.

Une Cadienne accepte de tourner dans un salon de beauté, dans une séquence mise en scène par une femme de l'équipe, à la condition que les plaisanteries vulgaires soient coupées au montage. Promesse faite, mais non tenue. Au moment où le mari de cette femme visionne cette séquence sordide à la télévision, l'équipe, elle, est bien à l'abri en Californie. Le Mardi Gras est finalement présenté sans autre explication que les témoignages de participants ivres recueillis par une équipe fascinée, mais bornée.

Dans les années 1970, plusieurs films de fiction ont repris à leur compte l'image que certains documentaires avaient présentée des Cadiens. À la même époque, *Live and Let Die* (1973) a mis au point le genre sudiste mettant en vedette un shérif inepte comme dans les films *Smoky and the Bandit* et les séries télévisuelles *Dukes of Hazard*. La poursuite d'une « méchante » par James Bond le conduit, entre autres lieux exotiques, dans les bayous de la Louisiane où il rencontre un shérif cadien, obèse et stupide, totalement déconcerté par ce héros débonnaire, sophistiqué et spirituel. *Casey's Shadow* (1977) met en scène un entraîneur de chevaux cadien en quête de rédemption. Il boit, il maltraite ses enfants, mais finalement grâce à son cheval, il gagne une course qui lui rapporte un million de dollars et lui redonne un peu de fierté. L'influence des scènes de champ de courses du film *Spend It All* de Les Blank ne fait aucun doute.

Fait plus important encore, en 1975, Walter Hill participe à deux films mettant en scène des Cadiens. Outre le fait de dépeindre les Créoles de La Nouvelle-Orléans comme des êtres décadents, excentriques et à la sexualité déviante, *The Drowning Pool* met en vedette Harper, joué par Paul Newman, qui sillonne les « routes de campagne et les bayous humides de la Louisiane ». Il y rencontre quelques Cadiens étranges et exotiques qui se décrivent eux-mêmes comme des *coonasses*. *Hard Times*, l'histoire d'un boxeur à mains nues, contient une séquence où un Cadien revient sur un pari, ce qui n'est pas impossible, mais peu probable dans une culture caractérisée par le respect infini des règles du jeu. Dans une scène particulièrement éloquente, en sortant d'un bar, le boxeur tire dans le juke-box qui joue une musique cadienne.

Les films américains des années 1980

En 1981, Hill a pris de front les Cadiens dans *Southern Comfort*. Dans ce film, une troupe disparate de gardes nationaux en manœuvre dans le bassin de la rivière Atchafalaya « emprunte » quelques pirogues d'un camp de chasse cadien pour franchir un canal qui n'apparaît pas sur leurs cartes. À mi-parcours, les Cadiens surgissent de la forêt et réclament leurs bateaux. En blague, un des gardes tire à blanc sur les Cadiens. Les Cadiens, ignorant la blague dont ils font l'objet, répliquent avec de vraies balles, tuant le sergent responsable de la troupe. Les gardes fuient de l'autre côté et les Cadiens les poursuivent. Sans leur chef, les gardes « s'égarent dans cette nature sauvage, se querellant entre eux alors qu'ils sont poursuivis sans relâche par un ennemi qu'ils ne peuvent voir, qu'ils ne connaissent pas et qu'ils ne comprennent pas »[1].

Utilisant le sud de la Louisiane comme une métaphore évidente du Vietnam, *Southern Comfort* traite de l'incompétence des troupes américaines insuffisamment entraînées pour se débrouiller dans un environnement « étranger » et hostile. Les gardes se retrouvent dans une guerre qui les oppose à des Cadiens habitués aux bayous, qui sont pour ainsi dire invisibles, glissant sans effort dans les marécages, alors qu'eux tâtonnent, trébuchent et tournent en rond. Même la nature semble s'opposer à eux. À la fin, ils sont tous tués, sauf deux d'entre eux qui s'étaient opposés au comportement de leurs pairs.

La langue française du Cadien a longtemps été un important marqueur ethnique identitaire. Cependant, elle n'a pas toujours eu une connotation positive, lorsque juxtaposée au courant dominant anglo-américain. Même si l'intrigue de *Louisiana Story* est le produit des observations et de l'imaginaire de Flaherty, les personnages cadiens sont joués par de vraies personnes. Leur discours est donc naturel et authentique, passant aussi spontanément que dans la vraie vie du français cadien précis à l'anglais dont l'accent est marqué. La façon dont Hollywood traite la langue est une tout autre affaire.

Dans *Thunder Bay,* Gilbert Roland qui joue Teche Bossier rappelle davantage Maurice Chevalier qu'un Cadien, et le français que parle Antonio Moreno, qui joue le père ayant subi un préjudice, a une consonance hispanique. Dans *Southern Comfort*, la langue devient un obstacle, un irritant, un problème. Quand les gardes tombent sur un Cadien au cours de leur fuite, certains d'entre eux présument qu'il fait partie des responsables du meurtre de leur sergent et ils le capturent. Comme pour tous stéréotypes associés aux Noirs, Asiatiques, Hispaniques et autres groupes ethniques, on suppose que tous les Cadiens se ressemblent. Quand il persiste à dire qu'il ne parle pas anglais, ils le torturent pour le faire avouer.

Les années 1980 ont donné naissance à une nouvelle série de films mettant en scène des personnages ou des décors cadiens, notamment *No Mercy* (1986), *Angel Heart* (1987) et *The Big Easy* (1987) qui utilisent des marqueurs culturels comme la langue, la musique et la cuisine pour définir les personnages cadiens et créoles. Dans *No Mercy,* la langue française intensifie la nature étrangère, voire menaçante, de La Nouvelle-Orléans et d'Alger (pas la ville d'Afrique du Nord, mais celle de l'autre côté du fleuve). Le flic de Chicago, Eddie Jillette, enquête sur le meurtre brutal de son équipier perpétré par le vilain Losado, et rêve de venger son équipier.

Losado est présenté comme un mafieux créole français. Sa relation exclusive et violente avec la voluptueuse beauté cadienne, Michelle, est soulignée par le fait qu'ils conversent en français (sous-titrés). Jillette enlève Michelle et s'enfuit avec elle dans le bayou. Ils s'installent dans une cabane où elle lui enseigne à manger des écrevisses. Ils tombent ensuite endormis, épuisés par leur fuite. Le lendemain matin, ils sont réveillés par deux Cadiens, armés de fusils de chasse, avec qui ils discutent dans un impeccable français cadien : « Tu veux la piquer? » [You want to screw her?] « Oui, dans la bouche » [Yes, in the mouth]. La signification n'a aucune importance. Les répliques ne sont même pas sous-titrées. Ils sont menaçants uniquement parce que Jillette ne peut pas les comprendre, ce qui conforte l'avertissement que lui avait servi son patron à Chicago. Parler une langue autre que l'anglais est le gage d'une ethnicité atypique. Le mauvais français de Losato le discrédite automatiquement; le dialecte atypique des Cadiens est inacceptable. Le manque de compréhension mène tout naturellement à la peur et à la haine.

Angel Heart se passe chez les Noirs et les Créoles français de La Nouvelle-Orléans, caractérisée comme toujours par une décadence torride et la pratique du vaudou. Le cinéaste Alan Parker se sert des stéréotypes habituels. Il pleut tout le long du film, et la détective privée de Brooklyn, la fille d'Angel, se nomme Évangeline Proudfoot. À un certain moment, elle dit même : « Maman a attendu, maman est morte », faisant référence au destin de l'héroïne de Longfellow.

Dans une scène remarquable, Angel traque la vérité pour apprendre plus tard que sa véritable identité, en pays cadien, est définie par des combats de coqs et des courses de chevaux. Par la manipulation choquante d'un autre marqueur culturel, un des contacts d'Angel meurt ébouillanté dans un chaudron de gombo. Plus tard, quand son client Louis Cyphere l'invite à manger, il décline en disant : « La cuisine cadienne me tue ».

The Big Easy met en vedette Dennis Quaid qui joue Rémy McSwain, un flic « électron libre » de La Nouvelle-Orléans, d'origine irlandaise et cadienne. Son accent ne cesse de naviguer de l'argot banlieusard de La Nouvelle-Orléans, le *yat,* qui rappelle un peu l'accent de Brooklyn au dialecte anglais cadien approximatif à la Justin Wilson : « *I was just passing myself down to get breakfast* » qui, traduit textuellement, donnerait ceci : « Je m'adonne moi-même à passer en bas pour prendre le déjeuner ».

L'accent est si peu authentique et vraisemblable qu'il est difficile pour les résidants du sud de la Louisiane d'en faire abstraction suffisamment longtemps pour apprécier le film. En fait, plusieurs cinéphiles de la région se sont amusés à calculer le nombre de fois où il écorche la prononciation du mot « cher/chère ». Une série de meurtres étranges amène Rémy et la procureure adjointe, Anne Osborne, à mettre au jour un réseau de corruption au sein du service de police de La Nouvelle-Orléans. Elle « n'est pas d'ici », et Rémy entreprend d'adoucir les angles dès qu'il la rencontre. À leur corps défendant, ils tombent rapidement amoureux l'un de l'autre.

The Big Easy est un dépliant cinématographique à l'intention des touristes. Chaque image semble conçue comme un film publicitaire visant à mousser les Cadiens et la Big Easy (La Nouvelle-Orléans), contrepartie de la *Big Apple* (New York). Quand Rémy discute de sa situation difficile avec la procureure adjointe Osborne dans sa cuisine, on peut voir une affiche « Comment manger une écrevisse » épinglée de façon stratégique en arrière-plan. Lors de leur premier rendez-vous, ils mangent chez Tipitina (actuellement une salle de bal), servis par un sosie de Paul Prudhomme, sur une musique zydeco qui joue en sourdine.

L'appartement de Rémy est bien sûr en désordre. Outre le fouillis habituel d'un célibataire, on peut apercevoir les disques d'Irma Thomas, de Dr John et de musique cadienne qui traînent un peu partout. En route pour s'entretenir avec Daddy Mention, le chef de la pègre créole noire, ils croisent un défilé de jazz. À la fin, Osborne tente d'acheter Rémy à l'aide d'un pot-de-vin (malgré l'évident conflit d'intérêts). Il se tire de ce mauvais pas, et la fête pour célébrer sa victoire est ponctuée de musique cadienne sur le porche de la maison de sa maman. Et bien évidemment, on danse dans la cour, le long du bayou. Quand Rémy discute stratégie avec l'équipe du NOPD, il fait valoir ses arguments à coup d'alligator empaillé.

De récentes études tendent à montrer que la violence fonctionne d'une manière similaire au sud du Sud (Ancelet, Brasseaux) et que les cinéastes comprennent mal sa nature (Allain). Au départ, les Cadiens étaient généralement présentés à la Longfellow, c'est-à-dire comme une population pastorale vivant une vie rustique, mais douce dans l'Éden de la Louisiane, une image digne de *National Geographic* également endossée, à la même époque, dans les articles traitant de ces habitants francophones des bayous, isolés et anachroniques. En 1953, *Thunder Bay,* dans des scènes qui caricaturent les traditions cadiennes, dépeint les Cadiens comme des gens hostiles, incapables, rétrogrades, voire pitoyables, dans leur lutte contre l'implantation de l'industrie pétrolière. Plus tard, les choses commencent à changer. Dans *Easy Rider* (1969), il se trouve que les ploucs du Sud qui explosent Captain America et son acolyte en mille morceaux — et sans raison — sont des Cadiens.

Quand la télévision recycle des images, elle laisse peu de place à la subtilité. Le Cadien violent vu dans certains films est encore pire à la télévision. Au début des années 1980, les Cadiens apparaissent dans plusieurs séries hebdomadaires, notamment *Knight Rider* et *Stunt Man,* produites toutes deux par Glen Larson, avec des résultats similaires. Si des films comme *Southern Comfort, No Mercy* et *The Big Easy* étaient le résultat de stéréotypes de deuxième génération, ces émissions télévisuelles véhiculent des stéréotypes de troisième génération. Un des épisodes de *Knight Rider* en est un exemple typique. Kitt et sa voiture parlante informatisée se rendent dans le sud de la Louisiane pour mettre fin à un réseau de trafic de drogue. Ils sont épaulés dans leur mission par une belle et troublante Cadienne aux yeux noirs. À l'insu de cette dernière, son petit ami (ou mari) fait partie de ce réseau. Quand le mari apprend qu'elle travaille involontairement contre lui, il la confronte et exige sa loyauté. Elle refuse en arguant qu'elle doit faire ce qui est juste. Il la tabasse en se justifiant ainsi : « Bon, tu sais comment nous sommes, nous, les hommes cadiens ». Il la met K.O., la laisse pour morte sur le plancher de la cabine et y met le feu. La reprise de *Mission Impossible* offre un traitement similaire. Le pays cadien semble offrir une alternative exotique à la région des Appalaches, et le grand ghetto, un lieu propice où les héros télévisuels peuvent résoudre les problèmes.

De nombreuses cultures sont utilisées et exploitées par Hollywood. Cependant, la plupart d'entre elles ont plus d'un aspect à offrir. Nous savons qu'à New York, il n'y a pas que des clochards et des bas-fonds, parce que de temps en temps, on peut voir le Rockefeller Center et Park Avenue Il y a, cependant, une constance remarquable concernant la représentation des Cadiens au cinéma. Même le très respecté *Louisiana Story* de Robert Flaherty présente les Cadiens comme des habitants des bayous rétrogrades, isolés et superstitieux, manifestant peu de signes d'une civilisation contemporaine. Le documentaire noir et blanc de Flaherty n'est pas précisément le type de film qu'on trouve facilement au club vidéo du coin ou chez les câblodistributeurs.

Le problème est que, dans une large mesure, de nombreuses personnes sont impressionnées par ce qu'elles voient à la télévision et au cinéma. Il est vrai que certaines personnes, même bien informées, ont tendance à croire tout ce qu'elles voient à l'écran. Et pour d'autres, l'écran est la seule source d'information sur ces questions. Qu'est-ce que le grand public connaît des Amérindiens, des habitants des Appalaches ou des Inuits? Il y a probablement plus de gens qui ont découvert les Amish en visionnant *Witness* plutôt qu'en lisant un article de fond à leur sujet.

Néanmoins, aucune plainte ne mettra fin à ce problème. De fait, les plaintes sont invariablement ignorées par les responsables des médias qui sont trop occupés pour prêter attention à de telles balivernes. Lors de la diffusion de l'épisode de *Knight Rider*, quelques dizaines de personnes ont ajouté leur nom à une plainte que j'ai déposée auprès de NBC. Nous avons tous reçu la même lettre type nous expliquant que nous avions mal compris l'intention de l'émission.

Le seul moyen pour les Cadiens (comme pour tout groupe ethnique) de contrer l'image erronée propagée par Hollywood est de s'approprier les médias et de raconter leurs propres histoires. C'est difficile à réaliser, sachant à quel point la production de films et d'émissions télévisuelles est coûteuse. La câblodistribution et le réseau télévisuel d'accès communautaire offrent de nouvelles possibilités, mais leur auditoire est généralement régional. Heureusement, le sud de la Louisiane a commencé à former ses propres interprètes. Certains Cadiens ont appris à travailler avec les cinéastes; ils ne se contentent plus de donner une entrevue, ils agissent à titre de consultants. D'autres encore ont commencé à réaliser leurs propres documentaires et leurs propres films pour mieux définir leur peuple et leur culture.

Le producteur de disques californien, Chris Strachwitz, a fait équipe avec le cinéaste Les Blank pour produire un documentaire sur l'histoire et l'évolution de la musique cadienne et zydeco intitulé *J'ai été au bal.* Blank qui, jusqu'à présent avait évité le recours à la narration dans ses documentaires, s'est laissé convaincre de l'utiliser dans ce film. En fait, la structure et le rythme mêmes du film s'appuient sur la narration tirée d'entrevues réalisées avec des professionnels du milieu comme Marc Savoy, Michael Doucet et moi-même. En quête d'exactitude, Strachwitz soumettra de plein gré son projet aux commentaires formulés par ses principaux consultants, et ce, tout au long de la production.

Je pourrais continuer à citer d'autres films américains tournés dans les années 1990 et dans les années 2000, mais les personnages cadiens sont très souvent fondés sur les mêmes stéréotypes, y compris le récent film en lice pour un Oscar, *Beasts of the Southern Wild.*

Les films cadiens d'ici

WLAE, la télévision publique de La Nouvelle-Orléans, a diffusé *Cajun Crossroads,* une production locale bien documentée de Karen Snyder. Cette production s'appuie en grande partie sur des entrevues réalisées avec des historiens, des linguistes, des sociologues et des folkloristes qui mettent à jour la nature de la culture cadienne. Ils agissent tous à titre de conseillers au contenu sur ce projet. L'émission *Cajun Crossroads* évite le rythme effréné des médias qui passent sans cesse d'une image à l'autre, prétendument pour maintenir l'attention de l'auditoire. Ce documentaire produit localement ose s'attarder sur les personnages et les enjeux assez longtemps pour présenter la culture dans toute sa complexité.

Certains documentaires ne portent pas tant sur les Cadiens eux-mêmes que sur certaines facettes de leur vie. Les cinéastes Patrick Mire et Charles Bush ont produit deux documentaires qui portent un regard intérieur et plus naturel sur les traditions populaires cadiennes. *Anything I Catch* qui explore la tradition de la pêche à la main contient des séquences passionnantes de cette pratique en voie de disparition, et des commentaires intéressants sur la relation entre les ressources naturelles et culturelles. *Dance for a Chicken* va au-delà de l'image de soulards du Mardi Gras. Il relate l'histoire complexe de cette célébration et montre le foisonnement des différentes interprétations qu'en fait chaque village, notamment la variété de chansons et de danses, de costumes et de masques, les traditions rituelles de mendicité et de flagellation. Ce documentaire fascinant montre de façon indirecte, mais efficace à quel point les collectivités se définissent au moyen de l'expression culturelle.

Les premiers films du cinéaste cadien, Glen Pitre, ont été tournés avec des comédiens locaux et en français cadien. Fervent partisan de l'histoire orale, il a tiré son inspiration des anecdotes régionales et familiales. *Fièvre jaune* relate l'histoire d'une épidémie et des conséquences qu'aura la quarantaine sur une famille et sur une communauté tissées serrées. *Huit piastres et demie* est un docu-fiction qui porte sur une grève de crevettiers; il illustre de façon ingénieuse l'histoire orale en présentant simultanément deux points de vue opposés. Les deux histoires traitent des pressions qui s'exercent sur les familles et les communautés, et risquent de les déchirer. Elles reflètent la longue histoire des

Cadiens qui ont survécu aux grands bouleversements, grâce à leur sens aigu de la collaboration et de la solidarité.

Ces productions à petit budget ont attiré l'attention de Robert Redford du *Sundance Institute*. Une telle attention a donné à Glen Pitre les contacts et l'élan nécessaires pour s'attaquer à un film véritablement commercial. Mais avec le soutien et le financement externes, s'exercent inévitablement certaines pressions. Par exemple, le titre poétique du projet qui, à l'origine, était *Acadian Waltz* s'est transformé en *Belizaire, the Cajun,* apparemment parce que les investisseurs souhaitaient tirer profit de la popularité de la cuisine et de la musique cadiennes. L'histoire se déroule en Louisiane au milieu du 19e siècle et met en scène un traiteur [guérisseur spirituel/homme-médecine], personnage typique du héros arnaqueur dans la tradition orale française de la Louisiane. En fait, le film doit beaucoup au style et à la structure du conte folklorique. Belizaire Breaux démantèle une milice privée qui exile les Cadiens « indésirables » au Texas. À la fin, fidèle à la tradition du héros populaire, il gagnera le cœur de la fille et une partie du butin. L'histoire est racontée de l'intérieur. Il n'est pas question d'un visiteur chez les Cadiens, et il ne s'agit pas tellement des Cadiens eux-mêmes. L'histoire se déroule plutôt chez les Cadiens et, par la force des choses, on y trouve des riches, des pauvres, des héros, des vauriens et des vilains. Et comme chez ses prédécesseurs, il y est question de la sauvegarde de l'identité collective.

Le scénariste et cinéaste cadien Glen Pitre (à droite) et le coproducteur Allan Durand Jr sur le plateau de tournage du premier film de fiction de Glen Pitre, Belizaire the Cajun, *à Saint-Martinville, en juin 1985.*

Comme c'est un drame historique, *Belizaire* n'aborde pas la problématique relative à l'image contemporaine. Une histoire axée sur le fait d'être Cadien dans le monde d'aujourd'hui n'avait pas encore été tournée, quand le réalisateur Patrick Mire s'y est attaqué dans son film de fiction, *Dirty Rice,* à partir d'un scénario original. Le film traite du retour d'un jeune Cadien au sein de sa famille, propriétaire d'une rizière, après avoir parcouru le vaste monde. Il est alors confronté au type de décisions qui forment la trame des dilemmes auxquels font face de nombreux jeunes cadiens. Ils doivent négocier leur place entre les pressions du passé et celles du futur. Une fois encore, il est question de sauvegarde de l'identité collective et de valeurs sociales et culturelles.

Dans une série de documentaires récents, notamment *I Always Do My Collars First* et *T-Galop*, la cinéaste cadienne Connie Castille fait preuve d'une compréhension aiguë du principe mis de l'avant par Patrick Mire dans *Anything I Catch: The Hand fishing Story.* Pour équilibrer l'image des Cadiens au cinéma, nous devons raconter nos propres histoires, mais il n'est pas nécessaire de tout mettre dans un seul film. Ces trois films sont particulièrement remarquables par l'importance accordée à un élément culturel. En s'attardant à un seul élément, ces cinéastes réussissent à brosser le portrait de la culture cadienne en général. Ironiquement, quand on tente de couvrir trop largement un sujet, on finit par le caricaturer, alors qu'en se concentrant sur un seul élément, on expose l'ensemble.

Conclusion

L'image des Cadiens au cinéma est manifestement erronée. Trois facteurs pourraient contribuer à rectifier ce problème d'image. Premièrement, nous devons informer la population du sud de la Louisiane sur cet enjeu. Il arrive que dans notre empressement à divertir les visiteurs, nous créions une mauvaise impression à long terme, nous représentant nous-mêmes comme des fêtards insouciants dont le seul objectif est de « laisser le bon temps rouler ». Deuxièmement, il faut raconter nos propres histoires. Nous possédons de grands conteurs et un bon nombre d'histoires passionnantes, et nous savons que les nuances sont importantes pour éviter les stéréotypes. Nous devons commencer à concevoir nos histoires nous-mêmes. Troisièmement, il faut travailler plus étroitement avec les cinéastes d'ailleurs pour les renseigner correctement sur ce que nous sommes. Il est peu probable que les cinéastes, ayant donné une mauvaise image de notre région auparavant, l'aient fait parce qu'ils avaient une dent contre nous. La plupart du temps, les erreurs commises reposaient sur des malentendus et des informations erronées, associés à l'attrait du sensationnel. Nous ne devons pas négliger l'impact de ces films sur notre écologie sociale et culturelle. La Commission du film de l'État est en mesure de faire plus que d'attirer des projets de film en persuadant les équipes de cinéma de tourner en Louisiane. Bien sûr, ces équipes dépensent beaucoup d'argent en frais de séjour et en services de soutien à la production, mais nous devons nous poser la question suivante : voulons-nous faire du cinéma à n'importe quel prix?

Bibliographie

CAMPBELL, Edward D.C. *The Celluloid South: Hollywood and the Southern* Myth Knoxville: University of Tennessee Press, 1981

GUTIERREZ, C. Paige. *Cajun Foodways.* U Press of Mississippi, 1992

KIRBY, Jack Temple. *Media-Made Dixie: The South in the American Imagination.* Baton Rouge: LSU Press, 1978.

Liste Des Films

Belizaire, the Cajun, réalisation de Glen Pitre, Côte Blanche Productions, 1985.
Deliverance, réalisation de John Boorman, 1982.
Dirty Rice, réalisation de Pat Mire, Attakapas Productions, 1998.
Dedans le sud de la Louisiane, réalisation de Jean-Pierre Brunot, 1973.
Évangeline, réalisation d'Edwin Carewe, 1929.
Fièvre jaune, réalisation de Glen Pitre, Côte Blanche Productions, 1978.
Gone with the Wind, réalisation de Victor Fleming, 1939.
The Good Times Are Killing Me, réalisation de Paul Goldsmith, TVTV, 1975.
Huit piastres et demie, réalisation de Glen Pitre, Côte Blanche Productions, 1980.
Hurry Sundown, réalisation d'Otto Preminger, 1967.
In the Heat of the Night, réalisation de Norman Jewison, 1967.
Live and Let Die, réalisation de Guy Hamilton, 1973.
Louisiana Story, réalisation de Robert Flaherty, Standard Oil, 1948.
Mandingo, réalisation de Richard Fleischer, 1975.
No Mercy, d. Richard Pearce, Tri-Star, 1986.
Le son des Cadiens (en quatre parties), réalisation d'André Gladu et de Michel Brault, Nanouk Films, 1976.
Southern Comfort, réalisation de Walter Hill, Goldwyn, 1981.
Spend It All, réalisation de Les Blank, Flower Films, 1971.
Tarzan of the Apes, réalisation de Scott Sidney, 1918.
Thunder Bay, réalisation d'Anthony Mann, Universal, 1953.

Notes de fin

1. « Bayou Guardsmen », *New York Times,* 25 septembre 1981, C20:1

Les arts visuels chez les Cadiens du sud de la Louisiane

Mary Broussard Perrin

Les Acadiens du monde entier ont suivi un parcours long et difficile pour en arriver aux arts visuels. Joseph dit Beausoleil Broussard était à la tête du groupe d'Acadiens le plus nombreux qui s'est rendu dans la région sauvage du territoire des Attakapas en Louisiane. Ces pionniers se sont établis le long des cours d'eau du bayou Teche pendant que sévissait une épidémie de variole dévastatrice. D'après les premières images disponibles, les abris construits par les premiers colons étaient de simples huttes de palmier. Nul doute que les femmes physiquement aptes au travail se sont aussitôt vouées aux arts ménagers nécessaires comme la vannerie, la fabrication du savon et de bougies, et plus tard, le filage, le tissage et la couture. Afin de se protéger contre le rude climat semi-tropical, les survivants et leurs descendants ont par la suite construit de simples cabanes en bois qu'ils ont isolées à l'aide d'un bousillage, un mélange de boue et de mousse espagnole. Ils ont fabriqué des pirogues et des radeaux pour se déplacer dans les bayous et sur les rivières, ainsi que des outils et des articles en métal comme des pentures et des ustensiles de cuisine. Des bâtiments agricoles ont aussi été érigés. Durant les années de prospérité, les cabanes ont été agrandies en aménageant des cuisines d'été.

Il restait peu de temps dans la journée pour pratiquer des arts plus délicats – que bien des gens considéraient comme frivoles puisque les produits ne pouvaient ni être mangés ni portés, ni servir à s'abriter ou à dormir. Au cours de cette période d'environ deux siècles, les Acadiens, pour la plupart, disposaient de peu de temps et d'argent supplémentaire. Ils pouvaient simplement pratiquer les arts de survie décrits ci-dessus, et même y exceller. Une fois leurs nouvelles maisons et fermes construites, et leurs communautés permanentes bien établies, les descendants des premiers colons ont pu commencer à rêver d'avoir le temps et les moyens de suivre une formation en arts visuels et de créer des œuvres. Puis après qu'ils eurent acquis un degré d'égalité avec leurs pairs non acadiens, à partir du milieu jusqu'à la fin du 20e siècle, les Acadiens – aujourd'hui les Cadiens – ont osé se faire connaître et promouvoir leur art sur la scène internationale.

Huit artistes visuels

George Rodrigue

George Rodrigue (1944-2013), l'artiste dont le tableau est en couverture, est né et a grandi à New Iberia en Louisiane, au cœur du pays cadien. Il a commencé à peindre en troisième année lorsqu'il était alité, étant atteint de poliomyélite. Durant ses études à l'Université de la Louisiane à Lafayette et au Collège de design du Centre d'art de Pasadena en Californie, il a acquis une formation de base qui est à l'origine d'une des plus belles histoires de réussite en art méridional. M. Rodrigue fait l'objet de douze livres publiés à l'échelle nationale et internationale. Ses œuvres font partie de nombreuses expositions muséales, y compris des rétrospectives aux Jardins et Galerie Dixon à Memphis au Tennessee, en 2007, et au Musée d'art de La Nouvelle-Orléans, en 2008, rétrospectives qui ont battu des records d'affluence pour des artistes vivants et des expositions contemporaines.

Il est surtout connu pour sa série de peintures emblématique *Blue Dog* qui a contribué à sa renommée mondiale au début des années 1990. Tiré à l'origine de la légende du loup-garou, le chien bleu de M. Rodrigue a vécu pendant 25 ans une odyssée de découvertes accompagnée de commentaires sur la vie au début du 21e siècle. Auparavant, les riches descriptions imagées de son héritage acadien — chênes moussus, marécages et scènes de musique, de nourriture, de festivals et de son propre peuple — ont été bien accueillies localement.

M. Rodrigue a exposé ses peintures originales et ses sérigraphies dans les galeries de La Nouvelle-Orléans, de Lafayette et de Carmel en Californie. À La Nouvelle-Orléans, il a acheté et rénové un bâtiment de 200 ans dans le French Quarter tout près de la cathédrale Saint-Louis. Le bâtiment offre une superficie d'exposition de 371 mètres carrés.

Sa Fondation des arts a recueilli 2,5 millions de dollars pour La Nouvelle-Orléans après Katrina, par la vente de ses sérigraphies et affiches produites expressément pour la campagne d'aide. Au début de 2013, il a organisé, dans tout l'État, son quatrième concours d'art annuel destiné aux élèves des écoles secondaires de premier et de deuxième cycle. Depuis 2010, 1500 élèves se sont inscrits au concours et plus de 150 000 $ ont été attribués sous forme de bourses, de matériel d'artiste et de services. Aujourd'hui, la Fondation vise principalement à exposer les enfants à la formation en arts visuels dans l'espoir de susciter très tôt chez eux la passion de créer comme ce fut le cas pour M. Rodrigue.

Selon Jacques, le fils de George, son père a mentionné qu'il ne serait probablement jamais devenu un artiste s'il n'était pas originaire de la région de l'Acadiana. Sa culture et son héritage cadiens ont été sa source d'inspiration[1]. M. Rodrigue est mort le 14 décembre 2013 à l'âge de 69 ans.

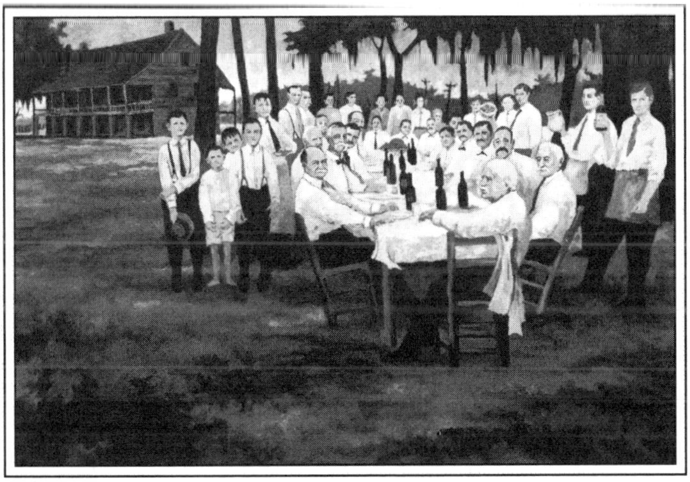

George Rodrigue, The Aioli Dinner, *huile sur toile, 122 cm sur 91 cm, 1971.*

George Rodrigue, dans son atelier, devant une toile montrant son chien bleu emblématique.

Elemore Morgan Jr

Elemore Morgan Jr (1931-2008) est reconnu pour avoir été le peintre-paysagiste contemporain le plus en vue de la Louisiane pendant de nombreuses années. Il est surtout renommé pour ses paysages peints en plein air, au cœur de la région rizicole du sud-ouest de la Louisiane. Un grand nombre des paysages peints par M. Morgan sont des acryliques sur panneaux de masonite, aux formes insolites et découpées de façon à s'adapter à sa vision du territoire qui, pour lui, faisaient partie intégrante de la conception et de la composition de ses œuvres. Doté d'une habileté étonnante pour montrer l'authenticité du paysage du sud-ouest de la Louisiane, M. Morgan a dépeint la chaleur intense et l'humidité accablante des rizières de la région de l'Acadiana dans ses peintures colorées et vibrantes.

M. Morgan est né à Baton Rouge en 1931. Après avoir servi dans l'aviation pendant la guerre de Corée, il a obtenu son diplôme de l'École des beaux-arts Ruskin à Oxford, en Angleterre. Revenu en Louisiane, il a été professeur en beaux-arts à l'Université du sud de la Louisiane, de 1968 à 1998. La qualité de son enseignement est légendaire. Il était exigeant, ses projets nécessitant beaucoup d'études, mais ses critiques étaient tout aussi bienveillantes que lui-même. Des générations d'étudiants lui vouent un grand respect et beaucoup de reconnaissance.

En 2006, le Musée Ogden de l'art méridional a présenté une grande rétrospective de ses œuvres intitulée *Art and Life in Louisiana: Elemore Morgan Sr. and Elemore Morgan Jr.*, qui comprenait aussi des photographies sur les pionniers de la Louisiane prises par son père.

En 2007, M. Morgan a reçu de la Fondation Krasner-Pollock une subvention qui lui a permis de se rendre à New York où il a réalisé en plein air des peintures de la silhouette de Manhattan en multiples panneaux. Vers la fin de sa vie, il a aussi peint plusieurs paysages fluviaux de Crescent City. Il est mort en 2008 à l'âge de 76 ans.

Elemore Morgan Jr, June Rice, *acrylique sur masonite, 114 cm sur 95 cm*

Elemore Morgan Jr, Early Barn, *acrylique sur masonite, 123 cm sur 144 cm, 2007.*

Troy Dugas

Troy Dugas crée des collages singuliers et mûrement réfléchis, dans un but bien précis. Il les fait à partir d'étiquettes de produits d'époque achetés en lots non utilisés. Le matériau est découpé ou déchiqueté, puis disposé sur une surface plane (papier, toile ou bois) pour créer une œuvre d'art qui semble entrelacée. La répétition, le motif, la précision et l'échelle détournent l'attention de la publicité apparaissant sur l'étiquette. La couleur, la forme et les lignes, qui sont des éléments essentiels, sont utilisées de façon novatrice. Le contexte modifié de la matière brute prend un nouveau sens. La dimension esthétique et la contemplation se substituent au pouvoir évocateur de l'étiquette graphique. Selon M. Dugas, le processus de transformation procure un certain plaisir malicieux, tout en favorisant une forme de méditation. Les images dégagent une qualité spirituelle, sans aucune appartenance religieuse particulière. Elles reflètent l'âme voyageuse d'un récupérateur créant ses propres mythes.

M. Dugas est né à Rayne en 1970. Il a obtenu un baccalauréat en beaux-arts de l'Université du sud-ouest de la Louisiane en 1994. Peu de temps après l'obtention de son diplôme, il s'installe à New York où il terminera une maîtrise en beaux-arts à l'Institut Pratt, et où il vivra et travaillera jusqu'en 2002. Il est alors revenu s'établir en Louisiane. À New York, il a beaucoup évolué comme artiste. Pendant de nombreuses années, il s'est démarqué en tant que dessinateur dans les industries de la mode et de la télévision. Depuis dix ans, il se consacre au développement de son art. Il a reçu des prix de la Fondation Pollack-Krasner et de la Division des arts de la Louisiane. Ses œuvres font partie de nombreuses collections publiques et privées dont celles de la Fondation Frederick Weisman en Californie et de la Collection West en Pennsylvanie. M. Dugas est représenté par la Galerie Arthur Roger de La Nouvelle-Orléans, la Galerie McMurtrey de Houston et la Galerie Barbara Archer d'Atlanta

Troy Dugas, étiquettes de produit sur papier, 152 cm sur 152 cm, 2012.

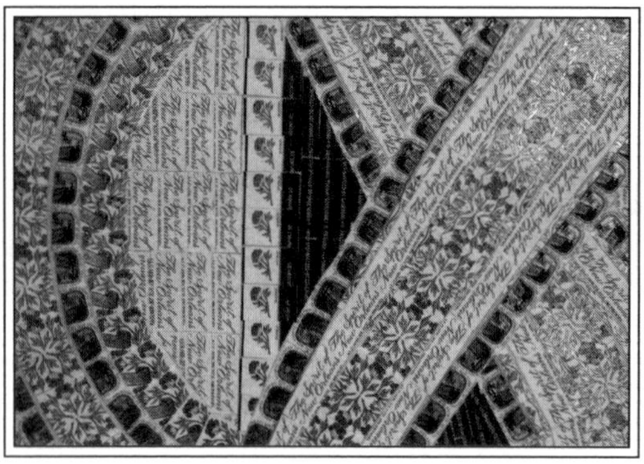

Détail Herbsaint, *2012.*

Debbie Fleming Caffery

Photographe de renommée internationale, Debbie Fleming Caffery est née à New Iberia en 1948. Elle est diplômée de l'Académie du Sacré-Coeur de Grand Coteau en Louisiane. Elle détient un baccalauréat en beaux-arts de l'Institut d'art de San Francisco. Connue dans le monde entier comme spécialiste en photographie documentaire et professeure de photographie, elle a reçu de nombreux prix, dont une bourse Guggenheim, une bourse Katrina Media de la Fondation George Soros, le prix Lou Stoumen du Musée des arts photographiques de San Diego et le prix Michael P. Smith de photographie documentaire de la Fondation louisianaise en sciences humaines. Ses premières photos sur la récolte de la canne à sucre en Louisiane ont fait l'objet d'un livre intitulé *Carry Me Home* publié par Smithsonian Press et d'une exposition solo au Musée national de l'histoire américaine de l'Institution Smithsonian à Washington D.C. Mme Caffery a réalisé d'autres livres notamment *Polly and The Shadows* publié par Twin Palms Press, *The Spirit and The Flesh* publié par Radius Books et un livre éponyme dans la collection L'Oiseau rare publiée aux éditions Filigranes en France.

Ses œuvres ont été exposées à travers le monde et font partie des collections permanentes du Musée d'art moderne de New York, du Musée Whitney d'art américain de New York, du Musée métropolitain d'art de New York, de la Bibliothèque nationale de France, de la ville de Paris, du Fonds national d'art contemporain de Paris en France, du Musée Fur Kunst und Gewerbe d'Hambourg en Allemagne, du Musée des arts de La Nouvelle-Orléans, du Musée Ogden d'art méridional de La Nouvelle-Orléans, de l'Université Harvard de Boston au Massachusetts, de l'Université Tulane de La Nouvelle-Orléans, de la Collection Elton John et du Musée des beaux-arts de Boston.

Les œuvres de Mme Caffery, axées sur l'industrie de la canne à sucre en Louisiane, intéressent particulièrement les Acadiens de la Louisiane. Depuis le début des années 1970, Mme Caffery a photographié des travailleurs dans les champs de canne à sucre et dans les raffineries de sucre de l'État où elle est née. Elle est représentée par la galerie The Gitterman de New York, la Camera Obscura de Paris en France et la Box Galerie de Bruxelles en Belgique.

Debbie Fleming Caffery, Mary Van's Camp, *épreuve sur gélatine-argent, 51 cm sur 61 cm, 1987.*

Debbie Fleming Caffery, Papa, *épreuve sur gélatine-argent, 51 cm sur 61 cm, 1987.*

Lou Blackwell

Née en Louisiane en 1948, Lou Blackwell demeure dans la région de l'Acadiana depuis 30 ans. Elle a suivi une formation artistique au Collège Newcomb de l'Université Tulane, à l'Université de la Louisiane à Lafayette, à l'Institut des arts de Santa Fe, au Studio Center du Vermont et au Collège de l'Université Norwich du Vermont d'où elle a obtenu une maîtrise en beaux-arts en 2000.

Au cours des dernières années, Mme Blackwell s'est vu attribuer une bourse d'artiste visuel de la Division des arts de la Louisiane, une commande d'art public par la Fondation Joan Mitchell et le Conseil des arts de La Nouvelle-Orléans, le premier prix au Southern Open, une biennale régionale parrainée par le Centre des arts de l'Acadiana à Lafayette et une subvention de la Fondation Chevron. Elle a aussi présenté des expositions solos à La Nouvelle-Orléans et à Lafayette.

Artiste conceptuelle, Mme Blackwell s'inspire de l'actualité et se demande comment les gestes que nous posons affirment ou contestent les valeurs américaines auxquelles nous souscrivons. Elle utilise des techniques bidimensionnelles et tridimensionnelles, permettant ainsi au sujet de suggérer le matériau et le moyen d'expression.

Au cours des dix dernières années, aucun événement n'a autant remis en cause les mythes de l'exceptionnalisme et de l'invincibilité des Américains que la tragédie de l'ouragan Katrina. Pour la série de collages numériques *Broken Rainbow*, Mme Blackwell a assorti des photographies de La Nouvelle-Orléans parues dans les journaux dans le sillage de Katrina à l'imagerie iconique des fresques de la chapelle Sixtine peintes au 16e siècle par Michel-Ange. Les deux sources décrivent l'échec de la civilisation tout en célébrant les actes individuels de courage, d'empathie et de résilience. La fusion des récits stratifiés, anciens et modernes, crée un troisième contexte dans lequel les héros de l'Ancien Testament partagent un espace pictural avec des acteurs contemporains, affirmant l'universalité de l'expérience humaine.

Lou Blackwell, All Aboard, *vue panoramique d'une bannière murale de 232 mètres carrés à Poydras sur la rue Carondelet à La Nouvelle-Orléans en Louisiane, commande de la Fondation Joan Mitchell et du Centre des arts de La Nouvelle-Orléans pour les arts dans les lieux publics, 2008-2010.*

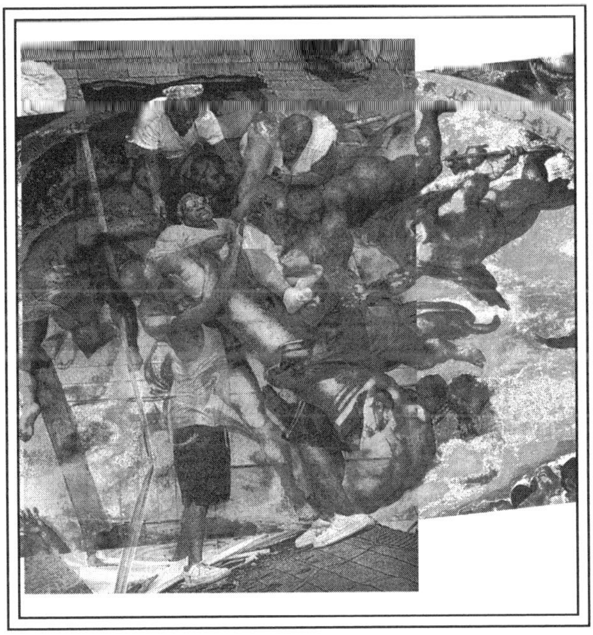

Lou Blackwell, Instruments of Passion, *reproduction sur papier mat pour archives, 76 cm sur 91 cm, 2008.*

Mary Beyt

Mary Beyt est née en 1959 à Lafayette et y réside actuellement. Elle a vécu à New York pendant 20 ans où elle a travaillé comme artiste. Elle se considère comme une conteuse visuelle, ses peintures servant de portails aux récits non linéaires, abstraits et autoréférencés. Son subconscient lui transmet des éléments disparates qui dansent ou marchent sur la toile. Des images souvent de nature mythique, botanique ou anatomique surgissent, s'estompent et se métamorphosent. Pour elle, un tel changement est rassurant.

Mme Beyt exerce plusieurs fonctions. En plus d'être peintre, elle est conservatrice au Centre des arts de l'Acadiana et décoratrice intérieure très sollicitée. Détentrice d'un baccalauréat en beaux-arts de l'Université Washington de St. Louis, et d'une maîtrise en arts et en beaux-arts de l'École d'art et d'architecture de Yale, elle a exposé ses œuvres aux États-Unis et en Europe, et même dans des endroits aussi éloignés que Hong Kong.

En plus d'avoir participé à de nombreuses expositions collectives, elle a présenté plusieurs expositions solos à New York, à Los Angeles, en Californie et en Louisiane. Ses œuvres ont fait partie de nombreuses expositions prestigieuses, y compris au Musée de l'art moderne à San Francisco, au Centre Wexner des arts à Columbus en Ohio et au Musée Ogden de l'art méridional à La Nouvelle-Orléans. Des œuvres de Mme Beyt font partie des collections permanentes du Musée Whitney de l'art américain de New York, de la Fondation Norton, de l'American Express et de la Progressive Corporation. Un discours critique a aussi été publié dans *Art Forum*, le *New York Times*, le *Los Angeles Times*, *The New Yorker*, *Time Out*, *Flash Art*, le *Boston Globe*, le *Miami Herald*, *The Times-Picayune*, *Gambit Weekly* et autres.

Mary Beyt, The Repair, *acrylique sur toile, 41 cm sur 51 cm, 2008.*

Megan Barra

Résidante de longue date de Lafayette en Louisiane, Megan Barra est née en 1959. Elle détient un baccalauréat en beaux-arts de l'Université de la Louisiane à Lafayette. Inspirée par le graphisme et les courtepointes d'époque, elle privilégie actuellement le tissu comme matière. Elle crée des mosaïques constituées de guitares, de cors, d'accordéons et de violons en soie ainsi que de crabes, de serpents et de tasses à café qui rappellent la culture louisianaise dans laquelle elle baigne. La musique et ceux qui la font, ainsi que le paysage de la Louisiane fournissent une matière abondante dont elle s'inspire. Ses créations de soie sont cousues à la main, et parfois gravées d'images et de textes originaux. La finition est faite sur une machine à coudre à pédale Singer de 1901. Mme Barra a exposé ses œuvres dans des galeries et des musées dans le sud de la Louisiane, au Québec et en France.

Comme conceptrice, elle a utilisé diverses techniques et travaillé en collaboration avec des peintres, des photographes, des illustrateurs et des graveurs. Mme Barra a été nommée directrice artistique de l'année à huit reprises par la Fédération de publicité de l'Acadiana. Ses œuvres sont parues dans des publications prestigieuses telles *The Art Directors Club of New York*, *Graphis Book Design*, *Graphis Poster*, *The Society of Illustrators Annual*, *Communication Arts* et *Museum News* de l'Association américaine des musées. En 2001, sa conception graphique du disque de Sonny Landreth, *Levee Town*, lui a valu une nomination au prix Grammy dans la catégorie de la meilleure pochette de disque.

« Je dois beaucoup aux nombreux enseignants et artistes qui ont été pour moi une source d'inspiration, de dire Mme Barra, notamment Elemore Morgan Jr, Darrell Bourque, Sonny Landreth et bien d'autres trop nombreux pour que je les énumère. La culture en Louisiane est incroyablement riche et profonde; à titre d'exemple, notre musique et notre cuisine. Ici, les gens semblent toujours combiner divers éléments pour créer de nouveaux concepts et exprimer de nouvelles idées. » Il en va de même pour les artistes visuels.

Les œuvres de Mme Barra se démarquent autant par leur audace et leur passion que par leur beauté et leur retenue. En tant qu'artiste et conceptrice, elle aménage et réaménage la thématique avec force pour exprimer très nettement des émotions impalpables, des observations et des réponses. Elle a conçu la couverture du présent livre et ingénieusement créé les nombreuses cartes qu'il contient.

Megan Barra, Festivals Acadiens et Créoles, *création sur soie, 56 cm sur 71 cm, 2012.*

Megan Barra, New Orleans Horns, *création sur soie, 33 cm sur 48 cm, 2008.*

Camille Comeaux

Camille Comeaux est née en 1996. Elle fait partie des plus grands photographes émergents de l'Acadiana. À 17 ans, elle a déjà reçu un prix national. Une photo qu'elle avait soumise au premier cycle du niveau secondaire dans le cadre d'un programme de séminaire d'été au Collège des arts et du design de Savannah (SCAD) lui a valu une mention honorable dans un concours de photographie mondial parrainé par le SCAD. Elle poursuit actuellement ses études secondaires au Lafayette High School. À 15 ans, elle a créé son entreprise, Camille Comeaux Photography, réalisant des photos créatives des diplômés de son école. Son entreprise a déjà pris de l'expansion pour inclure d'autres types de photographies, comme le photojournalisme. De nombreuses photos ont été publiées.

Camille Comeaux s'est intéressée à la photographie à l'âge de 13 ans, en commençant à photographier la faune dans les marais de la paroisse de Vermilion en Louisiane, lorsqu'elle partait à la chasse avec son père. Elle a acquis beaucoup d'expérience comme photographe pour l'album souvenir de son école secondaire et en prenant des photos, par l'entremise de son entreprise, pour des brochures, des sites Web, des articles de revues et de journaux, et deux livres publiés. Elle documente les missions auxquelles elle participe au Honduras et àu Panama, et elle est reconnue pour prendre des photos de gens dans leur élément naturel.

Camille Comeaux, son Nikon D3100 rouge vif en main, est un visage familier dans la région de l'Acadiana. Elle prévoit obtenir un baccalauréat en photographie. Elle rêve de devenir spécialiste de la photographie documentaire.

Camille Comeaux, Man vs. Wild, *photographie, 20 cm sur 25 cm, 2011.*

Camille Comeaux, The Mission, *photographie, 20 cm sur 25 cm, 2011.*

Les arts visuels prennent enfin leur envol dans la région de l'Acadiana en Louisiane. Les artistes cadiens ont pu suivre une formation en arts aux États-Unis et à l'étranger. Des prix prestigieux, des festivals et des expositions témoignent de leurs talents. Les musées et les connaisseurs de New York, de Washington, de Los Angeles, de France, d'Allemagne et de Hong Kong collectionnent leurs œuvres. Grâce aux jeunes artistes cadiens, comme Camille Comeaux, qui perçoivent leur culture cadienne comme une source d'inspiration et de soutien, les arts visuels vivront dans la région de l'Acadiana pour de nombreuses années. Laissez les bons temps rouler!

Notes de fin

1. Kris Wartelle, « Retrospective examines Rodrigue's life, career » *The Daily Advertiser,* le 23 janvier 2014, p. 1

QUATRE GÉNÉRATIONS D'ARTS VISUELS EN ACADIE

Herménégilde Chiasson

C'est un fait qu'il y a plusieurs Acadies, mais on s'entend pour dire qu'elles proviennent toutes d'un même lieu originel, d'un espace nordique où le climat rigoureux a sans doute été la cause de bien des embarras et où les tensions politiques ont entraîné des drames dont nous essayons tous de nous remettre. Pour les besoins de la cause, nous appellerons cette Acadie des origines, celle que nous habitons toujours, l'Acadie septentrionale pour la distinguer de celle du Sud à laquelle on se réfère de plus en plus sous le vocable d'Acadie tropicale.

L'histoire de l'art en Acadie est difficile à définir, car jusqu'aux années 1970, il y eut peu de manifestations que l'on pourrait qualifier d'artistiques comme on l'entend de nos jours. Il est assez curieux de constater que les débuts de la colonie, en 1604-1605, seront marqués par une effervescence culturelle qui ne se manifestera que très peu par la suite. En effet, c'est à Port-Royal que sera jouée la première pièce de théâtre écrite en Amérique du Nord. Son auteur est un jeune avocat du nom de Marc Lescarbot qui écrira également un recueil de poésie, *Les Muses de la Nouvelle-France*, considéré comme le premier ouvrage littéraire à voir le jour en Amérique du Nord. C'est aussi à Port-Royal que sera institué « l'Ordre de bon temps » qu'on pourrait considérer comme le premier club social en Amérique du Nord. Il y a donc dans la jeune colonie une qualité de vie qui dépasse le simple mode de survie qu'on associe habituellement avec ce genre d'entreprises.

Toutefois, pour ce qui est de la production d'images, il faut attendre la publication des livres de Samuel de Champlain ou encore les cartes ornementées dont il est l'auteur pour avoir une idée de la conception que se font alors les Français du nouveau territoire sur lequel ils ont débarqué. Ces gravures sont sans doute les premières images du continent à faire leur entrée dans l'histoire et constituent de ce fait des documents de première importance, même s'il est légitime de se demander si elles peuvent être considérées comme des œuvres d'art. Il s'ensuit un grand vide, car il n'y a plus d'images documentant ce qui s'est produit en Acadie.

Nous disposons cependant d'images qu'on pourrait qualifier de « retour en arrière », images qui portent sur un événement dont on dit qu'il est central pour définir l'Acadie actuelle. Il s'agit de la Déportation massive qui eut lieu au milieu du 18e siècle et qui affectera l'ensemble de la colonie, bouleversant un territoire dont le nom disparaît alors des cartes géographiques. Cette iconographie ou ces représentations de la Déportation prendront plusieurs formes en fonction du point de vue adopté.

En 1847, Henry Wadsworth Longfellow fit paraître *Évangeline*, un ouvrage qui allait donner un visage, une notoriété et une légende au peuple acadien. L'oeuvre connut un rayonnement immense et assura la renommée de son auteur. Elle inspira nombre d'illustrateurs et d'artistes anglophones et québécois qui donnèrent un visage à la célèbre héroïne et à l'événement servant de toile de fond à son histoire. Les images qui en résultèrent sont devenues des icônes de l'histoire acadienne et leur réalisation est souvent l'oeuvre d'artistes qui font effectivement partie de l'histoire de l'art.

Les portraits d'*Évangéline* de James Faed, de Frank Dicksee, d'Henri Beaux ou de Louis-Philippe Hébert sont des œuvres qui tiennent compte de la circulation des idées relatives à l'histoire de l'art. Il faudra attendre beaucoup plus tard avant de voir des artistes acadiens donner leurs versions de cette histoire. En 1997, lors du 150e anniversaire de la publication du poème, Luc Charette, alors directeur de la Galerie d'art de l'Université de Moncton, commanda à des artistes acadiens contemporains réputés une réponse qui prendra l'allure d'une sorte de commentaire visuel vis-à-vis de cette oeuvre qui demeure toujours l'un des grands moments de la construction identitaire de l'Acadie.

Évangéline est un événement important qui se déploie en parallèle à la scolarisation dont le collège St-Joseph de Memramcook est sans doute le lieu de prédilection. C'est du reste à cette époque que l'on retrouve les premiers artistes à produire des œuvres qui nous sont restées. La plupart d'entre eux (surtout d'entre elles) seront formés un peu partout, mais principalement aux États-Unis. Ce sera notamment le cas de Philomène Belliveau (1854-1940) à qui l'on doit des portraits au fusain et au pastel d'après des photographies de notables de l'époque, dont le père Camille Lefebvre, fondateur du Collège Saint -Joseph, et Pascal Poirier, premier Acadien à siéger au Sénat du Canada.

Philomène Belliveau, Léon Léger (1848-1918), auteur de plusieurs maîtres-autels d'églises acadiennes, et plus tard Jeanne Léger (1895-1978), artiste dont on apprécie grandement le talent, se dirigeront tous trois vers Boston pour y acquérir une formation qui leur donnera une grande notoriété dans le milieu. Ce sera aussi le cas d'Alma Buote (1894-1966) de l'Île-du-Prince-Édouard qui se rendra au Fashion Institute de New York, ou encore d'Édouard Gautreau qui suivra des cours par correspondance de la Federal Art School du Minnesota.

Toutefois, dans les années 1950, c'est au Québec que seront formés les artistes qui marqueront la modernité acadienne. Claude Roussel (1930) et Roméo Savoie (1928) s'inscriront la même année à la défunte École des beaux-arts de Montréal. En 1956, Roussel terminera sa formation en sculpture et professorat et Savoie, en architecture. De retour en Acadie septentrionale, Claude Roussel sera d'abord conservateur à la Galerie d'art Beaverbrook de Fredericton. C'est là où le père Clément Cormier, fondateur de l'Université de Moncton, le convaincra, en 1963, de devenir artiste en résidence à la toute nouvelle institution; il y donnera les premiers cours d'art offerts dans un cadre pédagogique. En 1965, sur le campus, Roussel établira la première galerie d'art consacrée à l'exposition d'artistes acadiens ayant une formation professionnelle. Son entreprise prendra des proportions imposantes surtout après la fondation, en 1972, du département des arts visuels d'où sont sortis près de 300 finissants.

Quant à Roméo Savoie, à partir du milieu des années 1960, il quittera une brillante carrière d'architecte pour se consacrer uniquement à la peinture. Il mènera une carrière qui en fera l'un des artistes les plus en vue de l'Acadie. D'abord influencé par les artistes de l'expressionnisme abstrait américain, il a créé, au cours des dernières années, des œuvres dont la matière, la texture et la gestuelle s'inspirent beaucoup plus d'artistes européens tels que Cy Twombly, Antoni Tapies ou Anselm Kiefer.

Parallèlement à ces deux artistes majeurs de l'Acadie, il faut aussi mentionner le travail d'une autre artiste également formée au Québec, sœur Marie-Hélène Allain de la Congrégation de Notre-Dame-du-Sacré-Cœur qui a produit une oeuvre sculpturale impressionnante. On y retrouve une dimension spirituelle fort bien rendue dans le film *Marie-Hélène Allain en dialogue avec la pierre* que lui a consacré, en 2008, le cinéaste Rodolphe Caron. De Moncton, soulignons également le travail de Georges Goguen, artiste dont la formation est largement autodidacte. Ses tableaux sont le résultat de recherches contemporaines qui le rapprochent énormément de la modernité américaine telle que définie par des artistes comme Jackson Pollock ou Frank Stella.

Ces quatre artistes font partie de la génération qu'une formation a bien préparée aux enjeux liés aux arts visuels. Suivent trois autres générations d'artistes dont les pratiques s'accordent à leur époque, mais comme ils ont été formés notamment à l'Université de Moncton, cela fait d'eux des artistes acadiens.

La deuxième génération s'amorce avec Herménégilde Chiasson (1946) d'abord formé à Moncton, puis en Europe et aux États-Unis. Menant une triple carrière d'écrivain, de cinéaste et d'homme de théâtre, Herménégilde Chiasson a produit ou participé à plus de 150 expositions. D'abord fortement inspiré par l'art conceptuel, son travail s'est ensuite orienté vers la pratique de la peinture et de l'estampe. Yvon Gallant (1950) a développé un style et une oeuvre uniques qui font le pont entre l'art traditionnel acadien et la modernité. Son sens de la couleur et la grande notoriété dont il jouit ont fait de lui un artiste incontournable de cette génération.

Luc Charette (1952) a commencé sa carrière comme sculpteur, mais s'est ensuite dirigé vers des formes d'art où la vidéo et la performance ont pris une grande place. Tout récemment, il est revenu vers la peinture. Paul-Édouard Bourque (1956) est sans doute l'un des artistes les plus prolifiques et les plus imaginatifs quant à l'invention visuelle. Ses peintures composites sont souvent inspirées de la musique et de photographies trouvées ici et là.

Quant à Guy Duguay (1955-1996), sa brève carrière a donné lieu à une production foisonnante dans des domaines aussi variés que l'estampe, la peinture et la céramique. Roger Vautour (1952) a produit des tableaux où la texture, le sens de la couleur et du design, inspirés du milieu marin dont il est originaire, lui ont permis de produire une oeuvre d'une grande cohésion. Jacques Arseneau (1956), formé à Moncton et à Paris, est sans doute celui qui a fait la plus importante contribution au domaine de l'estampe, domaine qu'il enseigne au département des arts visuels de l'Université de Moncton dont il est présentement le directeur.

Ghislaine McLaughlin a peint des tableaux où elle met en relation des images de son parcours personnel avec celles se rapportant à la situation des femmes dans le monde. Giselle Ouellette, qui enseigne la peinture à l'Université, a travaillé sur des éléments tirés du paysage dont elle renforce l'impact en les réduisant à leur plus simple expression. Quant à Lise Robichaud, elle aussi professeure à l'Université, son oeuvre fait état de préoccupations diverses où la biologie, la nature et l'environnement sont souvent visités. D'autres femmes artistes de cette génération, notamment Giselle Léger-Drapeau, Georgette Bourgeois, Pauline Dugas et Raymonde Fortin ont fait également d'importantes contributions en peinture. Dans d'autres domaines, soulignons le travail de la sculptrice Anne-Marie Sirois dont l'humour n'est jamais absent de ses œuvres, Denis Lanteigne et ses installations teintées d'une dimension sociale et Jean-Yves Vigneau dont les thématiques et les matériaux de ses œuvres sont éclectiques. Soulignons aussi la peinture de Paul Babin, les travaux textiles de Marjolaine Bourgeois et la photographie de Ronald Goguen.

La troisième génération d'artistes, elle aussi formée à l'Université de Moncton, délaissera souvent les préoccupations de ses prédécesseurs pour se concentrer sur des formes d'art plus expérimentales et éphémères. Daniel Dugas est sans doute le plus éclectique et le plus étonnant des artistes acadiens; ses œuvres vont de la sculpture aux installations, de performances aux bandes vidéo. Sa démarche est suivie par un groupe d'artistes un peu plus jeunes qui se regroupent autour de la *Galerie Sans Nom* et de l'atelier d'estampe *Imago.* Mathieu Léger formé comme sculpteur, devenu photographe, installateur et performeur, a lui aussi un parcours de nomade impressionnant. Il a été artiste en résidence à de nombreuses reprises et un peu partout dans le monde. Jennifer Bélanger répertorie le monde de l'enfance et de l'adolescence en peinture et en estampe. Mario Doucet, artiste multidisciplinaire, ayant œuvré en musique, en film et en vidéo, produit des peintures où l'Histoire, celle de l'Acadie entre autres, est interprétée de manière fantaisiste et ludique. Angèle Cormier, quant à elle, produit des œuvres où la dimension informelle de ses images prend parfois des allures d'installation. Bélanger, Doucet, Léger et Cormier ont d'ailleurs uni leurs efforts pour créer le groupe *Taupe* qui leur permet de pousser leurs démarches plus avant sur le plan informatique et médiatique. Ils visent à détourner les éléments visuels souvent pris pour acquis. Cette troisième génération d'artiste a aussi contribué à des disciplines un peu plus traditionnelles, mais d'une manière tout à fait personnelle et souvent expérimentale. George Blanchette, André-Allan Phelps, Michel Robichaud et David Toussaint en peinture, Carole Deveau et Gilles Leblanc en estampe, Gerry Collins, Joël Boudreau et Diana LeBlanc en sculpture, Pierre LeBlanc, Marc-Xavier LeBlanc et Julie D'Amour-Léger en photographie.

La quatrième génération, celle qui est présentement dans la vingtaine, a poussé plus loin le parcours de la génération précédente. On y trouve un mélange de techniques, de propositions et de choix esthétiques qui se rapprochent de ce qu'on appelle la postmodernité. Ce terme, souvent utilisé quand il est question de la génération influencée par Internet, est amplement justifié ici puisque ces artistes ne s'inscrivent dans aucun courant; ils ne représentent aucune tendance artistique. Des artistes tels que Maryse Arsenault, Alexandre Robichaud, Dominick Robichaud, Jessica Arseneau, Mario LeBlanc, Rémi Belliveau, Angie Richard et Alisa Arsenault, pour ne nommer que ceux-là, sont encore en début de carrière, mais l'originalité de leurs œuvres démontre que l'art acadien se porte très bien et que ses perspectives d'avenir augurent bien.

Devant l'effervescence des cinquante dernières années, on se rend compte de l'importance du rôle joué par l'université, non seulement en arts visuels, mais aussi dans toutes les disciplines culturelles acadiennes, particulièrement à Moncton où pullulent plusieurs organismes dédiés à la promotion de cette culture, notamment la *Galerie d'art Louise-et-Reuben-Cohen* sur le campus, le *Centre culturel Aberdeen*, la *Galerie 12* et la *Galerie Sans Nom*. Ces organismes sont la preuve d'une activité et d'une création en arts visuels comme l'Acadie septentrionale n'en a jamais connu auparavant.

De plus, l'université est une fenêtre sur le monde; la venue d'artistes dans son corps professoral a dynamisé le milieu en proposant d'autres idées et d'autres pratiques. C'est le cas de Francis Coutellier qui a enseigné la céramique, la peinture et la photographie durant de nombreuses années et qui, en plus de son activité d'artiste et de directeur du département des arts visuels, a aidé à l'organisation de plusieurs expositions et à la mise sur pied de plusieurs institutions vouées à la promotion des arts visuels. C'est aussi le cas d'André Lapointe qui, outre sa carrière fort dynamique en sculpture, fut le maître d'oeuvre du *Symposium d'art nature*, à Moncton, un événement singulier qui attire des artistes de partout dans le monde. Julie Forgues, l'actuelle professeure de photographie, est un autre exemple d'artiste dont l'activité dépasse les cadres de la simple pratique. Au cours de ses cinquante ans d'existence, de nombreux artistes ont fait de brefs séjours à l'université; ils auront influencé cette institution qui, depuis ses débuts, a su garder le cap sur la modernité.

À la lueur de ce trop bref survol, il apparaît clairement que l'art se porte bien en Acadie septentrionale. Il faut tout d'abord remercier les artistes qui ont eu le courage de rester dans un milieu qui n'est pas toujours réceptif à des formes d'art surprenantes, pour ne pas dire provocantes. Mais bien sûr, c'est la nature de tout art engagé de nous faire réfléchir sur les enjeux de la société à laquelle nous appartenons et à laquelle nous apportons tous une contribution. En ce sens, le milieu culturel d'ici n'est pas différent de celui d'ailleurs dans le monde : il n'est pas facile d'être artiste, de maintenir des exigences esthétiques tout en recherchant un certain confort. Les artistes y arrivent en pratiquant cinquante métiers et en déployant une ingéniosité qui leur permet de fonctionner dans un milieu familier qui les inspire. D'où l'idée qu'il n'est pas facile d'être artiste et de vivre à la hauteur de ses ambitions.

Des Acadiens du Maine en visite à la Louisiane

Gisèle Faucher

« Je ne savais pas trop à quoi m'attendre. Est-ce que je vivrais un choc culturel? Serait-ce comme visiter une ville américaine habitée par un groupe ethnique différent? Non, pas du tout. À Lafayette, j'ai eu l'impression de rencontrer ma famille élargie », a déclaré Anna-Sophie Faucher, étudiante à l'école secondaire de Madawaska dans le Maine.

Bien sûr, le petit groupe d'étudiants du Maine qui a visité le sud de la Louisiane au cours de la relâche scolaire de février (et pas juste pour fuir la neige et le froid du nord!) fut accueilli à bras ouverts par un chaleureux : « Bienvenue chez nous ».

Cédric Gendreau, un étudiant, dit qu'il s'attendait à ce que la Louisiane ressemble beaucoup au Maine, mais sans la présence familière de la frontière canadienne. « Je me suis dit qu'il se pourrait qu'ils aient en gros les mêmes traditions que nous. Peut-être partageons-nous la même culture, et j'ai trouvé que c'était le cas. Les musiciens cadiens qui improvisent au *Blue Moon Saloon* [à Lafayette] chantent essentiellement en français, mais j'ai été surpris qu'il y ait si peu de francophones à La Nouvelle-Orléans ».

La professeure de chimie, Gisèle Faucher, de la Vallée Saint-Jean dans le nord du Maine a décidé d'emmener un groupe d'étudiants francophones en Louisiane. Pourquoi? « J'enseigne les sciences, mais mes racines sont françaises, peut-être plus brayonnes (un métissage culturel québécois et acadien). Néanmoins, j'ai grandi comme Acadienne dans le nord du Maine. Tout au long de ma vie, le fait d'être bilingue fut un atout majeur, que ce soit dans mes études ou mes voyages. Ça ouvre un monde de possibilités. J'ai été chanceuse de faire mes années de secondaire après que le Maine ait abrogé la loi interdisant le français à l'école, et que le français acadien soit étiqueté, à tort, comme "incorrect" en raison de son accent régional apparenté à un dialecte. Je n'ai jamais souffert du préjugé selon lequel je serais moins intelligente parce que l'anglais n'est pas ma langue maternelle et que mon français n'est pas « standard ». Je n'ai jamais eu à copier une centaine de fois sur le tableau noir « je ne parlerai plus français à l'école » comme ont dû le faire des Acadiens à peine plus âgés que moi, à l'époque où les enseignants appliquaient la loi du Maine visant à assimiler les Acadiens pour qu'ils apprennent plus vite à maîtriser l'anglais. De fait, dans la seconde moitié des années 1970, alors que j'étais au secondaire, une nouvelle fierté émergeait et des pressions s'exerçaient pour la mise en place de programmes de réappropriation du français acadien dans les écoles de la Vallée Saint-Jean. L'époque où j'ai reçu mon éducation est la clé qui explique mon attitude très positive envers le bilinguisme et ma fierté de le maîtriser ».

« Je me réjouis que la discrimination à l'égard des francophones n'ait pas dissuadé mes parents — mon père américain et ma mère canadienne — à parler français à la maison. Je suis reconnaissante envers mes grands-parents qui, dans les années 1920, n'ont pas cédé devant l'intimidation du Ku Klux Klan qui ciblait les travailleurs du textile, francophones et catholiques, du centre et du sud du Maine. Malheureusement, aujourd'hui, à l'école ou dans nos familles, je constate qu'il y a de moins en moins d'étudiants qui utilisent le français. L'utilisation de notre langue ancestrale a considérablement diminué, et des groupes comme l'Association française de la Vallée Saint-Jean travaillent d'arrache-pied pour encourager les gens à s'adresser en français à la jeune génération, à continuer d'offrir des programmes de langue française à l'école, et à souligner qu'être bilingue peut être un atout plutôt qu'une menace à l'acquisition de la langue anglaise ».

À titre de professeure de sciences, madame Faucher connaît les bienfaits culturels et physiologiques associés au fait d'être bilingue. L'apprentissage des langues contribue à développer le cerveau humain, plus encore quand la personne est jeune. En outre, elle souhaite encourager la génération suivante à reconnaître et à préserver le cadeau qu'est la langue ancestrale. « C'est dans cette optique que je travaille avec les étudiants, à l'école et au sein de la communauté, à favoriser le maintien de notre langue et de notre culture ancestrales », dit-elle.

Cédric Gendreau, étudiant, exprime les mêmes sentiments. « J'aime mon héritage acadien, car il y a tant de choses que les gens ignorent à notre sujet. Où que vous alliez au pays, si vous interrogez des gens au sujet du Grand Dérangement, la plupart du temps, les gens ignorent ce que c'est. Je suis Acadien et j'entends bien enseigner le français à mes enfants. Je souhaite perpétuer les traditions qui sont les nôtres, ici, dans le nord du Maine ».

L'automne dernier, quand notre groupe — étudiants et accompagnateurs — a commencé à planifier le voyage en Louisiane, un de nos objectifs était de rencontrer le tout nouveau regroupement de jeunes Acadiens, la Fédération des jeunes francophones de la Louisiane (FJFLA). Nous souhaitions bénéficier de leur expérience pour former notre propre groupe. Nous envisagions la création de ce groupe comme un mécanisme par lequel toutes les écoles de la Vallée Saint-Jean (Fort Kent, Frenchville, St. Agatha, Madawaska et Van Buren) seraient représentées par de jeunes meneurs qui favoriseraient l'épanouissement de la langue et de la culture acadiennes. Pour persuader d'autres jeunes à se joindre au groupe initial, nous avons proposé ce voyage dans le but de rencontrer nos pairs en Louisiane. Ils pourraient alors découvrir par eux-mêmes à quel point les jeunes Cadiens de la Louisiane leur ressemblent ou pas.

On nous a dit : « Si vous voulez visiter certaines régions françaises de la Louisiane, vous devez aller dans la paroisse de Lafayette ». La paroisse est l'équivalent du comté chez nous. Nous avons donc centré notre voyage en Louisiane dans la région de Lafayette, avec de courtes escapades à Baton Rouge et à La Nouvelle-Orléans.

Comme notre budget était limité, nous avons contacté par courriel quelques personnes qui nous avaient été recommandées, en leur disant simplement : « La visite s'en vient! » On leur demandait de nous mettre en rapport avec des familles pouvant nous héberger. Les messages n'ont pas tardé à rentrer : « Nous pouvons t'accueillir une nuit ». « Viens séjourner à la ferme ». « Le *Blue Moon Saloon* t'inscrit pour deux nuits ». Ces messages étaient suivis de suggestions concernant les activités à programmer, les visites à effectuer et les écoles à contacter. La seule chose que ces gens accueillants savaient à propos de nous était que nous étions des Acadiens du nord du Maine qui souhaitaient vivre l'Acadiana de la Louisiane, et ils nous ont ouvert leur porte toute grande. Quelle belle preuve d'hospitalité! Quelle chaleureuse première impression avons-nous eue de nos cousins cadiens de la Louisiane!

Les étudiants du Maine, tous bilingues, mais dont la langue maternelle est pour la plupart le français, connaissent bien leur patrimoine acadien. Un grand merci à leurs professeurs de français, M. Cur Soucy et Mme Debbie Nadeau pour leur avoir aussi enseigné l'histoire acadienne. Cependant, ils ne s'attendaient pas à ce que leurs homologues louisianais soient aussi bien informés sur l'Acadie. Il leur a même semblé qu'en général, la population de la Louisiane connaissait mieux le patrimoine acadien que celle du Maine.

Quelques étudiants du Maine avaient entendu parler de la Proclamation royale (2003) par laquelle la reine Elizabeth II reconnaissait l'illégalité du Grand Dérangement (l'expulsion des Acadiens de la Nouvelle-Écosse au milieu du 18e siècle). Ils étaient excités de rencontrer le requérant d'origine, Warren Perrin, vêtu comme le chef historique acadien, Beausoleil Broussard, debout devant un exemplaire de la Proclamation royale au musée acadien d'Erath, en Louisiane. Il a expliqué comment il a réussi à convaincre la reine Elizabeth II, en tant que reine du Canada, d'émettre une proclamation reconnaissant le fait historique du Grand Dérangement et les souffrances vécues par le peuple acadien.

Les étudiants du Maine ont exprimé le désir de disposer de plus de temps pour examiner les artéfacts que contient le musée. La section du musée consacrée aux légendes vivantes, visitée à la suite du portrait que M. Perrin a brossé de la vie de Broussard, fut un point fort de leur voyage en Louisiane. Dr Glynn Granger, un médecin local, a raconté sa vie de Français cadien et sa difficulté à apprendre l'anglais. Il a relaté son enfance comme fils de métayer et sa détermination à réussir ses études. Diplômé au secondaire, il a eu l'insigne honneur de prononcer le discours d'adieu. Alors qu'il faisait ses études de médecine, M. Granger était connu pour son courage et sa vivacité. Il est devenu un chirurgien dont le patrimoine cadien s'est avéré inestimable pour ses patients français cadiens. Les étudiants du Maine ont avoué qu'ils avaient eu la chair de poule et les larmes aux yeux pendant le récit du Dr Granger.

« Notre génération devrait entendre plus souvent des histoires de ce genre », a déclaré Alexis Cyr, « on a une histoire à raconter ».

Lors de leur visite à l'école secondaire de Church Point dans la paroisse de l'Acadie, les étudiants de Madawaska ont parlé en français de leur vie comme jeunes Acadiens dans le Maine, mais ils ont été confrontés à la barrière linguistique, parce que leurs pairs louisianais ne parlent pas français couramment. Quand les étudiants du Maine se sont mis à parler plus lentement, plusieurs étudiants cadiens ont été en mesure de saisir quelques mots et de comprendre l'essentiel du propos. Même si l'usage de la langue a posé quelques problèmes, cela n'a pas été le cas pour la culture! Les étudiants de la professeure de français, Valérie Broussard Boston, avaient cuisiné des plats cadiens traditionnels, notamment la « galette du roi ». Ils s'étaient déguisés pour expliquer la tradition de « courir le Mardi Gras ».

Nos étudiants ont aussi découvert que lorsqu'on demandait aux adultes de la Louisiane s'ils parlaient ou comprenaient le français, ils répondaient « un petit peu », tout comme bon nombre d'Acadiens plus âgés de la Vallée Saint-Jean. Pourtant, nous constations qu'ils maîtrisaient mieux le français qu'ils ne l'admettaient. Peut-être qu'ils sont simplement gênés d'avoir un accent différent ou qu'ils souffrent encore de la stigmatisation liée au fait de parler un français considéré comme étant « incorrect ».

« En général, le nombre de jeunes de la Louisiane et du Maine qui parlent français diminue graduellement, mais comme nous continuons à parler français et que les Cadiens ont constaté que notre français était le même que le leur, ils avaient le sourire aux lèvres. Certains d'entre eux ont été réellement surpris d'entendre des jeunes comme nous parler français », affirme Cédric Gendreau.

Alexis Côté, une étudiante de Madawaska, a déclaré : « Tout le monde à Lafayette et dans la paroisse de l'Acadie semble être fier d'être Acadien, jeune ou vieux. Ici, dans le Maine, les plus âgés le sont, mais les plus jeunes ne sont pas aussi emballés d'être Acadiens que le sont les jeunes de la Louisiane. Sans nos professeurs de français, je ne suis pas sûre que j'en saurais autant sur les Acadiens ».

Un autre fait saillant vécu par nos étudiants fut la découverte de la danse traditionnelle sur la musique cadienne et zydeco. Les adolescents qui nous accueillaient étaient déterminés à montrer aux étudiants du Maine (et aux accompagnateurs!) comment danser « à la louisianaise ». Les étudiants du Maine se sont sentis chez eux, comme s'ils avaient toujours connu ces adolescents louisianais. Voir toutes les générations danser chez *Randol* à Lafayette a suscité chez nos étudiants le désir de revivre cette expérience de retour dans le Maine.

En comparant les plats cadiens et acadiens, les étudiants du Maine estimaient que les plats cadiens étaient plus épicés et composés de plus de fruits de mer. « À Avery Island, ils ajoutent même de la sauce Tabasco dans le chocolat », s'est exclamé un étudiant. Après avoir appris à cuisiner le « poulet étouffé » [poulet braisé], un autre étudiant a ajouté : « Mais certains de leurs plats ressemblent aux nôtres, c'est juste qu'ils les appellent différemment ».

Quand une de nos hôtes leur a demandé quel était l'événement le plus marquant de leur séjour, elle a été très émue par la réponse : « L'impression d'appartenance familiale et l'accueil chaleureux que nous avons reçu partout ».

Quand on leur a demandé si c'était une bonne idée de poursuivre ce type d'échange entre jeunes des deux communautés acadiennes, ils ont répondu haut et fort : « Absolument! Nous devons rester en contact plus souvent qu'aux cinq ans lors du Congrès mondial acadien. C'est bien, mais ce n'est pas suffisant. Nous avons beaucoup à apprendre les uns des autres. Nous sommes sur la même longueur d'onde et partageons un grand nombre de choses : nos craintes, la disparition de notre langue, nos traditions et notre fierté culturelle ».

Les étudiants de Madawaska attendent avec impatience de revoir leurs homologues louisianais au Congrès mondial acadien de 2014, en particulier lors du grand rassemblement de la jeunesse, l'événement principal qui permet aux jeunes francophones des provinces atlantiques du Canada, du Maine, de la Louisiane, de la France et de la Belgique de se rassembler pour célébrer leur patrimoine acadien commun.

En outre, chacun s'accorde à dire que Madawaska accueillerait avec joie les étudiants cadiens de la Louisiane. Ce serait une occasion de partager avec eux une partie de notre Acadie. « La porte est ouverte et nous voulons de la visite! »

Enfin, un des principaux avantages à poursuivre ces échanges fut donné par une étudiante de Madawaska, Alexis Côté : « Nous devons rencontrer plus de jeunes danseurs! »

Les Cadiens noirs

Charles Larroque

Les Louisianais peuvent maintenant se procurer une plaque d'immatriculation personnalisée arborant le slogan *I'm Cajun ... and proud* ou *I'm Creole ... and proud* [Je suis Cadien/Créole... et fier de l'être]. C'est pour une bonne cause : l'enseignement du français dans les écoles. Toutefois, cela soulèvera sûrement quelques questions épineuses sur l'origine ethnique.

Notre histoire est une mosaïque aux couleurs vives. Bien que sorties depuis deux cent cinquante ans de la forêt primitive, presque toutes les familles françaises blanches qui portent un nom acadien en Louisiane ont leur pendant noir; c'est là une réalité ethnique dans le sud de la Louisiane. L'histoire ne date pas d'hier, elle a commencé bien avant l'arrivée des plaques d'immatriculation personnalisées.

Dès les premiers jours de la colonie, la Louisiane a été véritablement la plaque tournante des diasporas. Les esclaves africains affluaient dans le port de La Nouvelle-Orléans. Les Indiens étaient réduits en esclavage ou chassés, ou les deux. Les Acadiens expulsés se réfugiaient dans les marécages et les plaines. Les gens s'isolaient par mesure de protection. Pour s'adapter et survivre, les groupes se mêlaient entre eux, comme l'avaient fait les Acadiens avec les peuples autochtones en Acadie. Le métissage qui en a découlé était fondé principalement sur les éléments culturels de la foi (le catholicisme), le parler français, les valeurs familiales, la musique, la danse et surtout la nourriture. Ces éléments ont dû se fondre dans le grand creuset américain en Louisiane en un mélange de luttes générationnelles avant de se révéler sous des origines ethniques distinctes. Il en est résulté un métissage riche et exotique sur le plan culturel qui est devenu la marque distinctive du « Cadien-Créole » de la Louisiane, pour le meilleur et pour le pire, avec les idées fausses et les stéréotypes que peut contenir l'expression méprisante de « mystique cadienne ».

Les premiers Acadiens qui avaient peu envie d'être tenus dans la servitude comme autrefois en Europe ont dû trouver étrange l'institution particulière qu'était l'esclavage. En Louisiane, depuis l'époque coloniale jusqu'au début du 19e siècle, ceux qui étaient incapables de faire aussi bien que leurs voisins (ou dans le cas présent, les planteurs créoles blancs) se voyaient condamner à l'infériorité socio-économique et culturelle. C'est ainsi qu'un grand nombre de Cadiens ambitieux des régions productrices de coton et de cannes à sucre sont devenus propriétaires d'esclaves. Ces Cadiens ont dû trouver tout aussi étrange de voir des Noirs libres devenir propriétaires d'esclaves.

Et le roux s'épaissit…

Avant la guerre de Sécession, il y a eu des cas où des Noirs ont pris le nom de famille de leur maître blanc pour aplanir les difficultés dans le Sud, mais le métissage était très répandu dans la Louisiane d'avant-guerre. Indubitablement, les relations étaient volontaires et involontaires, mais c'était une époque de grands remous dans un pays très jeune et surtout laissé sans surveillance. Malgré la prospérité économique de quelques Acadiens de la Louisiane, les effets dévastateurs de la diaspora ont eu de graves incidences sur les Cadiens et les Africains, le principal dénominateur commun étant l'isolement socioculturel.

Ce fut l'élément central d'un processus de « créolisation » de plus dans une myriade de manifestations où les meilleures ressources disponibles se fondaient ensemble pour une célébration syncopée de la résilience et de la survie. Ceux qui y habitaient étaient bien loin de « l'Éden de la Louisiane », comme l'a surnommé le poète. L'asservissement de la classe inférieure devait inspirer un certain sentiment de liberté. Songez au *Frère Lapin*[1] qu'on a jeté dans un tas de ronces. Le planteur avait sûrement des squelettes dans son placard, mais dans l'armoire-penderie du Cadien et du Créole, on ne trouverait probablement que des salopettes de métayer, une robe de mariée, une vieille paire de bottines… mais aucun squelette caché.

Au moment de la reconstruction après la guerre de Sécession, la Louisiane multiraciale est devenue une société biraciale. Ainsi débutait l'amnésie collective. Pour certains, elle était attribuable à un traumatisme. Pour d'autres, l'oubli avait l'effet d'un baume. Les gens étaient maintenant séparés dans la société, mais égaux dans la peur et la dérision. Les Acadiens blancs se distinguaient de leurs parents du « pays cadien »; les Noirs libres se distinguaient des « gens plus foncés » sur la palette de couleurs. Le mot *nègre*, qui était traditionnellement un terme d'affection utilisé par un grand nombre de Cadiens blancs, a perdu ce sens dans une culture mal traduite pour devenir un mot injurieux en américain. Même le mot cadien était à une époque un mot insultant entre les gens des deux appartenances. L'oiseau n'était pas tombé loin du nid.

Tandis que les Cadiens blancs se défaisaient de cette lourde et longue réprobation sociale, le fait d'être Noir devenait à la mode. Les droits civils ont été établis et une tendance vers l'identification ethnique noire s'est amorcée. Toutefois, du jazz au blues noir français en passant par le *jambalaya*, le rythme afro-antillais de la Louisiane était devenu, au fil des ans, le *sui generis* de la marque de l'État, le « Créole » étant le lien culturel entre l'ancienne société multiraciale et la nouvelle société biraciale de la Louisiane. Aujourd'hui, en Louisiane, les gens qui portent des noms de famille comme Cormier, Sonnier, Sénégal ou Zeno se disent probablement aussi créoles, s'ils se considèrent comme des Afro-américains.

Les Cadiens sont alors « sortis du placard », et tout était bien. Était-ce vraiment le cas? La chosification de la culture cadienne dans les années 1970 a subi la poussée de la francophonie européenne et canadienne, tandis que l'économie culturelle créole (c'est à dire noire) a été laissée en jachère dans les plaines de la Louisiane, à l'ombre du phénomène du « Cadien, c'est cool ». Regardez dans la cuisine de la plupart des restaurants cadiens. Personne ne fait un tintamarre en frappant sur des chaudrons. Il y a fort à parier que les chefs ne correspondent pas au phénotype cadien, mais ce sont des Arceneaux, Hébert, Thibodeaux et même Broussard. Ils parlent peut-être le français — celui de Beausoleil, le *courri vini* des îles ou même la langue de Molière. La plupart d'entre eux ne connaissent pas la poutine râpée ni le Congrès mondial acadien, mais ils sont curieux de savoir.

Les liens du sang sont plus forts que tout et, bien sûr, « ensemble on est capable ». Les « Cadiens-Créoles » sont encore debout — se tenant bien droits parce que leurs ancêtres ont su assumer le fardeau qui pesait sur leurs épaules. Ils attendent peut-être leur propre tintamarre — de faire savoir au monde qu'ils sont toujours là, qu'il est peut-être temps de se manifester. Certains arboreront peut-être les deux plaques d'immatriculation personnalisées sur leurs véhicules, Cadien et Créole, l'une à l'avant montrant où ils vont et l'autre à l'arrière indiquant d'où ils viennent.

NOTES DE FIN

1. Personnage de *Disney*, héros des segments animés du long-métrage *Mélodie du Sud*

Les Métis d'origine mi'kmaw et acadienne

Marie Rundquist

Dans son livre, *We Were Not the Savages* [Nous n'étions pas les sauvages], l'historien Daniel Paul déclare : « Les Mi'kmaq[1], qui ont vécu au nord-est de l'Amérique du Nord pendant quelque 10 000 ans, sont devenus les partenaires des Français. Ces Européens ont traité les Mi'kmaq avec le respect dû à tout être humain. Ils mangeaient leur nourriture et ils étaient disposés à s'ouvrir à leur culture et à s'y adapter puisqu'ils profitaient de leur hospitalité. En conséquence, l'établissement français en Acadie (Nouvelle-Écosse) ne s'est pas heurté à une résistance organisée de la part des Mi'kmaq. Plusieurs facteurs contribuent à cet état de fait, mais la principale raison tient probablement au fait que les Français ne se sont pas empressés de convertir les communautés autochtones à leurs propres valeurs culturelles ».

Le territoire mi'kmaw, que Daniel Paul qualifie de « vaste », couvrait la majorité des trois provinces maritimes actuelles, la partie sud de la péninsule gaspésienne, au Québec, et le nord du Maine. Il est difficile d'évaluer avec précision les régions où vivaient les « premiers habitants », comme Stephen A. Davis le souligne dans son livre, *Mi'kmaq People of the Maritimes*. Les dépôts de coquillages des zones côtières des Maritimes, qui remontent au milieu et à la fin de la période céramique, servent de preuves archéologiques à leur existence, et les coquillages riches en calcium, jetés au rebut, ont protégé les déchets d'os et les outils contre le pourrissement.

Photo©Marie Rundquist

Dans la partie en amont du fleuve Damariscotta au Maine, on peut distinguer l'amas de coquillages de Whaleback. Sur ce fleuve où l'eau salée se mêle à l'eau douce, on sent encore la présence historique de la communauté autochtone. Chaque couche protège les vestiges du temps, d'une culture et d'un peuple.

L'historien Daniel Paul souligne que durant les déportations acadiennes, de 1755 à 1763, des centaines de fugitifs acadiens se sont cachés chez leurs alliés mi'kmaq à Kejimkujik, dans la partie centrale actuelle de la Nouvelle-Écosse.

D'anciens pétroglyphes[1] témoignent de la longue histoire, de la spiritualité et de la culture matérielle des Mi'kmaq. On peut les voir, lors de circuits accompagnés, au Parc national et lieu historique national Kejimkujik, en Nouvelle-Écosse.

Photo©Marie Rundquist

En 1605, les Français d'Europe s'installent à Port-Royal (l'actuelle Annapolis Royal en Nouvelle-Écosse), sur le territoire mi'kmaq appelé *Kespukwitk* [là où la terre finit]. Ayant près de 100 ans, Membertou, le *sagamore* [chef] de ce territoire, a offert aux Français de vivre parmi eux. Les mariages entre Mi'kmaq et Acadiens et les baptêmes de leurs descendants sont inscrits dans les registres paroissiaux de l'église Saint-Jean-Baptiste à Port-Royal. Il faut signaler que 150 ans plus tard, en 1755, les Acadiens et les Mi'kmaq parlaient la langue de l'autre, mais pas l'anglais. Les deux peuples étaient amis et alliés, sans compter les liens familiaux qui les unissaient.

Le monument commémoratif du chef Membertou à Port-Royal (l'actuelle Annapolis Royal) en Nouvelle-Écosse.

Photo©Marie Rundquist

Les Mi'kmaq vivaient aussi dans l'actuelle péninsule gaspésienne au Québec, et leur territoire s'appelait *Kespek* [la dernière terre]. Dans un jardin de la réserve des Premières Nations *Listuguj*, à côté de Pointe-à-la-Croix en Gaspésie, s'élève une statue de Sainte-Anne.

À la base de la statue, un texte commémore les baptêmes du chef Membertou et de sa famille en 1610. Le texte est inscrit en mi'kmaw, en français et en anglais. Le lien entre la communauté mi'kmaw du chef Membertou du 17e siècle, à Port-Royal en Nouvelle-Écosse, et la communauté des Premières Nations au Québec du 21e siècle est désormais gravé dans la pierre.

Photo©Marie Rundquist

En 1687 et 1688, lors du recensement de Gargas, à La Have (près de l'actuelle Bridgewater), les Indiens d'Amérique étaient quatre fois plus nombreux que les Français. Lors du recensement de 1708, le nom de famille acadien « Meuse » se distingue parmi les noms mi'kmaq recensés à La Have.

Un sentier qui traverse un champ de Petite-Rivière mène à un monument de granit dans un cimetière mi'kmaw français. Les noms des ancêtres mi'kmaq et acadiens, qui vivaient il y a 400 ans, sont gravés sur la pierre.

Photo©Marie Rundquist

La plupart des habitants de *K'chibouktouk* [le grand port] dans la ville actuelle de Halifax étaient des Mi'kmaq qui y passaient l'été. Le recensement de Gargas de 1687-1688 indique que 33 Mi'kmaq vivaient dans sept *wigwams* [huttes], et une famille inscrite comme étant acadienne. En 1749, quand les Britanniques débarquèrent et désignèrent Halifax comme la nouvelle capitale de la Nouvelle-Écosse, les Mi'kmaq cessèrent d'y venir.

Un chapeau de femme mi'kmaw traditionnel porté lors du 400e anniversaire du chef Membertou, tenu en 2010 à Halifax, en Nouvelle-Écosse.

Photo©Paulette Thériault

D'après les archives historiques du 17e siècle, les Mi'kmaq chassaient, pêchaient et trappaient le long de la côte sud de Terre-Neuve. On a longtemps cru que les Mi'kmaq occupaient l'île depuis la préhistoire. En 1857, les données du recensement de Terre-Neuve confirment que des familles mi'kmaq vivaient dans la baie St. George, à Codroy River, au ruisseau Grandy's, à Conne River, dans la baie d'Espoir et dans la baie des Exploits.

Photo de Stephenville Crossing à K'taqmkuk dans la région de la baie St. George, à Terre-Neuve, où vivent encore aujourd'hui Acadiens et Métis.

Photo ©Peggy Bennett

En 1713, les Français commencèrent à ériger la Forteresse de Louisbourg (dans l'actuel Cap-Breton, en Nouvelle-Écosse), sur le territoire mi'kmaw de *Unama'kik* [terre de brouillard]. Des eaux navigables, l'abondance de poissons et de fruits de mer, une bonne alimentation en eau potable et des sites habitables faisaient de cette terre un endroit parfait pour les villages estivaux des Mi'kmaq. Il y avait notamment les villages *Oegogmog* et *Moglagatig* situés à l'embouchure de rivières où les migrations de fraie étaient remarquablement abondantes. Par la suite, le port de pêche est devenu un important port commercial et une forteresse française vigoureusement défendue. En 1745, Louisbourg était la fortification française la plus vaste et la plus coûteuse de toute l'Amérique du Nord. Sous le régime français, les Mi'kmaq ont continué à vivre dans la région auprès des Acadiens et des Français.

Geganisg [endroit remarquable] est devenu l'actuelle Ingonish au Cap-Breton, l'un des plus beaux endroits en Amérique du Nord.

Photo©Edward Nowicki

Dans les années 1750, les comptes rendus décrivent la façon dont le bien-aimé père Maillard, qui était au service des Mi'kmaq à *Epexiwitk* [allongé dans l'eau] dans l'actuelle Île-du-Prince-Édouard, a convaincu le vieux shaman mi'kmaw, Arguimaut, et l'interprète acadien, Barthelemi (Petit Pas) Petitpas, de préparer un festin. Le shaman a chargé Petit Pas de demander aux jeunes hommes de son village de recueillir des vivres chez les Acadiens de Port La Joie (l'actuelle capitale de l'Î.-P.-É., Charlottetown).

L'Île d'Epexiwitk (renommée Île Saint-Jean et plus tard, Île-du-Prince-Édouard) où les Mi'kmaq ont récolté des palourdes pendant des milliers d'années.

Photo©Peggy Bennett

Les Mi'kmaq se sont développés et ont vécu dans la prospérité et la joie, mais après l'arrivée des Britanniques et la déportation des Acadiens, en 1755, ils furent traqués par les militaires et les mercenaires. Après le Traité de Paris, en 1763, quand l'Amérique française fut perdue, le gouvernement britannique parqua les Mi'kmaq dans des réserves, aussi bien dans les provinces maritimes que dans la péninsule gaspésienne. Ils les ont forcés à apprendre l'anglais, et au fil des ans, la plupart d'entre eux ont oublié les langues mi'kmaw et française. Parqués dans des réserves isolées et souvent trop petites, et en dépit des traités signés, ils se sont vu refuser l'accès à la plupart de leurs anciens territoires de chasse et de pêche.

Aujourd'hui, de nombreux Acadiens ont du sang mi'kmaw dans leurs veines, notamment les familles Meuse (Muise) et d'Entremont qui vivent dans la région du cap de Sable, dans la municipalité d'Argyle, en Nouvelle-Écosse. On reconnaît encore aujourd'hui des traits mi'kmaq sur de nombreux visages acadiens

Photo©Paulette Thériault

Les Britanniques appelaient « caps de Sable » les Mi'kmaq et les Métis acadiens de l'île du cap de Sable.

Durant la Deuxième Guerre mondiale (1939-1945), plusieurs enfants de la réserve Gesgapegiag (près du village acadien de Bonaventure en Gaspésie, au Québec) ont grandi sans père. En effet, les hommes mi'kmaq se sont enrôlés dans l'armée et ont servi le Canada. Émile Broome et sa fratrie font partie des enfants mi'kmaq qui ont vécu dans la réserve (auparavant appelée « Maria ») et y ont fréquenté l'école. En 1945, Émile et sa famille sont partis aux États-Unis où ils ont vécu à Van Buren, Lewiston et Bangor, dans le Maine, avant de s'installer au New Hampshire. Émile Broome a retrouvé ses origines familiales acadienne et mi'kmaw par sa mère, la défunte Marie Dubé, descendante de la lignée maternelle de Marie Christine Aubois (inscrite comme « Marie Sauvagesse », originaire de l'Acadie, sur le registre de mariage de sa fille Anne Roye) et Jean Roy dit Laliberté de Port-Royal. Sa lignée maternelle comprend aussi des noms acadiens comme Roy, Clémenceau, Doiron et Gallant. Le nom de famille Broome figure parmi les documents les plus anciens concernant les Mi'kmaq, à Gespe'gewa'gi. Ce territoire correspond à l'actuelle région du nord du Nouveau-Brunswick et de Gaspé, au Québec.

Photo©Edward Nowicki

Cyrile Broome, l'oncle d'Émile, et d'autres vétérans mi'kmaq de la Deuxième Guerre mondiale ont été honorés pour leur contribution en temps de guerre. Son nom est inscrit sur le monument de la réserve mi'kmaw, Gesgapegiag.

Les Métis aujourd'hui

Le terme métis s'applique aux personnes dont l'origine est à la fois européenne et autochtone. Presque la moitié des Acadiens, qu'ils aient été déportés ou obligés de migrer, ont du sang mi'kmaw dans les veines. Les Métis acadiens-mi'kmaq ne vivent pas uniquement dans la partie nord-est du continent, mais aussi en Louisiane et au Texas où ils ont migré.

Aujourd'hui, il y a 30 réserves mi'kmaq reconnues par le gouvernement fédéral : 27 sont situées dans les provinces atlantiques du Canada, 2 dans la péninsule gaspésienne au Québec et 1 dans le comté d'Aroostook, dans le Maine. Les Mi'kmaq reconnaissent que plusieurs membres de leurs communautés ont du sang acadien dans leurs veines. Frank Meuse Jr (un nom de famille acadien) est le chef de la Première Nation de Bear River, dont le village chevauche les actuels comtés d'Annapolis et de Digby, en Nouvelle-Écosse.

Photo©Marie Rundquist

Le sentier mi'kmaw « Medicine Trail », derrière le Bear River First Nation Heritage and Cultural Centre [Centre patrimonial et culturel de la Première Nation mi'kmaw de Bear River], mène à un wigwam [hutte] fait de tronçons d'écorce attachés ensemble. Les plantes indigènes, qui font partie de la pharmacopée traditionnelle mi'kmaw, croissent naturellement le long des chemins forestiers derrière le Centre. Le savoir mi'kmaw en matière de plantes médicinales a sauvé la vie de nombreux Acadiens aux 17e et 18e siècles.

En 2009, le premier juge métis de la Nouvelle-Écosse, Pierre Léon Muise, de Quinan, fut assermenté au palais de justice de Digby. À cette occasion, Leland Surette, le chef spirituel du Conseil métis Kespu'kwitk, a souligné à quel point la communauté autochtone était heureuse de voir l'un des siens nommé à une fonction aussi honorable. « Aujourd'hui, la communauté autochtone se réjouit que notre peuple, et nos jeunes en particulier, ait un autre prestigieux modèle auquel s'identifier », a déclaré M. Surette, qui a présenté Muise avec des plumes d'aigle et de grand-duc d'Amérique. Le juge Pierre Muise, qui est bilingue et qui instruit des procès en français, exerce sa fonction à Digby, Annapolis Royal et Yarmouth, en Nouvelle-Écosse.

À l'extérieur des réserves mi'kmaq, se trouvent des associations métisses très actives, mises sur pied au cours des vingt dernières années. Il s'agit notamment de la *Confederacy of Nova Scotia Métis* [Confédération des Métis de la Nouvelle-Écosse] qui regroupe les conseils régionaux comme We'kopekwitk Métis Council (Truro), Yarmouth & District Métis Council, Kespu'kwitk Métis Council (Tusket), Annapolis Valley Métis Council et Eldawik Métis Council (Halifax). On trouve aussi l'Association des Acadiens-Métis Souriquois[1] (Saulnierville, N.-É.), les *New Brunswick Woodland Métis Tribes* [tribus de Métis] (Moncton, N.-B.), l'Alliance Premier Peuple de la Côte-Est (Saint-Isidore, N.-B.), l'Eastcoast Maritime Métis Council/L'Alliance Premier Peuple de la Côte-Est (Lamèque, N.-B.) et l'Union Métis Est-Ouest des Maritimes (Shédiac, N.-B. et Rigaud, Québec).

En 1982, les Métis de l'Ouest canadien ont fait une percée capitale : la *Loi constitutionnelle* a reconnu qu'ils jouissaient de droits particuliers qui devaient être protégés. En revanche, l'étendue de ces droits fait toujours l'objet d'un litige. Les Métis issus de lignées mi'kmaw et acadienne tentent toujours de faire reconnaître leur statut sur la côte est du Canada.

Paul Comeau Tufts, cofondateur et ancien président de l'Association des Acadiens-Métis Souriquois (AAMS), a déclaré : « Dans le cadre de la *Loi constitutionnelle du Canada* (1982) et dans le cadre du « test Powley » établi par la Cour suprême du Canada, en 2003, les droits constitutionnels réclamés par les Métis dans l'est du Canada ont été contestés en cour par les témoignages de certains historiens. L'article 35 (1) et (2) de la *Loi constitutionnelle* indique que les droits existants — ancestraux ou issus de traités — des peuples autochtones du Canada sont reconnus et confirmés et que, dans la présente loi, « peuples autochtones du Canada » s'entend notamment des Indiens, des Inuit et des Métis du Canada. Cependant, en 2003, la Cour suprême du Canada a établi que le test Powley définit les critères juridiques de base qu'un individu doit remplir en vue d'être considéré comme un « Métis » aux fins de la présentation de revendications de droits ancestraux fondées sur la *Loi constitutionnelle.* Le critère le plus important pour qu'une collectivité puisse être considérée comme une « communauté historique titulaire de droits » doit prouver qu'un certain nombre de personnes ayant une ascendance mixte formaient un groupe ayant une identité collective distinctive, vivaient ensemble dans la même région et partageaient un mode de vie commun. En outre, on doit pouvoir identifier cette communauté historique antérieurement à l'établissement de la « domination politique et juridique » des Européens dans la région. Par conséquent, la discussion à venir doit porter sur la controverse provoquée par la détermination de la présence ou de l'absence des critères d'admissibilité des Métis en Acadie.

D'autres facteurs d'ordre historique mettent les Acadiens-Métis dans une catégorie à part : les Métis d'Acadie, dont les lignées sont à la fois française et mi'kmaw, ont été identifiés soit Acadien soit Mi'kmaw, en fonction de la communauté dans laquelle ils vivaient. Les faits historiques indiquent que, en règle générale, les Britanniques faisaient une distinction entre les communautés acadienne et mi'kmaw. Ils considéraient la plupart des Acadiens liés aux Mi'kmaq comme des « demi-blancs » de lignées française et mi'kmaw.

Cependant, les Britanniques traitaient différemment les Acadiens et les Mi'kmaq. À titre d'exemple, les Acadiens de lignée mi'kmaw furent déportés, alors que les Mi'kmaq de lignée française ne le furent pas. Les Britanniques traitaient les Mi'kmaq comme des ennemis en temps de guerre, maniant aussi bien le scalp que les traités « de paix et d'amitié ». Malgré les prétentions historiques qu'aucun Mi'kmaw n'a été déporté, il est établi que des Mi'kmaq et des personnes de lignée mi'kmaw qui faisaient partie de la communauté acadienne l'ont été, comme il a été récemment démontré grâce à la science des empreintes génétiques, jumelée à la technique appelée « généalogie génétique », à savoir une recherche minutieuse des antécédents. De même, il est probable que certains Acadiens métissés aient succombé au scalp, même si cette forme de torture ne leur était pas destinée.

En 2013, les Métis et les Indiens non inscrits ont remporté une grande victoire quand la Cour fédérale les a reconnus comme des « Indiens » par la Constitution. Le 17 avril 2014, le pourvoi interjeté par le gouvernement fédéral a en grande partie maintenu une cause faisant jurisprudence qui pourrait élargir les responsabilités d'Ottawa à des centaines de milliers d'Autochtones qui ne sont pas associés aux réserves et qui n'ont donc pas accès aux programmes, services et droits dévolus aux Premières Nations. Si le gouvernement fédéral interjette à nouveau appel, l'affaire sera entendue par la Cour suprême. Le Congrès des Peuples autochtones du Canada soutient les revendications des Métis.

L'Association des Acadiens-Métis Souriquois (AAMS), qui compte 900 membres métis essentiellement des municipalités de Clare, d'Argyle et de Yarmouth en Nouvelle-Écosse, a participé aux célébrations de la fête du Canada au Musée de la pêche sportive au thon de Wedgeport, en Nouvelle-Écosse. De gauche à droite : Alan Comeau, June Comeau, Kendra Jacquard, John Deveau, Paul Tufts, Don LeBlanc, Joseph Jacquard (l'actuel président) et Gerald Amirault.

Bibliographie

PAUL, Daniel N. *We Were Not the Savages*, Nimbus Publishing Ltd., 1993

TUFTS, Paul D. *Association des Acadiens-Métis Souriquois* (AAMS)

NIETFELD, Patricia, Ph. D. *Determinants of Aboriginal Micmac Structure,* Université du Nouveau-Mexique, 1981

WHITEHEAD, Ruth Holmes. *The Old Man Told Us*, Halifax: Nimbus Publishing Limited, 1991, 94

HOFFMAN, Bernard Gilbert, Ph. D. *The Historical Ethnography of the Micmac of the Sixteenth and Seventeenth Centuries*, Université de Californie, 1955

PASTORE, Ralph T. *The History of Newfoundland Mi'kmaq, Archaeology Unit & History Department Memorial University of Newfoundland*, c. 1998.

PAUL, Daniel N. *On the road again: Pubnico's, Cape Sable Island*, Halifax Herald, 7 août 2003.

DAVIS, Stephen A. *Mi'kmaq: Peoples of the Maritimes*, Nimbus Publishing, 1997

NOTES DE FIN

1. Les Autochtones autrefois appelés Micmacs épellent maintenant leur nom ainsi : Mi'kmaw (au singulier) et Mi'kmaq (au pluriel). L'Union of Nova Scotia Indians [Union des Indiens de la Nouvelle-Écosse] et le Mi'kmaq Grand Council [Grand conseil de la Nation mi'kmaw] ont adopté cette graphie; ils demandent que tout le monde en fasse autant. Ces nouvelles épellations reflètent plus fidèlement la langue mi'kmaw.

2. Gravures sur pierre

3. Mi'kmaq d'aujourd'hui

III

ACADIE REMARQUABLE

LE PAYSAGE DE GRAND-PRÉ, SITE DU PATRIMOINE MONDIAL DE L'UNESCO

Ronnie-Gilles LeBlanc et A.G.B. Johnston

Photo©François Gaudet

Reconnaissance mondiale

Le paysage de Grand-Pré a été inscrit sur la liste des sites du patrimoine mondial de l'UNESCO en 2012. Situé tout près de Wolfville, il s'étend sur treize kilomètres carrés et donne sur le bassin des Mines, en Nouvelle-Écosse. Il s'agit d'un joyau protégé pour l'humanité tout entière.

Les sites du patrimoine mondial de l'UNESCO sont reconnus pour leur valeur universelle exceptionnelle, à savoir une importance culturelle ou naturelle tellement exceptionnelle qu'elle présente le même caractère inestimable pour les générations actuelles et futures de l'ensemble de l'humanité, sans égard aux frontières nationales. L'essence de la valeur universelle exceptionnelle du paysage de Grand-Pré est illustrée dans le paragraphe suivant.

Le paysage de Grand-Pré témoigne de manière exceptionnelle d'un établissement agricole traditionnel créé au XVIIe siècle par les Acadiens qui l'ont reconquis de la mer et qui est encore en usage grâce à l'utilisation des mêmes technologies et d'un système communautaire de gestion. Grand-Pré est aussi le lieu mémoriel par excellence des Acadiens qui vivaient en harmonie avec les Mi'kmaq avant d'être dispersés par le Grand Dérangement mis en œuvre en 1755. Les constructions mémorielles forment le pôle de la réappropriation symbolique de la terre de leurs ancêtres par les Acadiens, au 20e siècle, dans un esprit de paix et de partage culturel avec la communauté environnante

Énoncé officiel de l'UNESCO

Le paysage de Grand-Pré : le « marais » de Grand-Pré et les sites archéologiques situés dans la partie méridionale de la baie Minas, en Nouvelle-Écosse, constituent un paysage culturel qui témoigne du développement de la poldérisation agricole réalisée à base de digues et d'aboiteaux (buses de bois pour l'évacuation des eaux), par les Acadiens, au XVIIe siècle, et poursuivie par les *Planters* et les habitants actuels. L'endroit marqué par une amplitude des marées parmi les plus fortes au monde - 11,6 m en moyenne – est aussi un lieu mémoriel et symbolique majeur pour les Acadiens dont la déportation, à partir de 1755, est connue comme le Grand Dérangement. Sur 1300 hectares, le paysage culturel comprend un polder[1] agricole étendu et des éléments archéologiques de la ville de Grand-Pré fondée par les Acadiens et de Hortonville, bâtie par leurs successeurs anglais. Le paysage constitue un exemple exceptionnel de l'adaptation des premiers colons européens aux conditions de la côte atlantique nord-américaine

Les Acadiens à Grand-Pré

Au début des années 1680, un petit groupe d'Acadiens de la région de Port-Royal se sont établis dans cette région et ont nommé les grands marais salins *la grand pré*. Depuis leur arrivée, l'histoire humaine de Grand-Pré est liée à son environnement naturel ainsi qu'au sol fertile de cette terre située au bord de la mer.

Les pionniers étaient isolés. Ils étaient loin de la terre ancestrale et étaient souvent ignorés par les autorités françaises et britanniques qui administraient la région. Les pionniers ont donc développé une étroite relation avec les Mi'kmaq, le peuple autochtone de la Nouvelle-Écosse, non seulement à Grand-Pré, mais ailleurs en Acadie, à mesure qu'ils se familiarisaient avec l'environnement local et qu'ils commençaient à transformer les zones intertidales[1]. Tous ces facteurs ont contribué au développement d'une identité distincte. Même s'ils étaient d'origine française, ces pionniers en sont venus à se considérer, au cours de la seconde moitié du XVIIe siècle, comme faisant partie de l'Acadie, et à se percevoir comme des Acadiens et des Acadiennes.

Au cours des quelque soixante-dix ans ayant précédé son expulsion de force en 1755, la communauté acadienne de Grand-Pré a introduit une approche de la gestion de l'environnement qui avait déjà été perfectionnée ailleurs en Acadie. Ils ont adapté des méthodes, qui en Europe avaient été appliquées aux terres humides et aux marais salants, à un environnement passablement différent en Acadie.

Confrontés aux plus hautes marées au monde, les Acadiens de Grand-Pré ont su transformer — au prix d'un travail acharné mené sur trois générations — plus de 1300 hectares de terres d'alluvions en terres agricoles. Celles-ci étaient à l'époque — et elles le sont encore aujourd'hui — parmi les meilleures terres agricoles de l'Amérique du Nord.

La Déportation à Grand-Pré

Les événements à Grand-Pré furent parmi les premiers et aussi les plus importants de la Déportation. Qui plus est, ils ont été consignés par certains des principaux acteurs britanniques. Leurs dossiers fournissent à l'histoire un compte rendu détaillé des événements et de leur impact sur les Acadiens et mettent en place le contexte servant à d'éventuelles représentations de la culture acadienne. Ils fournissent aussi aux générations futures d'Acadiens la description d'un événement qui a eu pour effet de transformer leur histoire culturelle. Les renseignements qui suivent sont extraits de deux des sources les plus importantes de l'époque, les journaux de campagne du lieutenant-colonel John Winslow et de l'un de ses officiers subalternes, Jeremiah Bancroft.

Le lieutenant-colonel John Winslow du Massachusetts était l'officier responsable de rassembler et de déporter les Acadiens de Grand-Pré. Le 19 août 1755, il est arrivé au village accompagné de quelque 300 soldats provinciaux de la Nouvelle-Angleterre. Il n'a rien laissé filtrer des événements à venir, mais il a plutôt donné l'impression d'une mission de routine. Sa première tâche a consisté à établir une base d'opérations sécuritaire, puisque ses troupes étaient largement dépassées en nombre par les 2242 hommes, femmes et enfants acadiens qui habitaient dans la région du bassin des Mines.

Winslow a choisi d'établir son quartier général dans le secteur entourant l'église paroissiale de Saint-Charles-des-Mines, à Grand-Pré. Ses soldats érigèrent une palissade autour du presbytère, de l'église et du cimetière, et ses soldats montèrent leurs tentes dans cette enceinte. Pour ne pas vexer les Acadiens inutilement, Winslow demanda aux représentants de la communautéde retirer les objets sacrés de l'église avant que celle-ci serve de base militaire. Au début du mois d'août 1755, les prêtres de la paroisse de Saint-Charles-des-Mines de Grand-Pré et des paroisses avoisinantes avaient déjà été arrêtés et emmenés à Halifax en attendant d'être déportés en Europe.

Entre la fin août et le début septembre 1755, les Acadiens de Grand-Pré et des villages environnants s'affairaient aux récoltes dans le marais et sur les hauteurs. Les Acadiens étaient loin de se douter que cette récolte serait leur dernière à Grand-Pré.

Le 4 septembre 1755, le lieutenant-colonel Winslow donna l'ordre aux hommes et aux garçons âgés de 10 ans et plus de la région de Grand-Pré de se présenter à l'église le lendemain, à trois heures de l'après midi, pour une annonce importante. Le capitaine Alexander Murray avait utilisé le même prétexte pour inviter tous les mâles acadiens de la région de Pigiguit à se rendre au Fort Edward, le même jour, à la même heure. En fait, les Britanniques avaient usé d'un stratagème semblable, le 11 août, dans la région de Chignectou pour attirer et emprisonner quelque 400 hommes acadiens de la région au Fort Beauséjour — renommé Fort Cumberland après sa capture — ainsi qu'au Fort Lawrence. John Winslow et ses hommes en avaient été témoins juste avant leur départ pour Grand-Pré.

Le 5 septembre, 418 Acadiens de sexe masculin affluèrent donc à l'église de Grand-Pré — désormais entourée d'une palissade et contrôlée par des hommes armés — pour entendre l'annonce. Une fois les hommes rassemblés à l'intérieur de l'église, Winslow demanda à des interprètes qui parlaient le français d'annoncer aux habitants rassemblés qu'ils allaient, ainsi que les membres de leur famille, être déportés. Il déclara aux Acadiens ce qui suit : *« Vos terres et vos logements, votre bétail et votre cheptel de tout genre sont confisqués par la Couronne avec tous vos autres effets, sauf votre argent et vos biens meubles, et que vous-mêmes vous serez déportés hors de cette province ».*

Jeremiah Bancroft, un des officiers subalternes de Winslow, écrit dans son journal qu'en entendant cette annonce l'expression sur le visage des Acadiens était un mélange de honte, de confusion et de colère. Il ajoute que la contenance des Acadiens était si altérée qu'elle en était indescriptible.

L'expulsion des 2242 personnes qui habitaient à Grand-Pré et dans les villages avoisinants ne s'est pas déroulée sans heurts ni aussi vite que prévu. Winslow a dû faire face à une pénurie de navires et à un manque de provisions. Les hommes et les garçons durent passer plus d'un mois emprisonnés, soit dans l'église Saint-Charles-des-Mines soit à bord des bateaux ancrés dans le bassin des Mines, avant que le reste de la population soit aussi entassé à bord des navires. Winslow décrit en ces termes la scène du premier contingent de jeunes hommes marchant de l'église, le long du chemin bordant le marais, jusqu'au rivage de ce qui est aujourd'hui Horton Landing : « Ils allaient priant, chantant et pleurant, les femmes et les enfants, les interpellant tout le long avec moult lamentations et se jetant à genoux et priant ».

Le 8 octobre 1755 commença l'embarquement des hommes, femmes et enfants dans les bateaux qui attendaient. Le départ des petits bateaux se fit de Horton Landing. Les gens de Grand-Pré et de Gaspereau furent les premiers à partir. Winslow consigna dans son journal que « [les habitants] partirent contre leur gré, les femmes en grande détresse transportant leurs enfants dans leurs bras, tandis que d'autres transportaient leurs parents décrépits dans des charrettes et tous leurs biens, se déplaçant dans une grande confusion. C'était une scène pathétique de grande souffrance ».

Les Acadiens vivaient ensemble en de grandes familles élargies. C'était d'ailleurs là la base de leurs établissements et un élément clé de leur succès dans l'érection des digues et la source de leur sentiment d'indépendance. Bien que Winslow ait ordonné que les familles ne soient pas séparées, bien souvent cela s'avéra impossible dans la confusion et en raison de la petite taille des bateaux. Par conséquent, des amis, des parents et des voisins furent séparés pour ne plus jamais se revoir.

Du 19 au 21 octobre 1755, les soldats forcèrent une partie des familles des communautés environnantes de Rivière-aux-Canards à se réunir à Grand-Pré en vue de l'embarquement éventuel à bord des bateaux. Ce groupe d'environ 600 habitants était composé de 98 familles. En attendant l'arrivée des transports, ils furent hébergés dans les maisons acadiennes récemment évacuées, non loin du camp de Winslow ainsi que sur les hauteurs surplombant le marais. Ces familles furent déportées dans les colonies anglo-américaines, juste avant Noël 1755.

Les Acadiens de Grand-Pré furent déportés dans cinq colonies anglo-américaines, soit la Pennsylvanie, la Virginie, le Maryland, le Connecticut et le Massachusetts. Lors des décennies à venir, des milliers d'Acadiens accosteraient dans des ports un peu partout dans le monde pour repartir aussitôt en quête d'un endroit d'où ils pourraient revenir dans leur Acadie natale. C'est durant cette odyssée qu'est née la diaspora acadienne.

Grand-Pré devient le canton de Horton

En 1760, des *Planters* de la Nouvelle-Angleterre arrivent à Grand-Pré pour reprendre les terres des Acadiens. Cette région est dorénavant connue sous le nom de canton de Horton. À cette époque, comme aujourd'hui, le marais transformé constitue un élément central pour les habitants de la région. À l'instar des Acadiens avant eux, les *Planters* de la Nouvelle-Angleterre ont développé un solide lien à la terre et à leur mode de vie rural. Bien que le marais de Grand-Pré ait été agrandi au cours des ans, il est extrêmement fertile aujourd'hui encore et ses principaux éléments d'origine sont toujours en place.

Création d'un lieu de mémoire

Au début du XIXe siècle, certains individus et organismes ont commencé à commémorer la présence révolue des Acadiens à Grand-Pré. Deux grandes forces étaient à l'œuvre. L'une était liée aux travaux artistiques, historiques et littéraires reliant Grand-Pré, plus que tout autre village de l'époque d'avant 1755, à la Déportation. L'autre influence, la Renaissance acadienne, s'est manifestée à partir de la deuxième moitié du XIXe siècle dans toutes les provinces maritimes du Canada. Ces deux forces se sont jumelées pour superposer le paysage agricole et le paysage symbolique.

Des gens comme John Frederic Herbin et le révérend père André D. Cormier, des entreprises privées comme le Dominion Atlantic Railway et la Société nationale l'Assomption, de même que l'ensemble de la communauté acadienne ont fait de Grand-Pré un lieu historique et un attrait touristique majeur en Amérique du Nord. Les monuments commémoratifs, les bâtiments et le jardin qu'ils ont créés sont une manière symbolique, pour les descendants de ceux qui en ont été expulsés en 1755, de se réapproprier la région de Grand-Pré. Par conséquent, pour les gens de descendance acadienne, Grand-Pré est devenu le lieu historique qui leur est le plus cher.

Aujourd'hui, le lieu historique national de Grand-Pré, situé au cœur du site du patrimoine mondial du paysage de Grand-Pré, commémore l'ancien établissement acadien, la Déportation ainsi que l'attachement jamais démenti des Acadiens et des Acadiennes envers leurs terres ancestrales.

À Grand-Pré, le 28 juillet 2005, la Croix de la Déportation a été déplacée et consacrée à nouveau au cours des cérémonies de commémoration du 250e anniversaire de la Déportation des Acadiens. Le monument est situé sur la côte même où on a embarqué les Acadiens dans les navires britanniques pour les déporter.

Remerciements

Publié avec la permission de Parcs Canada

Sites Web

Parcs Canada (www.parcscanada.gc.ca/grandpre)

Le paysage de Grand-Pré (www.paysagedegrand-pre.ca/histoire-et-deacuteveloppement.html)

UNESCO (http://whc.unesco.org/fr/list/1404)

Notes de fin

1. Étendue de terre gagnée sur la mer ou sur un plan d'eau quelconque au moyen de la construction de digues de protection contre l'inondation

2. Zone littorale située entre les limites de marée haute moyenne et de marée basse moyenne

L'ABOITEAU EN ACADIE, UN ÉLÉMENT CLÉ DE LA CULTURE ET DE L'ÉCONOMIE

Whitney P. Broussard III

On pourrait soutenir, à juste titre, que l'expertise des Acadiens en aménagement des eaux et leur sens aigu de l'exploitation des terres à des fins agricoles ont fini par mener à leur déportation. Les Acadiens ont été les tout premiers Européens à venir s'installer dans le Nord-Est. Ils n'ont pas tardé à voir le potentiel offert par les basses terres côtières fertiles et à se lancer dans un effort de récupération des terres comme on n'en avait jamais vu à l'époque. Cet effort massif a abouti à la transformation des parties hautes des marais salés autour de la baie de Fundy en des champs fertiles en vue de cultiver du foin et d'autres grains en quantité suffisante pour subvenir aux besoins d'une société autonome et en croissance constante. Une telle richesse attirait bien des regards envieux du fait que les terres des Acadiens comptaient parmi les plus productives du Nouveau Monde.

Les régions ombragées montrent les zones humides qui entourent La Rochelle en France, vers 1600.

Un grand nombre des premiers Acadiens étaient originaires du Poitou, une région agricole. Ces immigrants de La Rochelle et des environs, qui vivaient entourés de vastes terres marécageuses, apportèrent des connaissances évoluées en techniques d'assainissement des terres à des fins agricoles, et notamment la construction de levées pour la production de sel, connaissances acquises au fil des générations. Ils trouveront en Acadie plus de 86 000 acres de riches marais d'eau salée, alimentés deux fois par jour par les plus hautes marées au monde. Tirant parti des deux systèmes, les villages acadiens ont vite pris de l'expansion sur la bande de terre située entre les hautes terres et les terres marécageuses

Les premiers colonisateurs qui accompagnaient les Acadiens les critiquaient pour l'attention qu'ils portaient aux marais salés qui, à première vue, pouvaient sembler improductifs. À l'époque, une économie agricole qui s'appuyait sur les riches terres forestières constituait le paradigme du progrès en Europe. La plupart des colons déboisaient les forêts pour en faire des terres agricoles alors que les Acadiens récupéraient les marais d'eau salée pour en faire des champs cultivables, et ce, avec une efficacité sans faille. Les terres cultivables des Acadiens allaient devenir des biens précieux et éveilleraient la convoitise de deux nations ennemies.

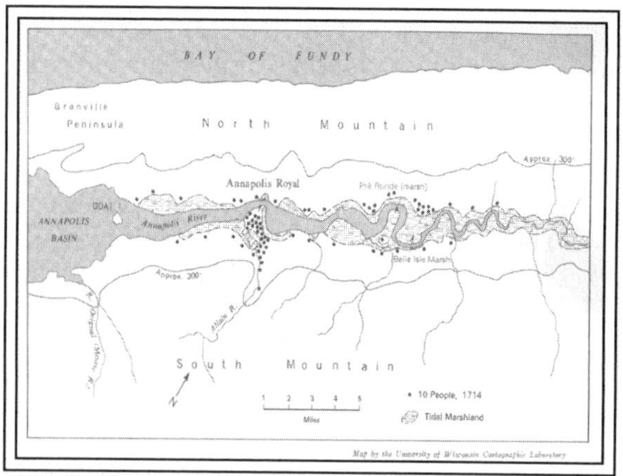

Illustration©A. H. Clark Acadia 1968

L'assèchement des régions marécageuses par les Acadiens a commencé à Port-Royal, premier établissement européen permanent en Acadie. Notez l'emplacement des fermes sur le bord des marais ainsi que l'alignement linéaire des propriétés au haut de la rivière.

L'aboiteau

Le concept est on ne peut plus simple : sur un périmètre donné, ériger une digue qui dépasse de quelques mètres le niveau le plus élevé des plus hautes marées afin de séparer et de protéger la partie la plus élevée des marais salés de l'action de la baie. À la longue, les pluies adoucissent les marais endigués et les terrains deviennent cultivables. Une dalle d'écoulement est construite à l'endroit où un étier à écoulement libre croise la digue pour que les champs nouvellement endigués ne soient pas inondés par de fortes pluies. Pour empêcher l'eau salée de pénétrer dans les champs par la dalle d'écoulement, sous l'effet des marées, une vanne à sens unique est fixée sur la dalle afin de permettre à l'eau douce circulant librement de sortir des terres endiguées tout en empêchant les marées d'eau salée d'y pénétrer. L'aboiteau est donc constitué d'une digue, d'une dalle d'écoulement et d'une vanne.

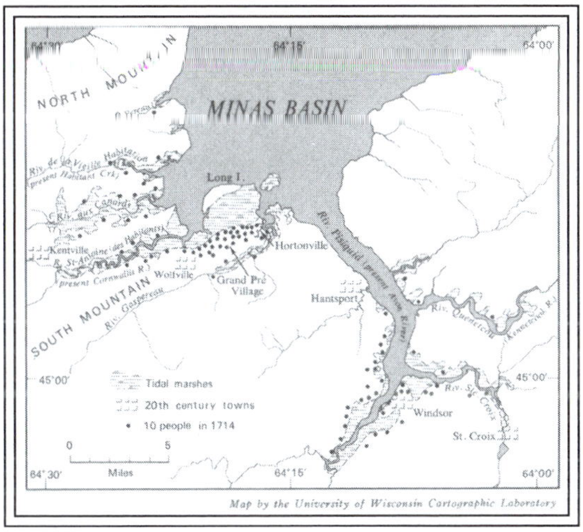

Illustration©A. H. Clark Acadia 1968

L'assèchement des régions marécageuses alimentait le village de Grand-Pré idéalement situé sur le sommet d'une terrasse dominant le vaste marais en contrebas et devint un des plus grands projets d'assèchement de marais en Acadie.

Le sieur Diéreville, chirurgien et écrivain originaire de la Normandie, a séjourné dans la région de Port-Royal de septembre 1699 à octobre 1700. Voici la description succincte[1] qu'il a faite de la façon dont les Acadiens s'y prenaient pour créer des terres cultivables à partir des terres côtières marécageuses (*en vieux français*) : « Il en coûte beaucoup pour accommoder les terres qu'on veut cultiver [...] Il faut pour avoir des Bleds dessécher les Marais que la Mer en pleine marée inonde de ses eaux, et qu'ils apellent les Terres Basses; celles-là sont assez bonnes, mais quel travail ne faut-il pas faire pour les mettre en état d'être cultivées. On n'arrête pas le cours de la Mer aisément; cependant les Acadiens en viennent à bout par de puissantes Digues qu'ils apellent des Aboteaux, et voicy comment ils font; ils plantent cinq ou six rangs de gros arbres tous entiers aux endroits par où la Mer entre dans les marais et entre chaque rang ils couchent d'autres arbres de long les uns sur les autres, et garnissent tous les vuides si bien avec de la terre glaise bien battuë, que l'eau n'y sçauroit plus passer. Ils ajustent au milieu de ces Ouvrages un esseau de manière qu'il permet à la marée basse, à l'eau des Marais de s'écouler par son impulsion, et défend à celle de la Mer d'y entrer. Un travail de cette nature qu'on ne fait qu'en certains temps que la Mer ne monte pas si haut, coûte beaucoup à faire, et demande bien des journées; mais la moisson abondante qu'on en retire dès la seconde année, après que l'eau du Ciel a lavé ces terres, dédommage des frais qu'on a faits. Comme elles appartiennent à plusieurs, ils y travaillent de concert. »

Peinture©A. Vienneau. Musée de la Nouvelle-Écosse

Portrait d'une communauté acadienne réparant un aboiteau, une digue et la structure d'une écluse, ce qui rendait l'agriculture possible dans les régions marécageuses qui entouraient la baie de Fundy. Notez l'emplacement de l'écluse au point le plus bas du paysage, permettant ainsi à la pluie d'être drainée hors des terres protégées.

Mottes d'herbe des marais, dalle d'évacuation et vanne

La digue était construite avec des mottes d'herbe des marais et de la boue. Les mottes destinées à la paroi extérieure pentue de la levée étaient taillées selon un angle précis. Il fallait garder les racines en vie afin de favoriser la croissance d'une nouvelle couverture végétale en surface de la digue qui maintiendrait la terre en place et consoliderait la digue.

Les mottes étaient taillées en « briques » d'environ 10 cm de large et le côté herbeux était coupé à un angle de trente degrés. Cette partie du travail était habituellement effectuée par un coupeur d'expérience. L'extraction de la boue dans le marais et le remplissage de l'intérieur de la digue ne nécessitant pas autant de précision, on laissait habituellement ces tâches à un jeune apprenti. On prenait la boue de remplissage dans un site à proximité de la digue – créant du même coup un fossé d'emprunt. On disposait une première rangée de mottes sur le sol de chaque côté de la digue et on remplissait l'intérieur avec de la boue extraite du marais qu'on compactait ensuite en la piétinant. Lorsque la boue de remplissage atteignait le même niveau que les rangs de mottes, on superposait une autre rangée de mottes sur les précédentes, à la manière des briqueteurs lorsqu'ils construisent un mur, et on recommençait à remplir l'intérieur de boue qui était aussi compactée. Le processus se répétait jusqu'à ce que la digue atteigne la hauteur voulue, qui était toujours de quelques mètres au-dessus du niveau des plus hautes marées.

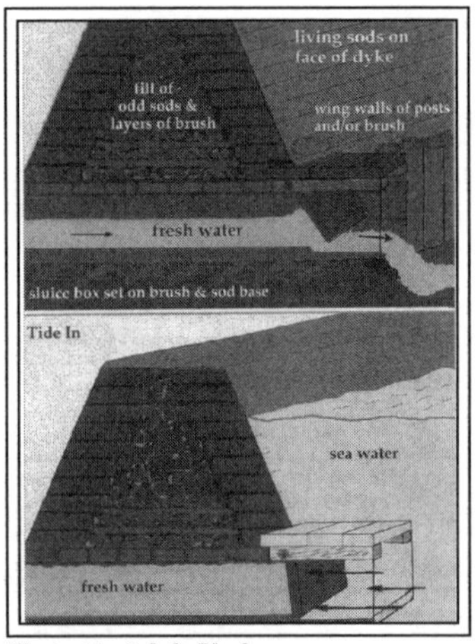

Illustration©J. S. Bleakney

La section transversale d'une écluse insérée dans une digue. L'aboiteau consiste en une écluse qui canalise l'eau de pluie hors des terres et d'une porte d'écluse (clapet) qui empêche l'eau de mer d'entrer.

Les digues empêchaient les deux marées quotidiennes de submerger les terres ainsi protégées. Cependant, il fallait aussi prévoir le drainage des champs en faisant s'écouler les eaux pluviales dans la mer pour qu'elles ne noient pas les nouveaux champs endigués. Pour arriver à tenir les marées en échec tout en permettant l'écoulement de l'eau de pluie dans la mer, les Acadiens construisaient une dalle sous la digue à l'endroit le plus bas du site, habituellement là où la digue croisait un étier ou petit canal de marée. La dalle était placée sur un lit de sapinage au-dessous de la digue afin de l'empêcher de s'enfoncer, puis elle était recouverte de mottes d'herbe. Bien que de conception simple, ces ouvrages nécessitaient une nombreuse main-d'œuvre pour leur construction. Cependant, ils fonctionnaient extrêmement bien.

Photo©W. Broussard

Un canal de drainage moderne à Grand-Pré passe à travers l'écluse (sous le photographe) et rejoint la mer.

La dalle d'écoulement était taillée dans un gros tronc d'arbre qu'on évidait au moyen d'un marteau et d'un ciseau pour lui donner la forme d'une auge. Elle était recouverte de planches fixées sur le dessus du tronc évidé pour empêcher que la boue de remplissage n'y tombe. La partie creuse de la dalle d'écoulement s'évasait à l'extrémité qui donnait sur la mer, créant une arête sur ses parois. Une vanne était suspendue du côté de l'arête donnant sur la mer, à partir des mottes du dessus de la dalle. Ainsi, la vanne pouvait s'ouvrir vers la mer sous la pression des eaux pluviales. Par contre, lorsque la pression des marées montantes repoussait la vanne en direction des terres, l'arête maintenait la vanne en place et empêchait l'eau de pénétrer dans la dalle et de submerger les terres protégées derrière la digue. C'est ainsi qu'on arrivait à obtenir une terre agricole fertile à l'intérieur de la digue et un marais salé à l'extérieur.

Un estuaire maritime contemporain d'une écluse moderne à Grand-Pré. Notez comment les vasières sont prononcées contrairement aux terres fertiles du haut de l'estuaire dans la photo précédente.

Photo©W. Broussard

Agriculture et subsistance

La récupération des marais à des fins agricoles est un processus cumulatif qui a pris naissance en réponse à la croissance démographique et au besoin de nouvelles terres. Elle a atteint son apogée lorsque les jeunes couples ont commencé à s'installer dans le bassin des Mines et à Beaubassin. On ne souhaitait pas déboiser les forêts dans les hautes terres dont le potentiel agricole était faible.

Les fermes acadiennes qui se suffisaient à elles-mêmes sont peu à peu devenues viables commercialement lorsqu'elles ont commencé à faire l'élevage d'un plus grand nombre de têtes de bétail que ce dont les familles avaient besoin. Des recherches archéologiques ont montré que les Acadiens mangeaient peu de poisson, leur préférant les animaux d'élevage. Le blé et le foin étaient les principales récoltes destinées au commerce. On cultivait également le maïs, l'avoine, la betterave, la ciboulette, la laitue, le navet, l'oignon, la carotte, le lin et le chanvre. Les terres endiguées étaient réservées au bétail et aux moutons, alors que les cochons étaient gardés dans la forêt. Les vergers se trouvaient dans les collines.

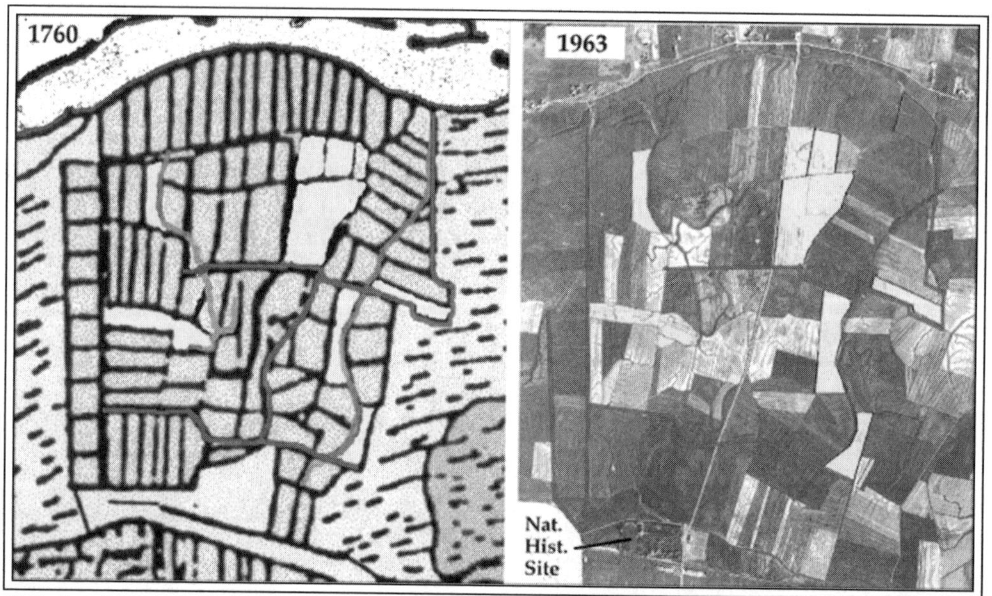

Illustration et photo©J. S. Bleakney, Sods, Soil, and Spades 2004

La reconstruction du terrain de Grand-Pré en 1760 (à gauche) se compare bien avec la photo aérienne de la région prise en 1963 (à droite). Peu de choses ont changé depuis les 200 dernières années; cela démontre à quel point les Acadiens avaient bien situé leurs champs, leurs canaux de drainage et leurs aboiteaux.

Les terres des Acadiens étaient très productives et se comparaient à n'importe quel autre système agricole de l'époque. Le legs des premiers Acadiens est encore visible dans la configuration actuelle des terres. Le fruit de leur dur labeur leur survit toujours 200 ans plus tard. Bien des champs du XVIIe siècle sont maintenant regroupés, suivant la tendance générale observée dans l'agriculture moderne, mais les digues et les vannes originales sont pour la plupart toujours en place.

Photo©R. E. Turner

Un panneau de signalisation routière indique Avon Causeway, une infrastructure moderne construite au-dessus de la rivière Avon à Windsor en Nouvelle-Écosse. Le pont-jetée sert aussi de digue et d'aboiteau protégeant les terres agricoles des grandes marées tout en permettant à l'eau de pluie de sortir du système, lorsque nécessaire.

Aménagement des eaux de nos jours

Les Acadiens d'aujourd'hui, tant ceux de l'Acadie du Nord que ceux de la Louisiane, emploient toujours un système sophistiqué d'aménagement des eaux. De grands systèmes d'aboiteaux érigés au moyen de machines modernes protègent de plus grandes bandes de terres arables en Nouvelle-Écosse et au Nouveau-Brunswick. Comme certaines de ces terres protégées n'ont pas été cultivées ces dernières années, les environnementalistes demandent qu'elles soient ramenées à leur état naturel de marais salés sujets à l'action des marées. Pour y arriver, les petits réseaux de canaux d'écoulement des eaux pluviales et de vannes ont été remplacés par de très grands ponceaux à ciel ouvert qui laissent les marées entrer et sortir des terres protégées. De la même manière que les aboiteaux ont lavé et domestiqué ces terres fertiles aux fins de l'agriculture de subsistance, les ponceaux ouverts permettent à la faune et à la flore des marais salés de réintégrer leur milieu naturel.

Photo©R. E. Turner

Un caniveau ovale en aluminium ondulé qui remplace un plus petit caniveau en bois où le pont-jetée traverse Cheverie Creek en Nouvelle-Écosse. Le nouveau caniveau permet à la marée de remonter et de descendre le courant sans problème. Cette technique de restauration devient de plus en plus fréquente pour remettre les champs agricoles abandonnés à leur état initial, c'est-à-dire avant l'établissement des premiers colons

Il convient de noter que les pratiques d'aménagement des eaux utilisées dans l'Acadiana, en Louisiane, ressemblent de façon saisissante à celles de l'Acadie du Nord. Bon nombre d'Acadiens se sont réinstallés dans les basses terres côtières du sud de la Louisiane, à l'élévation similaire depuis le golfe du Mexique jusqu'aux hautes terres de la prairie cadienne.

Il existe beaucoup de documentation sur les modes d'établissement des Cadiens dans les hautes terres du bayou Teche, les chêniers et les prairies à herbes hautes. Vu la richesse des marais, des marécages et des baies, les Cadiens n'ont pas tardé à s'installer au cœur de ces lieux humides. Aujourd'hui encore, on peut difficilement nier l'existence de pratiques semblables en matière d'aménagement des eaux en Louisiane, surtout qu'on emploie des vannes à sens unique pour contrôler la salinité ou le niveau d'eau des étangs côtiers, des prés, des rizières et des zones de gestion de l'habitat.

D'ailleurs, l'une des plus anciennes méthodes de restauration et de préservation des terres humides côtières en Louisiane est la gestion structurelle qui comprend l'utilisation de levées, de barrages et de vannes qui font justement cela. Même si aucun document ne permet de montrer l'existence en Louisiane d'aboiteaux acadiens de la fin du XVIIIe siècle constitués d'une dalle d'écoulement faite à partir d'un tronc d'arbre évidé à la main et d'une vanne, il y a fort à parier qu'une telle découverte archéologique pourrait être faite et que cela mérite que les fouilles se poursuivent. Qu'un élément matériel soit mis au jour ou pas, l'histoire de l'aménagement des eaux dans la Louisiane actuelle a des liens indéniables avec le peuple acadien et est enracinée dans la culture acadienne. Aucun autre legs n'illustre mieux ces rapports que le concept des aboiteaux.

Remerciements

Ce projet n'aurait pu voir le jour sans l'aide de R. Eugene Turner, de Melissa Baustian, de Jennifer Lasseigne et de Russell Fielding qui, en collaboration avec l'auteur, ont fait la recherche en vue d'une exposition muséale. Ils ont également cosigné et monté ladite exposition dans le cadre d'un cours de niveau doctoral enseigné par M. Turner à la Louisiana State University, en 2006. Leurs travaux sont maintenant exposés au Musée acadien à Erath, en Louisiane. Pour le financement, nous sommes redevables au ministère de l'Éducation qui a accordé une subvention au titre du programme *Restoring the North American Ecological Landscape* [réhabilitation du paysage écologique nord-américain] et au Louisiana Endowment for the Humanities [Fonds de dotation pour les sciences humaines de la Louisiane].

Bibliographie

BLEAKNEY, J.S. *Sods, Soil, and Spades: The Acadians at Grand-Pré and Their Dykeland Legacy.* Montréal: McGill-Queen's University Press, 2004

CLARK, A.H. *Acadia: The Geography of Nova Scotia to 1760.* Madison, WI: University of Wisconsin, 1968.

Notes de fin

1. *Relation du voyage du Port-Royal de l'Acadie ou de la Nouvelle-France*

ÉVANGÉLINE, L'ICÔNE QUI NE VEUT PAS MOURIR

Joseph Yvon Thériault

Bien que depuis déjà cinquante ans, on se plaît dans les milieux acadiens à vouloir se débarrasser d'Évangéline, elle se refuse à mourir. On a dit d'elle qu'elle était une invention chimérique. Qu'avec Évangéline, on avait troqué la véritable histoire des Acadiens contre une romance. Que c'était une Américaine docile et sans enfants, bien loin des femmes acadiennes réelles. Qu'à la fin du 19e siècle les élites nationalistes acadiennes des provinces maritimes, et au début du 20e siècle les élites cadiennes de la Louisiane l'avaient instrumentalisée pour asseoir leur domination culturelle sur ces communautés francophones.

Mais rien n'y fait vraiment. Évangéline court toujours. Elle est présente dans les productions visuelles d'artistes contemporains comme le Néobrunswickois Herménégilde Chiasson ou le Louisianais George Rodrigue. On retrouve son personnage, de façon explicite ou furtive, dans les œuvres littéraires contemporaines d'une Antonine Maillet ou d'un Claude Lebouthillier au Nord, et dans celles d'un James Lee Burke ou Tim Gautreaux au Sud. À Saint-Martinville, au cœur du pays des bayous, on continue à visiter sa statue personnifiée par la vedette cinématographique mexicaine, Dolores Del Rio, qui a joué le rôle d'Évangéline dans la production hollywoodienne de 1929. À Grand-Pré aussi, depuis les années 1930, le monument d'Évangéline trône toujours au centre d'un parc commémoratif et d'un milieu naturel ajouté par l'UNESCO en 2013 au patrimoine mondial. Des universitaires, comme Maria Leiter Herbet, *Becoming Cajun, Becoming American: The Acadian in American Literature from Longfellow to James Lee Burke*[1] [Devenir Cadien, devenir Américain : l'Acadien dans la littérature américaine, de Longfellow à James Lee Burke], et l'auteur de ce texte, Joseph Yvon Thériault (*Évangéline : contes d'Amérique*)[2], continuent à étudier l'influence du poème sur la construction identitaire des descendants des expulsés de l'Acadie française de 1755.

Évangéline fut au départ une icône américaine née de la plume d'Henry Wadsworth Longfellow, dans son poème intitulé *Évangeline : A Tale of Acadie* (1847) [Évangeline, un conte d'Acadie]. Longfellow participait alors avec Waldo Emerson, son ami Nathaniel Hawthorne et d'autres littéraires à la construction de récits et d'images qui allaient façonner l'identité de la jeune République américaine. À la recherche de son amant perdu, dans la deuxième partie du 18e siècle au moment de la guerre d'Indépendance, Évangéline parcourt ce qui allait devenir la nouvelle frontière américaine : l'Ohio, les plaines de l'Ouest, le Mississippi et la Louisiane. Elle termine sa pénible vie en 1794, chez les quakers de la Pennsylvanie, dans la ville de Penn où l'on vient de signer l'indépendance américaine. Poème le plus lu dans les écoles anglo-américaines au tournant du XXe siècle, l'étoile d'Évangéline pâlira lentement par la suite, comme l'image de son auteur, sous les assauts combinés de l'avènement du modernisme littéraire et du rejet du romantisme.

L'évanouissement d'Évangéline de l'imaginaire américain se fera en même temps que sa réappropriation par deux groupes habitant aux confins géographiques de l'Amérique : au Nord, dans l'ancienne Acadie française et, au Sud, dans le sud-ouest de la Louisiane. Dans ces deux lieux, Évangéline occupera le cœur d'une nouvelle construction identitaire.

Dans l'Acadie du Nord, c'est grâce à la traduction du poème au Québec, par Pamphile Lemay en 1864, que l'héroïne sera popularisée. À la suite du poème, la déportation deviendra le centre d'une interprétation nationaliste de l'histoire des franco-catholiques séjournant sur le territoire dont on avait tenté de bannir à tout jamais leurs ancêtres au milieu du siècle précédent. La figure d'Évangéline, en tension avec celle de Notre-Dame-de-l'Assomption, patronne des Acadiens — comme en fait foi le site de Grand-Pré où les deux statues se font ombrage — marquera le difficile chemin d'un récit coincé entre la tragédie acadienne et le désir de refaire la société. Cette configuration nationaliste se maintiendra pendant un siècle et sera à la source d'une société acadienne s'organisant par et à travers ses institutions largement catholiques : paroisses, couvents, collèges, journaux, associations nationales.

C'est au tournant des années 1960, sous l'effet d'un État providence grandissant, que cette Acadie sera sommée de se moderniser. Dans la critique du caractère économiquement et culturellement arriéré (traditionnel) de l'Acadie du siècle précédent, Évangéline fut prise à partie, tant par les artistes, les littéraires, que par les historiens. La centralité de sa figure dans le vieux nationalisme acadien aurait été grandement responsable du retard attribué à la société acadienne. On chercha des figures plus « acadiennes » — Louis Mailloux, Pélagie-la-Charrette — pour représenter une Acadie plus batailleuse, mais aussi plus individualiste.

En Louisiane, c'est après la guerre civile que l'œuvre du grand poète américain fera son entrée dans l'univers des Cadiens. Jusqu'à cette époque, ces derniers sont déconsidérés tant par les dominants Créoles blancs, les Américains, que par les populations noires. On les considère comme de petits Blancs catholiques, peu travaillants, à la civilité violente, aimant la fête, parlant un vieux patois franco-américain et dont les conditions socioéconomiques se rapprochent de celles des anciens esclaves noirs (*nègres blancs*). À la fin du 19e siècle, dans *The True Story of Evangeline* [La véritable histoire d'Évangéline], le juge Felix Voorhies, en faisant d'Évangéline l'ancêtre des Cadiens de la Louisiane, les « acadianisera ». Ils pourront dorénavant se définir comme un peuple doux, dans la tradition du romantisme démocratique américain, de noble descendance française. La figure d'Évangéline permettait à la fois de dissocier les Acadiens des Créoles blancs déchus à la suite de la guerre civile et des populations noires (les Acadiens n'auraient pas eu d'esclaves?). La romance d'Évangéline ouvrait, par le chemin de l'ethnicité acadienne, la voie à l'américanisation de ces franco-catholiques, petits Blancs du Sud.

Comme chez les Acadiens du Nord, les années 1960 verront la jeunesse cadienne louisianaise contester l'importance acquise par cette icône populaire. C'est principalement son caractère non authentique qu'on lui reprochera, trop « américaine », elle ne serait pas une véritable héroïne cadienne. Si la colère contre Évangéline se levait en même temps que le réveil acadien — mouvement qui visait à revaloriser la parole française en Louisiane — c'est que le parler français que l'on voulait restaurer n'était pas le vieux parler français de France, mais le français cadien. Évangéline était trop associée à la tentative des « Genteel Acadians » de la période précédente, ce groupe qui voulait ennoblir les Cadiens en épurant leur langue et leurs mœurs. Finalement, c'est une culture cadienne qui s'affirmera, moins liée à la langue et plus au territoire, moins historique et plus écologico-culturelle. Évangéline, irréductiblement liée à l'identité française et acadienne des Cadiens, trouvait difficilement sa place dans ce nouveau paysage identitaire.

Malgré la colère anti-Évangéline, malgré la volonté de s'en défaire, de l'oublier, Évangéline court toujours. Comme nous l'avons rappelé, c'est une icône qui ne veut pas mourir. Pourquoi cette résilience? C'est qu'Évangéline, tant en Acadie du Nord que chez les Cadiens du Sud, est étroitement associée à la formation identitaire, à la naissance de ces groupes. C'est son récit qui a contribué à façonner l'idée qu'une nation acadienne est née des cendres de la déportation sur le territoire de l'ancienne Acadie française; c'est son récit, en Louisiane, qui a fixé les frontières du pays imaginaire cadien de celui des anciens créoles français et des populations noires. Chaque fois que l'on veut faire tomber Évangéline de son piédestal, c'est cette identité que l'on ébranle.

Évangéline s'évanouira définitivement lorsque les communautés d'histoire qu'elle a contribué à construire seront définitivement disparues ou se seront mutées en une autre identité.

Notes de fin

1. LSU Press 2009
2. Québec Amérique, 2013

Beausoleil Broussard, un héros acadien

Dianne Marshall

D'un établissement rural idyllique près de Port-Royal émergea un homme dont l'impact sur sa communauté se fait toujours sentir 300 ans plus tard.

Joseph Brossard (orthographié Broussard par la suite) n'était qu'un jeune garçon lorsque, en 1710, les Britanniques prirent le contrôle de Port-Royal qu'ils renommèrent Annapolis Royal, en hommage à leur reine. Pourtant, malgré son jeune âge, il ne put faire autrement que de remarquer l'impact négatif que cela eut sur les adultes de son entourage.

Par son père François, un leader de la communauté, il apprit vite à ne pas faire confiance aux occupants britanniques et il comprit la nécessité de protéger, de défendre et de se battre pour les droits des Acadiens. À l'adolescence, l'exubérance de la jeunesse prit le dessus et Joseph, qu'on commençait à surnommer « Beausoleil » en raison du nom du village près de la ferme familiale, devint une nuisance pour l'autorité britannique.

Le Conseil britannique ne savait pas comment régler le problème de ce jeune chenapan arrêté à plusieurs reprises et qui, à une occasion au moins, avait participé à une attaque mi'kmaw[1] contre le Fort Anne. Ils le laissaient partir en lui adressant un avertissement, car toute autre mesure n'aurait fait qu'encourager et inspirer les jeunes acadiens et leurs amis mi'kmaq à mener d'autres attaques. Joseph commençait à sentir le pouvoir de la résistance.

En 1730, Joseph et son frère Alexandre — qui était aussi son meilleur ami et son confident — avaient une femme et des enfants à nourrir. Afin de se soustraire à l'influence et au contrôle britanniques, ils s'installèrent dans une région au nord de la baie de Fundy connue sous le nom de Chipoudie, où ses frères ainés étaient déjà établis depuis plusieurs années. À une distance raisonnable des Britanniques, ils y fondèrent un village qu'ils nommèrent Beausoleil; ils menèrent une vie familiale heureuse auprès de leurs amis et alliés mi'kmaq.

Cependant, la situation commença à changer lorsqu'un nouveau prêtre, Jean-Louis LeLoutre, arriva sur place en 1738. LeLoutre était différent de tous les curés qu'ils avaient connus auparavant. Fervents catholiques, les Acadiens avaient énormément de respect pour les prêtres, dont une grande majorité était à la solde des Français au Québec et chargés de susciter un sentiment antibritannique chez les Acadiens. LeLoutre était cependant différent. Il encourageait l'agitation comme nul autre avant lui, et son influence se fit rapidement sentir dans la région.

Les graines de la résistance, qui avaient germé en lui à Annapolis Royal lorsqu'il n'était qu'un jeune homme, ont recommencé à croître dans le cœur et l'esprit de Beausoleil. Son destin consistait à se battre pour les Acadiens, et il se battrait. Le village de Beausoleil, qui n'était qu'une communauté agricole comme tant d'autres, endossa un nouveau rôle. Il devint le quartier général d'une cellule de résistance qui allait laisser sa marque dans l'histoire acadienne et dans celle du monde pour les générations à venir.

Encouragés par le curé LeLoutre, les Broussard, leurs amis mi'kmaq et d'autres familles de la résistance travaillèrent pour la Forteresse française de Louisbourg. Ils avaient un but commun : chasser les maudits anglais hors de l'Acadie, peu importe ce qu'il en coûterait. Même s'il y avait d'autres cellules de résistance dans la région, celle de Beausoleil était la plus active. Sous sa direction, des groupes de combattants menaient des attaques terrestres, de la Nouvelle-Écosse au Massachusetts, créant des ravages dans de nombreuses fermes et villages britanniques. À titre de mesure incitative, les autorités françaises, à Québec comme à Louisbourg, offraient une prime de 100 livres (monnaie acadienne) par scalp britannique.

En colère, le gouverneur du Massachusetts, William Shirley, promit lui aussi une prime par scalp, même si ses soldats ne pouvaient égaler Beausoleil et ses hommes qui connaissaient ce territoire comme leur poche. Shirley commença à faire pression auprès du gouvernement britannique dans le but de créer une base militaire sur la côte Atlantique de la Nouvelle-Écosse pour contrer l'influence de Louisbourg. Le rôle de la Grande-Bretagne dans la guerre de Succession d'Autriche l'a emporté sur les affaires coloniales; les demandes de Shirley sont donc restées sans réponse.

Malheureusement pour Louisbourg, la France se trouvait dans la même situation et ses ressources étaient fortement réduites. En 1746, Shirley et les autres gouverneurs de la Nouvelle-Angleterre prirent les choses en main. Ils créèrent une force civile, et avec l'aide de la marine britannique à proximité, orchestrèrent avec succès une attaque contre Louisbourg. Deux ans plus tard, alors que Louisbourg était redonné à la France en vertu d'un traité, la Grande-Bretagne prit en considération la suggestion de Shirley et, en juin 1749, une expédition britannique, sous le commandement du colonel Edward Cornwallis, arriva à la baie de Chebucto pour fonder l'établissement de Halifax.

Cornwallis, inquiet à la lecture des rapports concernant les attaques de la résistance, invita les représentants acadiens de la Nouvelle-Écosse à venir discuter avec lui. Il les informa qu'il souhaitait une coexistence pacifique, à condition que les Acadiens prêtent serment d'allégeance à la Couronne britannique, ce que plusieurs générations avant eux avaient refusé de faire. Beausoleil n'est pas resté les bras croisés pendant ce temps. Ce que Cornwallis ignorait, c'est qu'un des représentants assis à cette table était Alexandre Broussard qui rapporta à Beausoleil et à LeLoutre ses observations relatives aux forces dont disposait la garnison britannique stationnée à Halifax.

Le mouvement de résistance avait une nouvelle cible. Louisbourg et Québec fournissaient les ressources, mais la plupart du temps, Beausoleil planifiait et exécutait la totalité des opérations. Acadiens, Mi'kmaq et soldats français, souvent déguisés en Mi'kmaq, formaient une force de combat intrépide.

Plusieurs attaques effroyables en périphérie de Halifax terrifièrent les habitants et laissèrent les militaires incapables de faire autre chose que de renforcer leur défense. Une palissade de trois mètres entourait l'établissement et tous ceux qui osaient s'aventurer au-delà des murs le faisaient à leur propre risque. Le marché pour les scalps britanniques s'avérait très lucratif. En peu de temps, Cornwallis et ses hommes promirent une prime similaire pour les scalps mi'kmaq.

En 1753, Cornwallis retourna en Angleterre et son successeur Hopson ne resta qu'une année. Ces deux gouverneurs croyaient que les Acadiens — qui avaient prêté allégeance — avaient le droit de vivre en paix et de devenir propriétaires de leurs terres, car en qualité de fermiers, ils étaient essentiels à la survie de la colonie. Ils s'étaient tous deux catégoriquement opposés à l'idée émise par le gouverneur Shirley de rassembler tous les Acadiens et de les déporter de la Nouvelle-Écosse.

En 1754, le lieutenant-gouverneur Charles Lawrence prit une tout autre position. Lawrence, un soldat d'expérience, connaissait bien les tracas que Beausoleil causait aux Britanniques qui essayaient de s'établir en Nouvelle-Écosse. Même si la plupart des Acadiens étaient neutres, Lawrence les considérait tous comme des ennemis. En juin 1755, la capture de navires français à destination de Louisbourg, l'*Alcide* et le *Lys*, lui donna le prétexte idéal pour mettre fin à ce qu'il nommait « le problème acadien ». Une cargaison de 10 000 couteaux à scalper s'est retrouvée entre ses mains, accompagnée d'un manifeste indiquant que plusieurs d'entre eux devaient être livrés à Beausoleil.

En juin 1755, Lawrence écrit à la Grande-Bretagne en vue d'obtenir l'approbation de son plan : expulser tous les Acadiens de la Nouvelle-Écosse et recruter des fermiers anglophones et protestants pour occuper leurs terres. En septembre, même s'il n'a toujours pas reçu de réponse, Lawrence met son plan à exécution. Quelques semaines plus tard, la réponse arrive de Grande-Bretagne stipulant qu'il n'était pas autorisé à exécuter son plan, mais il était trop tard.

À travers tout le territoire, les Acadiens étaient rassemblés. La fumée de leurs fermes incendiées s'élevait partout à l'horizon de la baie de Fundy. Même si certains réussirent à trouver refuge auprès de leurs amis mi'kmaq, des milliers d'autres ont subi des pertes terribles aux mains des soldats britanniques. En mai 1756, les tensions incessantes entre les deux pays ont conduit la Grande-Bretagne à déclarer la guerre à la France.

Pourtant, la résistance continue. Grâce à la capture d'un vaisseau ennemi aménagé en navire-corsaire, Beausoleil Broussard mène de nombreuses attaques contre des vaisseaux britanniques dans la baie de Fundy et tout le long de la côte Atlantique, particulièrement près du port de Halifax. À plus d'une occasion, son navire-corsaire secourt des prisonniers acadiens à bord de bateaux à destination de ports lointains. Il les transporte ensuite sains et saufs à

Louisbourg. Dans toute la Nouvelle-Écosse, les forts et les soldats britanniques en patrouille sont des cibles légitimes, et les assauts répétés de la résistance pèsent lourd sur le moral des troupes. La simple mention du nom Beausoleil fait frémir même les plus courageux.

Louisbourg et Québec soutiennent activement la résistance et paient de fortes sommes pour les scalps britanniques. Au printemps de 1758, les Britanniques lancent une attaque majeure. Sous le commandement du général Amherst, des dizaines de milliers de troupes quittent Halifax en direction de Louisbourg et la forteresse française tombe rapidement aux mains des Britanniques. Une année plus tard, les généraux Wolfe et Montcalm s'affrontent sur les plaines d'Abraham, et même si Wolfe y laisse la vie, à la fin de l'été, Québec tombe aussi aux mains des Britanniques.

Au cours du rigoureux hiver qui suit, la perte de sa principale source d'approvisionnement affaiblit fortement la résistance. N'étant plus en mesure de nourrir leurs familles, plutôt que de les voir mourir de faim en forêt, Beausoleil et ses compagnons prennent la dure décision de capituler. Des centaines d'hommes, de femmes et d'enfants sont escortés jusqu'à Halifax où ils sont emprisonnés sur l'Île Georges.

Charles Lawrence, qui est depuis devenu gouverneur, meurt en octobre 1760. Il est remplacé par Jonathan Belcher qui craint que Beausoleil s'évade du camp de l'île, repère sa maison et le tue dans son sommeil. On transfère donc Beausoleil très loin dans une autre prison au Fort Edward de Windsor, où il n'exercera plus aucune influence sur les prisonniers de l'Île Georges; enfin, c'est ce que Belcher espère. Il est vite apparu que Beausoleil Broussard était en mesure de communiquer avec le camp de l'île, et comme il n'était guère utile de le garder au Fort Edward, on le ramène de nouveau à l'Île Georges.

On fournissait peu de vivres aux prisonniers acadiens et ils vivaient dans un champ, à la belle étoile. Non loin de là, une baraque abritait des prisonniers de guerre français, mais aucun abri de ce genre n'avait été prévu pour les Acadiens. Au cours des années qui suivirent, plusieurs vieux ainsi que de très jeunes enfants rejoignirent le très grand nombre d'Acadiens qui reposaient déjà dans une fosse commune.

Cinq ans après la chute de Québec et la fin de la guerre en Amérique du Nord, les combattants de la résistance et leurs familles étaient toujours emprisonnés sur l'Île Georges. Montague Wilmot, qui avait succédé à Belcher en tant que gouverneur, n'avait aucun intérêt à les relâcher.

Le gouvernement britannique, quant à lui, voyait les choses autrement. L'incarcération continue des Acadiens sur l'Île Georges représentait un embarras politique et Wilmot reçut l'ordre direct de les relâcher. Voyant là une occasion pour son peuple de partir en toute sécurité, Beausoleil proposa d'affréter un bateau pour transporter les Acadiens jusqu'à Saint-Domingue (maintenant Haïti). Comme on jugeait la destination assez éloignée de la Nouvelle-Écosse pour écarter un éventuel retour, Wilmot donna son accord.

En 1764, le grand héros acadien Beausoleil Broussard mena 200 de ses partisans loin de leur mère patrie, d'abord à Saint-Domingue et ensuite en Louisiane, où ils arrivèrent en février 1765. Ils ont pu vivre à nouveau en toute liberté dans un endroit qu'ils nommèrent Nouvelle-Acadie. Malheureusement, le 18 octobre 1765, seulement huit mois après l'arrivée de Beausoleil en Louisiane, alors qu'il avait été nommé commandant des Acadiens dans le territoire des Attakapas, il succombe d'une épidémie, comme plusieurs autres Acadiens nouvellement arrivés, y compris son frère Alexandre. Pourtant, le courage qu'il a démontré en résistant à l'injustice en a fait, même 250 ans plus tard, un des héros acadiens les plus respectés de tous les temps.

Notes de fin

1. Les Autochtones autrefois appelés Micmacs épellent maintenant leur nom ainsi : Mi'kmaw (au singulier) et Mi'kmaq (au pluriel). L'Union of Nova Scotia Indians [Union des Indiens de la Nouvelle-Écosse] et le Mi'kmaq Grand Council [Grand conseil de la Nation mi'kmaw] ont adopté cette graphie; ils demandent que tout le monde en fasse autant. Ces nouvelles épellations reflètent plus fidèlement la langue mi'kmaw

La médecine traditionnelle et les traiteurs du sud de la Louisiane

Mary Broussard Perrin

La médecine traditionnelle a emprunté diverses formes dans la région de l'Acadiana, au sud de la Louisiane. Le terme traiteur en cadien et en français créole de la Louisiane désigne un homme ou une femme qui pratique ce qu'on appelle parfois la guérison par la foi. Chez les Cadiens, les Créoles et les Amérindiens des zones rurales du sud de la Louisiane, la médecine traditionnelle fait partie de la vie depuis d'innombrables générations. Cette forme de médecine remonte à l'époque où les médecins étaient pratiquement inexistants, jugés trop coûteux ou trop impersonnels, ou inaccessibles en raison de l'absence de réseau routier et de moyens de transport décents.

Les traiteurs n'annonçaient pas leurs pratiques. Les habitants des environs les connaissaient par le bouche-à-oreille, et il n'était pas rare de voir, devant leur porte, des files de gens attendant d'être traités. Dans les années 1960, avec l'avènement d'une médecine conventionnelle plus accessible et moins coûteuse, cette tradition a commencé à disparaître, surtout dans les zones urbaines. Néanmoins, en ce début de 21e siècle, il existe encore des traiteurs connus qui pratiquent régulièrement leur art, principalement dans les zones rurales et les villages des 22 paroisses maintenant connues sous le nom de l'Acadiana.

Selon les employés du Vermilionville Living History and Folklife Park [Parc des traditions populaires et de l'histoire vivante] à Lafayette, l'intérêt pour cette pratique connaît un regain de popularité. Une série de conférences récemment initiée, Healing Traditions of Acadiana [Les pratiques traditionnelles de guérison de l'Acadiana], a reçu un bel accueil de la part de la communauté. En 2013, après la première conférence donnée par le traiteur Allen Simon, de nombreuses personnes ont appelé parce qu'elles souhaitaient entrer en contact avec un guérisseur. Les responsables de l'organisation de ces conférences ne sont malheureusement pas autorisés à donner suite à ce genre de demande. Cette réaction enthousiaste en a surpris plus d'un, mais aucune théorie n'a encore été avancée pour expliquer ce vif intérêt. On a d'abord cru qu'il s'agissait simplement d'un regain d'intérêt envers une tradition culturelle, mais ce n'est pas ce que le contenu des appels laisse penser.

Même si les traiteurs sont moins nombreux qu'autrefois, plusieurs d'entre eux passent encore une partie de leur journée à exécuter leurs rituels de guérison. Autrefois, certains traiteurs utilisaient des remèdes à base de plantes indigènes pour traiter une affection, alors que d'autres traitaient leurs patients en associant des remèdes médicinaux à des rituels de prière, et que certains avaient recours à la « magie blanche ». Mais aujourd'hui, la plupart des guérisseurs cadiens se limitent aux prières chrétiennes pour traiter leurs patients, en y ajoutant parfois l'imposition des mains. Malgré l'avènement du 21e siècle, la plupart des guérisseurs récitent encore leurs prières dans le français cadien séculaire de leurs ancêtres. Certaines d'entre elles sont tellement vieilles qu'on les soupçonne d'être en langue autochtone; les traiteurs continuent de les réciter, même s'ils sont incapables de les traduire.

Il se peut que les prières en langue autochtone soient aussi chrétiennes. May Gwin Waggoner affirme dans son livre, *Le plus beau païs du monde : Completing the Picture of Proprietary Louisiana, 1699-1722,* qu'il est maintenant établi que les Jésuites de France sont venus en Louisiane aussi tôt qu'au 17e siècle et que, dans le cadre de leur mission, ils auraient vraisemblablement converti un nombre important d'Autochtones au christianisme.

La méthode traditionnelle d'un traiteur consiste à réciter trois prières à trois reprises. Si la situation ne s'améliore pas assez rapidement, il ajoute deux autres séries de prières, ce qui donne un total de 3 + 3 + 3. Le nombre « trois » est important, car il représente l'unité ou la complétude. Il rappelle les trois personnes formant le Dieu des chrétiens. Certains traiteurs utilisent leurs prières pour soigner uniquement certaines affections comme l'insolation, les verrues ou le zona, alors que d'autres traitent un large éventail de problèmes physiques et psychologiques. Ces rituels de prière sont simples et éprouvés, et les traiteurs veillent habituellement à ne pas transgresser les enseignements ancestraux de l'Église catholique. Cette façon de faire contraste avec le vaudou de la Louisiane, lequel est pratiqué surtout dans la ville de La Nouvelle-Orléans, loin des bayous cadiens.

Les prières des traiteurs sont transmises oralement, mais la manière de les transmettre varie. Selon l'une d'elles, le « don » de guérir est transmis par un homme plus âgé à une femme plus jeune, et par une femme plus âgée à un homme plus jeune. Selon une autre, il est transmis aux membres du même sexe au sein d'une famille. Certains praticiens croient qu'ils perdent le don quand ils le transmettent. Conséquemment, ils ne le font que lorsqu'ils sont très vieux ou très malades, ce qui peut entraîner la disparition de ce don au sein d'une famille si le traiteur meurt subitement.

Traditionnellement, c'est le patient qui doit demander au guérisseur d'exécuter le rituel de guérison, à moins que la praticienne ou le praticien juge que le besoin est criant. Selon la tradition, ces rituels sont exécutés par un catholique au profit d'un autre, mais certains disent qu'ils sont efficaces, peu importe la foi ou l'absence de foi du patient. Il y aurait même des cas où des animaux auraient été traités avec succès pour différentes affections et blessures.

Le fait de ne pas accepter d'argent en échange du rituel de guérison est une coutume généralement admise : le traiteur ne serait qu'un intermédiaire puisque c'est Dieu qui guérit. On peut accepter des cadeaux, mais ils ne doivent jamais être exigés. Le cadeau est habituellement remis au conjoint ou à la conjointe du traiteur. Certains guérisseurs acceptent de l'argent, mais ils ne sont pas tenus en haute estime au sein de la confrérie.

Autrefois, outre la prière, les traiteurs utilisaient des remèdes à base de plantes indigènes. Aujourd'hui, la pratique est principalement axée sur la prière. Cependant, pour commémorer cette vieille tradition, il existe à Lafayette un lieu unique, reconnu partout dans le monde : le Jardin du traiteur. Ce jardin de démonstration, axé sur les plantes médicinales indigènes, est une entreprise conjointe de la Lafayette Parish Master Gardeners Association (Association des maîtres jardiniers de la paroisse de Lafayette) et du Vermilionville Living History and Folk Life Park (Parc des traditions populaires et de l'histoire vivante de Vermilionville). Il recèle de nombreuses variétés de plantes médicinales utilisées dans la région depuis plus de cent ans. Lors des « journées de la culture », les guides bénévoles du Jardin du traiteur qui accompagnent les visiteurs sont souvent renversés par l'étendue des connaissances de certains Louisianais. Ils sont en quelque sorte les dépositaires des connaissances régionales en matière de plantes médicinales indigènes de moins en moins connues dans la société moderne.

Au sud de la Louisiane, la coexistence de la médecine conventionnelle et des rituels de guérison offre aux patients un éventail de ressources curatives. Les traiteurs et leurs patients, ainsi que plusieurs médecins, ne perçoivent pas de contradiction entre les deux systèmes. Si un traiteur tombe malade, il peut très bien aller consulter un médecin, mais il peut aussi exécuter ses rituels de guérison sur lui-même, utiliser des remèdes à base de plantes ou demander à un autre traiteur de le soigner.

Allen Simon, né en 1936, est un bon exemple de cette façon de penser. C'est un traiteur réputé et populaire, issu d'une famille de 11 enfants, à Meaux en Louisiane. Il vit maintenant près de Maurice. Lorsqu'il était enfant, consulter un traiteur pour soigner une affection était tout ce que sa famille nombreuse pouvait se payer. De plus, se rendre chez un médecin dans un chariot trainé par une mule, sur des chemins boueux, aurait été une entreprise de taille. Comme il le dit lui-même avec l'humour qu'on lui connaît : « Il n'y avait aucun moyen de transport à grande vitesse pour les Simon ».

Aujourd'hui, Allen Simon pratique activement la guérison et, depuis 2001, il offre bénévolement ses services au centre médical Our Lady of Lourdes Medical Center à Lafayette. Il estime que la médecine conventionnelle a sa place, mais il assure que sa foi dans les prières est tout aussi puissante. Il croit que les êtres humains sont dotés d'un corps conçu pour s'autoguérir et se maintenir en santé, mais il ajoute : « Parfois, il a besoin d'un petit coup de pouce ». Et si, pour des raisons personnelles, un patient ne veut pas lui révéler l'affection dont il souffre, M. Simon affirme ne pas avoir besoin de le savoir. Il fait partie des quelques traiteurs généralistes; il traite la personne dans son entier plutôt que la partie malade; il est convaincu que toutes les parties du corps sont interreliées. Simon donne aussi son temps comme guide et conférencier en médecine traditionnelle à Vermilionville. En règle générale, la salle est bondée.

La traiteuse est le pendant féminin du mot français cadien « traiteur ». Helen Boudreaux est une traiteuse cadienne et autochtone Catahoula de 74 ans. Elle vit maintenant à quelques kilomètres de Butte LaRose. Elle a 8 enfants, 23 petits-enfants et 7 arrière-petits-enfants. Auteure-compositrice cadienne réputée et primée, et ancienne conductrice de camion, Helen a vécu parmi les traiteurs toute sa vie. Elle dit que son don de guérison lui a été transmis à l'âge de 52 ans par sa tante Eunice. Elle n'avait jamais pensé à devenir traiteuse parce que « cela n'arrive qu'à des personnes extraordinaires », mais personne d'autre ne voulait hériter des prières d'Eunice. Même si Helen n'avait jamais lu ou entendu ces prières, elle a accepté cette transmission. « C'est un don de Dieu », dit-elle, « et il m'a été transmis à un moment de ma vie où j'étais prête à partager ».

Allen Simon (à droite) lors d'un événement du Musée acadien en 1994, près du lac Peigneur, autrefois une zone vierge qui fait maintenant l'objet d'une controverse opposant les résidants de la région à une entreprise qui utilise les mines de sel sous le lac pour stocker du gaz naturel. D. L. Menard d'Erath (à gauche), musicien cadien nommé à deux reprises aux Grammy Awards, et Jim Viator (au centre), activiste culturel, acteur et chanteur. Simon et Menard font tous deux partie des légendes vivantes du Musée acadien d'Erath, en Louisiane.

Helen pense que la plupart des prières qui composent ses rituels de guérison remontent à plusieurs centaines d'années. Elle a rencontré des traiteurs acadiens, au Canada, qui utilisent exactement les mêmes prières. Helen possède des feuilles, des cahiers et des classeurs remplis de prières de guérison, dont pratiquement toutes sont écrites à la main en français phonétique, sauf celles qui seraient en langue autochtone, probablement en Attakapas-Ishtak ou en Chitamacha, pense-t-elle, deux des tribus amérindiennes qui ont vécu dans la région de l'Acadiana, depuis la nuit des temps. Malheureusement, les Attakapas ont maintenant presque tous disparu. Elle ne se pose pas de questions sur leur provenance ni ne comprend leur signification, mais elle connaît les affections qu'elles guérissent, et elle y croit tout simplement. Elle y a recours, « parce que ça marche », affirme-t-elle.

Elle insiste pour dire que, comme la majorité des traiteurs, elle n'accepte pas d'argent en échange de ses prières de guérison. Après tout, ce n'est pas elle qui guérit, c'est Dieu, dit-elle d'une voix douce. Elle n'annonce pas ses services; sa clientèle se bâtit de bouche à oreille. Et, contrairement à certains traiteurs, elle transmettra ses prières à une personne en qui elle aura confiance, qui saura les honorer et les utiliser à bon escient, idéalement dans sa propre famille. Helen est profondément spirituelle, et comme la majorité des Cadiens, elle a un sens aigu de la famille.

Assise à l'avant, la traiteuse et légende vivante du Musée acadien, Helen Boudreaux, lors d'un événement du Folk Life Park de Vermilionville à Lafayette. Helen et Velma Johnson (à gauche) y étaient pour parler des « traditions de guérison de l'Acadiana ». À l'arrière, on peut voir une des maîtres jardiniers de la paroisse de Lafayette, Maryann Armbruster (à gauche), et la traiteuse Mary Broussard Perrin, coprésidentes du « Jardin du traiteur » de Vermilionville.

Ray et Brenda Comeaux Trahan, un couple vers la fin de la soixantaine, vivant au sud de Lafayette, sont tous deux traiteurs, un phénomène plutôt rare. Originaires d'Indian Bayou, ils sont mariés depuis 48 ans; ils ont deux fils et six petits-enfants. Ils s'impliquent à fond dans la culture cadienne. Pendant 10 ans, Brenda a été directrice de l'*Acadian Memorial* [commémoration acadienne] à Saint-Martinville, et elle a participé à plusieurs autres projets culturels trop nombreux pour les énumérer. Outre un diplôme en santé mentale dans le domaine de la gériatrie, elle détient une maîtrise en communications organisationnelles publiques et interpersonnelles. Sa petite taille et sa voix douce démentent la force, la détermination et l'incroyable conscience professionnelle qu'elle possède.

Brenda a connu des traiteurs dès son enfance. Elle a vu ses parents faire appel à eux pour guérir des affections. Ses parents l'ont amenée consulter un traiteur pour des saignements de nez occasionnels; ils ont cessé immédiatement. Comme elle n'a vécu que des expériences positives, Brenda a toujours cru au phénomène. C'était un prolongement naturel de sa culture, et cette pratique a toujours fait partie de sa vie.

Dans la quarantaine, en raison de sa capacité à parler le français cadien et à évaluer l'état mental des personnes âgées hébergées en maison de soins infirmiers, Brenda fut embauchée dans une clinique en santé mentale qui desservait cinq paroisses. Un jour, après avoir travaillé quelque temps auprès de deux aînées, elles lui ont confié être traiteuses.

Elle les a interrogées sur ce que c'était que d'être traiteuse autrefois, et leur a demandé si leurs prières étaient efficaces. Elles lui ont dit que les parents leur amenaient leurs enfants souffrant d'une maladie bénigne, et à l'occasion, les parents eux-mêmes recouraient à leurs services. Eh oui, ça marchait. En échange, les adultes leur apportaient des poulets, des œufs, des fruits ou des légumes, mais jamais d'argent.

Les gens de la région y croient, ont-elles dit, et c'est un sentiment très puissant de savoir que Dieu les utilise pour soigner les gens. Les conversations de Brenda avec ces aînées se sont déroulées en français, et après avoir gagné leur confiance, chacune d'elles lui a transmis ses prières : l'une traite toutes les affections relatives à la température du corps comme l'insolation ou la fièvre, et l'autre, les problèmes osseux et articulatoires, notamment les maux de dos, les fractures, les entorses.

Les deux aînées ont tenu à préciser que toute affection peut être soignée si la personne souffrante sollicite la guérison. Brenda précise que toutes les prières sont dans un français cadien très ancien, mais que l'une d'entre elles a une consonance africaine ou, à tout le moins, elle est écrite dans un dialecte étrange qui ne lui est pas familier. Elle ajoute qu'au fil des ans, elle s'est aperçue qu'elle possédait le don de guérison : ses mains deviennent chaudes quand elle touche le siège de la douleur.

Dernièrement, elle a traité son petit-fils de 14 ans hospitalisé plusieurs semaines à la suite d'une sérieuse blessure infligée au cours d'une partie de football. Le toucher thérapeutique de sa grand-mère lui a apporté réconfort et soulagement, et outre les professionnels de la santé de l'hôpital, elle était la seule personne autorisée à le soigner. Elle était donc « en service » jour et nuit pendant toute cette période.

Aujourd'hui, elle reçoit une demande de traitement seulement tous les cinq ou six mois. Elle estime que la pratique de cette tradition est en baisse comparativement à l'époque où elle était enfant, mais il est possible qu'il y ait davantage de demandes en zone rurale que dans la région métropolitaine de Lafayette où elle vit. Maintenant que l'intérêt envers la culture cadienne s'accroît et qu'il y a de plus en plus de conférences sur la pratique et l'histoire des traiteurs, les gens semblent s'y intéresser à nouveau.

Le traiteur Ray Trahan, mari de Brenda, s'implique aussi à fond dans la culture cadienne de la Louisiane. Il collabore avec sa femme dans de nombreux projets. Après avoir obtenu un diplôme en comptabilité à l'USL, il a travaillé pour le ministère du Revenu de l'État de la Louisiane. Il a pris sa retraite après 34 ans de service à titre de directeur régional. Mais, au fil du temps, Ray s'est plongé dans la culture et les traditions de l'Acadiana. Il a été directeur de l'Acadian Memorial Festival, grand maître de l'Ordre du Bon Temps, président de la Confédération des associations des familles acadiennes (CAFA), président de l'Association de la famille Trahan, président de Louisiane-Acadie. Il a occupé de nombreuses autres fonctions.

Tout comme Brenda, Ray a connu les traiteurs quand il était enfant, à Indian Bayou. Dans sa jeunesse, il jouait au basketball et il a subi plusieurs entorses aux chevilles. Le lendemain de ces incidents, la cheville « enflée comme un petit cochon », il accompagnait ses parents chez le traiteur pour y être soigné. Invariablement, lors de la partie suivante, il courait d'un bout à l'autre du terrain comme si de rien n'était.

À un âge plus avancé, sa mère est devenue traiteuse, et quand elle a atteint la cinquantaine, elle lui a transmis le don. Ses prières, récitées en français et en anglais, sont propres à guérir les verrues, les coups de chaleur et les entorses, mais il est capable de guérir n'importe quelle affection pourvu qu'on le lui demande. Quand on lui demande s'il estime qu'une personne doit croire en cette pratique pour être traitée, il présume que si une personne demande un tel traitement, c'est qu'elle y croit. Mais « si la personne ne le demande pas, je l'informerai que je suis traiteur et j'agirai en fonction de sa réaction ». Comme la plupart des traiteurs, s'il juge que le besoin est criant, il lui arrive de traiter une personne sans qu'elle le sache.

Actuellement, tout comme le savoir et l'usage du français cadien en Louisiane, la tradition des traiteurs se trouve à un moment charnière : toujours vivante, mais apparemment en voie de disparition. L'intérêt envers les deux se ranime, mais la pratique actuelle s'essouffle. Peu de jeunes Cadiens parlent le vrai français cadien et peu d'entre eux s'intéressent suffisamment aux rituels de guérison pour les apprendre et perpétuer cette pratique.

Selon le professeur en anthropologie de l'ULL, C. Ray Brassieur, la complexité de la vie quotidienne moderne est telle qu'elle nous empêche d'acquérir la foi nécessaire pour perpétuer la tradition des traiteurs. De plus, la religion catholique, commune à presque tous les traiteurs, n'a plus la cote chez les jeunes. Mais tant que les médecins seront incapables de guérir toutes les maladies et que la croyance en Dieu persistera, la médecine non conventionnelle sera nécessaire, comme celle que les guérisseurs cadiens pratiquent déjà

Brenda et Ray Trahan, traiteurs, chefs de file dans la promotion de la culture cadienne et légendes vivantes, lors d'une tempête de neige en 2008.

BIBLIOGRAPHIE

EDWARDS , Jay, PITRE , Glen, ANCELET, Barry Jean. *Cajun Country* (Miss.: University Press of Mississippi, 1991.

BRASSEAUX, Carl A. *Acadian to Cajun: Transformation of a People*, 1803-1877. (Miss.: University Press of Mississippi, 1992)

DAIGLE, Ellen M. *Traiteurs and Their Power of Healing: The Story of Doris Bergeron*, (www.louisianafolklife.org)

RUSHTON, William Faulkner. *The Cajuns: From Acadia to Louisiana* (New York: Farrar Straus Giroux, 1979)

L'ÉLEVAGE DU BÉTAIL EN LOUISIANE ET AU TEXAS

Thomas L. Linton

Longtemps avant que M. Dunson – joué par John Wayne – ait imaginé la marque *Red River D* dans le film culte *La Rivière rouge*, les Acadiens et leurs descendants faisaient commerce du bétail. Au début du 18e siècle, alors qu'ils étaient encore en Acadie, ils approvisionnaient les bateaux à voile qui mouillaient dans les ports des baies Chignectou et Cobequid et des bassins Minas et Annapolis, lesquels se trouvaient tous dans la baie de Fundy. Avant d'immigrer en Louisiane, les Acadiens élevaient aussi du bétail dans les villages de la baie de Fundy, située entre les provinces actuelles de la Nouvelle-Écosse et du Nouveau-Brunswick.

L'industrie bovine en Acadie remonte aussi loin que 1739, lorsque la première race de bovin de la région de la baie de Chignectou a été consignée dans le livre des marques françaises. En Louisiane, l'origine de l'industrie date de la signature de l'entente Dauterive, à La Nouvelle-Orléans, le 4 avril 1765. En effet, le capitaine d'infanterie française, Antoine Dauterive, signa une entente avec le commandant des Acadiens, Joseph Beausoleil Broussard, et sept autres familles acadiennes exilées dans le but d'adopter un « régime de métayage » pour le bétail. Toutefois, les Acadiens ont tourné le dos à l'entente et se sont procuré du bétail de Jean-Baptiste Grevemberg.

Même si l'entente Dauterive ne fut pas respectée, elle a toutefois eu pour effet d'attirer les Acadiens menés par Beausoleil sur le territoire des Attakapas. Plus tard, après s'être réinstallés dans la prairie cadienne au sud de la Louisiane, les Acadiens ont exporté leur industrie bovine dans le sud-est du Texas. Dans son livre *Cajun Country* (1991), Barry Ancelet mentionne que les Acadiens faisaient l'élevage du bovin sur de petits ranchs appelés « vacheries ». La plupart de ceux qui développaient l'industrie bovine dans le sud-est du Texas étaient originaires du sud de la Louisiane, notamment des White (LeBlanc), Cade, Butler, Campbell, Dick, Coward et Perkins.

Dans le registre *Brands of the Attakapas and Opelousas Districts, 1760-1888* [marques des districts d'Attakapas et d'Opelousas], plus de 27 000 marques sont répertoriées. Dans son livre *Louisiana Cowboys* (2007), le sénateur Bill Jones écrit que le 16 novembre 1769, le gouverneur espagnol O'Reilly envoya les émissaires Kelly et Nugent explorer les prairies au sud-ouest de la Louisiane. Ces derniers signalèrent que les Acadiens prospéraient en tant que propriétaires de ranchs. Ils trouvèrent au-delà de 2000 têtes de bétail au poste des Opelousas.

Dans *The Great and Noble Scheme* (2005) [Le noble et grand projet], John Mack Faragher, historien, soutient que les Acadiens étaient aussi des spécialistes du « rassemblement de bétail ». « Les fils d'Alexandre et de Joseph Beausoleil Broussard eurent tôt fait de rassembler le bétail dans les marchés de bovins à La Nouvelle-Orléans tout comme leur père l'avait fait dans les ports de l'Acadie sur la côte nord de Chignectou ». Ils mettaient sur pied des fermes et des ranchs, construisant leur propriété familiale sur les rives des rivières et des bayous qui sillonnaient les prairies de la région. La migration des Cadiens en direction ouest, vers le Texas, commença dès 1780. Les établissements cadiens sont apparus dans la région de la frontière entre la Louisiane et le Texas à la fin du 19e siècle.

Dans son livre *History of the Acadians* (1988) [L'histoire des Acadiens], Bona Arsenault souligne que les Acadiens sont devenus prospères en élevant du bétail. Cette activité leur fournissait les fonds nécessaires pour acheter des esclaves, lesquels prenaient souvent les noms de famille de leur maître. Thomas J. Arceneaux, doyen du département d'agriculture à l'ancienne Southwestern Louisiana Institute, devenue maintenant University of Louisiana, à Lafayette, a localisé la succession de Pierre Arseneaux, lequel était né à Beaubassin en Acadie, en 1731. À sa mort en Louisiane, en 1793, il possédait 400 têtes de bétail sur sa grande ferme près de l'actuelle ville de Carencro en Louisiane. La documentation successorale figurant au dossier, au palais de justice de Saint-Martinville, prouve également qu'il possédait seize esclaves.

Avant la fin des années 1770, il n'existait pas d'activités commerciales légitimes entre les colonies espagnoles du Texas et de la Louisiane. Avant cette date, il arrivait que les Amérindiens du Texas volent le bétail des missions et l'apportent aux Acadiens. En 1778, après que le vice-roi eut levé l'embargo sur le commerce entre les deux provinces espagnoles, Francisco Garcia partit de San Antonio en 1779 avec 2000 bœufs pour les amener à La Nouvelle-Orléans qui en manquait cruellement. Le troupeau de Garcia fut le premier à parcourir la route connue aujourd'hui sous le nom d'*Old Spanish Trail* [ancienne piste espagnole]. Avant la révolution américaine, les cowboys cadiens utilisaient les digues naturelles le long de la côte louisianaise pour conduire les bovins Longhorn au marché.

En 1817, James Taylor White (LeBlanc) déménagea de la Louisiane au Texas avec son troupeau de bétail. Il construisit une maison à Turtle Bayou, appelé aujourd'hui Chambers County. Cela se produisit avant même que Stephen F. Austin n'ait reçu sa charte l'autorisant à amener le « Old Three Hundred » au Texas, soit l'octroi de 297 concessions destinées aux familles et aux partenaires de tout homme marié qui achetait 307 parcelles de terre et établissait une grande colonie au Texas. White devint connu comme le « roi du bétail » du sud-est du Texas. En 1840, il possédait 10 000 têtes de bétail et 45 chevaux.

À peine quelques années plus tard, White refaisait le même trajet le long de la piste des Opelousas pour revenir en Louisiane, mais cette fois en apportant un grand troupeau de bétail lui appartenant pour le vendre sur les marchés lucratifs de La Nouvelle-Orléans et en amont du Mississippi. La route que suivirent White et d'autres comme lui le long de la piste des Opelousas a peu retenu l'attention des historiens. Cette absence d'attention historique ou hollywoodienne s'est produite en dépit du fait que ce déplacement de bétail vers l'est ait eu lieu 70 ans avant que les pistes Chisholm et Goodnight-Loving ne fussent utilisées pour déplacer le bétail du Texas jusqu'aux marchés du nord à Abilene ou à Dodge City, au Kansas.

Aujourd'hui, l'élevage bovin fait encore partie de la vie des habitants des prairies cadiennes, mais l'étendue de l'agriculture, comme les récoltes de cannes à sucre ou de riz, a perdu de son importance économique de bien des façons. Toutefois, à l'heure actuelle, la majeure partie de l'élevage de bétail à l'ancienne demeure une activité pratiquée le long des régions côtières marécageuses non agricoles de la Louisiane. En 2013, la 39e édition des Festivals acadiens et créoles, qui a lieu dans le parc Girard de Lafayette, avait pour thème les cowboys cadiens et créoles. Sur scène, Charles Elliot Broussard a raconté l'histoire de l'entente Dauterive, et Connie Castille a parlé de son documentaire primé, *T-Gallop: A Louisiana Horse Story* (2012).

Parti au Texas

Ryan Bernard

J'aurais dû comprendre que Dieu ne voulait pas que je quitte la Louisiane lorsqu'Il a détruit notre antenne de télévision, au cours de l'été 1957. Au moment où l'ouragan Audrey s'est abattu sur nous, je regardais l'émission des humoristes new-yorkais, Steve Allen et Sid Caesar, transmise à travers 96 kilomètres de marécages et de champs de cannes à sucre depuis NBC à Baton Rouge. Après que des vents atteignant 160 km/h eurent tordu notre antenne extérieure comme un bretzel, la chaîne WBRZ est devenue trop floue pour la syntoniser et nous nous sommes rabattus sur des émissions locales comme *Meet Your Neighbor* sur la chaîne KLFY de Lafayette.

Mais même Dieu ne pouvait pas s'opposer à l'influence qu'exerçait ma mère sur moi, une Newyorkaise expédiée en Louisiane sur l'*Orphan Train* [train des orphelins], en 1919, à l'âge de trois ans. En dépit de l'éducation parfois tendre parfois sévère que lui avaient donnée ses parents cadiens, quelque chose dans l'ADN de ma mère la poussait à errer. La plupart des familles cadiennes se contentaient de visiter des endroits comme Baton Rouge, Lake Charles et La Nouvelle-Orléans. Ma mère, pour sa part, nous faisait prendre la route chaque été vers des destinations comme Washington DC, Los Angeles, Miami et le Texas, là où je finirai tant bien que mal par m'installer.

Vous devez comprendre à quel point tout ce qui était texan me semblait absolument non cadien quand j'étais jeune. Les bottes, l'accent, la musique langoureuse et suave, l'orgueil et la vantardise – tout ça était à l'exact opposé de la façon dont Dieu avait voulu créer les humains. Je vous l'accorde, Hank Williams interprétait une chanson nommée *Jambalaya*, mais tout le reste n'était bon qu'à jeter dans le bayou. Et les qualificatifs qu'ils nous accolaient – en particulier *coonass* – étaient insultants. Le Texas personnifiait tout ce que je trouvais détestable. Si on m'avait dit à ce moment-là que je finirais un jour par y vivre, j'y aurais renoncé sur-le-champ.

D'une manière ou d'une autre, tout cela a changé après que j'ai obtenu mon diplôme en anglais et en journalisme à l'*University of Southwestern Louisiana* [Université du sud-ouest de la Louisiane] et que je n'arrivais pas à décrocher un emploi à Lafayette. Il n'existait que quelques postes de journaliste à *The Daily Advertiser* et pour en obtenir un, vous deviez attendre que le titulaire du poste quitte son emploi ou meure. Mon frère, un ingénieur en génie chimique, avait déjà déménagé à Houston et son appartement était un endroit pratique où me poser au printemps 1972. Je me proposais d'y rester quelques semaines, peut-être quelques mois... tout au plus, quelques années. J'étais loin de me douter que je vivrais encore parmi les gratte-ciel, 40 ans plus tard.

En posant un regard rétrospectif sur le cours de l'histoire, je me suis rendu compte que dans les années 1940 mes parents avaient effectué le même trajet que moi, bien avant ma naissance. Peu de temps après leur mariage, ils se sont retrouvés au Texas pour chercher du travail. Mon père Reuben, un descendant de la septième génération des premiers Acadiens, avait décroché un emploi de commis au pointage à la raffinerie *Texaco* de Port Arthur. Ils ont vécu dans un appartement loué, au-dessus d'un magasin, avec des draps en guise de rideaux. Toutefois, vers la fin des années 1940, ils ont hérité d'une ferme de 150 acres au sud d'Erath et l'attrait de la terre les a ramenés au pays pour y gagner leur vie en faisant pousser du coton, du maïs et de la canne à sucre.

Un bon nombre d'autres Cadiens ont abouti de la même manière dans des endroits comme Houston, Austin et Dallas. On retrouve quantité de Broussard, Boudreaux, Landry et LeBlanc dans l'annuaire téléphonique de Houston. Les villes situées entre Houston et la frontière de la Louisiane – Dayton, Winnie et Beaumont – foisonnent de boîtes aux lettres et de plaques de rue arborant des noms cadiens. À seulement quelques kilomètres à l'est de Houston, vous pouvez déjà apercevoir des étangs à écrevisses qui brillent sous le soleil du Texas.

Dans le passé, sur les maisons abandonnées, on pouvait lire « *Gone to Texas* » ou *GTT* [Partis au Texas] que les gens écrivaient quand ils partaient chercher du travail ou pour échapper aux dettes. Alors qu'il venait de perdre une élection par très peu de voix au Tennessee, Davy Crockett aurait prétendument dit : « Vous pouvez bien tous aller en enfer, moi, j'irai au Texas ». Bien sûr, nous savons tous ce qui s'est produit ensuite. Souvenez-vous de Fort Alamo.

Nombreux sont ceux qui ont quitté la Louisiane pour chercher du travail et qui y sont revenus, préférant vivre plus près de leur foyer, à l'image de la vie typique des Cadiens. Un de mes amis a vécu des deux manières en même temps : il a occupé un appartement à Houston pendant 20 ans tout en gardant sa maison entièrement meublée à l'est d'Erath, en Louisiane, parcourant les quatre heures de route qui le séparaient de sa maison toutes les fins de semaine. Le pont surplombant la rivière Sabine, à Orange au Texas, est rempli de Cadiens roulant à 128 km à l'heure pour faire ce pèlerinage chaque semaine.

Toutefois, certains sont partis et ne sont jamais revenus. L'industrie pétrolière en a dispersé un bon nombre dans la mer du Nord, en Extrême-Orient et en Afrique, là où mon ami d'enfance a rencontré sa femme, une jeune Irlandaise. En vrai citoyen du monde, il a vécu pendant des années avec sa famille dans le district du nord de Dublin. Malheureusement, son cœur a lâché et il est enterré dans un cimetière celte sur une petite colline surplombant la mer d'Irlande.

Voilà le destin qui nous hante, les autres nomades et moi : finir un jour enterré dans un endroit étranger où personne ne se souviendra de nous. N'est-il pas ironique qu'après que le Grand Dérangement ait condamné nos ancêtres à errer de par le monde, la Louisiane elle-même soit devenue un autre abri temporaire dans cet interminable voyage? On peut encore entendre la douleur et la souffrance de la diaspora acadienne dans la tonalité plaintive des violons et les tristes cadences des anciens chants cadiens. Aucun autre son sur terre n'est aussi triste que celui-là.

« Comment peux-tu vivre là? », me demandent souvent mes vieux amis. Houston est un endroit intéressant à visiter, mais pour comprendre ce que je ressens à son sujet, vous devez aussi connaître la façon dont j'ai grandi : assis sur la branche d'un pacanier, attendant pour voir quand arriverait la prochaine voiture cahotant sur le chemin de gravier, ou pieds nus dans les pâturages en évitant les bouses de vaches et en imaginant l'avenir. Me remémorant mon enfance dans la chaleur torride de la Louisiane, les épis de maïs jusqu'au cou, je me suis juré qu'un jour je travaillerais dans un bureau climatisé. Mais Dieu me réservait une farce plutôt cruelle. Une fois mes deux souhaits réalisés — diplôme et travail de bureau —, Il a dit : « Que les tracteurs climatisés, pourvus d'un accès Internet et d'un GPS soient. » Si cela s'était produit 20 ans plus tôt, il se pourrait que je sois en train de labourer les champs en me dorant au soleil et en goûtant l'agréable sensation de cette riche terre noire glissant entre mes orteils nus.

Si vous passiez quelque temps à me suivre dans cette ville de quatre millions d'habitants, vous pourriez encore reconnaître en moi certaines parties de « l'ancien moi ». Des amis cadiens me disent qu'ils détestent les autoroutes, et franchement je les déteste aussi. Pour traverser la ville, je choisis toujours une petite rue à deux voies non achalandée, plutôt que les autoroutes à 24 voies. Bien sûr, je mange des aliments étrangers comme des enchiladas, du barbecue, des sushis et du masala, mais au fil des ans, j'ai perfectionné une recette de gombo que je n'aurais pas peur de comparer à n'importe quelle autre recette au monde, exactement comme je l'aurais fait si je n'avais jamais laissé la Louisiane. J'ai aussi découvert que je devais manger au moins une assiette de poisson-chat frit par mois, sinon quelque chose au plus profond de moi-même se meurt.

Et je retourne encore chez moi. Après toutes ces années, je passe encore voir mon ancien camarade de classe Russell Suire, le barbier d'Erath, chaque fois que je vais dans ma ville natale, uniquement pour entendre ses blagues d'un goût douteux et connaître les derniers potins. C'est drôle qu'il soit barbier, puisque nous sommes maintenant tous les deux chauves comme des pommettes.

Notre vieille maison de ferme est encore là, au milieu des champs de cannes à sucre, sauf que maintenant d'autres personnes s'en occupent pour nous. L'antenne tordue derrière la maison a disparu depuis longtemps. Au cours des dernières années, avant que ma mère s'installe dans une résidence offrant des services aux personnes âgées, un accès Internet et la télévision par câble lui permettaient de voir des émissions transmises en direct d'aussi loin que Bornéo.

En parlant de ma mère, il faut que vous sachiez qu'elle est une célébrité maintenant. Âgée de 97 ans, elle est connue comme la dernière passagère vivante de l'*Orphan Train* en Louisiane. Chaque mois, un journal ou une station de télévision vient l'interviewer, et tous ses partenaires de bingo deviennent gagas lorsque sa photo paraît dans le journal. Le *Grand Central Station* [gare de train] organise son 100e anniversaire cette année, et on me dit qu'il pourrait y avoir une vidéo d'elle diffusée quelque part à l'intérieur de cette immense caverne.

Quant à moi, vous pouvez encore me voir certains après-midis d'été tranquilles, seul au volant de ma voiture japonaise, roulant sur les petites routes de l'Acadiana aux alentours de Henry, Bancker, Bayou Tigre et Bayou Dugas. Je me remémore l'ancien temps, tout en cherchant les cimetières qui ont résisté aux intempéries et les ruines des granges et des maisons de ferme disparues depuis longtemps, me rappelant l'ancien peuple francophone qui vivait ici quand j'étais enfant, et comment était le monde à cette époque.

Il y a quelques années, un autre ouragan a frappé, emportant les vieilles propriétés familiales, déterrant des tombes et détruisant tout sur son passage. Comme je me promenais à cet endroit, dans ce paysage ravagé, loin de la circulation, un triste film se déroulait dans ma tête me rappelant tout ce que nous avions perdu. Ce monde d'autrefois avec son doux patois francophone, dont la paix et la tranquillité ont disparu depuis longtemps. Mais au plus profond de moi, ce monde est toujours bien vivant.

Pendant ce temps, à Houston, la vie est belle en dépit de la circulation et du bruit. J'ai marié une superbe Texane et nous avons élevé deux magnifiques filles qui considèrent cette ville comme la leur. Elles n'ont pas le même intérêt que moi pour le pays natal, mais au moins elles aiment d'où je viens.

Et la bonne nouvelle, c'est qu'elles raffolent vraiment de mon gombo. De tout ce que j'ai accompli en tant que mari et père, il me semble parfois que ce mélange complexe de crevettes, d'huîtres et de chair de crabe est le « ciment » qui nous unit. Lorsque nous nous assoyons autour de la table en dégustant ce bouillon sublime, nos yeux étincellent. Dans la vapeur qui s'élève du bol, on peut entrevoir tous les mystères du passé. Comme la sainte Eucharistie, ce plat est devenu notre communion.

La famille Bernard. Assis de gauche à droite, Paul Bernard, Mary Dinkins, les parents Alice Bernard et Reuben Bernard (maintenant morts), Kaye Bernard; debout de gauche à droite, Glenn Bernard, Lola Doucet, Connie Babin et Ryan Bernard.

IV

LA DIGNITÉ D'UN PEUPLE

La Proclamation royale – dix ans plus tard

Warren A. Perrin

À la suite de la publication d'un éditorial élogieux[1] soulignant le dixième anniversaire de la Proclamation royale, de nombreuses personnes m'ont demandé d'en dire davantage sur le document. Le 9 décembre 2013, dans le but de rendre accessibles plus de 500 dossiers et documents relatifs à la pétition, j'ai décidé d'en faire don à la Collection d'archives et de manuscrits acadiens de l'Université de la Louisiane. On peut les consulter en prenant rendez-vous avec le vice-doyen des collections particulières, M. Bruce Turner.

Remettons d'abord en contexte la genèse de cette pétition qui visait à obtenir des excuses de la Couronne britannique pour la Déportation des Acadiens. Cette démarche s'est amorcée en 1990 et s'est conclue par une Proclamation royale en 2003. Pendant la Deuxième Guerre mondiale, sur la côte du Pacifique aux États-Unis, plus de 110 000 Américains ayant des racines nippones ont été enfermés dans des camps d'internement. C'est le président Franklin D. Roosevelt qui a autorisé leur internement par le Décret présidentiel 9066 émis le 19 février 1942. Ce décret permettait aux commandants militaires locaux de désigner des « zones militaires » comme étant des « zones d'exclusion » dans lesquelles « l'ensemble ou une partie des personnes pouvait être exclu ». Le décret stipulait que toutes les personnes d'ascendance japonaise étaient exclues de la côte du Pacifique, y compris de tout le territoire de la Californie et de la majorité de l'Oregon, de Washington et de l'Arizona, à l'exception des personnes détenues dans les camps d'internement.

En 1944, la Supreme Court of the United States a confirmé la constitutionnalité des décrets d'exclusion. En 1980, le président Jimmy Carter a mené une enquête pour déterminer si l'enfermement d'Américains d'origine japonaise dans des camps d'internement était justifié. Il a chargé la *Commission on Wartime Relocation and Internment of Civilians* (*CWRIC*) [Commission sur les déplacements en temps de guerre et l'internement de civils] d'enquêter sur les camps.

Le rapport de la commission intitulé *Personal Justice Denied* [déni de justice personnelle] n'a guère relevé de preuves d'un manque de loyauté de la part des Japonais et a recommandé que le gouvernement verse 20 000 $ à chaque survivant de ces camps en guise de réparation. En 1988, au nom du gouvernement des États-Unis, le président Ronald Reagan a signé une mesure législative qui présente ses excuses aux citoyens internés. Le texte de cette mesure législative précise que les actions du gouvernement étaient fondées sur « des préjugés raciaux, l'hystérie guerrière et l'échec de la direction politique ». Le gouvernement déboursera plus de 1,6 milliard de dollars en réparation aux Américains d'origine japonaise qui ont été internés.

À la lecture des excuses adressées aux Américains d'origine japonaise, j'ai été frappé par les similitudes entre ce qu'ils avaient subi et ce que les Acadiens ont vécu sous le joug britannique. Je me suis mis à éplucher les documents historiques et juridiques, et plus je cherchais, plus j'étais convaincu que nous devions régler ce problème d'une manière ou d'une autre.

Un soir, je faisais la lecture à mon fils Bruce alors âgé de huit ans, d'un livre pour enfants sur les Acadiens, *The Magic Rug of Grand-Pré* [Le tapis magique de Grand-Pré]. Il m'a candidement demandé ce que nos ancêtres avaient fait de si répréhensible pour mériter l'exil. Étaient-ils des pirates, des criminels? J'étais abasourdi. Bruce relevait — et avec raison — que c'est ainsi que l'Histoire présentait nos ancêtres, et cela, à jamais.

Parallèlement à mes recherches, je lisais le livre *Dead Certainties : Unwarranted Speculations* [Les certitudes absolues : les spéculations injustifiées] écrit par un historien de l'Université Columbia, Simon Schama, qui souligne brillamment l'abysse entre les connaissances relatives aux événements historiques et les interprétations qui y sont associées. J'ai aussi relevé que, en 1847, dans son poème épique *Évangeline,* l'écrivain américain Henry Wadsworth Longfellow parle de la déportation des Acadiens comme d'un « exil sans fin ». Tout cela m'a convaincu qu'il fallait contester la déportation pour mettre fin à notre exil, du moins de façon symbolique. Comme je suis avocat, le droit me semblait le meilleur moyen de corriger cette injustice; j'ai donc rédigé le texte de la pétition.

Cette pétition présentait les demandes suivantes : 1) rétablir le statut de « Français neutres »; 2) enquêter sur la déportation; 3) mettre fin officiellement à l'exil acadien par une déclaration annulant l'ordre de déportation; 4) reconnaître que cette tragédie était contraire à la législation en vigueur à cette époque; 5) faire un geste symbolique marquant la « fin de l'exil ». Ce sont essentiellement les mêmes demandes non satisfaites que les Acadiens avaient présentées à la Couronne britannique en 1760, ces Acadiens qui ont été exilés à Philadelphie et en Pennsylvanie, et qui furent ma principale source d'inspiration pour le lancement de la pétition.

Quels furent les résultats de cette pétition? Au tout début, la Couronne britannique et le gouvernement n'avaient aucunement l'intention de reconnaître, ni même de débattre de l'historicité de l'expulsion des Acadiens. Au cours des dix premières années, la porte-parole du gouvernement, Helen Mann, vice-consule britannique, a nié publiquement le fait qu'elle discutait ou négociait avec moi.

Une percée importante a été réalisée en décembre 1992 quand la Couronne britannique, par l'intermédiaire de son avocat à Houston, m'a proposé un règlement : elle verserait un million de dollars pour financer une chaire de recherche à l'Université de Louisiane, chaire destinée à l'étude de l'histoire acadienne. Afin de convenir des modalités avec les représentants de l'Université,

Robert M. Lewis, maître de conférences en histoire américaine à l'Université de Birmingham en Angleterre, fut mandaté pour venir rencontrer le vice-président de l'Université de Louisiane, Gary Marotta, à Lafayette. J'ai finalement rejeté cette proposition de règlement, car elle était conditionnelle à ce que cette entente demeure à jamais secrète et confidentielle. Finalement, et pour la première fois, la Couronne britannique a accepté de reconnaître cette injustice historique.

Plus important encore, la Proclamation — un acte de reconnaissance — déclare mettre fin à la controverse qui durait depuis un siècle au sujet de la justification motivant la déportation des Acadiens. Cela signifie qu'aujourd'hui, plus personne ne peut prétendre que le nettoyage ethnique auquel s'est livrée la Grande-Bretagne était « regrettable, mais nécessaire », comme les défendeurs britanniques l'ont prétendu pendant des siècles. Autre point essentiel : les Acadiens de l'époque sont innocentés et il est entendu qu'une injustice historique est symboliquement rectifiée.

La Proclamation royale a été signée le 9 décembre 2003. L'affaire a été résolue de façon satisfaisante pour plusieurs raisons, notamment la mauvaise conscience qu'ont ressentie les officiers britanniques à la lecture de l'ordre de déportation. En effet, leurs journaux intimes nous révèlent qu'ils étaient consternés par la barbarie de leur mission. De plus, les motifs invoqués pour justifier la déportation n'ont pas prévalu à long terme. Le meilleur de la tradition britannique a triomphé du pire, c'est-à-dire de la violence impérialiste exercée à l'époque coloniale.

Même si la Proclamation royale ne contient pas le mot « excuses » écrit en toutes lettres, il faut tenir compte de l'esprit du texte, et du contexte diplomatique sourcilleux qui a prévalu lors de la négociation de ce document pendant treize longues années. De même, le fait que la Constitution des États-Unis ne garantit pas explicitement le droit de vote ou la protection de la vie privée ne signifie pas qu'ils en sont exclus[2].

La plupart des détracteurs déplorent que la Proclamation royale n'aille pas assez loin ou qu'elle n'octroie pas d'indemnité. Dès le début, j'ai été on ne peut plus clair à ce sujet : le but de la pétition n'était pas d'obtenir une compensation pour les dommages et préjudices engendrés par la déportation des Acadiens. Le langage de la Proclamation royale exprime le remords; c'est la seule et unique raison pour laquelle elle a été rédigée et signée : exprimer des regrets pour ce tragique événement. Les mots suivants prononcés par la reine Elizabeth II sont particulièrement émouvants :

> *Attendu que le 28 juillet 1755, la Couronne, dans le cadre de l'administration des affaires de la colonie britannique de la Nouvelle-Écosse, a pris la décision de déporter les Acadiens;*
>
> *Attendu que la déportation du peuple acadien, communément appelée le Grand Dérangement, s'est poursuivie jusqu'en 1763 et a eu des conséquences tragiques, plusieurs milliers d'Acadiens ayant péri par suite de maladies, lors de naufrages, dans leurs lieux de refuge, dans les camps de prisonniers de la Nouvelle-Écosse et de l'Angleterre ainsi que dans les colonies britanniques en Amérique;*

> *Attendu que Nous reconnaissons les faits historiques mentionnés précédemment ainsi que les épreuves et souffrances subies par les Acadiens lors du Grand Dérangement.*

Bien sûr, la reine d'Angleterre ne s'est pas mise à plat ventre, mais les mots qu'elle a prononcés expriment clairement des remords sincères. La définition du mot « excuses » est la suivante : exprimer des remords ou des regrets. À ce titre, la formulation de la Proclamation royale satisfait entièrement l'une de mes principales requêtes. De plus, un élément qui était pourtant absent de la pétition a donné un résultat phénoménal : la reine a stipulé que le 28 juillet de chaque année deviendrait la Journée de commémoration du Grand Dérangement.

La Proclamation royale a-t-elle comblé toutes les attentes? Les négociations n'ont pas satisfait toutes mes revendications. Mais en tant qu'avocat expérimenté, je peux affirmer que les meilleures ententes découlent souvent de concessions consenties par les deux parties. En juin 2001, l'assemblée générale de la Société nationale de l'Acadie (SNA), l'organisation qui chapeaute les trois millions d'Acadiens du monde, a décidé de se joindre à moi pour négocier la version définitive de la pétition. En octobre 2001, dans le cadre d'un comité d'étude, on a demandé à des historiens acadiens de se prononcer sur la valeur de cette pétition. Les représentants de la SNA ont mis sur pied un comité d'étude composé de quatre éminents historiens et conseillers juridiques. Un total de 140 mémoires leur furent soumis dont trois seulement étaient en désaccord avec le texte de la pétition.

Le soutien du public envers la pétition s'est révélé très utile, d'autant qu'il provenait de différents milieux. En 1993, mon exposé sur la pétition lors de la Conférence mondiale sur les droits de l'homme à Caen, en France, a suscité une couverture médiatique nécessaire et bienvenue, en particulier de la part du magazine britannique *The Economist* : «*Sorry isn't enough*» [Les excuses ne suffisent pas], article paru le 25 juillet 1998. Nous avons reçu des appuis émanant de plusieurs sources, notamment du Sénat des États-Unis, des États de la Louisiane et du Maine, de l'American Legion et du Congrès mondial acadien (CMA) de 1994 (j'y étais invité pour parler de la pétition devant un auditoire enthousiaste), et de nouveau au CMA en 1999.

En 1997, le président français, Jacques Chirac, m'a cordialement invité à accompagner la délégation française au Sommet de la francophonie à Hanoi, au Vietnam. Les représentants de la Société nationale de l'Acadie (SNA), notamment Françoise Enguehard, ont organisé une rencontre avec le premier ministre canadien Jean Chrétien qui a promis son appui. En août 1999, Stéphane Bergeron, député canadien, est venu en Louisiane pour assister au Congrès mondial acadien; il est devenu un ardent partisan de la pétition. Le 27 octobre 1999, alors qu'il était *whip* du Bloc Québécois (parti politique à l'échelon fédéral), il a présenté une résolution demandant à la reine de répondre favorablement à la pétition.

Plusieurs autres personnes nous ont épaulés, notamment Bernard Landry, alors premier ministre du Québec et d'origine acadienne, Jean-Robert Frigault, Viola LeBreton, Paul Arsenault, Richard Laurin, Chris d'Entremont,

Wayne d'Entremont, Paul d'Entremont, Gérard Johnson, André Forcier, Vera Petley, Jean-Marie Nadeau, le juge Allen M. Babineaux, Mark Babineaux, Phillip Gustin, Gale Luquette, Michel Roux, John Hernandez Jr, John Hernandez II, Kermit Bouillion, Pat Miro, Zachary Richard, Michel Cyr, Clive Doucet, R. Martin Guidry, Ray et Brenda Trahan, James H. Domengeaux, Michelle LeBlanc, Paul Surette, Daniel Paul, Marc Belliveau, Patrick O'Keefe, Jean Ouellet, Dr William Arceneaux, Louis Koerner Jr, la gouverneure Kathleen Babineaux, le juge Michel Bastarache, le député Howard Crosby, le sénateur Gerald Comeau, le professeur Michel Doucet, le professeur Fernand Landry, le professeur Yvon Fontain, le professeur Pierre Arsenault, Brian Comeaux, David Marcantel, Dr David Cheriamie, Dr Shane Bernard, Dr Barry Ancelet, Roger Leger, Dr Carl Brasseaux, Ron Thibodeaux, René Babineau, Louise McKinney, Wilfred Doucette et Yvon Godin. Je leur serai éternellement redevable pour leur soutien indéfectible. Il en va de même pour de nombreuses autres personnes.

Selon Euclide Chiasson alors président de la SNA, et Denis LaPlante qui en était le directeur, le Parti libéral du Canada n'y était pas favorable au départ, mais grâce à l'intervention de la ministre du Patrimoine, Sheila Copps (qui a des ancêtres LeBlanc), le premier ministre Jean Chrétien a présenté une motion à son cabinet. Le ministre Stéphane Dion – à qui le premier ministre Chrétien avait confié le dossier de l'unité nationale – a effectué sa propre recherche et il a conclu que la pétition était juste et légitime. Les juristes du Conseil privé (son ministère) se sont d'abord prononcés contre, puis ils ont cédé à contrecœur, car le ministre Dion avait réussi à convaincre ses collègues et les premiers ministres de trois provinces maritimes où vit un fort contingent d'Acadiens. Conséquemment, la motion de M. Chrétien a été votée à l'unanimité.

Grâce à l'aide essentielle de M. Chrétien, les modalités ont finalement été approuvées par la gouverneure générale du Canada, Adrienne Clarkson, la représentante de la reine. Tout cela s'est conclu au prix de beaucoup d'efforts et de nombreux compromis de la part de toutes les parties. Je suis fier des résultats, comme le sont tous les descendants des exilés acadiens.

En 2010, la Commission du bicentenaire de la Louisiane a été mise sur pied pour marquer le 200e anniversaire de l'accession de la Louisiane au statut d'État en 2012 (18e État de l'Union). À l'aide d'activités éducatives et festives, la Commission vise à commémorer le bicentenaire de différentes façons, notamment en publiant un livre historique agrémenté de photographies et d'éléments tangibles et précieux. La Proclamation royale est reproduite à la page 144 du livre sur le bicentenaire, *Being Louisiana : 200 Years of Statehood* (Baton Rouge, Commission du bicentenaire de la Louisiane, 2012), publié sous la direction de Jennifer Ritter Guidry.

Pendant sa présidence à la Société nationale de l'Acadie, Euclide Chiasson a piloté le dossier visant à obtenir des excuses de la Couronne pour le traitement infligé aux Acadiens lors de la déportation. Puisque depuis le rapatriement de la Constitution en 1982, le Canada est devenu officiellement indépendant de la Couronne britannique, la demande devait être adressée au gouvernement canadien.

Euclide Chiasson affirme que c'est Stéphane Dion, alors ministre fédéral des Affaires intergouvernementales, qui, une fois convaincu de la justesse de la demande des Acadiens, a piloté le dossier à Ottawa. Sa plus grande déception fut que les médias titrent que la SNA n'avait pas réussi à obtenir des excuses. Il s'explique : « Dans le monde diplomatique, surtout quand il s'agit de la Couronne, l'expression "excuses de la Couronne" ne fait pas partie des pratiques acceptables. Dès le départ, le gouvernement fédéral nous l'a bien fait comprendre. L'équivalent, c'est de reconnaître les torts infligés aux Acadiens, et c'est ce que la Proclamation royale affirme[1] ».

Cette citation de Gilbert K. Chesterton me semble tout à fait appropriée : « Des excuses non sincères équivalent à une deuxième insulte... La partie lésée ne veut pas être indemnisée parce qu'elle a subi une injustice; elle souhaite être guérie parce qu'elle a été blessée ».

Le 25 janvier 1993, à la Conférence mondiale sur les droits de l'homme se déroulant au Mémorial de Caen en Normandie (France), Warren A. Perrin a présenté sa pétition demandant des excuses officielles pour la Déportation des Acadiens. Cet endroit commémore la bataille de Caen et la Deuxième Guerre mondiale. L'ouverture officielle du mémorial date de 1998 et celui-ci est consacré à l'histoire de la violence et des conflits du 20e siècle. Michel Doucet, un Acadien professeur de droit à l'Université de Moncton, a aidé W. Perrin à se préparer pour l'événement. Originaire de Dieppe au Nouveau-Brunswick, Doucet travaillait à Paris.

Bruce (en haut), le fils de Mary et de Warren, avec les filles de Michel Doucet, Marie-Michèle (à l'avant) qui termine actuellement son doctorat en histoire à l'Université de Montréal et Véronique qui termine un diplôme supérieur en affaires. Bruce, diplômé en français de l'Université de la Louisiane, est directeur des relations publiques au Prejean's, le restaurant cadien de Lafayette mondialement connu.

Le 9 août 2001, Warren A. Perrin a rencontré les représentants de la Société nationale de l'Acadie (SNA). Ils ont discuté d'un effort commun pour faire aboutir sa pétition visant à obtenir des excuses officielles pour la Déportation des Acadiens. On les voit ici lors d'une rencontre historique à la résidence de Denis LaPlante, directeur de la SNA, accompagné de Richard Laurin, promoteur et organisateur de voyages en Acadie.

Le 11 mars 2005, John Mack Faragher de l'Université de Yale a lancé son livre *A Great and Noble Scheme* à l'Université de la Louisiane à Lafayette. Voici ce qu'il a écrit au sujet de la pétition : « En 1990, Warren Perrin, un avocat louisianais de descendance cadienne, a présenté une pétition au gouvernement britannique demandant à la reine Élisabeth II des excuses officielles pour les torts causés aux Acadiens en 1755. Il a épousé cette cause après que l'un de ses fils [Bruce] lui ait demandé ce que leurs ancêtres avaient fait pour mériter la déportation. « J'étais incapable de lui répondre », se souvient Perrin. « Comme la plupart des Cadiens à l'époque, j'en savais très peu sur notre histoire ». C'est ainsi que M. Faragher a commencé à lire sur le sujet, et plus il lisait, plus il était en colère. « C'est l'événement qui définit notre histoire, le précurseur de ce qu'on appelle aujourd'hui un nettoyage ethnique ». À la suite de la présentation, MM. Faragher et Brasseaux ont été invités à dîner chez les auteurs à Lafayette.

De gauche à droite : Kermit Bouillon, directeur du programme légendes vivantes du Musée acadien, MM. Faragher et Perrin.

Photo©Philip Gould

En 1990, l'avocat Warren A. Perrin a présenté une pétition demandant des excuses officielles à la Couronne britannique pour les torts causés aux Acadiens par la Déportation. Le 9 décembre 2009, la représentante de la reine Élizabeth II, la gouverneure générale du Canada Adrienne Clarkson, a signé la Proclamation royale avec laquelle Perrin est ici photographié en 2003. Le document est maintenant aux archives canadiennes, mais un facsimilé est exposé au Musée acadien d'Erath.

NOTES DE FIN

1. Éditorial du *Daily Advertiser* : *«Warren Perrin's efforts showed perseverance»* [Warren Perrin a fait preuve de persévérance], 9 décembre 2013

2. Voir : usconstitution.net

3. Citation tirée d'une entrevue réalisée par Jean Saint-Cyr dans *Acadie Nouvelle* (Euclide Chiasson : *Bâtir et développer l'Acadie moderne*, 4 février 2014, page 12). Il y est question du rôle central qu'a joué Euclide Chiasson dans l'obtention de la Proclamation royale

La protection des minorités au Canada

Michel Bastarache

Ma contribution à ce livre porte essentiellement sur le rôle du pouvoir judiciaire dans la protection des minorités linguistiques au Canada, en particulier celle du peuple acadien qui en a largement bénéficié depuis l'adoption de la *Charte canadienne des droits et libertés*, en 1982.

Je commencerai par une mise en contexte historique. Comme nous le savons, l'Acadie a été cédée définitivement à l'Angleterre en 1713. En vertu du droit international, il s'agissait d'une conquête, ce qui signifie que le droit privé, qui avait cours en Acadie, aurait dû être préservé jusqu'à ce qu'il soit modifié par les nouvelles institutions disposant du pouvoir législatif. Mais ce ne fut pas le cas. L'Angleterre a plutôt conçu une fiction légale en considérant l'Acadie comme un territoire inhabité et, dès 1719, elle y introduit le droit anglais dans son ensemble. Le pouvoir de légiférer du gouverneur, en vertu de la prérogative royale, est alors suspendu et une assemblée locale est convoquée pour exercer le pouvoir législatif.

Ceci aura pour effet d'exclure les Acadiens au plan social et politique, alors qu'ils forment la grande majorité de la population. En effet, l'introduction du droit anglais dans la colonie comprend toute une série de lois anticatholiques qui créent une incapacité légale, notamment la *Conventicle Act* de 1664 et la *Parliamentary Test Act* de 1678. C'est donc dire que le droit privé français est abrogé et que la population catholique se retrouve sans statut juridique et sans connaissance du nouveau droit qui la régit dorénavant.

Le Traité d'Utrecht de 1713 ne protège pas les Acadiens. Le régime seigneurial français relatif à la propriété foncière est toléré pour un temps, mais les habitants sont plutôt invités à partir au Cap-Breton resté sous l'autorité française. Une lettre de la reine Anne préserve les droits de propriété et permet la pratique de la religion catholique. Mais très vite, le gouverneur Cornwallis limite la portée de cette promesse en décrétant que le droit de partir est limité à un an et que les biens de ceux qui partent seront confisqués. Il ajoute que dorénavant la protection des droits de propriété est assujettie à la prestation du serment d'allégeance. Les auteurs modernes ayant étudié cette affaire ont conclu que les décisions de Cornwallis et de Murray étaient inconstitutionnelles en vertu du droit britannique.

De fait, pour préserver la paix sociale, les Britanniques vont d'abord tolérer le refus de prêter allégeance. Étant donné la forte majorité de la population acadienne, ils ont peur d'un soulèvement. En 1730, le gouverneur Phillips obtient cependant l'allégeance des Acadiens en leur garantissant le statut de neutralité. En 1749, tout bascule à nouveau. Dorénavant, on applique le droit anglais avec rigueur. Les Acadiens ne peuvent pas occuper une charge publique, un ordre de mobilisation annule le statut de neutralité et la religion d'État est imposée. Les membres de l'Église catholique ne peuvent pas intervenir publiquement, ni même enseigner.

Tout ceci est illégal, parce que contraire aux promesses de la reine Anne, mais aucun tribunal n'est constitué pour entendre ces cas ni pour assurer la primauté du droit. Les bateaux des Acadiens sont confisqués, tout comme leurs armes. L'ordre de prêter allégeance est de nouveau imposé en 1755. Cette imposition aussi est illégale, car les Acadiens sont dorénavant des citoyens britanniques. L'ordre de déportation est également illégal, parce que contraire au droit public britannique et adopté sans l'assentiment de l'Assemblée.

Après la déportation, et le retour des Acadiens amorcé en 1758 qui se poursuivra jusqu'en 1784, une législation très répressive est adoptée et appliquée. La Commission royale accordée à Cornwallis étend l'application des lois antipapistes anglaises à la colonie, sans avoir à passer d'autres lois. Cela signifie que les déportés ne sont pas autorisés à retourner sur leurs terres ou à récupérer leurs biens, que ceux qui se sont réfugiés au Nouveau-Brunswick s'y trouvent illégalement. De nouvelles lois, élargissant l'incapacité légale des catholiques, sont adoptées : ils ne peuvent pas posséder de terres et leurs biens peuvent leur être confisqués. Le droit de résidence sur le territoire est assujetti au serment d'allégeance. Le clergé est expulsé. Une loi de 1759 abolit tous les titres de propriété des Acadiens qui auraient encore pu subsister.

Le régime répressif commence à s'estomper à partir de 1783. En 1784, le Nouveau-Brunswick est créé et à partir de 1786, il adopte ses propres lois. En 1791, le Nouveau-Brunswick abolit les lois de la Nouvelle-Écosse en vigueur sur son territoire, mais continue d'appliquer les lois anglaises, y compris les lois antipapistes. De fait, le gouvernement était au pouvoir aux alentours de 1773, mais entre-temps, il appliquait les lois de la Nouvelle-Écosse.

Les catholiques doivent donc encore prêter serment pour posséder des terres et exercer une charge publique. De plus, ils ne peuvent pas se marier, parce que seule la religion anglicane est reconnue. En 1791, le mariage est enfin autorisé. En 1810, ils sont autorisés à voter, et en 1829, à exercer une charge publique. En 1834, les prêtres catholiques peuvent à nouveau administrer le sacrement du mariage.

Dans le domaine scolaire, la situation et la législation sont très complexes. Je ne vais pas aborder cette question, sauf pour mentionner que, dès 1802, la relation entre la religion et l'école crée une situation impossible pour les francophones parce qu'ils sont catholiques. En 1816, l'enseignement en français est interdit, même s'il est quelquefois toléré ou caché aux autorités. Dans la *Loi constitutionnelle* de 1867, le droit à l'enseignement religieux est garanti en vertu de l'article 93. Les Acadiens pensaient que cet article protégeait leur droit, mais une décision, irréaliste et sans fondement historique, prise par le Comité judiciaire du Conseil privé de Londres a étouffé cette perspective. Le Parlement a le pouvoir de légiférer pour protéger la minorité, mais le premier ministre Wilfrid Laurier refuse d'intervenir; il cherche plutôt à obtenir un compromis politique. L'enseignement en français se poursuit à petite échelle, sans statut légal ni financement public, souvent à l'insu des autorités. Cette situation prévaut dans les trois provinces maritimes.

Au plan national, nous savons que certains droits linguistiques ont été enchâssés dans la *Constitution* de 1867, mais appliqués uniquement à quelques institutions fédérales et québécoises. Pour la population en général, il a fallu attendre l'adoption de la *Loi sur les langues officielles* de 1969 qui a eu très peu d'effet sur les Acadiens.

Il y eut des progrès notables avec l'adoption de la *Charte canadienne des droits et libertés*, en 1982, et enfin la nouvelle *Loi sur les langues officielles* de 1988. Au plan provincial, il a fallu attendre longtemps avant la libéralisation du système à l'égard des Acadiens, et les succès ne sont pas comparables d'une province à l'autre.

En Nouvelle-Écosse, les progrès se limitent essentiellement au système scolaire qui se libéralise en 1885 et en 1902, essuie un recul en 1914 et en 1926, et marque une reprise en 1939 et en 1941. Le vrai progrès est venu en 1981, lorsque fut mise en vigueur une recommandation formulée dans le rapport d'une Commission royale de 1974, en particulier la question du financement fédéral. C'est l'article 23 de la *Charte canadienne des droits et libertés* qui concrétise ce progrès, car il donne accès aux tribunaux pour obliger les provinces à offrir l'enseignement dans une langue minoritaire. Plusieurs poursuites ont eu lieu dans chaque province, et elles ont toutes mené à des résultats positifs. À l'Île-du-Prince-Édouard, la situation est semblable : la première réforme importante date de 1971 et le droit à l'enseignement en français est reconnu en 1980. Là aussi, le recours aux tribunaux a été déterminant.

Au Nouveau-Brunswick, la situation est radicalement différente. La *Loi scolaire* adoptée en 1871 est totalement inapplicable dans les régions francophones puisqu'elle abolit le système scolaire confessionnel pour le remplacer par l'école publique; cette loi mène au conflit armé de Caraquet, en 1875. La contestation judiciaire de la *Loi* est rejetée par le Comité judiciaire du Conseil privé de Londres. Le désordre s'installe, ce qui force le gouvernement à proposer un compromis en 1875, et ce, sans modifier la loi.

En 1928, les lois provinciales reconnaissent formellement le régime linguistique illégal dans le domaine de l'enseignement, ce qui revient à protéger le statu quo. C'est en 1947 que l'enseignement en français est reconnu pour quelques enseignants qui ont fréquenté l'école normale. La commission Byrne de 1960, mise sur pied par le premier ministre Louis Robichaud, mène à la grande réforme de 1963 qui mène à son tour à la nouvelle conception des districts scolaires de 1966. Cependant, les crises scolaires se succéderont à Fredericton, Saint John, Moncton, Grand-Sault et Campbellton. Une nouvelle étude sera entreprise en 1972, suivie d'une autre en 1973.

En 1975, la *Loi sur l'éducation* est adoptée. Les conflits perdurent et une autre étude en 1978 mène à la réforme de 1979, celle des conseils scolaires parallèles. Il faut aussi mentionner la création de l'Université de Moncton et des collèges communautaires. Mais la véritable réforme institutionnelle s'est faite à l'interne, dans la fonction publique et dans le grand processus de changement qui a suivi l'adoption de la *Loi sur les langues officielles*, en 1969. Depuis 1973, les lois sont établies dans les deux langues officielles. En 1976, on reconnaît le droit à la justice en français. Ce droit est imparfait, mais il sera amélioré après la modification du *Code criminel* et de la *Loi sur les langues officielles* du Nouveau-Brunswick qui sera d'ailleurs modernisée en profondeur en 2003 et à nouveau en 2010 et en 2013. Je note aussi l'adoption de la *Loi sur l'égalité des communautés linguistiques* du Nouveau-Brunswick de 1981, loi qui apportera une modification constitutionnelle en 1993.

Il existe toujours un écart entre l'égalité juridique formelle et l'égalité véritable, mais il faut reconnaître qu'il existe bien peu d'exemples dans le monde d'un petit peuple qui ait connu une reconnaissance aussi spectaculaire. Nous avons célébré le 400e anniversaire de l'Acadie — anniversaire pleinement reconnu par les autorités fédérale et provinciales — dans un esprit de fierté partagée qui s'est manifesté sur les ondes de la radio et de la télévision. Il existe de nombreux exemples démontrant que les Acadiens ont pris leur place dans la société moderne sans avoir à renoncer à leur culture ou à leur langue. Je crois qu'il était important pour la population acadienne de poser des gestes concrets pour s'affirmer et témoigner de son désir de contribuer de façon unique au développement de son pays, selon les principes de liberté et d'égalité.

Qu'est-ce que tout cela a à voir avec la justice? Nous devons nous rendre compte que nous vivons dans un monde entièrement nouveau où la justice joue un rôle beaucoup plus important. C'est un moyen d'assurer la primauté du droit et de contrôler les mesures gouvernementales. Si les minorités étaient ignorées dans le passé, leur protection fait maintenant partie des principes constitutionnels et du droit public. En d'autres termes, la justice a la responsabilité de protéger les droits des minorités de manière à bâtir une société plus juste.

La récente remise en question du mode de nomination des juges à la Cour suprême du Canada a justement mis en lumière les changements intervenus dans le rôle des autorités judiciaires, et plus particulièrement le pouvoir de légiférer dans des domaines qui touchent désormais aux politiques économiques et sociales du pays. L'étendue du pouvoir des juges est remise en question, mais plus encore leur pouvoir d'en décider. C'est donc un changement de culture juridique qui s'est produit. Pour plusieurs, c'est l'acceptation d'une nouvelle forme de démocratie qui anime ce mouvement.

Notre compréhension des principes démocratiques comporte un élément unique quand vient le temps de prendre en considération les pouvoirs attribués aux juges d'interpréter la *Constitution*. C'est une nouvelle conception de la délégation de pouvoirs. Les institutions politiques et juridiques ne reposent pas entièrement sur les élections. On n'a qu'à penser au Sénat. La législation en matière criminelle est adoptée par les représentants élus, mais son application ne peut tout simplement pas être laissée au vote populaire. Aujourd'hui, on accepte de protéger les minorités contre les abus de la majorité. Au Canada, on ne conteste pas l'élargissement du rôle des juges, mais il semble y avoir une volonté de s'assurer que ceux qui redéfinissent ainsi la démocratie et les valeurs auxquelles elle souscrit soient plus indépendants, plus imputables et choisis différemment, particulièrement dans le cas de la Cour suprême.

La démocratie moderne a besoin d'un pouvoir judiciaire fort pour garantir le respect de la *Constitution*, y compris la *Charte canadienne des droits et libertés*. Aussi, la magistrature doit-elle renforcer ses mécanismes décisionnels pour écarter toute impression d'arbitraire, surtout quand ses décisions sont controversées ou impopulaires ou contraires aux objectifs clairement définis du Parlement ou des assemblées provinciales ou territoriales. Je crois donc qu'il est très important de tenir compte des caractéristiques du système judiciaire qui assurent que les décisions des juges ne sont pas subjectives en ce domaine, mais guidées par des règles d'interprétation et des principes d'une très grande importance.

Au fond, la question tourne autour de la notion de révision constitutionnelle et, jusqu'à un certain point, de révision judiciaire. Ces notions sont en effet les plus importantes pour caractériser les changements que notre système juridique a connus au cours des dernières années. Au Canada, la révision constitutionnelle est bien connue et depuis longtemps acceptée, eu égard au partage des compétences et, autrefois, à la conformité des lois nationales avec les lois impériales.

Mais la *Charte des droits et libertés* a tout changé dans l'esprit des gens. Les décisions portant sur un obscur document qui laissent une grande marge de manœuvre aux juges ont donné lieu à des débats nouveaux. Les juges prennent des décisions en faisant appel aux principes généraux du droit, à des sources nouvelles du droit, à des considérations historiques, sociales et culturelles, à des arrangements institutionnels, à des valeurs sociales. Quiconque connaît l'histoire constitutionnelle de ce pays sait que le Comité judiciaire du Conseil privé a probablement été aussi activiste que nos tribunaux modernes en matière de compétences et de leur partage entre les deux paliers de gouvernement. Mais aujourd'hui, il y a bien plus de décisions à prendre, en raison de la reconnaissance de nouveaux droits individuels et de la possibilité élargie de contester les décisions de l'administration publique.

De là l'impression du grand public que les tribunaux devront trancher toutes les questions importantes au plan social. Les groupes de pression vont aussi plus facilement devant la Cour que devant un comité parlementaire. Pourquoi? Parce qu'ils pensent que les juges font le droit et que l'indépendance des juges leur est favorable. De là l'impression que les tribunaux se sont donnés pour mandat de contrôler toutes les mesures législatives et gouvernementales, et pas uniquement en regard des principes généraux du droit.

De fait, la question consiste à savoir quelles sont les normes et valeurs qui doivent guider le processus judiciaire. Il est vrai que dans les pays de common law, les juges ont toujours exercé le pouvoir de faire évoluer le droit sans susciter d'inquiétude au sein de la société, en tout cas moins que dans les pays où le rôle du juge consiste simplement à interpréter la loi. Cette distinction ne semble cependant pas aussi significative maintenant qu'elle l'a déjà été. La place qu'occupe la common law a beaucoup diminué au Canada, mais pas la discrétion laissée aux juges, puisqu'ils appliquent une approche contextuelle dans l'interprétation des lois, ce qui ouvre la porte à une interprétation libérale et évolutive. On aurait pu penser que l'article 33 de la *Charte*, qui autorise le Parlement et d'autres Assemblées législatives à retirer la protection offerte par la *Charte* à une loi pendant une durée limitée, aurait rassuré les personnes qui s'inquiètent du pouvoir judiciaire, mais cela ne semble pas être le cas. L'importance de la *Charte* est telle que les gouvernements sont réticents à recourir à l'article 33.

Tout bien considéré, il est question ici de légitimité. Nous cherchons à savoir jusqu'où on peut utiliser l'interprétation des lois pour autoriser la création d'un droit nouveau, et quels en sont les critères. Si l'on accepte le fait que la *Loi constitutionnelle* est un « arbre vivant », selon la formulation de Lord Sankey, et que les normes doivent être constamment ajustées en fonction de l'évolution des valeurs morales et sociales du pays, il est néanmoins certain que les tribunaux ne sont pas habilités à réécrire la *Constitution* et qu'ils doivent, en matière de lois d'intérêt général, respecter la volonté du Parlement et des législatures. Il reste que la valeur symbolique de la *Charte*, l'importance incontestable des principes fondamentaux du droit et la culture des droits ayant cours ont imprégné l'exercice qui vise à interpréter les lois.

Les enjeux sont importants, parce qu'il n'y a pas de consensus concernant le forum approprié pour décider des valeurs morales à retenir, et du partage des responsabilités pour les appliquer. Dans un pays comme le Canada, il est difficile pour plusieurs d'accepter que les principes sous-jacents de la *Constitution* qui découlent de l'interprétation de son préambule autorisent la Cour suprême à fixer ses propres limites. D'aucuns considèrent que la Cour devrait s'en tenir à l'interprétation des lois. Pour certains, la règle de droit constitue la considération première; elle doit donc véhiculer la vision de la justice sociale et des valeurs morales du pays, rien d'autre que la primauté du droit.

En conclusion, je veux simplement signaler que les valeurs fondamentales qui ont présidé à l'interprétation et à la mise en œuvre des droits linguistiques au cours des dernières années ont eu de réelles répercussions sur les minorités en général, et sur les Acadiens en particulier. Les causes Mahé, Arsenault-Cameron et Beaulac ont contribué largement à l'épanouissement de la francophonie canadienne. Pour les Acadiens, cet épanouissement ne sonne pas la fin des protestations. La lutte pour une véritable égalité n'est pas terminée.

La langue française comme facteur de croissance en Louisiane

Marsha Sills

Pour s'imprégner de la langue et de la culture françaises, les étudiants et les touristes se rendent à Arnaudville, une petite ville acadienne de la Louisiane. Tandis qu'à Vacherie, une communauté rurale située entre Baton Rouge et La Nouvelle-Orléans, les employés d'une plantation offrent des visites en français. De plus, aux dires de chercheurs universitaires, partout dans le sud de la Louisiane, la jeune génération éprouve de la fierté à parler une langue qui était en profond déclin dans un État nommé en l'honneur d'un roi français.

Après avoir mis l'accent sur l'éducation pendant tant d'années, les défenseurs du français en Louisiane commencent à miser sur la place de notre langue dans le monde des affaires. « Des dizaines de milliers de nos étudiants apprennent le français comme langue seconde et près de 4000 autres suivent le programme d'immersion en français », déclare Joseph Dunn, directeur général du CODOFIL, une agence étatique chargée de maintenir et de développer la pratique du français en Louisiane. « On doit créer des occasions favorables pour nos anciens élèves afin qu'ils s'ancrent dans cette identité linguistique », ajoute-t-il.

« Il y a quarante ans, un million de personnes en Louisiane parlaient français couramment. Aujourd'hui, le Conseil pour le développement du français en Louisiane Conseil pour le développement du français en Louisiane (CODOFIL) estime qu'environ 150 000 personnes maîtrisent cette langue. Cette diminution s'explique en grande partie par l'attrition – la mort de personnes dont le français était la langue maternelle et qui le parlaient à la maison. L'État a déclaré l'anglais comme la seule langue officielle. Ensuite, dans les années 1920, les enseignants punissaient lourdement les enfants qui parlaient français à l'école. Tous ces facteurs ont conduit au déclin social et économique de la langue française », souligne Dunn.

Pour renverser cette tendance, l'État de la Louisiane a créé l'organisme CODOFIL en 1968. Sa mission est de promouvoir l'éducation en français et de recruter des professeurs provenant des pays de la francophonie chargés d'enseigner dans les classes de la Louisiane. Le CODOFIL joue aussi un rôle important dans la formation d'enseignants d'immersion française. Au cours des deux dernières années, l'agence a élargi ses efforts pour intégrer le français dans le développement économique et touristique de la Louisiane.

Monsieur Dunn cite l'exemple de *Laura Plantation* où le français a stimulé l'essor économique. Située dans la paroisse de Saint Jacques, à Vacherie, cette plantation attire chaque année environ 15 000 à 20 000 visiteurs francophones et compte au moins quatre guides qui parlent français pour assurer des visites dans cette langue. « Ces touristes dépensent 20 dollars pour visiter la plantation et, puisqu'ils sont dans la région, ils visiteront probablement d'autres sites des environs. Ils mangent dans les restaurants locaux et, souvent, passent la nuit dans un hôtel ou un gîte touristique régional », explique Jay Schexnaydre, directeur adjoint de *Laura Plantation.*

Pour miser sur l'aspect économique, le CODOFIL a lancé un programme intitulé « franco-responsable » qui vise à encourager les entrepreneurs et fournisseurs de services qui parlent français à aborder et à servir leurs clients en français. Le programme – dont le titre parle de lui-même – est conçu pour encourager les francophones à promouvoir leur langue dans la vie quotidienne et au sein de leur milieu de travail.

Les entreprises participantes seront identifiées par un autocollant qui les affichera comme étant *franco-responsables.* Le programme, encore en gestation, reprend l'idée d'un programme créé, il y a quelque 30 ans, qui incitait les entreprises à s'identifier en affichant l'autocollant « Ici on parle français » ou « French is spoken here ».

Selon M. Dunn, l'objectif est de créer une base de données, à l'échelle de l'État, consultable par les touristes et les Louisianais. « Les francophones de la Louisiane doivent se responsabiliser sur les plans personnel et professionnel à l'égard de leur identité linguistique. Le français est parlé en Louisiane et nous voulons commencer à construire ce réseau francophone pour le soutenir », dit-il.

La nouvelle initiative du CODOFIL a su séduire les commerçants locaux tels que Lori Johnson Walls, propriétaire de la Boucanière Johnson's, à Lafayette. Ce petit restaurant-boucherie rend hommage à l'épicerie et à la boucherie familiale, le *Johnson's Grocery*, située anciennement à Eunice, et qui avait été créée par son grand-père qui parlait très peu l'anglais.

Lorsqu'il était enfant, le père de Lori, Wallace Johnson, servait les clients anglophones du magasin familial. Wallace, qui a maintenant 85 ans, avait appris l'anglais avant de commencer l'école pour des raisons pratiques : elle voulait jouer avec le petit garçon américain qui vivait près de chez elle. C'était aussi pour des raisons pratiques que lui et sa femme n'avaient pas enseigné le français à leur fille. « Quand nous voulions dire quelque chose à l'insu de notre fille, nous le disions en français », déclare l'octogénaire. Lori ajoute en riant : « Ils parlaient beaucoup en français dans le temps de Noël ». Elle a appris le français à l'école, et elle le comprend mieux qu'elle ne le parle. Son père est le porte-parole francophone de la boutique, dialoguant avec les clients francophones, résidants de l'endroit ou touristes qui leur rendent visite. « Nous sommes en train de poursuivre la tradition cadienne, et la langue est une autre façon de montrer notre engagement envers ces traditions », précise Lori. M. Johnson, pour sa part, affirme ne pas s'inquiéter de la diminution du nombre de francophones et ajoute qu'il entend encore les gens parler français entre Lafayette et sa ville natale, Eunice.

Des universitaires comme Thomas Klingler et Amanda LaFleur, se rendent compte des efforts renouvelés pour le maintien de la langue chez les francophones louisianais, tant chez les jeunes que chez les aînés. « La transmission intergénérationnelle de la langue à la maison est sans aucun doute en déclin et extrêmement menacée. Toutefois, nous constatons un réel enthousiasme pour le maintien du français, et ce, de façon régulière, surtout chez la jeune génération qui n'a pas appris le français à la maison, mais à l'école et dans les programmes d'immersion », précise M. Klingler, professeur agrégé en français et chef du département de français et d'italien à la Tulane University.

M. Klingler et Mme LaFleur, laquelle est coordonnatrice des études cadiennes à la Louisiana State University, ont tous deux effectué des expériences sur le terrain avec des groupes d'étudiants à Arnaudville, une petite ville d'environ 1100 habitants située à quelque 48 kilomètres au nord de Lafayette, afin de répertorier des dialectes et des histoires de locuteurs de la langue maternelle et en apprendre davantage sur leurs traditions culturelles. Un groupe de francophones d'Arnaudville publicise leur ville comme un endroit où les touristes et les étudiants ont l'occasion de pratiquer le français et de vivre la culture française.

À Arnaudville, le mouvement « franco-responsable » est déjà en cours et encourage les résidants de l'endroit à parler « en français ». Selon Mme LaFleur, de nombreux francophones en Louisiane ne se rendent pas bien compte des effets positifs potentiels que le fait de parler français dans la vie publique peut avoir sur la santé culturelle et économique de la région.

« Par ailleurs, plus le français sera entendu, plus il sera facile, même pour les plus timides des locuteurs, de commencer à mettre en pratique leurs connaissances, dit Mme LaFleur. Il est parfois difficile de surmonter ce que nous appelons le facteur "honte", une sorte de gêne déclenchée par le fait de ne pas être convaincu que notre français est "suffisamment bon". Toutefois, la majorité des choses qui en valent la peine exige que nous prenions des risques. »

Remerciements

Cet article, initialement intitulé « Interest in French Turns into a Growing Business », a été publié dans *The Advocate*, le 16 juillet 2013.

La naissance de la Fédération acadienne du Québec

Roger Léger

D'aussi loin que l'on puisse se souvenir, il y a toujours eu des regroupements d'Acadiens au Québec, que ce soit à Montréal, à Gatineau, à Québec, à Trois-Rivières, en Montérégie, sur la Côte-Nord, dans le Bas-du-Fleuve, en Gaspésie ou aux Îles de la Madeleine. Ces regroupements duraient l'espace d'une décennie ou deux et disparaissaient en même temps que les personnes qui leur avaient donné vie... Leur caractère éphémère peut s'expliquer par le fait que tous ces groupes et comités dispersés sur le territoire n'avaient aucun lien entre eux et s'occupaient uniquement « d'affaires locales ». À Montréal, dans les années 1980, il y avait trois regroupements acadiens : Les Acadiens en ville, le Comité universitaire acadien de Montréal et le Regroupement des Madelinots de Verdun.

L'idée m'est venue de regrouper les Acadiens de l'ensemble du Québec, lorsque j'assistais, en juin 1987, à Québec, à une assemblée solennelle au cours de laquelle on soulignait le mérite de quelques militants de la cause française en terre d'Amérique, dont un grand Acadien, Émery LeBlanc. Ce qui m'a frappé alors, c'est que les Acadiens présents ce soir-là pour honorer cet éminent Acadien n'y étaient pas représentés en tant qu'Acadiens. Je me suis demandé pourquoi les Acadiens d'ici ne le fêtaient pas eux-mêmes, et c'est à ce moment-là que j'ai pris conscience qu'il n'y avait pas de représentation acadienne officielle pour l'ensemble du continent nord-américain. Il y avait bien la Société nationale de l'Acadie, mais elle n'existait que pour les Acadiens des quatre provinces de l'Atlantique. Il me semblait que le moment était venu de se structurer comme Acadiens sur le continent, à l'exemple du peuple juif qui l'était dans de nombreux pays du monde.

Cette soirée, à Québec, m'a posé un problème que j'ai mis quelques semaines à résoudre. Mon frère, Yvon, auteur de *L'Acadie de mes ancêtres* que je venais d'éditer en mai 1987, m'avait entretenu pendant des années de l'histoire de l'Acadie, et de l'histoire familiale des Léger et des Gallant en particulier. Bien qu'étant un Acadien né au Nouveau-Brunswick, dans les années 1940, je suis devenu Québécois par nécessité. Et j'ai épousé totalement la cause québécoise, ayant vécu mon adolescence et ma vie de jeune homme au Québec. Cela étant, je voyais quand même la nécessité pour les Acadiens de se regrouper au Québec comme ailleurs, et de changer cette expression malséante « francophones hors Québec » pour définir les Acadiens. Comme il y avait des milliers d'Acadiens dans toutes les provinces canadiennes, il me semblait pertinent de créer des associations acadiennes « là où le nombre le justifiait ».

C'est dans cet esprit que les mois de septembre et octobre 1987 furent consacrés à préparer la mise sur pied de la Fédération acadienne du Québec. Par l'entremise de mon frère Yvon qui connaissait l'organisme Les Acadiens en ville et les membres du Comité universitaire acadien de Montréal, on a pu contacter et intéresser rapidement quelques centaines d'Acadiens de la région de Montréal. Pendant ces deux mois, j'ai rédigé les règlements généraux, complété la requête en incorporation, tenu les réunions du comité provisoire, coordonné les activités normales de fondation d'une nouvelle corporation.

Au début d'octobre 1987, mon frère et moi avons fait une tournée de promotion de son livre *L'Acadie de mes ancêtres*, au Québec et au Nouveau-Brunswick, tournée qui se termina par un lancement au Monument-Lefebvre, à Memramcook. Je souhaitais par-dessus tout, lors de ce voyage, rencontrer la Société nationale de l'Acadie (SNA) pour leur annoncer que des Acadiens de Montréal allaient fonder la Fédération acadienne du Québec (FAQ), et que nous étions désireux de faire partie de la SNA. La rencontre eut lieu à la SNA, à Shédiac, ou je fis part de cette requête à Jean-Marie Nadeau, alors secrétaire général. Il m'a répondu que ma demande était irrecevable, la SNA n'ayant été fondée que pour les Acadiens des quatre provinces dites « maritimes ». LA SNA avait d'ailleurs reçu une demande semblable de la part des Cadiens de la Louisiane, quatre ans plus tôt, et qui, malheureusement, avait aussi été refusée. Comment alors regrouper les Acadiens dispersés à travers le monde? C'était une démarche qui me semblait être une démarche légitime que nous devions poursuivre.

Après cette rencontre à Shédiac, en octobre 1987, je retournai à Montréal quelque peu étonné et déçu. J'étais occupé par les derniers préparatifs de l'assemblée de fondation de la Fédération acadienne du Québec qui eut lieu le 20 novembre, dans la salle des Pères dominicains sur le chemin de la Côte-Sainte-Catherine. Quelque 80 personnes y étaient présentes. Comme fondateur de la FAQ, j'ai volontiers accepté d'en être le premier président. En octobre 1988, lors de la *Semaine de l'Acadie* que nous avions organisée au même endroit, la FAQ comptait déjà plus de 200 membres très enthousiastes.

Le groupe initial qui a fondé la Fédération acadienne du Québec en 1988 : (première rangée, de gauche à droite) le juge Marcel Trahan, Dr Ephrem Robichaud, Huguette Froment, Roberte Arsenault, Émérentienne LeBlanc-Tremblay, Diane Leclerc et Louis Morais; (deuxième rangée, dans le même ordre) Donat LeBlanc, le juge Roger Vincent, Roger Léger, Jean-Guy Blanchard, René Robichaud, Bernard Tremblay, Paul Arsenault et Yvon Léger

Le comité de direction de la FAQ de 2009-2010 : (assis, de gauche à droite) Al Samson, Jacqueline Mallet, présidente, Rachel Benoit et Donald Hébert; (debout, dans le même ordre) Georges LeBlanc, Robert Larose, Sylvain Gaudet et Claude Lamouche.

En 25 ans d'activités, dont cinq autres personnes ont assumé la présidence après mon mandat, la Fédération acadienne du Québec a organisé de nombreux soupers, conférences, rencontres, mais son fleuron est sans aucun doute la création du Gala *Méritas Acadien*, en 1989. La très dévouée présidente Jacqueline Maillet l'a organisé pendant près de 20 ans. Au fil des ans, plusieurs personnalités du Québec d'origine acadienne ont reçu le *Prix Méritas*, dont Antonine Maillet (écrivaine), Viola Léger (comédienne), Bertin Nadeau (homme d'affaires), Jean Béliveau (hockeyeur), Michel Robichaud (couturier), Édith Butler (chanteuse et musicienne), Pierre Bourque (ancien maire de Montréal), Réjean Thomas (médecin), Gérald LeBlanc (journaliste), Nérée DeGrâce (peintre), Phil Comeau (cinéaste), Zachary Richard (chanteur et musicien), Bernard Landry (ancien premier ministre du Québec), Marcel Léger (ancien président de la FAQ), Isabelle Cyr (comédienne), Monsieur Pointu (violoneux), l'abbé François Lanoue (historien), Marie-Jo Thério (chanteuse et musicienne), Rachel Léger (directrice du Biodôme) et Patsy Gallant (chanteuse).

La FAQ n'a pas atteint tous ses objectifs, dont celui de regrouper les Acadiens de l'ensemble du Québec. Mais aujourd'hui, on compte une dizaine d'associations acadiennes solidement implantées dans presque toutes les régions du Québec. En août 2007, la Coalition des organisations acadiennes du Québec fut fondée dans le but de les regrouper. Et en juin 2012, le premier grand *Ralliement acadien* fut organisé au Saguenay; il a rassemblé des Acadiens de tout le Québec et même du Nouveau-Brunswick. Mon rêve de départ se réalisait enfin grâce aux efforts de nombreux Acadiens.

Je voudrais terminer cette courte évocation du passé par une réflexion et un regard sur l'avenir. Je suis Acadien de naissance et Québécois d'adoption. Et, par-dessus tout, je suis un francophone d'Amérique qui essaie de tisser des liens avec d'autres francophones de ce continent. Je ne vois d'avenir pour « l'Amérique française » qu'à travers une solidarité élargie aux diverses communautés francophones qui la composent, un avenir qui devrait prendre forme en s'appuyant sur le Centre de la francophonie des Amériques (CFA) récemment créé à la suite de la disparition du Conseil de la vie française en Amérique (CVFA), en septembre 2007.

En 2002, j'avais proposé à la CVFA de créer une Coalition des francophones d'Amérique qui réunirait les associations territoriales qui les représentent, comme la SNA (provinces maritimes), le MNQ (Québec), le CODOFIL (Louisiane), la Fédération des Alliances françaises des États-Unis et du Canada, et toutes les instances francophones du continent. Acadiens du Canada, Cadiens de la Louisiane et du Texas, Québécois, Franco-ontariens, francophones de l'Ouest canadien et du Midwest américain, Franco-américains de la Nouvelle-Angleterre, francophones de Boston, de New York, de Miami, de Los Angeles et de San Francisco. Tous les francophones d'Amérique doivent se regrouper à l'instar du peuple juif.

La Coalition des organisations acadiennes du Québec regroupe présentement des associations québécoises dans le but d'accroître la visibilité et la promotion de l'identité acadienne sur son territoire. Seize associations sont actuellement membres de la Coalition, notamment la Fédération acadienne du Québec (Montréal), Les Acadiens en ville (Montréal), le Mouvement social madelinot (Montréal), l'Association acadienne de la région de Québec, l'Association acadienne de la région de la Capitale (Gatineau/Ottawa), le Festival acadien de la Nouvelle-Acadie (Lanaudière), le Regroupement acadien du Saguenay/Lac-Saint-Jean, la Corporation du Vieux Moulin de Saint-Grégoire (Bécancour), le Musée acadien de Bonaventure (Baie-des-Chaleurs), l'Écomusée tracadièche (Carleton), le Musée de la Gaspésie (Gaspé), la Société d'histoire et d'archéologie du Témiscouata (Cabano), l'Association des familles Thériault d'Amérique, La descendance de Boudrot à Boudreau, Les descendants d'Antoine Bourg et Le groupe Belzébuth (Lanaudière).

Lors des recensements américain de 1990 et canadien de 1991, 20 millions de personnes se sont identifiées comme étant d'origine française, dont 10 millions parlent toujours le français. Il faut agir à partir de cette réalité. Voir au-delà de sa région. Agir localement, mais aussi globalement. C'est, en résumé, les pensées qui m'habitent quand je fais le bilan des dernières années de mes activités en francophonie nord-américaine.

En octobre 1988, la Semaine de l'Acadie s'est déroulée à Montréal; elle a été le prédécesseur régional du Congrès mondial acadien. De gauche à droite, on peut voir les étoiles de la chanson acadienne Angèle Arsenault et Édith Butler, la romancière Antonine Maillet et l'écrivain Roger Léger.

Sites Web

Fédération acadienne du Québec (www.federationacadienneduquebec.com)

Coalition des organisations acadiennes du Québec (http://acadiensduquebec.org)

Contre vents et marées en Louisiane

Natial Perrin d'Augereau

Voici le compte-rendu de ce que j'ai vécu pendant que l'ouragan Rita sévissait dans le sud-ouest de la Louisiane, le 24 septembre 2005. J'ai écrit ce récit douze jours après le passage de l'ouragan. Désolée si parfois mon histoire semble décousue. Comme je souffre d'insomnie, l'acte d'écrire est en quelque sorte, pour moi, un processus de guérison. Vous n'êtes pas tenus de le lire jusqu'au bout, mais, moi, je devais l'écrire.

Je me suis montré très critique envers les gens qui sont restés à La Nouvelle-Orléans, le 28 août 2005, alors que l'ouragan Katrina approchait. Comment pouvaient-ils être stupides au point de se mettre en danger! Qu'avons-nous fait quand nous avons reçu l'ordre d'évacuation lancé à la veille de l'ouragan Rita, classé quatrième en matière d'intensité dans la zone de l'Atlantique et cyclone tropical le plus violent jamais enregistré dans le golfe du Mexique? Eh oui, nous sommes restés chez nous. Depuis le temps que je me vantais que les provisions accumulées nous permettraient de tenir au moins deux semaines.

Nous vivons sur une colline assez élevée, à quelque 3,6 m au-dessus du niveau de la mer! Aucune inondation ne pourrait atteindre le pas de notre porte, et notre maison compte trois marches. Après l'ouragan Andrew, mon mari David a assemblé un générateur pouvant alimenter toute la maison. Il a marché du tonnerre lors de l'ouragan Lilly et nous disposons d'une bonne quantité de diesel. Cet ouragan devait frapper la région de Galveston; nous vivons à 8 km au sud d'Abbeville et à 362 km à l'est de Galveston. Les vents ne seront sûrement pas aussi dévastateurs ici, nous disions-nous. J'ai déclaré à mes amis que nous restions, car nous ne craignions pas les vents violents, et que nous avions tout ce qu'il fallait pour être autonomes, même s'il y avait une inondation.

Le 7 mars 2011, photo de la maison de la mère de Natial Perrin d'Augereau, surélevée de presque 3 m. Mais la mère de Natial est morte six mois après le passage de Rita. Elle n'est jamais revenue chez elle.

La maison de ma mère, qui a 87 ans, se situe à quelques kilomètres seulement de la mienne, et la baie Vermilion, à quelques kilomètres au sud de sa maison. Mon frère, un évacué de Katrina, habite avec elle. Ce vendredi soir, ma nièce, Angie, les a invités tous les deux à passer la nuit chez elle, à Lafayette, à 72 km dans l'arrière-pays. Maman m'a demandé d'aller chercher sa voiture et de la garer chez moi, au cas où il y aurait une inondation. Maman se rappelle très bien qu'en 1957, alors qu'elle était enceinte de moi de presque neuf mois, sa maison a été inondée lors de l'ouragan Audrey qui a frappé la côte, à Bayou Johnson. L'eau, à quelques centimètres près, a envahi sa maison. Plus ou moins 750 personnes ont perdu la vie pendant cet ouragan.

Ma fille Jessica m'a conduite jusqu'à l'auto de maman. J'ai pensé au coffre-fort de sa maison qui contenait d'importants documents. Nous laissons la porte du coffre entrouverte pour éviter d'avoir à composer le code chaque fois qu'on veut y accéder. Je me suis dit que je devrais peut-être entrer et le fermer. Je riais dans ma barbe quand j'ai vu que maman avait soigneusement aligné ses souliers et sa valise préférés sur le lit, en cas d'inondation.

Chemin faisant, je me suis demandé si je ne devrais pas retourner au magasin une fois encore. Il y avait déjà trois pains, cinq gallons de lait, six douzaines d'œufs, au moins 15 gallons d'eau dans ma fourgonnette et j'avais fait le plein d'essence. Après réflexion, j'ai pensé que ça serait suffisant pour six personnes et un bébé de trois mois.

Le vent a commencé à souffler vers la fin de la journée de vendredi. Je me suis dit que ça ne devrait pas aller trop mal. L'appareil de climatisation fonctionnait en continu, donc ça ne serait pas trop inconfortable quand l'électricité viendrait à manquer. Nous zappions d'une chaîne de télé à l'autre : *Weather Channel* [canal météo], *ABC*, *CBS*. Qu'est-ce qui se passe? L'ouragan ne frappera pas près de Galveston? Il se rapproche de l'est, près de la frontière de l'État. Hmm! C'est un peu inquiétant.

L'électricité a manqué vers 23 h cette nuit-là. Chacun de nous avait une lampe torche à portée de la main. On a même trouvé ça amusant pendant un certain temps. Comme mon mari David ne pouvait pas démarrer le générateur sous la pluie, il est venu se coucher. Les enfants ont fini par s'endormir, mais moi, je ne pouvais pas m'arrêter de marcher d'une fenêtre à l'autre pour surveiller le vent et voir si l'eau montait. Un canal traverse notre cour arrière. Je me déplaçais avec mon poste de radio à piles capable aussi de syntoniser les stations de télévision locales. Ils disaient maintenant que l'ouragan allait probablement toucher terre près de Cameron, bon, peut-être à Bayou Johnson. Ça n'était pas bon pour nous. Aucun ouragan n'a frappé dans cette région depuis Audrey, et la tempête qui s'annonçait était beaucoup plus importante et puissante qu'Audrey. J'ai enfin réussi à m'endormir alors que l'aube pointait.

Au réveil, on a vérifié s'il y avait des dommages. Tout paraissait normal. Même si les rafales frôlaient les 160 km à l'heure, on ne voyait pas une seule branche dans la cour. Il faut dire que, il y a quelques années, l'ouragan Lilly s'était occupé des branches faibles. Toutes les structures semblaient en bon état. Les seuls dommages apparents étaient des cabanes à oiseaux brisées. L'eau submergeait les rives du canal, mais ce n'était pas la première fois. On l'a échappé belle, comme le présentateur météo aime à le dire. À 8 h du matin, j'ai appelé quelques personnes pour leur dire que tout allait bien. David a mis le générateur en marche. J'ai cuisiné un plantureux petit-déjeuner.

Don's Boat Landing fut totalement reconstruit après avoir été dévasté par l'ouragan Rita en 2005 (photo), et par l'ouragan Ike, en 2008; l'entreprise est à nouveau en activité. C'est un témoignage de la vaillance du peuple cadien. Situé au Bayou Boston, à Henry, Don's Boat Landing propose des spectacles et des tournois de pêche.

Lors d'une inondation, c'est fascinant d'observer l'eau. L'eau du canal, dans la cour arrière, se jette dans la rivière Vermilion, qui se jette à son tour dans la baie Vermilion pour aboutir dans le golfe du Mexique. Vers 9 h 30, j'ai remarqué l'arrivée d'un fort courant dans ce canal. C'est stupéfiant de voir des branches, des barils ou tout autre objet flotter sur l'eau. Mais attention, l'eau commence à monter de plus en plus. Ça doit être ce déferlement dont on nous a parlé. J'ai demandé à David de vérifier s'il y avait des choses importantes empilées sur le plancher de la remise derrière la maison, située plus bas sur la colline. Il fallait craindre que l'eau s'infiltre dans ce bâtiment, même si ça n'était jamais arrivé auparavant. Mon fils de neuf ans, Joey, s'amusait à flotter sur un vieux pneu dans la cour arrière. L'eau s'était maintenant infiltrée dans l'enclos des poules, et le courant était fort. Les lentilles d'eau s'agglutinaient contre la clôture, et j'ai su plus tard que des millions de fourmis de feu s'y accrochaient. L'eau montait peu à peu dans la cour arrière.

Le 14 septembre 2008, Heather Bouillion Foster est photographiée au lac Peigneur après que l'ouragan Ike ait touché terre à la frontière de la Louisiane et du Texas.

Ella Mae Broussard Perrin et Warren A. Perrin, au lac Peigneur.

David s'est rendu à son atelier situé en face de notre maison, de l'autre côté d'un grand pâturage. Quand j'ai regardé par la porte avant, j'ai vu que l'eau commençait à remplir le pâturage, derrière son atelier. Cela n'était *certainement* jamais arrivé auparavant. Je le voyais tenter de mettre les choses à l'abri. J'ai enfilé mes bottes, et juste pendant cette petite plage de temps, l'eau touchait presque la dalle de son atelier. Quand je lui ai offert de l'aider, il m'a dit que ça ne servait à rien, qu'il y avait trop d'objets à déplacer. L'eau nous entourait complètement et montait à une vitesse incroyable. Je pouvais voir ma voisine, Christine, dans sa cour, et tout ce que nous pouvions faire était de nous regarder dans les yeux. Ils ont rapidement quitté la maison dans leur camion surélevé, s'attendant à trouver de l'eau dans leur maison à leur retour. Heureusement, même s'il s'en est fallu de peu, ils ont échappé à l'inondation.

Le 30 novembre 1989, Ella Mae Broussard Perrin et Henry L. Perrin célèbrent leur 50e anniversaire de mariage.

Je suis retournée à la maison dix minutes plus tard, et à l'entrée de la cour, l'eau montait déjà par-dessus mes chevilles. Et ça ne s'arrêtait pas. J'ai essayé de ne pas pleurer, mais je ne gère pas très bien les situations d'urgence. J'ai emmené mes deux jeunes enfants dans ma chambre et je leur ai demandé de réciter un rosaire avec moi. Je leur ai dit que si Dieu avait prévu que nous mourions ce jour-là, alors il fallait l'accepter, mais que Jésus avait le pouvoir de calmer l'océan et d'empêcher la montée des eaux. À la fin du rosaire, il nous a semblé que le courant n'était plus aussi fort. L'eau montait toujours, mais pas aussi rapidement qu'avant.

David a tiré notre bateau d'aluminium à fond plat près de la maison et a démarré le moteur, au cas où nous en aurions besoin. Notre petit troupeau de bovins avait gagné le petit lopin de terre encore visible, juste à l'extérieur de la cour. Les vaches de mon cousin Mark, de l'autre côté du canal, n'ont pas eu la même chance que les miennes. Elles avaient de l'eau jusqu'au cou. Elles ont essayé à plusieurs reprises de nager jusqu'à nous, mais elles ont eu peur et ont rebroussé chemin. C'était tellement triste de les entendre se lamenter, mais il n'y a rien que nous pouvions faire pour les sauver. Heureusement, elles s'en sont tirées relativement bien.

Photo©Bobby Mallet Jr

Le 25 septembre 2005, le lendemain du passage de l'ouragan Rita à Sabine Pass, Bobby Mallet Jr a pris cette photo : des vaches se tiennent sur la véranda de la maison de Dale et de Michelle Reaux, à Boston, en Louisiane, un hameau situé à l'est de Henry, dans la paroisse de Vermilion. Le couple avait prudemment construit leur maison sur les hauteurs pour la protéger des inondations, mais ils n'ont pas pensé à la protéger des vaches qui tenteraient d'échapper à la noyade. Cette photo a été largement diffusée. L'image évoque la vieille expression « quand les vaches reviennent à la maison ».

Tout l'après-midi, j'ai eu les yeux rivés sur le niveau d'eau. Mon neveu par alliance nous a appelés pour nous offrir d'envoyer quelqu'un nous secourir. Ma fille Jennifer a appelé de Lafayette pour nous offrir la même chose. Je leur ai dit qu'avant que l'eau n'atteigne la maison, elle devrait monter d'un bon 0,9 m. Je les ai rassurés en leur rappelant que notre bateau était en état de marche et je leur ai promis que nous partirions si la situation s'envenimait. J'ai appris qu'on réclamait des bateaux pour secourir les gens habitant les basses terres. Les hélicoptères ont commencé à nous survoler. Ce jour-là et le lendemain, David a signalé à au moins cinq hélicoptères que tout allait bien, et j'ai fait de même avec deux autres. Nous devions offrir un drôle de spectacle aux pilotes d'hélicoptères. Il nous restait moins d'un acre de terre sèche, et nos enfants jouaient dans la cour! Ma fille Janine m'a dit qu'elle avait hâte d'annoncer à ses amies qu'un hélicoptère avait essayé de la secourir. Je lui ai dit que certaines de ses amies devaient probablement être secourues à l'instant même par un hélicoptère, et j'avais raison.

Au cours de la journée de samedi, David m'a rappelé qu'il y avait sûrement quelques milliers de maisons inondées, y compris celle de ma mère, dans le petit village de Henry. David et mon fils, John-David, ont prévu d'aller en bateau jeter un coup d'œil à la maison.

Quand je ne surveillais pas la montée des eaux, je regardais la télévision. Lorsque j'ai regardé les premières images aériennes de la paroisse de Vermilion, j'ai vu la maison de maman. Elle est facile à repérer à cause de sa grange rouge. On ne voyait plus la terre ferme autour de sa maison. J'ai invité les membres de ma famille à venir voir ces images.

Inondation de la ferme des Perrin où se trouvait le jardin d'Ella Mae Broussard depuis plus de 65 ans.

Un gros serpent a trouvé refuge dans le garage des Perrin.

Photo prise le 6 avril 2011 du jardin d'Ella Mae Broussard Perrin, restauré et agrandi. Le jardin est maintenant entretenu par sa famille.

Ce soir-là, avant l'heure du coucher, nous n'étions pas certains que l'eau avait cessé de monter. Elle n'était qu'à 10 cm au-dessous du seuil dangereux du puits d'eau et à 0,3 m seulement de celui de notre générateur. David et mon fils, John-David, l'ont mis hors tension pour la nuit. Ils ont eu beaucoup de mal à repousser ces horribles fourmis de feu. Aujourd'hui, elles font leur nid partout dans la cour arrière.

Dimanche matin, mes voisins Buffy et Tommy sont venus inspecter leur maison. Il m'a dit s'être aussi rendu à Henry, le village de ma mère. Une fois que je lui ai expliqué où se trouvait la maison de maman, il a dit qu'il craignait que l'eau ne soit montée jusqu'à la moitié des fenêtres. David et John-David sont partis peu de temps après. Ils sont allés directement chez elle et se sont amarrés à la boîte aux lettres. Effectivement, l'eau avait monté jusqu'à la moitié des fenêtres. Il y avait au moins 1,8 m d'eau autour de sa maison et 1,2 m d'eau et de boue à l'intérieur. Avant même de sortir du bateau, ils en ont vu un autre accroché à la gouttière, à l'avant de la maison; ce bateau pendait à 0,9 m du sol. Très bizarre! Quand j'ai appelé ma nièce Rebecca pour lui relater cette étrange scène, elle s'est rappelé avoir vu un reportage à la télé sur une personne qui avait été secourue après s'être réfugiée sur le toit! Tout s'explique.

Après l'ouragan Rita, Tyler et Brooke Domingues sur le tracteur de leur cousin Corbet « Little Jim » Domingues Jr, fermier spécialisé dans la canne à sucre, sur Aurelien Road, à Henry en Louisiane.

Le lundi matin, l'eau s'était pratiquement retirée. Nous avons chargé le petit générateur, le nettoyeur haute pression, un ventilateur, un gros réservoir d'eau et un tracteur, et nous sommes partis chez maman. Quelques minutes après notre arrivée, un camion remorquant un bateau est arrivé. Je regrette de ne pas connaître le nom de cet homme, mais il nous a raconté une histoire incroyable. L'eau avait monté tellement vite pendant la nuit que sa voiture était submergée. Alors, craignant pour leur vie, il a embarqué sa famille et la famille voisine dans son bateau pour les emmener dans un endroit sûr. Mais en cours de route, il a frappé quelque chose avec son bateau, et le moteur s'est retrouvé sous l'eau. Malgré ses efforts, le moteur n'a pas redémarré. Il a réussi à s'agripper à un arbre dans la cour de ma mère. Il a ajouté que deux alligators les encerclaient. L'un d'eux mesurait 3,6 m. Ils ont réussi d'une manière ou d'une autre à atteindre la maison et à amarrer leur bateau à la gouttière. Ils sont restés sur le toit jusqu'à ce qu'un hélicoptère les repère. Neuf personnes ont été secourues sur le toit de la maison de ma mère!

À notre arrivée, avant de commencer le nettoyage, nous avons fait l'inventaire des meubles qui pouvaient être récupérés, puis j'ai commencé à dégager la boue du patio. Il y avait de 7 à 10 cm de cette saleté partout. David a lavé les meubles à l'aide du nettoyeur haute pression pour les remiser ensuite dans le patio. Maman est venue voir la maison. C'était difficile de se déplacer : on devait porter des bottes et tout était éparpillé, comme si un géant s'était amusé à lancer les meubles. Après avoir pris des photos, Rebecca a regroupé les documents du coffre-fort pour les apporter chez elle et les assécher. De toute évidence, le coffre-fort a été conçu contre les incendies, mais pas contre les inondations.

Ben Vaughn, devant l'église catholique St. John dans le petit village de Henry, en Louisiane. La paroisse, fondée en 1895, a ramassé 400 000 $ pour rénover l'église bien-aimée du petit hameau.

Photo©Joey Hebert

L'église St. John, à Henry, a été soulevée par Devillier House Movers. L'argent provient des gens de la paroisse, de l'État et du pays. Pendant les travaux, les messes étaient dites dans le gymnase de l'école primaire de Henry. Le levage s'est très bien passé. L'école primaire, située de l'autre côté de la rue, n'a pas eu autant de chance; le gymnase est la seule partie encore debout. Cette école n'a jamais été reconstruite.

Je suis allée jusqu'à l'église. Là aussi, il y avait 1,2 m d'eau, mais moins de boue que chez ma mère. On aurait dit que les madriers qui soutiennent le plancher ressortaient dans l'allée centrale. La plupart d'entre eux devront être remplacés. J'espère que ce sera possible. Ce qui est regrettable, c'est que la majeure partie des habitants du village de Henry sont des aînés. Je suis presque certaine que la plupart d'entre eux n'auront pas la force de reconstruire leur maison. Plusieurs maisons ont été littéralement emportées par les eaux. J'ai conduit jusqu'à Henry, hier matin, avant l'aube. Je n'ai vu que deux maisons qui semblaient habitées.

À un moment donné, j'ai fait le tour et j'ai pris beaucoup de photos. Janine, Joey et moi avons examiné les cimetières où des membres de nos familles sont inhumés. Aucune tombe de notre famille n'a été touchée, mais plusieurs autres ont été déterrées et emportées par les eaux. Certaines sont restées près du site d'origine, mais d'autres se trouvent au loin, à peine visibles.

Ce qui est arrivé à Henry est triste, mais ce n'est pas le seul endroit qui a été touché. Beaucoup de municipalités rurales et urbaines, tout au long de la côte du golfe, ont été frappées par l'ouragan Rita. Heureusement, il ne semble pas y avoir de perte de vies humaines en Louisiane.

Maman souhaite maintenant s'installer dans une maison de retraite. Depuis quelques années, elle répète qu'elle veut y vivre. Certains de ses anciens voisins y vivent déjà. Je pense que son jardin était la seule raison qui la maintenait chez elle. Son jardin est maintenant détruit : il est couvert de foin des marais et de débris.

Nous hésitons toujours concernant ce que nous devrions faire avec la maison de maman. Nous pensons la rénover, mais nous sommes découragés devant l'ampleur de la tâche. Nous ne sommes même pas autorisés à la reconstruire à la même hauteur. Quel que soit le bâtiment, je suis certaine que nous devrons contracter une assurance contre les inondations couvrant les éventuels dommages.

Deux jours plus tard...

Si vous avez été touchés par un ouragan, je vous recommande fortement d'écrire votre histoire et de la transmettre à vos amis. Cela a contribué grandement à mon processus de guérison. À preuve, j'ai bien dormi les deux dernières nuits.

Aujourd'hui, l'église est magnifiquement rénovée. Elle témoigne de la détermination des Cadiens à rester dans leur village après une tempête. Cette photo de l'église catholique St. John's The Evangelist a été prise le 22 septembre 2012, après sa rénovation. Comme l'a déclaré Barry Ancelet : « Ce bâtiment témoigne de l'engagement des Cadiens à rester sur les terres qui ont été colonisées par leurs ancêtres ».

Photo©Warren Perrin

LE SUD DE LA LOUISIANE SOMBRE PEU À PEU DANS LA MER

Katy Reckdahl

En raison d'une lente catastrophe causée par l'enfoncement des terres, le changement climatique et l'exploration pétrolière, les familles qui vivent sur la côte de la Louisiane doivent choisir entre quitter leur maison pour les hauteurs ou rester là où plusieurs générations ont vécu, sur un territoire tellement précaire que le prochain ouragan pourrait les emporter.

Chaque matin, dans sa maison perchée sur des pilotis de 3,3 m, le révérend Roch Naquin, un prêtre catholique de 80 ans, se lève tôt. Il se rend jusqu'à sa petite salle de prière où un capteur de rêves amérindien jouxte la croix et les images de saints. Il fait brûler de l'encens et se saisit de sa plume d'aigle pour effectuer sa prière rituelle. Le révérend Roch Naquin commence ses prières matinales en bénissant sa maison de l'Isle de Jean Charles. Il brûle de la sauge, du foin d'odeur et du tabac dont il se sert pour bénir les quatre points cardinaux, le ciel et la terre.

Le révérend Roch Naquin

Photos©Kathleen Flynn

Face à l'est, il agite l'encens et la plume, et il demande à Dieu sa protection contre « les forces du mal que sont les ouragans, les grandes marées et les vents violents ». Puis il se tourne vers chacun des autres points cardinaux et réitère sa demande. « Nous te remercions pour tout ce que tu as donné à notre mère la Terre », dit-il. « Protège-nous ».

Naquin ne prie pas que pour lui. Il prie pour tous les habitants de l'Isle de Jean Charles, dans la paroisse de Terrebonne, cette île qui forme une barrière sur la côte du golfe du Mexique et qu'il appelle son foyer. Ici, le changement climatique, l'exploration pétrolière et l'érosion côtière ont transformé cette collectivité insulaire idyllique en une étroite bande de terre prête à se laisser submerger. Les spécialistes, tout comme les résidants, craignent qu'une grosse tempête ne submerge l'Isle de Jean Charles. Les inquiétudes sont donc à leur comble pendant la saison des ouragans qui s'étend de juin à novembre.

Le village

Photos©Kathleen Flynn

En Louisiane, uniquement au cours des 80 dernières années, les experts estiment qu'environ 4921 km^2 de terre côtière ont été emportés. L'État perd l'équivalent d'un terrain de football toutes les 45 minutes. L'inondation s'est accrue de façon marquée, forçant les résidants à surélever leur maison maintes et maintes fois. Certaines d'entre elles sont maintenant perchées à plus de 4 m de hauteur.

Cette surélévation ne fait que retarder l'inévitable, à savoir la disparition complète des petites communautés côtières du sud de la Louisiane. La plupart d'entre elles sont composées de familles qui ont passé leur vie à pêcher la crevette, le crabe et les huîtres dans la mer qui menace maintenant de les submerger.

Cette terre est quasi sacrée pour les résidants de longue date, considérée comme un refuge sûr par leurs ancêtres, bien avant que Thomas Jefferson l'achète pour l'ajouter aux États-Unis naissants. Certaines familles, comme les résidants de l'Isle de Jean Charles, trouvent leur origine chez les Amérindiens qui souhaitaient éviter d'être parqués dans les réserves fédérales ou chez les esclaves africains qui fuyaient leur servitude. Les autres étaient des exilés acadiens, maintenant appelés Cadiens.

Le Cadien, Reggie Dupré, qui gère une zone de digues dans la paroisse de Terrebonne — la région la plus durement touchée de la côte —, retrace l'histoire de ses ancêtres acadiens. Expulsés de France dans les années 1600, ils se sont installés au Canada, puis déportés parce qu'ils refusaient de prêter serment au roi d'Angleterre. Quand leurs bateaux ont accosté en Louisiane, l'Espagne qui gouvernait La Nouvelle-Orléans dans les années 1760 leur accorda des terres. Les Acadiens se sont rapprochés des autres exilés de cette région, au cœur des bayous considérés alors inhabitables.

Mais rapidement, les exilés ont dû se déplacer une fois encore.

« Mes ancêtres sont ici depuis huit générations, mais je ne pense pas que la paroisse de Terrebonne en compte autant », déclare Dupré, ancien président du comité des ressources naturelles du Sénat de la Louisiane. Le travail de protection de la région contre les crues qu'accomplit Dupré à l'aide de digues de défense, de postes de pompage et d'autoroutes aériennes retarde l'effondrement de son pays natal, mais pas pour longtemps. « Je gagne peut-être trois ou quatre générations, plus ou moins 100 ans », dit-il.

L'échéancier est encore plus court pour les zones les plus fragiles de la paroisse, comme l'Isle de Jean Charles à qui il reste peut-être 20 ou 25 ans, évaluation fondée sur ce que Dupré a constaté au cours des 15 dernières années. D'autres habitants prédisent qu'il ne s'écoulera pas dix ans avant que l'île devienne inhabitable; d'autres encore estiment que cinq ans sont une évaluation plus réaliste.

« Ça me tue de voir ce qui arrive », ajoute Dupré, dont le père tenait l'épicerie du quartier près de l'île, à Pointe-aux-Chenes, et dont le beau-père faisait partie de la famille Naquin. « Au cours de ma vie, j'ai vu une collectivité prospère réduite à une survie précaire ».

Il y a peu, Dupré s'est déplacé à l'intérieur des terres, dans la ville de Bourg, dont la crête est la plus élevée de la région, environ 3,5 m au-dessus du niveau de la mer. Sa famille n'est pas hors de danger pour autant, dit-il. « Là où je vis, à Bourg, mes enfants pourraient avoir des problèmes d'ici 40 ans ».

Windell Curole, qui gère une zone de digues dans la paroisse de Lafourche, ne peut voir de sa cour le Mississippi sans s'émerveiller de ce vaste bassin hydrographique. « Chaque goutte d'eau, qui tombe de New York au Montana et jusqu'au Canada, passe juste devant chez moi, au Bayou Lafourche ».

L'eau et le sédiment ont façonné le sud de la Louisiane. « J'affirme que nous vivons dans des États réunis », dit Curole, « parce que les autres États nous ont envoyé chaque parcelle de terre sur laquelle nous sommes installés ».

« Ici, là où la région du delta du Mississippi se déverse dans le golfe du Mexique, le fleuve se décharge de sol argileux lourd et de limon, créant cinq crêtes de terre nord-sud. Elles ressemblent à des doigts qui s'étendent dans le golfe, séparés par des zones humides », dit Sherwood « Woody » Gagliano, un spécialiste des zones côtières.

Des résidants comme Dupré disent que l'Isle de Jean Charles fait également partie de cette main, jouant le rôle d'un sixième doigt s'étendant d'est en ouest, entre les premier et second doigts. « C'est le premier doigt à diminuer », dit-il.

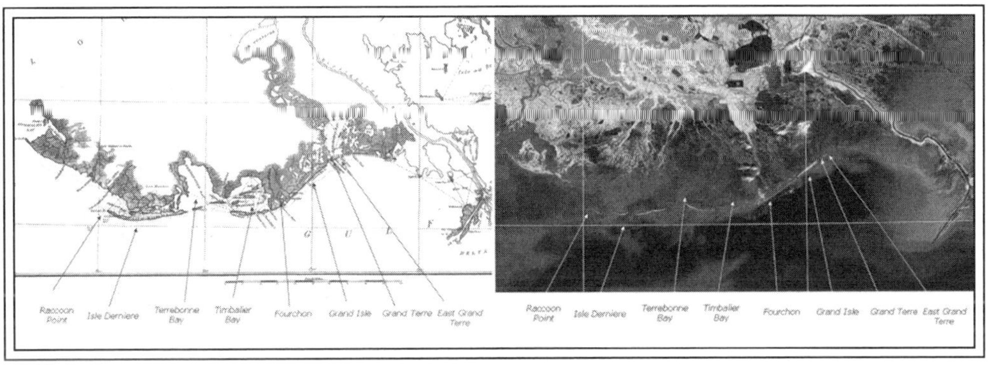

Graphics©Don Morris

Tout autour, la côte disparaît rapidement. Une carte côtière dessinée dans les années 1960 par la National Oceanic and Atmospheric Administration (NOAA) [Administration océanique et atmosphérique nationale] par rapport à une image satellite récente montre à quel point des segments considérables du territoire louisianais sont maintenant submergés.

Même des villes qui, à l'époque, étaient bien protégées de la mer voient l'eau sur le pas de leur porte, dit Patty Whitney, résidante de longue date et militante écologiste pour Bayou Interfaith Shared Community Organizing. « On ne se déplace pas vers la côte », dit-elle. « C'est la côte qui vient vers nous ».

Les entreprises pétrolières et gazières ont joué un rôle important dans la destruction du tampon marécageux. Elles ont creusé 16 093 km de canaux d'accès au pipeline loin à l'intérieur des terres, tuant les plantes de marais. Sans racines végétales, le sol meuble et limoneux est emporté par ce que les habitants appellent « l'eau salée ». Cette perte est aggravée quand un ouragan atteint la côte, car il gruge de gros morceaux du territoire.

L'élévation du niveau de la mer que Dupré appelle « le nouveau croquemitaine » accélère tous les facteurs qui menacent l'Isle de Jean Charles, rappelle l'experte scientifique louisianaise, Virginia Burkett, chef de *Climate and Land Use Change* [Changements climatiques et modifications du territoire] au *U.S. Geological Survey* [Service géologique des États-Unis] et auteure principale des chapitres relatifs aux zones côtières du rapport de 2007 du Groupe d'experts intergouvernemental sur l'évolution du climat. Ce groupe d'experts a gagné le prix Nobel.

L'élévation du niveau de la mer est attribuable à un changement climatique, mais cela n'a pas vraiment fait l'objet d'une discussion sur l'Isle de Jean Charles, commente Albert Naquin, chef de la tribu indienne de l'île. « L'expression changement climatique ne fait pas partie du vocabulaire des insulaires. On en entend parler aux nouvelles, mais c'est à peu près tout ». Mais le changement climatique est en train de marquer la région de son empreinte. On s'attend à ce que l'élévation du niveau de la mer se poursuive au-delà de la fin du siècle, à un rythme qui dépendra de la vitesse de la fonte des calottes glaciaires, affirme Burkett. L'océan pourrait s'élever de 0,3 à 1,2 m par rapport à aujourd'hui.

Sur l'Isle de Jean Charles et tout au long de la région du delta du Mississippi, sur la côte du golfe du Mexique, la mer montera encore plus haut et ira encore plus loin dans les terres en raison de l'enfoncement des terres, appelé subsidence. C'est « le facteur déterminant » dans cette région. Curole évalue que chaque 0,3 m d'élévation du niveau de la mer correspond à quelque 1 m de subsidence.

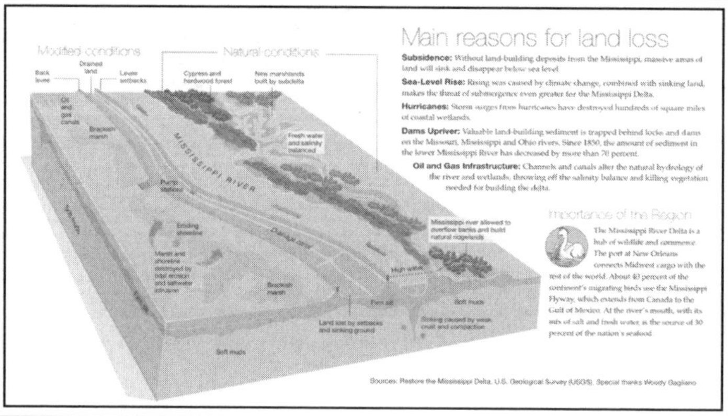

Graphics©Don Morris

L'importance de la région
Le delta du Mississippi est le centre névralgique de la faune et du commerce. Le port de La Nouvelle-Orléans fait le pont entre les marchandises du Midwest et le reste du monde. Quelque 40 pour cent des oiseaux migratoires du continent empruntent la voie de migration du Mississippi qui s'étend du Canada au golfe du Mexique. L'embouchure du fleuve, avec son mélange d'eau douce et d'eau salée, est la source de 30 pour cent des fruits de mer de la nation.

Chaque année, les terres du delta étaient reconstituées par le sédiment et l'eau douce laissés par l'inondation du Mississippi. En raison du blocage du fleuve par les digues, les nutriments ne viennent plus régénérer les terres, comme par le passé. Et en raison de la géologie du sol — ce que Gagliano appelle « le dépôt de sédiments meubles et boueux dont l'épaisseur atteint 16 km » —, la terre est relativement faible et incapable de se maintenir. Il se dépose donc sur un subtil système de failles qui submerge encore plus la terre. L'extraction pétrolière et gazière contribue à un compactage encore plus important.

Depuis le début du siècle, les relevés effectués par la NOAA le long de la côte de la Louisiane ont révélé une « élévation relative » de presque 1 m – l'élévation du niveau de la mer jumelée à la subsidence, ajoute Tim Osborn de la NOAA. C'est désastreux pour les zones les plus à risque, comme l'Isle de Jean Charles et d'autres collectivités situées dans la paroisse de Terrebonne, où 80 pour cent du territoire est à 0,61 m ou moins de l'élévation, dit-il.

« La paroisse de Terrebonne et l'Isle de Jean Charles sont aux prises avec un grave problème, vraisemblablement un des plus graves de la nation », affirme Tim Osborn. Mais aucune aide ne vient de Washington DC. L'année dernière, le Congrès approuvait une loi sur les ressources hydrauliques, mais il n'a pas financé le projet de 13 milliards de dollars prévus en matière de protection contre les inondations couvrant 157 km, appelé *Morganza to the Gulf*, malgré son approbation par le *U.S. Army Corps of Engineers* [Corps des ingénieurs de l'armée américaine], un peu plus tôt cette année, après 20 ans de conception et de débats.

De plus, en vertu d'une reconfiguration du programme fédéral en matière d'assurance contre les inondations, certains résidants pourraient voir leur prime annuelle augmentée de plusieurs milliers de dollars. Une personne qui possède une modeste maison à Pointe-aux-Chenes pourrait verser 28 000 $ par année en prime d'assurance contre les inondations seulement, dit Whitney, la militante écologiste qui réclame le changement de « l'ordre d'évacuation par défaut ». « L'Isle de Jean Charles de la paroisse Terrebonne est aux prises avec un grave problème, vraisemblablement un des plus graves de la nation ». « Ils ne se sont pas montrés pour déclarer qu'on ne pouvait plus vivre ici ». Whitney raconte : « Mais si je vis sur la côte et que je suis incapable de me payer une assurance contre les inondations, je ne peux donc pas obtenir une hypothèque. Si je possède une maison, je ne peux pas la vendre. Je vis donc dans une maison que je ne peux pas vendre, que je ne peux pas m'offrir et que je ne peux pas assurer ».

Whitney a tenté d'aborder la question du déménagement avec ses enfants, dit-elle. « Comment est-ce possible de laisser nos enfants contracter une hypothèque de 30 ans ici? C'est effrayant ». Mais ses enfants résistent à l'idée d'un déracinement; cette terre habitée par plusieurs générations de Cadiens. « C'est notre foyer. Nous sommes profondément attachés à cet endroit », ajoute-t-elle.

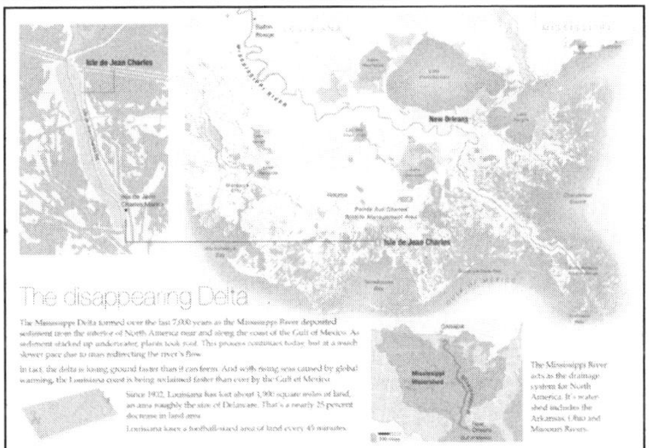

Graphics©Don Morris

Le delta du Mississippi s'est formé au cours des 7000 dernières années à mesure que le fleuve déposait des sédiments de l'intérieur de l'Amérique du Nord, à proximité et sur la côte du golfe du Mexique. À mesure que les sédiments s'empilaient sous l'eau, des plantes s'y enracinaient. Ce processus se perpétue encore aujourd'hui, mais beaucoup plus lentement, parce que l'homme redirige le débit du fleuve. En fait, le delta perd du terrain plus rapidement qu'il ne se forme. Et avec l'élévation du niveau de la mer causé par le réchauffement climatique, le golfe du Mexique récupère la côte de la Louisiane plus vite que jamais. Depuis 1932, la Louisiane a perdu environ 4921 km² de terre, plus ou moins l'équivalent du Delaware. La diminution de la superficie totale équivaut à peu près à 25 pour cent. La Louisiane perd en terre l'équivalent d'un terrain de football toutes les 45 minutes.

Les souvenirs sont désormais submergés. Autrefois une péninsule formée par l'immense delta du fleuve, l'Isle de Jean Charles rapidement érodée, s'est pratiquement transformée en île-barrière, et aux premières lignes des ouragans qui frappent cette partie de la côte. La situation de plus en plus critique des courageux résidants de l'île a inspiré le film en nomination pour les Oscars, *Beasts of the Southern Wild* [Les bêtes du Sud sauvage], dont l'action se déroule sur la fictive Isle de Charles Doucet. Outre cette période de notoriété, il n'y a aucune solution en perspective. Même si le Congrès l'approuvait, l'île ne serait pas protégée par les 158 km de levées de terre prévus dans le cadre du Projet Morganza pour la protection contre les ouragans dans le golfe du Mexique. Le Corps des ingénieurs de l'armée a déterminé que le rapport coût-efficacité n'était pas probant.

Le révérend Roch Naquin est frustré par cette décision, mais il ne perd pas courage. « La prière n'est jamais inutile », dit-il. Chaque jour, lors de ses dévotions matinales, il demande un ralentissement de l'érosion côtière qui gruge sa cour arrière. Cependant, c'est un homme pragmatique. « Je prie seulement pour conserver ce qui nous avait été donné, mais je ne m'attends pas à ce que cet endroit redevienne ce qu'il a déjà été ».

Aujourd'hui, quand Roch Naquin s'installe sur sa galerie arrière, il voit une nappe d'eau salée qui ne cesse de s'étendre. Quand il était enfant, il était impossible d'apercevoir la mer de la maison familiale, alors que maintenant elle n'est qu'à environ 15 m de chez lui. Il préfère se rappeler les longs rangs du jardin potager et les forêts de chênes aussi loin que l'œil pouvait porter. La forêt et les marais d'eau douce, qui nourrissaient les arbres, protégeaient aussi les résidants de l'île contre les vents violents et les ondes de tempête.

À l'époque, quand il quittait sa maison, il pouvait traverser 500 m de forêt pour trapper le vison et ramasser du bois de chauffage. Mais cette forêt n'existe plus. « Aujourd'hui, les gens y pêchent. Les canaux d'autrefois sont devenus tellement larges qu'il est impossible de les fermer ». Comme les autres résidants de l'île, Naquin est parfaitement conscient que son île bien-aimée deviendra sous peu trop immergée pour être habitable. Si cela s'avérait nécessaire, il quitterait l'île. « Certains disent qu'ils devront les sortir de force. Pas moi. Je ne m'entêterai pas. Mais c'est mon foyer. Aussi longtemps que je pourrai rester ici, je ne bougerai pas ».

Naquin était jeune adulte quand l'Isle de Jean Charles a été officiellement rattachée à Pointe-aux-Chenes par une autoroute surélevée à deux voies appelée Island Road. Avant que cette route ne soit terminée au début des années 1950, les gens traversaient par bateau.

Island Road

Photos©Kathleen Flynn

Le jeune cousin de Roch Naquin, Albert Naquin, rappelle que chaque dimanche, sa famille ramait jusqu'à l'église. En route, ils dépassaient le quai de la Humble Oil & Refining Company qui, plus tard, deviendrait Exxon Mobil. Presque à coup sûr, dit Albert Naquin, un grand et puissant hors-bord quittait le quai au moment où sa famille approchait dans leur petit bateau, envoyant dans son sillage ce qui semblait être une énorme vague. « Chaque fois, je me disais : ils vont nous couler », dit-il, se plaquant les mains sur les yeux à ce souvenir.

Albert Naquin

Photos©Kathleen Flynn

L'histoire pourrait être une parabole du sort éventuel de l'île, mais c'est juste l'un des récits liés à l'enfance, quand les familles jetaient un filet à l'eau pour attraper des crabes ou des crevettes, quand la plupart des résidants de cette île étaient des cousins au troisième et au quatrième degré, dont les noms de famille étaient Dardar, Naquin, Chaisson et Billiot. Ils sont les descendants de mariages entre Amérindiens et Français qui se sont installés dans l'île au début des années 1800.

Les enfants de l'île fréquentaient des écoles réservées aux Indiens jusqu'à ce que le district soit intégré à la fin des années 1960. La plupart d'entre eux décrochaient en septième année et commençaient à travailler sur les bateaux, pêchaient le crabe, la crevette et récoltaient les huîtres, comme leurs ancêtres avant eux. L'argent était rare, selon les normes officielles; le revenu de la plupart des gens de l'île était très inférieur au seuil de pauvreté. Mais les fruits de mer étaient abondants et chaque maison jouissait d'un grand jardin clôturé; les vaches déambulaient sur l'île et à l'heure de la traite, chaque propriétaire les appelait par leur nom. La plupart des lots résidentiels de cette partie de la Louisiane étaient constitués de bonne terre arable, sur lesquels on construisait les maisons et on aménageait les jardins, adossés à des zones marécageuses où les trappeurs piégeaient le raton laveur, la loutre et le vison.

Comme son grand-père, son oncle et son frère avant lui, Albert Naquin est maintenant chef de la tribu Biloxi-Chitimacha-Choctaw de l'île, et il truffe ses histoires de mots en Choctaw et de phrases en français, sa langue maternelle.

Il décrit ce qu'il a observé de près : les dommages irréversibles causés par les pétrolières qui ont creusé sans discernement des réseaux de canaux de quelque 16 093 km, entraînant l'eau salée loin à l'intérieur des terres, éliminant les marais d'eau douce et même des chênes centenaires, mais encore sains. Par conséquent, chaque ouragan qui atteint la côte balaie maintenant plusieurs acres de terre molle du littoral.

« L'érosion de cette zone est la plus rapide de la planète. Et l'Isle de Jean Charles arrive à peine à tenir le coup », affirme Reggie Dupré de la zone de digues de Terrebonne.

Sans les plantes et les racines, la terre faite de limon du delta a simplement fondu ou a été arrachée par les tempêtes, déplore Albert Naquin qui a 66 ans. Au cours de sa vie, il a été témoin d'un changement radical qui laisse sa région encore plus vulnérable aux vents violents et aux ondes de tempête.

Les effets se font sentir beaucoup plus loin à l'intérieur des terres, dans des endroits comme La Nouvelle-Orléans, à deux heures de route d'ici. La raison est simple : quand un ouragan atteint la côte, les terres qui sont percutées – dans ce cas, les quelques îles-barrières restantes – agissent comme une zone tampon naturelle, un ralentisseur. « Mais le ralentisseur est usé », conclut Naquin.

Il y a un demi-siècle, les canaux étaient perçus comme une commodité moderne quand les entreprises pétrolières et gazières ont commencé à les couper à travers des marais d'eau douce, près de l'Isle de Jean Charles. « Quand les canaux furent inaugurés, j'ai eu l'impression qu'ils étaient bénéfiques », se rappelle Albert Naquin. Grâce au mélange d'eau salée et d'eau douce (l'eau saumâtre dont les huîtres ont besoin), les huîtrières de son père étaient plus près de la maison. Le jardin de sa mère, issu d'un sol dragué et riche, situé à proximité de l'eau, donnait des récoltes abondantes. Et l'eau se trouvait maintenant à proximité. « Maman pouvait finir de jardiner et se mettre à pêcher. C'était un cadeau du ciel ».

Petite barque sur le canal

Photos©Kathleen Flynn

De l'autre côté du cours d'eau, dans la ville de Pointe-aux-Chenes, sur ce que les Naquin appellent le « continent », Alton Vernon, 58 ans, se tient debout au bord de l'eau, maintenant plus large qu'un terrain de football. Quand il était enfant, ce bayou — Bayou Pointe-aux-Chenes était si étroit et si peu profond que son père devait escalader le talus pour tirer sa famille dans la pirogue, un bateau à fond plat, dit-il.

Tillman Naquin, 67 ans, qui vit sur une colline près d'Island Road, se rappelle quand le lac Tambour, situé tout près, était un plan d'eau douce. La terre autour est tellement réduite qu'elle ressemble à un lacet, et l'eau du lac est devenue salée, dit-il. Tous les gens de la région ont les mêmes images de la terre qui se transforme en eau, et se rappellent de lieux maintenant submergés.

Et enfin, il y a les ouragans. Mais l'Isle de Jean Charles n'a pas toujours été sur la ligne de front. À l'époque, il y avait une île-barrière relativement importante, Timbalier, qui jouait ce rôle. Albert Naquin se rappelle avoir escaladé de grosses collines de sable avant qu'on y creuse un large canal. Depuis, Timbalier a pratiquement disparu. Les rapports mentionnent que de 1978 à 1988, l'île a perdu la moitié de sa largeur et si rien n'est fait, elle disparaîtra complètement d'ici 2055.

Il y a tout juste un demi-siècle, l'Isle de Jean Charles mesurait 8 km de large et 16 km de long. Elle mesure maintenant un peu moins d'un demi-kilomètre de large et 3,2 km de long, précise le chef Naquin. La population aussi a diminué, de 350 personnes à 75, réparties dans quelque 25 maisons. Chaque maison est tournée vers la longue route principale qui traverse le centre de l'île. Les cours arrière, qui donnent toutes sur l'eau, étaient immenses auparavant, mais elles rétrécissent de plus en plus.

Au cours des dernières années, plusieurs personnes — y compris le chef lui-même — ont quitté l'île en raison de l'inondation. Les eaux de crue étaient rares autrefois, alors qu'elles sont devenues monnaie courante surtout lors d'ouragans, poussant de plus grandes vagues. La petite digue de protection de l'île qui comptait 2,4 m de haut est maintenant réduite de moitié à certains endroits et parfois, la marée haute déborde.

La maison qu'habite Roch Naquin, construite en 1957, repose sur des blocs de ciment de 0,60 m de haut, sur un sol qui s'élevait à l'époque deux pieds au-dessus du niveau de la mer. « C'était parfait jusqu'à l'arrivée de Hilda en 1964 », dit-il.

Les résidants de l'île aiment truffer leurs conversations de noms d'ouragans, de la même façon que les Newyorkais parlent d'arrêts de métro. Les résidants pensent que l'ouragan Audrey — qui a durement frappé la région en 1957 — a préparé le terrain pour Hilda, balayant des acres de terrain marécageux affaibli par les canaux nouvellement creusés.

Les tempêtes de 1974 et de 1985 ont apporté encore plus d'inondations. « Il y a eu Carmen, puis Juan, alors nous avons perché la maison sur des blocs de ciment de 2,4 m », ajoute Roch Naquin. Mais ce n'était pas assez. Il a été à sec pendant le passage d'Andrew qui a inondé d'autres maisons de l'île et s'est approché suffisamment du plancher pour déposer des algues sur les câbles. Mais Lili, en 2002, a déposé quelques centimètres d'eau dans la maison. Il a donc juché la maison sur des blocs de 3,3 m. Il craint que les nouvelles cartes fédérales des inondations ne révèlent que cette élévation est insuffisante pour préserver sa maison.

Il y a une génération, la région a tiré une dure leçon à la suite de ce que Curole appelle le syndrome « laissez faire les castors » qui a attiré plusieurs résidants du sud de la Louisiane dans des maisons construites sur des dalles au niveau du sol. Mais au cours des dernières années, les responsables de la lutte contre les inondations comme Dupré et Curole, ont réussi à imposer « l'élévation comme étant la solution aux inondations », dit Curole. Sur l'Isle de Jean Charles, au moins la moitié des maisons sont perchées sur des pilotis de ciment. Pilotis, élévation et adaptation ont leurs limites dans les zones les plus durement touchées, là où les maisons et les aires de pêche ont été détruites, laissant les communautés fragmentées, explique Kristina Peterson, chef du Lowlander Center.

Sur l'Isle de Jean Charles, par exemple, Peterson concède que les résidants ont fait preuve de courage en tentant de s'adapter, en participant aux rencontres, en élevant leur maison, en évacuant pendant les tempêtes et en trouvant un autre emploi que la pêche. Mais, au bout du compte, il semble que tout cela ait été inutile, ajoute-t-elle, parce que les résidants ont été incapables de convaincre les organismes fédéraux de faire quelque chose pour arrêter l'érosion ou pour promouvoir la restauration. « La prochaine adaptation pourrait être le déplacement dans une autre localité ».

Cette idée est presque impensable pour Maryline Naquin, 68 ans, qui n'a jamais vécu hors de l'île, contrairement à certains membres de sa famille qui ont servi comme militaires ou ont occupé d'autres emplois qui les ont éloignés de leur foyer. « C'est la seule maison que j'ai connue », dit-elle. Elle vit avec sa petite-fille, Erin Naquin, 24 ans, dans une maison qui s'élève maintenant à 5 m du sol. Elle fait partie d'une poignée de jeunes gens qui vivent sur l'île. Erin affirme s'épanouir dans la paix et la tranquillité de l'île et elle aime pouvoir pêcher le crabe sur Island Road quand bon lui semble.

Il n'y a qu'un seul inconvénient à vivre sur l'île et ce sont les ouragans, ajoute Erin. Pour bien comprendre l'histoire des ouragans, elle n'a qu'à traverser la rue pour parler avec sa grand-mère et son oncle.

Dans une des quatre maisons familiales groupées dans cette partie de l'Isle de Jean Charles, se trouve Maryline Naquin assise dans le porche grillagé avec son frère aîné, Wenceslaus Billiot, un fringant jeune homme de 86 ans. C'est tout à fait l'image d'une scène typique d'une petite ville du Sud, sauf que le porche situé à l'avant de la maison de Billiot s'élève à 4 m du sol.

Construite en 1960, la maison a été surélevée à la hauteur actuelle, peu de temps après que l'onde de tempête de Lili l'ait inondée, raconte Billiot. Les murs de la maison sont couverts de photos d'enfants et de petits-enfants. Il a aménagé une cuisinette à l'arrière, où il peut cuisiner tout en regardant la mer. Quand il était jeune, ils affrontaient la tempête en restant chez eux dans l'île, dit-il. « Mais à cette époque, il n'y avait pas autant d'ouragans ». Il sait de quoi il parle puisqu'il est l'un des plus vieux résidants de l'île, tout comme sa femme, Denecia, âgée de 88 ans.

Wenceslaus Billiot

Photos©Kathleen Flynn

Maintenant, ils quittent leur maison quelques jours et reviennent rapidement. Sur l'île, l'eau avance vite, mais se retire tout aussi vite. « Ça ne dure pas longtemps ». C'est mieux, disent-ils, que les basses terres sur le « continent », où les bassins naturels sont et restent inondés.

Billiot est né en 1926, un mois seulement après une tempête particulièrement violente, avant même qu'on attribue des noms aux ouragans. Il se rappelle seulement quelques tempêtes sans nom, une en 1933 et l'autre en 1942. Les tempêtes sont devenues plus féroces et plus fréquentes, dit-il. Sa sœur et lui se mettent à réciter la litanie des ouragans : Audrey, Hilda, Betsy, Juan, Andrew, Lili, Katrina, Rita, Gustav, Ike, et – l'an dernier – Issac. Il accompagne chaque nom d'une rapide description des dommages causés : « du vent, quelques pieds d'eau, beaucoup d'eau, beaucoup de vent et beaucoup, beaucoup d'eau ».

Au coucher du soleil, le visiteur ne peut quitter l'Isle de Jean Charles sans voir une personne aux cheveux blancs, en bottes de caoutchouc, lancer un filet circulaire dans l'espoir d'attraper des crevettes. La mère d'Edison Dardar l'a mis au monde dans un bateau. Aujourd'hui, 64 ans plus tard, il est toujours attiré par la mer. Quand il se lève le matin, il regarde par la fenêtre, il lisse ses cheveux ébouriffés avec ses doigts et il déclare : « Je m'en vais pêcher ».

Il y a vingt ans, après que l'ouragan Andrew ait poussé la maison de Dardar au milieu du chemin, sa femme et lui en ont construit une autre sur le même lot, mais surélevée de 3,6 m. Ils prévoient y rester, quoi qu'il arrive. « Jamais nous ne déménagerons », dit Dardar, 64 ans. « Je suis né et j'ai grandi ici. L'eau, c'est tout ce que j'ai toujours connu ».

Edison Dardar

Photos©Kathleen Flynn

Autrefois, sa famille était beaucoup plus nombreuse sur l'île; ils occupaient quatre maisons, l'une à côté de l'autre. Mais ils sont partis l'un après l'autre, fatigués de combattre les eaux de crue et les ouragans de plus en plus redoutables. Même son fils vit maintenant de l'autre côté de l'eau, sur le « continent ».

Durant pratiquement toute leur vie, Dardar et sa femme sont restés, même quand un ouragan menaçait. Maintenant, seule concession de sa part, Dardar quitte l'île. Il amarre tout ce qui n'est pas fixé sur sa propriété, barricade ses fenêtres, puis sa femme et lui s'en vont jusqu'à la ville de Houma, à 45 minutes de voiture, dans les hauteurs.

Contrairement à d'autres parties de la Louisiane, les résidants de l'Isle de Jean Charles ne peuvent pas être évacués à la dernière minute : Island Road n'est pas située assez haut. Un jour ou deux avant l'arrivée d'un ouragan, Dardar et ses voisins de toujours remplissent leur voiture et quittent l'île par l'étroite route en remblai. Peu après, les vagues envahissent la route...

Remerciements

À l'origine, cette histoire a été conçue à la demande de *The Weather Channel, USA* – Gracieuseté de *The Weather Channel*..

En passant par les cimetières acadiens de la Nouvelle-Écosse

Sally Ross

En 1755, près de 6000 Acadiens ont été déportés de la Nouvelle-Écosse péninsulaire. Des centaines d'entre eux ont été emprisonnés alors que d'autres ont fui vers des lieux plus sûrs. Au milieu des années 1760, les Acadiens ont pu retourner dans leur ancienne patrie à condition de prêter le serment d'allégeance au roi d'Angleterre. Puisque leurs riches terres ancestrales avaient déjà été distribuées aux colons protestants de la Nouvelle-Angleterre, ils étaient obligés de défricher et de rebâtir dans des endroits isolés de la province. Objets de méfiance, ils ont dû se disperser en petits groupes très éloignés les uns des autres. En tant que minorité francophone, les Acadiens se sont trouvés marginalisés d'un point de vue économique et politique. En tant que catholiques, ils étaient soumis à de nombreuses restrictions.

Attirés par la présence de terres disponibles ou par une entreprise de pêche ayant besoin de main-d'oeuvre, les Acadiens s'installent dans huit régions de la Nouvelle-Écosse actuelle qui comprend aussi l'île du Cap-Breton. Le retour après la Déportation se fait très lentement et commence à des époques différentes selon les régions. À chaque endroit, cependant, les liens de parenté entre les familles fondatrices facilitent la naissance d'une communauté solidaire, unie par une langue et une culture communes.

Petit à petit, les missions et les paroisses se développent pour servir les besoins spirituels d'une population grandissante. À mesure que le nombre de familles s'accroît, les petites chapelles (et leur cimetière) sont remplacées par des églises construites dans des lieux plus accessibles. Dès les années 1950, il y a une quarantaine de paroisses en Nouvelle-Écosse où les Acadiens sont majoritaires.

Photo©Archives de la Nouvelle-Écosse

Il n'y a aucune preuve archéologique ni aucune preuve écrite que les Acadiens de Port-Royal, de Grand-Pré ou d'ailleurs se sont servi de stèles de pierre pour marquer leurs sépultures. Les monuments funéraires acadiens les plus anciens en Nouvelle-Écosse se trouvent à Chéticamp. Ce bloc de grès taillé à la main est dédié à Jean LeLièvre mort en 1817.

Puisque la tradition de marquer les tombes avec une simple croix de bois remonte au tout début de l'Acadie, il est rare de voir un témoignage visuel des premières générations d'Acadiens dans les cimetières établis après la Déportation. À titre d'exemple, au cimetière de l'église Sainte-Anne-du-Ruisseau, dans le sud-ouest de la province, la plus ancienne pierre tombale date seulement de 1854. Il s'agit d'une stèle en marbre érigée à la mémoire d'Ambroise Potier, membre de la troisième génération de Potier (Pothier) enterré dans ce cimetière. La stèle comporte une croix fleurdelisée, le monogramme IHS ainsi que la formule consacrée « Priez pour l'âme de ». Le grand-père d'Ambroise, Dominique Potier, emprisonné au Fort Edward et au Fort Cumberland pendant les années de la Déportation, est le premier Potier à s'installer dans cette région. Il a été enterré dans ce cimetière en 1818, à l'âge de 87 ans, mais le lieu de sa tombe n'est pas marqué ni celui de sa femme et de ses enfants. Les deux premières générations de Potier font donc partie du patrimoine acadien invisible de ce cimetière.

D'une façon générale, le marbre blanc était utilisé dans les cimetières catholiques et protestants en Nouvelle-Écosse, entre 1845 et 1920 environ, mais il s'agit d'une pierre de luxe que peu de familles acadiennes pouvaient se permettre. Les familles qui avaient les moyens financiers s'en servaient plutôt pour faire chanter des messes. Pendant longtemps, donc, les familles plaçaient sur les sépultures une simple croix de bois, sur laquelle on inscrivait le nom de la personne défunte, son âge, le jour et l'année de son décès. Deux des plus vieilles croix de bois en Nouvelle-Écosse se trouvent dans la petite communauté acadienne de Quinan, à l'intérieur des terres, non loin de Sainte-Anne-du-Ruisseau. Érigées à la mémoire de Simon et Scholastique Doucet, morts en 1910 et 1909 respectivement; elles sont repeintes régulièrement par les descendants de la famille.

Traditionnellement, les Acadiens se servaient de croix de bois pour marquer leurs tombes. Les deux belles croix au cimetière de Quinan dans le sud-ouest de la Nouvelle-Écosse datent du début du 20e siècle. Elles ont été érigées à la mémoire de Simon et Scholastique Doucet. Elles sont repeintes régulièrement par les descendants de cette famille.

Photo©Archives de la Nouvelle-Écosse

Outre les croix de bois, les Acadiens utilisaient des stèles de bois sculptées qui ressemblaient aux pierres tombales en marbre. La plus vieille d'entre elles, datée de 1897, se trouve au cimetière Saint-Pierre à Pubnico-Ouest. Une autre, un peu plus jeune, se trouve au cimetière Saint-Michel à Wedgeport, un village de pêche fondé à la fin des années 1760 par des Acadiens qui sont revenus en Nouvelle-Écosse après avoir été déportés à Boston. Cette stèle de bois est dédiée à Charles Boudreau mort en 1904.

Il y a de magnifiques croix en métal dans plusieurs cimetières acadiens en Nouvelle-Écosse. La plus grande et la plus sophistiquée se trouve sur la sépulture d'Adrien C. Amirault, mort à Pubnico-Ouest, en 1909. Cette belle croix en fonte moulée porte la marque de la fonderie A. Bélanger de Montmagny, au Québec. Selon toute probabilité, elle a été transportée par train jusqu'à la petite gare de Pubnico Head, puis par charrette à boeufs jusqu'au cimetière paroissial.

Photo©Archives de la Nouvelle-Écosse

Cette magnifique croix en fonte moulée est dédiée à la mémoire d'Adrien C. Amirault qui est mort en 1909 à Pubnico-Ouest. Décorée de fleurs de lys et de coquilles Saint-Jacques, elle porte la marque de la fonderie A. Bélanger de Montmagny, au Québec.

Les cimetières sont les lieux sacrés de commémoration, mais ils sont aussi des fenêtres sur le passé. En se promenant dans n'importe quel cimetière acadien implanté après la Déportation, on peut découvrir une multitude de témoignages d'un passé depuis longtemps révolu. Au vieux cimetière Sainte-Marie, établi vers 1790 à Pointe-de-l'Église, il y a quelques stèles en ardoise très intéressantes, dont celle de Joseph Dugas, premier Acadien né dans la région de Clare. Une modeste stèle en granit noir datant du début du 20e siècle est très frappante parce qu'elle reflète une réalité qui n'existe plus de nos jours. La stèle a été érigée à la mémoire d'Anselme (1844-1899) et de Charlotte (1834-1900) Comeau par leurs sept filles toutes devenues religieuses de la congrégation des Petites Sœurs de la Sainte Famille; ces religieuses s'occupaient des tâches ménagères au Collège Sainte-Anne fondé par les Eudistes.

Pour trouver les pierres tombales acadiennes les plus anciennes en Nouvelle-Écosse, il faut voyager jusqu'à la paroisse Saint-Pierre à Chéticamp, dans la partie nord de l'île du Cap-Breton. Les pierres tombales apparaissent beaucoup plus tôt dans cette région à cause de l'abondance de grès tout au long de la côte. Cette « pierre de sable » est relativement facile à tailler. En 1790, les quatorze fondateurs de Chéticamp ont reçu une grande concession de terre. Quoiqu'il n'existe pas de stèles portant leurs noms, leurs sépultures sont toutes au vieux cimetière situé sur un plateau dans les hautes terres du Cap-Breton. Une des plus anciennes stèles du cimetière, datée de 1817, est décorée d'une croix sur une base triangulaire. On y voit les lettres JLL qui représentent les initiales de Jean LeLièvre, un pêcheur originaire de l'île de Jersey qui s'est converti au catholicisme. Une autre stèle semblable, datée de 1842, commémore Nectaire LeBlain (LeBlanc), jeune enfant de Lazare LeBlanc et d'Henriette Chiasson.

Photo©Archives de la Nouvelle-Écosse

Cette belle pierre tombale en grès, taillée à la main, est dédiée à la mémoire de Thomas Chiasson mort en 1893 à l'âge de 89 ans. Elle se trouve à Saint-Joseph-du-Moine. L'arrière-fond est peint en noir. Les trois paroisses acadiennes dans le nord du Cap-Breton sont les seules en Nouvelle-Écosse où le métier de tailleur de pierres tombales se soit développé.

Le « nouveau » cimetière Saint-Pierre, inauguré en 1854, est tout à fait spectaculaire en raison de son immensité et de la beauté des hautes terres qui l'entourent. D'après un relevé du cimetière fait au début des années 1980, il y avait plus de 2000 monuments funéraires dont 99 pour cent comporte une inscription en français. Ce pourcentage extrêmement élevé d'inscriptions en français s'explique sans doute par le fait que les pierres étaient taillées localement pendant près de 150 ans. Les trois paroisses acadiennes dans la région de Chéticamp (Saint-Pierre, Saint-Joseph et Saint-Michel) sont les seules en Nouvelle-Écosse où le métier de tailleur de pierres tombales se soit développé.

Photo©Georges Arsenault

Le magnifique cimetière Saint-Pierre est situé dans les hautes terres au-dessus du village de Chéticamp dans l'île du Cap-Breton. Jusqu'aux années 1950, la plupart des stèles dans cette région étaient faites de grès et taillées localement. Presque toutes les inscriptions de ce vaste cimetière sont en français.

Jusqu'à récemment, les monuments funéraires sans croix, cœur flamboyant, mains priantes ou autres symboles religieux étaient extrêmement rares. Aujourd'hui, les Acadiens préfèrent décorer leurs pierres tombales avec des symboles liés au travail ou aux loisirs. Sur les blocs de granit rectangulaires qui peuplent les sections modernes des cimetières acadiens, on peut voir des images gravées au laser ou au jet de sable de toutes sortes d'objets allant de la carte de bingo au casier à homards. La pierre tombale de Ronald à Gonzague Landry (1955-1997) illustre cette préférence pour des décorations profanes. Ronald était un jeune artiste qui a œuvré à Petit-de-Grat, un village de pêcheurs au Cap-Breton, fondé au début du 18e siècle à l'époque de la Forteresse de Louisbourg.

Photo©Archives de la Nouvelle-Écosse

Aujourd'hui, beaucoup d'Acadiens préfèrent que leurs pierres tombales soient décorées de symboles liés au travail ou aux loisirs, au lieu de symboles religieux. Ronald à Gonzague Landry était un jeune artiste de Petit-de-Grat. Sur la stèle, outre la phrase « Vive la culture et la belle langue française » [sic], on y voit un artiste au chevalet, un pinceau et une palette.

Se promener dans les cimetières acadiens de la Nouvelle-Écosse, c'est commémorer un peuple et renouer avec l'histoire. Chaque monument funéraire fait partie du patrimoine religieux et culturel, que ce soit une stèle faite avec amour et décorée de coquillages et de morceaux de verre ramassés au bord de la mer ou une colonne élégante de granit rose érigée à la mémoire d'un homme politique.

Photo©Archives de la Nouvelle-Écosse

Cette stèle touchante, décorée de coquillages et de morceaux de verre, a été érigée à la mémoire du petit Kelvin Joseph Marchand qui a vécu à peine un mois en 1956. Elle se trouve au cimetière de Louisdale au Cap-Breton. Les monuments en ciment commencent à apparaître dans les cimetières acadiens dans les années 1920. Le ciment était plus durable que le bois et moins dispendieux que le marbre ou le granit.

Photo©Archives de la Nouvelle-Écosse

Cette stèle en ardoise se trouve au cimetière Sainte-Marie à Pointe-de-l'Église. Elle commémore Joseph Dugas, premier Acadien né dans la région de Clare, dans le sud-ouest de la Nouvelle-Écosse. D'après l'inscription, il est mort le 9 octobre 1858 à l'âge de 92 ans. La stèle a été érigée longtemps après son décès.

LES DIABLES DU GOUVERNEUR LAWRENCE — L'HISTOIRE DE JOHN WINSLOW —

A. M. Hodge

Un de mes amis acadiens — un Comeaux — m'a raconté que sa grand-mère crachait chaque fois qu'on mentionnait le nom du lieutenant-colonel John Winslow. J'ai été fort étonné que ce nom ait tant de pouvoir 250 ans après les événements qui l'ont rendu tristement célèbre auprès des descendants des 12 000 Acadiens exilés de la Nouvelle-Écosse en 1755. John Winslow a laissé un vif souvenir alors que le nom des autres responsables britanniques de la déportation ne vient pas spontanément à l'esprit. Il s'agit notamment de Charles Lawrence, Charles Morris, William Shirley, Robert Monckton, John Handfield, Alexander Murray, Abijah Willard. John Winslow est le seul à avoir laissé un journal détaillé de cette période, et le seul que Henry Wadsworth Longfellow ait immortalisé dans son poème épique, *Évangeline.*

Les ouvrages sur l'histoire de la Nouvelle-Écosse rédigés par Thomas Chandler Haliburton ont mis au jour, 75 ans après les déportations, le journal que John Winslow a tenu en 1755. Ce journal était alors conservé au *Massachusetts Historical Archives* [Archives historiques du Massachusetts]. Aucune copie de la correspondance du lieutenant-gouverneur Lawrence, après 1754, n'a été archivée à Halifax, ni aucun indice indiquant que le Col Monckton ait tenu un journal. On y trouve qu'une copie des lettres que Winslow a reçues d'eux. Cependant, en 1884, des copies de la correspondance de Lawrence postérieure à 1754 ont été faites en Angleterre, et conservées à Halifax, en Nouvelle-Écosse.

En 1930, l'historien John Clarence Webster mentionnait dans la préface de son livre *The Forts of Chignecto* (1930) que le *Journal of the Expedition of 1755* de Robert Monckton avait été découvert quelques mois plus tôt. Au cours de la même année, Webster mentionnait que sept journaux, y compris celui de Winslow, étaient apparus au cours du siècle précédent, ce qui nous permet d'en apprendre davantage sur la déportation. Selon Webster, le journal de l'officier Abijah Willard serait le seul compte rendu relatant les atrocités commises contre les Acadiens.

Au cours des recherches que j'ai effectuées pour la rédaction de mon livre *Acadia Lost* (2012) [La perte de l'Acadie], j'ai fouillé l'histoire de John Winslow et celle du 18e siècle. J'ai alors placé Winslow au troisième rang du « panthéon des responsables », avant Handfield et Murray qui ont joué le même rôle que lui. Les deux gouverneurs, Lawrence et Shirley, et l'inspecteur Charles Morris qui a élaboré les plans de la déportation se classent au tout premier rang. Le comportement de Morris s'apparente au fourbe Vulcain forgeant le destin d'innocents qui n'ont rien vu venir, celui de Lawrence, à l'impérieux Jupiter et celui du gouverneur du Massachusetts, à Mercure le beau-parleur. Monckton se classe au deuxième rang; il personnifie le féroce Mars.

Dès que la décision fut prise d'expulser les Français de l'Acadie (Nouvelle-Écosse), le gouverneur Shirley a demandé à son ami, le lieutenant-colonel John Winslow, de lever deux mille soldats. Leur objectif de départ était de prendre le Fort Beauséjour (à la frontière actuelle de la Nouvelle-Écosse et du Nouveau-Brunswick), de repousser les Français vers l'Île Royale (Cap-Breton), l'Île Saint-Jean (Île-du-Prince-Édouard) et le Canada (Québec).

En juin 1755, Monckton, qui commandait une flotte de 31 navires de transport et de 3 navires de guerre transportant 270 troupes britanniques régulières et 2 000 groupes de miliciens de la Nouvelle-Angleterre, arriva au Fort Beauséjour. Bien que les Britanniques se soient préparés à un long siège, le fort tomba deux semaines plus tard. Le moment choisi, le plan de Morris et les effectifs dépêchés par la Nouvelle-Angleterre, tous ces éléments réunis ont donné la recette parfaite pour déporter les Acadiens. Ces déportations séparèrent les familles et tout un peuple. Les Acadiens furent ensuite dispersés sur des rives étrangères.

Quelques semaines après que Fort Beauséjour soit devenu Fort Cumberland, Monckton convoqua Winslow pour un entretien privé concernant les ordres du gouverneur Lawrence. L'historien John Mack Faragher, dans son livre *A Great and Noble Scheme* (2005) [Un noble et grand projet], décrit l'étonnement de John Winslow quant à la teneur de ces ordres. « Pour ce qui est des habitants communément appelés les Neutres de Chignecto (région frontalière actuelle entre la Nouvelle-Écosse et le Nouveau-Brunswick), la question semble résolue et ils doivent être expulsés [...]. Les habitants de toute la province doivent subir le même sort, même s'ils ne sont pas tous également coupables de violence manifeste ».

Bien que sans enthousiasme, le lieutenant-colonel Winslow a accepté sa mission. À mon avis, son attitude envers les Acadiens différait de celle de Monckton et de Murray, parce qu'il les voyait comme des êtres humains et non comme des ennemis. Le major Alexander Murray a écrit dans une lettre destinée à Winslow : « Vous savez, nos soldats les détestent et s'ils peuvent trouver un prétexte pour les tuer, ils le feront ». Tout comme le major John Handfield d'Annapolis Royal (capitale de la Nouvelle-Écosse jusqu'en 1749) dont la femme, Elizabeth Winniet, était Acadienne. Des quatre officiers chargés de la mise en oeuvre de la première série d'expulsions, il était le seul qui devait déporter la famille de sa femme.

Pendant des décennies, les Acadiens ont été la cible de représailles. Ils ont été blâmés – alors qu'ils étaient innocents – pour la destruction et les morts consécutives aux incursions provoquées par les Français en Nouvelle-Angleterre. Les Acadiens étaient des proies faciles pour les chasseurs de primes britanniques comme Benjamin Church. Ils n'avaient qu'à naviguer vers l'est, contourner le Maine et une partie du Massachusetts, continuer tout droit vers la baie de Fundy jusqu'à ce qu'ils atteignent des villages comme Beaubassin et Grand-Pré.

Un siècle de sermons tonitruants du haut des chaires protestantes de la Nouvelle-Angleterre a conditionné les Britanniques à craindre leurs voisins français du Nord. Bien avant le siège du Fort Beauséjour en 1755, les fermiers acadiens étaient vus, à tort, comme des ennemis qui pouvaient s'armer et se retourner contre leurs voisins britanniques. Cette année-là, trois cents Acadiens, malgré leur engagement à rester neutres, ont participé à la défense du Fort Beauséjour, contraints de le faire par le commandant français. Ils ont ainsi facilité la tâche des Britanniques qui répandaient la rumeur selon laquelle ce peuple, armé, était au service de la France, ce qui a bien servi leurs intérêts à long terme. Cela importait peu que de nombreux Acadiens aient respecté scrupuleusement leur serment de neutralité.

Les Acadiens n'avaient pas de machine de relations publiques pour contrer la propagande des Britanniques qui prétendaient détenir une abondance de preuves relatives à la « fourberie » des Acadiens. Cette argumentation devint l'ultime justification de la déportation. Quand le général britannique Edward Braddock fut tué lors de l'attaque d'un fort français au cœur de la nature sauvage de l'ouest de la Pennsylvanie, sa mort a déclenché une hystérie qui a mis le feu aux poudres des années durant. Bien qu'aucun Acadien n'y ait pris part, l'histoire était en marche : l'exil était inéluctable.

Les hommes du Massachusetts assuraient la logistique; ils étaient responsables des plans, de la milice et des transports. Le gouverneur Shirley a dépêché John Winslow en Nouvelle-Écosse pour bien marquer leur responsabilité commune, à savoir bouter les Français hors du pays. Lawrence n'avait pas encore reçu l'autorisation d'expulsion de la part des Lords du Commerce à Londres, mais ni lui ni Shirley n'ont hésité à exercer leur autorité sur les Acadiens innocents.

John Winslow fut peut-être perturbé par la nature répréhensible de la mission ordonnée par Lawrence, mais il n'a sûrement pas envisagé de contester la demande de Shirley ou de désobéir à Lawrence, pas plus qu'un fermier acadien n'aurait pu résister à un différend frontalier. Chacun d'eux était ce qu'il était — soldat ou fermier — et ne pouvait contrecarrer sa nature.

Les Britanniques possédaient des armes. Cependant, si les mots étaient des armes, alors les Acadiens étaient lourdement armés. Au lendemain des expulsions, une des grandes forces des Acadiens en exil fut leur capacité à rédiger des requêtes qu'ils déposaient auprès des cours britanniques afin d'obtenir justice. Par exemple, un vieil homme privé de sa ration quotidienne de lait ou des parents affligés qu'on leur ait enlevé leurs fils, les privant ainsi de leur soutien.

La plupart du temps, les Acadiens obtenaient les mesures de redressement demandées, mais leurs victoires s'apparentaient à un pansement appliqué sur une blessure mortelle. Il faut remonter à l'époque des Romains pour trouver des conquérants dont la politique était de laisser le peuple conquis en place pendant qu'ils agrandissaient leur emporium[1]. En contrepartie, les peuples conquis devaient vénérer l'empereur comme un dieu, se laisser recensés et payer leurs impôts.

Que serait-il advenu si, en 1727, les Acadiens avaient accepté de prêter le serment d'allégeance à la Couronne britannique, alors que le porte-étendard Wroth invitait ses voisins acadiens à des barbecues pour les convaincre de signer? La méthode romaine n'était pas celle que les Britanniques privilégiaient : ils étaient peu susceptibles de traiter les Acadiens différemment ou mieux qu'ils l'aient fait avec les Irlandais, les Écossais ou les Français. Tôt ou tard, quelque chose se serait produit. Avant 1755, l'insuffisance de ressources fut la seule raison qui retint les Britanniques de procéder à la déportation. Paul Mascarene, un huguenot au service des Britanniques en Nouvelle-Écosse avant de prendre sa retraite comme gouverneur en 1749, a écrit aux Lords du Commerce de Londres, dès 1720, pour plaider en faveur de la déportation des Acadiens.

Monckton, à titre de gradé de la force régulière et donc commandant, était responsable des Acadiens les plus intransigeants, ceux qui avaient combattu au côté des Français au Fort Beauséjour. Il était jeune, ambitieux et n'hésitait pas à exercer la force brutale; il s'est vite retrouvé avec une rébellion sur les bras. Winslow exigea plus de soldats à Grand-Pré, parce que les difficultés auxquelles Monckton était confronté le rendaient nerveux. Les prisonniers acadiens étaient trois fois plus nombreux que les soldats armés qui les surveillaient. Les transports arrivèrent enfin de Boston et embarquèrent les prisonniers pour les emmener dans les coins les plus reculés des colonies anglo-américaines, certains jusqu'en Géorgie. Puis, Winslow, Murray et Handfield exécutèrent les ordres et exilèrent le reste des habitants capturés dans neuf colonies britanniques au sud de l'Amérique du Nord, sauf en Virginie. Cet État a refusé leur débarquement et les a détournés vers l'Angleterre.

Même si la déportation des Acadiens visait l'expulsion d'un groupe déloyal à la Couronne britannique, il est indéniable que les terres fertiles de Grand-Pré et d'ailleurs revêtaient une extrême importance pour les politiques britanniques en matière de colonisation. Le 18 octobre 1755, le gouverneur intérimaire de la Nouvelle-Écosse, Charles Lawrence, dans une lettre adressée aux Lords du Commerce, a émis l'avis suivant : « [...] dès que les Français seront partis, je ne ménagerai pas mes efforts pour encourager les gens du continent à s'installer sur les terres [...] et d'autres circonstances qui obligeraient les habitants à quitter le pays, je m'enorgueillis grandement à l'idée de hâter cet événement, puisqu'il nous fournit beaucoup de bonnes terres prêtes à être cultivées ».

Les terres sont restées inoccupées de nombreuses années; elles n'étaient fréquentées que par les animaux errants et les Acadiens en fuite qui se cachaient chez les Mi'kmaq[2]. Les Britanniques ont incendié la plupart des fermes pour s'assurer que les Acadiens n'y retourneraient pas. Le Canadien, Charles Deschamps de Boishébert, patrouillait les parages pour secourir les Acadiens en fuite et les diriger vers les camps de réfugiés qu'il avait aménagés à Miramichi et à Restigouche. Charles Deschamps et le résistant acadien, Joseph Beausoleil Broussard, harcelaient les Britanniques, les obligeant à envoyer des gardes armés pour accompagner les soldats à la recherche de bois de chauffage. Monckton a répliqué en envoyant des soldats qui n'étaient pas disposés à faire de prisonniers, mais plutôt à tuer les Acadiens rebelles. Ils ratissaient la forêt à la recherche de fugitifs et de personnes qui les aidaient.

À la fin de 1755, la milice du Massachusetts s'apprêtait à quitter la Nouvelle-Écosse, laissant derrière elle des hommes enrôlés dans l'armée régulière qui allaient et venaient parmi les miliciens attendant de monter à bord d'un navire à destination de Boston. Au grand dam de Winslow, l'armée réussit à recruter plusieurs de ses hommes. Quant à John Winslow, il est retourné sur sa ferme de Marshfield, au Massachusetts. En 1756, le gouverneur Shirley a demandé à Winslow de reprendre du service, cette fois au Fort Frederick à New York. Shirley était sur le point d'être remplacé dans son rôle de commandant par Lord Loudon, un Écossais qui avait la réputation d'être le plus arrogant et le plus irascible des aristocrates britanniques.

Winslow et les autres officiers de la Nouvelle-Angleterre apprirent qu'au mois de mai 1756, un ordre royal stipulait que « tous les généraux et les officiers supérieurs des commissions provinciales ne pouvaient espérer que le grade de capitaine quand ils participaient aux missions aux côtés des troupes régulières ». Effectivement, d'un trait de plume, toute la milice de la Nouvelle-Angleterre se retrouvait ainsi subordonnée au commandement d'un major de l'armée régulière. En raison de vives protestations émanant des officiers de la milice et de l'avis de Winslow à ce sujet – avis partagé par Shirley – Lord Loudon l'a convoqué à Albany, New York, pour débattre de cette question. Winslow vint au rendez-vous accompagné de quelques officiers. Loudon lui servit un ultimatum. Shirley incita Winslow à travailler de façon harmonieuse avec Lord Loudon. Au cours de l'année 1756, Winslow servit à Lake George, New York, où l'armée britannique affrontait les forces françaises qui occupaient la rive opposée, jusqu'en novembre au moment où les deux parties se retirèrent dans leur quartier d'hiver.

Winslow souhaitait obtenir un grade de commandement dans l'armée britannique régulière et se voir confier un régiment. Il n'a ménagé aucun effort pour se faire connaître auprès des gens influents, ayant même recours à des agents à Londres qui militaient pour sa candidature. Mais il retourna les mains vides à Marshfield en 1757 « frustré, au sommet de sa carrière ». Il redevint le représentant de la ville à l'Assemblée législative du Massachusetts. En 1762, il fut nommé juge en chef du tribunal de première instance du comté de Plymouth.

Selon le *Journal of Abijah Willard 1755*[3], Willard est retourné chez lui, à Lancaster au Massachusetts. Le 19 avril 1775, alors qu'il chevauchait vers Beverly, il croisa des indépendantistes américains qui s'en allaient combattre à Concord et à Lexington. Cette rencontre l'a convaincu de se rendre à Boston pour se joindre aux Britanniques. Le général Gage l'a nommé capitaine des *Loyal America Associates* (associés loyaux de l'Amérique) à Boston. Désormais, la vie de Willard allait appartenir aux Britanniques. Il n'est jamais revenu chez lui à Lancaster, car il a été proscrit et banni, et ses biens, confisqués. Abijah Willard s'est installé à Saint John au Nouveau-Brunswick et il y est mort en 1807. En mars 1776, quand Washington et son armée se sont présentés à Dorchester Heights, équipés d'un canon monté, ils ont échangé des coups de feu avec les Britanniques pendant plusieurs jours avant que Richard, l'amiral Lord Howe, décide qu'il était temps de lever l'ancre et de quitter Boston pour Halifax, en Nouvelle-Écosse. Ses navires étaient chargés de loyalistes de la colonie, et peut-être même de familles qui avaient soutenu la milice responsable de l'exil des Acadiens de la Nouvelle-Écosse, deux décennies plus tôt.

Selon Cynthia Hagar Krusell, *The Winslows of Careswell in Marshfield* (2012), John Winslow est mort en 1774 avant le début de la guerre de l'Indépendance. Il est issu d'une famille qui a donné deux gouverneurs à la colonie de Plymouth. Il a probablement vécu les années qu'il lui restait plus heureux comme juge au service de ses voisins que comme général des troupes britanniques. Le fils de John Winslow, le Dr Isaac Winslow, « [...] était très estimé par la population de Marshfield, et il était particulièrement respecté pour ses travaux expérimentaux relatifs à la variole. Malgré ses sympathies conservatrices, ni sa maison ni le manoir Winslow ne furent confisqués par la cour du Massachusetts, comme ce fut le cas pour d'autres conservateurs de la région. Selon la légende, c'est en raison de la profonde estime que lui vouait la population locale ».

À Marshfield, au Massachusetts, le manoir Winslow, toujours debout, est inscrit au *United States National Register of Historic Places* [Répertoire national des lieux patrimoniaux des États-Unis]. Pratiquement intact, il a été construit en 1699 et occupé par la famille Winslow composée de gouverneurs, généraux, médecins, avocats et juges. Il est un exemple de la manière dont certains propriétaires terriens bien nantis, particulièrement ceux qui furent loyaux au Roi, vivaient avant la Révolution américaine.

Remerciements

L'auteur remercie l'Historic Winslow House pour les informations fournies.

Notes de fin

1. Comptoir commercial romain en pays étranger

2. Les Autochtones autrefois appelés Micmacs épellent maintenant leur nom ainsi : Mi'kmaw (au singulier) et Mi'kmaq (au pluriel). L'Union of Nova Scotia Indians [Union des Indiens de la Nouvelle-Écosse] et le Mi'kmaq Grand Council [Grand conseil de la Nation mi'kmaw] ont adopté cette graphie; ils demandent que tout le monde en fasse autant. Ces nouvelles épellations reflètent plus fidèlement la langue mi'kmaw

3. Collections de la New Brunswick Historical Society No 13, 1930

LES FAMILLES ACADIENNES RÉFUGIÉES OU PRISONNIÈRES EN ACADIE, DE 1755 À 1765

Ronnie-Gilles LeBlanc

L'histoire des familles acadiennes qui sont restées en Acadie continentale[1], entre 1755 et 1765, reste très mal connue. La plupart des études consacrées à l'histoire acadienne ont traité cette question de façon plutôt sommaire pour ne pas dire superficielle, préférant s'attarder au sort réservé aux familles déportées dans les colonies anglo-américaines ou en Europe. Il s'agit pourtant d'un des épisodes les plus marquants de l'histoire de l'Acadie, puisque ces familles qui sont restées sur place représentent une importante partie des ancêtres de la communauté acadienne du golfe et de la région atlantique, c'est-à-dire de l'Acadie contemporaine, de même que des communautés acadiennes de la Louisiane et du Québec.

En juin 1755, la prise des Forts Beauséjour et Gaspareau sonne le glas du rêve impérial des Français en Acadie, et il a des conséquences désastreuses pour la communauté acadienne. En effet, les Britanniques sèment la destruction et déportent la population. À l'été 1755, à la veille de la Déportation, la population acadienne compte environ 14 100 personnes. L'Acadie anglaise ou Nouvelle-Écosse péninsulaire en compte 6345, et la région de Beaubassin et des trois rivières de Chipoudie, Petcoudiac et Memramcook, en Acadie française, 2897, soit un total de 9242 personnes.

À l'exception des établissements de la région de Cobeguit, de Tatmagouche, de la région de cap de Sable et de quelques familles des régions de Pigiguit, des Mines et de Port-Royal, la majorité de la population acadienne de l'Acadie anglaise est déportée en octobre et novembre 1755, soit environ 5056 personnes : 50 à Mirligouèche, quelque 1100 à Pigiguit, 2242 à Grand-Pré et à Rivière-aux-Canards dans la région des Mines, 1664 à Port-Royal, 1014 à Beaubassin et aux trois rivières (Chipoudie, Petcoudiac, Memramcook). Par conséquent, à l'automne 1755, sur une population s'élevant à 9242 personnes, environ 6070 sont déportées dans les colonies anglo-américaines. Où sont donc passées les quelque 3172 personnes qui n'ont pas été capturées ni exilées par les autorités coloniales de la Nouvelle-Écosse lors de cette première phase de la déportation acadienne?

Ce sont des gens qui doivent pour la plupart trouver refuge dans les établissements déjà existants des Îles Saint-Jean et Royale ou dans la forêt environnante, ce qui n'est guère évident pour une société paysanne ou une population sédentaire tirant sa subsistance ou vivant principalement des produits de la terre. C'est l'histoire de ces familles que nous allons explorer dans les lignes qui suivent, tout en soulignant la présence, au fil des événements, de deux chefs de file acadiens de l'époque, à savoir Joseph Broussard dit Beausoleil et Joseph LeBlanc dit Le Maigre.

Les familles de réfugiés

Commençons d'abord par les établissements de la Nouvelle-Écosse péninsulaire (ou Acadie anglaise). Dans la région de Port-Royal, nous apprenons de l'abbé François Le Guerne, « [...] qu'il ne s'est sauvé de Port-Royal qu'environ trente familles, dont la majeure partie s'est retirée dans les bois avec les habitants du cap de Sable, l'autre se tient au bois aux environs du lieu ». Il ajoute qu'aux Mines, dix ou onze familles sont cachées dans les bois en attendant une occasion pour se sauver. La région du cap de Sable n'a pas encore été la cible des autorités britanniques durant cette première phase de la Déportation. Quant aux familles de Port-Royal qui y avaient trouvé temporairement refuge à l'automne 1755, dès le printemps 1756, elles ont pour la plupart quitté la région pour se réfugier à la rivière Petcoudiac où elles arrivent à l'été 1756.

Par ailleurs, des familles de la région des Mines y arrivent en même temps, et aux dires de l'abbé François Le Guerne, ces familles « [...] au nombre d'environ 50 ou 60 [...] » se sont rendues d'abord à la Petcoudiac, à la mi-août 1756, avant de se rendre à Cocagne et ensuite à Miramichi. Ces familles de Port-Royal retrouvaient ainsi de leurs compatriotes qui avaient échappé à la déportation à bord du *Pembroke*.

Le sort des familles de la région de Tatmagouche et de Cobeguit est similaire, sauf qu'elles ont trouvé refuge à l'Île Saint-Jean (l'Île-du-Prince-Édouard actuelle) auprès de parents qui s'y étaient réfugiés dès 1750. Enfin, quelques familles ou du moins certains individus de la région des Mines et de Port-Royal semblent être restés en Nouvelle-Écosse afin de mener une guerre de résistance contre les forces britanniques.

Dans la région de Beaubassin et des trois rivières, près des deux tiers de la population ont échappé à la déportation, soit environ 1883 des 2897 personnes recensées à l'automne 1754 et à l'hiver 1755, juste avant la chute du Fort Beauséjour. De ce nombre, en novembre 1755, à peu près 500 personnes de la région de Beauséjour et de Tintamarre se rendent directement à l'Île Saint-Jean sous la direction de l'abbé Le Guerne. Ce sont principalement des femmes et leurs enfants; les maris ayant été déportés sans elles. Celles-ci ont, en effet, refusé de rejoindre leurs maris, suivant ainsi les conseils de l'abbé Le Guerne qui les a assurées que leurs maris reviendraient les trouver, peu importe où ils seraient déportés. Ainsi, quelque 300 familles des rivières de Tintamarre, Memramcook, Petcoudiac et Chipoudie ont échappé à la déportation à l'automne 1755, dont une partie est allée à l'Île Saint-Jean, de telle sorte qu'il reste toujours 250 familles sur place, à la fin de l'automne 1755. L'été suivant, en 1756, il reste encore quelque 1000 personnes aux rivières de Chipoudie, Petcoudiac et Memramcook, sans compter les 50 ou 60 familles nouvellement arrivées de la région de Port-Royal et des Mines, de même qu'une trentaine de personnes revenues de la Caroline du Sud, dont Beausoleil et son frère Alexandre Broussard avec son fils Victor, où ils avaient été déportés sans leur famille.

Entre temps, les autorités françaises doivent nourrir les familles de réfugiés, autant à l'Île Saint-Jean qu'à Cocagne. Durant l'hiver 1755-1756, le bétail qu'on a réussi à soutirer aux soldats britanniques dans la région de Beaubassin a suffi à nourrir les réfugiés de Cocagne. Soumis au blocus que lui imposent les Britanniques à partir du printemps 1756, la Forteresse de Louisbourg a été épargnée de la disette en raison du bétail que les Acadiens ont ramené de la Nouvelle-Écosse à l'Île Saint-Jean et ensuite à la ville forteresse; un officier estime à 4000 le nombre de bêtes à cornes qu'on a ainsi réussi à récupérer.

Comble de malheur, la récolte de 1756 a été complètement ruinée par de forts vents à l'Île Saint-Jean et au Canada (Québec d'aujourd'hui) où la situation est aussi inquiétante. Ainsi donc, en plus d'être privé des vivres provenant de France, Louisbourg ne peut pas compter sur le Canada. Le gouverneur de la Nouvelle-France — qui comprend la Louisiane et tout le territoire sis entre le golfe du Saint-Laurent et les montagnes Rocheuses — Pierre de Rigaud de Vaudreuil de Cavagnial écrit au ministre qu'il a informé le gouverneur de l'Île Royale (Cap-Breton actuel), Augustin Drucourt de « [...] la disette extrême où nous sommes des vivres et qu'il doit essentiellement s'attacher à vous en demander ».

Nous pouvons facilement imaginer la triste situation dans laquelle se trouvent les réfugiés acadiens en 1756. Si la disette règne partout au Canada, ces derniers sont les premiers à en sentir les effets puisqu'ils dépendent entièrement de l'aide attendue de la France, d'autant que la disette règne déjà à l'hiver 1756, dans le camp de réfugiés de Cocagne. D'ailleurs, c'est ce qui a porté les Français à évacuer 230 personnes, au printemps, vers l'Île Saint-Jean qui, à son tour, en a fait passer à Québec. C'est donc dans cette conjoncture difficile que se trouvent les réfugiés acadiens, à l'été 1756, alors que le gouverneur de la Nouvelle-France attend toujours des nouvelles de France quant à la marche à suivre à ce sujet. En effet, que faire de tout ce monde?

Le camp d'Espérance

L'ancien commandant du camp d'Espérance, le capitaine Charles Deschamps de Boishébert déclarera en 1763 que c'est lui qui a d'abord ordonné aux réfugiés acadiens de se transporter à Miramichi, et que le gouverneur Vaudreuil a acquiescé à cette demande. C'est probablement ce qui s'est produit, mais voici ce qu'écrit (*en vieux français*) Vaudreuil à ce sujet:

> *Tous les accadiens m'ont envoyé des députés qui ont représenté à M. L'intendant et à moy que Miramichis est le seul endrois où ils peuvent se retirer pour y subsister l'hyver prochain. Que la peche y est abondante et que pour peu qu'on leur envoye des secours de Québec, ils espèrent de s'y soutenir au lieu qu'on ne pourroit leur en procurer à la Rivière St. Jean à cause de la difficulté du transport par Thémiscouata. Nous leur avons accordé leur demande. J'ay donné ordre à M. de Boishébert de faire passer*

à Miramichis tous les accadiens qui sont à Cocagne, de même que toutes les familles qu'il ne pourra faire subsister à la Rivière St. Jean et ses environs, et de les occuper à faire des angards pour recevoir et mettre les vivres que M. l'intendant va y faire passer.

L'île de Boishébert (Beaubear) sur la rivière Miramichi au Nouveau-Brunswick

Photo©Parcs Canada

Monument de l'Odyssée acadienne au camp d'Espérance

Photo©IR Walker

Ainsi donc, à la fin de l'été 1756, le camp de réfugiés de la rivière Miramichi (le camp d'Espérance) prend forme à un moment où la Nouvelle-France et les colonies de l'Île Royale et de l'Île Saint-Jean connaissent une période de disette. Or, les réfugiés acadiens ne sont pas les seuls à y trouver refuge. Il s'y trouve également des familles amérindiennes, alliées des Français, et dont les hommes sont appelés à faire la guerre aux Britanniques en échange de leur subsistance. Comme les réfugiés acadiens, les Amérindiens qui vivent aux dépens du roi doivent lui être utiles.

Déjà, à l'hiver 1755-1756, au camp de réfugiés de Cocagne, se trouvent plusieurs familles amérindiennes canibas, malécites et abénaquises qui ont suivi Boishébert après son retrait du fort de Ménagouèche à l'embouchure du fleuve Saint-Jean, à l'été 1755. Les hommes ont participé aux campagnes de Boishébert à la rivière Petcoudiac et dans la région de l'isthme de Chignectou, à l'automne 1755. Ce sont ces guerriers amérindiens qui reprennent aux Britanniques le bétail confisqué aux Acadiens, au cours de l'été et de l'automne précédents, ce qui leur permet de nourrir leurs familles ainsi que celles des réfugiés acadiens. Or, à l'hiver 1756-1757, il n'est plus possible de compter sur cette source d'approvisionnement.

Dès l'automne 1756, la disette est manifeste au camp d'Espérance sur la rivière Miramichi. D'abord, comme promis, l'intendant François Bigot fait partir de Québec un bâtiment chargé de vivres pour la Miramichi, même si la disette règne au Canada. Malheureusement, ce navire doit faire relâche en cours de route en raison de vents contraires. Boishébert se tourne également vers l'Île Saint-Jean pour du secours, mais le commandant Gabriel Rousseau de Villejouin ne peut rien faire, la colonie étant réduite à la dernière ressource. En conséquence, la misère est si grande au camp d'Espérance, que, dès le début de l'hiver, Boishébert est contraint de réduire la ration des réfugiés acadiens, des familles autochtones et de la garnison, même si on a reçu 40 bœufs de Petcoudiac pour les nourrir, la pêche est complètement épuisée.

Très rapidement, le pain manque et on est réduit à se nourrir de la peau des bœufs qu'on avait mangés l'année précédente, ainsi que de l'huile de phoque dont il restait une petite provision. Une fois ces provisions épuisées, les enfants nourris au sein, et probablement les vieillards, meurent en premier et les Acadiens, désespérés, se révoltent en prenant les armes pour forcer les autres à partager les vivres qu'ils soupçonnent d'avoir en réserve. Boishébert doit alors intervenir et leur demande ce qu'ils prétendent faire, ce à quoi ils répondent : « Prolonger nos jours! », une réponse qui lui transperce le cœur et l'afflige à un point tel qu'il leur fait délivrer sur le champ la moitié de ce qui lui reste pour sa propre nourriture. Il engage alors ceux qui en ont encore la force à se fabriquer des traîneaux pour tirer les plus faibles sur la neige et à gagner la rivière de Pokemouche sise à environ 26 lieues, soit une centaine de kilomètres de distance. Les plus forts reviennent avec du poisson, probablement de l'anguille, pour nourrir les affamés du camp d'Espérance.

En répétant souvent cet itinéraire, on réussit à passer l'hiver, mais à compter de la fin mars, les glaces étant devenues trop minces, il n'est plus possible de se rendre à Pokemouche. Assez rapidement, toutes les provisions de poissons et d'anguilles sont consommées. On doit ensuite avoir recours aux peaux de castor qu'il reste et on en est bientôt réduit à manger les souliers faits de peaux de chevreuil. Alors, Boishébert écrit : « [...] les officiers, les soldats & les Acadiens, tombant en détaillance, & couchés languissant à terre [...] » n'attendent plus que la mort, lorsqu'au début mai 1757, arrive de Québec, à travers les glaces, un bâtiment chargé de provisions.

Combien de personnes au juste se trouvent au camp d'Espérance de la Miramichi pendant l'hiver 1756-1757 et quel est le bilan des victimes? En nous fondant sur les données des documents officiels, nous arrivons à un chiffre total, mais approximatif de 1250 réfugiés acadiens qui étaient vivants au début de l'hiver 1756-1757 au camp d'Espérance. Dans des notes manuscrites portant sur la misère qu'ont connue les familles de réfugiés acadiens à la Miramichi, Placide Gaudet estime à 400 le nombre de personnes qui y sont mortes, et un chiffre semblable est avancé dans la correspondance officielle. En présumant que ce nombre est exact, force est de conclure que des 1376 réfugiés acadiens, à l'automne 1756, il y aurait donc quelque 976 survivants au printemps suivant, dont 120 vont partir à Québec, ce qui nous donne un chiffre approximatif de 856 personnes restées en Acadie, un chiffre qui s'apparente à ceux fournis dans les documents officiels. Donc, près d'un tiers des réfugiés acadiens du camp d'Espérance sont morts dans des conditions extrêmes durant ce terrible hiver.

Après la chute de Louisbourg, en juillet 1758, le sort du camp d'Espérance va être scellé à tout jamais. En effet, le commandant en chef de l'armée britannique en Amérique du Nord, le général Jeffrey Amherst, ordonne au brigadier général James Wolfe de diriger une expédition contre les établissements de Miramichi, Gaspé et d'autres postes environnants. Suivant ces ordres, Wolfe charge le colonel James Murray de diriger une expédition de près de 800 hommes contre les établissements de Miramichi où il arrive le 15 septembre 1758, à bord du *Juno* commandé par le capitaine John Vaughan. Ce dernier n'est pas à l'aise en raison de la mauvaise situation où se trouve son navire, de même que le brulôt *Aetna* et les six vaisseaux de transport pour les troupes qui l'accompagnent. Les navires se trouvent à l'embouchure de la baie de Miramichi où ils sont exposés aux vents du large qui risquent de les pousser sur la côte. Le capitaine Vaughan presse donc Murray d'agir le plus rapidement possible.

Murray et 300 de ses hommes dirigent donc une attaque contre la mission mi'kmaw[1]. En apprenant qu'il y a un autre établissement de l'autre côté de la Miramichi, à la Baie-des-Ouines, Murray y envoie des troupes sur-le-champ afin de détruire ce poste. D'ailleurs, il en fait autant à la mission mi'kmaw dont il fait incendier l'église (Burnt Church aujourd'hui) et les habitations des Mi'kmaq et des réfugiés acadiens. Beausoleil s'est réfugié avec sa famille et celle de son fils Joseph à la rivière des Caches, à Néguac (connu encore aujourd'hui comme « la hêtrière à Beausoleil »), à peu de distance de la chapelle incendiée, mais il échappe à la vigilance des Britanniques. En outre, Murray indique : « Que dix lieues en amont de la rivière, il y a un autre établissement comptant de nombreux neutres et leurs familles qui ont fui l'Île Saint-Jean après la prise de Louisbourg. Qu'en raison des conditions de disette, ils ont envoyé la majeure partie de leurs effectifs au Canada, et que nous devrions les suivre immédiatement puisque, chaque heure, ils attendent l'Anglais et que, de plus, ils ne pourraient subsister puisqu'ils ne peuvent plus être ravitaillés par la mer, comme c'était le cas avant la prise de Louisbourg ». Il est intéressant de noter que des Acadiens de l'Île Saint-Jean s'étaient déjà réfugiés à la Miramichi, car au même moment, les familles de l'île étaient rassemblées pour être exilées en France; 3100 personnes sont ainsi déportées en octobre 1758.

Quoi qu'il en soit, Murray aurait bien voulu attaquer le camp d'Espérance, mais après consultation des capitaines Vaughan et Bickerton, il décide de laisser tomber et d'embarquer ses hommes. Les commandants des vaisseaux étant visiblement inquiets et craignant pour la sécurité de leurs bâtiments, la petite escadre lève l'ancre dès le 18 septembre et rejoint Louisbourg une semaine plus tard, laissant le camp d'Espérance intact.

Cela n'empêche pas pour autant les Acadiens de continuer à résister aux Britanniques, surtout en leur faisant la guerre de course[2]. Pour ce faire, des corsaires acadiens se mobilisent en s'attaquant aux bateaux de ravitaillement de la flotte britannique venue assiéger Québec, à partir de l'automne 1758. Cette activité va se maintenir au moins jusqu'à l'automne 1761, créant beaucoup d'inconvénients à la libre circulation des navires marchands britanniques. Toutefois, ce n'est pas toujours à l'avantage des corsaires acadiens. En effet, en octobre 1760, 47 Acadiens arment une goélette en corsaire et après avoir fait une bonne prise au large de Gaspé, la goélette est poursuivie par une frégate britannique qui la fait échouer près de Shippagan (Saint-Simon aujourd'hui). Enfin, la majeure partie des bateaux des Acadiens jaugent en moyenne entre 15 et 20 tonneaux, et ne peuvent donc pas infliger autant de dommages à la marine marchande britannique que ne le feraient des vaisseaux plus imposants et surtout plus rapides.

Au printemps 1759, le camp volant établi à la Miramichi par le capitaine Boishébert est déplacé à la Ristigouche par son successeur, le lieutenant Jean-François Bourdon de Dombourg. Les familles de l'Île Saint-Jean l'y suivent ainsi que des familles réfugiées à la Miramichi. Ce camp se trouve près de l'actuel lieu historique national de la Bataille-de-la-Ristigouche (en face de l'actuel Campbellton), à un endroit connu à l'époque comme la « Petite-Rochelle ». Au début juillet 1760, à la bataille de la Ristigouche, les Britanniques ne réussissent pas à conquérir ce poste, mais ils détruisent les trois navires français qui y ont trouvé refuge, de même qu'un village sis en aval de la rivière. Ce village, composé de 150 ou 200 maisons, qu'un officier britannique identifie comme « Petite-Rochelle » était, semble-t-il, un lieu de refuge composé principalement des familles de réfugiés de la Miramichi, de Richibouctou (notamment celle de Le Maigre) et d'autres lieux de refuge dans la partie sud de la baie des Chaleurs.

De fait, ces familles y sont accourues à la nouvelle de l'arrivée des vaisseaux français en juin 1760, et elles s'y trouvent toujours en octobre de la même année quand le commissaire Bazagier dresse la liste des personnes présentes au poste de Ristigouche. Il y dénombre en tout 881 personnes provenant de l'Île Saint-Jean (230), de Richibouctou (77 personnes issues des familles de Port-Toulouse, dont celle de Le Maigre, établies là après la chute de Louisbourg en 1758), du camp d'Espérance et d'autres lieux de refuge, en sus des 485 personnes demeurées dans ces deux derniers endroits, de même qu'à Caraquet et à Shippagan.

Dès l'année suivante, le poste de Ristigouche est complètement déserté, les familles originaires de l'Île Saint-Jean sont retournées à l'île, semble-t-il, et les familles de réfugiés au nombre de 708 personnes sont éparpillées autour de la baie des Chaleurs, entre autres à Bonaventure (les familles fondatrices de cette région), à Nipisiguit (Bathurst actuel), à Caraquet, à Shippagan, mais également à la Miramichi. En effet, au début d'août 1760, Pierre du Calvet y recense 24 familles, dont les familles fondatrices de Néguac — les Breau et les Savoie — voisins de Beausoleil et de son fils Joseph. Malheureusement, le recensement du Calvet ne comprend pas les lieux de refuge de Richibouctou et de Bouctouche.

En octobre 1761, le commandant du Fort Cumberland (l'ancien Fort Beauséjour), le capitaine Roderick MacKenzie, organise une expédition contre les postes des réfugiés acadiens de la Miramichi et de la baie des Chaleurs. Se voyant abandonnés à leur sort et sans ressources, les Acadiens n'offrent que peu de résistance et capitulent. Le capitaine MacKenzie et ses troupes ramènent donc avec eux au Fort Cumberland, 187 hommes, femmes et enfants, en attendant l'arrivée de 63 autres qui doivent venir pour y hiverner. Le reste des familles devaient s'y rendre au printemps 1762, d'où un certain nombre allait être transféré au Fort Edward, sans doute pour travailler à la réparation des levées et aboiteaux, au nombre desquels figuraient Beausoleil et son fils, Joseph, capturés après l'expédition de MacKenzie, au cours de l'hiver 1762. Ces Acadiens étaient les derniers à se rendre et donc sans doute parmi les plus aguerris des résistants acadiens.

Prisonniers à Halifax

Par ailleurs, les autres résistants ou corsaires, soit les capitaines ou propriétaires de bateaux (au nombre desquels se trouvaient Le Maigre et ses fils Alexandre et Paul) dont certains étaient encore armés, s'étaient rendus directement de Baie Verte à Halifax, dès octobre 1761, où ils se trouvaient le 17 mai 1762 quand le gouverneur Jonathan Belcher et son conseil ont résolu de saisir les navires de ces partisans acadiens, dont on a ordonné le désarmement et l'incarcération. Ces familles acadiennes, contrairement aux autres familles qui les avaient précédées dans la région de Halifax, n'avaient pas encore été gardées prisonnières sur l'Île Georges, sise au centre du havre de cette ville.

De fait, aussi tôt qu'à l'automne 1749 et à l'hiver 1750, des Acadiens auraient déjà été emprisonnés dans cette île. En juillet 1755, quelque 80 députés de Port-Royal, de Rivière-aux-Canards, de Grand-Pré et de Pigiguit sont incarcérés dans les cachots de l'Île Georges par Charles Lawrence et son conseil. Deux mois plus tard, ils sont escortés dans leur village respectif pour y rejoindre leur famille avant l'embarquement forcé pour les colonies anglo-américaines. En novembre 1755, une cinquantaine de personnes, soit huit familles acadiennes de Mirligouèche (Lunenburg actuel) sont déportées en Caroline du Nord à partir de l'Île Georges.

Photo©Gouvernement de la Nouvelle-Écosse

L'Île Georges, située au milieu du port de Halifax en Nouvelle-Écosse, servait de prison pour les Acadiens. L'île a été nommée en l'honneur de George II de la Grande-Bretagne.

Photo©Société nationale de l'Acadie

Le monument de l'Odyssée acadienne en face de l'Île Georges.

L'été suivant, un groupe de femmes acadiennes et leurs enfants, tous originaires de la région de Beaubassin, font partie des familles réfugiées à l'Île Saint-Jean qui devaient être transférées à Québec. D'après un officier français stationné à Louisbourg (*en vieux français*) : « Un bâtiment chargé de cent cinquante Acadiens, parti de l'Isle Saint-Jean pour le Canada a été pris par un vaisseau de guerre auprès de Gaspé. Ces malheureux Acadiens ont été conduits sur l'Isle George à Alifax, où ils ont resté plusieurs mois, couchant à la belle étoille, la plupart n'ayant pas de quoy se couvrir, leurs hardes leur ayant été enlevées lorsqu'ils ont été pris. Ils nous les ont envoyés au commencement de novembre en échange de matelots pris par nos corsaires ».

En outre, un certain nombre de familles et d'individus — la plupart originaires de cap de Sable — vont séjourner dans l'île avant leur déportation, en novembre 1758 et en novembre 1759. En novembre 1758, aussitôt après la chute de Louisbourg, outre les lieux de refuge du golfe, les Britanniques lancent des expéditions punitives contre les établissements du cap de Sable, du fleuve Saint-Jean et de la rivière Petcoudiac. Soixante-huit hommes, femmes et enfants acadiens, de même que le missionnaire Jean-Baptiste de Gai Desenclaves sont ainsi capturés et emmenés à Halifax où ils arrivent au début de novembre 1758. Au tout début de l'année 1759, après deux mois de détention, tout ce monde, avec d'autres Acadiens capturés entre temps lors des expéditions au fleuve Saint-Jean et à la rivière Petcoudiac, est déporté en France à bord de deux bâtiments parlementaires arrivés au Havre au début de février 1759. Cela ne signifiait pas pour autant que c'en était fini des Acadiens de la région de cap de Sable.

De fait, en septembre 1758, des Acadiens toujours présents dans cette région ont adressé une requête au gouverneur du Massachusetts l'informant qu'il s'y trouvait 40 familles comprenant 150 personnes prêtes à se rendre en raison de la grande détresse dans laquelle elles se trouvaient. Avant même que les autorités britanniques n'aient eu le temps d'agir, ces Acadiens, n'ayant pas reçu de réponse à la requête adressée au gouverneur du Massachusetts, délèguent quelques-uns des leurs à Halifax, au printemps 1759, pour aller présenter leur offre de soumission à Lawrence. À la fin juin, le capitaine Joseph Gorham et ses Rangers[1] ramenaient à Halifax quelque 152 personnes que Lawrence fait débarquer à l'Île Georges, « un lieu hautement sécuritaire » où se trouvait déjà une demi-douzaine de prisonniers acadiens capturés l'hiver précédent au fleuve Saint-Jean. Après plusieurs mois de détention dans l'île, au début novembre 1759, ces familles sont déportées en Angleterre d'où elles vont être transportées à Cherbourg, en France.

Peu de temps après le départ du vaisseau transportant les déportés de novembre 1759, un groupe de quelque 300 Acadiens du fleuve Saint-Jean est transporté à Halifax à bord de deux goélettes et gardé sur l'Île Georges. Ces familles revenaient du Canada où elles s'étaient réfugiées à partir de l'automne 1758. À la chute de Québec, elles avaient obtenu un laissez-passer — une autorisation — du brigadier Robert Monckton qui leur permettait de revenir dans leurs habitations après avoir prêté le serment d'allégeance. En novembre 1759, s'étant présentés au Fort Frederick que les Britanniques avaient érigé sur les ruines du fort abandonné en 1755 par Boishébert, à l'embouchure du fleuve Saint-Jean, ces quelque 300 Acadiens sont arrêtés sur-le-champ et, en janvier 1760, ils sont conduits à Halifax comme prisonniers de guerre en attendant leur déportation en Angleterre.

À l'été 1760, un autre groupe composé de familles acadiennes des rivières de Petcoudiac et de Memramcook et des lieux de refuge de la côte est du Nouveau-Brunswick actuel (Bouctouche et Richibouctou) — soit quelque 300 individus qui venaient se soumettre aux Britanniques — arrivent à Halifax. Lors de l'expédition de novembre 1758 à la rivière Petcoudiac, tous les villages sont incendiés, laissant leurs habitants dans le plus grand désarroi. Beausoleil est déjà réfugié à la Miramichi où il est allé faire soigner la blessure qu'il a reçue au talon à la bataille du Cran (près de Riverview aujourd'hui) au début de juillet 1758. Le même scénario a lieu au fleuve Saint-Jean, et moins d'un an plus tard, après un siège de quelques mois, en septembre 1759, Québec tombe à son tour.

C'est alors que survient la fameuse tempête des 3 et 4 novembre 1759 qui va en quelque sorte sonner le glas des résistants acadiens de la Petcoudiac. En effet, les marais qu'ils avaient endigués et asséchés de peine et de misère sont maintenant inondés, compromettant ainsi toute tentative de reconstruction pour les habitants de cette rivière, dont les habitations avaient été complètement détruites un an plus tôt. Se voyant ainsi dépourvus de tout, des représentants de ces derniers et de ceux de la rivière de Memramcook, c'est-à-dire quelque 190 personnes, se présentent au Fort Cumberland pour se soumettre aux Britanniques dans les jours qui suivent, soit le 16 novembre 1759, se voyant dans l'impossibilité de survivre à l'hiver qui arrive à grands pas. Le commandant Joseph Frye accepte d'en nourrir le tiers (soit 63 personnes), durant l'hiver, alors que les autres doivent se rendre au fort, le printemps venu.

Dès le 18 novembre 1759, c'est au tour des réfugiés acadiens de Bouctouche, de Richibouctou et de Miramichi d'en faire autant en engageant des pourparlers avec Frye devant mener à leur capitulation. Mais, au début de l'hiver 1760, la nouvelle de l'arrestation des familles revenues au fleuve Saint-Jean pousse ces Acadiens à renoncer à leur engagement en refusant de se rendre au Fort Cumberland, malgré la promesse faite en ce sens. Les autorités britanniques, offusquées, n'auront de cesse qu'elles aient entièrement soumis ces rebelles acadiens.

À partir de l'automne 1759 et au cours de l'hiver et du printemps 1760, les Mi'kmaq et les Malécites commencent à se soumettre aux autorités britanniques, suivant ainsi l'avis des missionnaires Pierre Maillard aux Îles Royale et Saint-Jean, Charles Germain au fleuve Saint-Jean et Jean Manach sur la côte est du Nouveau-Brunswick actuel. Les autorités britanniques ne peuvent que se réjouir de ce nouveau développement, car elles n'auront plus à craindre les attaques des Amérindiens contre les peuplements qu'ils doivent établir dès le printemps 1760, avec l'arrivée de colons ou *Planters* de la Nouvelle-Angleterre.

Or, les dommages causés aux levées et aboiteaux par la tempête du 4 novembre 1759 ont permis à l'eau de mer d'inonder les marais acadiens et donc de les rendre inutilisables pour l'agriculture. En outre, personne d'autre que les Acadiens eux-mêmes n'est en mesure de remédier à cette situation. Ainsi donc, du jour au lendemain, l'état précaire dans lequel se trouve la communauté acadienne change de façon radicale. En effet, on a maintenant un grand besoin de ces gens qui ont pourtant offert une résistance farouche aux Britanniques au cours des cinq dernières années.

À l'été de 1760, les familles de Petcoudiac et de Memramcook, au nombre desquelles se trouvent celles d'Alexandre Broussard, de ses fils et des fils de son frère Joseph, sont transportées de Beauséjour à Pigiguit d'où elles se rendent à pied jusqu'à Halifax où on les garde sur l'Île Georges en attendant leur déportation avec les familles acadiennes du fleuve Saint-Jean. En tout, de l'hiver 1760 jusqu'au printemps 1761, il se trouve donc environ 600 personnes à Halifax, dont la majeure partie (environ 500) sont sur l'Île Georges. C'est à l'hiver 1761 que l'abbé Jean Manach est incarcéré sur l'île en attendant d'être déporté en Angleterre, via New York. Cependant, la situation change à l'arrivée de l'ingénieur John Henry Bastide, à la fin de mai 1761. Il est venu diriger des travaux de fortification à Halifax; plusieurs hommes acadiens sont embauchés comme charpentiers. Effectivement, Bastide demande 150 hommes, alors que Belcher en réclame 120 autres pour assister les colons anglo-américains dans la réparation des levées et aboiteaux de la région des Mines. Cela représente un nombre appréciable d'hommes qui ont pu quitter leur lieu d'incarcération, c'est-à-dire l'Île Georges pour aller travailler en ville ou à la campagne. Malheureusement, ce calme apparent ne pouvait pas durer, car un autre événement devait venir troubler les eaux en semant la panique à Halifax.

Au début de juillet 1762, c'est avec consternation que les autorités britanniques apprennent l'invasion de Terre-Neuve par les Français qui se sont rendus maîtres du port de St. John's. Un mouvement se met en branle à Halifax à la réception de cette nouvelle alarmante pour la population locale, sans parler des autorités coloniales. Un conseil de guerre siège secrètement à douze reprises entre le 10 juillet et le 17 août 1762 afin de préparer le havre de Halifax à une éventuelle attaque des Français, une idée jugée absurde par le général Amherst qui écrit à Belcher, le 29 juillet 1762. Il avoue ne rien craindre pour Halifax qui est bien défendu par 1500 hommes en plus de la milice. Il ajoute que la Nouvelle-Écosse « [...] est la seule province sur le continent, sauf le Canada, qui soit pourvue d'une défense appropriée ».

Dès le 10 juillet, le conseil a déjà décidé que les prisonniers acadiens seraient réunis en un seul groupe, logés et gardés par le commandant en chef, le colonel William Forster, afin de prévenir tout délit et de les savoir prêts à partir au premier signal donné. Le 13 juillet 1762, Belcher a décrété l'état martial et a sommé la milice du comté de King d'escorter à Halifax les ouvriers acadiens occupés aux travaux dans les marais de la région des Mines, de Pigiguit et de Port-Royal, à la suite de la décision prise la veille par le conseil de guerre. Ainsi, vers le 20 juillet, 130 prisonniers acadiens, dont une quatre-vingtaine de Fort Edward au nombre desquels se trouvent Beausoleil et son fils Joseph, arrivent sous escorte à Halifax y rejoindre les quelque 785 hommes, femmes et enfants acadiens. Ainsi, 915 personnes, dont 400 hommes capables de porter les armes, sont gardées nuit et jour dans des casernes ouvertes par la milice ou les habitants de la ville, une tâche jugée très difficile à supporter pour ces gens, ces casernes étant le seul endroit en ville où garder tant de personnes. Selon Belcher : « Nous avons peu de choix, la détention est le seul moyen que nous puissions envisager, mais il n'y a pas d'autres endroits que les casernes ». De plus, on craint que laissés sans surveillance durant une attaque ennemie, ces prisonniers acadiens incendient la ville et se joignent à l'ennemi.

Il en a été ainsi jusqu'au mois d'août 1762, quand ils ont été embarqués à bord de sept navires à destination de Boston. C'est en effet, lors de la séance du conseil du gouverneur du 26 juillet 1762 (à sept ans moins deux jours d'une décision analogue du conseil, en 1755) qu'a été prise la décision de déporter tout ce monde dans la colonie du Massachusetts, en raison de l'influence qu'ils exerçaient sur les populations amérindiennes, de leur arrogance et de leur impertinence. Quatre jours plus tard, le conseil de guerre entérine la décision prise par le conseil du gouverneur et décide que les Acadiens seront déportés à Boston où ils demeureront en rade en attendant la décision du général Amherst quant à leur sort. Le 12 août 1762, c'est à la Chambre d'assemblée de se prononcer en adressant un mémoire à Belcher portant sur la conduite des prisonniers acadiens présents à Halifax, et dans lequel elle met de l'avant une justification pour leur déportation à l'extérieur de la province.

L'abbé Pierre Maillard est mort la même journée, le 12 août 1762, alors qu'on venait tout juste d'embarquer les quelque 915 prisonniers comprenant des familles entières de prisonniers acadiens à Halifax, dont celle de Le Maigre, de même que 130 hommes qu'on avait escortés de Port-Royal, du bassin des Mines et de Pigiguit, au nombre desquels se trouvent l'autre chef de la résistance, Beausoleil, et son fils Joseph, qui allaient donc être déportés sans leur famille.

L'abbé Pierre Maillard, qui avait négocié la paix pour le compte des Mi'kmaq en 1759 et 1760, jouissait maintenant de la faveur des autorités britanniques. Au cours d'une de ses séances, avant ou le 30 juillet 1762, lorsqu'il est interrogé par le conseil de guerre sur la loyauté des Acadiens, il aurait répondu qu'on ne pouvait se fier qu'à une poignée d'Acadiens emprisonnés alors à Halifax. Est-ce suivant cet avis que l'on a décidé de procéder à la déportation de ces quelque 915 hommes, femmes et enfants, malgré les avis contraires du général Amherst? Quoi qu'il en soit, Belcher a mis le conseil de guerre au courant du contenu de la correspondance du général Amherst au sujet des prisonniers acadiens et des Amérindiens qui, selon lui, ne présentaient pas de menace à la sécurité de la Nouvelle-Écosse, mais la décision est demeurée la même, surtout à la nouvelle de la désertion d'une partie des colons ou *Planters* de la région des Mines ou Horton (Grand-Pré actuel) face à l'attaque imminente des Français.

Partis de Halifax, le 18 août 1762, les sept navires transportant les Acadiens arrivent à destination une semaine plus tard. Les autorités de la Nouvelle-Écosse ont donné l'ordre au capitaine James Brooks, le commandant de ce convoi, de se rendre à Boston et d'y attendre les ordres du général Amherst concernant le sort réservé à ces prisonniers de guerre. Peu de temps après leur arrivée, les autorités du Massachusetts refusent de laisser débarquer les Acadiens et on accepte, avec beaucoup de réticence, de laisser débarquer les passagers malades. Le gouverneur Thomas Pownall aurait, par compassion, accepté de laisser débarquer tout le monde, mais il en va autrement du côté de la Chambre d'assemblée. Il n'est pas question de recevoir d'autres Acadiens de la Nouvelle-Écosse; la Chambre juge qu'il s'en trouve déjà trop au Massachusetts où on en a accueilli bien plus que les autres colonies anglo-américaines depuis 1755.

Plus d'un mois durant, les sept navires demeurent en rade avec leurs cargaisons humaines en attendant la décision quant au sort des déportés. Même avec l'aval du général Amherst pour qu'on installe les Acadiens dans des établissements temporaires dont il assumerait les dépenses d'entretien, la Chambre d'assemblée persiste dans son refus. À la fin, le capitaine Brooks doit se rendre à l'évidence et lever l'ancre. Il n'est pas difficile d'imaginer la consternation des autorités coloniales de Halifax en voyant revenir les sept navires, un mois et demi après le départ de ces « dangereux » Acadiens et Acadiennes.

Comme les Britanniques ont réussi à reprendre St. John's, Terre-Neuve, aux Français, toute menace d'une attaque de la part de ces derniers contre Halifax est maintenant écartée. Conséquemment, ces familles dont le Massachusetts n'a pas voulu devaient donc être logées dans les casernes où elles se trouvaient avant leur départ. Il est évident que ce n'est pas sur l'Île Georges que les 915 personnes ont été gardées en attendant leur déportation à Boston. Sinon, comment expliquer la crainte qu'elles mettent le feu à la ville, à partir de cette île? Cependant, il se peut fort bien qu'on ait transporté ces gens dans l'île juste avant l'embarquement qui s'est fait au début d'août 1762, mais il n'en est fait mention nulle part dans les documents officiels. Nous pouvons supposer qu'un certain nombre ait été gardé sur l'île après leur retour de Boston, mais rien ne nous permet de l'affirmer. Toutefois, il est possible que Beausoleil et Le Maigre aient été gardés là en attendant leur déportation en Angleterre où on signale leur présence à l'hiver 1763.

À l'été 1763, juste après son retour d'Europe, Joseph Broussard dit Beausoleil, le fameux chef des résistants acadiens est arrêté à Pigiguit, avec des documents compromettants en sa possession. Il s'y trouve une lettre rédigée par de La Rochette, le secrétaire ou l'émissaire de l'ambassadeur de France à Londres, le duc de Nivernais, qui lance une invitation aux Acadiens d'Amérique de passer en territoire français, les enjoignant d'inscrire leurs noms sur des listes qu'on lui adressera par un intermédiaire à Londres. Cette lettre avait été reçue par Joseph LeBlanc dit Le Maigre — revenu lui aussi en Acadie — qui l'avait reçue des Acadiens de Philadelphie qui, à leur tour, l'avaient reçue d'Acadiens réfugiés en Angleterre juste avant leur départ pour la France, en mars 1763. Après son arrestation, Beausoleil est conduit de Pigiguit à Halifax, où en compagnie de Le Maigre, il est interpellé par le conseil du gouverneur de la Nouvelle-Écosse et sommé de s'expliquer. Il se peut fort bien que Beausoleil et Le Maigre aient été incarcérés sur l'île en attendant d'être interrogés par les membres du conseil, en août 1763, mais là encore, aucune mention spécifique n'est faite à ce sujet, car la suite de cette affaire ne nous est pas connue.

Rester ou partir?

C'est dans ces circonstances que le colonel Montague Wilmot arrive à Halifax. Il connaissait déjà les Acadiens qui y étaient emprisonnés, puisqu'il avait été commandant du Fort Cumberland en 1756-1757, à une époque où les résistants acadiens étaient très actifs dans la région de l'isthme de Chignectou. Malheureusement, en tant que gouverneur de la Nouvelle-Écosse, son attitude envers la communauté acadienne n'a guère été meilleure que celle de ses prédécesseurs, Charles Lawrence et Jonathan Belcher. Tout comme eux, il désire à tout prix se débarrasser des Acadiens. Or, si on doit leur accorder le droit de s'établir dans la colonie, Wilmot ordonne à Lord Halifax de permettre aux Acadiens de ne le faire qu'en petits groupes, au sein d'établissements déjà en place et dans des endroits où ils auraient le moins de contacts possible avec les Amérindiens. Il propose même de les installer sur les îles antillaises conquises aux Français à la fin de la guerre, car à son avis : « Plus ils seront loin, plus nous serons en sécurité ». De leur côté, les autorités britanniques ont déjà jugé que les Acadiens ne représentent plus une menace pour la sécurité interne de la colonie, et à l'instar du général Amherst, il est mieux, selon eux, de laisser les Acadiens s'établir en Nouvelle-Écosse où ils peuvent devenir de bons sujets.

Entre temps, les Acadiens exilés dans les colonies anglo-américaines et en Nouvelle-Écosse, y compris Halifax, répondent en grand nombre à l'invitation de passer en France lancée au printemps 1763. Évidemment, ce ne sont pas toutes les familles qui ont répondu à l'appel, mais nous pensons que la grande majorité d'entre elles ont accepté cette proposition. Par ailleurs, à la fin de la liste des Acadiens de Halifax, datée du 12 août 1763, il est écrit (*en vieux français*) : « Il y a encore plusieurs familles dispersées le long des cottes de la mer qui Seront dans le meme Sentiment dont les noms ne sont pas ecrits icy ». Quoi qu'il en soit, les familles acadiennes gardées prisonnières à Halifax se sont inscrites sur cette liste. Il est question de 161 familles ou 711 personnes sur un total de 232 familles comprenant 1056 personnes présentes à Halifax et dans les environs, d'après un dénombrement envoyé par Wilmot à Londres, au printemps 1764, soit quelques mois après l'émission de cette liste.

En outre, le 12 mai 1764, 76 chefs de familles acadiennes adressent une requête à Wilmot, réitérant leur volonté exprimée deux semaines plus tôt, le 29 avril, à savoir qu'ils ne reconnaissent d'autre souverain que le roi de France et demandent qu'on leur fournisse des provisions et des vaisseaux afin de se rendre en France ou en territoire français. Selon eux, puisque la guerre est finie, ils ne sont plus prisonniers de guerre et doivent donc jouir de la liberté de passer dans le pays de leur choix, comme c'est le cas des Acadiens gardés prisonniers en Angleterre qui sont passés en France, et de ceux gardés en Caroline qui se sont rendus au Cap-François à Saint-Domingue (Haïti).

Dans le même temps, Wilmot reçoit la réponse du comte de Halifax qui abonde dans le même sens que lui, à savoir que les Acadiens qui décideraient de rester en Nouvelle-Écosse doivent être dispersés en petits groupes autour de la colonie. Selon lui, il ne serait pas plus judicieux de les autoriser à s'établir au Canada, en raison de sa proximité avec la Nouvelle-Écosse. De plus, les terres des îles récemment conquises aux Français dans les Antilles seraient bientôt cédées lors de ventes publiques et ne seraient donc pas disponibles pour accueillir ces Acadiens. À la fin de sa lettre, Lord Halifax ajoute que le roi d'Angleterre considère les Acadiens sur le même pied que ses autres sujets de confession catholique en Amérique du Nord et qu'ils n'ont donc qu'à prêter le serment d'allégeance exigé d'eux pour être autorisés à s'établir et à jouir des mêmes droits et privilèges que les autres sujets britanniques. Par contre, en tant que sujets britanniques, on ne peut leur interdire de quitter la colonie ou le territoire britanniques, si telle est leur volonté. Évidemment, Halifax exhorte Wilmot de faire tout en son pouvoir pour empêcher les familles acadiennes de passer en territoire étranger, tentées par les sollicitations ou manœuvres secrètes d'une puissance étrangère, en l'occurrence la France.

Les instructions royales du 20 juillet 1764 allaient dans le même sens et, conséquemment, Wilmot a donc soumis ces propositions aux membres du conseil de la Nouvelle-Écosse qui ont aussitôt préparé le texte du serment d'allégeance que devaient prononcer les Acadiens et ont également dressé une liste de lieux où ils pourraient s'établir. Or, la majorité des familles acadiennes ont refusé cette offre et choisi plutôt de partir de la Nouvelle-Écosse. Comme les autorités britanniques ont refusé de payer leur passage, les familles ont affrété des vaisseaux pour se rendre directement au Cap-François, à l'île de Saint-Domingue (Haïti), et de là, au Mississippi, en route pour l'Illinois où elles projettent de s'établir sous la direction de Beausoleil. Ainsi donc, à partir de la fin novembre 1764 et durant l'hiver 1765, environ 600 hommes, femmes et enfants quittent Halifax à bord de vaisseaux affrétés à destination de l'île de Saint-Domingue où quelques familles y séjournent encore. Cependant, au printemps 1765, la plupart d'entre elles ont quitté cette île pour la Louisiane où elles se sont établies.

À l'automne 1764 et à l'hiver 1765, après le départ de ces familles acadiennes, plusieurs autres sont restées dans la région de Halifax avant de se disperser en Nouvelle-Écosse : à Arichat, Chezzetcook et Sainte-Anne-du-Ruisseau et dans divers établissements acadiens au Nouveau-Brunswick actuel, à Cocagne notamment, après avoir séjourné à l'île de Miquelon (près de Terre-Neuve). De fait, plusieurs familles réfugiées à l'Île Saint-Jean ou incarcérées au Fort Cumberland notamment, sans compter celles de la région de Halifax, ont gagné l'archipel français, dont la famille de Le Maigre qui ira s'établir à Belle-Île-en-Mer en France, alors que d'autres familles feront souche à l'île de Miquelon où leurs descendants se trouvent encore aujourd'hui. Enfin, près de la moitié des familles gardées prisonnières à Halifax vont s'établir en Louisiane : à Saint-Martinville, Saint-Jacques de Cahabannocer et Opelousas.

Par ailleurs, plus de la moitié des ménages ou individus qui avaient séjourné au camp d'Espérance, en 1756-1757, et dont plusieurs ont ensuite été emprisonnés à Halifax, ont décidé de rester en Acadie où ils figurent parmi les pionniers de la majeure partie des régions ou villages établis à partir des années 1760 et 1770. Les autres familles et individus se sont établis principalement en Louisiane, mais également en France et au Québec où leurs descendants sont aujourd'hui très nombreux.

Notes de fin

1. Ce texte est un abrégé de deux études que l'auteur a consacrées à la présence de familles réfugiées et prisonnières en Acadie à cette époque. « Les réfugiés acadiens au camp d'Espérance de la Miramichi en 1756-1761 : un épisode méconnu du Grand Dérangement », Acadiensis, vol. XLI, n° 1 (hiver-printemps 2012), p. 128-168 et « Les Acadiens à Halifax et sur l'Île Georges, 1755-1764, Port Acadie », nos 22-23 (automne 2012-printemps 2013), p. 43-

76. Le lecteur soucieux d'en connaître davantage sur le sujet est prié de consulter ces publications pour les références, de même que les tableaux qui sont à la base même de ces études. Enfin, l'auteur en profite pour remercier le Centre d'études acadiennes Anselme-Chiasson ainsi que le généalogiste Stephen A. White qui lui a donné accès aux notes manuscrites du Dictionnaire généalogique des familles acadiennes, un outil indispensable à la réalisation de ces études.

2. C'est-à-dire la Nouvelle-Écosse péninsulaire ou Acadie anglaise et l'Acadie française, soit la province actuelle du Nouveau-Brunswick, sans les Îles Royale (Cap-Breton) et Saint-Jean (Île-du-Prince-Édouard), sous administration française jusqu'en 1758, lorsque leurs populations civile et militaire ont été déportées en France. Une partie des familles qui ont échappé à la déportation dans ces deux colonies françaises vont trouver refuge en Acadie française et vont finalement être emprisonnées en Acadie anglaise.

3. Les Autochtones autrefois appelés Mi'kmaq épellent maintenant leur nom ainsi : Mi'kmaw (au singulier) et Mi'kmaq (au pluriel). L'Union of Nova Scotia Indians [Union des Indiens de la Nouvelle-Écosse] et le Mi'kmaq Grand Council [Grand conseil de la Nation mi'kmaw] ont adopté cette graphie; ils demandent que tout le monde en fasse autant. Ces nouvelles épellations reflètent plus fidèlement la langue mi'kmaw

4. Opération menée autrefois par des navires-corsaires, auxiliaires de la flotte de guerre, autorisés par un État à s'emparer des bâtiments ennemis ou à les détruire

5. Des miliciens engagés à faire la chasse et la guerre aux familles de résistants acadiens.

Les Acadiens exilés en Angleterre

Richard Holledge

Interrogé sur les pillages commis par l'armée américaine à Bagdad pendant la guerre en Irak, l'ancien secrétaire américain de la Défense, Donald Rumsfeld, avait répondu : « Quand de telles choses se produisent, c'est le chaos, le chaos de la liberté, et les hommes libres sont libres de faire des erreurs, de commettre des crimes et de faire de mauvais coups ».

Changeons « hommes libres » par « personnages puissants », et voilà ce qu'aurait pu répondre le premier ministre britannique, le duc de Newcastle (1754-1756), s'il avait été interrogé au sujet de l'expulsion des Acadiens.

Dans son livre, *Crucible of War* (2000) [Le creuset de la guerre], l'historien américain Fred Anderson raconte les batailles menées par la France et la Grande-Bretagne pour prendre possession de l'Amérique du Nord. Il décrit aussi l'expulsion des Acadiens comme « un avant-goût amer des nettoyages ethniques à venir ».

Retournons en 1755. La guerre avait déjà éclaté en Amérique entre la France et la Grande-Bretagne. À l'été 1756, la Grande-Bretagne et la Prusse prenaient les armes contre la France, la Russie et l'Autriche dans ce qui allait devenir la guerre de Sept Ans. Les batailles se déroulaient en Europe, dans les Antilles, en Inde, dans les Philippines et, bien sûr, en Amérique du Nord. Ce fut, en quelque sorte, la première guerre mondiale.

Les enjeux étaient énormes. La Grande-Bretagne posait les premiers jalons de sa quête pour la domination du monde. Qu'allaient faire les Britanniques de quelques habitants de langue française dans une de leurs colonies? Ces habitants qui refusaient de déclarer leur allégeance à la Couronne, qui parlaient une langue différente et qui pratiquaient une autre religion. Quoi d'autre, si ce n'est de les balayer du revers de la main?

Les Acadiens sont arrivés dans les ports britanniques au moment où les Anglais étaient en difficulté. Quelques semaines après la déclaration de guerre, en mai 1756, l'amiral Byng perdait Minorque au profit des Français. L'année précédente, le général anglais, Edward Braddock, mourait lors d'une expédition ratée dont l'objectif était de prendre Fort Duquesne, aujourd'hui Pittsburgh.

En Angleterre, des troubles éclatent, comme c'est souvent le cas dans un pays en guerre. Les émeutes du pain témoignent de la détresse d'une population qui meurt de faim. L'imposition des *Enclosure Acts*, qui marque la fin des droits d'usage des terres dont bon nombre de paysans dépendent, pousse ces derniers à céder des millions d'acres à de riches propriétaires. Du coup, des centaines de milliers de personnes fuient les campagnes vers les villes où elles vivent dans la pauvreté. Il est impossible de dire si l'agression d'une femme acadienne par un sans-abri décrite dans *The Scattered* (2012) [Les dispersés] s'est vraiment produite, mais on peut toutefois imaginer le sentiment de colère de la classe inférieure anglaise vis-à-vis ces intrus « français », d'autant que les Acadiens touchaient de meilleures allocations que ces nouveaux citadins.

Cela ne justifie en rien les crimes commis contre ce petit groupe, mais peut les expliquer. Et cela permet de comprendre pourquoi l'histoire des Acadiens exilés en Angleterre est méconnue. Pas seulement parce que ces exilés étaient indésirables, mais parce que certains événements, outre les nouvelles du front, captivaient davantage l'imaginaire populaire que l'arrivée d'une centaine d'étrangers infestés de maladies.

Pensons seulement aux exploits du corsaire français, François Thurot, qui terrorise la côte nord-ouest de l'Angleterre. Ou à l'histoire de ce groupe de racoleurs[1] qui ont tenté en vain de s'emparer de l'équipage d'un baleinier; les pêcheurs les ont vaincus à l'aide de harpons et de simples couteaux.

À Bristol, les archives locales relatent que l'année précédente l'eau de la station thermale Hotwell est devenue rouge et que celle d'un puits appartenant à un certain John Harrison, près de Clifton Church, est devenue noire comme de l'encre. À Bristol aussi, les histoires de corsaires remportent un vif succès, plus particulièrement, en 1756, la prise du navire français *Belliqueux* par le vaisseau anglais *Antelope*. Ce navire français, équipé de 64 canons et de 415 hommes, a pénétré par erreur dans le canal de Bristol.

Mais, quand il s'agit d'inscrire le décès d'Acadiens, les archives se font un peu plus discrètes. Par exemple, à Bedminster, une banlieue de la ville, le vicaire de St. John n'a inscrit que deux noms acadiens : Anastasie Boudreau, 9 ans, morte le 30 juin et Marie Scannat, morte le 3 juillet, qualifiée de « Française neutre ».

Il en va de même de la cité balnéaire Southampton qui a été ébranlée par les effets du tsunami provoqué par le tremblement de terre de Lisbonne, à la fin de l'année 1755. Les habitants de la station balnéaire sont davantage captivés par le séjour de la famille royale britannique qui prête à l'eau salée le pouvoir de les protéger contre la rage et d'autres maladies que par l'horreur des Acadiens qui mendient dans les rues.

En 2007, la ville de Liverpool a publié le carnet historique *Liverpool 800* pour célébrer sa longue et fascinante histoire qui aurait pu être illustre, si ce n'est qu'une grande partie de sa richesse est attribuable au commerce des esclaves en plein essor au milieu du 18e siècle. Ce carnet ne contient pas un traître mot sur la tragédie acadienne. Il a fallu attendre le travail de chercheurs acadiens pour trouver de brèves allusions sur les Acadiens, dans la *London's Catholic Record Society* [archives catholiques de Londres]. On y trouve l'inscription de quelques baptêmes et mariages célébrés à l'église paroissiale de Woolton, une banlieue de Liverpool.

Les préoccupations banales, mais passionnantes, les conditions atroces des pauvres et les horreurs de la guerre font du sort des Acadiens une question de peu d'importance. Et aujourd'hui, cette question reste une source de honte qu'il est préférable de dissimuler. J'ai rencontré une seule Britannique qui connaissait l'existence des Acadiens. Et quand je raconte leur histoire, mes auditeurs restent de marbre jusqu'au moment où je conclus : « Les Acadiens qui se sont installés en Louisiane sont connus sous le nom de Cadiens ». Soudain, leur intérêt s'éveille.

Même les spécialistes de l'Acadie ont du mal à brosser un portrait complet de cette période. Au moment où je faisais des recherches pour écrire *The Scattered*, j'ai trouvé quelques documents en rapport avec l'Angleterre de cette époque, telles que de brèves recherches généalogiques effectuées par des gens comme Stephen White, Paul Delaney, Naomi Griffiths et Dorothy Vyner.

À la fin de la guerre, certains Acadiens commencent à être acceptés à Bristol. On peut lire, par exemple, dans le quotidien *Journal* que « durant leur séjour ici, ils ont gagné l'estime de tous par leur travail et leur civisme ». Mais au bout du compte, ils seront balayés, tout comme ils l'ont été en Acadie, sept ans auparavant.

Qu'on l'appelle *realpolitik*[2], que l'on condamne la Grande-Bretagne et la France pour leur cruauté désinvolte ou que l'on s'insurge contre l'inhumanité de certains hommes, malheureusement, la leçon à retenir est la suivante : les puissants agissent toujours mal. Et cela, de tout temps.

Notes de fin

1. Personnes chargées d'enrôler de force dans l'armée ou la marine

2. Politique internationale basée sur des considérations de rapports de force et de possibilités concrètes (sans influence idéologique), Le nouveau petit Robert 1

Lettre de Joseph LeBlanc, prisonnier en Angleterre

Jean-François Mouhot

Dans un article publié en 1994 par la revue canadienne *Acadiensis*, l'historien louisianais Carl Brasseaux regrettait, au terme de nombreuses années de recherches et malgré de fréquentes allusions à l'existence d'échanges épistolaires dans les documents contemporains, de n'avoir jamais retrouvé de correspondance entre Acadiens datant de la période qui a suivi le Grand Dérangement. Brasseaux, après avoir longtemps cherché ces « lettres fantômes », concluait : « Il n'existe pas de copies des lettres échangées entre exilés acadiens »[1].

Correspondance entre Acadiens

Pourtant, plusieurs lettres d'Acadiens ont bel et bien été conservées, et quinze missives viennent tout juste d'être rééditées dans la même revue[1]. Le corpus publié est notamment composé de neuf lettres de la famille d'Entremont, envoyées de Cherbourg et de Saint-Servan[2] en Nouvelle-Écosse, entre 1764 et 1784. Malgré leur grand intérêt, ces lettres sont très peu connues des chercheurs qui travaillent sur la période de l'exil. En raison du nombre limité de pages de la revue, il n'a pas été possible de publier de longues présentations de la correspondance. Or, l'une des lettres publiées permet une confrontation inédite avec les « déclarations de généalogie » des Acadiens de Belle-Ile-en-Mer.

Une lettre d'un certain LeBlanc

La pièce retranscrite ci-dessous fut écrite par l'un des Acadiens prisonniers en Angleterre, peu de temps après la déportation. Cette lettre, relativement courte, comporte très peu d'informations concernant sa provenance. On lit juste qu'elle fut écrite de Liverpool par un dénommé Joseph LeBlanc, le 21 septembre 1757, et qu'elle était envoyée à un certain Charles, à qui l'auteur s'adresse comme à son « cher frère ». Son objet principal est la mort de la femme de Joseph. Se posent alors plusieurs questions. Qui est précisément l'auteur? Il existe plusieurs Joseph LeBlanc et leur identification n'est pas toujours facile[1]. Où se trouve le destinataire de la lettre (Charles) au moment où cette lettre lui est envoyée? Qui est la femme de Joseph LeBlanc qui vient de mourir et qui n'est pas désignée nommément dans cette lettre?

Reconstituer la séquence des événements a été un véritable jeu de piste. Tout d'abord, cette lettre a de toute évidence été interceptée et conservée par les autorités britanniques qui contrôlaient les échanges épistolaires. En 1763, les Acadiens de Liverpool se plaignent en effet que « le commissaire [Langton] ouvre toutes les lettres qu'ils écrivent ou qu'ils reçoivent »[2]. L'auteur, Joseph LeBlanc, se trouve alors, on l'a vu, à Liverpool, qui est l'un des lieux où sont détenus les Acadiens de la région des Mines renvoyés de Virginie[3]. On sait que la plupart des Acadiens rapatriés d'Angleterre en France, après 1763, se sont établis à Belle-Ile-en-Mer. Parmi ceux-ci se trouvent au moins quatre personnes nommées Joseph LeBlanc. Il a été possible de retracer le parcours de l'auteur de notre lettre grâce aux dépositions qui ont été faites quelques années plus tard, en 1767, lors de la reconstitution de l'état civil des Acadiens établis à Belle-Île-en-Mer, reconstitution destinée à pallier la perte des registres paroissiaux[4].

Parmi les quatre « Joseph LeBlanc » mentionnés dans les dépositions, un seul, résidant à Kerledan, paroisse de Sauzon à Belle-Île, correspond à toutes les informations contenues dans la lettre. Il a un frère nommé Charles, une femme morte à Liverpool en 1757 et deux enfants à la mort de leur mère. Pas de confusion possible entre les individus, puisque Joseph signale que son ancien beau-père habite le village de Borderhouat[5], et les déclarations de ce dernier corroborent celles de Joseph.

Erreur de date

Le 7 mars 1767, dans sa propre déclaration, Joseph déclare « être né aux Mines, paroisse de Saint-Charles, le 27 janvier 1730, de René LeBlanc et d'Anne Landry, dudit lieu »[1]. Après avoir indiqué la généalogie de ses parents jusqu'à ses ancêtres venus de France, il atteste des noms de ses frères et sœurs, et indique le conjoint de chacun ainsi que l'endroit où ils ont été déportés en 1755. Sur les dix frères et sœurs, cinq ont été exilés à Boston avec leur conjoint, deux en Caroline, un à Philadelphie et deux en Angleterre (Joseph, le déclarant, à Liverpool, et Charles, le destinataire de la lettre, à Southampton)[2]. C'est donc dans ce dernier lieu, selon toute vraisemblance, que se trouve Charles au moment où Joseph lui écrit. Voici donc la réponse à l'une de nos interrogations initiales.

Continuant sa déposition, Joseph déclare s'être marié en 1750 à Marguerite Trahan (née en 1731) qui a mis deux enfants au monde en 1752 et en 1754. Joseph déclare ensuite que sa femme est « morte à Liverpool le 13 décembre 1757 ». Mais cette date est très probablement inexacte[3]! Tout d'abord, la date de la lettre (21 septembre 1757) retranscrite ci-dessous est évidemment incompatible avec ce témoignage; or, la datation de la missive (au moment des faits) est moins susceptible d'être erronée qu'une déclaration s'appuyant sur des souvenirs vieux de dix ans. Les historiens savent bien qu'il ne faut pas faire confiance à la mémoire humaine[4].

En outre, la déclaration de Pierre Trahan (l'ex-beau-père de Joseph) faite le 11 février 1767 concorde en tous points avec celle de Joseph, sauf sur la date de la mort de Marguerite. Pierre Trahan déclare ainsi qu'il a eu une fille, Marguerite, née à Pigiguit en août 1731, « mariée à Joseph LeBlanc, du village de

K[er]ledan, paroisse de Sauzon, et morte à Liverpool au mois de juillet 1757 »[5], ce qui paraît cette fois tout à fait compatible avec la datation de la lettre. Enfin, Joseph déclare s'être remarié à Liverpool, le 28 janvier 1758, à Anne Hébert. Or, il semble peu vraisemblable que Joseph se soit remarié à peine plus d'un mois après la mort de sa première épouse. Il est donc plus probable que Marguerite soit morte en juillet, ou à la fin de l'été[6]. Se peut-il que Joseph ait oublié, dix ans après les faits, à six mois près, la date exacte du décès de sa première femme? Ne se rappellerait-il pas au moins si son épouse est décédée en hiver ou en été? Il s'agit plutôt d'une erreur de l'un des copistes des registres ou d'une erreur lors de la transcription des déclarations par Casgrain; il faudrait pouvoir vérifier les originaux aux archives départementales du Morbihan à Vannes.

Le destinataire de la lettre

Joseph donne enfin quelques indications sur Charles LeBlanc, son frère, à qui il destine la lettre ci-dessous. Charles, né en 1717, s'est marié avec Anne Boudrot qui est elle aussi décédée à Southampton en août 1756. Remarié dans la même ville avec une nommée Magdeleine Gautrot, Charles réside, en 1767, au moment de la déclaration de son frère, à Saint-Malo avec sa famille.

Jean-Marie Fonteneau[1] précise que Joseph LeBlanc de Kerledan quitte Belle-Ile-en-Mer en direction du Poitou, en 1773, puis s'embarque pour la Louisiane en 1785. On retrouve effectivement dans les listes d'embarquement publiées par Gérard-Marc Braud[2] la trace de Joseph LeBlanc, âgé de 54 ans (en fait 55 ans puisqu'on a vu qu'il est né en janvier 1730), embarqué sur *Le Bon Papa* avec Anne Hébert, sa femme (âgée de 49 ans), et leurs quatre enfants. Son frère Charles suivit apparemment le même parcours. G. M. Braud précise que le couple de Charles LeBlanc et de Madeleine Gautrot séjourna à Saint-Servan jusqu'en 1773 et de là, à Châtellerault. La famille de Charles LeBlanc séjourna à Nantes, sans doute à partir de 1775, puis s'embarqua sur le navire, *Le Saint-Rémi*, parti le 27 juin 1785, avec une de leurs filles survivantes, Marguerite Geneviève. Les deux frères ont donc pu mettre un terme à leur séparation dès les années 1773 dans le Poitou, et sont ensuite restés ensemble au moins jusqu'au départ commun (quoique sur un navire différent) pour la Louisiane.

Voici maintenant le texte intégral de la lettre de Joseph LeBlanc.

Liverpool, 21 septembre 1757

À Charles LeBlanc,

Mon cher frère, je vous dis ces deux mots pour vous dire que ma très chère femme a quitté ce monde pour aller dans l'autre monde. Je vous dirai qu'elle a été malade huit semaines; elle mort [sic] de les trospisque[1] [sic]. Mais elle a reçu tous les secours qu'un agonisant peut recevoir à sa mort. Pour moi je suis en bonne santé aussi bien que mes deux enfants. Je vous prie de prier pour elle et de la recommander à tous nos bons parents et amis. Vous saluerez mon oncle Charles Richard aussi bien que sa femme. Vous saluerez tante Marguerite Commo et toute sa famille. Vous saluerez Jean Jacques Terriot et son frère Olivier et tous les Français neutres en général.

Je suis en pleurant votre serviteur et frère,
(Signé) Joseph LeBlanc

Conclusion

Même si de nombreuses zones d'ombres entourent toujours cette correspondance, le croisement des sources a permis d'en savoir un peu plus sur les personnages et les lieux liés à cette missive méconnue et a permis de corriger une erreur manifeste contenue dans les déclarations des Acadiens de Belle-Île en 1767.

Remerciements

Publié par le même auteur sous le titre *Lettre d'un prisonnier. Au sujet de la reconstitution de l'état civil des Acadiens de Belle-Île-en-Mer et d'une lettre méconnue de Joseph LeBlanc, prisonnier en Angleterre après le « Grand Dérangement » (1757);* Amitiés Acadiennes, 2005, numéro 112

Notes de fin

1. BRASSEAUX, Carl A. « Phantom Letters: Acadian Correspondence, 1776-1784 », Acadiensis, XXIII, 2 (printemps 1994), p. 124-132

2. MOUHOT, Jean-François. « Des 'revenantes'? À propos des 'Lettres fantômes' et de la correspondance entre exilés acadiens (1758-1785) », *Acadiensis*, XXXIV, 1 (automne 2004), p. 96-115. Un addenda — comportant la transcription d'une lettre de Jean-Baptiste Semer à son père, écrite de Louisiane en 1766 — sera également publié dans le prochain numéro d'Acadiensis. L'intégralité des lettres sera également reproduite dans les annexes de ma thèse de doctorat, *Les Acadiens réfugiés en France (1758-1785) : l'impossible réintégration?* (titre provisoire), Institut universitaire européen, Florence, Italie, en cours d'achèvement avec des commentaires qui n'ont pu être reproduits dans l'article cité ci-dessus, faute de place

3. Saint-Servan, faubourg jouxtant Saint-Malo, fut le lieu de refuge de nombreux Acadiens déportés à partir de 1758

4. Le plus fameux d'entre eux est probablement celui surnommé « Le Maigre », mort à Belle-Île, et à qui le Dictionnaire biographique du Canada a consacré une biographie (cf. <http://www.biographi.ca>)

5. Mémoire sur les Acadiens de La Rochette ou du duc de Nivernais, alors ambassadeur de France en Angleterre, Archives nationales de France (ANF), Colonies, C 11 D, vol. 8, folios 242-251, février 1763. Des copies de ce mémoire se trouvent à plusieurs autres dépôts d'archives

6. Cf. Ernest Martin, *Les Exilés Acadiens en France au XVIIIe siècle et leur établissement en Poitou*, Paris, Hachette, 1936 (rééd. en fac-similé, Brissaud, Poitiers, 1979), p. 37

ou Jean-Marie Fonteneau, *Les Acadiens citoyens de l'Atlantique*, Rennes, Éditions Ouest France, 2001 (1996), p. 190 et suivantes

7. Les déclarations des Acadiens ont été publiées dans le recueil de l'abbé H. R. Casgrain, Collection de documents inédits sur le Canada et l'Amérique, publiés par le Canada-Français, Québec, Demers, 1888-1891 (tome II p. 170-194; tome III p. 5-59 et 88-134), suivies de commentaires de Rameau de Saint-Père (tome III); pour une analyse succincte de ces généalogies, cf. Jean Tarrade « La longue errance des Acadiens après le "Grand Dérangement" (1755-1785) », *Bulletin de la Société des Antiquaires de l'Ouest*, série 5, tome 7, trimestre 1 (1993), p. 3-19

8. Commune de Locmaria, vers la pointe de Kerdonis

9. Casgrain, Collection de documents inédits, op. cit., tome III, p. 48

10. Plusieurs auteurs se sont déjà extasiés devant la remarquable circulation de l'information entre les Acadiens, ce qui leur permet de savoir précisément où se trouvent les membres de leur famille dispersée. Carl Brasseaux (art. cit.) a émis l'hypothèse que les informations étaient véhiculées par des lettres que s'échangeaient les pauvres exilés. Dans le cas de Belle-Île, il est aussi attesté que plusieurs Acadiens en provenance de Saint-Pierre et Miquelon rejoignirent leurs familles établies dans l'île du Morbihan en 1767. C'est le cas par exemple de Joseph Leblanc dit Le Maigre, évoqué plus haut, qui adresse un mémoire au ministre (Joseph LeBlanc dit Le Maigre au Secrétaire d'État de la marine, le duc de Praslin, le 26 juin 1767, AN, Colonies C 11 A vol. 105 fol. 577-579, disponible en ligne sur le portail internet <http://archivescanadafrance.org>). C'est aussi le cas de Jean Arseneau et Michel Boudrot, passés de Miquelon à Nantes, sur le navire Les Deux Amis. Ces individus apportèrent sans doute de nombreux renseignements nouveaux et « frais » aux Acadiens de Belle-Île (Michel Poirier, Les Acadiens aux îles Saint-Pierre et Miquelon, 1758-1828 : 3 déportations 30 années d'exil, Éditions d'Acadie, 1984, p. 63, note 53)

11. Rameau, dans ses commentaires (Collection de documents inédits, op. cit.), estime que les déclarations de faits antérieurs à 1713 « sont la traduction de souvenirs un peu hésitants et parfois altérés par la transmission purement orale. Lorsqu'on la compare avec les recensements, les registres de Port-Royal et d'autres documents authentiques que nous possédons sur cette époque, on trouve, dans les déclarations faites à Belle-Île, des confusions de dates, des faits dénigrés, quelques contradictions et quelques omissions qui nous avertissent de ne les accepter que sous bénéfice d'inventaire ». Toutefois, il estime qu'« il n'en est pas de même des renseignements qui sont fournis sur la dispersion des Acadiens, sur leur transport en Angleterre et aux États-Unis, sur leur captivité dans les ports anglais, aussi bien que sur la généalogie de leurs familles, depuis 1714 jusqu'à la proscription. Là, on reconnaît la déposition sûre et claire du témoignage personnel, sur des faits que le déclarant a vus par lui-même. » (p. 137, tome III). On voit, comme dans le cas de Joseph Leblanc, que ces affirmations méritent d'être nuancées! Marguerite Daligaut (Marguerite Daligaut, « Les Acadiens prisonniers en Angleterre », *Société historique acadienne* (Cahiers), 34, p. 160-2) s'est livrée à la comparaison systématique entre les registres d'enterrement d'Acadiens en Angleterre, retrouvés et publiés par Régis Brun (Régis Sygefroy Brun, « Le séjour des Acadiens en Angleterre et leurs traces dans les archives britanniques, 1756-1763 », *Société historique acadienne* (Cahiers), IV, 2 (1971) : p. 62-8) et les déclarations orales postérieures des Acadiens de Belle-Ile-en-Mer. On constate dans l'ensemble une grande similitude entre les deux listes, avec des différences à une quinzaine de jours près en général. Aucune des dates des deux listes ne correspond exactement, mais ceci s'explique probablement par le fait que le « register of burials » de Penryn indique la date des enterrements (burial = enterrement et non décès) tandis que les Acadiens dans leurs déclarations indiquent plutôt les dates

de décès. Dans l'ensemble, les dates sont relativement proches les unes des autres, mais les erreurs dans les déclarations sont manifestes dans certains cas, comme pour la déclaration de Charles Granger qui apparaît dans la liste publiée par Brun comme enterré le 12 octobre 1750, tandis que sa famille à Belle Île le déclare mort le 29 septembre (or il est peu plausible que le corps ait pu être conservé aussi longtemps). Une erreur aussi flagrante que celle de Joseph LeBlanc semble être un cas particulier. Il est à noter également que Régis Brun n'a malheureusement pas retrouvé de registres de décès pour Liverpool, ce qui aurait pu nous permettre de connaître avec exactitude la date de la mort de Marguerite Trahan, la femme de Joseph LeBlanc

12. Voir à ce sujet les analyses et exemples donnés par Annette Wieviorka (L'ère du témoin, Paris, Hachette, 2002) à propos de la déformation des souvenirs de ceux qui ont subi les camps de concentration

13. Ibid., tome III, p. 7

14. Jean Tarrade (art. cit. p. 17) s'étonne du « record de vitesse » du remariage de Joseph LeBlanc, sans s'apercevoir qu'il y a probablement erreur, comme nous venons de le montrer

15. Les Acadiens citoyens de l'Atlantique, Rennes, Éditions Ouest France, 2001 (1996), p. 490

16. Gérard-Marc Braud, De Nantes à la Louisiane, l'histoire de l'Acadie, l'odyssée d'un peuple exilé, Ouest éditions, 1994, annexe V, p. 127s

17. Malgré des recherches dans plusieurs dictionnaires (Littré, Dictionnaire de l'Académie (1762), Dictionnaire de Trévoux, Encyclopédie, ou dictionnaire raisonné des Sciences, des Arts et des Métiers (Diderot), Dictionnaire Historique de la langue française, Petit Robert, Larousse Médical et Longman Dictionnary of Contemporary English), je n'ai pas réussi à identifier ce mot. Il pourrait s'agir d'une allusion à une maladie ou à des fièvres « tropicales » (trospisque = tropiques; L'Encyclopédie possède une entrée à « fièvre tropique » du chevalier de Jaucourt. Joseph LeBlanc fait peut-être allusion à cette maladie, ou encore d'hydropisie « Enflure causée en quelque partie du corps par les eaux qui se forment et qui s'épanchent » selon le Dictionnaire de l'Académie). Il est à noter que les Acadiens souffrirent peu après la déportation d'une violente épidémie de variole, appelée à cette époque « petite vérole » ou « small-pox » en anglais. Il est probable que Marguerite Trahan soit morte de cette dernière maladie

Lettre de Jean-Baptiste Semer à son père en France

Jean-François Mouhot

Dans un précédent numéro de cette revue, étaient publiées plusieurs lettres d'Acadiens échangées peu après le Grand Dérangement[1]. J'ai eu la chance de découvrir dernièrement la copie[2] d'une lettre – à ma connaissance totalement inédite – dont l'existence était bien connue des historiens, mais qu'on pensait perdue[3]. Cette lettre fut écrite en avril 1766 par Jean-Baptiste Semer, Acadien récemment installé en Louisiane, à son père Germain Semer, réfugié au Havre en France. Étant donné son intérêt pour la connaissance des prémices de la colonisation acadienne en Louisiane, il a paru opportun d'en publier ici la transcription intégrale.

Plusieurs indices dans cette lettre montrent qu'il ne s'agit probablement pas du premier échange entre le fils et son père. En effet, Jean-Baptiste a déjà reçu une lettre de son père juste avant son départ de La Nouvelle-Orléans pour les Attakapas, en avril 1765. Il est également possible que Jean-Baptiste ait déjà fait parvenir auparavant une première lettre à son père, puisque ce dernier sait où écrire à son fils et que Jean-Baptiste donne peu de détails sur le début de son périple. Or, Germain a une connaissance assez précise des pérégrinations antérieures de son fils, puisqu'il en fait le récit au commissaire de la marine au Havre, Mistral. Ce dernier transmet au ministre plusieurs informations dans un rapport accompagnant la copie de la lettre (*écrite en vieux français*) de Jean-Baptiste :

« Un nommé Germain Semer, Acadien, qui parmi ceux qui sont résidents en ce port, est regardé comme un homme de bon sens et de tête, et dont conséquemment ils suivent les conseils, m'est venu communiquer une lettre qu'il a reçu de son fils, actuellement habitant La Nouvelle-Orléans. Ce fils est resté dans l'Acadie avec les Anglais tout le temps de la guerre, et a été du nombre de ceux qui à la paix ont passé de l'Acadie à St Domingue pour y faire un établissement au Moule [Môle] St Nicolas, où le climat ou son intempérie ne leur convenant pas et en ayant fait périr beaucoup[4] ont déterminé Mrs les gouverneurs et intendants de Saint Domingue à envoyer le restant de ces Acadiens à La Nouvelle-Orléans, peut-être même d'après les ordres de M. le duc de Choiseul. Cette lettre, dont j'ai l'honneur de vous envoyer ci-joint copie, a fait la plus forte sensation sur le nommé Germain Semer ainsi que sur quelques autres Acadiens à qui il en a fait part, et ce premier m'est venu demander la permission avec sa famille d'aller rejoindre son fils, pourvu toutefois que le Roi voulût bien faire les frais de leur passage auquel il leur est impossible de pourvoir [...]. Je leur ai fait connaître que La Nouvelle-Orléans appartenant aujourd'hui au Roi d'Espagne, je ne pouvais leur accorder la permission d'y passer même à leurs frais sans vos ordres. Si vous ne voyez, monseigneur, aucun inconvénient à cette émigration [...], il serait facile avec peu de dépense, une fois faite pour toujours de les faire rendre au Mississippi [...]. Jusque à ce que vous m'ayez honoré, Monseigneur, de vos ordres à ce sujet je ne laisserai partir aucun de ces Acadiens pour cette colonie espagnole[5] ».

Une correspondance antérieure avait donc sans doute été établie entre le père et le fils. Il est possible qu'une lettre ait été envoyée depuis Saint-Domingue, avant l'arrivée à La Nouvelle-Orléans du groupe d'Acadiens dont faisait partie Jean-Baptiste, en février 1765[6]. On peut retracer le parcours ultérieur de Germain Semer grâce aux informations publiées par G. M. Braud sur les Acadiens de Nantes[7]. Après le refus du ministre Praslin (en 1766) de laisser partir les Acadiens vers La Nouvelle-Orléans, Germain Semer et sa famille ont vécu au Havre jusqu'en 1773 ou 1774, puis sont passés à Châtellerault avec les autres Acadiens attirés par les offres du marquis de Pérusse des Cars. Comme beaucoup de ces mêmes Acadiens, la famille de Semer est ensuite passée à Nantes en 1776. Germain y exerça le métier de charpentier et résida à l'Hôpital du Sanitat. Il a été inhumé le 14 décembre 1782 à l'Hôtel-Dieu de cette ville[8]. Il n'a donc pu réaliser son rêve d'aller vivre en Louisiane et d'y retrouver son fils.

Voici maintenant le texte de la lettre envoyée par Jean-Baptiste à son père. Copie de la lettre écrite (*en vieux français*) par le nommé Jean Baptiste Semer, au nommé Germain Semer son père, ancien habitant de l'Acadie résidant au Havre en date de La Nouvelle-Orléans, le 20 avril 1766[9].

> *Mon très cher père, au moment de mon départ pour les Attakapas[10], j'ai reçu l'honneur de la vôtre[11] à La Nouvelle-Orléans où j'avais descendu avec une trentaine de nos Acadiens qui sont venus pour rendre des bateaux du Roi que l'on nous avait prêtés pour emmener nos butins et nos familles. Nous avions parti l'année dernière au mois d'avril d'ici [de La Nouvelle-Orléans] pour nous y rendre [aux Attakapas] et les maladies nous ayant accablés cet été dernier nous avions été hors d'état de les ramer [sic, probablement pour ramener] jusqu'à présent, mais on nous en a encore redonné d'autres joints à ceux que nous avons faits là haut et nous repartons avec nos vivres et munitions et autres provisions que nous avons faites. J'ai donné votre lettre à la mère sainte Madeleine hospitalière qui a eu mille bontés pour nous tous afin qu'elle ait encore celle d'y répondre, ce qu'elle fait en vous assurant, mon très cher père, que ce n'est pas faute de naturel pour vous et ma très chère mère que je n'ai pas eu l'honneur de vous dire de nos nouvelles, mais les Attakapas sont à 60 lieues d'ici et nos écrivains sont morts. Je m'oublierai moi-même plus tôt que de vous oublier tous les deux, les bontés que vous avez eues pour moi me sont présentes toujours et je ne manque pas dans mes prières de les offrir à Dieu pour votre chère conservation et vous demander aussi le retour et la continuation de votre amitié à tous deux et de me faire le plaisir de me donner de vos chères nouvelles le plus souvent possible.*

Je vous dirai donc mon très cher père que j'ai arrivé ici le mois de février 1765 avec 202 personnes acadiennes dont Joseph Brossard[12] *dit Beauplaisir [sic] et toute sa famille de ce nombre, la Greze et Catalan*[13]*, toutes venant de Halifax et ayant passé par le Cap*[14]*. Beausoleil a emmené et payé le passage pour ceux qui n'avaient pas de quoi. Après nous il est arrivé encore 105 autres dans un autre vaisseau et puis 80, 40, des 20 ou 30, dans 3 ou 4 autres. Je crois que nous sommes à peu près 5 à 600 personnes acadiennes en comptant les femmes et les enfants. Nous autres les premiers avons été envoyés 7 ou 8 hommes pour visiter les terres et emplacements afin d'y faire un bon emplacement et on nous a rapporté qu'aux Attakapas il y avait de magnifiques prairies avec les plus belles terres du monde.*

M. Aubry[15] *qui commandait par la mort de M. d'Abbadie*[16] *nous a favorisés le plus qu'il lui était possible mais il n'a pas été tout à fait le maître n'étant pas secondé par les Mrs des finances. Enfin pendant que nous étions ici on nous a donné une livre et demie de pain et de la viande aux femmes enceintes ou qui allaitaient et aux infirmes et l'hôpital du Roi, en maladie, et en partant du pain, c'est à dire de la farine équivalent pour les hommes du riz et mahy [sic probablement pour maïs] pour les femmes et enfants. Nous nous sommes rendus aux Attakapas avec des fusils poudre et plomb mais comme il était déjà le mois de mai les chaleurs étant fort grandes nous avons commencé avec trop de rigueur l'ouvrage. Il y avait six charrues qui marchaient, il fallait dompter les bœufs, aller à 15 lieues pour avoir des chevaux. Enfin nous avions fait la plus belle récolte et tous ont été pris à la fois des fièvres et personne en état de s'entraider de façon qu'il en est mort 33 ou 34 en comptant les enfants. Ceux qui se remettaient voulaient aller travailler à leur désert et ils retombaient mais nous sommes descendus au mois de février 1766 de cette année et nous voilà tous Dieu merci bien portants et espérant une très belle récolte cette année Dieu aidant ayant beaucoup défriché. Nous n'avons qu'à semer et nous avons déjà des bœufs, vaches, moutons, chevaux et la plus belle chasse du monde, des chevreuils, des dindes si gras [sic], des ours et canards et toutes sortes de gibier. On y vit au bout de son fusil. Il y a plusieurs depuis la mort de Beausoleil qui sont descendus des Attakapas, entre autres ceux de la Rivière de Saint-Jean et se sont venus établir le long du fleuve Mississippi dans la côte des Allemands où les derniers ont déjà fait un établissement.*

Il ne nous manque que les bons missionnaires comme nous avions dans l'Acadie car ici il n'y a que très peu de PP. Capucins. Ici il y en avait un goutteux qui avait monté avec nous mais il a été obligé de descendre. Voilà un gouverneur espagnol qui nous aime beaucoup qui vient d'arriver avec deux pères capucins très zélés, mais ils ne savent que l'Espagnol. On en attend d'autres. La terre rapporte ici tout ce que l'on y veut semer. Blés de France, mahy et riz, patates, giraumont[17]*, pistaches, toutes sortes de légumes, lin,* *coton. Il n'y manque que du monde pour le cultiver. On y fait de l'indigo, du sucre, des oranges, et des pêches y viennent comme les pommes en France. On nous concède 6 arpents aux gens mariés et 4 et 5 aux jeunes gens, ainsi on a l'avantage, mon cher père, d'être sur sa terre, et de dire j'ai un chez moi. Le bois y est très commun, on en fait un grand commerce, pour les constructions et pour les bâtiments des maisons au cap et autres îles. Une personne qui veut s'adonner au bien et mettre sa peine sera à son aise en peu d'années. C'est un pays immense, vous pouvez y venir hardiment avec ma chère mère et toutes les autres familles acadiennes. Ils seront toujours mieux qu'en France. Il n'y a ni droits ni taxes à payer et plus on travaille et plus on gagne sans faire tort à personne.*

Les religieuses d'ici qui sont Ursulines et qui malgré qu'elles instruisent les jeunes filles chez elles, sont encore chargées du soin de l'hôpital des troupes, ont fait bien du bien à tous nos Acadiens; les filles entrent pour y être instruites et on y fait à l'hôpital tous les jours environ une heure de catéchisme pour les garçons à qui on a fait faire à diverses fois la première communion à plus de 40 jeunes gens. Voilà mon cher père un détail des avantages que nous avons ici et dont chacun est fort content. On nous promet des missionnaires incessamment. Il y a environ une soixantaine de familles encore à 15 lieues de nous, établies aux Appellonsa[18] qui s'y trouvent fort bien.

M. le nouveau gouverneur[19] monte pour faire une tournée à tous les postes pour y faire des Églises et fortifier les forts parce qu'à la dernière paix on a cédé aux Anglais une grande partie du pays et on attend des troupes d'Espagne incessamment pour fortifier tous les endroits que la France a concédés aux Espagnols; ainsi nous avons un bon pays. M. le gouverneur est un homme de grande distinction, d'une grande piété, qui n'est pas marié, qui est un génie supérieur, entend toutes sortes de langues. On espère beaucoup de son gouvernement point intéressé qui vient du Pérou, et a donné aux pauvres communautés et aux pauvres honteux tout ce qu'il avait, ayant d'appointements dans cet endroit trente mille piastres par an. Il a été obligé d'emprunter à la Havane en venant ici. C'est un homme d'un mérite rare à tous égards. Le papier me manquant je ne puis que vous assurer du profond et soumis respect avec lequel je suis mon très cher père et mère votre très humble, etc...

(Signé) Jean-Baptiste Semer

Remerciements

Ce texte fut publié par le même auteur sous le titre « Une ultime revenante? Lettre de Jean-Baptiste Semer, de La Nouvelle-Orléans, à son père, au Havre, 20 avril 1766 », dans *Acadiensis,* vol. XXXIV, no 2, printemps 2005

Notes de fin

1. Jean-François Mouhot, « Des «revenantes»? À propos des «Lettres fantômes» et de la correspondance entre exilés acadiens (1758-1785) », *Acadiensis*, XXXIV, 1 (automne 2004)

2. La lettre fut copiée en 1766 par les services de la marine pour que le ministre de la Marine, Praslin, puisse en prendre connaissance. C'est cette copie – et non l'original qui a probablement été détruit –, que j'ai eu le bonheur de retrouver. Il est difficile d'évaluer les modifications éventuelles apportées à l'original par le copiste. Cependant, la précision des faits rapportés dans la lettre (et leur concordance avec ce que les historiens ont pu reconstituer de l'installation acadienne en Louisiane) incite à penser que seules des retouches stylistiques ou grammaticales ont été faites au texte, même si l'on ne peut exclure que certains éléments, peut-être trop critiques à l'égard des conditions de vie en France (par exemple, le passage concernant les « droits [et] taxes à payer »), aient été édulcorés sur ordre de Mistral, commissaire de la marine au Havre. Il convient aussi de rappeler que l'original de la lettre ne fut pas écrit directement par Semer – lequel ne sait visiblement pas écrire –, mais par « la mère sainte Madeleine hospitalière »

3. L'existence de cette lettre était jusqu'à présent uniquement connue par une allusion du ministre Praslin à Mistral, le 13 septembre 1766, Archives nationales de France (ANF), Colonies, série B, vol. 125, f. 450). Praslin résumait en quelques mots les propos de Jean-Baptiste Semer et interdisait aux Acadiens d'émigrer en Louisiane. On trouve une transcription de la missive de Praslin dans Carl A. Brasseaux, « Phantom Letters: Acadian Correspondence, 1776-1784 », Acadiensis, XXIII, 2 (printemps 1994), p. 124-132. Ernest Martin renvoyait à cette lettre après avoir écrit : « Dès 1766, un Acadien de Louisiane ayant écrit à ses parents rapatriés au Havre combien il s'y trouvait heureux, tous les réfugiés du port avaient demandé à être transportés dans ce pays de Cocagne », *Les Exilés acadiens en France au XVIIIe siècle et leur établissement en Poitou*, Paris, Hachette, 1936, p. 87. Brasseaux mentionne également cette lettre dans son livre *The Founding of New Acadia: The Beginnings of Acadian Life in Louisiana, 1765-1803*, Louisiana State University Press, 1987, p. 60. Dans le même livre (p. 73 et suivantes), l'historien raconte l'arrivée en Louisiane du groupe d'Acadiens – emmené par Joseph Brossard – dont faisait partie Semer; les informations qu'il donne corroborent celles qu'on retrouve dans cette lettre. Brasseaux fait encore allusion de manière générale à la correspondance envoyée de Louisiane vers la France (en citant toujours la lettre de Praslin de septembre 1766) dans « A New Acadia : Acadian Migration to South Louisiana, 1764-1803 », Acadiensis, XV, 1 (1985), p. 129. Dans ce même article, parlant des « letters from Attakapas Acadians [sent] to relatives in France », Brasseaux affirme : « none of these letters has survived », (p. 129)

4. Plusieurs mémoires contemporains corroborent ces propos. Ainsi, un « Précis des maux qui affligent le commerce de Saint-Domingue », écrit du Cap [Français] (voir ci-dessous note 14) par un auteur anonyme le 2 avril 1765, constate : « L'établissement du Moule [Môle] Saint-Nicolas pour les émigrants Acadiens [est] regard[é] ici impraticable par le peu de salubrité de l'air (ces familles y ayant presque toutes succombées) » (Archives départementales de Gironde, C 4328). Concernant le passage des Acadiens à Saint-Domingue, voir notamment Gabriel Debien, *The Acadians in Santo-Domingo : 1764-1789*, dans Glenn R. Conrad, *The Cajuns : Essays on Their History and Culture*, La Fayette, University of Southern Louisiana, 1978, p. 21-96. Ce dernier article contient de très nombreux documents traduits en anglais

5. Mistral à Praslin, au Havre, le 12 août 1766, ANF, fonds de la Marine, série B3, vol. 568, f 317. Jusqu'à présent, nous ne connaissions que la réponse (négative) de Praslin à cette demande. Sur l'arrivée des premiers Acadiens en Louisiane, voir les ouvrages et articles de Brasseaux précédemment cités

6. BRASSEAUX, Carl A. *A New Acadia*, p. 125

7. BRAUD, Gérard Marc. *Les Acadiens en France, Nantes et Paimbœuf, 1775-1785 : approche généalogique*, Ouest Édition, 1999, p. 233

8. Selon G. M. Braud, Germain Semer est né vers 1720 à Petcoudiac (village approximativement situé à l'emplacement actuel de la ville de Moncton, N.-B.) et a épousé Marie Trahan, née vers 1725 à Rivière-aux-Canards (Acadie) et morte le 25 octobre 1776 à Nantes, à l'Hôpital du Sanitat. G. M. Braud précise qu'ils eurent plusieurs enfants, mais curieusement ne parle pas de Jean-Baptiste. Voici la liste des enfants Semer indiqués par Braud : Madeleine, née vers 1748; Marie-Claire, mariée à Jérôme-Dominique Doulle; Marie-Françoise, née vers 1762, Le Havre-de-Grâce, paroisse Notre-Dame (Seine-Maritime), et mariée à Joseph Boudreau le 30 mai 1785, Chantenay, St-Martin; Grégoire-Dominique, né vers 1768. « Grégoire et Marie-Françoise sont annoncés comme partant sur l'*Amitié* (no 10), mais Marie-Françoise se marie 3 mois avant le départ du navire et ne donnera pas suite à son projet. Quant à son frère, est-il parti seul? Nous ne le savons pas », précise G. M. Braud. Dans les listes publiées par Guy Bugeon et Monique Hivert-Le Faucheux (*Les Acadiens partis de France en 1785 pour la Louisiane : listes d'embarquement*, Poitiers-Rennes [manuscrit], 1988), on trouve plusieurs Semer embarqués sur l'*Amitié :* notamment (no 10) : « Semer, Grégoire (Cordier, 16 ans) et sa sœur Françoise, 24 ans », p. 37

9. Joint à la lettre de Mistral du 12 août 1766. ANF, fonds de la Marine, série B3, vol. 568, fo 319ss. [Orthographe et ponctuation partiellement modernisées]

10. La côte des Atakapas (ou Attakapas) est un district de la Louisiane à l'ouest de La Nouvelle-Orléans, sur le bayou Teche. Les principaux établissements acadiens sont : Pont Breaux, Lafayette, Broussard, Saint-Martinville, New Iberia et Abbeville

11. J'ai reçu l'honneur de votre lettre…

12. Sur ce personnage, voir le *Dictionnaire biographique du Canada* (http://www.biographi.ca/fr/)

13. Personnages non identifiés

14. Le Cap-Haïtien, dans le nord de l'actuel État d'Haïti (anciennement Cap-Français à Saint-Domingue)

15. Charles Philippe Aubry, dernier gouverneur français de la colonie

16. Jean-Jacques d'Abbadie, gouverneur de Louisiane de 1763 à 1765

17. « Giraumont ou Giraumon : espèce de courge d'Amérique, dite aussi courge de Saint-Jean, citrouille iroquoise », *Dictionnaire de l'Académie*, 1762

18. Opelousa County en Louisiane ou « Côte des Opeloussas » plus en amont sur le bayou Teche

19. Antonio de Ulloa, premier gouverneur espagnol de la colonie (1766-1768). La visite d'Ulloa aux Acadiens des Attakapas est évoquée dans Brasseaux, *A New Acadia*, p. 126. La bonne entente entre les Acadiens et le gouverneur sera de courte durée; des conflits naquirent rapidement à cause de la volonté d'Ulloa de disperser les Acadiens pour sécuriser le territoire louisianais, ce qui conduira à la révolte du 29 octobre 1768, *ibid.*, p. 128

Deux familles de la Nouvelle-Écosse à la recherche de leur passé commun

Dean Jobb

En 2013, par une chaude journée d'été ensoleillée, un groupe d'environ trente personnes se sont rassemblées dans le champ d'un agriculteur à l'extrémité est de la pittoresque vallée d'Annapolis, en Nouvelle-Écosse, à la recherche de leur passé. Ce n'était pas une rencontre de famille ordinaire, et c'était davantage qu'une occasion d'échanger des informations généalogiques. Ils y sont venus pour aider une équipe d'archéologues à découvrir l'histoire de leur famille.

Des Thibodeau et des Thibodeaux venus d'aussi loin que la Louisiane, le Texas, la Californie et l'Arkansas, et de régions plus proches comme le Maine et le Nouveau-Brunswick ont participé aux fouilles archéologiques sur le site du village Thibodeau, une communauté fondée par leurs ancêtres, il y a plus de trois siècles, près de la ville actuelle de Windsor. C'était une occasion rare pour les membres d'une famille acadienne de se rapprocher de leur passé tragique.

« C'est toute une expérience de se tenir debout sur la terre ancestrale de laquelle vos ancêtres ont été expulsés », déclare Don Thibodeaux, comptable à la retraite de Baton Rouge en Louisiane. M. Thibodeaux a déjà fait plusieurs pèlerinages sur cette ferme et il n'a pas hésité à se mettre à genoux pour gratter la terre de ses mains à la recherche d'artéfacts. « C'est émouvant et cela suscite beaucoup d'émotions », ajoute-t-il.

L'archéologue Sara Beanlands croit que ce bâtiment qui était érigé sur le site de l'excavation de l'été 2013 était la maison des Thibodeau, mais aussi celle de ses ancêtres originaires de la Nouvelle-Angleterre, les Shaw.

Photo©Sara Beanlands

Les restes du village Thibodeau sont enterrés sous les champs vallonnés qui donnent sur la rivière Sainte-Croix, dans la communauté de Poplar Grove, à une demi-heure de route du lieu historique national de Grand-Pré et des monuments commémorant la Déportation de 1755. Depuis sept générations, cette terre appartient à la famille Shaw — David et Allen — frères et descendants de *Planters* de la Nouvelle-Angleterre qui sont arrivés du Rhode Island en 1760. Ils exploitent actuellement des fermes sur la propriété. Toutefois, avant que les Acadiens aient été forcés à l'exil, cette terre appartenait à la famille Thibodeau. Pierre Thibodeau, un membre d'une des familles pionnières de l'Acadie, s'y était établi en 1690. C'est étonnant que pendant plus de 300 ans, il n'y ait eu que deux familles qui se soient installées sur ces terres fertiles : une famille acadienne et l'autre canadienne; une d'origine française et l'autre, anglaise.

Par ailleurs, ce sont deux personnes représentant les parties opposées de l'histoire acadienne — un Thibodeau et une Shaw — qui ont rassemblé ces familles.

Photo©Dean Jobb

Dans les années 1980, Dick Thibodeau (à gauche), originaire du Maine, a découvert le village de son ancêtre acadien, Alexis Thibodeau, datant de la période antérieure à la déportation. À ses côtés, l'archéologue adjointe Sara Beanlands durant une entrevue télévisée lors d'une fouille.

Dick Thibodeau de Kennebunk, dans le Maine, a découvert le village Thibodeau au milieu des années 1980 après avoir consacré de nombreux étés en quête du lieu. Équipé d'une carte rudimentaire de la région dessinée dans l'année qui a suivi la Déportation, il a longé la rivière et au tournant d'une courbe, il est tombé sur un site marqué « Vil. Tibodeau ». Il s'agissait des fermes Shaw, là où la découverte occasionnelle de pièces de monnaie française et la présence de monuments locaux *French Orchard Hill* et *Old French Road* avaient depuis longtemps révélé un passé acadien dans la région. Quelques années se sont écoulées avant que Sara Beanlands, alors adolescente, apprenne la visite de Dick Thibodeau, et cette découverte alluma sa passion pour l'Histoire. Ils se sont associés, ont rassemblé des preuves des emplacements possibles des propriétés familiales sur le site et ont présenté leurs résultats lors du Congrès mondial acadien de 2004, en Nouvelle-Écosse. Plus de cent descendants de la famille Thibodeau qui participaient au congrès ont été invités à visiter la ferme de David Shaw, cimentant ainsi le lien entre les deux familles.

L'archéologue Sara Beanlands, organisatrice de la fouille sur la ferme qui unit les Thibodeaux à sa famille, les Shaw, tient un fragment d'une assiette qui date des années 1770 et qui a probablement été utilisée par ses ancêtres, des Planters de la Nouvelle-Angleterre

Photo©Dean Jobb

Sara Beanlands, qui est aujourd'hui une archéologue professionnelle, a invité les Thibodeau, en juillet 2013, à effectuer des fouilles archéologiques sur une colline qui — elle en est convaincue — était autrefois le site d'une ferme acadienne. Dans la famille, il est dit qu'une maison se trouvait à cet endroit lorsque les Shaw sont arrivés en 1760 — une maison Thibodeau qui aurait échappé à la destruction lors de la Déportation. Les nouveaux arrivants y ont emménagé et l'ont agrandie au cours des années qui ont suivi. Le bâtiment, qui sera plus tard utilisé comme une grange, a maintenant disparu, mais il tenait encore debout au moment où Dick Thibodeau a découvert le site.

« Quand on réfléchit à la longue histoire qui lie les familles Thibodeau et Shaw, c'est tout à fait probable qu'à un certain moment, ils aient vécu sous le même toit », souligne Beanlands. La fouille a permis de découvrir des tessons de porcelaine et d'autres objets datant de la période des *Planters*. À la lumière de leurs découvertes, les Thibodeau et les archéologues décidèrent d'investiguer davantage. Ils trouvèrent alors des morceaux d'argile durcie mélangée à de l'herbe, un des matériaux utilisés par les Acadiens pour isoler les murs de leurs maisons. Cela constituait une preuve solide que Beanlands avait vu juste : le site avait autrefois abrité successivement les deux familles.

« Sans Sara, rien de tout ceci ne serait arrivé », déclare Dick Thibodeau, alors qu'il contemple ces vestiges du passé, penché au-dessus des tranchées rectangulaires et maniant des truelles pour gratter soigneusement la terre recouvrant les derniers siècles. « J'ai peut-être été le premier à repérer l'emplacement du village, dit-il, mais c'est tout de même Sara qui a pris les choses en main et poursuivi le travail. »

Thérèse Thibodeau (à droite), de Kennebunk (Maine) et femme du découvreur Dick Thibodeau, montre des fragments de porcelaine qu'elle a découverts durant une fouille archéologique au Village Thibodeau en juillet 2013

Photo©Dean Jobb

Alors que certains Thibodeau qui participaient à la fouille n'avaient aucun lien direct avec le site, Dick Thibodeau a pour sa part un ancêtre, Alexis, qui a vécu sur cette terre. Alexis était de ceux qui furent déportés en Pennsylvanie où de nombreux exilés sont morts de maladie ou de famine. La branche de sa famille a émigré au Québec avant de s'installer dans le Maine. « Voilà, nous sommes de retour ensemble sur la terre de nos ancêtres », a-t-il dit.

Gisèle (Thibodeaux) Lavoilette et Sœur Yvonne Thibodeau, toutes deux du Nouveau-Brunswick, ont travaillé leur section de tranchée à côté d'Irving et de Doris Thibodeaux de Morse, en Louisiane. « Dès que nous nous voyons les uns les autres, on a l'impression d'être en famille ». C'est ainsi que Mme Lavoilette explique le lien instantané qui s'est établi entre les Thibodeau dispersés à travers l'Amérique du Nord. « C'est quelque chose de spécial! », ajoute-t-elle.

Photo©Dean Jobb

Yvonne Thibodeau (à gauche) et Gisèle Lavoilette, toutes deux du Nouveau-Brunswick, tamisent la terre qu'elles ont recueillie afin de s'assurer de ne pas laisser de côté de petits artéfacts.

Photo©Dean Jobb

Yvonne Thibodeau (à gauche) et Gisèle Lavoilette travaillent dans leur portion de tranchée aux côtés d'Irving et de Doris Thibodeaux originaires de Morse, en Louisiane.

Tous les artéfacts – à partir des boutons et des clous rouillés jusqu'au grand morceau d'un chaudron de fer cassé – trouvés sur le site et sur une colline avoisinante là où se trouvait autrefois une autre maison acadienne, fournissent des éléments nouveaux sur la façon dont les Acadiens vivaient. Certains des fragments d'objets de leur vie quotidienne sont destinés à une vitrine du *Avon River Heritage Museum* [Musée du patrimoine d'Avon River] situé tout près.

Dick Thibodeau a remis sur la carte un village acadien perdu et il a construit une communauté virtuelle de descendants pour répandre la bonne nouvelle à propos du site. Sara Beanlands a déterré les preuves d'un passé que partagent deux familles. Sa tante et son oncle, David et Joanne Shaw, ont accueilli de nombreux Thibodeau sur leur ferme. De plus, Don Thibodeaux, Gisèle Lavoilette et d'autres descendants de la famille Thibodeau ont un lien tangible avec une histoire familiale marquée par la tragédie, mais inspirée par l'espoir, la résilience et la survie.

« C'est très gratifiant de rentrer à la maison », a déclaré Don Thibodeaux.

Photo©Dean Jobb

Sara Beanlands, entourée des descendants de la famille Thibodeau, durant une pause lors de la fouille. « Sans Sara, rien de ceci ne serait arrivé », affirme Dick Thibodeau. « Elle est une personne vraiment unique. »

Photo©Dick Thibodeau

Sara Beanlands, au centre, a emmené les descendants de la famille Thibodeau visiter la ferme de sa famille, près de Windsor, en Nouvelle-Écosse, lors du Congrès mondial acadien.

V

HISTORIQUES DES RÉGIONS ACADIENNES

Les Acadiens du Nouveau-Brunswick

Maurice Basque et Marc Robichaud

La province du Nouveau-Brunswick a été créée en 1784, à la suite de l'arrivée sur le territoire de milliers de loyalistes qui fuyaient la Révolution américaine. Le territoire de la nouvelle province faisait antérieurement partie de la Nouvelle-Écosse, mais les nouveaux arrivants loyalistes ont souhaité une province à eux et ont plaidé pour l'obtenir, comme une récompense — en quelque sorte — de leur loyauté envers la Couronne britannique. Le territoire de la nouvelle province n'était cependant pas sans histoire. En effet, depuis des millénaires, au moins trois grands groupes amérindiens l'habitaient et l'habitent toujours. Ce sont les Mi'kmaq[1], les Malécites-Wolastoqiyik et les Passamaquoddy. Ces groupes autochtones allaient accueillir les premiers pionniers français, en 1604, au poste de traite de l'île Sainte-Croix. Ce fut le début de l'aventure acadienne.

Alors que l'histoire de la colonie acadienne au 17e siècle se déroule essentiellement en Nouvelle-Écosse péninsulaire dans des villages comme Port-Royal, Grand-Pré et Beaubassin, il y a tout de même une petite présence française sur le territoire néo-brunswickois. Des postes de traite de fourrure sont établis à l'embouchure du fleuve Saint-Jean, dans la région de la Miramichi, à l'île de Miscou à l'embouchure de la rivière Népisiguit, et les autorités militaires françaises verront à la construction de petits forts sur les bords du fleuve Saint-Jean, notamment à Jemseg. Des familles acadiennes s'installent aussi dans la région dite des trois rivières, soit la Memramcook, la Petitcodiac et la Chipoudie. D'ailleurs, un petit établissement acadien verra le jour à Chipoudie, vers la fin du 17e siècle et au début du 18e siècle.

Le Traité d'Utrecht de 1713 transformera notablement la donne géopolitique de la région qui deviendra le Canada atlantique. En effet, la France cédera à la Grande-Bretagne la Nouvelle-Écosse péninsulaire — l'Acadie —, Terre-Neuve et l'immense territoire de la baie d'Hudson. La France conservera l'Île Royale (le Cap-Breton actuel), où s'élèvera bientôt l'imposante ville-forteresse de Louisbourg, ainsi que l'Île Saint-Jean (aujourd'hui l'Île-du-Prince-Édouard). Pour sa part, le territoire néo-brunswickois sera revendiqué à la fois par Paris et Londres, alors qu'en réalité il demeurera surtout dans la mouvance française jusqu'à la guerre de Sept Ans. En effet, de nouveaux petits établissements acadiens vont apparaître dans la région des trois rivières, comme à Memramcook et sur les rives de la Petitcodiac (aujourd'hui, notamment Dieppe et Moncton), et un important village acadien verra le jour à Sainte-Anne-des-Pays-Bas (aujourd'hui Fredericton).

La rivière Mésagouèche, qui sert aujourd'hui de frontière entre la Nouvelle-Écosse et le Nouveau-Brunswick, balisait alors la frontière entre ce que les historiens appellent l'Acadie anglaise et l'Acadie française. En 1751, la construction par des militaires français des Forts Beauséjour et Gaspareau provoquera la migration de familles acadiennes qui abandonneront le territoire néo-écossais pour s'établir à l'abri des murs du Fort Beauséjour. L'un des grands artisans de cette évacuation, l'abbé français Jean-Louis LeLoutre, avait souhaité reconstruire une nouvelle Acadie française en collaboration étroite avec les autorités militaires de Louisbourg et de Québec, avec l'appui de la Cour de Versailles et des alliés mi'kmaq. Il importe de préciser que de connivence avec les militaires français et les Mi'kmaq, l'abbé LeLoutre avait poussé à la destruction du village acadien de Beaubassin, en 1750, obligeant des centaines de familles acadiennes à se réfugier du côté français de la rivière Mésagouèche, sous la protection du lointain roi Louis XV de France dit le « bien-aimé ».

Mais la belle promesse d'une protection militaire française ne tiendra plus en 1755, lorsqu'une expédition militaire britannique en provenance du Massachusetts capturera le Fort Beauséjour. Quelque temps plus tard, le 25 juillet 1755, le Conseil de la Nouvelle-Écosse ordonne la déportation des Acadiens en commençant justement par ceux de l'isthme de Chignectou. Plusieurs familles acadiennes établies sur le territoire néo-brunswickois seront capturées par des troupes britanniques ou des miliciens de la Nouvelle-Angleterre et seront déportées vers les treize colonies britanniques de la façade atlantique des futurs États-Unis d'Amérique. Des milliers d'autres Acadiens et Acadiennes se réfugieront dans la grande région de la Miramichi, au camp dit d'Espérance. D'autres passeront dans les régions de Shippagan, Miscou et Caraquet, alors que des familles pousseront jusque dans la vallée du Saint-Laurent où elles deviendront plus tard les pionnières de la présence acadienne au Québec.

Le Grand Dérangement laissera des marques profondes sur le territoire et dans la mémoire collective acadienne, tant par la destruction de Sainte-Anne-des-Pays-Bas en 1759 que par les combats que livrent les résistants acadiens contre les Britanniques sur les rives de la Petitcodiac. Enfin, en 1760, les Français appuyés par des miliciens acadiens et mi'kmaq livreront un dernier combat qu'ils perdront aux mains des Britanniques : la bataille de la Ristigouche. Le glas a sonné. Après la chute de Québec et de Montréal, le Traité de Paris de 1763 viendra confirmer que la Grande-Bretagne est maîtresse du Canada, y compris l'Acadie, la France ne conservant que le minuscule archipel de Saint-Pierre et Miquelon.

Si l'Acadie coloniale a vécu pour ensuite disparaître de la carte du monde, il en va autrement pour les familles acadiennes qui feront preuve d'une résilience hors du commun et reconstruiront une nouvelle Acadie, surtout après 1764, dans trois grandes régions — le sud-est, le nord-est et le nord-ouest du Nouveau-Brunswick — alors qu'elles obtiennent des autorités britanniques la permission de s'installer aux Maritimes. Malgré l'arrivée de nouveaux pionniers anglophones, comme les *Planters* et les loyalistes, les Acadiens sont quelques milliers au début du 19e siècle. Leurs principaux villages s'appellent Memramcook, Bouctouche, Néguac, Tracadie, Shippagan, Caraquet, Népisiguit et Saint-Basile. Même si la province a été créée pour les loyalistes, en 1784 les Acadiens commencent timidement à y prendre leur place. En 1810, la province promulgue une loi qui permet aux catholiques de voter aux élections de l'Assemblée législative, mais il faudra attendre en 1846 pour qu'un fermier prospère de la vallée de Memramcook, Amand Landry, soit le premier Acadien élu au parlement provincial.

La première moitié du 19e siècle acadien au Nouveau-Brunswick est marqué par de durs labeurs afin de reconstituer leurs modes de vie. Si avant 1755, la très grande majorité des Acadiens étaient des fermiers relativement prospères, ce ne sera plus le cas après, les meilleures terres ayant été accaparées par les *Planters* et les loyalistes, notamment le long du fleuve Saint-Jean. Le Madawaska et la vallée de Memramcook se tirent mieux d'affaire. Ce n'est donc pas par hasard que ces régions produiront les premiers députés acadiens et seront témoins de l'ouverture des premiers collèges et couvents, comme le Séminaire Saint-Thomas de Memramcook en 1854, le Madawaska Female Academy à Saint-Basile en 1857 et le Collège Saint-Joseph de Memramcook en 1864.

Dans les petits villages côtiers du nord-est, surtout dans la Péninsule acadienne, les familles acadiennes triment dur; elles combinent la pêche, l'agriculture et le travail dans les chantiers forestiers pour arriver à joindre les deux bouts. Une partie importante d'entre elles sont d'ailleurs endettées auprès des grandes sociétés de pêche anglo-normandes (les Jersiais) qui dominent l'économie locale de plusieurs communautés des rives du Saint-Laurent, situation qui perdurera jusqu'au début du 20e siècle. Déjà dans cette première partie du 19e siècle, on peut constater l'existence d'une société acadienne à deux vitesses, l'une qui semble être mieux positionnée pour intégrer les nouvelles structures économiques de la province (Madawaska et le sud-est), l'autre qui subit de plein fouet un capitalisme que plusieurs pourraient déjà qualifier de sauvage (Péninsule acadienne).

Deux grandes constantes perdurent au sein de cette société : la grande influence du clergé catholique essentiellement venue de France et du Québec et la pérennité de la langue française. En effet, les Acadiens conserveront leur langue, malgré l'arrivée de plus en plus massive de nouveaux voisins venus des îles britanniques, notamment ces milliers d'Irlandais catholiques fuyant la désastreuse famine de la pomme de terre qui frappe cruellement leur île natale dans les années 1840. Parmi les nouveaux arrivants irlandais, de nombreux prêtres catholiques accapareront les postes de direction dans les structures ecclésiastiques du Nouveau-Brunswick, au grand dam des prêtres canadiens-français et de la première génération de prêtres acadiens. Ces derniers, comme l'abbé Antoine Gagnon du Québec ou encore le jeune abbé Marcel-François Richard de Saint-Louis-de-Kent, commencent à réclamer haut et fort que les diocèses catholiques à majorité acadienne de la province soient dirigés par un évêque acadien ou, du moins, francophone. Leurs doléances demeureront longtemps sans réponse, car le premier évêque acadien du Nouveau-Brunswick ne sera nommé qu'en 1912 au diocèse de Saint-Jean, en la personne de l'abbé Édouard-Alfred LeBlanc, un curé acadien de la Baie Sainte-Marie en Nouvelle-Écosse.

La deuxième moitié du 19e siècle sera témoin d'un important renouveau dans la société acadienne des Maritimes, renouveau que plusieurs historiens ont appelé la « Renaissance acadienne ». En effet, à partir des années 1860, une petite élite acadienne, composée de membres du clergé, de marchands, d'instituteurs, d'avocats, de médecins et de politiciens, exigera avec de plus en plus de force que les Acadiens soient considérés comme des membres à part entière de la société du Nouveau-Brunswick, comme le sont leurs voisins anglophones, catholiques ou protestants.

En 1864, l'ouverture du Collège Saint-Joseph de Memramcook, dirigé par des prêtres de la communauté de Sainte-Croix venus du Québec, contribuera grandement à cet éveil. En 1867, la création du premier journal acadien *Le Moniteur acadien* de Shédiac ne sera pas étrangère à cette renaissance et entraînera quelques années plus tard la fondation d'autres journaux acadiens, comme *Le Courrier des provinces maritimes* de Bathurst en 1885, l'arrivée de *L'Évangéline* à Moncton en 1905 et la création de l'hebdomadaire *Le Madawaska* à Edmundston en 1913.

En 1867, le grand débat sur la naissance de la Confédération canadienne permettra à plusieurs membres de l'élite acadienne de faire leurs armes en politique fédérale avec l'élection, en 1867, du premier député de langue française du Nouveau-Brunswick, Auguste Renaud. Pour sa part, l'un des meneurs les plus importants de la Renaissance acadienne, l'écrivain Pascal Poirier, deviendra, en 1885, le premier sénateur acadien alors que Pierre-Amand Landry, premier avocat acadien du Nouveau-Brunswick en 1871, deviendra le premier juge acadien de cette province en 1890.

Cette Renaissance n'est pas qu'une série de nouveaux acquis et de victoires pour l'élite acadienne. Cette période est également le témoin de revers importants comme la loi sur les écoles publiques non confessionnelles de 1871 votée par le gouvernement du Nouveau-Brunswick, dont les remous se feront sentir jusqu'au parlement fédéral, entraînant en partie la malheureuse « affaire Louis Mailloux » de 1875. Connue sous le nom de *Common Schools Act* [Loi des écoles publiques]. cette mesure a un impact important et parfois dramatique sur l'évolution des institutions d'enseignement catholiques de la province, certaines devant fermer leurs portes, faute de financement public. Ce sera le cas de l'Académie de Madawaska de Saint-Basile qui ferme ses portes en 1873.

L'une des stratégies élaborées par les meneurs catholiques de la province pour contrer cette loi consiste à se tourner vers des communautés religieuses féminines, bien établies au Québec, et les convaincre de s'installer au Nouveau-Brunswick. On souhaite qu'elles prennent en main les institutions existantes ou qu'elles en fondent de nouvelles, comme ce sera le cas à Bathurst, Bouctouche, Caraquet, Memramcook, Saint-Basile, Saint-Louis-de-Kent et Tracadie. En 1876, le village de Saint-Louis-de-Kent, sous l'égide de l'abbé Marcel-François Richard, prendra l'initiative d'ouvrir un collège pour garçons; celui de Néguac qui tentera de faire de même dans les années 1880 ne connaîtra cependant pas le même succès. Par ailleurs, quelques notables acadiens profiteront de certaines dispositions de la loi scolaire pour faire construire de nouvelles écoles financées par les deniers publics, comme ce sera le cas de l'école supérieure de Petit-Rocher érigée en 1888.

La loi de 1871 agira comme un catalyseur qui propulsera de nombreux dirigeants acadiens sur la scène provinciale; ils revendiqueront une plus grande place pour la langue française et pour les Acadiens en général. La teneur de ces revendications sera notamment répétée et entendue lors de la série des grandes conventions nationales acadiennes, dont la première aura lieu à Memramcook en 1881. Les symboles nationaux adoptés lors de ces conventions (le 15 août, fête de l'Assomption comme fête nationale; Notre-Dame de l'Assomption comme patronne; le tricolore étoilé comme drapeau; l'*Ave Maris Stella* comme hymne national) seront des manifestations concrètes de ce désir d'affirmer l'identité distincte d'un peuple de langue française dans un nouveau pays, le Canada, par rapport au groupe francophone le plus important, les Canadiens-français. De nouvelles infrastructures acadiennes verront le jour : des écoles, des couvents, des journaux, des associations comme la Société mutuelle l'Assomption fondée en 1903. La société acadienne, du moins ses élites, possède maintenant de plus en plus d'espace où elle peut discuter, débattre et échanger sur les questions importantes de l'heure.

La Première Guerre mondiale secouera la société acadienne comme l'ensemble de la société canadienne. De nombreux Acadiens y participeront, des Acadiennes serviront également comme infirmières militaires. Les journaux de cette époque, notamment *L'Évangéline*, débordent d'articles qui décrivent les nombreuses activités organisées dans les villages acadiens pour soutenir les soldats et l'effort de guerre en général. En quelque sorte, le premier grand conflit mondial fait entrer la société acadienne dans une modernité où apparaîtront bientôt de nouveaux moyens de transport et de communication, comme l'automobile et la radio. Cette révolution technologique ne sera pas que positive; elle entraînera le départ d'une importante masse critique d'Acadiens et d'Acadiennes vers les États-Unis, les provinces du Canada central et de l'Ouest, à la recherche d'emplois disparus dans les Maritimes en raison de changements profonds dans l'économie régionale. Sur le plan linguistique, ces départs vers les *États*, comme on disait à l'époque, ou encore la migration vers des centres urbains à majorité anglophone comme Moncton, Saint-Jean ou Fredericton, vont fragiliser les fondations francophones de la société acadienne. Petit à petit, des Acadiens glisseront du côté de la langue anglaise. Ce combat contre le fléau de l'assimilation n'est certainement pas terminé en 2014.

Bibliographie

BASQUE, Maurice, BARRIEAU, Nicole et CÔTÉ, Stéphanie. *L'Acadie de l'Atlantique*, en collaboration avec Raymond Cyr et Emmanuel Doucet, Centre d'études acadiennes, publié en collaboration avec la Société nationale de l'Acadie et le Centre international de recherche et de documentation de la francophonie — Année francophone internationale, coll. Francophonies, 1999.

Notes de fin

1. Les Autochtones autrefois appelés Micmacs épellent maintenant leur nom ainsi : Mi'kmaw (au singulier) et Mi'kmaq (au pluriel). L'Union of Nova Scotia Indians [Union des Indiens de la Nouvelle-Écosse] et le Mi'kmaq Grand Council [Grand conseil de la Nation mi'kmaw] ont adopté cette graphie; ils demandent que tout le monde en fasse autant. Ces nouvelles épellations reflètent plus fidèlement la langue mi'kmaw

LES ACADIENS DE L'ÎLE-DU-PRINCE-ÉDOUARD

Georges Arsenault

À première vue, un visiteur à l'Île-du-Prince-Édouard ne peut pas imaginer que le quart de la population de l'île est d'origine acadienne ou française. Les insulaires eux-mêmes, y compris les Acadiens, en sont rarement conscients. Au fil des ans, les nombreux mariages mixtes, le déclin de la langue française et l'anglicisation des noms de famille ont caché une part importante du patrimoine acadien. Ainsi, des noms tels que Poirier, Daigle, Maillet, Bourque, Pitre et Aucoin se sont transformés en Perry, Deagle, Myers, Burke, Peters et Wedge.

Les Acadiens sont les descendants de colons français venus s'installer en Acadie dans les années 1600. À cette époque, cette colonie française s'étendait le long des provinces maritimes du Canada, la côte orientale du Maine et englobait aussi une partie de la péninsule gaspésienne. À leur arrivée, les colons, qui provenaient majoritairement de l'ouest de la France, se sont principalement installés le long de la baie de Fundy. Après avoir endigué et drainé les marais, ils ont cultivé les terres et élevé du bétail. Très rapidement, les Acadiens ont réussi à atteindre un certain degré de prospérité, malgré le climat politique instable qui régnait au sein de leur colonie. En effet, situé entre la Nouvelle-Angleterre et la Nouvelle-France, près de zones de pêche parmi les plus riches au monde, l'Acadie constitue un territoire stratégique pour la Grande-Bretagne comme pour la France. À la suite des nombreuses batailles que se sont livrées les deux superpuissances, les Acadiens ont vécu en alternance sous domination française et britannique.

En 1713, par le traité d'Utrecht, la France cède ses colonies d'Acadie et de Terre-Neuve à la Grande-Bretagne. Pour compenser ses pertes et protéger son importante industrie de la morue, le gouvernement français décide de développer l'île du Cap-Breton — rebaptisée Île Royale — et l'Île-du-Prince-Édouard, qui s'appelait alors l'Île Saint-Jean.

La colonisation de l'Île Saint-Jean a été confiée à l'entrepreneur normand, le comte de Saint-Pierre, fondateur de la Compagnie de l'Île Saint-Jean. Au printemps de 1720, cette société envoie quelque 200 colons et pêcheurs français sur l'Île Saint-Jean. À cette époque, Port-la-Joye (situé près de la ville actuelle de Charlottetown) et ses fortifications faisaient office de capitale administrative de l'île. Mais la plupart des colons se sont installés sur la côte nord de l'île pour y pêcher la morue, où Havre-Saint-Pierre (actuellement St. Peters Harbour) a été fondé et nommé en l'honneur du comte de Saint-Pierre. Tout au long de la période française, Havre-Saint-Pierre est l'établissement le plus populeux de l'île.

En 1720, les premières familles acadiennes arrivent sur l'île, en même temps que les colons français. À cette époque, les autorités françaises encourageaient les Acadiens, vivant sous la domination britannique en Nouvelle-Écosse depuis 1713, à déménager en territoire français.

L'une des premières familles acadiennes à s'établir sur l'Île Saint-Jean est celle de Michel Haché (dit Gallant) et Anne Cormier. Aujourd'hui, tous les Haché et les Gallant d'Amérique du Nord peuvent se considérer comme leurs descendants. Ils se sont installés à Port-la-Joye où Michel était capitaine de port. Aujourd'hui, le nom de famille Gallant est l'un des plus communs sur l'île. Un autre nom acadien très populaire est Arsenault. Les premiers membres de cette grande famille sont venus s'installer sur l'île en 1728 et se sont établis sur les bords de la baie de Malpèque.

La colonie de l'Île Saint-Jean n'a jamais vraiment prospéré. En 1724, à la suite de problèmes financiers, la Compagnie de l'Île Saint-Jean décide de se délocaliser, provoquant ainsi le départ de nombreux colons. Par ailleurs, les Acadiens de la Nouvelle-Écosse sont très réticents à l'idée d'abandonner leurs riches terres agricoles pour recommencer à neuf sur l'île. Ainsi, en 1735, quinze ans après sa fondation, la colonie insulaire compte une population de 432 personnes, dont 162 sont Acadiens. Les familles acadiennes continuent cependant de migrer vers l'île et, bientôt, dépassent en nombre les colons nés français, lesquels s'orientent principalement vers la pêche.

En 1749, un changement radical dans la politique britannique à l'égard de la Nouvelle-Écosse provoque une importante vague d'immigration acadienne vers l'Île Saint-Jean. En effet, des colons protestants fidèles à la Couronne britannique sont venus s'installer en Nouvelle-Écosse, de nouvelles fortifications ont été construites comme la citadelle de Halifax et on a enjoint aux Acadiens de prêter un serment d'allégeance inconditionnelle au monarque anglais sous peine d'être expulsés de leurs terres. Ainsi, à Beaubassin, Pigiguit, Grand-Pré et Port-Royal, de nombreux Acadiens, craignant pour leur sécurité, ont déménagé sur l'île. En cinq ans, la population de la colonie bondit de 735 à 2223 habitants. Elle augmentera également de façon significative au début de la Déportation des Acadiens de la Nouvelle-Écosse, en 1755. On estime que la population de l'île d'origine française s'élevait à 4250 en 1758.

Les années s'étalant de 1749 à 1758 sont terribles pour les réfugiés et les anciens habitants de l'île : les récoltes sont détruites par diverses catastrophes naturelles, le bétail succombe aux maladies, le fourrage manque et les graines sont difficiles à obtenir. La colonie est au bord de la famine. Une lettre écrite en 1753 par le curé de la paroisse de Pointe-Prime, l'abbé Jacques Girard, illustre bien les conditions dans lesquelles vivent de nombreuses personnes : « Nos réfugiés ne perdent pas courage et ils espèrent qu'en travaillant, ils pourront vivre; mais la nudité qui est presque universelle et extrême les affecte énormément. Je vous assure qu'ils ne peuvent se protéger du froid, ni durant le jour ou la nuit. La plupart des enfants manquent tellement de vêtements qu'ils ne peuvent pas se couvrir [...]. Tous ne sont pas réduits à cette extrémité, mais la plupart sont dans un grand besoin ».

L'espoir de la communauté acadienne de vivre paisiblement sur l'Île Saint-Jean est bref. À l'été de 1758, la Forteresse de Louisbourg sur l'Île Royale est attaquée par les troupes britanniques. Les Français capitulent et perdent aussi l'Île Saint-Jean. Les soldats britanniques envoyés sur l'île ont pour ordre de déporter les habitants vers la France. Au cours de l'automne, quelque 3000 insulaires sont regroupés et entassés sur des navires à destination de l'Europe. Plus de la moitié sont morts noyés ou décimés par des maladies au cours du voyage. Beaucoup d'autres sont morts dans les mois suivant leur arrivée en France. On estime que 1100 habitants de l'île ont réussi à échapper à cette déportation en se réfugiant dans la région de la baie des Chaleurs et à Québec où beaucoup sont morts de maladie et de faim. Seules quelques familles ont réussi à rester sur l'île.

Évidemment, certaines familles acadiennes sont revenues sur l'île. En fait, elles ont commencé à revenir quelques années après l'expulsion, beaucoup d'hommes ayant été recrutés comme pêcheurs par des entrepreneurs britanniques, alors que d'autres y sont venus pour rejoindre des membres de leur famille. Ils sont arrivés du Nouveau-Brunswick, des Îles de la Madeleine, des îles françaises de Saint-Pierre et Miquelon et quelques-uns de France. En 1798, 116 familles acadiennes vivent sur l'île où elles sont réparties en trois communautés claniques : à Malpèque dans le comté de Prince, à Rustico dans le comté de Queens et à la baie de Fortune dans le comté de Kings.

Au cours des cinquante années qui suivent la Déportation, les Acadiens cherchent à reconstruire leur patrie et à réunir leurs membres dispersés à travers le monde. Ceux qui sont revenus s'établir sur ce que les Britanniques appellent maintenant Island of St. John subissent encore d'innombrables difficultés, cette fois causées par le régime foncier. Afin de rester sur l'île, les Acadiens comme d'autres colons sont contraints de devenir locataires de grands propriétaires britanniques. Les relations sont tendues entre les Acadiens et leur propriétaire, car ils sont souvent incapables de payer leur loyer et, dans certains cas, ils sont victimes de pratiques malhonnêtes. Dans de telles circonstances, ils sont forcés de migrer à nouveau à quelques reprises. La population acadienne est donc divisée en petits groupes disséminés sur l'île et sur la terre ferme. Ces mouvements de migration affaiblissent la concentration démographique et géographique de la communauté acadienne qui, peu à peu, est entourée de personnes d'une autre culture et d'une autre langue.

Cependant, jusqu'au milieu du 19e siècle, les Acadiens de l'île réussissent à se couper des influences culturelles extérieures, même s'ils sont dispersés en petites communautés de fermiers et de pêcheurs relativement isolées les unes des autres. Ils sont restés très attachés aux croyances de l'Église catholique, à leur langue, à leur costume et à leurs traditions comme la Chandeleur, la Mi-Carême, le Mardi Gras et d'autres célébrations, dont certaines sont toujours présentes de nos jours.

Dans les années 1860, d'importants changements commencent à voir le jour dans la communauté acadienne de l'île. C'est une période de renouveau acadien qui s'exprime dans l'ensemble des provinces maritimes. Un certain nombre d'institutions sont créées pour favoriser le développement de la communauté acadienne. À Rustico, le père Georges-Antoine Belcourt et ses paroissiens fondent la Banque des fermiers de Rustico, précurseurs du mouvement des Caisses populaires et des Credit Unions en Amérique du Nord. Parallèlement, des écoles de couvents sont fondées dans quelques paroisses acadiennes de l'île. Au cours de cette période, les jeunes hommes acadiens commencent à se tourner vers le monde de la politique, des affaires et des professions libérales.

Mais afin de s'intégrer dans cette société dominée par la culture anglophone, les Acadiens doivent apprendre à maîtriser la langue de Shakespeare. Dans les années 1860 et 1870, le gouvernement de l'Île modifie certaines lois pour forcer les écoles acadiennes à angliciser leur programme d'enseignement.

De toute évidence, l'isolement culturel de la communauté s'est rapidement érodé. Les dirigeants acadiens se sont vite rendu compte que cette intégration rapide dans la société anglo-saxonne se faisait au détriment de la langue française et de la culture acadienne, un péril également ressenti dans les autres provinces maritimes. En conséquence, un mouvement de nationalisme acadien est né. D'importants congrès sont organisés pour trouver des moyens de préserver et de stimuler l'identité acadienne. C'est lors d'un tel congrès, à Miscouche, en 1884, que le drapeau et l'hymne national acadiens sont choisis.

Parmi les nombreuses initiatives de la communauté insulaire, relevons la publication en 1893 du premier journal de langue française de l'Île, l'*Impartial*. Cette même année, l'Association des instituteurs et institutrices acadiens est créée pour promouvoir l'enseignement du français dans le système scolaire public. Lors de son congrès annuel de 1919, la Société Saint-Thomas-d'Aquin est mise en place pour promouvoir le développement de la communauté acadienne, notamment en veillant à la formation de dirigeants acadiens par la promotion de l'enseignement supérieur. Aujourd'hui, il existe de nombreuses organisations sur l'île qui ont pour mandat de promouvoir et de développer la langue française et la culture acadienne, mais la Société Saint-Thomas-d'Aquin est reconnue comme étant le principal porte-parole de la communauté acadienne de l'île. Cette organisation a joué un rôle déterminant dans la mise en place de nombreux projets et la création d'institutions qui ont favorisé le dynamisme et la visibilité de la communauté acadienne insulaire.

Il existe de nombreux exemples de la dynamique présence acadienne sur l'Île-du-Prince-Édouard : l'hebdomadaire *La Voix acadienne* publié à Summerside, les centres scolaires et communautaires de langue française, le Collège Acadie Île-du-Prince-Édouard, le Musée acadien situé à Miscouche, le Festival acadien de la région Évangéline, ou encore les nombreux musiciens et chanteurs, comme Angèle Arsenault de Baie-Egmont et Lennie Gallant de Rustico.

Bien qu'il fut difficile pour les Acadiens de l'île de préserver leur langue et leur culture, ils ont gagné un certain nombre de batailles importantes au cours des dernières décennies. En 1979, par exemple, il n'y avait qu'une seule école de langue française sur l'île, située au cœur de la région Évangéline. Aujourd'hui, il y en a six, disséminées d'un bout à l'autre de la province, grâce auxquelles les enfants peuvent recevoir un enseignement en français. Les forces de l'assimilation ne disparaîtront jamais, mais les lois fédérales et provinciales ont permis de mieux protéger la langue française. Selon le recensement fédéral de 2011, 3,8 % des insulaires (2465) ont le français comme seule langue maternelle. Par contre, 12 % des Prince-Édouardiens, soit 17 000, déclarent avoir une certaine connaissance de la langue française.

En 2020, l'Île-du-Prince-Édouard, la plus petite province du Canada, célébrera le tricentenaire de la présence acadienne et française sur ses terres. Après 300 ans de survie, contre vents et marées, ces Acadiens et Acadiennes ont toutes les raisons d'être fiers de leurs réalisations et d'être confiants en leur avenir.

Photo©Georges Arsenault

L'Exposition agricole et le Festival acadien de la région Évangéline. Cet événement annuel constitue le plus grand rassemblement acadien de la province. Le volet de l'exposition agricole date de 1903, alors que la partie relative au Festival acadien a été inaugurée en 1971. La messe dite sur l'eau attire toujours une foule nombreuse.

Photo©Fonds Reg Porter, Centre de recherche acadien de l'Î.P.É

La famille Buote

Gilbert Buote (à gauche) et son fils François Joseph (au milieu) ont fondé l'Impartial en 1893, le premier journal en langue française de l'Île-du-Prince-Édouard. Publié à Tignish, cet hebdomadaire a disparu en 1915.

Photo©Collection Musée acadien de l'Île-du-Prince-Édouard

Congrès en 1898

Les participants au 6e congrès de l'Association des instituteurs acadiens de l'Île-du-Prince-Édouard à Miscouche, en 1898. Cette association a été créée en 1893 afin « d'encourager l'enseignement de la langue française dans les écoles de l'Île ». Elle a tenu des congrès annuels jusqu'en 1972.

Photo©Collection [illegible]

Famille d'Ignace et de Domithilde Gallant

Cette grande famille originaire de Rustico est photographiée vers 1890. Les parents, Ignace Gallant (1816-1899) et Domithilde Buote (1819-1895) se sont mariés en 1840. Leur fils Isidore, assis à côté de sa mère, a été le premier médecin acadien de l'Île-du-Prince-Édouard.

Photo©Collection Sylvia Arsenault

Aubin-Edmond Arsenault

Natif d'Abram-Village, l'avocat Aubin-Edmond Arsenault (1870-1968) est devenu le premier ministre de l'Île-du-Prince-Édouard en 1917. Il est le premier Acadien à devenir premier ministre d'une province canadienne. De 1921 à 1946, il a été juge à la Cour suprême de l'Île.

Photo©Georges Arsenault

L'église Notre-Dame-du-Mont-Carmel

Construite en 1898, l'église paroissiale de Mont-Carmel dessert l'une des paroisses les plus francophones de l'Île-du-Prince-Édouard. Ses paroissiens se nomment principalement Arsenault, Aucoin, Bernard, Gallant, Poirier et Richard.

Les Acadiens de la Nouvelle-Écosse, de 1764 à aujourd'hui

Marie-Claude Rioux

En 1755, avant le début de la Déportation, on estime que la population acadienne résidant sur le territoire actuel de la Nouvelle-Écosse s'élevait à plus de 15 000 habitants. En 1763, il ne restait que quelque 1500 Acadiens dans la province, pour la plupart des réfugiés ou des prisonniers qui furent libérés. Dès 1764, les déportés obtiennent la permission de revenir sur l'ancien territoire de l'Acadie. Ce retour ne se fera pas sans heurts. Les terres autrefois occupées par ces premiers bâtisseurs sont prises par les *Planters*, des immigrants anglophones en provenance des colonies américaines. Les Acadiens en sont donc réduits à s'établir sur des terres peu fertiles, isolées les unes des autres, et à se tourner vers la mer pour leur subsistance. Aujourd'hui, 35 000 Acadiens de la Nouvelle-Écosse ont le français comme langue maternelle parmi les quelque 100 000 habitants d'origine acadienne de la province.

Les communautés rurales acadiennes

Par-en-Bas (municipalité d'Argyle)

C'est en 1653 que Charles de la Tour, alors gouverneur de l'Acadie, accorde des terres à Philippe Mius d'Entremont lui octroyant par la même occasion le titre de baron. Ainsi naît la baronnie de Pobomcoup qui deviendra Pubnico. Les Acadiens de la région n'échappent pas à la Déportation. Cependant, contrairement aux autres Acadiens qui voient leurs terres confisquées, les familles des déportés reviennent dès 1767 dans la région qu'ils occupaient avant la déportation, mais du côté ouest du havre. Le village de Pubnico devient ainsi le plus ancien village toujours occupé par les descendants de son fondateur. Le Village historique acadien de la Nouvelle-Écosse, le Musée acadien et le Centre de recherche en généalogie ont été établis pour les personnes qui souhaitent retracer leur origine acadienne.

La région de Par-en-Bas se distingue par un réseau complexe de détroits, d'anses et d'îles, qui donnent à chacun de ses villages une personnalité qui lui est propre. Que vous soyez pêcheur sportif, généalogiste, historien ou artisan, cette région saura vous ravir. Dans les villages voisins de Pubnico, on trouve le Musée de la pêche au thon de Wedgeport, la spectaculaire église en bois de Sainte-Anne-du-Ruisseau et, à Tusket, le plus ancien palais de justice au Canada.

Baie Sainte-Marie (municipalité de Clare)

En 1768, le gouvernement de la Nouvelle-Écosse accorde les premières concessions aux Acadiens et ceux-ci s'installent entre les villages de Saint-Bernard et Pointe-de-l'Église. Au milieu des années 1770, une trentaine de familles sont déjà établies. Les villages de Petit-Ruisseau et de Meteghan [mot mi'kmaw qui signifie pierre bleue] seront fondés par la deuxième génération d'Acadiens et, en 1850, la région s'étendra jusqu'à Rivière-aux-Saumons.

Avec un littoral qui s'étend sur une distance de près de 40 kilomètres où nichent une quinzaine de villages de Saint-Bernard à Rivière-aux-Saumons, la région de Baie Sainte-Marie est encore aujourd'hui la plus grande région acadienne de la Nouvelle-Écosse en matière de superficie; 8800 Acadiens y vivent. Aujourd'hui, le port de Meteghan possède le quai le plus important et il n'est pas rare de voir jusqu'à 100 bateaux amarrés. Par ailleurs, la plus grande entreprise de pêche au Canada détenue par la même famille, Comeau's Sea Foods, a son siège social à Saulnierville. C'est à Pointe-de-l'Église que se situent le campus principal et le siège social de l'Université Sainte-Anne, la seule université francophone en Nouvelle-Écosse. L'église Sainte-Marie est l'édifice en bois le plus élevé en Amérique du Nord. Le très polyvalent Musée acadien, *Le Rendez-vous de la Baie*, se trouve également à Pointe-de-l'Église.

Outre ces édifices du patrimoine acadien, vous découvrirez de nombreuses galeries d'art en parcourant la région au son de la radio communautaire CIFA qui diffuse dans tout le sud-ouest de la province. Pendant les mois d'été, de nombreux festivals sont fréquentés par la population, notamment *Musique de la Baie,* le *Festival de la parole* et le *Festival acadien de Clare* fondé en 1955; c'est le plus ancien festival acadien au monde.

Chéticamp (Cap-Breton)

Poste de pêche occupé par les Jersiais depuis la fin des années 1760, Chéticamp fut fondé dès 1785 par ses premiers habitants. En 1790, quatorze Acadiens obtiennent une première concession de 7000 arpents. Dès 1915, des Acadiens de Chéticamp développent l'un des plus puissants mouvements coopératifs en Nouvelle-Écosse.

Village pittoresque bordé par le Parc national des Hautes-Terres-du-Cap-Breton et le golfe Saint-Laurent, la beauté des paysages de la région de Chéticamp n'est pas surfaite. La région promet de séduire les amateurs de chasse, de pêche et de randonnées pédestres. Les villages acadiens portent des noms évocateurs comme Petit-Étang, Grand-Étang, Terre-Noire, Saint-Joseph-du-Moine, Collet-à-l'Orignal ou Anse-du-bois-marié. Le centre culturel les Trois Pignons abrite la radio communautaire CKJM, le musée du tapis hooké et le centre de généalogie. Chéticamp offre aussi des événements culturels uniques, notamment le Festival de l'Escaouette, l'atmosphère carnavalesque de la Mi-Carême et de nombreuses pièces de théâtre.

Isle Madame (Cap-Breton)

En saison estivale, l'Isle Madame est fréquentée depuis très longtemps par des Français, des Basques et des Anglais attirés par le poisson et le gibier qui abondent dans la région. En 1767, la France demande aux Acadiens victimes de la Déportation et réfugiés sur l'archipel de Saint-Pierre et Miquelon de quitter les lieux. Certains feront alors le voyage jusqu'en France, alors que d'autres choisissent de retourner s'établir en Acadie, le gouvernement de Halifax leur offrant des terres dans la région de l'Isle Madame.

Située au sud-ouest du Cap-Breton, l'Isle Madame est en fait composée d'une série d'îles et d'îlots reliés par de nombreux ponts. Ses villages se nomment Petit-de-Grat, Arichat, Martinique, Anse-Samson, Boudreauville, Cap-La-Ronde, D'Escousse, Petite-Anse et Poirierville. L'Isle Madame est un endroit tout désigné pour les longues balades à vélo, la cueillette de coquillages, l'observation d'oiseaux de mer sur le sentier écologique de Cap-Auguet ou les promenades sur les plages. Le centre communautaire et culturel La Picasse héberge un café, une boutique d'art et d'artisanat et une bibliothèque régionale. Les festivals acadiens de l'Ardoise et de Petit-de-Grat offrent de nombreuses activités estivales.

Pomquet

Ce village fut fondé en 1774 par cinq familles acadiennes réfugiées en France et venues de Saint-Malo : les Broussard, Doiron, Duon, Lamarre et Vincent. Entre 1789 et 1792, d'autres familles acadiennes se joignent aux familles fondatrices : les Boudreau, Landry, Melanson et Rosia. Pomquet se distingue par son parc provincial naturel composé de la plage la plus chaude en Acadie de la Nouvelle-Écosse, et d'une série de treize dunes d'une longueur de quatre kilomètres. Il est possible d'y observer de nombreuses espèces d'oiseaux, y compris des espèces rares comme le pluvier siffleur, ainsi que des visons et même des ours noirs. Parmi les attraits régionaux figurent la Maison historique Chez Deslauriers, le centre d'interprétation écologique et l'église Sainte-Croix bâtie en 1861.

Les villes qui comptent une présence acadienne

Halifax

Fondée en 1749, Halifax est la capitale de la province et la plus grande ville des provinces atlantiques. Elle compte plus de 10 000 Acadiens et d'autres communautés francophones comme des Québécois, des Européens et une importante population libanaise. Halifax, qui héberge la plus importante base navale canadienne, est le deuxième plus grand port naturel libre de glace au monde, ce qui en fait également un point stratégique pour le commerce international. La ville comprend de nombreux sites d'importance historique. À titre d'exemple, l'Assemblée législative de la Nouvelle-Écosse, premier siège d'un gouvernement démocratiquement élu au Canada dès 1758, le musée Pier 21 sur l'immigration qui souligne la contribution historique de la ville comme porte d'entrée des nouveaux arrivants au Canada, ainsi que le Musée maritime de l'Atlantique.

En banlieue, à Dartmouth, le Conseil communautaire du Grand-Havre offre des programmes, des services et des activités à la communauté francophone de la région. La *Maison acadienne* héberge plusieurs organismes provinciaux dont la Fédération acadienne de la Nouvelle-Écosse, le Conseil jeunesse provincial, la Fédération culturelle acadienne de la Nouvelle-Écosse, la Fédération des femmes acadiennes de la Nouvelle-Écosse, la Fédération des parents acadiens de la Nouvelle-Écosse et le Regroupement des aînées et aînés de la Nouvelle-Écosse.

À 30 minutes de Halifax, on trouve les villages acadiens de Grand Desert et de Chezzetcook Ouest, lieu d'un musée acadien.

Sydney

Fondée en 1785 par le colonel Joseph Frederick Wallet DesBarres, un huguenot d'origine suisse, Sydney était la capitale de la colonie britannique du Cap-Breton, entre 1784 et 1820. Durant la Deuxième Guerre mondiale, Sydney est un port très important. Son charbon et son acier contribuent fortement à l'effort de guerre allié. North Sydney accueille chaque année de nombreux bateaux de croisière et il est le port d'attache d'un traversier faisant la navette entre la Nouvelle-Écosse et la province de Terre-Neuve. Le Centre scolaire communautaire Étoile de l'Acadie agit comme lieu de rassemblement des francophones dans cette deuxième agglomération d'importance en Nouvelle-Écosse.

Enfin, située à 50 km de la ville, la Forteresse de Louisbourg est un lieu historique national du Canada. Cette forteresse française du 18e siècle, prise par les Anglais en 1758, a été reconstituée et présente des maisons habitées et des animations culturelles pendant la saison estivale.

Autres villes

La ville de Bridgewater (autrefois Cap de la Hève) a été la première région à être identifiée et répertoriée par Samuel de Champlain en 1604. Truro (anciennement Cobequit) était à l'origine une petite communauté agricole acadienne et deviendra un centre ferroviaire important, dès le milieu du 17e siècle. À Annapolis Royal (autrefois Port-Royal), on peut visiter l'Habitation de Port-Royal, lieu historique national du Canada, une reconstitution de la première colonie française en Amérique du Nord. Près de Wolfville, on trouve Grand-Pré, lieu historique national du Canada, qui permet aux visiteurs d'en apprendre davantage sur l'histoire de la Déportation des Acadiens, de se recueillir dans l'église commémorative et d'admirer des sculptures de bronze, dont la statue d'Évangéline. Ce lieu de mémoire pour les Acadiens a été reconnu en 2012 par l'UNESCO comme site patrimonial mondial.

Remerciements

Rédigé avec la collaboration de la Fédération acadienne de la Nouvelle-Écosse.

Les migrations des Acadiens au Québec, de 1755 à aujourd'hui

André-Carl Vachon

Quelques légendes épiques présentent les Acadiens marchant des distances de plus de 500 km pour se réfugier au Québec, dans les années subséquentes aux déportations. Est-ce réaliste ou fantastique? Combien d'Acadiens se sont-ils réfugiés au Québec? Sont-ils arrivés seulement au cours de la décennie qui a suivi les déportations? Ce texte a pour but de présenter les diverses arrivées d'Acadiens au Québec, à partir de 1755 jusqu'au vingtième siècle. Je vous propose donc de revoir l'histoire de l'arrivée des Acadiens en trois temps : les réfugiés de 1755 à 1763, les Acadiens déportés émigrant dans la *Province of Quebec* de 1766 à 1775[1], la mouvance des Acadiens au 19e siècle et au 20e siècle. Il est important de noter que cet article ne traite que des vagues d'arrivées des Acadiens. Il est impossible de comptabiliser les arrivées individuelles ou celles de petites cellules familiales.

Les réfugiés acadiens de 1755 à 1763

Dès l'automne 1755, soit quelques mois après le début des déportations (1755, 1756, 1758, 1759 et 1762), les premiers réfugiés arrivent au port de Québec en provenance de l'Île Saint-Jean (Île-du-Prince-Édouard). Sont-ils tous Acadiens? Non, en fait, il n'y a qu'une seule Acadienne, Catherine Doiron, épouse de François Turcot, un Français d'Anjou, ainsi que sa nièce, Marguerite Nogues, l'épouse de Jean Nogues, la fille de Magdeleine Doiron (Acadienne). Les autres réfugiés sont originaires de France et de Suisse. En avril 1756, ce premier groupe de réfugiés s'établit dans la première petite Cadie, au sud de Saint-Charles-de-Bellechasse, à l'endroit de la future municipalité de Saint-Gervais.

Dans une lettre du marquis Pierre de Rigaud de Vaudreuil de Cavagnial, gouverneur général de la Nouvelle-France, datée du 6 août 1756, on y apprend que le seul endroit où les Acadiens peuvent se réfugier est le camp d'Espérance à Miramichi (au Nouveau-Brunswick actuel). Dans une autre lettre datée de la même journée, on apprend qu'exceptionnellement et pour soulager la population victime de la famine, on a déplacé quelques familles acadiennes à Québec. Dans une autre lettre datée du 7 août, on découvre que le gouverneur Vaudreuil a donné l'ordre d'envoyer à Québec les Acadiens incapables de prendre soin d'eux. C'est donc sous l'autorisation du gouverneur que les Acadiens ont pu se réfugier au Québec.

Trois groupes d'Acadiens arrivent au port de Québec, en 1756, les 22 juin, 27 août et 18 octobre. Ils proviennent tous de l'Île Saint-Jean. Chaque groupe est composé d'environ 200 Acadiens. Le père Jean-Baptiste de La Brosse, missionnaire en Acadie, accompagne le dernier groupe. Le 26 octobre, quelques familles du clan Lejeune sont redirigées vers l'Île d'Orléans.

En 1757, ce sont six convois d'Acadiens qui trouvent refuge dans le port de Québec le 13 juin (120 Acadiens de Miramichi), vers le 10 juillet (quelque 200 de Sainte-Anne-des-Pays-Bas, via Miramichi), vers le 18 août (environ 160 de Sainte-Anne-des-Pays-Bas, via Miramichi, dont le père spiritain François Le Guerne), le 16 octobre (150 vraisemblablement en provenance de Miramichi, avec Charles Deschamps de Boishébert, officier militaire), vers le 20 octobre (125 de l'Île Saint-Jean) et le 8 novembre (137 ou 150 de l'Île Saint-Jean). De plus, quelques Acadiens remontent la rivière Saint-Jean (au Nouveau-Brunswick actuel) en canot jusqu'au lac Témiscouata et marchent sur le chemin du portage, pour reprendre le canot sur la rivière qui les mène jusqu'à Trois-Pistoles (ou Rivière-du-Loup), pour s'installer dans la région et jusqu'à Montmagny. Ce fut le cas de la famille de Jean-Baptiste Raymond (à Kamouraska), rescapée du *Pembroke*, le seul bateau à avoir échappé à la Déportation.

Les pauvres Acadiens réfugiés manquent de tout : nourriture, vêtements, commodités. Ils sont partis avec le strict minimum. Ils seront également victimes de la petite vérole, communément appelée picote. Du 1er novembre 1757 au 1er mars 1758, on compte 335 sépultures d'Acadiens, uniquement à Notre-Dame-de-Québec. Entre 1756 et 1759, ce sont 488 Acadiens qui trouvent la mort à Québec[1]. Ils meurent de malnutrition, d'épuisement, de froid ou de la petite vérole. Cette maladie, les Acadiens l'ont attrapée soit des passagers (militaires ou marins français) du *Léopard* (1756), soit des militaires britanniques en provenance de Halifax où sévissait une épidémie en 1757.

Le 30 mai 1758, on apprend dans le journal du marquis de Montcalm que les Abénaquis ont trouvé et ramené neuf Acadiens déportés au Massachusetts. Au printemps 1759, un groupe d'une dizaine de familles acadiennes de la rivière Saint-Jean se réfugie dans les alentours de Kamouraska, ce qui totalise maintenant quelque 200 Acadiens, dont 25 familles réfugiées qui s'installent entre Trois-Pistoles et Montmagny. Puis, le 30 mai 1759, on peut lire dans le même journal que trois Acadiens et un Français ont réussi à se sauver de Boston pour se réfugier à Montréal, au bout de 25 jours de marche. Ce sont ces derniers qui confirment la rumeur du plan d'invasion du Canada par les Britanniques. Le 5 juillet 1759, 21 Acadiennes se réfugient au port de Québec.

En 1759, les Acadiens réfugiés au Québec se mettent à se déplacer et beaucoup d'entre eux quittent le port de Québec pour deux raisons. La première, les Acadiens se réfugient dans les régions de Trois-Rivières et de Montréal, notamment à L'Assomption, respectant ainsi les ordres d'évacuation du gouvernement[2] de Québec émis par le gouverneur Vaudreuil, le 1er avril 1759. C'est ainsi qu'ils fondent la deuxième et la troisième petites Cadies : Saint-Jacques-de-la-Nouvelle-Acadie (Saint-Jacques) et Sainte-Marguerite (Saint-Grégoire-de-Nicolet). L'autre raison de la mouvance des Acadiens tient au fait qu'environ 200 d'entre eux ont reçu l'autorisation du général Monckton, en novembre 1759, de retourner à Sainte-Anne-des-Pays-Bas, en Acadie française (Fredericton, au

Nouveau-Brunswick actuel). Malheureusement, ils sont emprisonnés par les autorités britanniques dès leur arrivée.

Après la Déportation de l'Île Saint-Jean (Île-du-Prince-Édouard), en 1758, plusieurs résidants de Malpèque qui ont été épargnés fuient et se réfugient notamment à Petite-Rochelle (Pointe-à-la-Croix, Québec actuel) et à Miramichi. Le 24 octobre 1760, après la bataille de Ristigouche et la chute de Petite-Rochelle, on dénombre 170 familles acadiennes, soit 1003 personnes. La majorité d'entre elles se rendent aux Britanniques le 29 octobre. Cependant, environ 100 Acadiens fuient et se réfugient en un lieu qui deviendra la quatrième petite Cadie : Bonaventure. Par la suite, certains d'entre eux s'installent à Tracadièche (aujourd'hui Carleton).

L'année suivante, dix-sept Acadiens déportés à Boston s'établissent aux Îles de la Madeleine. En effet, en 1761, le colonel Richard Gridley est devenu propriétaire de l'archipel, « en récompense de services rendus[3] » à la Couronne britannique lors de la guerre de Sept Ans. Il y transporte vingt-deux engagés, dont dix-sept Acadiens. Ces premiers habitants ont dû s'acclimater à une dure réalité, celle d'être isolés pendant les cinq mois d'hiver où les îles sont prises dans les glaces. Ils vont établir les bases de l'économie locale en exploitant les ressources marines, c'est-à-dire le morse. En effet, la graisse fondue de la bête est transformée en une huile très utile à l'époque, car elle sert de combustible pour alimenter les lampes et les lanternes. En 1763, les Britanniques et les Français font la paix. Ces derniers cèdent les Îles de la Madeleine. Les Îles passent dorénavant sous l'autorité de Terre-Neuve. Le 3 août 1765, les engagés de Gridley doivent prêter serment d'allégeance au roi George III. En échange, ils demandent à Gridley de faire venir un prêtre aux Îles. Les engagés doivent attendre neuf ans avant qu'arrive le prêtre Leroux.

En 1764, une famille acadienne, réfugiée au Québec depuis quelques années, s'installe et met en place les bases de la cinquième petite Cadie à Petite-Rivière-de-Montréal, à l'endroit de la future municipalité de L'Acadie (annexée à Saint-Jean-sur-Richelieu).

Pour faire un résumé de cette première période d'arrivées des Acadiens entre 1755 et 1763, ce sont environ 1850 Acadiens qui trouvent refuge au Québec. Entre 1756 et 1759, 488 Acadiens meurent à Québec, dont 335 de la petite vérole et de la famine au cours de l'hiver 1757-1758; 200 d'entre eux retournent sur leur terre d'origine en 1759. À la fin de cette période, la colonie compte environ 1162 Acadiens.

La mouvance des Acadiens au 19e et au 20e siècle

Le tout premier déplacement se situe à la fin du 18e siècle, plus précisément en 1793. C'est pour fuir la Révolution française que ce deuxième groupe constitué d'environ 250 Acadiens, en provenance des îles Saint-Pierre et Miquelon, vient s'établir aux Îles de la Madeleine, accompagné de l'abbé Jean-Baptiste Allain.

Ensuite, c'est la recherche de nouvelles terres qui poussent les Acadiens du Québec dans une certaine mouvance. En effet, les terres se faisant rares dans les vieilles seigneuries de la Nouvelle-France, plusieurs Acadiens de la région de Bécancour s'installent dans les Cantons-de-l'Est, pourtant réservés aux anglophones, et fondent à partir de 1808 plusieurs municipalités, notamment Saint-Louis-de-Blandford, Princeville, Victoriaville et Plessisville. Durant la même période, des Acadiens de la Beauce et de Bellechasse émigrent dans la grande région de Sherbrooke.

Entre 1830 et 1930, toujours en raison du manque de terres et désireux d'améliorer leur situation économique, un million de Canadiens-français et d'Acadiens du Québec émigrent aux États-Unis pour travailler dans les industries du textile. Les Acadiens des provinces maritimes ne sont pas compris dans ce nombre.

Dans le but d'affirmer leurs droits, plusieurs Acadiens, notamment ceux qui sont installés dans la région du Richelieu, participent activement à la révolte des Patriotes en 1837 et en 1838.

Quelques années plus tard, et une première pour les Acadiens du Québec, un des leurs est nommé évêque. Jean-Charles Prince est nommé évêque de Martyropolis en 1844. Puis, il est nommé premier évêque du diocèse de Saint-Hyacinthe en 1852. Il est le frère du fondateur de Princeville, Pierre Prince[1].

En 1847 et en 1848, une disette pousse les Acadiens des Îles de la Madeleine à se trouver une nouvelle terre d'accueil. Un certain nombre d'entre eux s'installe à la baie Saint-Georges (Terre-Neuve).

L'année suivante, l'abbé acadien Nicolas-Tolentin Hébert recrute des familles dans les comtés de Kamouraska et de L'Islet afin de coloniser le Lac-Saint-Jean. C'est ainsi que naît la municipalité d'Hébertville.

En 1853, le gouvernement vote une loi qui met fin au monopole de la Compagnie de la Baie d'Hudson sur le territoire de la Côte-Nord, ce qui permet le peuplement de la région. Cette loi offre la possibilité à d'autres entreprises d'installer des comptoirs de pêche dans la Minganie, comme la Compagnie de la Robin, de LeBoutillier et de Fruing et Collas. Dès lors, au printemps, les engagés des compagnies s'installent sur le territoire de la Côte-Nord et retournent dans leur village d'origine, vers le 20 août. Certains s'y installent de façon permanente. C'est ce qui marque la prochaine décennie. En effet, de 1854 à 1865, plusieurs Acadiens émigrent sur la Côte-Nord du Québec (120 familles) et sur l'île d'Anticosti. Ces derniers viennent de Terre-Neuve, des Îles de la Madeleine, de la Nouvelle-Écosse et même du Nouveau-Brunswick. Ensemble, ils fondent de nouvelles petites Cadies, notamment Natashquan et Pointe-aux-Esquimaux (Havre-Saint-Pierre). D'autres se rendent dans la région de l'Outaouais pour travailler dans l'industrie forestière.

En 1860, sous l'influence de l'abbé Georges-Antoine Belcourt, douze Acadiens de Rustico (Île-du-Prince-Édouard) répondent à l'offre d'obtenir une terre et s'installent dans la vallée de la Matapédia. C'est ainsi qu'une nouvelle petite Cadie voit le jour en 1870, sous le nom de Saint-Alexis-de-Matapédia. Deux ans plus tard, un Acadien, Dominique Chiasson, fonde Sept-Îles sur la Côte-Nord.

En 1875, afin de contrer l'exode des Québécois et des Acadiens du Québec, le gouvernement instaure une politique de rapatriement des francophones ayant émigré aux États-Unis, en favorisant la colonisation de certaines régions éloignées.

Dix ans plus tard, des Acadiens de Natashquan sont invités par l'abbé François-Borgia Boutin à se rendre en Beauce et fondent Saint-Théophile. Toutefois, malgré leur rôle important dans la fondation de cette nouvelle petite Cadie, ces Acadiens s'établissent ailleurs puisque la terre rocailleuse est difficile à cultiver. À l'autre bout de la province, des Acadiens de la région de Joliette se rendent au Témiscamingue et fondent Béarn. En 1896, des Acadiens des Îles de la Madeleine font un voyage dans la vallée de la Matapédia avec l'intention de s'y établir et fondent Lac-au-Saumon, malgré le fait qu'ils peuvent dorénavant (depuis 1895) être propriétaires des terres qu'ils habitent depuis l'arrivée de leurs ancêtres en 1761.

Au début des années 1910 et sur une période de dix ans, plusieurs Acadiens des Îles de la Madeleine et de la Gaspésie s'installent à Verdun sur l'île de Montréal. C'est l'abbé Joseph-Arsène Richard qui les aide à s'y installer.

De 1914 à 1939, des Acadiens du Nouveau-Brunswick et d'ailleurs au Québec s'installent dans la grande région du Saguenay-Lac-Saint-Jean, notamment à Kénogami (municipalité annexée à Jonquière en 1975) pour travailler notamment dans les industries de Price et d'Alcan. En 1927, on y trouve 223 familles acadiennes et gaspésiennes.

La mouvance des Acadiens des Îles de la Madeleine se poursuit en 1941. Un groupe se retrouve à coloniser l'île Nepawa (près de Sainte-Hélène-de-Mancebourg) en Abitibi, et l'année suivante, un autre groupe se retrouve à Roquemaure. Un groupe d'Acadiens de Campbellton, au Nouveau-Brunswick, a même été recruté pour se rendre en Abitibi et y coloniser la région.

En 1960, le musée acadien du Québec est fondé à Bonaventure dans le but de préserver et de promouvoir l'héritage acadien du Québec. En 1987, la Fédération des Acadiens du Québec voit le jour. L'année suivante, un sondage Léger & Léger révèle qu'il y a un million d'Acadiens au Québec (selon les patronymes) sur les sept millions d'habitants. Finalement, en 2007, une dizaine d'associations acadiennes fondent la Coalition des organisations acadiennes du Québec.

Bref, ces deux derniers siècles se démarquent par la recherche d'un mieux-être, d'un mieux-vivre. La recherche d'une nouvelle terre ou d'un emploi pour nourrir sa famille est au cœur des raisons de ces déplacements. Les disettes et la surpopulation des Îles de la Madeleine poussent les Acadiens à quitter l'archipel dans l'espoir d'améliorer leurs conditions de vie. La tentation du rêve américain industriel fut également une raison de la mouvance des Acadiens.

Conclusion

C'est ce qui complète cet aperçu historique des nombreuses arrivées d'Acadiens au Québec. Ces derniers ont choisi le Québec comme terre de refuge et terre d'accueil. La première décennie après la Déportation fut marquée par ces Acadiens venus se réfugier temporairement en attendant de retourner en Acadie. Par la suite, la tournure des événements, en l'occurrence la chute de la Nouvelle-France et l'offre du général Murray en 1765 changèrent le cours de l'histoire. Dès lors, le Québec devient une terre d'accueil privilégiée pour les Acadiens. Au 18e siècle, ce sont quelque 2270 Acadiens qui viennent au Québec par la voie maritime du Saint-Laurent, alors qu'environ 200 autres remontent la rivière Saint-Jean en canot jusqu'au lac Témiscouata, et marchent sur le chemin du portage pour reprendre le canot jusqu'à Trois-Pistoles (ou Rivière-du-Loup), pour se réfugier entre Trois-Pistoles et Montmagny; 80 Acadiens remontent la rivière Hudson en chaloupe, pour ensuite emprunter le portage les menant au lac Champlain et à la rivière Richelieu; environ 100 Acadiens se réfugient à Bonaventure en provenance de Ristigouche.

Au 19e et au 20e siècle, plusieurs centaines d'Acadiens des provinces maritimes choisissent le Québec comme terre d'accueil, notamment la Côte-Nord, l'île d'Anticosti, la Gaspésie, le Saguenay-Lac-Saint-Jean, l'Abitibi-Témiscamingue, etc. De plus, plusieurs Madelinots font la même chose afin de fuir les périodes de famine et de surpopulation de l'archipel.

En scrutant cette page d'histoire, on comprend mieux pourquoi, selon un mémoire de maîtrise de l'UQAM, un Québécois sur deux a au moins un ancêtre acadien[1].

Bibliographie

BERGERON, Josée. *Contribution différentielle des ancêtres d'origine acadienne au bassin génétique des populations régionales du Québec.* Mémoire (maîtrise), Université Laval, novembre 2005, 103 p.

CARBONNEAU, Pauline. *Découverte et peuplement des Îles de la Madeleine*, Rosemère, Humanitas, 2009, 260 p.

DICKINSON, John A. « Les réfugiés acadiens au Canada, 1755-1775 », *Études Canadiennes/Canadian Studies*, no 37, décembre 1994, p. 51-61

HÉBERT, Pierre-Maurice. *Les Acadiens du Québec*, Éditions de L'Écho, Montréal, 1994, 478 p. VACHON, André-Carl. *Les déportations des Acadiens et leurs arrivées au Québec, 1755-1775*, Tracadie-Sheila, La Grande Marée Ltée, 2014.

Notes de fin

1. Voir l'étude approfondie de l'arrivée des Acadiens au Québec entre 1755 et 1775, dans le troisième chapitre d'André-Carl VACHON, *Les déportations des Acadiens et leurs arrivées au Québec. 1755-1775*, Tracadie-Sheila, La Grande Marée Ltée, 2014.

2. John A. DICKINSON, « Les réfugiés acadiens au Canada, 1755-1775 », *Études Canadiennes/Canadian Studies*, no 37, décembre 1994, p. 58.

3. Terme pour désigner la grande région de Québec, à l'époque.

4. Pierre-Maurice HÉBERT, *Les Acadiens du Québec*, Éditions de L'Écho, Montréal, 1994, p. 127.

5. *Ibid.*, p. 186.

6. « Les résultats obtenus montrent que les fondateurs acadiens ou leurs descendants ont laissé des traces dans toutes les régions du Québec. De 46 % à 100 % des sujets, selon la région, ont au moins un fondateur acadien dans leur généalogie. » Josée BERGERON, *Contribution différentielle des ancêtres d'origine acadienne au bassin génétique des populations régionales du Québec.* Mémoire (maîtrise), Université Laval, novembre 2005, p. 2.

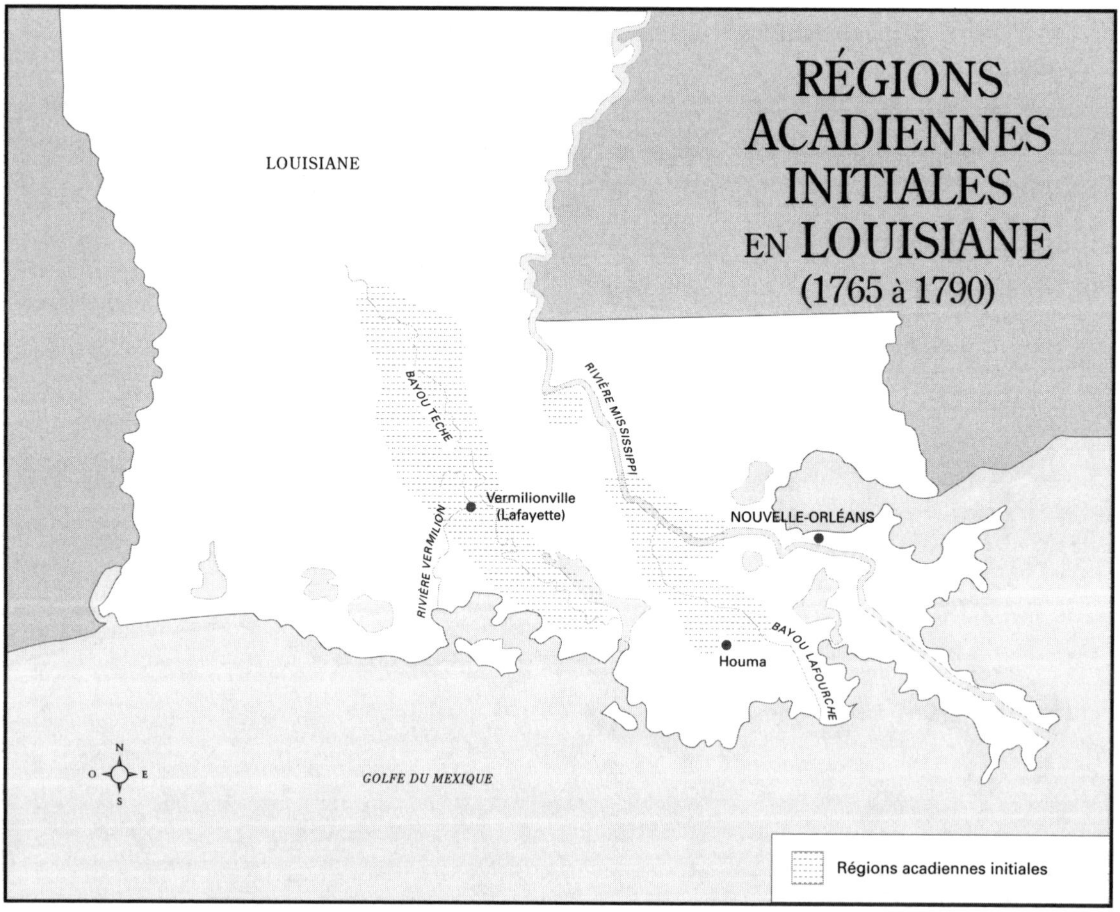
RÉGIONS ACADIENNES INITIALES EN LOUISIANE (1765 à 1790)
LOUISIANE
BAYOU TECHE
RIVIÈRE MISSISSIPPI
Vermilionville (Lafayette)
RIVIÈRE VERMILION
NOUVELLE-ORLÉANS
BAYOU LAFOURCHE
Houma
N
O
E
S
GOLFE DU MEXIQUE
Régions acadiennes initiales

LA VENTE DE LA LOUISIANE PAR LA FRANCE
(1803)
FRANCE
ESPAGNE
ÉTATS-UNIS
Nouvelle-Orléans
ESPAGNE
N
O
E
S
Vente de la Louisiane
Autres possessions françaises

Les Cadiens de Louisiane

Warren A. Perrin

Le 3 novembre 1762, par le Traité de Fontainebleau, la France cédait sa colonie française, la Louisiane, à l'Espagne. Cette cession a créé une grande confusion et beaucoup de dissensions au sein des nouveaux arrivants acadiens. En février 1764, les vingt premiers Acadiens qui ont atteint la Louisiane sont arrivés de New York en passant par la ville de Mobile. D'autres contingents plus importants allaient suivre, mais ce premier groupe était composé de quatre familles : les Poirier, les Richard, les Cormier et les Landry. Le premier enfant né de parents acadiens en Louisiane fut probablement François Poirier, fils de Jean Poirier et de Madeleine Richard. Il fut baptisé le 6 mars 1765.

Ces quatre familles se sont installées le long du fleuve Mississippi, au-dessus de La Nouvelle-Orléans. En 1776, l'église Saint-Gabriel fut construite. C'est une des plus vieilles églises de la vallée du Mississippi; ses documents ecclésiastiques remontent à 1767. En 1776, les Acadiens du Maryland déposèrent les registres de l'église catholique Saint-Charles-des-Mines de Grand-Pré à l'église catholique Saint-Gabriel où ils sont restés jusqu'aux années 1950. À la création du diocèse catholique de Baton Rouge, les registres y furent transférés. Cette région fut désignée sous le nom de Cabannocé et se situe à l'endroit où se trouve aujourd'hui la paroisse de Saint-Jacques. Les relations entre le gouvernement et les Acadiens étaient encore harmonieuses à cette époque.

De gauche à droite : Lynn Breaux, Dorothy Broussard et A. J. LeBlanc présentent le drapeau acadien de la Louisiane au roi Juan Carlos d'Espagne (à l'extrême droite).

Photo©Kermit Bouillion

À la fin des années 1760, les bonnes relations qui existaient auparavant entre les représentants acadiens et espagnols prennent fin à la suite d'une série de désaccords relatifs aux sites de peuplement des nouveaux immigrants. Ces nouvelles familles souhaitaient s'installer à proximité de leurs frères acadiens, mais elles ont dû s'établir dans de nouvelles colonies le long du fleuve Mississippi, dans l'actuelle paroisse de Saint-Jacques.

En effet, le premier gouverneur espagnol de la Louisiane, Ulloa, avait décidé d'utiliser ces nouveaux immigrants pour défendre la colonie contre les tentatives d'empiètement des Amérindiens et des Britanniques sur ses frontières orientales (le long du fleuve). Cependant et inexplicablement, le gouvernement ne s'opposa pas à l'installation des 200 Acadiens du Maryland et des 80 suivants de Halifax à Cabannocé Post.

Le gouvernement provisoire a rapidement constaté à quel point il était difficile d'empêcher les Acadiens de tout mettre en œuvre pour réunir leurs familles (et d'y arriver souvent contre vents et marées) dans la région qu'ils appelaient la Nouvelle-Acadie. Les conflits constants sur les lieux de peuplement ont atteint leur apogée quand un contingent d'Acadiens a reçu l'ordre de s'installer au nord, près de l'actuelle Vidalia, en Louisiane. Cette implantation forcée a conduit certains Acadiens à s'engager activement dans l'expulsion du gouverneur Ulloa, au cours de la Rébellion de La Nouvelle-Orléans, en 1768. En 1769, les Espagnols ont repris le contrôle de leur colonie à la suite du retour du gouverneur Alejandro O'Reily qui a autorisé les Acadiens à se regrouper le long du fleuve Mississippi, dans les paroisses actuelles d'Ascension et d'Assomption.

En 1770, un contingent de trente Acadiens arrive à Natchitoches, en Louisiane, après avoir vécu un véritable calvaire de quinze mois. Cette épreuve a commencé quand leur navire a dévié de son cap au cours d'une violente tempête, les forçant à accoster au Texas hispanique, les contraignant à passer du temps là-bas avant de reprendre la route et à marcher plus de 643 km pour atteindre la Louisiane. Ces Acadiens se sont installés dans les paroisses de Saint-Landry et d'Iberville.

Avril 1976, au lac Peigneur, quatre générations d'une famille cadienne d'Erath, en Louisiane. De gauche à droite : Kermit Bouillion, Allison Bouillion (bébé), Mavely Aucoin Bouillion (mère de Kermit), Aline Bourque Aucoin et Alexis Aucoin (grands-parents de Kermit qui ne parlaient que le français). Kermit Bouillion, descendant de colons acadiens et espagnols de la Louisiane, est directeur du programme « légendes vivantes » du Musée acadien d'Erath et membre du conseil scolaire de la paroisse de Lafayette représentant le cinquième district.

Descendants d'Acadiens: Charles Broussard, B. J. Landry et Rose Broussard, à Lafayette, Louisiane.

Contrairement à la plupart des Acadiens, le premier contingent à s'implanter sur le territoire des Attakapas, au sud de la Louisiane, n'a jamais connu l'exil dans les colonies britanniques. En 1755, ils furent capturés par les Britanniques et emprisonnés jusqu'à l'arrivée des navires affrétés pour leur déportation. Le 1er octobre 1755, 86 de ces Acadiens réussissent à s'échapper en creusant un tunnel sous le fort; ils organisent ensuite une résistance de tous les instants. Pierre II Surette et Joseph Beausoleil Broussard en étaient les meneurs.

Les Britanniques estiment que les Acadiens qui se sont soustraits à la déportation sont des traîtres, car ils en profitent pour déclencher une insurrection débridée, soutenue par les Mi'kmaq[1]. Selon Diane Marshall, dans *Heroes of the Acadian Resistance* (2011), pendant le dur hiver de 1757, des centaines d'insurgés, y compris presque tous leurs enfants, sont morts au camp de l'Espérance, à Miramichi, où ils s'étaient réfugiés. Diane Marshall affirme que parmi ces morts, figurent Agnès, la femme de Beausoleil, et Joseph Surette, le jeune frère de Pierre. Les Acadiens, qui luttaient pour leur survie dans ce camp de réfugiés, ont perdu espoir à la chute de Québec, en 1759, pendant la guerre de Sept Ans (1756-1763). Certains d'entre eux se sont rendus et furent emprisonnés pendant quatre ans sur l'Île Georges, dans le port de Halifax, en Nouvelle-Écosse. Cette remarquable saga a fait l'objet d'un livre écrit par l'auteur de cet article, *Acadian Redemption* (2005) et la traduction française, *Une saga acadienne* (2009).

Descendant de Beausoleil et activiste mi'kmaw, Joseph Bernie Wayne David (1944-2012), de la paroisse de Vermilion en Louisiane. On le voit ici à l'église commémorative de Grand-Pré où il interprète une chanson dont il est l'auteur, La valse d'Anne Marie.

Le 18 août 1763, après que le Traité de Paris ait mis fin à la guerre entre Britanniques et Français, les Acadiens dirigés par Beausoleil ont adressé une pétition au gouverneur Wilmot de la Nouvelle-Écosse lui demandant d'être libérés et autorisés à quitter l'Île Georges. En raison de l'instabilité de la région, ces Acadiens — réputés difficiles — furent autorisés à affréter un navire pour Saint-Domingue (aujourd'hui Haïti), en laissant derrière eux les terres que leurs ancêtres et eux-mêmes avaient occupées pendant 160 ans.

Arrivés à destination, ils apprennent que les Acadiens qui les ont précédés sont tous morts, à l'article de la mort ou complètement démunis. Leurs prédécesseurs avaient été recrutés dans les colonies britanniques pour construire une base navale dans la jungle tropicale de cette île française, mais ils ont gravement souffert d'épuisement et d'un manque d'approvisionnement. Voyant cela, les 60 familles acadiennes dirigées par Beausoleil se réapprovisionnent et repartent en direction de la Louisiane.

Le 28 février 1765, le commissaire ordonnateur Foucault rapporte que le premier grand contingent de 193 réfugiés acadiens a accosté à La Nouvelle-Orléans. Au cours des cinq années suivantes, quelque 800 Acadiens arrivent du Maryland et de Halifax en Nouvelle-Écosse. En 1785, sept vaisseaux transportent 1600 Acadiens de la France en Louisiane, constituant la dernière vague migratoire française d'importance dans la vallée du Mississippi.

Au milieu des années 1960, à Erath, en Louisiane, photo d'un couple de descendants acadiens: Freddie Suire, violoneux, et Adia, sa femme.

Dans le cadre du Traité de Paris, la France cède la Louisiane à l'Espagne. L'historien, Carl Brasseaux, rapporte dans son livre *Scattered to the Winds* (1991) [Dispersés aux quatre vents] que les administrateurs coloniaux intérimaires de La Nouvelle-Orléans, apitoyés, mobilisèrent les ressources limitées disponibles et accordèrent à chaque famille acadienne une terre, des grains de semence pour six mois, un fusil et de l'équipement rudimentaire pour défricher.

Le gouvernement leur a aussi adjoint un ancien ingénieur militaire, Louis Andry; le 7 avril 1765, ce dernier les mène vers le territoire des Attakapas et les aide à s'installer. M. Andry devait dessiner une carte situant le lieu du peuplement, mais comme cela n'a jamais été fait, l'emplacement des premiers peuplements acadiens nous est inconnu.

Descendants de Beausoleil, Théogène et Victorine Broussard, de la paroisse de Vermilion, les arrière-arrière-grands-parents de l'auteur Warren A. Perrin. Les Broussard se sont installés dans le sud de la paroisse de Vermilion, et au milieu du 19e siècle, ils ont bâti un aboiteau pour récupérer des marais à des fins agricoles.

La Nouvelle-Orléans avait besoin d'être approvisionnée en viandes, alors le 4 avril 1765, les Acadiens négocient et concluent une entente de métayage de bovins avec Jean Dauterive, propriétaire d'un grand ranch, près de New Iberia. Cependant, en raison de problèmes inconnus, au lieu de travailler avec Dauterive, les Acadiens achètent leurs bovins de Jean-Baptiste Grevemberg, peu de temps après leur arrivée à Fausse-Pointe. Ayant réussi leur pari, ils sont vite devenus autonomes.

Nelwyn Hebert, membre fondatrice du Projet Nouvelle-Acadie. C'est aussi une éducatrice et une personne influente dans la paroisse d'Iberia fondée par les Acadiens et les Espagnols. Madame Hebert a coécrit le livre Iberia Parish (2012) qui relate la collaboration entre ces deux communautés de pionniers au profit de chacune d'elles.

Le 24 avril 1765, le gouverneur Charles-Philippe Aubry déclarait : « Je les ai envoyés dans le district d'Attakapas ». Il parlait bien sûr des Acadiens dirigés par Beausoleil qu'il avait envoyés dans la région du Bayou Teche où ils établirent trois peuplements dans les paroisses actuelles de Saint-Martinville et de Loreauville, ou à proximité. Le Projet Nouvelle-Acadie — projet de recherches archéologiques — dirigé par le professeur de l'Université de Louisiane, Mark Rees, tente de localiser les trois premières colonies du premier groupe d'exilés acadiens.

Le 8 avril 1765, Beausoleil Broussard fut nommé capitaine de la milice et commandant des Acadiens sur le territoire des Attakapas par le commandant provincial intérimaire, Charles-Philippe Aubry, au nom du gouvernement espagnol qui avait accordé des terres aux Acadiens. Malheureusement, Beausoleil — désigné sous le nom de « chef acadien » — n'a pas vécu assez longtemps pour voir son rêve d'une Nouvelle-Acadie se réaliser. Il est mort le 20 octobre 1765, vraisemblablement d'une flambée de variole, seulement huit mois après son arrivée. Quelque trente pour cent des Acadiens sont morts de cette épidémie dès la première année de leur arrivée. Le chercheur Donald Arceneaux a découvert qu'entre le 16 mai 1765 et le 24 novembre 1765, le père Jean François a procédé à 41 enterrements, tous acadiens.

D'après les registres de sépulture, on sait que les Acadiens s'étaient répartis en trois « camps » à leur arrivée dans la région de Bayou Teche. La première naissance acadienne sur le territoire des Attakapas fut celle de Marguerite Anne Thibodeaux, fille d'Olivier et de Madeleine Broussard. Madeleine était la fille d'Alexandre Broussard, le frère de Beausoleil. Marguerite Anne Thibodeaux, née le 10 mai 1765 et baptisée le lendemain, est morte cinq jours plus tard, en même temps que sa mère.

Après cette tragédie, un groupe d'Acadiens de Beausoleil quitta les Attakapas pour se joindre à ceux qui s'étaient établis le long du fleuve Mississippi. Dans les années 1770, un autre contingent est également parti s'installer à Prairie Vermilion, à l'extrême sud de la Louisiane, à la périphérie des marais et des prairies de l'Acadiana. Les Acadiens, comme on le voit, n'ont pas eu la partie facile pour s'installer dans leur Nouvelle-Acadie.

Dans les années 1890, voici les Boudreaux, une des premières familles de pionniers cadiens de la paroisse de Vermilion, paroisse dont la devise est : « L'endroit le plus cadien au monde ».

Les premiers colons ont vite acquis des habiletés liées à la survie grâce aux tribus autochtones comme les Opelousas, les Attakapas et les Chitimachas : traitement à l'aide de plantes indigènes, tissage de feuilles de palmier pour en faire des chapeaux et des paniers, culture de légumes locaux. Les hommes acadiens portaient des braguettes[1], des chemises en cotonnade, des capots[2] et des quantieras[3].

Maison de Germain Bergeron qui est, selon le professeur Jay Edwards de l'Université de l'État de la Louisiane, la plus ancienne maison acadienne connue dans cette partie du monde. On sait qu'elle remonte à la fin des années 1700 en raison de la charpente triangulée de type normand du grenier. La maison est maintenant exposée au LSU Rural Life Museum [musée consacré à la vie rurale de l'Université de l'État de la Louisiane], à Baton Rouge, musée dirigé par David Floyd.

En 1800, Napoléon Bonaparte a arraché la Louisiane à l'Espagne et a offert de la vendre aux jeunes États-Unis d'Amérique. Le président américain Thomas Jefferson, souhaitant agrandir son pays, l'achète en 1803. Donc, la Louisiane coloniale — des montagnes Rocheuses au fleuve Mississippi, et du Canada au golfe du Mexique — s'est jointe aux États-Unis. L'historien Shane K. Bernard constate que : « À titre de résidants de la Louisiane, les Acadiens sont soudainement devenus des "Américains", à tout le moins au sens juridique ».

Le plus important contingent de France à s'installer en Louisiane fut désigné sous l'appellation « Français de l'étranger » (1820-1860). Cette famille en faisait partie. Quelque 550 000 de ces immigrants sont arrivés à La Nouvelle-Orléans. Ils se sont mariés avec des Acadiens et ont prospéré grâce aux métiers qu'ils exerçaient : charpentier, commerçant, agriculteur. Ils sont aussi à l'origine de l'émergence du journalisme, de l'opéra et de productions théâtrales en français.

La Louisiane fut le premier « creuset des civilisations » en Amérique du Nord. L'afflux acadien dans la Louisiane coloniale fut tellement important qu'il a non seulement absorbé les colons qui y étaient déjà installés à leur arrivée, mais aussi les derniers arrivants. Par contre, les colons espagnols n'ont jamais été assez nombreux pour créer une identité ethnique distincte. Après quelques générations, les Espagnols ont commencé à se marier avec des Acadiens. Les Allemands de la Côte, les Créoles français de Pointe Coupée, les Français de Mobile et de Fort Toulouse se sont aussi mariés avec des Acadiens, comme le firent les derniers venus de France, d'Irlande, d'Écosse, de la haute Louisiane et d'autres régions des États-Unis. Bref, les Acadiens qui sont venus en Louisiane sont devenus des Cadiens, ainsi que tous ceux qui comptent au moins un ancêtre acadien dans leur ascendance.

En 1900, le Dr. Raphael Sagrera est photographié au Dyson Cotton Gin, à Pecan Island

La réinstallation de colons en Louisiane au milieu du 19e siècle est attribuable à l'instabilité politique européenne qui a causé une famine à grande échelle en France, suscitant des vagues migratoires dans les années 1820. Ces gens, pour la plupart des artisans et des petits entrepreneurs, sont devenus des petits commerçants, des cordonniers et des travailleurs d'usine.

Le char victorieux — La Fête — lors du défilé des enfants au Dairy Day Festival de 1950, à Abbeville. L'architecture de l'église catholique et du presbytère en arrière-plan rappelle la présence des Espagnols dans la région. En 1950, la culture cadienne avait tellement évolué que l'artisanat, la musique et l'art narratif furent intégrés au festival.

À la fin des années 1770, à proximité de New Iberia, seize familles de Malaga en Espagne se sont installées en Louisiane, sous le règne du gouverneur espagnol Galvez. Comme les Acadiens étaient déjà installés dans la région depuis dix ans, ils ont aidé ces nouveaux venus à s'adapter aux conditions du sud de la Louisiane. Il y eut plusieurs mariages interculturels et aujourd'hui, plusieurs familles portent des noms hispaniques : Miguez, Goutierrez, Gary, Romero, Blanco, Mendoza, Viator. Ces gens parlent français et se considèrent comme des Cadiens.

La famille Raphael Semmes Segura, les premiers colons des marais du sud de la Louisiane. Ils sont attablés à l'hôtel du village de Chenier Au Tigre, dans la paroisse de Vermilion. Les principaux métiers exercés par ces colons étaient la chasse, la trappe et la pêche.

La transformation culturelle fut déterminée aussi bien par la capacité des Acadiens à s'adapter que par l'empressement des autres cultures à s'intégrer. Cette interaction a contribué à l'individualité des Cadiens.

Les marais, un endroit mystérieux et envoûtant, semblaient un lieu étrange au premier abord, mais leur faune et leur flore abondantes se sont révélées profitables. Le bassin de l'Atchafalaya, situé au centre-sud de la Louisiane, est la plus grande région de terres humides et de bayous des États-Unis. La région et ses environs, là où la rivière Atchafalaya et le golfe du Mexique convergent, forment une combinaison de marais et d'alluvions. En 1984, on mit sur pied l'*Atchafalaya National Wildlife Refuge* [refuge faunique national] pour améliorer les végétaux destinés aux espèces menacées ou en déclin de la sauvagine et d'autres espèces animales.

Dès que la Louisiane acquit son statut d'État en 1812, on exigea que cette ancienne colonie française adopte la langue et la culture du reste des États-Unis. La *Enabling Act* [loi habilitante], votée par le Congrès des États-Unis d'Amérique[1], exigea que l'État de la Louisiane rende compte par écrit de ses travaux législatifs et juridictionnels en anglais. En 1812, la Constitution de la Louisiane fut publiée en anglais et en français, mais la version anglaise s'avéra nécessaire pour obtenir le statut d'État. La législature de la Louisiane a continué de publier ses lois en anglais et en français jusqu'en 1867.

Un autre changement important s'est produit à la fin de la guerre de Sécession, en 1865, quand l'élite urbaine, comprenant que son avenir en tant qu'Américains passait par la langue anglaise, a commencé à envoyer ses enfants dans les écoles anglophones. À la fin des années 1800, l'arrivée de fermiers anglo-américains du Midwest envoya le même message aux citoyens francophones : leur avenir était lié à la langue anglaise. En 1907, le président Theodore Roosevelt déclarait que les États-Unis d'Amérique n'avaient de place que pour une seule langue, l'anglais.

En 1916, l'instruction en anglais devint obligatoire dans la région sud de la Louisiane. Cette mesure visait à forcer les Cadiens et les Créoles francophones à s'intégrer au courant américain dominant. La Constitution de la Louisiane de 1921 a codifié la loi pour interdire le français dans les écoles et les bâtiments publics. Cependant, la loi[2] permettait que les documents soient rédigés en français ou en anglais. Les étudiants francophones étaient punis quand ils parlaient leur langue maternelle. Selon Barry Ancelet : « Plusieurs générations d'écoliers francophones du primaire ont été forcés de mouiller leur pantalon à l'école, parce qu'ils étaient incapables de demander la permission d'aller aux toilettes en anglais. Ils commencèrent donc à associer leur langue et leur culture maternelles à la stigmatisation sociale dont ils faisaient les frais ». C'est pour cette raison que de nombreux parents de cette génération ont évité de parler français avec leurs enfants.

L'appréciation du patrimoine français s'est manifestée dans les années 1940, au cours de la Deuxième Guerre mondiale. En effet, les soldats louisianais ont découvert que leur connaissance du français leur permettait de servir d'interprètes dans la France profonde et dans d'autres pays francophones. En 1955, certains dirigeants politiques locaux utilisèrent le bicentenaire de l'exil acadien comme point de ralliement pour revitaliser la fierté ethnique : les Cadiens avaient survécu au pire. Leur culture et leur langue étaient affaiblies, mais toujours vivantes. En 1974, la Constitution de la Louisiane fut amendée pour y ajouter une clause progressiste sur l'égalité de droit : « [...] le droit des citoyens de protéger, de favoriser et de promouvoir leurs origines historiques, linguistiques et culturelles respectives[3] ».

Il y a 50 ans, en 1964, le Congrès a voté la *Civil Rights Act*[4], une loi historique qui interdit la discrimination raciale dans les endroits publics. Cette reconnaissance des droits des groupes minoritaires a motivé les dirigeants cadiens à lancer une campagne pour promouvoir leurs propres droits linguistiques et culturels. James R. Domengeaux, un ancien législateur d'État et membre du Congrès des États-Unis, de descendance française, fut l'âme de la création du CODOFIL[5].

Avocat semi-retraité à cette époque, Domengeaux a commencé sa croisade pour rétablir le français en Louisiane, après que le sénateur Edgar G. «Sonny» Mouton Jr, de Lafayette ait fait adopter une résolution par les conseils scolaires de la Louisiane visant à contrer le déclin de l'utilisation du français au sein de l'État. Domengeaux a parcouru Lafayette et les paroisses voisines pour obtenir le soutien à sa campagne dont l'objectif était de faire de la Louisiane un État bilingue grâce à l'enseignement du français.

Au printemps 1968, Domengeaux avait soulevé suffisamment d'intérêt au sein de la population et obtenu suffisamment de soutien de la part de représentants, comme le sénateur Dudley J. LeBlanc, pour présenter son projet à l'Assemblée législative. Les législateurs ont voté unanimement la création du CODOFIL, et cette mesure a fait l'objet d'une loi, en juillet 1968, à l'initiative du gouverneur John J. McKeithen. Aujourd'hui, l'organisme est dirigé par son quatrième président, William Arceneaux, et son directeur général, Charles Larroque. Le CODOFIL envisage de développer de nouvelles perspectives professionnelles et économiques pour les Louisianais francophones.

La Louisiane aujourd'hui

Dans la foulée du premier Congrès mondial acadien tenu au Nouveau-Brunswick au Canada, en 1994, et dans la crainte de la disparition du CODOFIL, l'organisme « Action Cadienne » a vu le jour en 1996, sous l'impulsion de plusieurs activistes de la Louisiane. Il s'agit notamment d'Earlène Broussard, de Richard Guidry, de Mark Babineaux, de Zachary Richard, de Del Guillory, de Brenda Mounier, de Mike Landry et de l'auteur. CODOFIL, avec Earlène Broussard comme directrice et l'auteur comme troisième président, a joué un rôle vital dans le lancement d'Action Cadienne. Zachary Richard fut le premier président et le porte-parole de cet organisme sans but lucratif.

Les membres fondateurs de cette organisation populaire ont choisi de donner la priorité au soutien et à la croissance des programmes d'immersion française et à l'enseignement de l'histoire cadienne-acadienne dans les écoles. Au nombre de ses activités, Action Cadienne a tenu plusieurs séances de discussion portant sur l'immersion française au sein de différentes communautés. Le programme d'immersion française de la paroisse de Saint-Landry résulte d'une de ces séances.

Grâce aux efforts déployés, l'histoire acadienne est maintenant enseignée à de nombreux étudiants de la Louisiane. Des concerts publics ont servi à sensibiliser la communauté, à lever des fonds et à susciter des adhésions. Les membres ont dirigé un forum éducatif sur l'immersion française pendant la tenue du Congrès mondial acadien en Louisiane, en 1999.

En 2000, Action Cadienne a produit le film de Pat Mire — primé par la suite — *Against the Tide* [Contre vents, contre marées], afin que l'histoire acadienne de la Louisiane soit aussi racontée sur pellicule. De nombreuses personnes ont été sensibilisées par les activités d'Action Cadienne. Rappelons que cet organisme a joué un rôle déterminant dans la répartition des fonds recueillis auprès du monde entier pour financer les programmes d'immersion française durement touchés par les ouragans Katrina (2005) et Rita (2005). La plus grande réalisation de cet organisme est d'avoir su rassembler un grand nombre de personnes, d'une manière qui ne s'était jamais vue auparavant.

Conférence de presse et réception tenues dans les bureaux du CODOFIL à Lafayette, Le 7 juin 1995. De gauche à droite: Zachary Richard, président d'Action Cadienne, Warren A. Perrin, président du CODOFIL et Lynn Breaux, président du Lafayette Hospitality Committee [comité d'accueil de Lafayette].

Le premier programme scolaire d'immersion française fut offert à Baton Rouge, à l'école primaire Belle Aire, en 1984. Une seule classe d'élèves a suivi ce programme, de la maternelle à la cinquième année. En 1986, quand ces élèves ont accédé à la sixième année, ce programme n'existait plus à Baton Rouge. Cependant, l'année suivante, le conseil scolaire de la paroisse de Calcasieu, sous la conduite du superviseur Anthony Zaunbrecher, a instauré un nouveau programme toujours en vigueur.

Selon Nicole Boudreau, spécialiste des langues étrangères du système scolaire de la paroisse de Lafayette, pour être considéré comme un programme d'immersion française, les étudiants doivent passer au moins 60 pour cent de leurs journées scolaires à étudier les mathématiques, les sciences, l'histoire et même l'éducation physique, en français.

À la suite du succès de ce programme, d'autres paroisses ont emboîté le pas : Saint-Martin, Saint-Landry et Assomption. En 1992, la paroisse de Lafayette a instauré des programmes d'immersion française dans trois écoles primaires : Prairie, Myrtle Place et S. J. Montgomery. Non seulement ces écoles offrent-elles toujours des classes d'immersion française, mais Lafayette a étendu ce programme à trois autres écoles, aux niveaux intermédiaire et secondaire. La paroisse de Lafayette est la seule pour l'instant à s'être aventurée au niveau secondaire.

Aujourd'hui, l'immersion française se vit aussi dans les paroisses d'Iberia, de Baton Rouge Est, de Jefferson et d'Orléans. Dans l'État de la Louisiane, il y a actuellement 30 écoles qui accueillent plus de 4 000 étudiants. Les programmes d'immersion croissent à raison de quatre pour cent par année. Depuis le début, on estime que plus de 20 000 étudiants se sont prévalus de ce programme.

Plusieurs de ces étudiants sont maintenant de jeunes professionnels qui travaillent dans des domaines aussi diversifiés que le droit, les affaires gouvernementales, le milieu des affaires, la musique et l'éducation. Certains diplômés de ce programme très apprécié sont devenus eux-mêmes des enseignants en immersion française, alors que d'autres s'assurent que leurs enfants deviennent bilingues en les inscrivant dans ces classes. En 2013, le sénateur Éric Lafleur et le représentant Stephen Ortego ont rédigé conjointement un projet de loi qui oblige le système scolaire à établir un programme d'immersion, si au moins 25 parents s'engagent à inscrire leurs enfants à ce programme dès la maternelle et si, par l'entremise du CODOFIL, des enseignants sont disponibles pour donner ces cours.

Inauguration du drapeau acadien de la Louisiane, le 22 février 1965. De gauche à droite, le Dr Thomas Arceneaux, le contrôleur général Roy Theriot Sr et le juge Allen Babineaux. Le drapeau fut officiellement reconnu par l'État de la Louisiane en 1974. Ce drapeau a été conçu par M. Arceneaux. On y trouve trois fleurs de lis argentées sur fond bleu symbolisant le patrimoine français des Acadiens, un château doré sur fond rouge symbolisant le règne espagnol, et une étoile dorée sur fond blanc représentant Notre-Dame-de-l'Assomption, la sainte patronne des Acadiens.

Le nom « Acadiana » est attribué aux 22 paroisses qui composent le pays cadien ancestral. En 1971, l'Assemblée législative de l'État de la Louisiane reconnaissait officiellement le caractère patrimonial cadien et acadien de l'Acadiana[1]. C'est au tournant des années 1960 que la lettre « a » est ajoutée accidentellement au mot « Acadian », mais le terme devient vite populaire.

Le terme Acadiana est souvent appliqué par erreur aux seules paroisses de Lafayette, d'Acadie, d'Iberia, de Saint-Landry, de Saint-Martin, de Vermilion, et parfois d'Évangeline et de Sainte-Marie. Ces huit paroisses, qui forment cependant le district du « centre cadien des É.-U. », ne représentent que le tiers de toute la région de l'Acadiana. La région entière englobe les paroisses d'Acadie, d'Ascension, d'Assomption, d'Avoyelles, de Calcasieu, de Cameron, d'Évangeline, d'Iberia, d'Iberville, de Jefferson Davis, de Lafayette, de Lafourche, de Pointe Coupée, de Saint-Charles, de Saint-Jacques, de Saint-Jean Baptiste, de Saint-Landry, de Saint-Martin, de Sainte-Marie, de Terrebonne, de Vermilion et de Baton Rouge Ouest.

L'historien Shane K. Bernard signale cependant que : « Apparemment, pour contenter [certaines] paroisses limitrophes, la législature a déterminé que les 22 principales paroisses forment le "cœur de l'Acadiana", ce qui implique l'existence d'une "Acadiana" plus vaste et plus nébuleuse. La législature a encore obscurci le concept en incluant un nombre indéfini d'autres paroisses anonymes qui partageraient "le même milieu culturel" que le cœur de l'Acadiana. Quoi qu'il en soit, dès l'adoption de la résolution, les 22 principales paroisses ont immédiatement abrégé leur désignation par *Acadiana*, en faisant fi de la disposition législative qui incluait d'autres paroisses de la région ».

Le terme Acadiana fait maintenant partie des dénominations sociales de nombreuses entreprises, écoles et associations. La création de cette désignation culturelle unique est devenue un objet de fierté pour tous les Cadiens de l'État.

La capacité des Cadiens à s'adapter aux circonstances — talent maintes fois exercé — les a bien servis. Ils en ont fait la démonstration, une fois de plus en 2005, lorsque les ouragans Katrina et Rita ont dévasté, en trois semaines seulement, La Nouvelle-Orléans et une bonne partie de la côte sud de la Louisiane. La façon dont les citoyens pris au piège et abandonnés par leurs institutions se sont sauvés eux-mêmes a fait l'objet d'un livre coécrit par Barry Jean Ancelet, Marcia Gaudet et Carl Lindahl, *Second Line Rescue: Improvised Responses to Katrina and Rita* (2013) [Sauvetage de deuxième ligne : réactions improvisées aux ouragans Katrina et Rita]. Les auteurs déclarent : « Les réactions et les solutions vernaculaires mentionnées dans ce livre sont ancrées dans le patrimoine culturel et historique du sud de la Louisiane. Ce n'est pas un hasard si ceux qui ont improvisé le jazz, le blues, le *second lines*, la valse cadienne et le zydeco *two-steps* ont aussi réussi à improviser des moyens pour sauver leurs concitoyens réfugiés sur les toits. En outre, le Mardi Gras, avec sa longue tradition carnavalesque, consiste à faire échec à l'inefficacité des autorités et à faire ce qu'il faut ».

Première rangée, de gauche à droite : Charlotte Waguespack, directrice de l'école primaire Henry, Elizabeth Gremillion, directrice de l'école primaire Dozier, Lynn Moss, directrice de l'école intermédiaire d'Erath, Rachelle Dugas, directrice de la Société nationale de l'Acadie; (rangée supérieure) : Gerald Boudreau, vice-président de la Société nationale de l'Acadie, Ron Miguez, directeur des opérations au Musée acadien, Warren A. Perrin, président du CODOFIL, Michel Cyr, président de la Société nationale de l'Acadie, Zachary Richard de Solidarité Acadie-Louisiane, Roland Pautz, superviseur des professeurs de français de la paroisse de Vermilion, O. J. Dore, superviseur du conseil scolaire de la paroisse de Vermilion et Ray Trahan, représentant de Louisiane Acadie.

Le 1er décembre 2005, trois mois après que l'ouragan Rita ait inondé la région, des Acadiens du Canada sont venus rencontrer les enseignants et les directeurs d'école de la paroisse de Vermilion, et leur offrir de l'argent pour relancer les programmes d'enseignement en français. Les représentants de la Société nationale de l'Acadie ont tenu une réunion au Musée acadien d'Erath pour cerner les besoins des écoles endommagées par l'ouragan Rita, dans les paroisses de Vermilion et d'Iberia. L'organisme a recueilli 184 000 $ en soutien à l'enseignement du français et à l'instauration d'un programme d'immersion française dans la paroisse de Vermilion.

Photo©Stacy Bodin

À l'angle du Musée acadien d'Erath, voici une photo des bustes sculptés en bronze de deux hommes d'Erath morts au service de leur pays : à gauche, le lieutenant Brandon Dronet, mort en 2006 dans un écrasement d'hélicoptère en Afrique du Nord, lors d'une formation de pilotes dans le cadre de l'opération Iraqi Freedom, et à droite, le soldat Farrell Vice à qui l'armée américaine a remis la Silver Star pour un acte de bravoure au Vietnam, après qu'il ait été tué au combat, en 1969.

Le Musée acadien d'Erath, sis au 203 de la rue Broadway Sud, a vu le jour en 1990. Le musée héberge plus de 5 000 artéfacts relatifs à l'histoire acadienne et cadienne. Le musée compte trois salles : la salle Erath, la salle acadienne et la salle cadienne Bayou Prairie. Le Café du Musée, propriété de Sonny Moss, est situé juste à côté du musée.

Photo de 1993. De gauche à droite: Jim Landry, propriétaire de CathLan Landscaping Services à Abbeville [services d'aménagement paysager] et Warren A. Perrin, président du Musée acadien.

Jim Landry a fourni les matériaux et la main-d'œuvre pour la conception d'un jardin de fleurs mettant en valeur un jalon historique de la ville d'Erath. Il commémore le premier peuplement acadien de la région, dans les années 1780. Ce jalon historique est situé sur l'accotement nord de l'autoroute 14 de la Louisiane, à l'ouest d'Erath.

Photos de la famille Perrin Broussard

Photo©Preston Broussard

Réunion familiale des Broussard, en 1980, dans le hangar à bateaux de la paroisse de Vermilion, à Abbeville. De gauche à droite : les sœurs Rose Broussard LeBlanc, Nolia Broussard Thibodeaux et Letia Broussard Perrin, trois des huit descendants d'Aristide et de Léontine Broussard

Le 4 septembre 2013, près de son chalet à Boston Canal, au sud d'Erath, on reconnaît Jean Ouellet, avocat de Lafayette, après une partie de chasse à l'alligator en compagnie des membres de la famille Stelly, chasse pratiquée dans les marais familiaux situés au sud-est de la paroisse de Vermilion. Jean Ouellet, originaire de la ville de Québec au Canada et descendant d'Acadiens, est un bon exemple d'assimilation cadienne. Il est marié à Rebecca Perrin, fille de Mary Broussard Perrin et de Warren Perrin, membre de la neuvième génération des descendants de Beausoleil Broussard

Henry Perrin (à gauche) et son père, Andrew, photographiés en novembre 2012, lors d'une chasse aux canards dans les marais au sud de la paroisse de Vermilion, marais achetés par leur ancêtre, Aristide Broussard, à la fin du 19e siècle.

En novembre 2012, Nicolas Ouellet de la dixième génération des descendants de Beausoleil Broussard, est photographié sur le bateau de son père, Jean Ouellet, de retour à leur chalet de Boston Canal, après une chasse aux canards fructueuse.

Aux aurores, au-dessus des leurres de canard flottant près du lac Cock, au sud de la paroisse de Vermilion.

En 2013, Mary Broussard Perrin (centre) avec ses petits-enfants, Louis et Nicolene Perrin, Lily Ouellet et Henry Perrin. Nicolas Ouellet est absent.

La petite-fille des Perrin, Lily Ouellet, 9 ans, qui a dédié son livre à ses grands-parents.

En mars 2014, la classe de troisième année de l'école épiscopale d'Ascension, à Lafayette, a présenté la pièce *Louisiana Day*. Les étudiants ont interprété la chanson que les Acadiens ont apportée en Louisiane, *La rose au bois*. Les élèves ont aussi interprété un conte de fées populaire qu'ils ont modifié en lui donnant une tournure cadienne. Puis, ils ont écrit et illustré un livre personnalisé.

Remerciements

Cet article a été écrit avec la collaboration des historiens Carl Brasseaux, Shane Bernard et Barry Ancelet.

Notes de fin

1. Les Autochtones autrefois appelés Micmacs épellent maintenant leur nom ainsi : Mi'kmaw (au singulier) et Mi'kmaq (au pluriel). L'Union of Nova Scotia Indians [Union des Indiens de la Nouvelle-Écosse] et le Mi'kmaq Grand Council [Grand conseil de la Nation mi'kmaw] ont adopté cette graphie; ils demandent que tout le monde en fasse autant. Ces nouvelles épellations reflètent plus fidèlement la langue mi'kmaw

2. Pièce de tissu triangulaire s'attachant sur le devant du haut-de-chausses et recouvrant les parties sexuelles de l'homme

3. Vêtement long avec manches, en drap ou en fourrure, de formes et de longueurs variées

4. Bottes de cuir de type mocassin à hauteur des genoux

5. Loi du Congrès, 20 février 1811, c. 21, 2 U.S. Stat. 641

6. Loi révisée de la Louisiane 1:51

7. Art. XII, Sec. 4

8. Loi sur les droits civils

9. Conseil pour le développement du français en Louisiane

10. House Concurrent Resolution, no 496

Les Cadiens du Texas

Kathey King

Les ancêtres de ceux qui sont devenus les Cadiens venaient de l'Acadie (la Nouvelle-Écosse actuelle) dans l'est du Canada, à plus de 3 200 kilomètres de l'État du Texas. Un grand nombre d'Acadiens, qui ont été déportés par les Britanniques au milieu des années 1700, ont par la suite immigré à La Nouvelle-Orléans, en Louisiane.

À leur arrivée au port de La Nouvelle-Orléans, les Acadiens se sont regroupés et ont pris la direction ouest vers les prairies et les bayous du sud de la Louisiane. En 1803, après l'acquisition de la Louisiane par les jeunes États-Unis, les nouveaux voisins anglophones ont varié la prononciation du mot « Acadien » à « Cadien » et finalement à « Cajun ». Cette région a par la suite été nommée « Acadiana », le nom donné aux 22 paroisses qui la compose, une désignation approuvée par la Législature de la Louisiane en 1971, en reconnaissance du caractère unique de la culture cadienne.

Dès les années 1840, les Cadiens de la Louisiane ont commencé à immigrer dans l'est du Texas. Comme le mentionne Barry Ancelet dans son livre *Cajun Country* (1991), les chevaux et les bovins étaient surtout de race espagnole. Les Cadiens ont donc créé un lien avec le Texas — alors rattaché au territoire mexicain — puisqu'ils s'y approvisionnaient en bétail et en équipement. Au début, les immigrants cadiens tiraient leurs moyens de subsistance de la ferme dans le comté de Jefferson au Texas, du côté ouest de la rivière Sabine, à la frontière actuelle de la Louisiane et du Texas. À la fin des années 1800, d'autres Cadiens sont arrivés dans la région, attirés par le développement de la riziculture dans le sud-est du Texas et le besoin de main-d'œuvre.

Le prolongement du chemin de fer Southern Pacific, de la rivière Sabine à Houston, a également contribué à cette immigration de la Louisiane. En fin de compte, un grand nombre de travailleurs de la Southern Pacific sont demeurés à Houston. Dans le *Handbook of Texas Online* [manuel du Texas en ligne], on mentionne qu'en 1922 un secteur du cinquième quartier de Houston qui couvrait quatre pâtés de maisons et comptait 500 descendants de Français, d'Espagnols et d'Africains de la Louisiane, s'appelait Frenchtown.

Southern Pacific Railroad employait un grand nombre de résidants de Frenchtown comme travailleurs qualifiés et spécialisés, notamment des mécaniciens, menuisiers, briqueteurs et travailleurs de scierie. On trouvait à Frenchtown des catholiques francophones possédant une riche culture créole, caractérisée par un patois coloré, une cuisine unique et la musique zydeco. Dans son livre *Texas*

Zydeco (2006), Roger Wood écrit que le zydeco, une musique métissée de blues, de rhythm and blues et de musique cadienne jouée par des francophones créoles afro-américains, provient de Frenchtown à Houston où ces familles s'étaient établies dans l'espoir d'une vie meilleure. Selon d'autres théories, le zydeco est né en Louisiane; toutefois ce style de musique n'appartient pas à un seul État, mais à tous les habitants de la région située au nord du golfe du Mexique. Beaucoup de gens appellent la région située entre Houston et Lafayette le « corridor du zydeco ».

Église catholique Mercy Catholic Church, dans le quartier Frenchtown à Houston

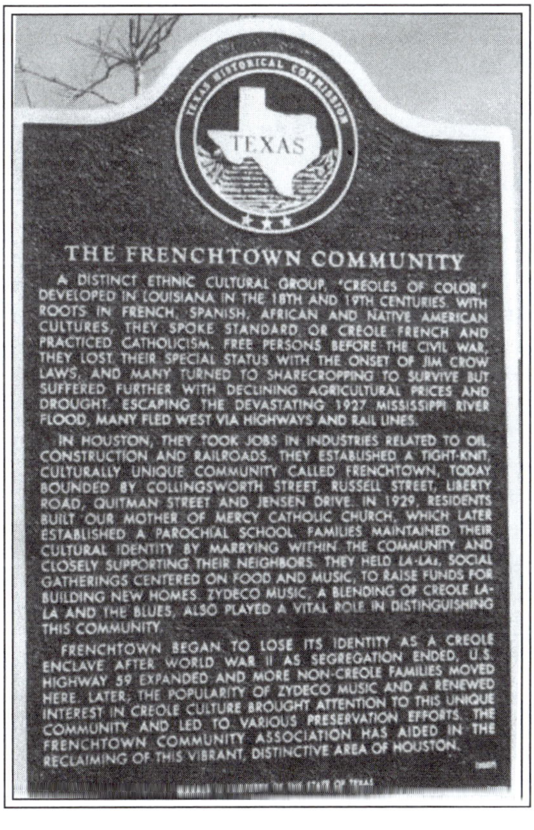

Plaque historique de Frenchtown

Les Cadiens de la Louisiane restaient davantage dans leurs communautés et ne se fiaient qu'à eux-mêmes en raison des épreuves et des tribulations qu'ils avaient traversées, pendant et après l'expulsion de leurs ancêtres acadiens de la Nouvelle-Écosse. Ils voulaient ainsi se protéger du monde extérieur. Ils ont créé un parler français — le français cadien — qui dérive du français acadien, du français créole et de l'anglais. La langue, bien qu'elle ait été le lien qui unissait les Cadiens du Texas, les a aussi isolés de leurs voisins anglo-américains. En se déplaçant vers l'ouest, les Cadiens se sont intégrés aux sociétés existantes, sortant lentement de cet isolement. Manifestement, l'américanisation des Cadiens s'est faite plus facilement au Texas qu'en Louisiane.

L'accroissement de la population cadienne fut le principal catalyseur qui instilla la culture de la Louisiane cadienne dans les foyers et les bureaux texans. Leur mode de vie excitant et attrayant, fondé sur l'amour de la famille et une éthique de travail remarquable, allait de pair avec le rire et le plaisir. Leurs voisins texans étaient aussi fascinés par la nourriture épicée et la musique cadienne.

Le 10 janvier 1901, la découverte d'un gisement de pétrole à Spindletop près de Beaumont dans l'est du Texas a marqué un tournant pour le Texas et les États-Unis. Ce nouveau champ pétrolifère produisait plus de 100 000 barils de pétrole par jour; il est à l'origine de l'éventuel boom pétrolier du Texas. Ce niveau de production n'a pas été maintenu, mais le forage s'est poursuivi autour de Spindletop jusqu'au milieu des années 1930, incitant d'autres Cadiens de la Louisiane à immigrer au Texas.

Des années 1950 à 1975, les soufrières ont été le principal employeur de la région, remplaçant l'exploitation pétrolière. L'exploitation des champs pétrolifères et des soufrières nécessitaient une main-d'œuvre infatigable, et les emplois étaient bien rémunérés. Paradoxalement, au cours de cette même période, des gisements pétroliers ont été découverts au large des côtes de la Louisiane, incitant un grand nombre d'Anglo-Américains à se rendre en Louisiane pour y travailler.

Durant les deux premières décennies du 20e siècle, un grand nombre de raffineries de pétrole et de gaz ont été construites dans la région maintenant connue comme le « Triangle d'or », c'est-à-dire Beaumont, Port Arthur et Orange, trois villes situées dans l'est du Texas. Ces industries ont créé un nombre sans cesse croissant d'emplois qui ont attiré bien d'autres Cadiens au Texas. De nombreuses collectivités se sont développées dans la région; le plus grand segment de la population venait du sud-ouest de la Louisiane où bien des Cadiens étaient aux prises avec un système de fermage remontant à l'époque de la reconstruction. À mesure que d'autres industries se développaient, plus nombreuses étaient les possibilités offertes aux Cadiens dans le sud et l'est du Texas.

Lorsqu'un ouragan s'est abattu sur la partie nord des côtes texanes en 1915, un grand nombre de Cadiens ont quitté la Louisiane pour tirer avantage des possibilités immédiates en matière de reconstruction infrastructurelle. Une autre arrivée massive de Cadiens au Texas est attribuable à la participation des États-Unis à la Première Guerre mondiale, ce qui a entraîné une croissance accrue de raffineries de pétrole et de chantiers navals dans la région du Triangle d'or. Pendant la période de l'après-guerre, l'industrie de la crevette est une autre source d'emplois importante pour les Cadiens. Bien des Cadiens ont afflué vers les villes côtières du Texas, de Freeport à Harlingen, attirés par une pêche de meilleure qualité au large des côtes du golfe du Texas.

C'est en Louisiane, en 1894, qu'est née l'industrie du soufre aux États-Unis après la découverte d'un riche gisement dans la région marécageuse de la paroisse de Calcasieu, près de Lake Charles dans l'ouest de la Louisiane. L'extraction du soufre était difficile jusqu'à ce que Herman Frasch, un chimiste et ingénieur allemand, découvre une méthode de pompage à la surface et de durcissement du soufre. Ce nouveau procédé a été utilisé dans les mines de la Louisiane de 1895 à 1924.

L'exploration pétrolière, en 1901 et en 1908, a permis de découvrir d'importants gisements de soufre dans le comté de Brazoria au Texas, dans la région des côtes du golfe, autour de Bryan Mound. Les brevets appartenant à Herman Frasch, qui exerçait pour ainsi dire le monopole de la production de soufre dans l'immense mine située dans la ville maintenant surnommée Sulphur, ont expiré en 1912. De nouvelles entreprises de soufre ont alors pu voir le jour et créer de nouveaux emplois.

Le 12 novembre 1912, la Freeport Sulphur Company a mis en production l'installation de Bryan Mound, la première soufrière au Texas et la deuxième au monde à utiliser le procédé Frasch. Des foreurs expérimentés à la recherche de travail furent embauchés. Les recrues cadiennes affluèrent vers la nouvelle ville texane de Freeport. Selon les recensements de 1920 et de 1930 pour le comté de Brazoria, de soixante à soixante-dix pour cent des résidants de la ville étaient de descendance cadienne et travaillaient pour l'entreprise.

À un moment donné, le comté de Brazoria produisait près de quatre-vingt-dix pour cent de la production mondiale de soufre. Celle-ci a fini par ralentir, ce qui a entraîné, en 1935, la fermeture de l'installation de Bryan Mound qui avait jusque-là produit cinq millions de tonnes de soufre. En 1923, l'entreprise louait à Hoskins Mound une autre mine qu'elle a exploitée jusqu'au milieu des années 1950. À la fermeture de l'installation de Bryan Mound, les employés ont été envoyés dans la paroisse de Plaquemines, en Louisiane, où la Freeport Sulphur Company avait acquis les droits d'extraction du soufre à Lake Grande Ecaille. L'industrie du soufre en Louisiane a pris son essor dans cette région où la ville de Port Sulphur s'est développée.

Même après le départ de plusieurs familles de Freeport au Texas, la culture cadienne a continué d'avoir une grande influence jusque dans les années 1990. Bien des enfants de la première génération de Cadiens de Freeport se sont mariés avec des Anglo-Américains de la région. Ils ont élevé leurs familles dans cette région multiculturelle, ce qui a eu pour effet d'accélérer l'assimilation des Cadiens. À la fin des années 1940, on a construit une église pour les nombreux catholiques, principalement de descendance cadienne. Les enfants qui ont grandi dans la région ne parlaient pas le français cadien traditionnel. Ils ont été élevés comme les autres enfants texans de la région. Même si le mode de vie a changé radicalement en raison de l'américanisation de la culture cadienne, un grand nombre de valeurs et de traditions ont été maintenues et endossées, surtout la nourriture et la musique cadiennes, et la religion catholique.

Dans son livre intitulé *The Cajuns : Americanization of a People (2003)* [Les Cadiens, américanisation d'un peuple], Shane Bernard mentionne que la Seconde Guerre mondiale a amené la population civile du sud de la Louisiane à interagir avec différentes ethnies et différentes cultures – et parfois à s'y opposer. Les G. I. anglo-américains et les travailleurs des champs pétrolifères ont déménagé avec leurs familles dans d'anciennes régions isolées. D'autres Cadiens ont quitté l'Acadiana pour travailler dans les chantiers navals, les raffineries et les usines de la défense dans l'est du Texas, malgré leur faible maîtrise de l'anglais. Les *Hackberry Ramblers*, un groupe cadien très populaire de la paroisse de Cameron, animaient une émission de musique en direct à la radio KPLC à Lake Charles en Louisiane, situé à environ une heure de la frontière entre les États de Louisiane et du Texas. Le groupe recevait des lettres d'admirateurs de la partie orientale du Texas demandant des chansons cadiennes traditionnelles en français comme *Jolie Blonde*. Finalement, le groupe a suivi la tendance de l'américanisation continue, car malgré ses racines cadiennes, il interprétait de la musique swing western anglo-américaine, un style populaire dans l'État du Texas.

La culture cadienne, surtout la cuisine, a toujours une profonde influence au Texas. Le gombo épicé et goûteux, le boudin, l'okra braisé, le jambalaya, les écrevisses et d'autres mets cadiens délicieux sont un merveilleux complément au bœuf traditionnel du Texas. On trouve dans presque toutes les villes du Texas des restaurants cadiens qui offrent des mets cadiens épicés. Les écrevisses bouillies et la musique louisianaise, tant la cadienne que le zydeco, sont régulièrement présentées dans les festivals du comté et les fêtes privées.

À la fin du 20e siècle et au 21e siècle, les professionnels cadiens des secteurs du pétrole, des télécommunications et de la construction ont amorcé une nouvelle forme d'immigration. Pour la première fois, ce sont les cols blancs et non les ouvriers qui quittaient la Louisiane. D'ailleurs, la Louisiane a enregistré une perte démographique durant les années 1990. Aujourd'hui, les Cadiens de partout au pays se sont assimilés à toutes les sociétés américaines. Ils représentent plus de trente pour cent de la population de certains comtés du Texas. Comme l'indique le tableau des recensements de 1990 et de 2000, le nombre de personnes de descendance cadienne et canadienne-française est plus élevé dans le comté de Harris au Texas que dans les paroisses d'Orléans et de Lafayette en Louisiane. Selon certaines estimations, 375 000 personnes de descendance cadienne vivent au Texas.

Des experts avancent que le déclin de la langue française sonnera le glas de la culture cadienne. D'autres prétendent que les Cadiens s'emploieront à sauvegarder leur culture et à conserver une partie de leur identité en participant à des organismes de préservation et à des festivals cadiens, en écoutant de la musique cadienne, en retraçant et en sauvegardant l'histoire de leur famille. Même si les descendants cadiens d'aujourd'hui n'adoptent pas toujours les coutumes populaires de leurs ancêtres, la culture peut toujours être transmise sous une forme novatrice et actualisée à la génération suivante.

Note in the chart below that Houston has more Cajuns than New Orleans, which, although it has many French Creoles, is not a Cajun city. – RF

Texas county	1990 census			2000 census	
	French Canadian* (including Cajun)	**French** (all, including French Canadian/Cajun)	% of total pop.	**Acadian/Cajun**	**French** (all, including French Canadian/ Cajun)
Jefferson	39,263	66,446	27.8	2,203	25,830
Orange	15,783	26,483	32.9	1,598	12,202
Liberty	3,488	7,769	14.7	128	3,453
Hardin	3,402	7,685	18.6	346	4,197
Chambers	3,233	5,349	26.6	174	2,160
Jasper	1,949	4,059	13.1	276	1,826
Tyler	771	2,329	14.0	53	1,178
Newton	1,009	1,817	13.4	108	921
Sabine	481	1,162	12.1	18	569
Harris (Houston)	59,345	192,019	6.8	2,619	97,433
Dallas	17,001	88,216	4.8	483	45,323
Tarrant (Ft. Worth)	13,690	67,991	5.8	•578	39,539
Bexar (San Antonio)	12,780	51,735	4.4	415	32,142
Travis (Austin)	8,096	34,155	5.9	706	26,794
TEXAS total	**264,986**	**965,448**	**5.7**	**15,276**	**552,959**
Louisiana parish	**1990**			**2000**	
Orleans	13,818	66,927	13.4	826	30,514
Lafayette	99,107	138,041	83.8	5,145	53,689

**In 1990 totals, the bureau included Cajuns with French-Canadians. Source: adapted from the U.S. Census 2000 and 1990.*

Tableau démographique des recensements de 1990 et de 2000

Le Texas est grandement redevable aux Cadiens et à leur culture. Sans leur éthique professionnelle rigoureuse et leur travail assidu, l'exploitation des champs pétrolifères du Texas n'aurait peut-être pas atteint un tel calibre mondial. Sans le gombo, les écrevisses et la musique cadienne, notre vie serait très peu diversifiée. L'apport des Cadiens à l'économie et à la culture du Texas a enrichi la vie de tous les citoyens du Texas.

Les Acadiens de France — de 1758 à aujourd'hui

Warren A. Perrin

Avant 1758, aucun Acadien n'avait été déporté directement en France, bien que certains aient entrepris le voyage de leur propre chef, mais lorsque la Forteresse de Louisbourg tomba aux mains des Britanniques, au-delà de 3500 Acadiens de l'Île Saint-Jean et de l'Île Royale (aujourd'hui l'Île-du-Prince-Édouard et le Cap-Breton) y furent déportés. Ils furent toutefois moins nombreux à se rendre à destination puisque deux des navires, le *Violet* et le *Duke William*, coulèrent au cours du voyage, emportant avec eux 700 Acadiens. Des centaines d'autres ont péri au cours du voyage ou peu après leur arrivée en France. Les navires qui transportaient ces Acadiens ont accosté dans les villes portuaires françaises de Saint-Malo, Le Havre, Cherbourg, Brest et Boulogne-sur-Mer. Un groupe d'Acadiens sont arrivés à Boulogne-sur-Mer alors que leur navire avait été dévié de son trajet au cours d'une tempête; il ne restait que 179 survivants à bord.

En 1759, lorsque le Canada (Québec) tombe lui aussi, des centaines de prisonniers de guerre, y compris de nombreux Acadiens, sont envoyés en France. Et en 1763, après que le Traité de Paris mit fin à la guerre de Sept Ans, 753 Acadiens qui, depuis 1756, habitaient à Falmouth et à Southampton en Angleterre allèrent rejoindre les leurs, en 1763, à Morlaix et à Saint-Malo[1].

De façon générale, tous ces Acadiens déportés en France vivaient dans des conditions misérables dans les villes portuaires, et ce, même après plusieurs tentatives pour les installer ailleurs. En 1785, lorsque l'occasion de quitter la France s'est présentée, plus de 1600 d'entre eux ont choisi de migrer en Louisiane.

Les Acadiens se sont installés majoritairement dans 37 petites villes autour de la région de Saint-Malo. Il s'agit de Châteauneuf, Château Malo, Corseul, Dinan, Paramé, Piouer, Pleslin, Pleudihen, Langrolay, Bonaban, La Gouesnière, Pleurtuit, Ploubalay, Saint-Briac, Saint-Cast, Saint-Coulomb, Saint-Enogat, Saint-Lunaire, Saint-Jouan-des-Guérets, Saint-Méloir-des-Ondes, Saint-Servan, Saint-Suliac, Taden, Tréméreuc et Trigavou. Mais certains Acadiens se sont retrouvés à Cherbourg, Boulogne-sur-Mer, Le Havre, Brest, Rochefort et d'autres villes côtières.

Après la déportation, le stratagème de la France visant à régler le problème des Acadiens a été étudié de façon approfondie et révélé par Christopher Hodson, historien à la Brigham Young University et spécialiste des débuts de l'empire français contemporain, dans son livre *The Acadian Diaspora : An Eighteenth Century History* (2012) [La diaspora acadienne, une histoire du 18e siècle]. Le gouvernement français pensait que les Acadiens finiraient par se fondre dans la population, mais les choses ne se sont pas passées ainsi. Ils vivaient de l'aide sociale, recevant six *sols* par jour. Le duc de Nivernois, mandaté par le gouvernement français pour veiller au sort des Acadiens, avait proposé un plan d'établissement qui aurait pu fonctionner, mais qui a néanmoins été ignoré par le gouvernement.

Les Acadiens sont devenus des pions dans les affaires internes du gouvernement. Un certain nombre de plans, dont aucun n'était favorable aux Acadiens, ont été étudiés et peu ont été mis à l'essai. Mais, de façon générale, le gouvernement tentait de les établir sur les mauvaises terres ou dans des colonies françaises où le climat était rude. Par exemple, en 1762, le ministre des Affaires étrangères, Étienne François, de Choiseul avait pour tâche de peupler les colonies françaises des tropiques et il a poussé les Acadiens à s'y installer. Il réussit à convaincre plusieurs centaines d'entre eux d'aller en Guyane française. Après un essai qui s'est soldé par un échec en raison de la maladie et du climat, les survivants mal approvisionnés revinrent en France. Un échec semblable se produisit quand les Acadiens tentèrent de coloniser les îles Malouines.

En 1765, Étienne François tente à nouveau d'établir quelque 78 familles d'Acadiens à Belle-Île-en-Mer, une île française au large de la Bretagne, mais la colonie échouera au bout de sept ans, à la suite d'épidémies animales, de mauvaises récoltes, de la sécheresse et de la résistance de la population locale. Certains sont revenus à Saint-Malo et à Morlaix, et d'autres ont plus tard déménagé à Nantes. Toutefois, certains Acadiens ont demeuré sur l'île et, en raison de son isolement, du sang acadien coule dans les veines de la plupart des Bellilois et des Belliloises d'aujourd'hui; certains d'entre eux portent encore des noms acadiens.

Il est clair que le gouvernement français avait des points de vue divergents à propos des Acadiens. À certains moments, il songeait à récompenser leur patriotisme – comme les Acadiens s'y attendaient. Et à d'autres moments, ces derniers étaient considérés comme des paysans ingrats qui auraient dû faire plus d'efforts pour s'intégrer à la société française. En 1772, les Acadiens ont fait appel directement au roi. Les représentants des Acadiens ont informé le roi de leur situation misérable et lui ont demandé la permission de partir en Espagne. Le nouveau roi Louis XVI fut touché et décréta qu'il fallait trouver une place aux Acadiens, non pas en Espagne, mais en France. En 1772, Lemoyne, commissaire général de la marine, ordonna le recensement des Acadiens lors duquel on dénombra 2566 Acadiens répartis comme suit : 1727 à Saint-Malo, 228 à Cherbourg, 179 à Morlaix, 166 à Le Havre, 103 à Belle-Île-en-Mer, 79 à Rochefort, 42 à La Rochelle, 27 à Lorient, 10 à Bordeaux, 3 à Paris et 2 à Boulogne.

En 1772, le marquis Pérusse des Cars donna aux Acadiens certaines de ses terres dans la province du Poitou pour qu'ils les cultivent. Ironiquement, il s'agissait de la région même d'où étaient partis un grand nombre de leurs ancêtres, plus d'un siècle plus tôt. Cependant, les 1472 Acadiens qui y ont migré se sont retrouvés sur des terres stériles et sans abri.

En 1775, on construisit la Ligne acadienne — un long chemin droit le long duquel de petites maisons furent finalement construites pour y loger les Acadiens qui devaient verser un loyer élevé. La plupart des colons acadiens ont toutefois fini par abandonner la région, et presque tous ont déménagé à Nantes, regroupés en quatre convois. À la fin de l'année suivante, il ne restait que 160 Acadiens dans la région du Poitou, mais aujourd'hui leurs descendants se souviennent encore de leurs racines acadiennes. Pendant les dix années qui ont suivi, Nantes a compté la plus grande concentration d'Acadiens en France.

Selon l'historien Gérard-Marc Braud, également président de France-Louisiane et auteur de *From Nantes to Louisiana* (1999), 2000 Acadiens vivaient à Nantes en 1775. La France céda la Louisiane à l'Espagne en 1763, mais un grand nombre de représentants français sont restés dans la colonie en difficulté et ont encouragé l'immigration. À ce moment-là, la réussite de la réinstallation des Acadiens en Louisiane — laquelle avait commencé en 1764 — était bien connue des Acadiens de partout. Alors, parmi les Acadiens de France, l'intérêt suscité par la migration en Louisiane allait croissant. Ils souhaitaient y retrouver leurs frères et sœurs qui leur envoyaient régulièrement des lettres en soulignant les possibilités offertes par l'État des bayous[2]. Même si la principale préoccupation pour la prochaine décennie consistait à subvenir à leurs besoins les plus élémentaires, en octobre 1977, un petit groupe de 22 Acadiens obtint l'autorisation de voguer vers la Louisiane; ce qui eut pour effet de susciter un intérêt plus prononcé pour la migration transocéanique.

Aux environs de 1783, un Français du nom d'Henri Peyroux de la Coudrenière quitta la Louisiane pour la France. Avec l'aide du cordonnier acadien, Olivier Theriot, il œuvra à recruter des pionniers acadiens pour qu'ils déménagent en Louisiane. Au début, la France refusait de coopérer — après tout, la Louisiane était à ce moment-là une colonie espagnole —, mais ils arrivèrent finalement à un compromis vers la fin de l'année 1784. Ainsi, l'année suivante, environ 1600 Acadiens prenaient la mer à bord de sept navires pour se rendre en Louisiane. Six de ces navires sont partis de la région de Nantes/Paimboeuf. Un autre navire, *La Ville d'Archangel*, est parti de Saint-Malo.

Comme l'a mentionné Gérard-Marc Braud, un grand nombre de ces émigrants en partance pour la Louisiane ne connaissaient pas l'Amérique; un tiers d'entre eux seulement avait vu le jour sur ce continent. Le contingent qui a quitté la France en 1785 était jeune; les passagers de plus de 60 ans n'étaient que huit. La majorité du groupe était âgé de moins de 20 ans et beaucoup d'entre eux étaient de jeunes enfants. Par conséquent, la plupart d'entre eux ne connaissaient l'Acadie que par les histoires que leur avaient racontées leurs parents.

Les listes des navires semblent indiquer que les Acadiens partaient en famille — parfois composée de trois générations. Quelques Acadiens de Saint-Malo et de Mantes se sont déplacés vers l'île de Guernesey, l'Île-du-Prince-Édouard et la Nouvelle-Écosse. Même s'ils avaient consenti à ce voyage, il y eut malheureusement des familles séparées puisque certains de leurs proches, qui avaient marié des citoyens français, sont restés en France. En outre, les femmes sans enfant avaient tendance à rester en France.

Après que le septième navire eut quitté le port, il restait encore des milliers d'Acadiens en France. Lorsque le gouvernement français constata le succès de la migration, il interdit l'émigration d'autres Acadiens, ce qui signifiait que ceux qui y étaient encore y étaient pour de bon.

Au cours des années qui ont suivi, certaines histoires laissent entendre que quelques Acadiens se sont rendus en Louisiane, au Québec et à d'autres endroits pour se réinstaller et retrouver leur famille, mais aucun document ne l'atteste.

Aujourd'hui en France

Ces Acadiens restés en France se sont, pour la plupart, assimilés à la société française. Néanmoins, il y a encore aujourd'hui certaines régions, comme le Poitou-Charentes et Belle-Île-en-Mer en Bretagne où vous trouverez des Français et des Françaises qui reconnaissent spontanément et fièrement leur origine acadienne.

Aujourd'hui, de nombreuses associations acadiennes sont actives en France. Paris compte deux importantes associations acadiennes. En 1976, l'association les Amitiés acadiennes (aujourd'hui Amitiés France-Acadie) a été fondée par un Parisien passionné, dévoué et riche, Philippe Rossillon (1931-1997). À l'heure actuelle, cet organisme chapeaute toutes les associations acadiennes en France. Le groupe organise des voyages et des échanges étudiants avec l'Acadie (principalement avec les provinces maritimes du Canada), fait la promotion des événements culturels acadiens en France et offre des bourses d'études pour professionnels, le *Prix France-Acadie* annuel en littérature, et le *Prix du meilleur mémoire de maîtrise* portant sur un sujet acadien. De plus, l'association publie un bulletin de nouvelles sur les activités acadiennes en France et en Acadie. L'autre association ayant pignon sur rue à Paris est France-Louisiane/Franco-Américanie, laquelle effectue un travail similaire, mais avec les Cadiens de la Louisiane seulement.

Il existe aussi de nombreuses associations dans les régions de France, principalement en Poitou-Charentes, en Bretagne et en Normandie. En Bretagne, il y a les associations Belle-Île-Acadie sur l'île de Belle-Île-en-Mer et Bretagne-Acadie-Louisiane à Nantes et à Saint-Malo.

Dans la région du Poitou-Charentes, on retrouve La Maison de l'Acadie à Loudun, Les cousins acadiens du Poitou et La Ligne acadienne à Archigny; Châtellerault-Québec-Acadie à Châtellerault, et Falaise-Acadie-Québec à Falaise. En Normandie, l'association se nomme Amis du Canada et de l'Acadie (ACANAMI) et elle est installée à Saint-Ouen-du-Tilleul. Dans la région d'Aquitaine, l'Association Béarn-Acadie-Nouvelle-France est installée à Escout. La ferme musée acadienne — Les cousins acadiens du Poitou — est un des lieux de pèlerinage préférés des Acadiens qui visitent la France. Celle-ci organise chaque année une cérémonie pour célébrer le 15 août, la Fête nationale des Acadiens.

L'association Falaise-Acadie-Québec, créée en 1987, regroupe les amis de l'Acadie, les descendants et les historiens. Sa bibliothèque possède la documentation la plus riche sur l'Amérique française, y compris sur la nation amérindienne Mi'kmaq. L'association gère aussi un musée dans la chapelle du château de Falaise construit en 1648. C'est ici que Louis de Gannes servait la messe lorsqu'il était jeune homme; il deviendra plus tard un major des troupes à Port-Royal, en Acadie. De plus, de Gannes était le père des deux premiers prêtres acadiens, Louis Joseph, né en 1704, et Pierre, né en 1705. Son autre fils, Michel, était major à la Forteresse de Louisbourg.

À l'heure actuelle, en France, cinq festivals comprennent toujours dans leur programmation des activités acadiennes touchant diverses formes d'arts et de musique. Ces festivals sont *La semaine acadienne* à Saint-Aubin-sur-Mer, en Normandie; le *Festival les cousins d'Amérique* à Loudun, en Poitou-Charentes; *Les Francofolies* à La Rochelle, en Poitou-Charentes; le *Festival interceltique* à Lorient, en Bretagne et *Les nuits cajuns* à Saulieu, en Bourgogne.

Bibliographie

BRAUD, Gérard-Marc. *From Nantes to Louisiana*, Éditions La Rainette inc., 1999

HODSON, Christopher. *The Acadian Diaspora: An Eighteenth Century History*, Oxford University Press, 2012

MARTIN, Ernest. *Les exilés acadiens en France au XVIIIe siècle et leur établissement en Poitou*, Geste Éditions, 2012)

MAGORD, André. *Le fait acadien en France*, Geste Édition, 2010

Notes de fin

1. Voir l'article de Richard Holledge à la page 277
2. Voir la lettre de Semer à la page 286

Les Acadiens de Loudun en Poitou-Charentes, France

Michèle Touret-Bodin

Plusieurs familles originaires de la région de Loudun au Poitou, y compris La Chaussée et Saint-Jean de Sauve, se sont établies en Acadie au 17e siècle et sont devenues des Acadiens. En plus de fournir des colons, plusieurs dignitaires de la région de Loudun ont contribué à la fondation de l'Acadie. La fondation de l'Acadie suit le parcours de l'histoire de la France et sa destinée est liée étroitement aux différents événements politiques.

À la suite de l'établissement de Port-Royal en Acadie, en 1605, par Dugua de Mons, l'Habitation est entièrement incendiée en 1613 par les troupes britanniques de Samuel Argyle. L'Acadie est alors occupée pendant vingt ans par l'Angleterre. Cependant, en 1627, le roi de France, Louis XIII, négocie le Traité de Saint-Germain-en-Laye et l'Acadie est rétrocédée à la France. Le premier ministre, le cardinal de Richelieu, décide alors de réorganiser la marine française et de procéder au développement des colonies en Acadie et au Québec. Il crée La Compagnie des Cent-Associés, une entreprise économique qui permet de financer les équipements et les expéditions maritimes en Amérique. Le cardinal de Richelieu possède de nombreuses seigneuries à Richelieu et aussi à Loudun où est situé son château de Coussay-en-Mirebalais.

Il a auprès de lui son cousin Isaac de Razilly, Chevalier de l'Ordre de Malte, et son conseiller pour les affaires maritimes. Ce grand marin est un expert de renom en combats et en expéditions navales. Il est né au Château des Eaux-Melles, tout près de Loudun où il a fait ses études.

Maison natale d'Isaac de Razilly

Blason d'Isaac de Razilly

En 1632, le roi Louis XIII et le cardinal de Richelieu mandatent le seigneur de Razilly accompagné du géographe Samuel de Champlain et de son cousin, le seigneur Charles de Menou d'Aulnay, de développer un nouvel établissement en Acadie. En compagnie de « 300 hommes d'élite » (*La Gazette* de Théophraste Renaudot en témoigne), le nouveau gouverneur va s'établir à La Hève (aujourd'hui La Have, Nouvelle-Écosse). Il établit là la première école pour l'éducation des enfants des colons ainsi que de la communauté amérindienne de la région. Son action, bien que brève (il meurt en 1636), est déterminante pour la colonisation en Acadie.

Portrait de Menou d'Aulnay, en 1642

Son capitaine, le seigneur Charles de Menou d'Aulnay, prend alors la relève et continue le développement de la présence française en Acadie. Il décide d'intensifier la mise en valeur des terres aux alentours de Port-Royal. Il recrute alors de nouveaux fermiers. Sa mère, Nicole de Jousserand, possède l'importante seigneurie d'Aulnay (domaine féodal) située près d'Aulnay, de Martaize et de la Chaussée, au Poitou. En 1643, elle lègue à son fils le droit de gérer les terres et les fermiers qui y vivent. Plusieurs fermiers partent et font le grand voyage vers l'Acadie, attirés par la promesse d'exploiter les terres proposées et d'en devenir propriétaires.

Dans le but d'aider Charles de Menou d'Aulnay, le seigneur Martin Le Godelier, propriétaire de La Chaussée, le rejoint. Expert en agriculture, il souhaite lui apporter son aide. Il quitte La Chaussée, emmenant son fils René et quelques fermiers. Malheureusement, il meurt quelques mois après son arrivée à Port-Royal.

Blason de Menou d'Aulnay

Le Domaine de Martin Le Godelier, à La Chaussée

Église de La Chaussée datée du 17e siècle

Bref, ces trois nobles français ont quitté la région de Loudun accompagnés de plusieurs colons venant de ce vieux pays de France et ont participé à bâtir un Nouveau Monde. Les villages autour de Loudun qui ont fourni des colons à l'Acadie sont Oiron, Brie, Martaizé, Aulnay, Guesnes, Algliers et La Chaussée.

Selon les recherches publiées dans la thèse d'une ethnologue et généalogiste réputée, *Les parlers français d'Acadie*, plusieurs familles issues des différents villages de la région loudunaise sont des pionnières de l'Acadie. Elle relève, en effet, dans les archives paroissiales de La Chaussée que Madeleine et Andrée, filles de Vincent Brun et Marie-Renée Brault, furent baptisées dans cette église en 1645 et 1646. La famille s'installe à Port-Royal et trois autres enfants naissent en Acadie. Madeleine épouse Guillaume Trahan en seconde noce et elle est l'ancêtre de tous les Trahan d'Amérique et d'ailleurs.

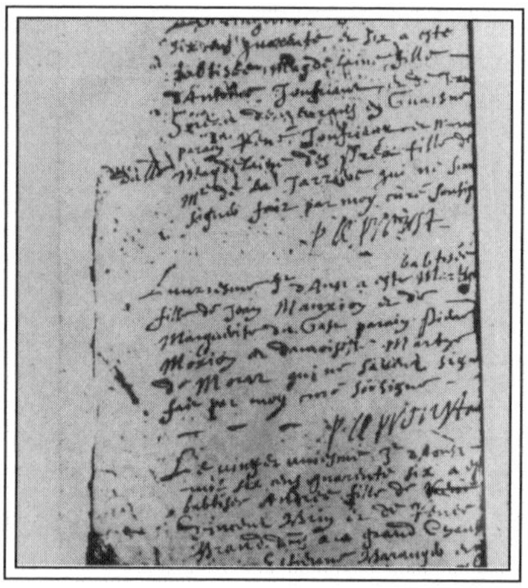

Acte de baptême d'Andrée Brun aux Archives départementales, La Chaussée

Notre région de Loudun est fière de faire connaître ce patrimoine qui nous relie à l'Acadie. C'est la raison pour laquelle l'Association La Maison de l'Acadie travaille depuis trente ans sur les documents mis en valeur par Geneviève Massignon. Notamment, grâce à des archives privées, on a récemment découvert où Étienne Robichaud (Rébéchau) et sa famille ont vécu et travaillé à La Chaussée.

La Maison de l'Acadie à La Chaussée au Poitou

Située près de l'église de La Chaussée, La Maison de l'Acadie est un lieu de mémoire où les Acadiens du monde entier sont accueillis. Ils peuvent y mener des recherches sur leurs racines familiales. La Maison que l'on surnomme « la petite maison au grand cœur » n'est pas un musée, mais plutôt un lieu de retrouvailles qui accueille des amis. Les membres de l'Association, tous bénévoles, souhaitent donner aux visiteurs le sentiment d'être à la maison.

La Maison de l'Acadie est ouverte du 1er juillet au 31 août. Le musée présente l'histoire des familles du Loudunais parties en Acadie au 17e siècle. L'Association de la Maison de l'Acadie a pour vocation non seulement la poursuite des recherches généalogiques sur les familles acadiennes originaires du Loudunais, mais aussi l'animation de l'histoire acadienne. La Maison de l'Acadie participe de l'ensemble des associations régionales affiliées aux Amitiés France-Acadie. Elles organisent des dîners-spectacles et des concerts de musique acadienne. Le 7 août 2013, lors du dernier concert d'Angèle Arsenault a interprété notamment sa chanson fétiche *Grand-Pré*; elle est décédée peu de temps après...

L'association Les Cousins acadiens du Poitou a été créée en 1980 dans le but de rassembler les descendants d'Acadiens vivant dans le Poitou et de favoriser les échanges entre les familles de cette région et celles de l'ancienne Acadie au Canada et de la Louisiane aux États-Unis. Un service « généalogie acadienne » a été mis en place pour satisfaire les familles qui désirent effectuer des recherches sur leurs ancêtres acadiens. Depuis sa création, l'association a vu croître l'intérêt pour le patrimoine, et c'est tout naturellement qu'elle a ajouté à ses objectifs la découverte, la restauration et l'animation de ce patrimoine acadien unique avec Le musée des Huit-Maisons, installé dans la ferme no 10 qui fut donnée par Mme Gabrielle Papuchon Bernard.

Ensuite, la ferme no 6, fut « restaurée à l'authentique ». Deux pièces sont réservées à l'association, l'une pour la bibliothèque sur l'Acadie et l'autre pour les archives. Une grande salle permet d'organiser conférences et expositions.

Ces deux bâtiments sont classés aux Monuments historiques. Chaque année, le 15 août, Les Cousins acadiens du Poitou célèbre la Fête nationale acadienne au musée des Huit-Maisons. C'est une journée conviviale qui connaît un grand succès et durant laquelle enfants et parents déjeunent, s'amusent, écoutent de la musique acadienne et cadienne. Chaque année, un nouveau spectacle est offert. D'autres activités comprennent un dîner dansant où s'y rencontrent tous ceux qui aiment l'Acadie, descendant ou non de ce pays sans frontières. Le musée acadien des Huit-Maisons à Archigny nous permet d'accueillir des visiteurs sur une période qui s'étend de mars à octobre. Ces visites sont l'occasion de faire découvrir l'épopée du peuple acadien. L'association participe aussi aux différentes manifestations organisées au sein du département comme les journées des associations, les salons, et les journées du patrimoine. En relation avec l'association Amitiés France-Acadie, elle bénéficie de ses activités avec l'étranger.

LES ACADIENS DE BELLE-ÎLE-EN-MER, FRANCE

Maryvonne Le Gac et Danielle Blancaneaux

Rien ne destinait la petite île bretonne Belle-Île-en-Mer et l'Acadie à un quelconque rapprochement... Jusqu'à ce que l'histoire vienne lier pour toujours ces deux terres éloignées. Victimes d'une succession de traités de paix qui ne conduisaient qu'à des déclarations de guerre, les Acadiens furent chassés des terres dont ils avaient fait leur patrie, condamnés aux humiliations de la déportation, de l'exil et de migrations.

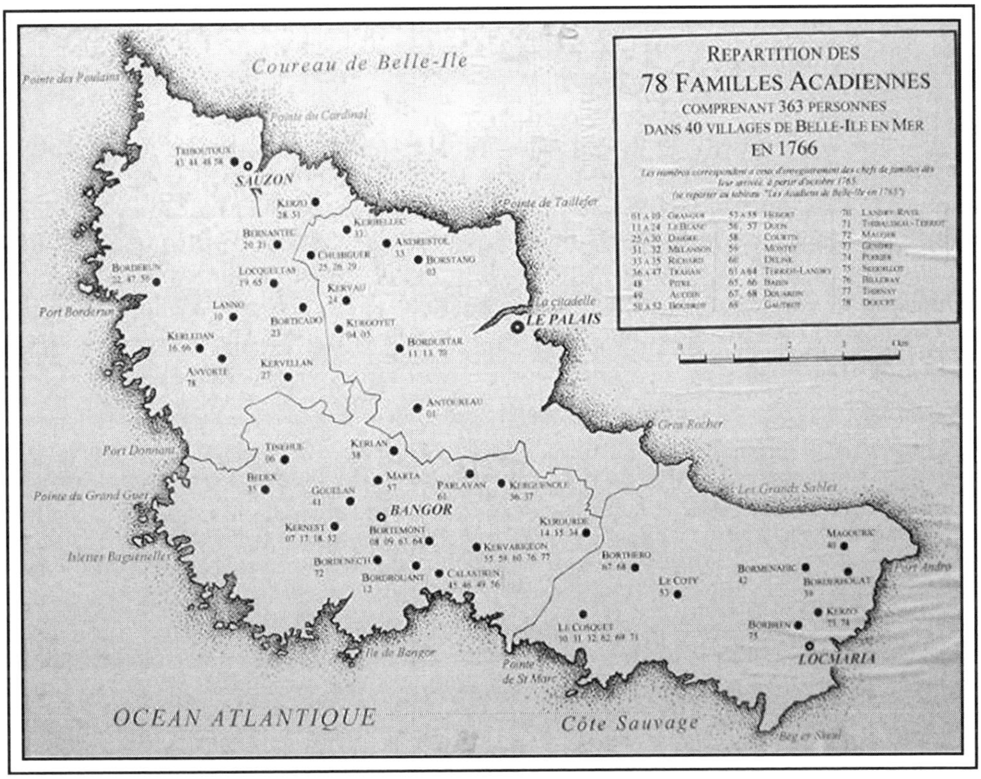

Cette carte de Belle-Ile-en-Mer illustre la répartition des terres.

C'est alors que grâce à la volonté d'un homme extraordinaire, l'abbé Jean-Louis LeLoutre, 78 familles, soit 363 personnes de tous âges, dans des conditions exceptionnelles, vont finalement être installées à Belle-Île-en-Mer. Les exilés du monde occidental réussiront le même exploit : s'implanter dans un pays nouveau, s'intégrer à une population pas forcément compréhensive et finalement faire souche à tel point qu'aujourd'hui les Acadiens de Belle-Île peuvent être considérés comme l'exemple type d'une intégration réussie et Belle-Île, la terre d'accueil exemplaire d'un peuple sans nation qui a fait de ces êtres humains des « citoyens de l'Atlantique ».

L'abbé Jean-Louis LeLoutre, l'ami des Acadiens.

En 1756, durant la désastreuse guerre de Sept Ans, Belle-Île connaîtra à la fois les pires assauts et le déshonneur de la défaite. Pourtant, c'est aussi cette même guerre, fatale pour les colonies françaises d'Amérique, qui permettra la rencontre de Belle-Île et de l'Acadie. Ensuite, la célèbre bataille des Cardinaux de 1759 marquait la fin de la marine française de l'ancien régime. Alors que la guerre se poursuivait en Asie où la France perdait les Indes, le roi George III décidait de prendre Belle-Île, en Bretagne, à quelques encablures de la côte française.

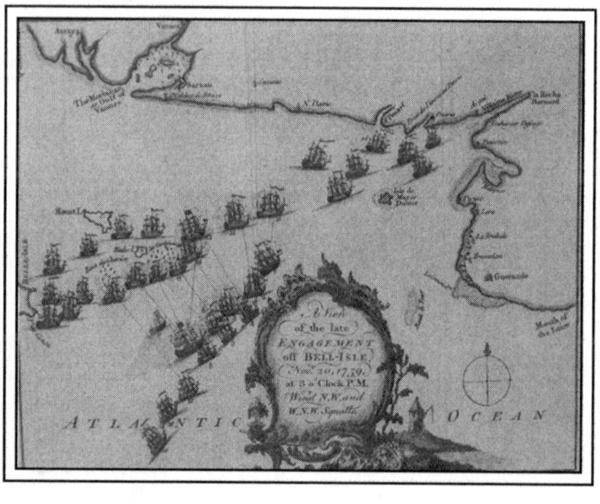

Bataille pendant la guerre de Sept ans.

Belle-Île tombe aux mains des Anglais le 3 juin 1761. Le Traité de Paris, signé le 10 février 1763, fut l'un des plus importants documents pour l'avenir du monde. Les Acadiens posaient un vrai problème, il était impossible de laisser dans le dénuement ces Français fidèles à leur roi et à leur religion, après tant d'années de bannissement et d'errance. En mai 1763, quatre navires quittent les ports anglais emportant 778 prisonniers acadiens pour Saint-Malo et Morlaix, où ils retrouvaient bon nombre de leurs concitoyens. Il fallait les établir sur des terres d'accueil.

L'entrepôt de grains de la seigneurie à Belle-Ile-en-Mer.

Dès le mois de juin, un mois après leur arrivée, trois chefs de famille acadiens venaient à Belle-Île afin d'examiner les possibilités d'établissement. Ces trois chefs de famille, Joseph-Simon Granger, Honoré LeBlanc et Joseph Trahan, originaires de Grand-Pré de la région du bassin des Mines en Acadie, resteront les porte-paroles et les interlocuteurs des Acadiens pendant les formalités d'installation. Ils allaient être aidés dans ces négociations par l'éminent personnage originaire de l'Acadie, l'abbé LeLoutre. À Belle-Île, il ne pouvait compter que sur l'alliance et la sympathie du baron Richard-Auguste de Warren, gouverneur de l'île, qui voyait de la façon la plus favorable l'arrivée d'une population nombreuse et laborieuse, capable de ressusciter l'économie de l'île. Il avait contre lui les recteurs des quatre paroisses et tous les Bellilois qui ne comprenaient pas pourquoi on allait donner leurs terres à des « étrangers ».

Le baron Richard-Auguste de Warren, gouverneur de l'île.

On réalise pour la première fois en France, un « afféage[1] » de l'île. Vingt-quatre ans avant la Révolution, le roi abandonnait son domaine royal pour donner les terres de Belle-Île à ceux qui les cultiveraient — Bellilois et Acadiens. Dès l'annonce de la venue des Acadiens, en 1763, les ingénieurs, commissaires et arpenteurs arrivent sur l'île et leur travail se termine — non sans mal — en décembre 1766. Les Acadiens souhaitent se regrouper dans une sorte de paroisse nouvelle afin de vivre entre eux, mais le gouverneur de Warren veut les disperser dans les quatre paroisses de l'île afin qu'ils s'intègrent à la population. Il fallait, au plus tôt, construire des maisons et acheter du matériel et des animaux.

Plaque relative aux Acadiens, sur la rue de la Manutention.

La première famille acadienne arrive, de Saint-Malo, le 24 septembre 1765. Il s'agit d'Armand Granger, de son épouse Marguerite Terriot (Thériault) et de leurs trois enfants, de Rivière-aux-Canards dans le bassin des Mines. Les derniers Acadiens arrivent le 30 octobre lors d'une violente tempête. Provisoirement, on décide de loger les arrivants dans les grands magasins qui servent à entreposer les grains et dans d'anciennes casernes.

Le 28 novembre 1765, l'abbé LeLoutre et l'inspecteur Isambert établissent « l'état des familles acadiennes passées à Belle-Île-en-Mer ». Cette liste donne un numéro à chaque chef de famille. Les 78 familles seront réparties en 40 villages. L'abbé LeLoutre doit s'occuper de la construction des petites maisons de 27 mètres carrés au sol, aux ouvertures basses et étroites, construites avec le schiste local, couvertes de chaume ou d'ardoises. Le premier mariage « mixte » à Belle-Île est celui de Laurent Babin, né à Grand-Pré, et de Françoise Carrière du Palais, en février 1766.

Une maison d'origine acadienne

Dix années plus tard, 22 chefs de famille quittent leurs concessions. Les contrats destinés à céder définitivement les terres issues du partage sont les célèbres « contrats d'afféage » signés en décembre 1766. Les afféagistes ne pouvaient vendre leurs terres avant le 1er janvier 1776. Il fallait ensuite reconstituer l'état civil des familles acadiennes de Belle-Île. En 1775, 64 familles acadiennes, soit 450 âmes, vivent à Belle-Île. Plusieurs familles s'installent à Nantes, et 125 Acadiens de Belle-Île partent pour la Louisiane, non pas à cause de l'échec de leur établissement, mais en raison de l'impossibilité de faire vivre tous les membres d'une même famille. Désormais, l'histoire des Acadiens se confond à celle de Belle-Île.

Bien avant que n'existe une association acadienne, Belle-Île-en-Mer n'avait pas perdu sa mémoire. L'histoire acadienne était enseignée à l'école, même si elle ne figurait pas dans les manuels officiels de l'Histoire de France. En 1965 et 1966, les premières « retrouvailles » sont organisées pour fêter le 200e anniversaire de l'arrivée des Acadiens à Belle-Île. Une importante délégation de personnalités acadiennes du Canada atlantique et de la Louisiane est venue renouer officiellement avec la petite patrie de leurs ancêtres.

Rencontre des Granger et Thomas en 1907. Parmi ces personnes, Saint Amant Granger, Marie-Josephe Thomas, Adolphe Thomas et Madeleine Granger

On fonde l'association Belle-Île-Acadie. Bientôt, une plaque commémorative est dévoilée et on fait l'acquisition de tableaux relatant l'histoire du peuple acadien qui sont placés dans le musée de la Citadelle, avec le drapeau acadien. En 1986, on inaugure le « Quai de l'Acadie » au Palais. En 1995, un jumelage est établi entre la Citadelle et la Société historique de Moncton (N.-B.). Au même moment, commence des échanges d'étudiants d'un collège de Belle-Île avec l'école secondaire de la Baie Sainte-Marie (N.-É.) et avec Pubnico (N.-É.). En 1996, l'association parisienne, Les Amitiés acadiennes, fête son 20e anniversaire à Belle-Île et les 30 ans de Belle-Île-Acadie. De nombreuses personnalités d'Acadie et de France y participent. L'historien Jean-Marie Fonteneau fait paraître aux éditions Ouest-France : « *Les Acadiens, citoyens du monde* ». Il reçoit pour cet ouvrage la médaille d'Histoire de l'Académie française de Marine et le prix Samuel de Champlain décerné par France-Amérique.

Aujourd'hui, Belle-Île-en-Mer entretient la mémoire acadienne. Depuis 1966, l'association Belle-Île-Acadie participe à des échanges avec les provinces maritimes du Canada et avec la Louisiane, ainsi qu'avec le Poitou en France. Ces échanges assurent la renaissance de la vie acadienne.

Hélène-A. Le Guennec, du patronyme acadien Granger, est née le 18 août 1897 au Palais, à Belle-Île-en-Mer. Elle est membre des Corps francs vengeance, réseau Évasion du Finistère, un groupe secret de la résistance française contre les nazis. La famille Le Guennec est arrêtée au complet sur dénonciation, à Quimper le 20 janvier 1944. Les enfants, Henri, 23 ans (nom de code Marc), mourra en déportation à Neuengamme, et Jacques, 19 ans (nom de code Yves), mourra dans le train l'emmenant en déportation. Seuls, les plus jeunes, Monique et Michel, 8 ans, seront relâchés. Hélène (nom de code Lina) est déportée de Rennes, le 2 août 1944, vers Belfort à la frontière allemande et ensuite transférée au camp de concentration pour femmes à Ravensbrück en Allemagne, où elle est tuée le 28 février 1945. Son matricule était 62907.

En 1976, un mariage entre les Granger et les Thomas. De gauche à droite : Robert Granger, A. M. Granger, Yvonne Pelleau, Raoul Pelleau, Cécile Granger, Bernadette Granger, Isabelle Guillaume, Annie Granger (les deux enfants, Didier Guillaume et L.D. Granger), Diane Granger, Michel Granger, M. T. Guillaume, recteur de Locmaria, M. Petit, Ernest Guillaume, Marie-Josephe Thomas, et debout à l'arrière, J. L. Guillaume, Joseph Thomas, Dominique Thomas, Hélène Thomas, Simone Thomas et Adolphe Thomas.

Conclusion

La presse s'est emparée de l'Histoire et de la réalité acadiennes. Les réunions du Congrès mondial acadien racontent l'épopée et permettent d'expliquer l'internationalité et l'importance du « monde acadien ». Belle-Île n'a rien d'un « parc historique » ni d'une « île musée », c'est le paysage tout entier qui est imprégné par 250 années de présence acadienne. L'histoire acadienne a retrouvé sa place dans l'Histoire de la France.

Ray Trahan et Brenda Comeaux-Trahan de la Louisiane, devant le monument acadien de Belle-Île-en-Mer, le 15 août 2012

Bibliographie

Le texte est extrait du livre *Les Acadiens du Canada à Belle-Île-en-Mer* (2004) de Jean-Marie Fonteneau, conservateur de la Citadelle Vauban et publié par l'Association Belle-Île-Acadie.

Notes de fin

1. Cession d'une portion des terres nobles d'un fief contre une redevance versée par l'acquéreur

Les Acadiens de Saint-Pierre et Miquelon, France

Françoise Enguehard

L'île de Saint-Pierre. Le port de plaisance fait face à un certain nombre d'autres îles.

L'archipel des îles Saint-Pierre et Miquelon se situe à quelques milles nautiques seulement de l'île de Terre-Neuve, en plein milieu de la région du Canada atlantique. Idéalement situées près des bancs de pêche et sur la route menant du vieux continent au golfe du Saint-Laurent et à la Nouvelle-France, ces îles ont été au cœur de l'histoire mouvementée de l'Amérique française, passant de la France à l'Angleterre au gré de guerres et de traités de paix, avant de revenir définitivement à la France en 1816. Aujourd'hui, Saint-Pierre et Miquelon sont les seuls vestiges concrets de la Nouvelle-France, la seule terre de France en Amérique septentrionale et son histoire acadienne, si mal connue, constitue un des chapitres les plus cruels du Grand Dérangement.

Les îles Saint-Pierre et Miquelon furent d'abord fréquentées par des pêcheurs saisonniers portugais puis français qui s'installaient temporairement pour la pêche à la morue et regagnaient l'Europe à l'automne. Joas Alvarez Fagundes y passa en 1520, puis Jacques Cartier qui, en 1536, au retour de son second voyage au Canada y trouva « plusieurs navires, tant de France que de Bretaigne ». Petit à petit, vers la fin du XVIIe siècle, une population permanente s'installa à Saint-Pierre et Miquelon et fut mise sous la responsabilité de Plaisance, siège de la colonie française de Terre-Neuve. Lorsqu'en 1713 fut signé le Traité d'Utrecht, les habitants de l'archipel, tout comme ceux de Plaisance, reçurent l'ordre de partir à l'Île Royale (aujourd'hui le Cap-Breton) et durent s'exécuter, bien que l'histoire révèle que certains d'entre eux préférèrent se cacher sur place et qu'ils y accueillirent même quelques Acadiens venus du Cap-Breton. Ainsi, durant cinquante ans, alors que les Acadiens commençaient le long calvaire de la déportation (1755-1763) et que la France perdait l'Île Saint-Jean, Louisbourg et l'Île Royale (1758), l'archipel resta sous pavillon britannique.

En 1763, le Traité de Paris mit fin à la guerre de Sept Ans et, faute de récupérer l'Île Royale, la France réussit tout de même à reprendre Saint-Pierre et Miquelon. Le traité n'était pas encore officiellement signé que le roi Louis XV travaillait à la reprise de possession de l'archipel. Le titre de gouverneur de Saint-Pierre et Miquelon fut attribué au sieur Dangeac et celui de capitaine d'infanterie au baron de l'Espérance, natifs respectivement de Plaisance et de Port-Dauphin (Île Royale). Parmi ses instructions, le roi précise qu'il s'attend à ce que les Acadiens soient très nombreux à vouloir passer des États de la Nouvelle-Angleterre et il recommande d'en accueillir le moins possible (*vieux français*) : « Leur trop grande affluence pourroit donner quelque sujet de jalousie aux établissements anglois voisins ».

On s'en doute, la nouvelle du retour des îles Saint-Pierre et Miquelon dans le giron de la France se répandit comme une traînée de poudre parmi les Acadiens déportés. Dangeac avait à peine mis le pied dans l'archipel avec plus d'une centaine d'hommes recrutés en France, qu'un premier groupe de 116 Acadiens y accostait aussi : « Ils venaient de Boston, Roxbury, Charletown, Savannah, Tinten et de nombreux autres villages; ils portaient seulement quatre noms de famille : Hébert, Vigneau, LeBlanc et Sire (Cyr)[1] ». C'était déjà bien plus de bouches à nourrir que les vivres et provisions alloués par Versailles ne pouvaient satisfaire, mais il est clair que Dangeac, tout comme le baron de l'Espérance, répugnait à appliquer les ordres de Versailles au sujet des Acadiens. Le premier hiver fut si rude que les nouveaux venus se réfugièrent sur l'île de Langlade où le terrain offrait une meilleure protection contre les éléments et les boisés de quoi se chauffer; ils construisirent « des cases faites de piquets de sapin plantés en terre, sans doublage, d'une couverture en gazon et d'une cheminée en torchis de foin et de glaise »[2]. Pendant ce temps, à Versailles, on concevait un plan pour transférer les Acadiens restés en France et ceux de l'archipel vers Cayenne.

En août 1764, un second groupe d'Acadiens et Acadiennes arriva dans l'archipel en provenance de Chedebucto, de la pointe de Beauséjour et de Beaubassin. Ils étaient 110 et « s'appelaient Laforest, Boudreau, Vigneau, Le Male, Chiasson, Bourgeois, Cormier, Bertrand, Comeau, Arsenau, Lapierre, Deveaud, Boudret, Dousset, Renaud, Poirier, Oncle, Brand, Gaudet, Hébert, Mirat, Le-

Blanc, Pire, Sire et Gautier. »[3] Il est fort probable, comme l'indique Michel Poirier, que ces gens furent amenés à Saint-Pierre et Miquelon sur le *St-Jacques,* navire appartenant à Jacques Vigneau, le représentant du premier groupe d'Acadiens arrivé l'été précédent et qui désirait ainsi réunir les membres de sa famille, dont son frère Joseph. Tous ces pauvres gens allèrent s'installer à Miquelon d'où le gouverneur Dangeac et le baron de l'Espérance tentèrent de les persuader de partir pour Cayenne. Peine perdue, les Acadiens répondirent poliment qu'ils remerciaient le roi de son offre, mais « quelqu'avantage qu'on nous propose [...] et quelque menace qu'on nous fasse pour le faire, nous préférons la vie à tout, et jamais nous n'accepterons le parti de quitter ce climat ici. »

En octobre 1765, 111 Acadiens de plus arrivent de l'Île Saint-Jean et de Halifax, puis 72 autres embarqués à Beauséjour pour soi-disant aller à Halifax et dont le navire fit escale, comme par hasard, à Miquelon d'où ses passagers ne voulurent plus repartir. Cela faisait beaucoup de monde, trop pour une petite colonie bien précaire. En août 1766, Versailles informe qu'on ne peut pas garder ces Acadiens sur place et qu'ils doivent rentrer en France, faute de quoi ils ne recevront plus de vivres à compter du mois de mai de l'année suivante. Ainsi fut fait, mais les Acadiens persistent à ne pas bouger et le roi décide alors de renvoyer en France toutes les familles acadiennes. On sent la tristesse du gouverneur Dangeac lorsqu'il écrit à Versailles: *(en vieux français)* « Me voici bientôt à la fin de l'émigration des habitants de ces îles. Elle m'a occasionné beaucoup de peines et d'embarras et sans doute il en coûte, quand il faut arracher de leurs établissements de pauvres misérables qui ont sacrifié le fruit de tous leurs travaux pendant quelques années pour se les former et sont forcés de les abandonner dans le temps qu'ils commençoient à en tirer quelqu'avantage »[4].

S'entame alors une période de va-et-vient entre la France, Saint-Pierre, Miquelon, l'Acadie et l'Amérique. Tandis que certains Acadiens traversent l'Atlantique pour Nantes, Saint-Malo, Lorient, Brest et Rochefort, d'autres partent pour l'Île-du-Prince-Édouard, le Québec, la Louisiane et le Nouveau-Brunswick. C'est ainsi que vingt-quatre familles de Miquelon fondent Cocagne où ils obtiennent « les premières concessions accordées à des Acadiens ».[5] Six mois plus tard, sans qu'on en sache exactement la raison, Choiseul change d'idée et permet aux Acadiens ramenés de force en France de repartir pour Saint-Pierre et Miquelon – ce que presque 200 d'entre eux font. Pourtant l'année suivante, certains demandent à rentrer en France tant il souffre d'un manque de tout. D'autres arrivent dans l'archipel, tandis que d'autres encore repartent en Acadie auprès de parents plus aisés.

Malgré tout, au fil des années, le sort des Acadiens installés à Miquelon s'améliore; lors du recensement de 1776, on indique 649 sédentaires (Acadiens) et 129 hivernants (pêcheurs venus de France qui passent l'hiver avec les habitants pour pouvoir commencer la pêche au printemps), 107 maisons, 64 étables, 222 bêtes à cornes, 73 chevaux et 106 moutons, sans compter les installations et embarcations de pêche.[6]

La tranquillité à laquelle les Acadiens aspiraient tant fut de courte durée : en 1778, le gouverneur de Terre-Neuve débarque à Saint-Pierre et Miquelon et les habitants se voient contraints une nouvelle fois à l'exil. Ils arrivent en France où ils attendent cinq ans que l'archipel revienne une fois de plus à la France, ce qui fut fait par le Traité de Versailles de 1783. De tous les ports de France où ils avaient trouvé refuge, les Acadiens s'inscrivirent pour rentrer « chez eux »; malheureusement, seules 240 personnes furent autorisées à revenir cette première année. En effet, puisque tout était à reconstruire (les Anglais ayant pris ce qu'ils voulaient avant d'incendier le reste des établissements), le roi ne permit que le passage d'hommes forts et aptes à reconstruire. D'autres familles acadiennes revinrent au cours des années qui suivirent et reprirent leurs activités de pêche et d'agriculture, de telle sorte que dès les années 1790, certaines d'entre elles étaient prospères et pouvaient espérer enfin vivre en paix.

C'était compter sans la Révolution française qui commença à faire sentir ses effets à Saint-Pierre en 1790. Un club de la constitution fut créé, suscitant des querelles entre les habitants et des échauffourées qui coûtèrent la vie à une jeune fille tuée par une balle perdue. Cette situation politique agitée dura jusqu'en 1793, au grand désespoir des Acadiens de Miquelon. Le 12 avril de cette année-là, un groupe de 250 à 300 d'entre eux quitta Miquelon pour les Îles de la Madeleine et l'Île Madame avec leur curé, l'abbé Allain. Bien leur en prit, puisque cette même année, le 26 août, les Anglais débarquèrent dans l'archipel et en prirent possession. Ils déportèrent la population de Saint-Pierre, mais autorisèrent les Acadiens restés à Miquelon à demeurer chez eux, espérant ainsi profiter de leur pêche et de leurs fermes. Personne ne s'étonnera que les Acadiens aient décidé de plier bagage une fois de plus pour retourner en France où la misère les attendait de pied ferme.

C'est en 1816 que les Acadiens purent revenir, une fois pour toutes, aux îles Saint-Pierre et Miquelon. Certains d'entre eux, comme Marguerite Vigneau, épouse d'Alexis Poirier, née à Grand-Pré, mettait ainsi fin à une vie d'exil (elle connut six « dérangements »). En 1818, le plan de Miquelon fait état de 48 habitations appartenant notamment à des Poirier, Coste, Vigneau, Mouton, Doucet, Boudrot, Beliveau. Leurs descendants sont encore fièrement là, certains à Saint-Pierre mais la majorité à Miquelon où on célèbre le patrimoine acadien.

Au fil des siècles, les noms acadiens des origines ont quelque peu disparu au profit de patronymes basques — Detcheverry, Etcheverry, Orsini —, mais les Miquelonnais et Miquelonnaises d'aujourd'hui ont à peu près tous du sang acadien. Ils ont participé avec beaucoup d'enthousiasme aux événements entourant le 400e anniversaire de l'Acadie en 2004, entretiennent des relations culturelles, sportives et commerciales soutenues avec les Acadiens des Îles de la Madeleine et ont érigé au cœur de leur village un monument de l'odyssée acadienne. Leur association culturelle, Miquelon-Culture-Patrimoine, tisse patiemment des liens solides avec l'Acadie du Nouveau-Brunswick et encourage la préservation des traditions. Dans le cimetière de Miquelon, aux côtés de nombreux Mi'kmaq, près de la tombe d'Anne-Claire Dupont de Renom, femme du baron de l'Espérance, native de l'Île Royale, reposent de nombreux Acadiens à qui les touristes acadiens de passage rendent visite avec grande émotion.

Nul doute que les Acadiens de Saint-Pierre et Miquelon ont été longtemps les grands oubliés de l'Acadie et c'est dommage, car leur épopée fut des plus cruelles, comme l'écrivait le père Anselme Chiasson dans la préface du livre de Michel Poirier : « Si l'histoire de tous les Acadiens fut marquée par des chasses à l'homme, des emprisonnements et la déportation, celle des Acadiens des îles Saint-Pierre et Miquelon fut encore plus tragique que celle de tous les autres. Alors que les Acadiens d'ailleurs ont connu une vie relativement paisible après le Traité de Paris, même s'ils étaient privés des droits, ceux des îles Saint-Pierre et Miquelon ont continué d'être dépouillés de leurs biens, emprisonnés et déportés plusieurs fois, jusqu'en 1816. Pour eux, les épreuves les plus cruelles et la misère se sont prolongées durant plus d'un demi-siècle. Et comble de malheur, l'Histoire est demeurée silencieuse sur leur odyssée pathétique. »

Photo©Remi Guillot

La ville de Miquelon, sur l'île du même nom, située à quelques kilomètres de l'île de Saint-Pierre. Elle compte 700 habitants dont la majorité sont Acadiens

Photo©Evangeline Richard

Le panneau de bienvenue arbore le drapeau acadien.

Photo©Jean-Christophe L'Espagnol/AFP

La ville de Saint-Pierre sur l'île du même nom, compte 6100 habitants.

NOTES DE FIN

1. RIBAULT, Jean-Yves. *Histoire des Îles Saint-Pierre et Miquelon (la vie dans l'archipel sous l'ancien régime)*, Saint-Pierre, Imprimerie du gouvernement, 1962, p. 09

2. POIRIER, Michel. *Les Acadiens aux îles Saint-Pierre et Miquelon*, Éditions d'Acadie, 1984, p. 47-48

3. RIBAULT, Jean-Yves, op.cit p. 09

4. Ibid. p. 13

5. POIRIER, Michel, op.cit, p. 87

6. POIRIER, Michel, op.cit. p. 96

LA NOUVELLE-ACADIE, MOSAÏQUE ACADIENNE EN TERRE LANAUDOISE AU QUÉBEC

Alexandre Riopel

Il y a près de quatre ans que le Grand Dérangement a cours, lorsqu'à partir de 1760[1], un premier groupe d'Acadiens s'installe sur les berges de la rivière l'Assomption, à Saint-Pierre-du-Portage-de-l'Assomption (actuel L'Assomption). Il est entre autres formé de réfugiés issus des paroisses de Beaubassin et Menoudy, dans l'actuelle Nouvelle-Écosse. Un groupuscule se distingue au sein même de ce premier noyau d'émigrants. En effet, certains d'entre eux ont pris part au détournement du vaisseau *Pembroke* qui, en partance de Port-Royal, devait mener les 232 personnes à son bord vers la Caroline du Nord[2]. Fuyant les Anglais, ces nouveaux venus ont pour la plupart transité par Québec.

Les risques d'être capturés par les Anglais, jumelés à l'épidémie de variole ainsi qu'à la famine qui affectent les gens à l'hiver 1757-1758, poussent plusieurs d'entre eux à poursuivre leur route vers le sud-ouest en parcourant la rive nord du Saint-Laurent. Les décès sont nombreux. Quelque 1900 réfugiés acadiens trouvent protection dans la vallée du Saint-Laurent. Ils représentent 6 % de la population de la Nouvelle-France[3]. De ce nombre, 16 familles et 11 individus, soit 84 personnes, s'établissent finalement au Portage[4]. Leur migration est généralement le résultat d'itinéraires individuels.

Conditions favorables à l'arrivée des Acadiens au Québec

La signature du Traité de Paris en 1763 marque la fin de la guerre de Sept Ans. Dès lors, les Acadiens sont autorisés à quitter les colonies américaines. Plusieurs choisissent de s'établir dans la province de Québec. En échange d'un serment d'allégeance à la Couronne britannique, ils pourront vivre en français et pratiquer leur religion. C'est dans cette optique qu'à partir de 1765, le gouverneur Murray offre des terres à tous les immigrants qui souhaitent peupler la colonie et ainsi contribuer à la relance de l'économie. Enfin, en septembre 1766, une proclamation royale destinée aux seigneurs recommande que ces derniers « s'accommodent avec ces Acadiens pour établir leurs terres non concédées de leurs seigneuries. N.B. Il est ordonné de leur distribuer des provisions pour un mois, hors des Magasins du Roi, pour les soutenir jusques à ce qu'ils puissent se pourvoir [...] »[1]. Les Sulpiciens entendent l'appel. Un plan de colonisation est mis en branle. Trois semaines plus tard, les premiers déportés sont recensés à L'Assomption.

Propriétaires de la seigneurie de Saint-Sulpice, au sein de laquelle se trouve Saint-Pierre-du-Portage, les Sulpiciens mandatent aussitôt un arpenteur au Ruisseau-Saint-Georges, puis, dès 1769, au Ruisseau-Vacher. Les bases de la future paroisse de Saint-Jacques sont jetées. Plusieurs Messieurs de Saint-Sulpice ont été missionnaires dans la région du bassin des Mines (Grand-Pré, Pisiguit, Cobéquid) puis de Port-Royal avant que la déportation n'ait lieu. Cela peut expliquer la sympathie qu'ils ont envers les exilés. Des sept principales « Cadies » du Québec, la région de Lanaudière semble être la seule à recevoir un encadrement et un soutien aussi attentionné de la part d'une organisation religieuse. C'est ainsi que les Sulpiciens leur octroient des terres fertiles, leur offrent de l'emploi et leur attitrent un curé attentionné. En pleine disette, chaque famille reçoit d'importantes provisions alimentaires et des instruments aratoires.

Seconde phase de colonisation acadienne

Un réel mouvement migratoire d'origine acadienne a ainsi cours dans la région de Saint-Pierre-du-Portage (L'Assomption), et ce, à partir de 1766. Il marque la seconde phase de colonisation acadienne dans le secteur. Il est le résultat de représentations faites auprès des gouverneurs de Boston et de Québec par des Acadiens postés en Nouvelle-Angleterre. Après que plusieurs d'entre eux aient tenté en vain de se rendre en France[1], puis à l'île Saint-Domingue (Haïti)[2], nombreux sont ceux qui effectuent des démarches afin de s'établir au Québec[3]. C'est ainsi qu'à partir de septembre 1766, partant principalement du Massachusetts et du Connecticut, près de 890 Acadiens sont transportés par voie maritime jusqu'à Québec.

Malgré sa lourde tâche pastorale, le curé du Portage, Jacques Degeay, se rend dans la capitale pour les accueillir. Il prend sous son aile 11 familles et une veuve, soit 80 personnes[4]. Plusieurs d'entre elles sont associées à la famille Landry. Pour ces cellules familiales et celles qui suivront, la décision de migrer, de même que le choix du lieu d'établissement, semble être le fruit d'une initiative collective. Encouragé par un réseau de communication efficace, un chemin de migration est constitué. Acteurs de premier plan, les Sulpiciens leur fournissent un espace géographique où ils peuvent reconstituer une communauté agricole prospère. Leur identité acadienne est ainsi préservée.

Le supérieur des Sulpiciens de Montréal et vicaire général, Étienne de Montgolfier, est présent lors de leur arrivée à Saint-Pierre-du-Portage. En partenariat avec Mgr Jean-Olivier Briand, ils feront en sorte qu'un grand nombre d'Acadiens demeurent dans la seigneurie. Ces nouveaux venus sont logés dans les bâtiments des Sulpiciens ainsi que chez les familles acadiennes préalablement installées. Les entrepôts des marchands Antoine Laroque et Germain Leroux sont transformés en abris de fortune. L'hiver passé, ces colons s'installent progressivement le long des rivières l'Achigan et Saint-Esprit; à proximité du fleuve, à Saint-Sulpice et Repentigny, mais surtout sur le territoire de la future paroisse de Saint-Jacques.

Arrivée d'un troisième groupe; l'importance des réseaux migratoires familiaux

C'est ainsi qu'en 1767-1768, quelques Acadiens logés temporairement au Portage migrent à une quinzaine de kilomètres au nord afin d'entreprendre le défrichement des rangs du Petit-Saint-Esprit et du Ruisseau-Saint-Georges, puis de leur concession. Le temps presse, car stimulé par la présence de réseaux migratoires familiaux, un troisième groupe d'Acadiens vient d'arriver (1767). De loin le plus important, il est composé de 41 familles, ce qui totalise 223 personnes[5]. Elles proviennent majoritairement du Massachusetts (Boston, Salem, Waltham) ainsi que du Connecticut (Pomfret Center, Norwick, New London). L'année suivante, sept autres familles et six individus s'ajoutent[6]. Tout comme leurs prédécesseurs, ces 51 déportés sont généralement pauvres. Les obligations contractées auprès des marchands des environs atteignent des sommets[7]. Les malades sont nombreux. En 1768, jugeant que leurs conditions de vie sont déplorables, le curé Degeay intervient auprès du gouverneur Carleton afin de solliciter son soutien[8]. Tout laisse croire que c'est en 1769 que les premières maisons sont élevées au Ruisseau-Saint-Georges. L'ouverture d'un moulin à scie sur le Ruisseau-Vacher, au printemps 1770, facilite la construction dans le secteur.

Odilon Forest entouré de ses enfants, gendres, petits-enfants et voisins, la veille de la démolition de sa maison. L'habitation de style acadien fut construite en 1772, dans la région du Bas-de-l'Église Nord (Ruisseau Vacher).

Photo©Louis-Beaulieu Fontaine, 1905, Coll. François Lanoue

La venue d'Acadiens ne s'arrête pas là. Le curé Degeay étant affaibli par la maladie, un nouvel acteur entre en jeu afin de lui prêter main-forte. Nouvellement ordonné, il semble que Jean-Baptiste Bro est envoyé en Nouvelle-Angleterre à l'automne 1773[1]. Il a pour mission de convaincre ses compatriotes de venir s'établir dans la seigneurie de Saint-Sulpice. Originaire de Rivière-aux-Canards, il aurait été présent dans l'église de Grand-Pré lorsque l'ordre de déportation a été décrété. Il reviendra de cette mission avec plusieurs familles. L'abbé Bro succède au curé Degeay en novembre 1774. C'est au cours de la même année que la paroisse de Saint-Jacques-de-la-Nouvelle-Acadie est officiellement fondée. Son nom est choisi en la mémoire de Degeay qui s'est dévoué à la cause acadienne. Elle sera nommée par la suite Saint-Jacques-de-l'Achigan, puis Saint-Jacques.

Photo©photographe inconnu, ca. 1940, Coll. François Lanoue

Originaire de Port-Royal, Charles Forest et sa famille furent déportés à Boston. Au retour d'exil, il s'est marié avec Isabelle Dugas, le 4 février 1771, à Saint-Pierre-du-Portage. Propriétaire d'une des maisons les plus imposantes de Ruisseau-Vacher, Jacques Degeay, le prêtre de la paroisse, a choisi ce lieu pour célébrer la première messe, en juin 1772. La chapelle provisoire fut utilisée jusqu'à ce que le presbytère de Saint-Jacques soit construit en 1775. La maison a été démolie en 1946.

Photo©photographe inconnu, Coll. Réjeanne Plouffe

La croix de chemin érigée pour commémorer la première messe célébrée dans la maison de Charles Forest par l'abbé Jacques Degeay en juin 1772. Le 5 septembre 1920, un monument commémoratif fut ajouté à cette croix pour rappeler cet événement. Il se trouve du côté opposé à la maison des Forest au 2145 du Bas-de-l'Église Nord. Photo prise la veille de l'inauguration du monument, le 4 septembre 1920.

Profil des migrants de la Nouvelle-Acadie

Les Acadiens sont 603 à s'établir à L'Assomption et à Saint-Jacques entre 1760 et 1784, pour un total de 117 familles et 24 individus[1]. Les 84 réfugiés de la première vague de colonisation représentent 14 % de l'ensemble des Acadiens qui s'établiront dans la paroisse de L'Assomption[2]. Le veuvage et le remariage semblent être plus fréquents chez ces premiers arrivants[3]. Du côté des déportés qui se comptent au nombre de 519 individus répartis en 101 familles et 12 individus, 60 % d'entre eux, soit 354 personnes, s'installent à L'Assomption entre 1766 et 1768[4]. De ce nombre, 24 ont passé une dizaine d'années en France. Une grande partie des immigrants sont originaires de Port-Royal et, dans une moindre mesure, de Grand-Pré. Rares sont les liens d'apparentement entre réfugiés et déportés.

Situées sur l'actuelle péninsule de la Nouvelle-Écosse, ces paroisses sont sous le contrôle anglais depuis 1713. Bien qu'ils aient évolué dans un environnement pratiquement sans immigration française et avec une présence religieuse limitée, ces Acadiens ont préservé leur unité culturelle. Résilients, ils ont réussi à s'acclimater et tirer parti du sort qui leur a été imposé. Lors du Grand Dérangement, ils ont été dépossédés de la plupart de leurs biens. Cependant, c'est le fait de vivre sans les sacrements de la religion catholique qui les a probablement poussés à quitter la Nouvelle-Angleterre. Unis par l'origine, la provenance, la foi, l'expérience et l'attachement à la famille, 82 % des Acadiens recensés à L'Assomption et à Saint-Jacques (526 personnes, dont 102 familles et 23 individus) s'installent de manière permanente en Nouvelle-Acadie[5].

La vitalité démographique de cette communauté est impressionnante; 66 % des nouveaux arrivants sont des enfants ou de jeunes célibataires[6]. Contrairement à ce qui a été décrit dans plusieurs monographies, les séparations de membres de familles nucléaires semblent avoir été exceptionnelles, du moins se sont-ils retrouvés. En somme, 326 immigrants vivant dans la région sont nés en Acadie[7].

Des 89 familles de ce groupe, 82 sont affiliées. Le groupe d'apparentement multigénérationnel Dugas-Robichaud-Mireault-Forest-Hébert de Port-Royal se distingue en rassemblant à lui seul 41 familles (211 personnes). Originaire de Grand-Pré, le groupe Landry-Dupuis rassemble quant à lui 12 familles (57 personnes), tandis que les Bourgeois-Richard comptent 48 personnes et les Landry-Robichaud, 43 personnes. La venue de ce peuple fondateur double la population de L'Assomption, alors que celle de Saint-Jacques est majoritairement constituée d'Acadiens.

Malgré les nombreux liens qui les unissent, une quinzaine de familles (77 personnes) poursuivent leur itinéraire après s'être arrêtées quelques mois au Portage[8]. Situées sur la rive sud du fleuve, près de Montréal, la région de La Prairie et dans une moindre mesure celle de L'Acadie sont les destinations privilégiées.

Un fort sentiment identitaire est créé. Une dizaine de familles acadiennes de plus[9], provenant entre autres de Carleton en Gaspésie, viendront renforcer cette unité au tournant du 19e siècle. Au cours des siècles qui suivront, à la suite de migrations interrégionales, les descendants de certains de ces mêmes ancêtres influenceront de manière substantielle les groupes génétiques des régions québécoises du Témiscamingue (Béarn), de l'Outaouais (Masham). D'autres se retrouveront en Ontario (Sturgeon Falls, Embrun). Dans le nord de la région de Lanaudière, ils participeront au cours du 19e siècle à la colonisation de Sainte-Julienne, Rawdon, Chertsey[10], Saint-Gabriel-de-Brandon, Saint-Donat, Saint-Côme et surtout Saint-Alphonse-de-Rodriguez. C'est en ce lieu qu'a grandi la mère de l'auteure Gabrielle Roy, Mélina Landry. À la recherche de terres ou de travail, d'autres familles s'établiront à Montréal, aux États-Unis ainsi qu'au Manitoba. Pour l'ensemble de la région de Lanaudière, l'anthropologue Sylvain Gaudet a recensé 59 patronymes acadiens.

Aujourd'hui, l'analyse des généalogies ascendantes révèle que les fondateurs d'origine acadienne représentent 18 % des ancêtres des Québécois[11]. Sept régions ont été le lieu d'épanouissement de la majeure partie des 1459 mariages acadiens, soit les Îles de la Madeleine (17,6 %), la Gaspésie (13 %), la Côte-du-Sud (12,5 %), Lanaudière (11,5 %), les Bois-Francs (10,8 %), le Richelieu (7,3 %) et la Mauricie (7,3 %). Ces Cadies ont été le lieu de rassemblement de près de 80 % des Acadiens pionniers du Québec. Dans la région de Lanaudière, 73 % de la population a au moins un ancêtre acadien[12]. À elle seule, la paroisse de L'Assomption a été le lieu d'union de 82 couples, tandis qu'à Saint-Jacques, ils ont été 66. Elles se joignent à Havre-Aubert (183), Bécancour (84) et Carleton (77) à titre de paroisses où ont été célébrés le plus grand nombre de mariages entre fondateurs acadiens[13].

Affaires sociales et économiques au temps des moulins

D'un point de vue économique, l'agriculture demeure la principale source de revenus des ménages au tournant du 19e siècle. Les moulins à scie et à farine sont au cœur du système seigneurial. Ils sont des lieux d'échanges d'une grande importance. Le meunier est reconnu pour sa rigueur et ses qualités de gestionnaire. Plusieurs Acadiens sont spécialisés dans le domaine. Rien qu'au bassin des Mines, il s'y trouve, en 1755, 12 moulins destinés à la mouture du grain et au sciage du bois[1]. Arrivé au Québec, Simon Savoie fait figure de pionnier. Il exerce dès 1760 à Saint-Sulpice, puis, l'année suivante, à L'Achigan (L'Épiphanie). À Saint-Jacques, le rôle de meunier est assumé à partir de 1770 par Amable Préjean.

C'est toujours à ce titre que Joseph Dugas et Pierre Leblanc sont les hommes de confiance des Sulpiciens[2]. Maître-farinier né à Port-Royal, le premier s'occupe du grand moulin de L'Achigan. D'importance régionale, ce bâtiment, qui sert également de manoir, rapporte d'importants revenus au Séminaire de St-Sulpice. Parallèlement, son frère Claude est responsable du moulin d'en bas. De son côté, Pierre Leblanc exploite le moulin à bois situé tout près. Au tournant du 19e siècle, c'est au tour de Basile Leblanc, le père de Pierre, de s'occuper du second moulin à farine de la paroisse. Un autre de ses fils, Jean-Édouard, ainsi que son petit-fils Séraphin prendront le relais. Ce dernier fera don d'un terrain afin qu'y soit construite l'église de L'Épiphanie.

Le développement de la seigneurie de St-Sulpice est un succès. En 1815, l'arpenteur général du Bas-Canada, Joseph Bouchette, affirme que : « Plus des trois quarts de cette seigneurie sont bien cultivés, et attendu la bonté du sol, la qualité du bois de construction, et son état d'amélioration, elle ne cède à aucune de celles qui l'entourent »[3]. L'importance commerciale et industrielle de la région de L'Assomption est indéniable. Les marchands et artisans se comptent par dizaines. De nombreux entrepôts et de vastes magasins pour le blé s'y trouvent. C'est l'un des principaux lieux de négoce au Québec. Pour répondre aux demandes extérieures (Grande-Bretagne, Antilles), commerciales (compagnie de traite de fourrure, chantiers forestiers de l'Outaouais) et locales, d'autres moulins sont construits. C'est ainsi qu'en 1805, un moulin banal est élevé à Saint-Roch-de-l'Achigan, paroisse détachée de L'Assomption et Saint-Jacques en 1787. Ce sont les Acadiens Charles Chamberland et son fils Michel[4] qui en sont les maîtres d'œuvre. Ils l'opèrent sur près de deux décennies. La famille sera par la suite associée à l'histoire du moulin à vent, puis du moulin à eau de la petite ligne, à Saint-Jacques. Le fils de Julien Poirier, Odilon, suivi de son petit-fils, Gédéon prendront la relève. Les Acadiens sont experts dans l'art d'opérer un moulin, et ce, de père en fils.

De leur côté, en plus de travailler dans leur ferme, les femmes du Grand Saint-Jacques se distinguent en se spécialisant dans un nouvel art domestique, celui de la confection de ceintures fléchées. Élément propre au costume traditionnel des Canadiens-français à partir du dernier quart du 18e siècle, les voyageurs-canoteurs apprécient son soutien. La ceinture dite de L'Assomption aux motifs éclairs et flammes est la plus populaire. Une autre porte le nom d'« Acadienne ». Le marchand Laurent Leroux, celui qui a hébergé des familles acadiennes à L'Assomption, détient le monopole des ceintures utilisées par la North West Company pour la traite. Vers 1830, Salomon Bélanger s'établit au Ruisseau-Saint-Georges et devient l'agent de la Compagnie de la Baie d'Hudson. Il devient le fournisseur officiel des Assomption Belts, North West Belts et North West Caps[5]. Après son décès en 1863, l'agence passe aux mains de Joseph Dugas. Ce commerce est prospère jusque vers la fin du 19e siècle. Vouée à disparaître au début du 20e siècle, cette technique est documentée et enseignée par quelques artisanes réputées, dont Élisabeth Mireault et Marie Gaudet.

Mme Napoléon Lord (Élisabeth Mireault, 1866-1943), une talentueuse artisane de ceintures fléchées, a contribué à perpétuer les techniques traditionnelles de tressage au doigt.

Photo©inconnu, 1933, World of Images, CCDMD, Coll. Denis Chabot

L'élite acadienne

Intégrés à la vie paroissiale, les Acadiens de Saint-Jacques occupent certains rôles clés au sein des institutions du pouvoir public qui régissent la vie de leur communauté. Les terres sont défrichées, les transports et communications doivent être facilités. La population est en constante croissance. Les terres concédées sont de moins en moins fréquentes et sont situées de plus en plus loin. À partir de 1794, un contingent de familles acadiennes s'installe le long de la rivière Ouareau. Lacouareau (de l'algonquin naguaro, au loin ou lointain), la future paroisse de Saint-Liguori, prend forme. En 1817, un moulin à scie est construit à Montcalm (Saint-Liguori), le long de la rivière Rouge par trois hommes influents, les petits-cousins Firmin dit Philémon, Isaac Dugas et Pierre Richard. Les meuniers de L'Achigan ont de la relève; Firmin est le petit-fils de Claude tandis qu'Isaac est celui de Joseph. Cinq ans plus tard, Firmin construit également un moulin à farine. Entretemps, en 1819, les Sulpiciens font ériger un moulin banal sur les bords de la rivière Ouareau. Un pont y est construit. Le noyau villageois de Saint-Liguori prendra forme autour de ces installations. Attirés par la qualité des forêts et prairies environnantes, les Brault, Bourgeois, Leblanc et Richard opéreront également des moulins dans le secteur. Au moment de la fondation de la municipalité, en 1855, cinq moulins à scie, trois à farine et un à carde sont en fonction.

Les moulins ont une fonction économique et sociale. C'est un lieu de rassemblement, d'échange et une place publique. En raison de leur professionnalisme, de leur bonne conduite civile et du rôle qu'ils jouent dans les affaires sociales et économiques, les meuniers cumulent les charges publiques. Les nombreux liens que les meuniers acadiens tissent avec les représentants du pouvoir local et régional permettent leur ascension sociale sur plusieurs générations. Ainsi, les Acadiens se sont facilement intégrés dans la région.

Photo©Pierre-Fortunat Pinsonneault, ca. 1900, Coll. du photographe

Village de Saint-Liguori. Le pont est au premier plan, et le moulin des Sulpiciens (quand il appartenait à la famille Richard) à l'arrière-plan à gauche.

Sur le plan de la justice, divers postes publics contribuent à maintenir l'ordre. L'un des plus prestigieux est celui de capitaine de milice, car il assure la liaison entre l'administration locale et le gouvernement. En plus d'être chef de guerre en période de crise, le capitaine s'assure du respect des règlements municipaux et veille au bon déroulement des travaux publics. Les fonctions d'un individu à l'intérieur de la milice dépendent de la reconnaissance sociale dans son milieu. En Acadie, la milice était normalement réservée aux citoyens britanniques. Les Acadiens en étaient exclus.

En 1774, l'Acte de Québec vient redéfinir le tout en leur faveur. Cela est fort apprécié, car le corps de milice est le premier vecteur identitaire pour les acteurs institutionnels avant 1840. Dans la région, cet honneur revient à tour de rôle à Honoré Thério (1776)[1], Jean Mireau (1810), Joseph Bourgeois (1812), Pierre Dupuis fils (1812), Julien Poirier (1827) et son fils Odilon, Joseph Dupuis (1828), Pierre Richard (1828), Isaac (1828) et Hyacinthe Dugas (1847), Antoine (1847) et Séraphin Leblanc, Isaïe, Ludger et Jean-Baptiste Forest. Hommes d'influence, les J. Bourgois (1827), J. Poirier (1847) et I. Dugas (1847) se distinguent en ayant même un bataillon sous leurs ordres à titre de major. Cependant, c'est Firmin dit Philémon Dugas qui atteint le plus haut grade en étant nommé lieutenant-colonel (1863).

Michel Prévost, qui est capitaine du 1er Bataillon de L'Assomption (1794), en inspire plus d'un. Lors des guerres anglo-américaines de 1812-1815, les Acadiens, qui ont la réputation d'être d'excellents miliciens malgré leur petite stature, sont les premiers à se porter volontaires pour combattre les Bostonnais. Prévost doit tenir tête à son état-major afin de conserver ces braves hommes sous ses ordres. Autre fait d'armes, c'est sous les ordres du capitaine Euclide Dugas (fils du marchand Joseph) que la Compagnie de Saint-Jacques se distingue lors de l'invasion des Féniens[2] en 1870.

Enfin, le développement de la paroisse entraîne la mise en place d'installations socioculturelles; églises et écoles doivent être bâties et gérées. Ces projets sont pris en charge par les syndics paroissiaux, les syndics scolaires et les marguilliers. Les patronymes acadiens sont nombreux dans ces comités. Les domaines éducationnels et religieux sont prisés. Uniquement à Saint-Jacques, sept instituteurs sont déjà en service en 1831[3].

De cette dévotion résulte un grand nombre de vocations sacerdotales et religieuses : 134 prêtres[4], 324 religieuses, 35 religieux-frères[5]. Les Dames du Sacré-Cœur y fondent leur première maison d'éducation pour filles au Canada en 1842. Les Sœurs de Sainte-Anne prennent le relais à l'été 1853. Elles y fondent leur couvent principal. Dans la seconde moitié du 19e siècle, la majeure partie des Sœurs de Sainte-Anne sont d'origine acadienne. Elles créeront plusieurs couvents au Canada et aux États-Unis, dont un à Victoria, en Colombie-Britannique.

Au cours des années 1820 et 1830, la population civile se mobilise afin de défendre la cause de l'éducation et du progrès social. La représentation politique doit être revue. Une forte partie des élites locales appuient les revendications du Parti Patriote. Son but est d'obtenir la souveraineté de l'Assemblée en limitant les pouvoirs du gouverneur. Cependant, les acteurs institutionnels régionaux ont des réserves quant au mouvement de radicalisation des patriotes. Julien Poirier fait figure d'exception. Reprenant une vieille stratégie de neutralité, les Acadiens sont peu nombreux au sein des comités patriotes. Pourtant, le curé de Saint-Jacques craint à tort que, pour financer leur rébellion, certains d'entre eux se servent à même les coffres de la fabrique. Les liens privilégiés que ces acteurs locaux ont avec leurs partenaires d'affaires, employeurs et amis qui sont au cœur de la structure du pouvoir régional et provincial expliquent probablement leur réserve.

Les temps changent. En 1854, le régime seigneurial est aboli au Québec. Il est remplacé par le régime municipal. C'est au cours de cette période de transition que plusieurs paroisses sont créées à même une partie du territoire de Saint-Jacques : Sainte-Julienne (1848, 1855), Saint-Alexis (1851), Saint-Liguori (1852), L'Épiphanie (1853, 1854) et Sainte-Marie-Salomé (1888). Le conseil municipal en vient progressivement à remplacer notamment la fabrique et le corps des officiers de milice comme première institution communautaire. Malgré ce changement de type de gouvernance, nombreux sont les hommes influents qui réussissent à être élus à titre de maire ou de préfet du comté de Montcalm[6]. La confiance des citoyens envers les patronymes d'origine acadienne dépasse les limites de la paroisse. Plus d'un sera élu député[7]. Les familles Martin et Dugas sont dignement représentées par quatre des leurs.

Coopération

La région du Grand Saint-Jacques est réputée pour ses ceintures fléchées, mais également pour ses produits de l'érable ainsi que son tabac à cigare et à pipe. Cette expertise est le fruit d'un savoir-faire qui a été développé localement. En 1864, François-Louis Genand, médecin à Saint-Jacques, ouvre le bal en écrivant deux articles sur le tabac. Cultivant cette plante pour le plaisir, il remporte tout de même plusieurs prix, dont un, à l'Exposition universelle de Paris en 1867. Marchant dans ses pas, Médéric Foucher décide de se lancer dans la culture industrielle du tabac. Depuis une centaine d'années, plusieurs Acadiens de la région en cultivent avec des semences rapportées de la Nouvelle-Angleterre. La guerre de Sécession (1860-1865) provoque une flambée des prix. Foucher veut développer ce marché au Canada, tout en profitant de l'expertise des Acadiens. Il étudie 22 variétés de tabac.

L'usine de tabac située au bout de la rue Marion (aujourd'hui, la rue Brault), à Saint-Jacques.

Photo©photographe inconnu, 18 août 1912, Coll. François Lanoue

Avec son beau-frère, Joseph-Odilon Dupuis (frère de Nazaire, tous deux fondateurs du grand magasin *Dupuis frères)*, Foucher met sur pied des manufactures de tabac. Ce commerce s'avère rentable pour la région. Dans les années 1920–1930, neuf entreprises de ce genre sont en exploitation dans le secteur. Plusieurs d'entre elles sont fondées sur les principes de l'entraide et de la coopération. Jusqu'en 1911, le Québec est le plus gros producteur de tabac au Canada. Foucher et Dupuis sont les pères de la grande culture du tabac au Canada. Aujourd'hui encore, malgré l'abandon de cette production au cours des années 1990, les séchoirs à tabac font partie intégrante du paysage.

Photo©Archives-HEC Montréal

Page couverture du catalogue de Dupuis Frères, *automne-hiver 1932-1933. « Aidons-nous les uns les autres, la coopération est la clé du succès », cette maxime est représentative de la stratégie publicitaire du « plus grand magasin français d'Amérique ».*

En 1868, Nazaire Dupuis fonde l'une des grandes entreprises commerciales de Montréal, le grand magasin *Dupuis frères*. Il est né à Saint-Jacques en 1843, du mariage de Joseph Dupuis, marchand, et d'Euphrasie Richard, tous deux d'ascendance acadienne. Mort subitement en 1876, ses frères prennent la relève. Faisant un pied de nez à la concurrence, *Dupuis frères* est le premier magasin à offrir des ascenseurs (1882), l'éclairage électrique et à exhiber sa marchandise en vitrine. Destiné aux Canadiens-français, un premier catalogue est publié en 1921. Vingt ans plus tard, c'est plus d'un million d'exemplaires qui sont distribués chaque semestre.

Solidaires, les citoyens de la Nouvelle-Acadie (Saint-Alexis, Sainte-Marie-Salomé, Saint-Jacques et Saint-Liguori) sont nombreux à adhérer aux principes du mouvement coopératif. Dans le Bas-du-Ruisseau-Vacher (Sainte-Marie-Salomé-de-Port-Royal), la deuxième beurrerie coopérative du Québec y est fondée en 1883. En 1919, c'est la seconde *Caisse Desjardins* du comté de Joliette qui y est mise en service. Les villages environnants suivront le pas. Pendant ce temps, à Saint-Alexis, une mutuelle contre le feu, la foudre et le vent est créée en 1905. Elle est à l'origine de l'une des plus importantes compagnies d'assurances, *Promutuel Lanaudière*. D'autres coopératives suivront, particulièrement dans le secteur agricole. La coopérative agricole de tabac du district de Joliette, à Saint-Jacques, est un modèle en ce sens. C'est ainsi que la région devient au 20e siècle l'un des principaux centres coopératifs du Québec.

Photo©inconnu, ca 1920, coll. Ida Mireault The Acadian Legacy

Deuxième beurrerie du Québec à Saint-Marie-Salomé. Fondée seulement quelques mois après l'adoption de la Loi des beurreries (mars 1883).

Le legs acadien

En 1883, Saint-Jacques verra naître le poète Marcel Dugas. Cet homme de lettres est considéré comme l'un des pionniers de la critique au Canada français. Dans sa nouvelle, *Adélaïde Lanoue*, il raconte comment, dans son jeune temps, il aimait jouer dans les ceintures fléchées entreposées dans le magasin général de son grand-père Joseph Dugas. Issu de la même municipalité, le juge Ludger-Urgel Fontaine dit Beaulieu semble être l'un des premiers à écrire sur la situation des Acadiens. En 1866, il publie *Les Acadiens du district de Joliette*. Huit ans plus tard, son frère, Joseph-Octave Fontaine, anime à l'Institut canadien de Québec une causerie intitulée *La corvée des fileuses* (scène acadienne).

En 1816, un dénommé Charles White (LeBlanc) *en Acadie*. Il associe à cette réédition certains de ses écrits tels que *Rapport sur les Acadiens de la province de Québec (1880)* et *La succession Leblanc*. Ce dernier récit est rocambolesque. En 1816, un dénommé Charles White meurt sans héritier à Philadelphie. Sa richesse dépasse l'entendement. La légende s'en mêlant, certains vont jusqu'à prétendre que la ville a été établie à même sa fortune. Deux délégations de la famille Leblanc partiront de Sainte-Julienne afin de toucher leur part. La première délégation apprend en 1828, à la suite d'un jugement de la Cour d'appel américaine, qu'un montant de 36 200 $ sera partagé parmi les cousins germains de la famille de Charles. La seconde délégation devait recevoir 17 000 $.Cependant, elle revient les poches vides et la tête pleine de questions.

Plusieurs Lanaudois d'origine acadienne ont participé à la création du Québec contemporain: l'homme fort, Louis Cyr; les historiens Alphonse-Charles Dugas, Guy Courteau[1] et François Lanoue; l'administrateur Yvan Forest qui a fait une brillante carrière dans le mouvement coopératif; le professeur émérite en agriculture et en alimentation, Germain Brisson[2] et finalement celle qui a été secrétaire générale de l'Union catholique des fermières, Marie Dupuis, nom qui désigne le Centre de femmes de Joliette. Le plus influent d'entre eux demeure celui qui a été premier ministre du Québec de 2001 à 2003, Bernard Landry.

Encore de nos jours, nombreux sont les résidants de la région de Lanaudière, et plus particulièrement celle de la Nouvelle-Acadie, qui soulignent fièrement leurs origines acadiennes[3]. Les legs sont nombreux. Le patrimoine vivant est mis à l'honneur. Marc Brien[4], de Sainte-Marie-Salomé, a été l'un des principaux porteurs de traditions. Il a grandement contribué à la diffusion et à la conservation du patrimoine musical québécois et acadien. C'est grâce à des personnes de sa trempe que les groupes de musique traditionnelle *(La Volée d'Castors, Belzébuth, La famille Cantin* et *La Cantinière)* y sont plus nombreux que partout ailleurs dans la province. Cet art est le résultat d'une rencontre entre un peuple de chanteurs — les Acadiens — et un peuple de musiciens, les Irlandais.

Parallèlement, l'organisme les *Petits Pas Jacadiens* a pour mission de valoriser, transmettre, promouvoir et diffuser la danse traditionnelle. Dans les environs, il est commun d'entendre des mots issus et prononcés à la manière de l'ancien pays. Philippe Jetté s'est intéressé à ce sujet. Il a publié un article portant sur les surnoms en Nouvelle-Acadie. Ce médiateur du patrimoine vivant, collecteur de mémoire et musicien traditionnel se retrouve aux côtés d'Andrée Mireault Foster[5] dans un documentaire de Phil Comeau, *Les Acadiens du Québec : Lanaudière mémoire vivante de l'Acadie.*

Photo©Jean-Philippe Gaudet. Festival acadien

Depuis 2001, le Festival acadien de la Nouvelle-Acadie a pour objectif de promouvoir la culture acadienne au sein de la région de Lanaudière. Pour honorer la mémoire des Acadiens fondateurs de Saint-Liguori, un mémorial, nommé Le bateau-ancre, *est inauguré le 18 novembre 2012, en présence des élus et de nombreux citoyens. Parmi eux se trouvent le fondateur du festival, Gaston Gaudet, l'artiste et concepteur du monument, Cajetan Larochelle ainsi que la présidente du festival, Évangéline Richard[1].*

Photo©Municipalité de Saint-Jacques, 11 août 2013

C'est le 11 août 2013 qu'avait lieu l'inauguration officielle de l'Odyssée acadienne, monument commémorant le Grand Dérangement à la mémoire du peuple acadien. De gauche à droite, le 28e premier ministre du Québec, Bernard Landry, Jean Gaudet, représentant du monument, Pierre Beaulieu, maire de Saint-Jacques, Paul Léveillé de la paroisse Notre-Dame-de-l'Acadie, Serge Rivest, maire de Saint-Liguori, Maurice Richard, maire de Sainte-Marie-Salomé, Véronique Hivon, députée provinciale de Joliette, René Légère, président de la Société nationale de l'Acadie et Robert Perreault, maire de Saint-Alexis. Assise à l'avant, Manon Perreault, députée fédérale de Montcalm.

Fière et dynamique, la communauté acadienne est bien vivante dans la région de Lanaudière. Épicentre de l'immigration acadienne au Québec, ce territoire a été la terre d'accueil de près de 20 % de ceux-ci. Il est le plus important à cet égard, si l'on fait fi des régions frontalières aux provinces atlantiques. La Nouvelle-Acadie est l'une des régions acadiennes qui a le mieux préservé le métier d'agriculteur. Les maîtres-meuniers, les artisanes de la ceinture fléchée et les producteurs de tabac ont été porteurs de ce savoir-faire. Empreinte d'un esprit communautaire hors du commun, elle a participé au développement social de la région en instaurant et régissant paroisses, écoles et municipalités. D'un point de vue culturel, l'Acadie est demeurée vivante au travers de sa langue, ses chants, sa musique et ses écrits. Finalement, par la promotion des principes coopératifs, elle a permis le développement économique de la Nouvelle-Acadie, mais également du Québec. La richesse de son héritage est immense. Conscients de sa valeur, ils sont de plus en plus nombreux à le préserver et à le mettre en valeur, pour le plus grand bonheur de tous.

NOTES DE FIN

1. Selon l'historien Christian ROY, dans Commission des fêtes du 250e. *Histoire de l'Assomption.* [L'Assomption, Québec] : La Commission des fêtes du 250e, 1967, p. 467-470, « c'est en 1759 que les premiers Acadiens seraient arrivés à L'Assomption ». Dans LAGACÉ, Marie-Thérèse. *Familles acadiennes de l'Assomption et de Saint-Jacques-de-la-Nouvelle-Acadie 1760-1784 : immigration et profil des migrants.* 2006. Thèse de doctorat. Université de Montréal. L'année 1760 est désignée comme étant celle concordant avec leur arrivée

2. Parmi les révoltés du *Pembroke*, outre le capitaine Charles Belliveau et l'homme fort Louis Fontaine dit Beaulieu, se trouvent Charles Dugas, Denis Petiteau-Sincenne, Pierre Guilbeau et Charles Mélançon. Tous ont des descendants qui demeurent dans la région de Lanaudière

3. DICKINSON, John A. « Les réfugiés acadiens au Québec, 1755–1775 ». *Études canadiennes/Canadian Studies*, 1994, vol. 37, p. 56 et 60. Et FOURNIER, Marcel. « Les origines familiales des pionniers du Québec ancien ». 2001, p. 3

4. LAGACÉ, M-T, *op. cit.,* p. 31

5. *Gazette de Québec,* 15 sept. 1766. Arch. can. 1905, vol. II, p. 157

6. LAGACÉ, M-T, *op. cit.,* p. 47. En 1763, à l'invitation du duc de Nivernois, les Acadiens du Massachusetts présentent sans succès une liste de 1019 personnes intéressées à se rendre en France. De celles-ci, environ 160 se retrouveront à L'Assomption

7. *Ibid.* cf. *French Neutrals,* Archives de l'État du Massachusetts, et Arch. can. (1905) app. E. P. 148. En 1764, 406 personnes tentent d'obtenir un passeport des autorités du Massachusetts afin d'accepter l'invitation du comte d'Estaing. Quelques années plus tard, 140 d'entre elles sont présentes à L'Assomption et Saint-Jacques

8. LAGACÉ, M-T, *op. cit.,* p. 49. Le 2 juin 1766, une requête est déposée par 890 Acadiens du Massachusetts. De ce nombre, une trentaine de familles, soit environ 180 personnes, immigreront à L'Assomption

9. LAGACÉ, *op. cit.,* p. 30

10. *Ibid.*

11. *Ibid.*

12. SAINT-GEORGES, Lise (1984), *Le village de l'Assomption, 1748-1791,* mémoire de M.A. (histoire), Université du Québec à Montréal, 145 p.

13. ARSENAULT, Bona. *Histoire des Acadiens.* Les Éditions Fides, 2004, p. 268

14. DUGAS, Alphonse-Charles, *La Nouvelle-Acadie et messire Jean Bro, 1743-1824, deuxième prêtre acadien et premier curé de Saint-Jacques-de-l'Achigan.* Éditions privées (OLIVIER, Réjean) 1984, p. 72. (GAUTHIER, Louis-Guy, Chronologie)

15. LAGACÉ, M-T. *op. cit.,* p. 29. Il est possible que d'autres Acadiens qui ne figurent pas dans les registres paroissiaux ou dans les actes notariés aient échappé à l'historienne

16. LAGACÉ, M-T, *op. cit.,* p. III

17. LAGACÉ, M-T, *op. cit.,* p. 83

18. LAGACÉ, M-T, *op. cit.,* p. 30 et 32

19. LAGACÉ, M-T, *op. cit.*, p. III, p. 105

20. LAGACÉ, M-T, *op. cit.*, p. 110

21. LAGACÉ, M-T, *op. cit.*, p. 79-80 et 87 + recherches de l'auteur

22. LAGACÉ, M-T, *op. cit.*, p. 76

23. LAGACÉ, M-T, *op. cit.*, p. 29

24. GADOURY, Nancy. *L'encadrement du mouvement de colonisation dans le piedmont des Laurentides dans Lanaudière de 1810 à 1880*, Université du Québec à Trois-Rivières, 2004

25. BERGERON, Josée, VÉZINA, Hélène, HOUDE, Louis, *et coll.* « La contribution des Acadiens au peuplement des régions du Québec ». *Cahiers québécois de démographie*, 2008, vol. 37, no 1, p. 181-204

26. BERGERON, Josée. *Contribution différentielle des ancêtres d'origine acadienne au bassin génétique des populations régionales du Québec.* Ste-Foy : Université Laval, 2005, p. 69

27. BERGERON, J. *op. cit.*, p. 50

28. DUGAS, Alphonse-Charles. *La Nouvelle-Acadie et messire Jean Bro, 1743-1824, deuxième prêtre acadien et premier curé de Saint-Jacques de l'Achigan.* Joliette, Éditions privées, 2012, p. 51. En ligne : http://collections.banq.qc.ca/ark:/52327/bs2242712

29. ROY, C. op. cit., p. 483-484

30. BOUCHETTE, Joseph. *Description topographique de la province du Bas-Canada avec des remarques sur le Haut-Canada et sur les relations des deux provinces avec les États-Unis de l'Amérique. Par Joseph Bouchette, écuyer. Enrichie de plusieurs vues, plans de ports, de batailles & c.* Imprimée pour l'Auteur et publiée par W. Faden, Géographe de Sa Majesté et du Prince Régent, Charing-Cross, 1815, p. 236

31. THUOT, Jean-René. *La vie économique du territoire de L'Épiphanie, d'hier à aujourd'hui.* Conférence présentée le 11 juillet 2004, à L'Épiphanie, p. 13

32. ASSOCIATION DES ARTISANS DE CEINTURE FLÉCHÉE DE LANAUDIÈRE. *Histoire et origines de la ceinture fléchée traditionnelle dite de L'Assomption.* Les éditions du Septentrion, 1994

33. De retour de son exil en Bretagne, en 1774, Honoré Thério s'enrôle auprès des révolutionnaires américains afin de les aider à s'emparer de la ville de Québec. Cette attaque a pour but d'obtenir le soutien des Canadiens dans le cadre de la guerre d'Indépendance. Elle se solde par un échec

34. Les Féniens étaient des nationalistes américains d'origine irlandaise (dont plusieurs vétérans de la guerre de Sécession) qui entendaient occuper le Canada, en tout ou en partie, afin d'amener le gouvernement britannique à accorder l'indépendance à l'Irlande. Source : *Un aperçu de la participation des peuples autochtones à l'histoire militaire canadienne*, John Moses, Donald Graves et Warren Sinclair

35. GAUTHIER, Louis-Guy. *De l'ancienne Acadie à la Nouvelle-Acadie; Saint-Jacques-de-l'Achigan en 1825*, Saint-Jacques, Éditions du pot de fer, 1991, p. XVII

36. Ordonné en 1847, Alfred Dupuis est le premier prêtre originaire de Saint-Jacques. Il est directeur du Collège de L'Assomption en 1860

37. LANOUE, François. *L'abbé Lanoue, mémoire vivante de Lanaudière*, article : *La famille Lanoue*, 4e p. En ligne : http://lanoue.connexion-lanaudiere.ca/famille/origines3.html

38. Préfets acadiens du comté de Montcalm : Jean-Louis Martin (1861), Simon Richard (1881-1887), Louis E. Dugas (1912-1915), Lucien Martin (1915-1917), Joseph-Alcide Dupuis (1917-1918), Édouard Thibodeau (1919-1921), Jules Leblanc (1923-1929), Gaspard Dupuis (1939-1940). LAMBERT, Claude. *Répertoire numérique des archives de la Corporation municipale du comté de Montcalm* 1855-1950, Joliette, Société de généalogie de Lanaudière, p. 71-75. Et GAUTHIER, Louis-Guy. *Saint-Jacques-de-l'Achigan, la population au 25 février 1861*, Saint-Jacques, Éditions du pot de fer, 1989, p. I

39. Au provincial se trouvent Julien Poirier (1827-1830), Firmin Dugas (1867-1874), Jean-Louis Martin (1861), son fils Louis-Gustave Martin (1874-1878), son frère Joseph-Alcide Martin (1890-1892), Jean-Baptiste Richard (1881-1886), Ludger Forest (1886-1890), Joseph-Alcide Dupuis (1916-1917) et Gérard Martin (1962-1966). Au fédéral sont élus Firmin Dugas (1871-1887), son fils Louis-Euclide Dugas (1892-1900), François-Octave Dugas (1900-1909). Le fils de ce dernier, soit Lucien Dugas, est député au provincial (1927-1936). Il est nommé président de l'Assemblée législative en 1936

40. Acadien par sa mère Marie Corinne Élisabeth Dugas, fille d'Euclide Dugas et de Rose-Délima Brien

41. Acadien par sa mère Clara Gaudet

42. À Sainte-Marie-Salomé, la population célèbre en grande pompe toutes les dates anniversaires de la déportation : fête du bicentenaire (1955), érection d'un monument acadien en souvenir du 225e anniversaire (1981) et messe commémorative pour le 250e (2005)

43. Descendant des Fontaine

44. Sa mère, Thérèse Melançon-Mireault, a écrit : *Le Bas du Ruisseau-Vacher*. Sainte-Marie-Salomé, 1986

45. Sa mère, Fernande Desmarais Richard, a écrit plusieurs livres qui portent sur l'histoire de Saint-Liguori

LE MADAWASKA
AU NOUVEAU-BRUNSWICK ET AU MAINE

Joseph Donald Cyr

Le territoire de Madawaska est la région sise dans le nord du Maine, le nord-ouest du Nouveau-Brunswick et l'ouest de la région gaspésienne connue sous le nom du Témiscouata. La région est définie par le bassin hydrographique de la rivière Saint-Jean et par des forêts. C'est Samuel de Champlain qui, s'appuyant sur des renseignements glanés auprès des Autochtones, indiqua ce territoire sur une carte pour la première fois en 1612. Champlain le considérait comme un lien entre les deux colonies alors appelées l'Acadie (les provinces maritimes actuelles) et le Canada (maintenant le Québec). Ce lien vital sera par la suite convoité par les empires français et britannique (et plus tard, américain), en tant que source de matériaux pour la construction navale. Son territoire était divisé par le tracé de la rivière qui servait aussi de voie de communication pour les échanges commerciaux.

Lorsque pour la première fois, Samuel de Champlain indique le territoire de Madawaska-Témiscouata sur une carte, il l'imagine comme une route entre Port-Royal en Acadie et Québec, deux établissements qui dépendent de la pêche, de la traite des fourrures et de l'agriculture pour favoriser l'expansion de l'empire français. Ces établissements entrent directement en concurrence avec ceux des Britanniques installés à Terre-Neuve et dans la baie d'Hudson. Champlain a déjà revendiqué la colonie de la baie du Massachusetts, mais l'attaque d'Argall contre Port-Royal, capitale de l'Acadie en 1613, se traduit par la perte de la partie sud de l'Acadie et marque le début de 150 ans de conflit qui redessineront progressivement la carte de Champlain pour faire de la colonie une possession britannique. Elle formera par la suite une frontière avec les Américains.

Les établissements acadiens n'entraient pas en concurrence avec les Amérindiens. Les Acadiens construisaient des digues dans les marais côtiers pour y pratiquer l'agriculture et n'empiétaient pas sur les territoires de chasse. Les Malécites de la région étaient établis dans le bassin de la rivière Saint-Jean et pratiquaient le commerce des fourrures avec les Français, un produit très recherché en Europe. Les routes de commerce suivaient les réseaux fluviaux, et l'attribution de cadeaux, qui se transforma rapidement en échanges commerciaux, contribua aussi à ce que les Malécites et les Français deviennent des alliés. De plus, ces deux nations étaient liées par la religion catholique et par le mariage qui contribuait à forger des alliances. Ensemble, ils définissaient les deux plus importantes institutions dans la vie des gens ; l'Église et la famille.

Le Madawaska et le Témiscouata étaient sous-développés. Bien que le territoire ait été un lien d'une importance vitale, sa géographie demeurait très vague, et les cartes qui le représentaient étaient sommaires et trompeuses. Des missionnaires et même des évêques traversèrent la région, mais ce n'est qu'à la fin du 18e siècle que les premiers établissements y furent fondés, résultat de la naissance des États-Unis qui allaient revendiquer la région afin de faire obstacle à l'expansion du Canada. Les habitants de la région se retrouvèrent encore une fois coincés dans un conflit entre les intérêts de deux grands empires.

Le Madawaska et le Témiscouata furent érigés en seigneuries par le gouvernement de Québec en 1683. Ces seigneuries furent lentes à se développer; en fait, il ne s'y passa presque rien durant leur premier siècle d'existence. Les réserves de fourrures commencèrent à s'épuiser en raison du vaste réseau commercial établi avec les Malécites qui ne dépendaient d'aucune présence française dans la région, hormis celle de missionnaires itinérants qui assuraient le maintien des relations.

Les Amérindiens avaient une longue tradition de coopération militaire avec les Français qui menaient constamment des attaques contre les établissements anglais de la Nouvelle-Angleterre, en particulier ceux du Maine. La guerre de la Ligue d'Augsbourg, la guerre de Succession d'Espagne et de Succession d'Autriche et la guerre de Sept Ans avaient révélé combien les alliances avec les Autochtones étaient précieuses. Le bassin de la rivière Saint-Jean servait de porte d'entrée vers les hautes terres séparant les eaux qui traversaient les établissements anglais et offrait la possibilité de lancer à volonté des attaques-surprises n'importe où en Nouvelle-Angleterre.

Le Maine fut parfois complètement vidé de sa population, mais à force de ténacité les Britanniques grugeraient peu à peu le territoire de la Nouvelle-France jusqu'à l'absorber complètement lors de la guerre de Sept Ans. Celle-ci se solda en 1763 par le traité de Paris en vertu duquel la France échangea la Nouvelle-France contre les îles sucrières de la Guadeloupe et de la Martinique, mais conserva les îles Saint-Pierre et Miquelon, près de Terre-Neuve, en guise de base pour la flotte de pêche française de l'Atlantique.

La région de Madawaska-Témiscouata était aussi mentionnée dans le traité, mais sa définition ne se fondait pas sur des données géographiques fiables. Le traité précisait que les possessions britanniques de la Nouvelle-Écosse, du Massachusetts et du Canada seraient séparées par une ligne tracée selon un angle nord-ouest, à partir de la source de la rivière Sainte-Croix jusqu'aux hautes terres qui séparaient les eaux s'écoulant vers le fleuve Saint-Laurent et la rivière Saint-Jean.

Le fait qu'on ignorait où se trouvait la ligne de partage des eaux entre les deux bassins hydrographiques semblait n'avoir aucune importance, à ce moment, puisque toutes les parties en cause étaient britanniques. La région demeura sous-développée, mais le portage qui s'étendait entre la rivière Saint-Jean et le fleuve Saint-Laurent, que ce soit en passant par la rivière Madawaska et le lac Témiscouata ou en empruntant la rivière Saint-François et le lac Pohénégamook, était encore utilisé notamment par des Acadiens qui transportaient les lettres des Britanniques comme ils l'avaient fait pour les Français.

C'était l'époque où des Acadiens dépossédés de leurs biens se mirent à occuper la basse vallée de la rivière Saint-Jean près de l'établissement malécite, connu en français sous le nom de Sainte-Anne-des-Pays-Bas (la ville actuelle de Fredericton au Nouveau-Brunswick) et en malécite, sous le nom d'Aukupag (maintenant Springhill au nord de Fredericton). Bon nombre de ces colons finirent par s'établir dans le territoire de Madawaska, en amont du Grand-Sault où les chutes imposantes et les gorges obligeaient à faire du portage, et hors de portée des navires britanniques.

L'indépendance américaine, officialisée par le traité de Paris de 1783, allait transformer de maintes façons les liens impériaux dans la région. Des loyalistes britanniques des anciennes colonies britanniques (qui formèrent la Confédération américaine) furent forcés de quitter le nouveau pays pour des colonies restées loyales à la Grande-Bretagne. L'un des résultats fut la création de la colonie du Nouveau-Brunswick, en 1784, dont le territoire fut séparé de la colonie néo-écossaise alors en expansion. La route terrestre entre la Nouvelle-Écosse et les nouveaux colons établis en aval de la rivière Saint-Jean était beaucoup trop longue, de sorte que l'accroissement rapide de la population exigea la fondation de la nouvelle colonie.

Depuis au moins une décennie, dans la même région, des Acadiens occupaient illégalement des terres qui furent concédées aux loyalistes. Il importait particulièrement au gouvernement du Nouveau-Brunswick d'établir des fermes à l'ouest de la rivière Saint-Jean jusqu'à la région frontalière du Massachusetts appelée le district du Maine. Le secteur du district du Maine, situé à l'est de la rivière Kennebec, avait formé la région ouest de l'Acadie et avait été peu peuplé par les Français, mais c'était le territoire des Passamaquoddy, des Penobscot, des Kennebec et des Abénaquis, des Amérindiens alliés des Français. L'empressement du Nouveau-Brunswick à y installer des loyalistes était motivé par la volonté d'empêcher l'expansion américaine dans la basse vallée de la rivière Saint-Jean.

Le traité de Paris de 1783 a utilisé les mêmes termes que celui de 1763 pour délimiter la frontière, ce qui dénotait une connaissance imparfaite de la géographie des deux bassins hydrographiques. La formulation du traité avait peut-être semblé relativement peu importante lorsqu'il s'était agi d'établir la frontière entre deux colonies britanniques, mais elle s'avérerait une future source de contentieux entre les deux puissances belligérantes en Amérique du Nord : les colonies loyales à l'Empire britannique et les nouveaux États-Unis créés en 1789 par la Confédération américaine des États. Le district du Maine entreprit de réclamer sa séparation du Massachusetts; un long processus qui mènerait à la création de l'État du Maine en 1820, conséquence de l'insatisfaction à l'égard de l'intégrité territoriale du Massachusetts. En effet, le Massachusetts avait failli à son devoir de protéger le district du Maine lors des guerres survenues depuis les années 1690.

Les Américains et les Britanniques y dépêchèrent une équipe d'arpentage pour établir le tracé de la frontière. Les arpenteurs partirent de la tête des Grands Lacs vers le sud en suivant les lacs qui donnaient naissance à la rivière Sainte-Croix. Mais les Américains contestèrent le fait qu'il s'agissait de la rivière Sainte-Croix, alléguant que celle-ci prenait sa source dans le lac Magaguadavic, à une trentaine de kilomètres plus à l'est pour se jeter dans la rivière Saint-Jean à Nackawic, au Nouveau-Brunswick. Cependant, des traces de l'établissement français de 1604 dans l'île Sainte-Croix confirmèrent que c'était bel et bien la rivière Sainte-Croix. La contestation des Américains montrait toute l'ardeur avec laquelle ils entendaient défendre la question de la frontière. Les Britanniques comprirent qu'ils avaient fait une erreur en approuvant la délimitation des bassins hydrographiques telle que formulée dans les deux Traités de Paris et virent la probabilité qu'une incursion américaine vienne couper leur principale route de communication entre le Nouveau-Brunswick et le Bas-Canada (Québec).

L'arpentage de la frontière acquit une nouvelle importance avec la guerre de 1812 qui vit la région est du Maine passer sous contrôle britannique. L'indifférence du Massachusetts aida la cause de l'érection du Maine au rang d'État et démontra l'importance de l'établissement de Madawaska qui avait été fondé officiellement en 1785 par des familles acadiennes et canadiennes. Les troupes britanniques traversèrent la région en route vers les Grands Lacs où furent livrées la plupart des batailles, mais le nouveau conflit illustra à quel point les frontières du territoire de Madawaska étaient imprécises.

Ironiquement, les Acadiens restèrent loyaux à la Grande-Bretagne lors du conflit, probablement parce qu'ils avaient reçu leurs titres de propriété des Britanniques. Ces Acadiens tentaient d'utiliser le système à leur avantage. Ils savaient que les Britanniques se servaient d'eux pour affirmer la souveraineté britannique sur le territoire disputé, mais cela leur fut très utile pour obtenir des terres dans une région isolée, et néanmoins importante. Cela leur permit également de garder unies leurs familles élargies et de mener leurs affaires en échappant largement à la surveillance de Fredericton (désignée capitale du Nouveau-Brunswick en 1784).

L'établissement de Madawaska vit le jour en raison de l'arrivée de 14 000 colons loyalistes dans la vallée inférieure de la rivière Saint-Jean. Ils y obtinrent les terres que des réfugiés acadiens avaient occupées illégalement. Les Acadiens avaient une attitude plutôt cavalière en matière de propriété foncière, conséquence de la négligence avec laquelle les seigneurs de l'Acadie les avaient traités, s'intéressant davantage au commerce des fourrures qu'au développement de la colonie acadienne. Les seigneurs étaient censés louer des terres à la population acadienne, lui fournir des services et gouverner. Après avoir reçu de vastes étendues de terres, les seigneurs négligèrent de fournir des services aux colons et de collecter des rentes, et laissèrent les habitants se débrouiller tout seuls. Par conséquent, lorsque des réfugiés acadiens arrivèrent dans le cours inférieur de la rivière Saint-Jean, entre 1754 et 1763, ils défrichèrent des parcelles dans les terres basses qu'ils affectionnaient particulièrement, parce qu'elles ressemblaient à leurs terres affermées de la Nouvelle-Écosse.

Quand des loyalistes se virent concéder ces terres, les Acadiens cherchèrent à obtenir un dédommagement pour les améliorations qu'ils avaient apportées pendant la dizaine d'années qu'ils y avaient vécu, ainsi que la concession de nouvelles terres dans la région nord du Nouveau-Brunswick : à Caraquet, dans la partie est, et à l'établissement de Madawaska, dans l'ouest. Les colons de l'établissement de Madawaska se trouvaient en terrain familier en 1785. Il était familier en ce sens que les basses terres de la rivière Saint-Jean, en amont du Grand Sault, étaient attrayantes pour eux. Les messagers qui transportaient des dépêches entre l'Acadie et le Canada les avaient remarquées eux aussi en traversant la région. Il y avait des villages malécites où les missionnaires catholiques offraient les sacrements depuis 1651, si bien qu'on y était assuré d'obtenir des services religieux, quoiqu'irréguliers, sous les auspices de l'évêché de Québec.

Il se peut que les familles qui s'établirent sur le territoire y aient envoyé des « éclaireurs » pour réclamer la propriété de parcelles de terre, y construisant un abri en prévision de la venue de familles élargies, nombreuses et apparentées qui durent faire les semailles dès leur arrivée officielle, à la fin de juin 1785. Des familles de la région de Kamouraska, dans l'actuel Québec, s'étaient aussi rendues dans la vallée inférieure de la rivière Saint-Jean et trouvèrent probablement un réconfort à remonter en amont de la rivière, plus près de leurs origines. Un poste de traite de fourrures avait été établi en 1784 au village malécite du Petit Sault (Edmundston) par deux demi-frères (Pierre Lizote et Pierre Duperré) venus de la région de Kamouraska, avant le début de la colonisation officielle en 1785.

On possède peu de documents datant de cette période qui reste nébuleuse, mais les colons acadiens mirent à profit leur expérience pour tirer avantage de nombreuses occasions qui s'offraient à eux. Ils comprirent qu'il ne fallait espérer aucun appui militaire de la France. En effet, cette absence d'appui militaire favorisait l'indépendance américaine aux dépens de leur ennemi, les Britanniques. Ils comprirent qu'ils ne pouvaient compter que sur leurs propres moyens et qu'ils devraient manipuler le système dans lequel ils étaient entrés de force. À cet égard, ils obtinrent d'excellents résultats. Ils profitèrent du désir des Britanniques de conserver leur emprise sur la « route du Canada » qui reliait le Nouveau-Brunswick et la ville de Québec, capitale de l'Amérique du Nord britannique, de 1763 à 1783. Lorsqu'ils demandèrent que des terres leur soient concédées dans l'ancienne seigneurie de Madawaska, ils le firent dans la région revendiquée, mais non occupée par les Américains. Ils savaient également qu'ils recevraient en permanence leurs titres de propriété et que leur économie s'arrimerait avec celle bien établie de la Grande-Bretagne en fournissant du bois d'œuvre à la marine britannique : du pin pour les mâts, de l'épinette pour les espars et du mélèze pour les bordages des navires.

Lorsque le Maine acquit le statut d'État, il revendiqua avec force tout le territoire allant jusqu'au fleuve Saint-Laurent. Des Américains de la région de Kennebec pénétrèrent dans le territoire de Madawaska en 1817 et fondèrent une scierie sur la rivière Meruimticook, là où se trouve présentement Baker Brook au Nouveau-Brunswick. Ils réclamèrent la souveraineté américaine sur la région. Ces revendications contradictoires allaient aboutir au conflit sur la frontière nord-est ainsi qu'à la guerre d'Aroostook plus au sud. Ces deux problèmes distincts, l'un portant sur la frontière du Maine et du Nouveau-Brunswick, et l'autre lié aux redevances sur le bois provenant de la région centrale du comté d'Aroostook, furent résolus à des moments différents, mais furent officiellement réglés par le traité Webster-Ashburton en 1842. En 1831, il existait une

« route » entre Fredericton (Nouveau-Brunswick) et le Saint-Laurent qui reliait Fort Ingall, sur le lac Témiscouata, au Fort du Petit Sault (Edmundston). La route de Bangor menant à Houlton, à Fort Fairfield et à Fort Kent était carrossable en 1839; elle reliait trois forts dans ce qui deviendrait le côté américain de la vallée.

Les colons acadiens de l'établissement de Madawaska s'établirent à Saint-Basile et se répandirent rapidement jusqu'à Grand-Sault, le long des basses terres et des îles de la rivière Saint-Jean. Les premières concessions foncières furent accordées en 1790; d'autres demandes de concession étaient en traitement. Les familles fondatrices étaient nombreuses et liées entre elles, et elles prirent racine sur des bandes de terres agricoles longues et étroites qui s'étendaient à partir de la rivière. Chaque ferme avait sa façade sur le cours d'eau et comprenait un endroit où construire une maison au-dessus de la plaine inondable; les champs et les terres boisées s'étiraient au-delà des collines vers l'intérieur. Plus tard, à bien des endroits, une deuxième, une troisième, voire une quatrième rangée de fermes, délimitées par des chemins, se prolongèrent en damier à l'intérieur des terres.

Les premières familles eurent accès à des terres de choix et planifièrent l'emplacement des endroits où les enfants s'installeraient. L'ennui, c'est que le Massachusetts avait vendu ses terres de l'intérieur pour rembourser les dettes contractées lors de sa guerre révolutionnaire, et ces terres n'étaient pas disponibles. En conséquence, des terres furent occupées illégalement; il y eut des évictions et des ventes de terrains, mais au prix de longues et difficiles démarches que Peter Charles Keegan de Van Buren réussit à conclure en faveur des colons, à la législature du Maine. On récolta le bois des forêts et le pin disparut de la région au début du 20e siècle; les terres agricoles dominaient alors le paysage beaucoup plus déboisé que de nos jours.

Le conflit frontalier prit graduellement de l'ampleur après la guerre de 1812. Les combats au cours de cette guerre n'atteignirent pas la vallée supérieure de la rivière Saint-Jean, mais le conflit ramena à l'avant-plan la question de déterminer où la frontière devait se situer. Les Britanniques étaient d'avis que la région était sous la souveraineté britannique puisque la population acadienne y était bien établie et détenait ses titres de propriété de la Grande-Bretagne. La route vers le Saint-Laurent était d'une importance vitale pour les Britanniques.

Lorsque l'équipe d'arpentage susmentionnée arriva au mont Mars, dans le centre du comté d'Aroostook, elle monta au sommet de celui-ci qu'elle déboisa pour dégager la vue sur les hautes terres mentionnées dans les Traités de Paris de 1763 et de 1783. Mais elle constata que la montagne sur laquelle elle se trouvait était le point culminant de la région et qu'aucun sommet vers le nord n'était plus élevé. Les Britanniques se rendirent compte que les hautes terres en question se trouvaient en fait plus à l'ouest, y compris le mont Katahdin. Sachant que le Maine revendiquait tout le territoire jusqu'au Saint-Laurent, les Britanniques tentèrent de contrer les prétentions américaines en réclamant le territoire jusqu'aux hautes terres, à l'ouest du mont Mars. C'étaient ces hautes terres qui divisaient les deux bassins versants. Les rivières Penobscot et Kennebec s'écoulaient vers le sud jusqu'à l'océan Atlantique, alors que les versants nord alimentaient les cours d'eau formant le bassin de la rivière Saint-Jean qui se jetait dans la baie de Fundy.

Par conséquent, deux visions s'opposaient, imparfaites l'une comme l'autre, mais respectant partiellement la formulation du traité. Après s'être affrontés lors de la guerre de l'Indépendance et de la guerre de 1812, Londres et Washington n'étaient pas près de s'embarquer dans un nouveau conflit pour des « terres incultes ». En 1831, ils soumirent la question à l'arbitrage du roi des Pays-Bas qui fut prié de déterminer l'emplacement des hautes terres. Pour ce faire, celui-ci se fia à des cartes de la région et divisa le territoire par une frontière qui suivait le cours de la rivière Saint-Jean, puis celui de la rivière Saint-François. La frontière traversait ensuite les terres vers le sud en contournant les ruisseaux qui se jetaient dans la rivière Saint-Jean, presque jusqu'au New Hampshire.

Aucune des deux parties n'approuva ce tracé affirmant que les hautes terres ne suivaient pas le lit de rivières, de sorte que le conflit s'envenima. C'était une espèce de guerre froide, car les pertes étaient plus largement attribuables aux rigueurs du climat qu'à un échange de tirs. Des arpenteurs, des recenseurs et des bûcherons furent arrêtés par des petits fonctionnaires, puis relâchés par des fonctionnaires de rang supérieur, pendant que Londres et Washington tiraient les ficelles.

Finalement, le secrétaire d'État, Daniel Webster (auparavant un puissant sénateur du New Hampshire), fut chargé de négocier le tracé de la frontière avec Alexander Baring, Lord Ashburton d'Angleterre, qui avait investi dans l'industrie forestière du Maine et du Nouveau-Brunswick. Daniel Webster était l'avocat d'Ashburton à Washington où il veillait sur les intérêts de celui-ci. À l'époque, une telle situation était perçue comme un avantage plutôt que comme un conflit d'intérêts, et Webster connaissait très bien les intérêts d'Ashburton. Ces intérêts se compliquèrent encore davantage lorsque Ashburton, propriétaire de la Baring Bank de Londres, épousa la fille du sénateur Bingham de la Pennsylvanie et fondateur de la Second National Bank of the United States. De puissants intérêts internationaux étaient en jeu, et Bingham était propriétaire de vastes étendues de terres dans le Maine. Par conséquent, les deux parties seraient gagnantes, quelle que soit l'issue du conflit.

En vertu du traité, la frontière suivait la ligne établie par le roi des Pays-Bas, sauf que le Maine perdit du territoire le long de sa frontière ouest, où les cours d'eau furent coupés par une ligne droite. La frontière fut fixée jusqu'au lac des Bois, dans le Minnesota. Webster mentit au Sénat et omit d'informer le Maine et le Massachusetts du libellé du traité dans sa forme définitive avant qu'il soit adopté à toute vapeur au Sénat par une forte majorité. Le Maine et le Massachusetts étaient furieux, tout comme le Nouveau-Brunswick qui vit 2 000 loyaux sujets britanniques (détenteurs de titres de propriété britanniques), vivant sur la rive sud de la rivière Saint-Jean, passer du côté des Américains. Le territoire de Madawaska fut divisé par une frontière internationale. Le Maine offrit à ses nouveaux citoyens américains les titres de leurs anciennes propriétés britanniques.

En 1867, après la formation de la Confédération canadienne, il fallut aussi établir une frontière entre le Québec et le Nouveau-Brunswick. Les deux provinces firent appel à une commission qui détermina, d'après des témoignages, que l'établissement de Madawaska était acadien. Ses habitants choisirent donc de demeurer au sein du Nouveau-Brunswick plutôt que de faire partie du Québec, et la limite séparant le Madawaska du Témiscouata fut établie au sud de Ville Dégelis.

Maintenant que la frontière politique était établie, l'Église fit aussi l'objet d'une partition qui conduisit à la séparation du territoire ecclésiastique de la vallée. Ceux qui lancèrent le mouvement furent un groupe d'Américains de la région de Grand Isle, connus plus tard comme les carmélites du fait que leur chapelle avait été construite au pied du mont Carmel en 1847. Ils se disaient insatisfaits des services fournis par la paroisse Saint-Basile, de l'autre côté de la rivière. Les évêques de Boston, de Québec et du Nouveau-Brunswick se partageaient l'exercice de l'autorité et s'appuyaient mutuellement en attribuant aux autres parties la fonction de covicaire général. Les habitants de la région présentaient leurs demandes à celui des trois qu'ils croyaient le plus susceptible d'y accéder.

L'évêque Fenwick et l'évêque Fitzpatrick de Boston visitèrent la région en 1846 et en 1848 respectivement. Ils approuvèrent la fondation et procédèrent à la consécration de la troisième paroisse du côté américain. Les premières paroisses furent celles de Saint-Bruno à Van Buren et de Sainte-Luce à Frenchville, toutes deux fondées en 1826, mais privées d'un prêtre résident durant leur première décennie d'existence. Le père Henri Dionne, de Frenchville, exerçait le ministère à la chapelle du mont Carmel; il fut remplacé plus tard par le père Sweron, venu de Belgique. Le mouvement pour la séparation était motivé par la division politique survenue en 1842. D'autres facteurs contribuaient à cette séparation, notamment la difficulté de traverser la rivière lorsque les glaces se formaient et se brisaient sur la rivière, la dévaluation de la monnaie américaine et le peu d'obligeance avec lequel le curé de Saint-Basile — le père Langevin — fournissait à l'État du Maine des renseignements sur les baptêmes, les mariages et les décès.

Les carmélites soumirent une pétition au pape Pie IX. En 1842, le pape répondit à leur requête en rattachant la rive américaine de la rivière Saint-Jean au diocèse de Portland (Maine) nouvellement créé. La chapelle du mont Carmel n'allait durer qu'une dizaine d'années et s'établirait, en 1870, à l'endroit maintenant appelé Lille. Étant donné qu'une nouvelle paroisse fut érigée à Saint-David, près du mont Carmel, on choisit un nouvel emplacement à mi-chemin entre Van Buren et Saint-David pour y construire un nouveau lieu de culte afin de mieux servir la communauté.

Selon les normes coloniales, l'économie de l'établissement de Madawaska jouissait d'une prospérité considérable et elle était liée à Fredericton par la force des choses, la rivière étant la seule voie d'accès aux marchés. Les magasins locaux, qui agissaient comme des gestionnaires de crédit, approvisionnaient les chantiers forestiers. On réglait les comptes à la fin de la saison dès que tout le bois avait flotté jusqu'à Fredericton. Il y avait de nombreuses scieries qui prirent de l'expansion dans chaque localité pour répondre aux besoins locaux.

Après 1842, l'économie connut un essor, et les villages se transformèrent en villes en fonction de l'emplacement des églises. Il fallait du temps pour se rendre à la messe en charriot tiré par des chevaux et la principale activité, après la messe, consistait à faire des affaires au village. C'est pourquoi les magasins étaient situés près de l'église. Les villages n'étaient pas des regroupements de maisons; ils s'étiraient plutôt le long de la rivière. En retrait de la rivière, des fermes étaient divisées sur la longueur afin que les maisons soient proches les unes des autres et que les membres de la famille élargie vivent à proximité. En cas de besoin, on pouvait compter sur une abondante main-d'œuvre au sein même de la famille. Les chemins qui avaient été tracés en raison du conflit frontalier servaient au commerce. Lorsque le train arriva dans la région, le commerce prit de l'ampleur. Le chemin de fer Canadien Pacifique arriva à Edmundston en 1878 et la papetière Fraser y fut fondée en 1916.

En 1871, le versant américain de la vallée se développa rapidement avec l'établissement d'une école normale destinée à former les enseignants, dirigée par Vital Cyr de Saint-David. Les cours y étaient offerts en anglais. Chaque année, l'école alternait entre Van Buren et Fort Kent où elle s'installa en permanence en 1886, quand les Pères Maristes fondèrent le Collège Sainte-Marie à Van Buren. Le programme d'études à Van Buren était offert en français et en anglais. En 1891, le couvent des Sœurs du Bon-Pasteur ouvrit ses portes pour assurer l'instruction des jeunes filles.

En conséquence, en 1870, Van Buren fut la première localité du côté américain qui ressemblait vraiment à une ville, avec un secteur commercial où de nombreuses professions avaient pignon sur rue. Fort Kent suivit bientôt. La localité de Madawaska prit de l'expansion dans les années 1920, après la fondation de la société Fraser et la construction d'un pont la reliant à Edmundston. L'établissement par les communautés religieuses d'hôpitaux et de couvents qui allaient au-delà du niveau élémentaire servit de catalyseur au développement. Un hôpital fut fondé à Eagle Lake en 1905. En 1897, les Petites Franciscaines de Marie s'établirent à Wallagrass, près de Fort Kent, et plus tard à Fort Kent même. Les Sœurs missionnaires de Notre-Dame du Saint-Rosaire arrivèrent à Frenchville en 1898. Les Filles de la Sagesse élurent domicile à Sainte-Agathe, paroisse fondée en 1889, et en 1904, elles y tenaient un pensionnat et un hôpital. Les Filles de la Sagesse étendirent leur présence à Lille et à Edmundston où elles ouvrirent des écoles secondaires.

Les écoles, couvents et hôpitaux étaient plus nombreux du côté américain, mais le couvent le plus important et le plus gros de la région fut établi à Saint-Basile en 1873 par les Religieuses hospitalières de Saint-Joseph. Il comprenait un hôpital et un collège pour filles. Les Hospitalières fondèrent une briqueterie qui vendait des briques et produisait celles nécessaires à la construction de l'immense bâtiment qu'elles érigèrent, après que le couvent en bois eut été détruit par un incendie.

La venue du chemin de fer se fit d'abord du côté canadien, mais après son arrivée du côté américain, un quart de siècle plus tard, les Acadiens purent accéder aux importants marchés urbains du nord-est des États-Unis pour écouler leurs pommes de terre. Ce légume devint la principale culture commerciale et apporta la prospérité dans la région qui comptait de nombreuses fermes exploitées par de grandes familles. La prospérité régionale était telle que, entre 1900 et 1920, pratiquement toutes les églises de la région furent remplacées, quelques-unes en raison d'un incendie, mais la plupart pour répondre à un accroissement démographique.

En 1900, la population du côté américain comptait 16 000 habitants, le même nombre qu'en 2010. Du côté canadien, en 1900, la population s'élevait à 14 000 habitants et augmenta substantiellement au 20e siècle; le Madawaska est maintenant la région la plus développée de la vallée. Les fermes de pommes de terre et les scieries créaient des emplois dans toutes les villes. Van Buren–Saint-Léonard était une plaque tournante parce qu'on y trouvait les plus grandes scieries et qu'au printemps, on y triait la pâte de bois qui flottait en aval de la rivière.

C'est aussi devenu un terminus à compter de 1878, alors que s'y croisaient quatre chemins de fer reliant la vallée avec le reste du continent et des routes principales reliant la vallée à Campbellton (N.-B.) et à Bangor (ME). Le pont ferroviaire de Van Buren assurait un lien essentiel et générait suffisamment de commerce pour justifier la présence d'un consulat américain à Saint-Léonard. On construisit des ponts entre Van Buren et Saint-Léonard, Edmundston et Madawaska, Fort Kent et Clair. L'industrie de la pomme de terre connut une forte croissance dans le comté d'Aroostook; il se hissa au premier rang mondial parmi les producteurs jusqu'à ce que des projets d'irrigation en Idaho dans le Far West américain transforment le désert en terres destinées à cette culture lors de la grande crise de 1929, et viennent lui faire concurrence.

La prohibition de l'alcool aux États-Unis fut à l'origine d'une économie clandestine dans la région axée sur la contrebande d'alcool à grande échelle. Bien que la prohibition nationale ait été décrétée au lendemain de la Première Guerre mondiale, elle avait été instituée dans le Maine dès 1851, de sorte qu'on y avait une solide expérience en contrebande d'alcool en provenance du Canada, où la vente d'alcool était permise. La fabrication illicite d'alcool était une industrie clandestine en expansion. Il s'ensuivit un resserrement des contrôles à la frontière, ce qui contribua à accentuer la division de la vallée. Néanmoins, la population de la région, de religion catholique en général, n'arrivait pas à comprendre pourquoi le vin de messe était légal et la vente d'alcool, illicite. Ce fut une dure bataille que les agents du revenu perdirent jusqu'à l'abrogation de la prohibition lors de la grande crise.

La crise économique frappa plus durement le côté américain de la vallée, mais elle s'en tira toutefois mieux que la plupart des régions des États-Unis. Les familles élargies constituaient un réseau de soutien dans cette région qui abondait en bois de chauffage et en produits agricoles. L'agriculture était une source de travail, et les habitants de la région eurent recours à des méthodes de survie qu'ils avaient pratiquées jadis. La plupart d'entre eux étaient dans le besoin, mais réussirent à subvenir à leurs besoins en cultivant leurs aliments et en allant chasser sur les terres sauvages.

De nos jours, la Transcanadienne traverse la région, empruntant le même tracé que la route du Canada depuis 1612. Elle a beaucoup contribué au développement du versant canadien de la vallée par l'agrandissement de l'usine de papier et l'essor du campus d'Edmundston de l'Université de Moncton qui est issu du Collège Saint-Louis. Toutefois, les gens de l'extérieur voient encore la région comme un coin perdu. Celle-ci commence maintenant à considérer son territoire international et interprovincial comme un tout, divisé par des langues, des mentalités et des codes de loi différents, mais qui, en dépit des différences, a intérêt à coopérer sur le plan économique.

L'identité culturelle des habitants de la région diffère d'une localité à l'autre. Certains habitants s'identifient historiquement comme Acadiens, d'autres se considèrent davantage comme le produit d'un métissage canadien-français et acadien. Certains sont de descendance écossaise, irlandaise ou amérindienne. D'autres se disent simplement Américains ou Canadiens. Pour certains, l'identité est liée à la langue; pour d'autres, c'est une question de liens du sang. Il semble peu pratique d'associer l'ensemble de la région à un groupe culturel en particulier, parce que la proportion des gens, en fonction de leurs origines, varie sur le plan géographique. Il ne sert à rien non plus d'en faire une identité issue du creuset cher aux Américains, parce que ça ne correspond pas à la réalité. Il s'agit d'une question complexe et il vaut probablement mieux laisser à chaque localité le soin d'y répondre.

Le mythe de la nation formée par des Acadiens en exil fait partie de l'imaginaire populaire depuis que des tentatives en matière de tourisme l'ont mis de l'avant, à la fin du 19e siècle et au début du 20e siècle. Il va de soi que la région possède une histoire haute en couleurs qui s'inscrit parfaitement dans la trame des grands événements des quatre derniers siècles. La région pourrait tirer parti de cet héritage historique pour assurer son autopromotion. Aucune autre région n'offre cette situation particulière. Le territoire de Madawaska-Témiscouata peut se définir comme une région en soi — éloignée, mais centrale — dont l'adaptation tout à fait singulière aux événements de son histoire complexe se présente comme l'aboutissement pacifique et durable d'une période de turbulences.

BIBLIOGRAPHIE

ALBERT, Thomas. *Histoire du Madawaska.* D'après les recherches historiques de Patrick Therriault et les notes manuscrites de Prudent L. Mercure. Québec : Imprimerie franciscaine missionnaire, 1920

BARRY, William David. *Maine : The Wilder of New England.* Thomaston, Maine, Tilbury House Publishers, 2012

CRAIG, Béatrice et Maxime Dagenais. *The Land in Between. The Upper St. John Valley, Prehistory to World War I.* Thomaston, Maine, Tilbury House Publishers, 2009

Pubnico, le plus ancien village acadien en Nouvelle-Écosse

Bernice d'Entremont

Pubnico, le plus ancien village acadien du Canada atlantique, est toujours occupé par les Acadiens. À l'origine, le village de Pubnico s'appelait Pobomcoup. Il faisait partie de la région du cap de Sable, en Nouvelle-Écosse. Bien que la plupart des Acadiens aient été déportés de Buttes-de-Sable en 1756, ils sont revenus dans la région de Barrington, dix ans plus tard. Ils se sont installés de l'autre côté du havre, c'est-à-dire en face de leurs terres originelles. L'histoire de cette région acadienne n'est pas banale. En 1653, elle fut d'abord une baronnie fondée par le sieur Philippe Mius d'Entremont. Philippe est l'ancêtre de tous les d'Entremont d'Amérique du Nord.

Philippe Mius d'Entremont

Philippe Mius d'Entremont est né en 1609 dans la région de Normandie, en France; il s'est marié en 1649 avec Madeleine du Tillet. Il a navigué jusqu'en Acadie avec sa femme et sa fille Marguerite. Le 17 juillet 1653, le gouverneur Charles de Saint-Étienne de La Tour lui a donné une terre mesurant 4 km de bande littorale par 14,5 km à l'intérieur des terres, du côté est du havre de Pubnico. Philippe s'est vu octroyer les titres de sieur d'Entremont, baron de Pobomcoup, lieutenant-major et commandant de troupe. En 1670, il est promu au poste de procureur général du roi en Acadie. Pendant 18 ans, il accompagne le gouverneur dans tous ses voyages. Il n'a pris sa retraite qu'à l'âge de 89 ans quand un handicap l'a contraint à quitter son poste. Il s'est ensuite installé à

Grand-Pré où vivait sa fille Marguerite. Il y est mort deux ans plus tard, en 1700, à l'âge de 91 ans, « avec toutes ses dents ».

L'érection du manoir au centre de la baronnie serait le fait du sieur Philippe Mius d'Entremont ou de son fils Jacques I Mius d'Entremont de Pobomcoup. Jacques I a marié Anne de Saint-Étienne de La Tour en 1677. Leur fils aîné, Jacques II, a marié Marguerite Amireau (Amirault) qui lui a donné quatre fils, Jacques III, Joseph, Paul, Benoni, et trois filles, Marie, Anne et Marguerite. Au moment des déportations, les membres de la famille seront dispersés à divers endroits.

Au printemps 1756, un premier groupe de 72 Acadiens de la région du cap de Sable sont capturés par les Anglais et déportés au Massachusetts. Jacques II est déporté à bord du navire *Vulture* avec sa femme, ses trois fils et ses deux filles. Une fois à Boston, ils sont envoyés à Walpole, à la fin du mois de novembre 1756.

Le quatrième fils, Jacques III, échappe à la première vague de déportation pour être expulsé le 3 novembre 1759 en Angleterre, puis en France. Le manoir familial de la baronnie est réduit en cendres. Jacques se retrouve à bord de la *Mary the Fourth* avec sa femme, mais une tempête retarde leur départ d'une semaine. Ils arrivent en Angleterre sept semaines plus tard, le 29 décembre, puis à Cherbourg en France, le 14 janvier 1760.

Au Massachusetts, Jacques II vit dans des conditions misérables : logé dans une petite cabane, vêtu de haillons, il peut à peine subvenir aux besoins de sa famille. Ironiquement, ses sœurs, mariées à des officiers français bien nantis et de haut rang, jouissent d'une vie très confortable à la Forteresse de Louisbourg sur l'Île Royale (aujourd'hui le Cap-Breton). Une autre de ses sœurs, Anne Mius d'Entremont, vit dans le sud-ouest de la France; elle a précédemment été mariée à un ancien gouverneur de l'Île Royale.

Les sœurs, les gendres et les neveux de Jacques II implorent le gouverneur de l'époque, Augustin de Drucourt, d'écrire à Thomas Pownall, gouverneur du Massachusetts, pour qu'il le renvoie en Nouvelle-Écosse. Pownall dans sa lettre du 10 novembre 1757 lui répond ceci : « Je serais heureux, si j'en avais le pouvoir, de vous donner la preuve de ma bonne volonté concernant la demande relative à Monsieur de *Pocomcourt* [Pobomcoup]. Bien qu'il soit un sujet de Sa Majesté le roi, mais comme il est vieux et Français de naissance et qu'il fait partie de ceux qui sont plus enclins à leur terre natale, je lui accorderai la permission de partir d'ici. C'est pourquoi j'ai donné l'ordre d'aller à sa recherche; il est de cette ville, mais je fus incapable de le faire monter à bord de ce navire.

Néanmoins, à la première occasion, il sera du voyage, et c'est pour cette raison qu'il sera envoyé à Halifax ».

Malheureusement, Jacques II ne fera jamais ce voyage; moins d'un an plus tard, le 28 juillet 1759, il mourra à Walpole à l'âge de 79 ans. Il est inhumé à Roxbury. De tous les Acadiens exilés, il est le seul pour qui on a intercédé afin qu'il soit ramené en Nouvelle-Écosse. La fin de l'exil pour le reste de la famille au Massachusetts sonnera le 23 août 1766.

Le *Boston News-Letter* annonce que le capitaine Amiro (Amirault) a quitté le port de Boston pour Québec. Parmi ceux qui sont à bord, il y a Marguerite d'Entremont, veuve de Jacques II, et ses enfants, les familles de Charles Amirault, d'Abel Duon et de Charles Belliveau. En route vers Québec, ils s'arrêtent à Halifax en Nouvelle-Écosse. Ils y rencontrent un officier anglais qui les a reconnus et les a salués chaleureusement. Il semble qu'avant l'expulsion, cet officier ait été fait prisonnier lors d'une bataille et qu'un d'Entremont lui aurait sauvé la vie. Quand il apprend leur destination, il leur suggère de s'installer plutôt en Nouvelle-Écosse, et que dès que possible, il leur enverra un prêtre catholique. Ils vont jusqu'à Buttes-de-Sable (aujourd'hui Villagedale). L'année suivante, ils décident de retourner à Pubnico. Déçus que la terre du manoir d'Entremont soit occupée par quelqu'un d'autre, ils s'installent de l'autre côté du havre, en face de leur ancien foyer.

Les d'Entremont, huit au total, s'installent à Pubnico-Ouest : Paul, Benoni, la sœur de Marguerite encore célibataire, Anne d'Entremont et son mari Abel Duon (d'Éon), Joseph et sa femme, Agnès Belliveau, leurs deux enfants et leur mère, Marguerite Amirault, veuve de Jacques II d'Entremont. Ils reçoivent des concessions en 1771 et en 1784 du gouverneur de la Nouvelle-Écosse. Les familles Amirault et Belliveau s'installent du côté est du havre, alors que les d'Entremont et les Duon s'installent du côté ouest. Depuis, d'autres familles se sont ajoutées à ce village, notamment les Surette et les LeBlanc.

Le centre de documentation du Musée des Acadiens des Pubnicos (fondé en 1994) conserve les originaux des actes notariés de cession de terres, et les originaux de huit lettres en provenance de Cherbourg, écrites entre 1764 et 1775, par des membres de la famille d'Entremont. La plupart d'entre elles émanent de Marguerite Landry, femme de Jacques III d'Entremont, et elles sont adressées à leurs proches parents retournés à Pubnico. Il y a une centaine d'années, certaines personnes de Pubnico correspondaient toujours avec les descendants de ces Acadiens exilés en France.

Le joyau de ce musée en exposition permanente est une pièce rare et originale : un aboiteau (système de digues) trouvé en 1990 sur une plage érodée (Île-de-Grave) de l'île Double. L'aboiteau est une invention agricole acadienne pour reprendre des terres à la mer. Les Acadiens érigeaient des digues de terre pour isoler certains secteurs des marais salés de l'inondation répétée par les marées. À la base de chaque digue, ils construisaient des aboiteaux, c'est-à-dire des vannes de bois dotées de clapets qui s'ouvraient automatiquement pour drainer l'excès d'eau douce des terres nouvellement récupérées de la mer, mais qui se refermaient à la marée montante pour empêcher l'eau salée d'inonder à nouveau les terres

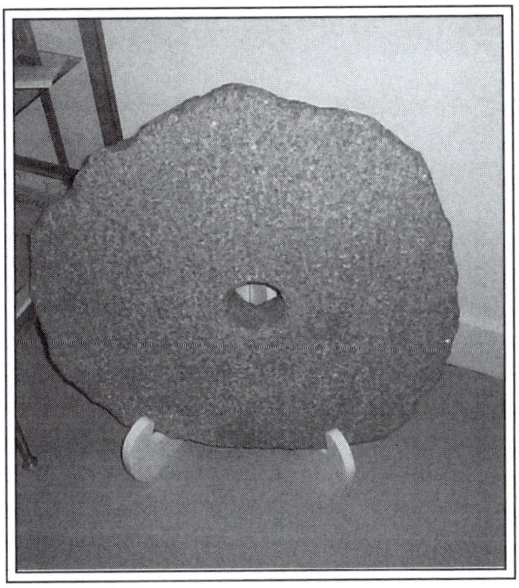

Cette pierre est un vieux moulin à broyer le grain découvert à Pubnico-Est en 1997. L'archéologue galloise, Christine Yeats, l'a aperçu dans un ruisseau, et les amateurs d'histoire de Pubnico, Réal d'Entremont et Ted d'Éon l'ont retiré de la cuvette de marée. On croit qu'il faisait partie de la baronnie de Pobomcoup. En 1688, le sieur de Villebon inscrit que 80 boisseaux de blé y ont été moulus.

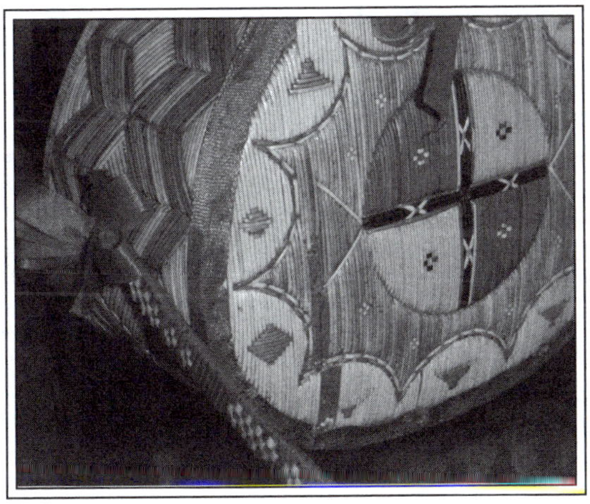

Ce panier mi'kmaw[1] en piquants de porc-épic a été fabriqué à la fin du 19e siècle par les Amérindiens qui furent les premiers occupants de cette région. Les mariages entre Mi'kmaq et Acadiens sont inscrits dans les registres paroissiaux, confirmant ainsi l'étroite relation qui existait entre les deux peuples. Le fils de Philippe Mius d'Entremont, Philippe Mius d'Entremont dit d'Azit, s'est marié à deux reprises avec des femmes mi'kmaq, devenant ainsi l'ancêtre des familles métisses Meuse et Muise.

Quelques personnalités de Pubnico

Benoni d'Entremont (1745-1841) est né près du cap Sable (aujourd'hui Barrington) et en 1756, il fut déporté au Massachusetts avec sa famille. Il avait 11 ans. Dix ans plus tard, après son retour d'exil, il participe à la vie citoyenne du comté de Yarmouth. En 1780, il devient le premier Acadien nommé aux postes de magistrat et juge de paix en Nouvelle-Écosse, le premier évaluateur et plus tard le trésorier de la municipalité d'Argyle.

En 1799, à Pubnico, Benoni d'Entremont construit la première maison en planches de bois (voir la photo), toujours debout aujourd'hui. Si, à cette époque, la richesse d'un homme se mesurait à sa propriété, alors d'Entremont était riche. En 1813, Benoni fut nommé juge de la Cour inférieure du droit commun du comté de Yarmouth.

Benoni était propriétaire du navire *Bonaventure*, avec lequel il a fait de nombreux voyages de Halifax aux îles françaises de Saint-Pierre et Miquelon (près de Terre-Neuve) pour acheter et vendre de l'alcool. La France, qui possédait ces îles, n'avait pas interdit l'alcool sur son territoire.

En 1781, au retour de Saint-Pierre et Miquelon, le navire est attaqué par des pirates au large de Lockport. Ils débarquent Benoni et ses marins à Lockport, ne gardant que le pilote du navire, le capitaine Kinney. À la faveur de la nuit, Benoni et son équipage, tous armés, rament silencieusement vers le *Bonaventure*. Ils montent à bord en faisant beaucoup de bruit et en tirant, ils courent jusqu'à l'escalier menant à la cale où les pirates, complètement ivres, n'offrent aucune résistance. La porte coulissante de la cale est fermée à l'aide de clous, emprisonnant les pirates. Le navire accoste ensuite à Lockport sous les acclamations des villageois. Les pirates sont traduits en justice. Les gens qui ont souffert des activités de ces corsaires réclament leur pendaison, mais Benoni, selon un rapport écrit, « ayant une préférence toute acadienne pour une sanction plus légère » plaide qu'ils sont déjà suffisamment punis par la perte de leurs armes et il demande leur libération, leur conseillant de retourner chez eux et de ne jamais revenir.

Simon d'Entremont (1788-1886) était un politicien acadien

Élu en 1836 dans le canton d'Argyle, il est le premier député acadien à siéger à la législature de la Nouvelle-Écosse. Il refuse de prêter le serment d'allégeance à la Couronne britannique. Il aurait dit à cette occasion : « J'aimerais mieux avaler la queue d'un chien de mer ». Le lieutenant-gouverneur, Sir Colin Campbell, a veillé à ce qu'à partir de ce jour, on jure plutôt fidélité aux lois du pays. Ceci fait, Simon est entré à la Chambre sous les applaudissements de ses collègues en admiration devant son courage. C'était aussi une victoire pour d'autres minorités qui allaient éventuellement siéger à la législature provinciale. Les Acadiens considèrent le geste de Simon d'Entremont comme un symbole de liberté légendaire. Il meurt à Pubnico-Est, le 6 septembre 1886, à l'âge de 98 ans. Il était le père de 18 enfants et s'est marié deux fois.

Henri Léandre d'Entremont (1862-1944), historien et collectionneur, a fondé le premier musée acadien à Pubnico-Est. Presque toute sa collection appartient maintenant au Musée des Acadiens des Pubnicos et centre de recherche.

Le père Clarence d'Entremont (1909-1998) est aussi réputé comme historien que comme généalogiste. Ses nombreuses publications, articles et livres constituent le noyau des archives conservées au Musée des Acadiens des Pubnicos.

Désiré d'Éon (1905-1996), pédagogue, a fondé le journal francophone, Le Petit Courrier, *en 1937. Encore aujourd'hui, c'est le plus ancien et le seul journal hebdomadaire francophone de la province. Il s'appelle maintenant* Le Courrier de la Nouvelle-Écosse.

Conclusion

Les Acadiens de Pubnico restent attachés à leur région, à leurs enfants et à leur avenir. L'héritage de Philippe Muis d'Entremont est enraciné dans les familles de ce village, dont la plupart de leurs ancêtres se sont installés ici dans les années 1650. Même si le manoir a disparu, il continue de vivre dans le cœur et l'esprit des gens. Ces mêmes gens qui se plaisent à penser que le baron Philippe Mius d'Entremont et sa femme seraient heureux d'apprendre que la langue et la culture acadiennes sont toujours vigoureuses dans cette région.

REMERCIEMENTS

Merci à l'historien et généalogiste, Coral d'Entremont de Pubnico-Ouest, pour sa collaboration à cette recherche.

BIBLIOGRAPHIE

D'ENTREMONT, Clarence J. *Histoire du Cap-Sable de l'an mil au Traité de Paris* (1763). Collection d'archives de Clarence J. d'Entremont, Musée des Acadiens des Pubnicos et archives.

NOTES DE FIN

1. Les Autochtones autrefois appelés Micmacs épellent maintenant leur nom ainsi : Mi'kmaw (au singulier) et Mi'kmaq (au pluriel). L'Union of Nova Scotia Indians [Union des Indiens de la Nouvelle-Écosse] et le Mi'kmaq Grand Council [Grand conseil de la Nation mi'kmaw] ont adopté cette graphie; ils demandent que tout le monde en fasse autant. Ces nouvelles épellations reflètent plus fidèlement la langue mi'kmaw

MEMRAMCOOK, BERCEAU DE L'ACADIE AU NOUVEAU-BRUNSWICK

Gérard LeBlanc

Memramcook est souvent qualifié de « berceau de la nouvelle Acadie ». Une telle assertion est fondée sur le fait qu'après le Grand Dérangement de 1755, un grand nombre d'Acadiens se sont établis à Memramcook d'où leurs descendants sont allés fonder d'autres communautés, contribuant ainsi à la survivance acadienne. C'est vers le début du dix-huitième siècle qu'arrivent à Memramcook les premiers habitants acadiens. Ceux-ci s'installent le long des marais bordant la rivière Memramcook et la rive est de la rivière Petitcodiac. À la veille du Grand Dérangement, aux alentours de 1752, Memramcook compte une population d'environ 250 habitants, tandis que la région avoisinante de Beaubassin approche les 3000 personnes.

Un grand nombre d'Acadiens de Memramcook et des environs ne sont pas déportés. Ils s'enfuient plutôt dans les bois, certains remontant vers le nord et d'autres se cachant dans les forêts environnantes. Menant une existence précaire et périlleuse, plusieurs sont finalement faits prisonniers, soit capturés par les soldats anglais, soit parce qu'ils se rendent pour éviter de mourir de faim.

Les Acadiens de Memramcook et d'ailleurs sont détenus dans les forts anglais des maritimes : Cumberland (l'ancien Fort Beauséjour), Edward à Windsor, Anne à Port-Royal, et à l'Île Georges à Halifax.

Quelque dix ans après les événements de 1755, les Anglais, se montrant plus tolérants, donnent aux prisonniers acadiens la permission de sortir des forts, leur interdisant cependant de retourner habiter leurs anciennes terres. Malgré cet avertissement, un des premiers groupes à sortir des forts s'établit sur la rive ouest de la rivière Memramcook, dans la région qui prend plus tard le nom de Village-des-Leplate (la présente région de La Montain, McGinley's Corner et Old Shediac Road). Dans ce groupe se trouvent cinq frères Richard portant le sobriquet Plate, d'après la rivière Plate sur l'Île-du-Prince-Édouard où ont habité leurs ancêtres. Avec eux se trouvent également un cousin Richard et deux fils de Jacques Léger.

Vers 1770, un autre groupe d'Acadiens libérés vient s'établir au sud des LePlate dans la région du village contemporain de Saint-Joseph. Ce groupe comprend principalement deux clans : les Belliveau et les Gaudet. Pierre, le patriarche des Belliveau, porte le sobriquet Piau et c'est pourquoi cette localité est connue plus tard comme le Village-des-Piau. Accompagnant les Belliveau et les Gaudet, se trouvent également des Bourgeois, des Girouard et des LeBlanc. Plus au sud, à l'Anse des Cormier moderne, s'installent à la même époque les deux fils de Pierre Bastarache, et plus tard des Goguen et des Landry. Ces pionniers du village des LePlate, du village des Piau et de l'Anse sont les ancêtres d'un grand nombre d'Acadiens de Memramcook, du sud-est du Nouveau-Brunswick, des provinces maritimes, du Canada et d'ailleurs.

À la même époque, un autre groupe, provenant principalement de Fort Edward, s'installe du côté opposé de la rivière en un endroit autrefois appelé La-Pointe-à-l'Ours. Ces nouveaux colons sont des Dupuis, Landry, Bourgeois, Saulnier, Breau, LeBlanc ainsi qu'un autre Richard. Établis principalement dans la région du College Bridge contemporain, ces pionniers de la Nouvelle-Acadie ont également aujourd'hui une longue descendance à Memramcook et ailleurs.

Pendant que ces groupes d'Acadiens s'installent près des marais de la rivière Memramcook, d'autres choisissent les marais de la rive est de la rivière Petitcodiac. C'est ainsi que prend naissance le futur Gautreau-Village, grâce surtout à Cyprien Dupuis et à quelques autres arrivés de la Fourche-à-Crapaud (Turtle Creek) vers 1775. Plus tard, les deux frères Gautreau, Pierre et Jean, se joignent aux Dupuis pour devenir les patriarches de ce village. Nombreux sont les Acadiens qui se disent aujourd'hui descendants de ces premiers habitants de la Petitcodiac.

Plus au sud de l'établissement des Gautreau, la rive est de la rivière Petitcodiac accueille d'autres Acadiens, la plupart alliés par le sang ou par le mariage aux premiers arrivés. C'est le cas de Belliveau-Village établi vers 1780 par les beaux-frères Belliveau, Bourgeois et LeBlanc, de Boudreau-Village et du village des Beaumont établis vers 1782-1785 par des Gaudet, des Boudreau, des Gautreau et des Bourque.

Quelque vingt ans après l'arrivée des premiers pionniers, un autre groupe d'Acadiens arrive à Memramcook et s'installe au sud du Village-des-Piau, dans la région de l'Anse-des-Cormier moderne. Ceux-ci, les Cormier, les Landry, les Ouellet et les Vienneau, arrivent des Pays-Bas (la pointe Sainte-Anne) sur la rivière Saint-Jean, ayant été déplacés par les loyalistes. D'autres Acadiens s'ajoutent graduellement aux habitants de Memramcook : des déportés qui reviennent du Québec, de la Nouvelle-Angleterre et de la Nouvelle-Écosse, principalement de Menoudie.

Memramcook se développe assez rapidement de sorte que la population croissante exige bientôt la présence permanente d'un prêtre.

Voilà pourquoi, dès 1781, l'évêque de Québec décide d'ériger une paroisse à Memramcook, sous le vocable de Saint-Thomas. Cette paroisse s'étend alors de Richibouctou au nord jusqu'à Menoudie en Nouvelle-Écosse. L'abbé Thomas Leroux en est le premier curé; il s'installe dans la région de La Montain. En 1786, l'abbé Leroux indique qu'il y a 160 familles dans sa paroisse, totalisant 900 personnes.

La Croix de La Montain est érigée à l'endroit même où la première église Saint-Thomas de Memramcook fut construite vers 1781.

Lorsque les premiers Acadiens arrivent à Memramcook après la sortie des forts, ils ne peuvent pas prendre possession des terres qu'ils défrichent, car celles-ci font partie de concessions appartenant à des Anglais. Laissés d'abord plutôt libres par les propriétaires anglais, ils doivent plus tard signer des baux les obligeant à payer une rente, surtout sous forme de produits agricoles. En 1786, le propriétaire de la concession de la rive orientale de la Memramcook est déshérité; les Acadiens de cette région peuvent alors obtenir le titre de leurs propriétés du gouvernement. Tel n'est pas le cas pour les Acadiens de La Pointe, la région sise entre la rivière Memramcook et la rivière Petitcodiac. D'abord la propriété d'un nommé Joseph Goreham, cette concession est achetée par Joseph Frederick Wallet DesBarres en 1775 et, à partir de 1784, ces Acadiens doivent signer des ententes qu'ils considèrent exorbitantes. Le propriétaire DesBarres ne respectant pas toutes les clauses des ententes, les Acadiens de La Pointe entament une longue poursuite judiciaire, « la lutte pour la terre » qui ne se termine qu'en 1842 quand le gouvernement du Nouveau-Brunswick enjoint aux DesBarres de vendre aux habitants de La Pointe les terres qu'ils occupent depuis longtemps.

Parallèlement à ces démêlés avec les DesBarres, la population de la grande région de Memramcook croît à un rythme prononcé. Conséquemment, de nombreux Acadiens de Memramcook décident de quitter la place et de s'installer ailleurs, certains parce qu'ils appréhendent la situation relative à leurs terres, d'autres parce qu'ils se sentent coincés par le manque d'espace le long des marais. C'est ainsi que des Acadiens de Memramcook s'établissent principalement dans les comtés de Kent et de Westmorland pour fonder ou peupler les villages de Barachois, Aboujagane, Cap-Pelé, Grande-Digue, Bouctouche et Richibouctou, pour ne nommer que ceux-ci.

La première vague d'émigration a lieu dans les années 1786. Les cinq frères Richard, leur cousin du même nom ainsi que des Léger, tous pionniers du Village-des-Leplate, accompagnés des Babineau, vont s'établir dans la région de Richibouctou, devenant ainsi les ancêtres d'à peu près toutes les familles du même nom du comté de Kent. À la même époque, des LeBlanc et des Bastarache quittent également Memramcook pour s'installer sur la rivière Bouctouche. D'autres Bastarache et des Saulnier émigrent plus au nord dans la région de Tracadie. D'autres Acadiens de Memramcook suivront leur exemple et iront peupler les régions côtières du Nouveau-Brunswick.

En 1810, l'abbé Ciquard, alors curé de Memramcook, indique qu'il y a 158 familles dans sa paroisse, sensiblement le même nombre qu'en 1786, reflétant l'exode mentionné plus tôt. Vers 1821, un rapport de l'abbé Antoine Gagnon mentionne que 1309 personnes habitent la paroisse de Memramcook.

Érigée en 1842, la chapelle Sainte-Anne est située à Beaumont sur une ancienne réserve mi'kmaw. Encore utilisée à l'occasion pour célébrer la messe, elle héberge aussi les manifestations musicales durant la belle saison.

En 1842, après le dénouement du conflit, un nouvel essor semble se manifester à Memramcook. Déjà en 1840, la construction de l'église en pierre est mise en chantier par l'abbé Ferdinand Gauvreau, ainsi que la chapelle Sainte-Anne sur la réserve des Mi'kmaq[1], à Beaumont. La construction de l'église en pierre ne se termine qu'en 1855 sous la direction de l'abbé Lafrance qui, arrivé à Memramcook en 1852, prend en charge une paroisse de 4000 âmes. C'est ce dernier qui, en 1854, y fonde le premier collège qu'il nomme le Séminaire Saint-Thomas. Après avoir fermé ses portes, ce collège est rouvert en 1864 par le père Camille Lefebvre sous le nom de Collège Saint-Joseph. Le père Camille Lefebvre est celui qui donne un véritable élan à l'éducation, à Memramcook et en Acadie. Il vit au-delà de trente ans à Memramcook, étant curé de la paroisse Saint-Thomas en plus d'exercer la fonction de supérieur du Collège qu'il a fondé. C'est en son honneur qu'après sa mort on érige le Monument-Lefebvre, édifice en pierre reconnu encore aujourd'hui pour l'acoustique exceptionnelle de son auditorium.

Le Monument-Lefebvre est construit en 1896, l'année qui a suivi la mort du père Camille Lefebvre pour commémorer celui qui a donné 30 ans de sa vie au service de la population acadienne de Memramcook et d'ailleurs.

Le frère François-Xavier Lafrance arrive à Memramcook en 1852 où il fonde le Séminaire Saint-Thomas. En 1855, il termine la construction de l'église en pierre commencée en 1840 sous la direction du frère Ferdinand Gauvreau.

Saint-Thomas de Memramcook, une église en pierre dont la construction a commencé en 1840 et s'est terminée en 1855. L'inauguration officielle a eu lieu le 15 août 1856. Elle fut rénovée en 1879 et en 1934.

P. Camille Lefebvre (1831-1895)

Le père Camille Lefebvre de la Congrégation de Sainte-Croix arrive à Memramcook en 1864; il y fonde le Collège Saint-Joseph.

La sculpture commémorative de 1881, œuvre de l'artiste Monette Léger fut inaugurée en 2006 lors du 125e anniversaire de la première Convention nationale acadienne à Memramcook.

C'est au cours de la longue carrière du père Lefebvre qu'a lieu, à Memramcook en 1881, la première Convention nationale des Acadiens organisée principalement par les premiers diplômés du Collège Saint-Joseph. Son président, Pierre-Amand Landry, est natif de Memramcook et un des premiers inscrits au collège.

Le père Camille Lefebvre est membre de la Congrégation de Sainte-Croix. Après la mort de celui-ci, en 1895, cette communauté religieuse poursuit son ministère à la paroisse Saint-Thomas et sa mission première d'éducation au Collège Saint-Joseph, devenu plus tard l'Université Saint-Joseph, et ensuite l'Université de Moncton (1964). Ce n'est qu'au début du vingt-et-unième siècle que les pères de Sainte-Croix cessent leur ministère à la paroisse Saint-Thomas.

La statue Lefebvre est inaugurée en l'honneur du père Camille Lefebvre lors des célébrations du cinquantenaire du Collège Saint-Joseph en 1914.

Le Collège Saint-Joseph détruit par un incendie en 1933.

Photo contemporaine du Collège Saint-Joseph reconstruit en 1934.

Le Collège Saint-Joseph reconstruit en 1934.

Plusieurs personnages sont issus du collège fondé par le père Lefebvre. Mentionnons, notamment Placide Gaudet, dont le père est natif de Memramcook; il a été enseignant, rédacteur et archiviste et il est reconnu comme le premier généalogiste acadien; Pierre-Amand Landry, né à Memramcook, avocat et politicien, il deviendra plus tard le premier Acadien à être nommé à la Cour suprême du Nouveau-Brunswick; Pascal Poirier, avocat, fonctionnaire, écrivain et sénateur; André Bourque, né à Beaumont, prêtre de la Congrégation de Sainte-Croix et auteur de plusieurs chants acadiens; Roméo LeBlanc, né à l'Anse-des-Cormier, député et ministre au gouvernement fédéral, sénateur et premier Acadien à être nommé gouverneur général du Canada.

Sir Pierre-Amand Landry, né à Memramcook, est le premier Acadien à siéger à la Cour suprême du Nouveau-Brunswick. Il fut président de la première Convention nationale des Acadiens tenue à Memramcook en 1881.

Natif de Memramcook, Roméo LeBlanc se distingue en politique comme député, ministre et sénateur à l'échelon fédéral, avant d'être nommé gouverneur général du Canada, devenant le premier Acadien à occuper ce poste. En 1999, il a représenté le Canada en Louisiane lors du deuxième Congrès mondial acadien et il a participé à la réunion familiale des LeBlanc à Erath.

Lors du jumelage de Memramcook et de Scott en Louisiane, Rose-Anna LeBlanc de Memramcook (à gauche), ancienne professeure de français au programme d'immersion à Lafayette, et la mairesse de Scott, Hazel Myers. Cette cérémonie s'est tenue le 15 août 1996, le jour de la Fête nationale des Acadiens

Si quelques Acadiens des forts anglais n'avaient osé revenir sur leurs anciennes terres de Memramcook après le Grand Dérangement, cette région aurait fort probablement été colonisée et habitée par des métayers anglais et loyalistes. Memramcook ne serait pas devenu le centre acadien reconnu comme le « berceau de la nouvelle Acadie ».

Notes de fin

1. Les Autochtones autrefois appelés Micmacs épellent maintenant leur nom ainsi : Mi'kmaw (au singulier) et Mi'kmaq (au pluriel). L'Union of Nova Scotia Indians [Union des Indiens de la Nouvelle-Écosse] et le Mi'kmaq Grand Council [Grand conseil de la Nation mi'kmaw] ont adopté cette graphie; ils demandent que tout le monde en fasse autant. Ces nouvelles épellations reflètent plus fidèlement la langue mi'kmaw

Pomquet en Nouvelle-Écosse, et ses liens avec la Louisiane

Sandra Pettipas Perro

Le village acadien de Pomquet est situé dans le comté d'Antigonish en Nouvelle-Écosse. Ce comté regroupe la majorité des Broussard qui vivent toujours au Canada, les descendants de Joseph « Beausoleil » Broussard, le chef acadien qui se rendit célèbre pendant les années de la déportation. C'est exceptionnel, puisque la plupart des Broussard vivent en Louisiane, à quelque 3700 km de là.

Pomquet compte environ 900 habitants, dont la plupart sont de descendance acadienne. Le village s'étend le long des havres de Pomquet et de Monk's Head; il est séparé de la baie St. George par une île-barrière qui héberge une belle plage sablonneuse. La région est réputée pour son esprit communautaire et son lien étroit avec la terre et l'eau. Ses débuts remontent à des milliers d'années, alors que les Mi'kmaq colonisaient cette terre, mettant à profit la richesse de ses havres, de sa baie et de ses forêts. Son nom, qui s'épelait Pomquette à l'origine, découle du mot mi'kmaw *popumkek* qui signifie « plage sablonneuse » ou « bel endroit pour accoster ». Des artéfacts mi'kmaq ont été trouvés à plusieurs endroits le long de ses rives, et l'histoire orale laisse croire à l'existence d'au moins deux cimetières, l'un à Pomquet Point et l'autre à Monk's Head, site de la première chapelle de Pomquet.

Plage de Pomquet

Les Acadiens, touchés par le Grand Dérangement de 1755, arrivent dans cette région à partir de 1770, en compagnie d'autres colons français. Ce sont des exilés de Saint-Malo en France qui voyagent sur les navires marchands en provenance de l'île de Jersey. Les familles sont d'abord arrivées dans le village acadien d'Arichat, dans l'actuel Cap-Breton. Elles ont poursuivi leur voyage jusqu'à Havre Boucher et Tracadie pour ensuite se rendre vers l'ouest, le long du littoral, jusqu'au havre de Pomquet. Les 23 familles mi'kmaq qui y vivaient les ont aidées à survivre, puisque ces deux cultures avaient déjà des liens familiaux et amicaux depuis 150 ans, bien avant la Déportation. Au début, les Acadiens ont subsisté principalement en pêchant le poisson plat, l'anguille et l'éperlan dans le havre, la truite et le saumon dans la rivière, le maquereau et le homard dans la baie. Fermiers talentueux et prospères, de nouveau installés sur leurs terres confisquées par les Britanniques, les Acadiens les défrichent pour y cultiver des plantes et élever du bétail.

Les premiers Acadiens arrivés à Pomquet sont les membres des familles Broussard, Doiron, Vincent, Duon (aujourd'hui Déon, D'Éon et DeYoung), de même que Louis Lamarre, un Français. En 1789, seize ans après leur arrivée à Pomquet, le gouvernement de la Nouvelle-Écosse accorde des terres aux cinq familles, le long du havre et du ruisseau, à proximité de l'actuelle salle communautaire. Entre 1785 et 1794, ces familles accueillent une deuxième vague d'Acadiens exilés qui proviennent également de Saint-Malo et qui sont possiblement liés au premier groupe. Il s'agit des familles Landry, Boudreau, Melançon, Daigle, Rosia (Rogers), et Louis Morel de Québec. En 1793, seize autres terres sont accordées aux colons des première et deuxième vagues.

En 1817, deux soldats, Jean-Baptiste Rimbeau (Rennie) et Jean-Baptiste Vendome (Venedam), possiblement de Belgique, sont capturés par les Britanniques pendant la guerre napoléonienne et emprisonnés sur l'Île George dans le port de Halifax. Ils rejoindront plus tard le village de Pomquet. Les colons arrivés au cours du 19e siècle sont issus des familles DeKrauz (Cross) de Saint-Pierre et Miquelon, Benoit de Tracadie, N.-É., Jacquet/Deslauriers (Delorey) de Québec (via Tracadie), Wolfe de Chezzetcook, N.-É., et d'autres familles d'origine inconnue, notamment les Philipart, les Toupais et les Drouillet.

L'école acadienne de Pomquet donne des cours en français, de la première à la douzième année. L'église Sainte-Croix, du 19e siècle, est bâtie sur une falaise au centre du village et à proximité du cimetière affichant les noms de plusieurs familles fondatrices.

École acadienne de Pomquet

Église Sainte-Croix

Les principales attractions du village, outre la plage, sont le Musée de Pomquet et *Chez Deslauriers*, une maison patrimoniale convertie en centre d'interprétation. Ce centre fournit des renseignements historiques, héberge un salon de thé et une scène en plein air. En 1784, la propriété *Chez Deslauriers* compte 1000 acres de terre accordés à George H. Monk du Régiment royal de volontaires de la Nouvelle-Écosse. La maison est construite dans les années 1860. Elle est achetée plus tard par Femian Delorey (Deslauriers) et déplacée d'un kilomètre par vingt paires de bœufs. Pendant la période estivale, *Chez Deslauriers* offre de nombreuses activités, notamment le service d'un plat acadien traditionnel chaque vendredi midi.

Chez Deslauriers

Au fil des ans, Pomquet a développé un lien très étroit avec la terre et l'eau : l'agriculture et la pêche y sont toujours pratiquées, même si plusieurs de ses résidants ont trouvé un emploi dans les grands centres, notamment la ville voisine d'Antigonish. Pour manifester leur fierté à l'égard de leur patrimoine acadien, chaque année en février, les résidants se rassemblent pour célébrer le Carnaval d'hiver de Pomquet. Les Acadiens déploient leur drapeau national et revêtent leurs habits ancestraux. Ce carnaval offre des spectacles de musique, de danse, des repas, une messe et des activités sportives.

En 2004, pendant le troisième Congrès mondial acadien tenu en Nouvelle-Écosse, les Broussard ont accueilli à Pomquet une grande réunion de famille. On comptait quelque 300 participants de toutes les régions de l'Amérique du Nord. Parmi les moments phares, il faut souligner l'intervention de Warren Perrin, activiste cadien et descendant du chef acadien Joseph « Beausoleil » Broussard, le héros courageux qui a résisté pendant les années de la déportation. Warren Perrin a relaté sa longue lutte de treize ans et l'aide précieuse apportée par les Acadiens du Nord pour obtenir les excuses de la Couronne britannique quant à la Déportation des Acadiens. L'année précédente, en 2003, le Canada avait émis une Proclamation royale sur le même sujet au nom de la reine Elizabeth II. Warren Perrin est aussi l'auteur du livre *Une saga acadienne, de Beausoleil Broussard à la Proclamation royale (1755-2003).*

À la fin de l'intervention de Warren Perrin (à droite), Charles Broussard, vice-président de l'Association de la famille Beausoleil de la Louisiane, lui remet le Prix Beausoleil 2004.

La Cadienne Helene Boudreaux, la famille acadienne Benoit et Hank Boucher en spectacle.

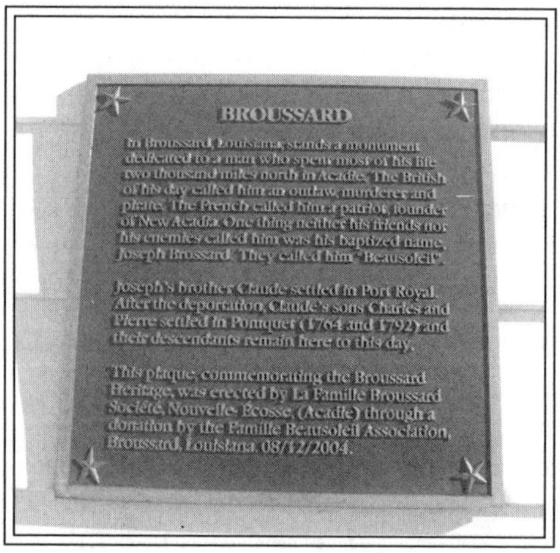

Plaque historique sur l'église de Pomquet : « À Broussard, en Louisiane, s'élève un monument dédié à un homme qui a passé la majeure partie de sa vie en Acadie, 3218 kilomètres plus au nord. Les Britanniques de son époque le qualifiaient de hors-la-loi, de meurtrier et de pirate. Les Français parlaient de lui comme d'un patriote et du fondateur de la Nouvelle-Acadie. Mais personne — ni ses amis ni ses ennemis — ne l'appelait par son nom de baptême, Joseph Broussard. Tous l'appelaient "Beausoleil". Son frère Claude s'est installé à Port-Royal. Après la déportation, les fils de Claude, Charles et Pierre, se sont installés à Pomquet en 1764 et 1792, et leurs descendants y sont encore aujourd'hui. Cette plaque commémorant le patrimoine de Broussard fut posée par la Société de la famille Broussard d'Acadie en Nouvelle-Écosse, grâce au don de l'Association de la famille Beausoleil de Broussard, en Louisiane — 08/12/2004 ».

Le père Pierre Baccardax a célébré la messe, et la chorale acadienne a interprété des chansons traditionnelles. On a servi un repas acadien familial, suivi d'un spectacle musical réunissant des descendants cadiens et acadiens des Broussard, notamment la célèbre Cadienne Helene Boudreaux de la Louisiane. Cette réunion familiale fut un événement mémorable qui a rassemblé les Broussard de toute l'Amérique du Nord.

BIBLIOGRAPHIE

ROSS, Sally et Alphonse Deveau. *Les Acadiens de la Nouvelle-Écosse*, Nimbus Publishing (1992)

RANKIN, D. J. *A History of the County of Antigonish*, Nova Scotia, Toronto, MacMillian Company of Canada (1929).

Chezzetcook Ouest, dans le comté de Halifax en Nouvelle-Écosse

Judy Doucette Bellefontaine

Dans la baie Chezzetcook, le long de la rive orientale de la Nouvelle-Écosse, au milieu de champs d'un vert profond et du bleu de l'océan Atlantique, se niche le village acadien de Chezzetcook Ouest située à quelque 30 kilomètres de Halifax, la capitale de la Nouvelle-Écosse. Les résidants de Chezzetcook Ouest se désignent parfois eux-mêmes comme des « Chezzetcookers » et cette région comprend les résidants de plusieurs autres municipalités qui entourent la baie, notamment Grand Desert, Head Chezzetcook, East Chezzetcook, Lower East Chezzetcook et Conrad Settlement. De ces municipalités, les communautés de Chezzetcook Ouest et de Grand Desert comptent le plus grand nombre de descendants directs des premiers colons européens français, les Acadiens.

En règle générale, les Canadiens reconnaissent que les membres des Premières Nations ont été les premiers habitants de ces terres. Les Mi'kmaq[1] fréquentaient ces rives, particulièrement en été, faisant bon usage des bas fonds intertidaux, des canaux, des lacs et des rivières qui leur fournissaient une nourriture abondante et facilement accessible pendant toute la saison estivale.

On a trouvé des preuves de l'existence de quelques familles acadiennes dans la région de Chezzetcook. L'occupation acadienne remonterait aussi loin que les années 1740. Les premiers colons permanents de la zone de Chezzetcook Ouest/Grand Desert se sont installés en 1764, à la suite de la libération de fugitifs acadiens qui avaient été incarcérés dans une prison britannique, à l'Île George, dans le port de Halifax. Ces Acadiens paisibles, satisfaits et travailleurs ont dû surmonter plusieurs situations difficiles et éprouvantes, notamment celle qui les a obligés à déployer des efforts répétés pour obtenir la propriété de leur terre. Parmi les noms de famille des premiers colons acadiens encore présents aujourd'hui dans la communauté, on trouve les Bellefontaine, les LaPierre, les Petitpas et les Roma. On compte aussi des Wolfe — d'origine alsacienne — qui se sont mariés avec les familles originelles et qui sont donc devenus Acadiens.

Les Acadiens d'ici gagnaient leur vie grâce à l'agriculture, la pêche et la foresterie. À une époque, il y avait aussi une grosse industrie de construction navale et une usine de fabrication de briques. Les parcs de palourdes de la baie Chezzetcook réputés dans le monde entier étaient si productifs que, pendant plusieurs années, l'abondance des récoltes a permis à plusieurs familles de vivre de la pêche et de la transformation de ces mollusques à l'usine de Grand Desert. Ces palourdes étaient expédiées dans des villes de la côte est des États-Unis, notamment à Boston. Plusieurs familles arrondissaient leur fin de mois en vendant leurs produits aux marchés de Halifax et de Dartmouth. On parle ici de légumes, d'œufs, de fruits sauvages et de palourdes.

En 1996, un groupe s'est formé pour lancer un plan ambitieux axé sur des projets de développement économique destinés aux deux localités. Un plan stratégique a été conçu avec la participation de plusieurs membres de la communauté. Cette association porte le nom de *West Chezzetcook/Grand Desert Community Interest Group* (Groupe d'intérêt communautaire de Chezzetcook Ouest et de Grand Desert).

Une des plus vieilles maisons de Chezzetcook, celle de la famille originelle des Bellefontaine, a été acquise grâce au financement communautaire et avec le soutien de différents paliers gouvernementaux. Cette maison a ensuite été transformée en *Acadian House Museum* (Musée de la maison acadienne). Le site du musée a depuis été agrandi; il comprend maintenant un cabanon (remise de décorticage des palourdes), un jardin acadien, une grange, *La Cuisine de Brigitte* (salon de thé), un four extérieur en argile et une galerie d'art communautaire. Le site s'appelle maintenant L'Acadie de Chezzetcook.

La perpétuation de la langue française s'avérait pratiquement impossible, étant donné la forte influence exercée par l'ensemble de la population anglophone et les possibilités restreintes de scolarisation en langue française. Ronald Labelle, l'auteur d'*Acadian Life in Chezzetcook (1987)* (La vie acadienne à Chezzetcook), clôt son livre par la phrase suivante : « D'ici peu, à moins que la population locale prenne conscience de l'importance de préserver son patrimoine culturel, c'est-à-dire sa langue, son architecture et les traits qui lui sont propres, Chezzetcook n'existera plus comme communauté acadienne en Nouvelle-Écosse, et un élément unique du patrimoine socioculturel de la Nouvelle-Écosse sera perdu à jamais ».

Les gens de Chezzetcook Ouest et de Grand Desert sont fiers que Ronald Labelle ait reconnu la valeur de leur communauté et qu'il ait déployé autant d'efforts pour faire connaître leur histoire. Ils ont peut-être perçu la dernière phrase de son livre comme un défi à relever, car grâce au travail acharné et aux efforts constants du West Chezzetcook/Grand Desert Community Interest Group, une demande a été déposée, en 1998, pour l'établissement d'une école francophone à Chezzetcook Ouest. À l'époque, cela n'a pas été jugé possible, principalement en raison des règlements qui exigeaient qu'au moins un des deux parents parle couramment français.

Dans l'espoir de ranimer l'intérêt porté à notre langue maternelle, on a commencé à donner des cours bénévoles en français au salon de thé de *La Cuisine de Brigitte* et plus tard, à l'étage supérieur de *La Grange*. L'intérêt a crû de façon exponentielle, et une autre action concertée a été entreprise pour obtenir une école francophone. Cette deuxième tentative a porté ses fruits : une ancienne école secondaire de premier cycle près du lac Porter a été rénovée. Elle porte le nom d'École des Beaux-Marais. L'école primaire a ouvert ses portes à l'automne 2011, et aujourd'hui 80 élèves la fréquentent. Comme ces élèves vieilliront, on espère que des classes de niveau secondaire y seront ajoutées.

Si Monsieur Labelle nous rendait visite aujourd'hui, je pense qu'il estimerait que cette communauté acadienne est très animée et parfaitement consciente des joyaux qui composent son incomparable patrimoine culturel.

NOTES DE FIN

1. Les Autochtones autrefois appelés Micmacs épellent maintenant leur nom ainsi : Mi'kmaw (au singulier) et Mi'kmaq (au pluriel). L'Union of Nova Scotia Indians [Union des Indiens de la Nouvelle-Écosse] et le Mi'kmaq Grand Council [Grand conseil de la Nation mi'kmaw] ont adopté cette graphie; ils demandent que tout le monde en fasse autant. Ces nouvelles épellations reflètent plus fidèlement la langue mi'kmaw

LES ACADIENS DU MARYLAND

Gregory A. Wood

Le 28 juillet 2013, l'État du Maryland a finalement reconnu son rôle de soutien dans le Grand Dérangement par l'installation d'une plaque commémorative à Princess Anne, petite ville sur la côte est. En décembre 1755, on a transporté quelques exilés acadiens sur les rives du Manokin pour amorcer un avenir plus qu'incertain dans cette colonie. Grâce aux efforts de l'historienne, Marie Rundquist, dont la famille a des racines acadiennes et autochtones en Nouvelle-Écosse et à Princess Anne, conjugués aux efforts des représentants de l'État, on a rassemblé des chercheurs, des amis, des sympathisants et des invités louisianais et régionaux pour commémorer la présence de ces exilés sur les deux côtes de la baie de Chesapeake.

Cet événement rappelle aussi la demande présentée par ces exilés pour qu'on mette fin aux sept ans d'interdiction de séjour. En effet, en juillet 1763, les 810 détenus ont écrit à l'ambassadeur français à Londres pour lui rappeler « qu'ils sont toujours les loyaux sujets de Sa Majesté très chrétienne, le roi de France et de Navarre »[1]. Cet appel désespéré peut nous sembler excessif de nos jours, puisque les Acadiens s'étaient éloignés de la France depuis longtemps. Ils formaient déjà un peuple distinct en Amérique du Nord où ils s'étaient créés, dans les Maritimes, une vie plus saine et plus riche que sur le vieux continent.

Il est ironique que cet épisode soit sous-estimé par les historiens, parce que depuis des siècles le Maryland accueille des francophones de diverses origines. En 1529, le géographe Girolamo da Verrazano a même appelé cette région *Nova Gallia*[2] et *Francesca* faisant honneur au voyage de son frère Giovanni qui avait exploré la côte Atlantique de notre continent au nom de François Ier, cinq ans plus tôt.

Le nom « Maryland » a été attribué en l'honneur de la reine Henriette Marie, femme de Charles Ier d'Angleterre et sœur du roi français Louis XIII. Aux 17e et 18e siècles, de petits planteurs ont labouré les terres au sud du Maryland. Un Suisse, Francis Louis Michel a essayé d'établir une colonie près du Potomac, faisant miroiter les soi-disant mines d'argent des alentours. Des huguenots[3] et des labadistes[4] étaient les voisins de catholiques. Des Français de Dijon et de La Rochelle ont pu devenir shérifs des comtés de St. Mary's et de Baltimore.

Quoique la colonie ait dû composer avec des rumeurs constantes, mais non fondées, d'attaques franco-indiennes au nord et à l'ouest de sa frontière, doublées d'un fort sentiment anticatholique, les inquiétudes sectaires et politiques n'ont pas empêché les colons d'apprécier la langue, les arts, la littérature et la philosophie en provenance de France. En fait, le Maryland est devenu une des colonies les plus gauloises de l'Amérique alors que cette dernière se soulevait contre sa mère patrie, l'Angleterre. Le Maryland a approvisionné des troupes et des mercenaires français pendant la Révolution américaine et, après 1789, elle a accueilli les émigrés qui fuyaient les changements radicaux en France, de même que les commerçants et les réfugiés qui fuyaient les troubles dans les Caraïbes.

Au Maryland, la situation désespérée des Acadiens s'est amorcée à la fin de novembre et au début de décembre 1755. Quatre vaisseaux de la Nouvelle-Écosse provenant de Boston ont suivi le fleuve Severn jusqu'à Annapolis. À bord, on comptait plus de 900 passagers chassés de leur pays du Nord. Devant ce nombre presque égal à la population de la capitale, les responsables coloniaux perplexes ont pris la décision de répartir ces exilés dans plusieurs comtés à l'ouest et à l'est du Chesapeake, sans consulter le gouverneur royal qui s'était absenté pour affaires. Trois vaisseaux ont dû continuer jusqu'aux débarcadères de Patuxent, Choptank et Wicomico; on a permis à quelques exilés de rester à Annapolis, alors que les autres étaient transportés au nord de Baltimore.

Pris au dépourvu, gênés par des ressources limitées et poussés par les plaintes incessantes du marchand d'Oxford, Henry Callister, les protestants du Maryland ont répondu d'une manière chrétienne — ont-ils prétendu — à ce dilemme politique et moral. L'État voisin, la Virginie, a traité cette tragédie autrement; il a redirigé ces 1200 exilés vers l'Angleterre, aussitôt que les conditions météo l'ont permis. Inutile de dire que le fardeau économique et psychologique était lourd, aussi bien pour les exilés que pour les colons. Quelle besogne de loger, nourrir, vêtir et trouver de l'emploi pour ces familles aussi nombreuses qu'indigentes[5].

La xénophobie s'est manifestée à plusieurs reprises. Néanmoins, en mai 1756, la chambre basse du Maryland a voté de manière écrasante (25 contre 7) pour retenir les exilés. Privés du droit de vote et n'ayant pas voix au chapitre, les catholiques influents comme Charles Carroll ont aidé comme ils pouvaient. Avec l'aide de quelques *Planters*, de missionnaires jésuites et de citadins qui ont privilégié la charité plutôt que les préjugés, les Acadiens ont survécu plus d'une décennie dans une société fondée principalement sur l'agriculture.

Au début, les Acadiens étaient limités dans leur déplacement à un rayon de seize kilomètres sous peine d'emprisonnement. De plus, il arrivait qu'on leur impose des contrats de travail, et ils n'avaient pas le droit d'observer les manœuvres des milices. Des recensements étaient imposés aux agents régionaux, dont il n'y a plus trace aujourd'hui. Un compte rendu des grands froids qui sévissaient à cette époque a inspiré le muraliste Robert Dafford; il a peint des exilés de la côte est se déplaçant péniblement dans le froid et la neige.

Les dossiers officiels du Maryland ne donnent pas beaucoup de détails sur le sort des Acadiens après 1758 ou 1759. On ne sait pas dans quelle mesure la plupart d'entre eux ont reçu de l'aide publique ou privée. Malheureusement, la majorité des exilés n'ont ni nom ni visage dans les documents officiels. On sait que Charles Carroll s'intéressait beaucoup à la famille d'Anselme Manjeant à Annapolis[6].

Heureusement, la fin de la guerre de Sept Ans a permis de lever le voile de leur anonymat dans le comté Charles et dans les régions de Bohemia, Tuckahoe et Oxford. On peut lire dans le carnet que le révérend George Hunter a tenu de 1763 à 1768 que les Acadiens de Port Tobacco sur la côte ouest faisaient de la couture, du filage, du tissage et de la mouture, et que les enfants profitaient d'une « *school* de la haute ville ». Le révérend Joseph Mosley a fait encore mieux sur la côte est; il nous a laissé des notes sur l'accomplissement d'actes de charité, sur huit mariages, sept baptêmes et au moins deux enterrements. Les baptêmes de Sarah et de Rosanna Clemensau (Clementson) remontent à avril 1773[7].

En 1763, on retrouve des exilés dans onze régions du Maryland : sur la côte ouest, Annapolis, Baltimore, Upper et Lower Marlboro, Port Tobacco; dans le nord-est de la colonie, Fredericktown et Georgetown; au centre et au sud de la côte est, Newtown, Oxford, Princess Anne et Snow Hill. La majorité des exilés préfèrent qu'on les appelle les « Neutres »; à Lower Marlboro seulement quelques-uns préfèrent s'identifier comme « prisonniers de guerre ». Dans l'ensemble, les colons tolèrent que les Acadiens qui leur sont imposés soient devenus britanniques par traité, même s'ils les jugent potentiellement dangereux.

Petit à petit, les Acadiens se rendent compte que la guerre a affaibli la France et qu'elle garde peu d'influence en Amérique du Nord. Les Français choisissent d'aider uniquement ceux qui sont détenus dans les ports d'Angleterre et de France. D'autres réussissent à échapper à la misère, quelques années après la fin de la guerre de Sept Ans. Contrairement à leurs cousins de la Nouvelle-Angleterre, la plupart des Acadiens neutres du Maryland se tournent vers le Sud et ils acceptent l'offre des Espagnols, alors aux commandes de la Louisiane.

Entre 1766 et 1769, des vaisseaux ont quitté les ports du Maryland à quatre reprises. Environ les trois quarts des Acadiens sont partis à Pointe Coupée, La Nouvelle-Orléans, Saint-Gabriel, Cabannocé et Natchez. L'impressionnante murale de Dafford au Mémorial acadien, à Saint-Martinville, représente chacun des quatre voyages du Maryland en Louisiane : Joseph Landry (en 1766 à Cabannocé), Anselme Blanchard et Elizabeth Brasseaux (1767 à Saint-Gabriel); Augustin Boudrot, Alexis Braux et Honoré Breau (1768 à Natchez), Olivier Benoît (1769 à Natchitoches via le Texas)[8]. Avant l'arrivée de nouveaux exilés France en 1785, les Acadiens du Maryland forment la majorité des Acadiens en Louisiane, et leurs premières années dans le Sud sont bien documentées.

Le manque de précision sur l'odyssée des Neutres au Maryland est, semble-t-il, attribuable au fait que certains chercheurs se seraient appuyés démesurément sur un seul article publié à ce sujet, il y a plus d'un siècle[9]. Depuis 1980, plusieurs centres d'archives partagent leurs documents inédits sur microfilm, microfiche et en ligne, ce qui favorise les recherches approfondies relatives à l'histoire et à la généalogie. On sait maintenant que cet exil a été suivi d'une renaissance : les Acadiens et leur progéniture ont bien réussi dans le Maryland jusqu'au milieu du dix-neuvième siècle. Ils ont choisi un chemin tout à fait différent de celui emprunté par leurs cousins de la Louisiane. Ils se sont davantage diversifiés sur le plan culturel, économique et politique que leurs cousins louisianais soumis au régime espagnol.

Après le départ de leurs pairs en Louisiane, ceux qui sont restés dans la colonie se sont regroupés à Baltimore. Quelques familles acadiennes de Philadelphie (les Aucoin, Bouton, Beausseron, Bujeau, Douaron, Doulliard, Thibaudeau, Dechamp) les y ont rejoints, à l'exception des Leblanc (White) et des Poirier. Un quartier français s'est développé. Au début des années 1790, les Acadiens occupaient l'extrémité sud de la rue Charles, près du port. Ils doivent l'acquisition de leur lopin principalement à Paul Gold.

Les recensements de cette décennie indiquent la présence de Gauterot (Guthrow), Babin, Granger, Deschamps (Deshields), Célestin, Boudreau, Chameau, Dupuis (Wells), Lucas, Mangeant (Mangee), Maffier (Murphy), Monmaillon, Paillottet et Tilliard. Il y a aussi des Jeaudain, Daigle (Deagle), Landry, Germain, et des couples anglo-acadiens comme Lockerman et Holmes. Les Acadiens de Baltimore sont principalement des ouvriers, des marins et des drapiers. Leurs familles sont moins nombreuses que celles de leurs pairs en Louisiane. Certains ont des liens avec des Canadiens et d'autres groupes ethniques; le milieu plus urbain les a éloignés peu à peu de l'agriculture, d'un hypothétique retour en Acadie et de la langue de Molière.

Ils se sont américanisés et se sont enrôlés comme artilleurs et corsaires. Le jeune Cyprian Dupuis (Wells) est devenu membre des *Sons of Liberty* dès les années 1760. On leur a demandé de prêter serment de fidélité; quelques-uns ont refusé (les Acadiens ont toujours eu beaucoup de réticence à l'égard des serments). Deux Acadiens, Martin Gutro et Francis Deshield, ont déserté. Les Acadiens de Baltimore ont une conception différente, et ce n'est que plus tard que les Thibodeau et les DeValcourt trouveront leur bonheur chez leurs cousins à Lafourche et à Saint-Martinville, en Louisiane.

L'Église catholique a mis du temps avant d'établir un ministère permanent à Baltimore. Bernard Diderick, missionnaire et ancien jésuite belge, a servi les Acadiens entre 1775 et 1782, mais il a déçu ses paroissiens et ses supérieurs. En 1783, on a créé une paroisse officielle dotée de registres. En 1805, l'église St. Peter's dans le quartier français compte des centaines de baptêmes de descendants acadiens; sur ces actes, on peut lire les noms de leurs parents et de leurs parrains. Les registres ont continué à s'étoffer jusqu'au milieu des années 1820. L'église St. Peter's est devenue la première cathédrale des États-Unis jusqu'à ce qu'on ait terminé la construction d'une nouvelle bâtisse en 1821.

Il a fallu du temps pour que le *French Town* prospère. Des officiers de l'armée de Rochambeau ont souligné la pauvreté de ce quartier, tout en notant l'enthousiasme de ses habitants à la vue des soldats français. À terme, les conditions économiques s'amélioreront considérablement et deux autres quartiers francophones naîtront à Baltimore : une zone relativement aisée autour de St. Mary's, le séminaire des Sulpiciens émigrés, sur la rue Paca, et Fell's Point, un quartier peuplé de colons de Saint-Domingue desservi par des prêtres sulpiciens de la paroisse St. Patrick.

Dans les années 1790, on note que plusieurs femmes de descendance acadienne s'appellent Betsey, Peggy, Polly et Sally. L'américanisation des noms n'a rien de péjoratif. L'adoption de surnoms anglophones qui correspondent aux prénoms français d'Élizabeth, Marguerite, Marie et Sarah montre seulement que ces femmes s'intégraient de plus en plus à leur nouvelle société. Il y avait tant d'occasions de parler français dans les rues et dans les boutiques. Les émigrés de France et les colons français qui ont fui Saint-Domingue se sont mariés avec des Acadiens, enrichissant ainsi la diversité de ce peuple exilé. Aux descendants acadiens, se sont ajoutées notamment des familles du nom de Carré, Chalumeau, Duchemin, Baroux, DeValcourt, Hermange, Glavéry, Gouvernet, Groc, Heuisler, Latruite, Nouvel, Piet, et Martiacq.

La population de Baltimore a continué de croître rapidement, passant de quelques centaines en 1752 à plus de 26 000 à l'aube du 19e siècle. La ville située au sud de Mason-Dixon pratiquait l'esclavage, et d'après le recensement de 1800, les Acadiens en possédaient dix-huit. Le commerce maritime du Chesapeake attirait encore les Acadiens. Cependant, leurs descendants exerçaient de nouveaux métiers et professions, notamment dans les domaines du bois, de la médecine, de l'hébergement, de la chapellerie, de la couture, de la bijouterie, de l'enseignement et de l'épicerie.

À Baltimore, en 1809, Rose Landry, veuve du capitaine Joseph White (LeBlanc), s'est associée à Elizabeth Seton pour former les Sœurs de la Charité. La guerre de 1812 a mobilisé plusieurs membres des familles Barbine (Babin), Gold, Guthrow, Wedge et Wells. Une classe moyenne acadienne s'est développée et les jeunes hommes fréquentaient le St. Mary's College jusqu'à sa fermeture en 1852. La prêtrise a attiré quelques candidats comme Joseph Barry, Matthew Deagle, Oliver L. Jenkins, Francis Hermange et Jacob Walter.

À mesure que mouraient les aînés, parfois à l'âge de 80 ou 90 ans[10], l'étiquette « Acadien » perdait de sa signification. Dans le premier tiers du 19e siècle, un examen minutieux des annuaires de Baltimore montre que les Acadiens ont commencé à s'installer dans d'autres quartiers. Les souvenirs du passé devaient alors être préservés par les membres des familles Donaldson, Jenkins, Holmes, Honeywell, Fisher, Goulding, Riston, Rosensteel, Winn et quelques authentiques exilés.

En 1840, 100 000 personnes vivent à Baltimore. En raison de sa superficie et de son importance au sein de la société américaine, la ville possède aujourd'hui une mine de documents religieux (baptêmes, mariages, enterrements, location de bancs d'église) et médiatiques (articles, annonces, publicités, notices nécrologiques). Tout est à la portée des chercheurs du patrimoine acadien du 19e siècle, et de son influence. On peut retrouver les descendants des Barbine, Deagle, Gold, Guthrow et Wedge jusqu'à la guerre de Sécession.

La présence acadienne au Maryland amorce son second siècle, au moment, une fois encore, les passions politiques et la guerre occupent le devant de la scène. Deux personnalités intéressantes, James Ryder Randall et l'abbé Jacob Walter représentent les deux pôles de cette époque.

Le célèbre Randall, né à Baltimore le 1er janvier 1839, est l'arrière-petit-fils de l'exilé Cyprien Dupuis (né le 5 novembre 1752) et de sa femme, Marguerite (Peggy) White (née le 19 octobre 1762, fille d'Olivier et de Marguerite LeBlanc, habitants de Baltimore en 1763). Il est l'auteur d'un poème qui vilipende le Nord, peut-être le poème le plus important de la guerre de Sécession.

En avril 1861, Randall enseigne au Poydras College à Pointe Coupée (Louisiane) quand il prend sa plume pour écrire les vers les plus passionnés de la guerre. Ce poème, devenu le chant officiel de l'État, s'intitule *Maryland, My Maryland*. Ses neuf strophes mémorables louent les grands dirigeants du passé et appellent les citoyens à « rompre les chaînes du tyran » et à repousser « la racaille nordiste ».

Moins connu, l'abbé Jacob Walter, neveu de l'abbé Matthew Deagle, qui a exercé de longues années à l'église St. Patrick, Washington DC (1860-1894), entre en scène après l'assassinat du président Lincoln. C'est lui qui sert d'aumônier à Mary Surratt, condamnée à mort comme conspiratrice. Croyant un peu trop en l'innocence de Mary, Walter est réprimandé par les autorités catholiques, militaires et fédérales. Une photo le montre sur l'échafaud aux côtés de Mary Surratt, le 7 juillet 1865. Peut-être affaiblie par toute l'attention négative centrée sur son fils, la mère de Walter, née Mary Deagle, meurt à Baltimore un mois plus tard, à l'âge de 74 ans.

Le 19e siècle se termine en douceur pour les descendants des Acadiens et leurs concitoyens français. Le Maryland a amorcé ce siècle avec un nombre considérable de francophones : exilés des Maritimes, émigrés politiques et religieux de France, colons de Saint-Domingue, anciens soldats du conflit avec l'Angleterre. Du côté des Acadiens, les mariages mixtes, l'intégration à la société américaine, l'expansion du territoire américain, la mort et le déplacement en Louisiane, tous ces facteurs ont contribué à la disparition de la présence identifiable de ce peuple dans le Maryland, après 1900.

La presse de Baltimore, notamment *The Sun*, informait ses lecteurs de la mort des descendants acadiens comme Elizabeth Barbine (morte en 1866, 75 ans), Joseph S. Barbine (1874, 58 ans, pneumonie), Charles W. Gold (1867, noyade), Ann E. Guthrow (1874), John Honeywell (1894, 79 ans), l'abbé Oliver L. Jenkins (1869, 56 ans, ancien banquier, président du St. Mary's College et responsable du séminaire), sœur Mary Samuel (Mary Caroline) Piet (1868, 40 ans), John Anthony Riston (1881, 62 ans) et Simon Wedge (1887, 87 ans). Le père Joseph Luke Barry, fils de James Barry et de Mathilda Wedge (Aucoin), dont la carrière religieuse a duré 33 ans, a pris sa retraite à la paroisse St. Joseph (Baltimore) après avoir œuvré auprès de ses fidèles à Cumberland dans l'ouest de l'État, à Havre de Grace et parmi d'autres communautés du nord-est. À Baltimore, l'Église catholique et ses institutions ont perduré jusqu'à aujourd'hui, et elles s'enorgueillissent de leurs racines francophones.

Au début du 20e siècle, ce sont les cousins louisianais qui s'intéressent le plus à l'histoire des Acadiens au Maryland. En 1936, à la veille de la Fête nationale des Acadiens, un groupe de Louisianais, sous la direction de Dudley J. LeBlanc, passe en train par Baltimore en route vers la Nouvelle-Écosse. Ces 63 voyageurs, dont 57 jeunes femmes, font un pèlerinage de 18 jours sur le chemin de leurs aïeux. Accueillis chaleureusement par le consul français, les représentants de la ville de Baltimore, des membres de la Maryland Historical Society, de la Society of 1812 et de l'Association of Commerce, ces « pèlerins » visitent des lieux et des centres de recherche représentatifs de la vie culturelle acadienne. M. LeBlanc déclare que son arrière-arrière-grand-père Gilles a marié une Acadienne du Maryland, en 1796.[11] Pourtant, les registres catholiques de Baton Rouge indiquent que le mariage s'est conclu 13 ans plus tôt. LeBlanc, homme politique et futur roi de l'élixir Hadacol, profite de ce voyage pour publier une nouvelle édition de son *True Story of the Acadians.*

Il faut reconnaître que chaque génération a tenté de déchiffrer le rôle du Maryland dans l'exil et la renaissance du peuple acadien. La recherche fut fascinante, exigeante et parfois, décourageante. Il y a plus de vingt ans que la célèbre historienne canadienne, Naomi E. S. Griffiths, a déclaré que « l'histoire des Acadiens déportés au Maryland fut réduite à des précisions généalogiques occasionnelles et que le sort de la majorité d'entre eux est devenu, une fois de plus, une question de conjecture »[12]. Maintenant, les chercheurs disposent de plus d'information couvrant plusieurs domaines. On espère qu'à l'avenir, il y aura d'autres jalons historiques concernant le port d'Annapolis, le quartier « French Town », la mission jésuite du père Joseph Mosley qui a soutenu les exilés à Port Tobacco, jalons qui éclaireront le riche passé des Acadiens du Maryland.

Thomas Courtney Jenkins, marié à Elizabeth Gold (Douaron), le 23 janvier 1806, par l'évêque John Carroll, à l'église St. Peter's de Baltimore. La famille Jenkins avait établi de nombreux liens avec les Acadiens de Baltimore. Jenkins était un important marchand de cuir.

Photo©Frick Gallery, New York

Le 28 juillet 2013, après l'inauguration de la plaque dédiée aux 913 Acadiens déportés au Maryland. De gauche à droite: Marie Rundquist, Priscilla Breaux et Frances Wilcox.

Bibliographie

GRIFFITHS, Naomi E. S. *The Contexts of Acadian History, 1686-1784* (Montréal, McGill-Queen's University Press, 1992, p. 117).

SOLLERS, Basil. « The Acadians (French Neutrals) Transported to Maryland », *Maryland Historical Magazine* 3 (mars 1908, p. 1-21)

Carroll Letter Book (206), Maryland Historical Society, Baltimore

« Acadians Descendants, On Tour, Visit Baltimore », *Baltimore Evening Sun*, 14 août 1936

Registres catholiques de Baton Rouge, volume 2, 1770-1803

Notes de fin

1. *Mémoire acadienne à Nivernois, 1763*, Affaires étrangères, Correspondance politique, Angleterre, 450 : folios 438 à 446

2. Nouvelle Gaule, par extension Nouvelle-France

3. Protestant calviniste français

4. Protestant et disciple de Jean de Labadie

5. Plaintes de quelques habitants du comté Talbot, *Maryland Gazette*, 10 février 1757

6. Carroll Letter Book (206), Maryland Historical Society, Baltimore

7. Les journaux de Hunter et de Mosley sont conservés aux Maryland Jesuit Provincial Archives, Special Collections, Georgetown University Library, Washington DC

8. Les premiers sont arrivés en Louisiane en septembre 1766. Ce groupe de 224 provenait principalement d'Oxford et de Snow Hill et a trouvé asile à Cabannocé. Le 12 juillet 1767, le *Virgin* a transporté 210 ou 211 exilés qui se sont installés à Saint-Gabriel. Un troisième groupe sur le *Jane* a débarqué le 4 février 1768; on l'a envoyé à Natchez. Finalement, 32 Acadiens à bord du *Britannia* ont dû débarquer au Texas avant de continuer à Natchitoches

9. SOLLERS, Basil. « The Acadians (French Neutrals) Transported to Maryland », *Maryland Historical Magazine* 3 (mars 1908), p. 1-21

10. Les dossiers de la paroisse St. Peter's et de la cathédrale indiquent les décès de Francis Lucas, 103 ans, le 12 janvier 1811, et de Rose Jeaudain (Dine), 98 ans, le 21 mars 1821

11. Il semble que LeBlanc s'est trompé un peu. Les dossiers du diocèse de Baton Rouge, tome 2, 1770-1803 (p. 466) indiquent que l'année de ce mariage est 1783 (ASC-1:151, 152)

12. GRIFFITHS, Naomi E. S. *The Contexts of Acadian History, 1686-1784* (Montréal, 1992), p. 117

Les Acadiens du Michigan

Martin Guidry

On trouve des descendants des Acadiens dans un grand nombre d'États américains. Bien des gens ignorent qu'il y a aussi de fiers Acadiens au Michigan. La famille LeBlanc a été parmi les premières familles acadiennes à venir au Michigan. En 1760, elle s'est établie à Michilimackinac situé sur la rive du détroit de Mackinac entre les lacs Huron et Michigan. En l'espace d'une génération, elle a déménagé à Ecorse, au sud de Détroit. De nos jours au Michigan, on rencontre beaucoup de patronymes acadiens dans les comtés de Monroe, de Bay, de Saginaw, d'Arenac, d'Alpena, de Wayne, de Houghton et de Dickinson.

La plupart des Acadiens du Michigan sont venus du Québec, et presque tous sont arrivés vers la fin des années 1830 et durant les années 1840. Ce parcours est attribuable au fait que lors de la déportation qui a commencé en 1755 en Nouvelle-Écosse et qui s'est échelonnée sur huit ans, des centaines d'Acadiens ayant échappé à la capture se sont enfuis au Québec en passant par les bois. D'autres ont émigré au Québec après la guerre de Sept Ans qui a pris fin à la signature du Traité de Paris de 1763. Bon nombre des Acadiens exilés au Massachusetts et au Connecticut ont émigré dans la région de Montréal et se sont établis autour de Saint-Jacques dans la région de Lanaudière. D'autres se sont installés le long du fleuve Saint-Laurent. De nombreux Acadiens de Saint-Jacques et des rives du Saint-Laurent viendront ultérieurement au Michigan.

Au départ, les Acadiens émigrés au Québec restaient ensemble et ne se mêlaient pas beaucoup aux Canadiens-français. Néanmoins, au fil du temps, les deux cultures se sont rapprochées et des mariages entre les membres des deux groupes ont commencé à être contractés. Au Québec, les Acadiens ont trimé dur pour défricher la terre, construire leur maison et s'occuper de leur famille tout en vivant essentiellement de l'agriculture, ce qu'ils faisaient en Acadie. Au fur et à mesure que les familles grandissaient, les terres étaient subdivisées et devenaient moins productives. Les jeunes hommes acadiens ont commencé à s'en aller vers l'ouest, en Ontario, afin d'acquérir des terres agricoles ou de devenir bûcherons.

Les rébellions des patriotes contre les Britanniques, en 1837 et en 1838, ainsi que l'effondrement des fermes familiales en raison de leur subdivision en lots et de l'épuisement des sols, ont été à l'origine de l'exode de jeunes acadiens et canadiens-français vers la Nouvelle-Angleterre et le Michigan à la recherche de travail. Ces nouveaux arrivants au Michigan, qui venaient principalement de la grande région de Montréal, se sont joints aux premiers migrants canadiens-français qui, près d'un siècle plus tôt, étaient venus travailler dans les secteurs forestier, minier et agricole. Parmi les familles acadiennes qui ont émigré au Michigan, mentionnons les Guédry (Guildry), Thibaudeau, LeBlanc, Hébert, Doiron, Breau, Broussard, Boutin, Bourg et Cyr.

Vers 1840, Jean-Baptiste Guildry (dit Labine) fut l'un des premiers Acadiens à mettre les pieds au Michigan; il s'est établi dans le comté de Monroe. Né le 31 juillet 1825, à Saint-Jacques, dans la région de Lanaudière au Québec, il était l'arrière-petit-fils de Jean-Baptiste-Augustin Guédry (dit Labine) et de Marie-Marguerite Picot. Déportés à Boston en 1755, ils y vécurent avec leur famille jusqu'en 1766, puis ils se sont installés à Saint-Alexis, près de Saint-Jacques.

Jean-Baptiste s'est marié avec une Canadienne-française, Edwidge Senever (dite Lemarbe), dans le comté de Monroe au Michigan, le 7 novembre 1848. Le couple eut dix-sept enfants dans les vingt-huit années qui ont suivi. Au début des années 1880, Jean-Baptiste, agriculteur, et Edwidge ont déménagé avec leur nombreuse famille dans le nord, à Pinconning dans le comté de Bay, sur les rives du lac Huron. Jean-Baptiste acheta 60 acres de terre dans la section 16. À mesure que les fils de Jean-Baptiste devenaient adultes, ils firent à leur tour l'acquisition de terres dans la même région et sont devenus agriculteurs. Jean-Baptiste est mort vers 1888 et il est enterré dans le cimetière de Pinconning. Bon nombre de ses descendants vivent toujours dans la région du comté de Bay et continuent d'occuper des emplois à caractère agricole. À l'arrivée de Jean-Baptiste au Michigan, le nom de Guildry (dit Labine) a été raccourci à Labine et vers 1881, il est devenu LaBean – possiblement le fait de fonctionnaires anglophones qui écrivaient phonétiquement son nom de famille.

À l'instar des Acadiens et des Canadiens-français du nord-est du Maine et du nord du Nouveau-Brunswick qui vivaient ensemble, les deux groupes du Michigan ont fini par s'entremêler pour former une seule population francophone. Sous l'influence de la population anglophone en augmentation constante, la langue et la culture acadiennes et canadiennes-françaises ont en grande partie disparu, mais pas complètement. Les Franco-Michiganais forment encore une communauté en grande partie rurale et travaillent pour la plupart dans le secteur agricole ou comme cols bleus. La foi catholique est toujours pratiquée avec une grande ferveur au sein des familles et l'église est souvent le centre de la vie sociale dans la collectivité. Les Franco-Michiganais célèbrent les fêtes de leurs ancêtres et ont conservé les mets traditionnels comme les tourtières, le cassoulet, la soupe au fromage et la tarte aux mûres sauvages. Plusieurs activités locales puisent leurs origines dans les anciennes célébrations acadiennes ou canadiennes-françaises et, à l'occasion, on raconte encore les légendes et les récits historiques.

De nos jours, il y a un regain d'intérêt chez les Michiganais d'origine acadienne et canadienne-française pour la généalogie, car ils souhaitent retrouver leurs racines. La revue *Michigan's Habitant Heritage* publiée par la Société du patrimoine canadien-français du Michigan regroupe des articles informatifs concernant les recherches menées sur les familles d'origine acadienne et canadienne-française du Michigan ainsi que sur l'histoire, la langue, la culture, les mets et le patrimoine acadiens et canadiens-français. La société se réunit une fois par mois. En outre, de nombreuses expositions intéressantes sur le patrimoine acadien et canadien-français dans la région sont offertes au Musée d'histoire du comté de Monroe. Le Musée d'histoire du comté de Bay compte des galeries sur l'histoire et la culture du comté. Les sociétés généalogiques de plusieurs autres comtés mettent à la disposition des Acadiens et des Canadiens-français d'excellentes ressources et organisent des rencontres en vue de les aider à retracer leurs origines. Parmi les plus actives, mentionnons la Société de généalogie du comté de Monroe et le Groupe de généalogie de Pinconning.

VI

ÉPILOGUE

VINGT-CINQ ANS DE DÉCOUVERTES DU MONDE ACADIEN

Warren A. Perrin

CANADA

Nouveau-Brunswick

En 1990, lors de ma première visite au Nouveau-Brunswick, j'ai eu l'impression que nous étions d'abord et avant tout une grande famille. Cette impression sera renforcée par la rencontre de la famille Cyr à Moncton. Michel Cyr, un avocat de Moncton, qui sera aussi président de la Société nationale de l'Acadie, nous a accueillis durant notre premier séminaire juridique à la Faculté de droit de l'Université de Moncton.

M. Cyr a invité le juge Durwood Conque, sa femme Rusty, ma femme Mary et moi à partager, avec sa famille, un repas acadien traditionnel à son chalet, à Cocagne. Durant cette soirée, nous avons fait la connaissance de ses parents Léonide, avocat, et Laetitia, directrice de la radio francophone à Radio-Canada. Nous avons aussi rencontré ses deux filles, Isabelle, une actrice et chanteuse qui vit à Montréal, et Myriam, une actrice acadienne qui partage sa vie entre Londres et New York.

Myriam fut par la suite choisie pour jouer le rôle principal dans le premier film de fiction de Phil Comeau, *Le secret de Jérôme*. Elle se rendit ensuite en Louisiane pour jouer dans le film de Pat Mire, *Dirty Rice*, dans lequel elle incarne le rôle d'une Cadienne nommée Hélène qui se bat pour garder sa famille unie. En 2003, Isabelle Cyr fut la maîtresse de cérémonie lors de la présentation de la Proclamation royale, à Ottawa. En 2005, Michel et moi-même avons participé aux activités du 250e anniversaire de la commémoration du Grand Dérangement qui se déroulait à Halifax, en Nouvelle-Écosse.

Ressentant un profond attachement pour l'histoire du Nouveau-Brunswick, j'ai voulu fouler la terre où mes ancêtres avaient marché et vécu, près de Moncton, dans des endroits comme Chipoudie, Fox Creek, Saint-Anselme, Coverdale, Boundary Creek, Salisbury et Le Coude. Je suis de la huitième génération de la descendance du héros de la résistance, Joseph Beausoleil Broussard. Il a vécu en amont de la rivière Petitcodiac, à Boundary Creek, pendant près de 30 ans. En 1998, l'historien acadien, Paul Surette, m'a baladé dans tous ces endroits; nous avions établi notre itinéraire à l'aide de cartes et de photographies des lieux. Pour moi, c'était une véritable communion avec mes ancêtres. Cette expérience m'a fortement incité à en apprendre davantage sur notre mère patrie, l'Acadie, à la promouvoir et à garder notre grande famille unie à jamais.

En août 1990, le « Centre international de la common law en français » accueille un groupe d'avocats et de juges louisianais pour le premier d'une série de séminaires juridiques, à la Faculté de droit de l'Université de Moncton. À cette réception, de gauche à droite : Yvon Fontaine, doyen de la Faculté de droit, le juge Allen M. Babineaux, Fleurette Doucet et Michel Doucet, professeur de droit, directeur du Centre et organisateur du séminaire.

En août 1992, une délégation d'Erath en Louisiane jumelle leur ville à la ville de Bertrand au Nouveau-Brunswick. Lors de cette cérémonie, on retrouve de gauche à droite : Allen M. Babineaux, juge, Edward Domingues, consacré « légende vivante » au Musée acadien en 2005, et Rickey Domingues.

Le 14 août 1992, Antonio Landry (à gauche), directeur du Village historique acadien de Caraquet, au Nouveau-Brunswick, présente à Warren A. Perrin une affiche destinée au Musée acadien d'Erath. En tant que maire de Caraquet, Antonio Landry comprend l'importance de la préservation de la langue et de la culture de ses aïeux, et il le fait de différentes manières. Parallèlement, il favorise l'harmonie linguistique, le respect et la tolérance entre les communautés francophone et anglophone du Nouveau-Brunswick.

En 1993, Warren A. Perrin (à droite) offre, de la part des Cadiens de la Louisiane, un cadeau au chanteur Donat Lacroix de Caraquet, au Nouveau-Brunswick. Donat Lacroix, compositeur et musicien acadien bien connu, ancien pêcheur de métier, interprète des chansons remarquables sur la vie des pêcheurs. Sa chanson populaire, Viens voir l'Acadie, *est souvent considérée à tort comme l'hymne national acadien. M. Perrin était au Nouveau-Brunswick pour discuter de l'avancement de sa pétition exigeant des excuses de la part de la Couronne britannique pour la Déportation des Acadiens. Il en a discuté avec les membres de la section francophone du Barreau du Nouveau-Brunswick lors de leur banquet annuel. La soirée qui suivit le banquet fut animée par Antonio Landry, un dirigeant de la communauté acadienne depuis plus de quatre décennies.*

Les Perrin ont reçu un groupe d'Acadiens du Nouveau-Brunswick venus fêter le Mardi Gras à La Nouvelle-Orléans, en Louisiane. Sur la photo, l'ancien professeur de droit de l'Université de Moncton, Pierre Arsenault, profite du bal de Bacchus lors de ce Mardi Gras.

En février 1996, le cinéaste louisianais Pat Mire tourne Dirty Rice, *près d'Eunice, en Louisiane. Pour son rôle principal féminin, Mire a choisi une Acadienne du Nouveau-Brunswick, Myriam Cyr. Lors d'une pause pendant le tournage, de gauche à droite : Pat Mire, Myriam Cyr, Ben Mouton et Warren A. Perrin.*

Huitième édition du Judge Allen M. Babineaux Comparative International Law Symposium [Colloque international sur le droit comparatif du juge Allen M. Babineaux]. Photo prise le 11 août 1998. Première rangée, de gauche à droite : Aldéa Landry, Louise Aucoin, professeure de droit à l'Université de Moncton, Lynne Castonguay, directrice adjointe du Centre international de la common law en français (CICLEF); deuxième rangée : Fernand Landry, directeur général du VIIIe Sommet de la francophonie 1999, le juge Roger Savoie du Banc de la Reine du Nouveau-Brunswick, Serge Rousselle, vice-doyen de la Faculté de droit de l'Université de Moncton, Roger Bilodeau, professeur de droit à l'Université de Moncton et Warren A. Perrin, avocat et président du Conseil pour le développement du français en Louisiane (CODOFIL).

En septembre 1998, la Faculté de droit de l'Université de Moncton a accueilli la huitième édition annuelle du Judge Allen Babineaux Comparative International Law Symposium. La conférence portait sur le bien-fondé de la pétition. Parmi les personnes présentes, on retrouve Ferdinand et Aldéa Landry, Louise Aucoin, professeure de droit, Lynne Castonguay, le juge Roger Savoie, Serge Rousselle, le doyen Michel Doucet. À la suite du colloque, l'historien acadien Paul Surette (à gauche) emmena l'auteur faire un tour dans la vallée de la rivière Petitcodiac afin de voir où se trouvaient les établissements acadiens durant les années 1750, notamment la propriété de Beausoleil Broussard.

En août 2012, une délégation d'Acadiens de Memramcook est accueillie pour la visite du Musée acadien et pour un repas à la ferme des Perrin. Ils sont en Louisiane pour participer aux Festivals Acadiens et Créoles. Photographiés à la ferme des Perrin, de gauche à droite : Raymond Gaudet, Donald O. LeBlanc, maire de Memramcook, Warren A. Perrin, Dolores Breau, Claude Boudreau et Conrad LeBlanc, respectivement directeur et président du Monument-Lefebvre.

Jean Gaudet, activiste du secteur culturel, en visite à la ferme des Perrin en août 2012. La visite du groupe acadien comprenait un repas cadien et de la musique jouée par le musicien en lice aux Grammy Awards, D. L. Menard. Jean Gaudet dirigeait la délégation d'Acadiens du Nouveau-Brunswick à Lafayette, en Louisiane, qui a participé aux Festivals Acadiens et Créoles.

Le 26 août 2013, une délégation de dignitaires louisianais visite le Centre communautaire Sainte-Anne (CCSA) à Fredericton, au Nouveau-Brunswick. Cette visite a pour but de recueillir l'information nécessaire pour la création d'une école secondaire internationale francophone sur le campus de l'Université de la Louisiane, à Lafayette. Sur la photo, de gauche à droite : Stephen Ortego, représentant de la Louisiane, Thierry Arseneau, directeur général du CCSA, Kermit Bouillion, membre du conseil scolaire, et Warren A. Perrin, membre du conseil du CODOFIL.

En octobre 2012, M. Perrin a reçu à diner de bons amis acadiens de Moncton : Viola LeBreton (à droite), qui apprit à plusieurs jeunes à apprécier leur culture acadienne, et sa fille Julie Frigault. Julie s'est engagée au fil des années dans plusieurs organisations axées sur la jeunesse francophone au Canada atlantique. Elle a vécu en Louisiane jusqu'à l'âge de quatre ans pour déménager ensuite à Moncton, ville dynamique du Nouveau-Brunswick. Entre 2006 et 2011, Julie a été membre de la Fédération des jeunes francophones du Nouveau-Brunswick (FJFNB). Durant ces années, elle a représenté la jeunesse acadienne en tant que vice-présidente et a siégé au comité de la Société nationale de l'Acadie en tant que représentante de la jeunesse du Nouveau-Brunswick. Aujourd'hui, Julie redonne à la communauté en œuvrant pour la FJFNB, dans l'espoir de donner aux jeunes la chance de vivre les mêmes expériences qu'elle en faisant la promotion de la culture acadienne.

Le 25 août 2013, W. A. Perrin est invité à faire une présentation au Monument-Lefebvre. Sur la photo, de gauche à droite : Stephen Ortego, représentant de la Louisiane, Claude Boudreau, directeur de la Société du Monument-Lefebvre, Georgette Bourgeois, artiste acadienne, Warren A. Perrin, et Kermit Bouillon.

Nouvelle-Écosse

L'établissement de Port-Royal, capitale de l'Acadie (sur le territoire actuel de la Nouvelle-Écosse), fut construit en 1605 par Samuel de Champlain, architecte du projet. En 1613, le Fort de Port-Royal fut détruit par les Britanniques de la Virginie. La capitale fut déplacée du côté sud de la rivière, et Port-Royal devint l'endroit de prédilection des pionniers français qui quittaient la France pour s'établir de l'autre côté de l'Atlantique, pendant les années 1630. Malgré les problèmes et la souffrance des débuts, ces gens survécurent, la colonie prospéra et la région fut connue comme le berceau de l'Acadie. Aujourd'hui, la Nouvelle-Écosse compte encore plusieurs régions acadiennes, et même si elles sont isolées les unes des autres, elles sont toutes habitées par les descendants d'Acadiens déterminés à revenir après la Déportation. Chaque fois que je retourne en Nouvelle-Écosse, j'ai l'impression de revenir sur ma terre natale et je me souviens que je suis un « enfant de l'Acadie ».

En août 1995, des dirigeants acadiens de Pointe-de-l'Église, en Nouvelle-Écosse, ont invité les directeurs à souper pendant le programme d'immersion française, à l'Université Sainte-Anne. Sur la photo, de gauche à droite : Louise d'Entremont, Harley d'Entremont, recteur de l'Université Sainte-Anne, Denise Comeau, Gérald Comeau, sénateur, Aurora Comeau, Mary Perrin et Jean-Douglas Comeau, fondateur du populaire programme d'immersion et membre du programme « légendes vivantes » du Musée acadien d'Erath, en Louisiane.

Les premiers étudiants louisianais récipiendaires d'une bourse du CODOFIL liée au programme d'immersion francophone à l'Université de Sainte-Anne, en 1991, font un piquenique. Sur la photo, de gauche à droite : Dr Harley d'Entremont, recteur, Delila Comeau d'Entremont, Denise Douglas Comeau, Dr Jean-Douglas Comeau, doyen du programme d'immersion, Amy Veasey, étudiante de Lafayette, Jason, étudiant de Baton Rouge, Aurore Comeau, assistante administrative du Dr d'Entremont, Muriel Comeau, secrétaire générale et Viola LeBreton. Cette soirée fut organisée à la maison du sénateur Gérald Comeau, à La Butte, en Nouvelle-Écosse. Au fil des années, plus de 1000 étudiants louisianais ont passé leurs étés dans les classes d'immersion française de l'Université Sainte-Anne.

31 mai 1995, un groupe de dirigeants acadiens à Halifax. De gauche à droite : Wayne Gaudet, ministre des Affaires acadiennes, Warren A. Perrin, président du CODOFIL, Paul Gaudet, directeur général du Bureau des Affaires acadiennes et le Dr Charles Gaudet, directeur de l'éducation française du ministère de l'Éducation de la Nouvelle-Écosse. Lors de cet événement, le Musée acadien d'Erath, en Louisiane, a reçu une photographie de l'église de Grand-Pré.

En novembre 1996, les Perrin ont organisé un souper en l'honneur du ministre Allister Surette, responsable des Affaires acadiennes de la Nouvelle-Écosse. M. Surette est aujourd'hui recteur de l'Université Sainte-Anne à Pointe-de-l'Église, en Nouvelle-Écosse. À la maison des Perrin, de gauche à droite : Warren A. Perrin, Mary Perrin, le ministre Surette, Christy Dugas Maraist, membre des « légendes vivantes » et ancienne présidente du conseil de l'Acadian Memorial Foundation, et le Dr David Maraist qui a contribué à la rédaction du discours relatif à la pétition, au Congrès mondial acadien de 1994.

Le 30 avril 1999, Comeau emmène Jean-Douglas Comeau, en guise de cadeau, emmène Warren A. Perrin en canoë visiter l'intérieur de la Nouvelle-Écosse. Ils sont guidés par le Métis acadien, Melbourne Muise, qui exécute un ancien rituel mi'kmaw avant de mettre ses canoës à l'eau.

À gauche, David Dronet, vice-président du conseil des directeurs du Musée acadien d'Erath, qui accompagne M. Perrin et à droite, Jean-Douglas Comeau.

Le 1er mai 1999, l'Université de Sainte-Anne décerne un doctorat honorifique à Warren A. Perrin. Pendant la cérémonie, M. Perrin en profite pour informer l'auditoire de l'avancement de la pétition. À la suite de la cérémonie, Perrin est félicité par Gérald C. Boudreau (à droite), secrétaire général de l'Université de Sainte-Anne. Des années plus tard, Boudreau deviendra coprésident du comité qui milite pour la nomination de Grand-Pré au patrimoine mondial de l'UNESCO.

En août 2001, les Perrin, accompagnés de leur fils Bruce, ont participé au programme d'immersion française de l'Université Sainte-Anne. À la cérémonie de clôture de la session, ils ont annoncé un don annuel sous forme d'une bourse d'études destinée aux étudiants louisianais inscrits au programme. Sur la photo, de gauche à droite : Warren A. Perrin, Mary Perrin, Virginia Smith et André Roberge, recteur.

En 2004, une délégation de la Louisiane est accueillie par un groupe d'Acadiens à Chéticamp, au Cap-Breton, où ils sont divertis par des musiciens locaux près de la grande église de pierre. Les Perrin y ont reçu un drapeau acadien, fait maison, qui fait maintenant partie de la collection du Musée acadien d'Erath. Lors du Congrès mondial acadien de 2004, en Nouvelle-Écosse, on reconnaît de gauche à droite : Napoléon Chiasson de la Société Saint-Pierre, Daniel Aucoin, coordinateur du CMA 2004 à Chéticamp, Kermit Bouillion, directeur du Musée acadien d'Erath, Yvette Aucoin, présidente de la Société Saint-Pierre et Warren A. Perrin. Chéticamp est jumelé à Delcambre en Louisiane. Les Acadiens de Chéticamp ont fait don d'un tapis crocheté au Musée acadien d'Erath.

Le 28 juillet 2005, dans le cadre des festivités entourant la commémoration du 250e anniversaire de la Déportation, eut lieu l'inauguration du monument pour la Commémoration internationale du Grand Dérangement, au port de Halifax. De 1758 à 1763, environ 2000 Acadiens ont été emprisonnés sur l'Île Georges, tout près de là. Représentant les Acadiens du Nord, May Bouchard (à gauche) et les Acadiens du Sud, Warren A. Perrin (à droite).

Les dignitaires suivants ont participé à l'inauguration du monument. Sur la photo, de gauche à droite : Dawn Sloan, conseiller municipal de la municipalité régionale de Halifax, Warren A. Perrin, président du CODOFIL, Chris d'Entremont, ministre des Affaires acadiennes de la Nouvelle-Écosse, Napoléon Chiasson, Michel Cyr, président de la SNA, Lawrence A. Freeman, époux de la représentante de la reine en Nouvelle-Écosse et la lieutenante-gouverneure Myra Freeman.

À l'inauguration du monument, de gauche à droite : Warren A. Perrin, Myra Freeman, lieutenante gouverneure de la Nouvelle-Écosse, représentante de la reine Élizabeth II et May Bouchard, de Pomquet, en Nouvelle-Écosse.

Une délégation d'Acadiens de la Nouvelle-Écosse invitée pour la première fois en 250 ans à visiter l'Île Georges où leurs ancêtres furent détenus pendant de longues années. Un documentaire a été tourné lors de cet événement très émouvant. Sur la photo, de gauche à droite : Ronald Gaspard, chef et cinéaste, Ron Miguez du Musée acadien, Dianne Marshall, auteure, et Warren A. Perrin.

En 2005, à la suite d'une visite d'un bâtiment historique, de gauche à droite : Warren A. Perrin, Aldric d'Entremont, directeur de la municipalité d'Argyle, Gordon Wood de l'Argyle Municipality Historical and Genealogical Society [Société généalogique et historique], et Chris d'Entremont, ministre des Affaires acadiennes de la Nouvelle-Écosse et député d'Argyle à l'Assemblée législative de la Nouvelle-Écosse. Perrin et quelques amis sont venus au Canada en motorisé pour faire la promotion de son livre Une saga acadienne (2005)

Île-du-Prince-Édouard

L'Île-du-Prince-Édouard est la plus petite province canadienne tant sur le plan de sa superficie que de sa population. Lors de mon premier séjour, nous avons visité le Village de l'Acadie à Mont-Carmel, dans la région d'Évangeline. Lors de ce séjour, j'ai été agréablement surpris d'assister à une pièce de théâtre, *La cuisine à Mémé*, qui portait un nom similaire à celui de ma grand-mère : Mae Mae (le nom de ma grand-mère étant Ella Mae Broussard). L'Île possède quatre surnoms : « le jardin du golfe », « le berceau de la Confédération », « la ferme d'un million d'hectares » et « l'île aux patates ». Lors de mon passage, je lui en ai donné un cinquième, « la perle de l'Acadie ».

Au début des années 1990, Bernard Léger, guide touristique à Tours Acadie. Pendant dix jours, il guidera la délégation d'avocats et de juges louisianais dans les localités acadiennes des Maritimes, y compris l'Île-du-Prince-Édouard.

En août 1990, Chris et Mary Roy d'Alexandria, en Louisiane, dégustent du homard à l'Île-du-Prince-Édouard. Ils sont membres de la délégation louisianaise qui participe au premier colloque annuel sur le droit international du juge Babineaux.

Québec

La première fois que je suis allé au Québec, je ne savais pas qu'on y trouvait plus d'un million de personnes de descendance acadienne. L'Acadie moderne est composée majoritairement de communautés du Nouveau-Brunswick, de la Nouvelle-Écosse, de l'Île-du-Prince-Édouard, du Maine, du Texas et du sud de la Louisiane, appelé maintenant l'Acadiana. L'importance de l'immigration acadienne au Québec est sous-estimée, sûrement parce que ces Acadiens se sont fondus dans la masse québécoise. J'ai été impressionné par la ferveur qu'entretiennent ces gens pour leur culture et leur langue.

Cette présence acadienne est palpable et visible dans plusieurs régions, notamment à Bonaventure et Carleton dans la péninsule gaspésienne, aux Îles de la Madeleine, à Nicolet et à Saint-Grégoire de Bécancour au sud de Trois-Rivières, à L'Acadie et à Saint-Jean-sur-Richelieu au sud de Montréal, dans la région de Lanaudière à l'est de Montréal, à Saint-Gervais et Saint-Charles au sud de Québec, dans la région du Saguenay et le long de la Côte-Nord, y compris à Havre-Saint-Pierre et Natashquan. En 1998, un sondage de la firme Léger estimait qu'au sein de la population québécoise, environ un million d'habitants portaient un nom de famille acadien. En 2008, une étude de Josée Bergeron pour l'Université du Québec conclut que trois millions de Québécois sont de descendance acadienne, ce qui représente environ la moitié de la population francophone de la province.

Au cours de mes voyages au Québec, j'ai eu le plaisir de rencontrer plusieurs descendants acadiens de toutes les régions de l'Acadie. À mon premier passage, j'ai été accueilli par Jean Ouellet, un avocat de la ville de Québec, que j'avais rencontré en 1993 lors d'une conférence sur les droits de l'Homme à Caen, en France, au mémorial de la Paix. Il a depuis marié ma fille et je suis maintenant le fier grand-père de Nicolas et de Lily. Nous nous amusons à les surnommer les « Cadiens-Québec ».

André Forcier, un cinéaste du Québec que nous avions accueilli lors de son passage en Louisiane dans le cadre du tournage de son film *La Comtesse de Baton Rouge* (1997), était un fervent partisan de ma pétition. En prévision de la présentation de cette pétition devant des avocats montréalais, sa femme Linda et lui ont traduit l'intégralité du document en français, soit 45 pages. Même s'il n'est pas de descendance acadienne, André Forcier est marié à Linda Pinet dont la famille est originaire de Caraquet. André est un promoteur infatigable de la culture acadienne. En 2013, il est nommé « légende vivante » par le Musée acadien d'Erath. Forcier a aussi coproduit, pour TV5 en Louisiane, une série intitulée *Gumbo Oh La La*, avec le cinéaste Charles Larroque, natif de Louisiane et maintenant directeur du CODOFIL. La série présente la Louisiane francophone et contribue à resserrer nos liens culturels.

Paul Arsenault est un autre fervent défenseur de la culture acadienne. Il est originaire de Moncton, au Nouveau-Brunswick, mais il vit maintenant à Québec. Paul m'a souvent aidé à naviguer au sein de la communauté culturelle acadienne et il m'a présenté à d'innombrables Acadiens au cours de plusieurs visites, toutes très agréables. Son dernier livre, *La vraie histoire de l'ancêtre*

Pierre Arsenault en Acadie (2013), est écrit en français et en anglais; il est aussi disponible en format électronique.

Vera-Anne Petley, une autre nomade acadienne, originaire de Cap-Pelé au Nouveau-Brunswick, habite maintenant à Montréal. Elle a toujours et fidèlement soutenu mon travail. J'ai rencontré Vera-Anne pour la première fois, en 1999, au Congrès mondial acadien tenu en Louisiane. À cette époque, elle était organisatrice de voyage et elle avait accompagné un groupe de 350 Acadiens du Nord jusqu'à Lafayette, pour assister à cet événement. Depuis, elle travaille sans relâche à favoriser la réunion des Acadiens de la diaspora. En 2012, elle m'a fait découvrir la région de Lanaudière et m'a présenté certains de ses plus éminents citoyens acadiens, comme Évangéline Richard, présidente du Festival acadien de la Nouvelle-Acadie, et son mari Raymond Gaudet.

Depuis 1971, André Gladu, un cinéaste formidable qui travaille à l'Office national du film du Canada, a réalisé plusieurs films qui traitent de la francophonie, dont quelques-uns portent sur des sujets louisianais comme *Le son des français d'Amérique* (1974-1980), *Zarico* (1984), *On the Trail of Acadians in North America* (2004) et *Marron* (2005). Ces films extraordinaires ont su capturer l'essence même des Québécois, des Acadiens, des Métis, des Créoles et des Cadiens.

Par son travail, André est fortement associé au phénomène louisianais et engagé envers cette cause. C'est un ami de longue date du professeur Barry Ancelet de la University of Louisiana, à Lafayette, et de Léo LeBlanc à Moncton, qui a passé dix ans à Lafayette à titre de délégué culturel du Québec dans l'État de la Louisiane. LeBlanc est le responsable de la « découverte » de Zachary Richard au Québec; au début des années 1970, il l'a envoyé jouer au Carnaval d'hiver de Québec, lançant ainsi la carrière internationale de Zachary. L'histoire veut que Richard et ses musiciens soient arrivés, habillés avec des vêtements d'été, comme ils l'auraient fait pour n'importe quel « carnaval ». Ils ont été surpris d'apprendre que la température au Québec, en hiver, était de moins dix degrés Celsius!

En janvier 1995, la famille Perrin célébrait le Nouvel An dans la ville de Québec. Sur la photo, de gauche à droite : Mary, Andy, Warren, Bruce et Rebecca Perrin Ouellet. Les vacances familiales ont donné l'occasion aux Perrin de promouvoir la pétition auprès des dirigeants des groupes acadiens au Québec.

À l'Hôtel Concord, Warren A. Perrin (à gauche) et Roger Léger, fondateur de la Fédération acadienne du Québec.

Représentant la Louisiane aux Festivités acadiennes à Montréal, en août 2000, on retrouve de gauche à droite : Warren A. Perrin, président du CODOFIL, Jean Bourque, Kermit Bouillion, directeur du programme « légendes vivantes », et David Dronet, vice-président du Conseil des directeurs au Musée acadien d'Erath. La délégation de la Louisiane est accueillie par la Fédération acadienne du Québec, dont les membres ont donné de nombreux livres aux écoles louisianaises. Vera-Anne Petley a organisé un concert pour la Fête nationale de l'Acadie avec Grouyan Gombo de Halifax (ils ont joué de la musique cadienne authentique), une exposition par l'Acadienne néobrunswickoise, Pauline Bujold, et un tintamarre au parc La Fontaine. Plus de 3000 personnes ont participé à cet événement du 15 août.

Le 18 mars 2002, le Conseil supérieur de la langue française a remis l'Ordre des francophones d'Amérique à Warren A. Perrin, à l'hôtel du Parlement à Québec. La distinction a été présentée à M. Perrin par le premier ministre du Québec, Bernard Landry, lui-même de descendance acadienne. De gauche à droite : Linda Pinet, Warren A. Perrin et André Forcier.

En août 2005, au 250e anniversaire du Grand Dérangement, Warren A. Perrin a participé à un événement de promotion, à Montréal, pour son livre Une saga acadienne *(2005). De gauche à droite : Ronald Gaspar, chef et cinéaste, un membre de l'exécutif du Musée acadien d'Erath, Paul Arsenault, activiste acadien vivant au Québec, Warren A. Perrin, Marie-Jo Thério, chanteuse et actrice, et Phil Comeau, cinéaste acadien et éditeur.*

En août 2007, une délégation de la Louisiane participe pour la première fois au Festival acadien de la Nouvelle-Acadie dans la région de Lanaudière qui compte quatre municipalités acadiennes, près de la ville de Joliette : Saint-Jacques, Saint-Liguori, Sainte-Marie-Salomé et Saint-Alexis. Dans la première rangée, on peut voir de gauche à droite : Warren A. Perrin, président du Musée acadien et membre du conseil du CODOFIL, René Gareau, conseiller municipal de Sainte-Marie-Salomé, Robert Perreault, maire de la paroisse de Saint-Alexis, Pierre Beaulieu, maire de Saint-Jacques de Montcalm, Kermit Bouillion, membre du Conseil scolaire du district 5 de la paroisse de Lafayette. Dans la deuxième rangée : Pat Mould, chef qui a préparé un repas cadien pour un des événements du festival, Stéphane Malenfant, directeur des Fêtes gourmandes de Lanaudière, Serge Rivest, maire de Saint-Liguori. Dans la troisième rangée : Vera-Anne Petley, présidente de l'événement, Annette Coutu, présidente du Conseil de développement bioalimentaire de Lanaudière et Évangeline Richard, présidente du Festival acadien de la Nouvelle-Acadie.

En août 2012, à la suite de la première du film Les Acadiens du Québec *de Phil Comeau, un diner a été organisé par le Festival acadien de la Nouvelle-Acadie, à la Maison de Bouche, à Saint-Jacques. Ce village a vu naître le patriote, historien et auteur acadien du Québec, l'abbé François Lanoue (1918-2010). De gauche à droite : Warren A. Perrin, Vera-Anne Petley, Bernard Landry, ancien premier ministre du Québec, Évangeline Richard, Raymond Gaudet et Louis Duval.*

En 2012, les représentants du Festival acadien de la Nouvelle-Acadie ont offert un don au CODOFIL. De gauche à droite : Patrick Mould, chef cuisinier, Warren A. Perrin, Évangeline Richard, présidente du Festival, Annie Lemarbre, Pierre Beaulieu, maire de Saint-Jacques, Vera-Anne Petley et Serge Rivest, maire de Saint-Liguori.

*En août 2013, Warren A. Perrin (à droite) a visité le village de Saint-Jacques dans la région de Lanaudière. Il s'est arrêté en chemin au magasin général centenaire, le plus vieux du Québec, l'*Épicerie J. P. Gaudet. *Il appartient à un homme de 93 ans, Jean-Paul Gaudet (mort en 2014). Philipe Jetté, le petit neveu de M. Gaudet, a joué de la musique acadienne sur son accordéon, tout en tapant du pied. M. Jetté est membre du groupe de musique traditionnel* Belzébuth.

Le 10 septembre 2013, à Montréal, Warren A. Perrin a organisé un dîner au restaurant Le Petit Extra. *Il y avait convié le Dr Joseph Yvon Thériault (au centre) et Roger Leger (à droite) dans le but de discuter de l'article de M. Thériault,* Évangéline, l'icône qui ne veut pas mourir *(voir page 180).*

Mary Perrin et Harlan Johnson, un artiste de Montréal, à la ferme des Perrin, le 22 décembre 2013. Harlan était en Louisiane pour coordonner la participation des artistes louisianais à une exposition prévue lors du Congrès mondial acadien. L'événement, intitulé l'Acadie mythique, *fera la tournée de cinq galeries d'art en Acadie, de 2014 à 2015. Cinq des dix-sept artistes qui y participeront sont de la région de l'Acadiana en Louisiane; les autres sont du Maine, de la Nouvelle-Écosse, du Nouveau-Brunswick et de l'Île-du-Prince-Édouard. Mireille Bourgeois est une des deux conservatrices de l'exposition.*

En janvier 2014, lors du festival Cinema on the Bayou, *à Lafayette, le cinéaste Phil Comeau a reçu le Prix du grand jury pour son film* Ron Turcotte, jockey légendaire *qui relate la vie de ce jockey acadien. Phil (à gauche) reçoit le Goujon Caille, prix qui lui est offert par le directeur artistique du festival, Pat Mire, et par la directrice, Rebecca Hudsmith.*

France

La colonie française, l'Acadie, fut peuplée majoritairement par des pionniers originaires de la province du Poitou, une région côtière du sud-ouest de la France qui a beaucoup souffert à la fin du 16e siècle et au début du 17e. Dans les années 1620, la famine et la peste ont suivi une série de guerres religieuses entre catholiques et protestants. Lorsque les tensions sociales sont devenues insoutenables, plusieurs personnes ont quitté la France pour la colonie de l'Acadie, fondée en 1604 par Pierre Dugua de Mons et Samuel de Champlain.

La plupart des Acadiens qui se sont réinstallés 150 ans plus tard dans la région du Poitou, après la Déportation, ont migré vers Nantes. En 1793, les douze familles qui vivaient toujours à Archigny, en Poitou, comptaient 73 personnes. Ils devinrent les propriétaires de 17 fermes, un endroit surnommé « La Ligne acadienne ». Ce petit groupe de colons s'est fondu dans la masse pictavienne et s'est distancé de ses cousins retournés en Acadie ou en Louisiane. Petit à petit, ils se sont assimilés à la culture française, même si leurs racines acadiennes sont encore manifestes de nos jours.

J'ai voyagé à travers le Poitou à plusieurs reprises et j'y ai toujours vécu des expériences touchantes et excitantes. J'aime entendre les noms de famille acadiens et les lire sur les boîtes aux lettres et les routes de campagne; ces familles qui vivent toujours dans la demeure de leurs ancêtres. Rencontrer et connaître ces gens, comme Michèle Touret-Bodin, ont été des moments très touchants. La visite de ce magnifique lieu m'a rappelé que les « racines de l'Acadie » sont en terre du Poitou.

En juin 1991, les Perrin ont accompagné une délégation de Lafayette qui s'est rendue à Suresnes, en France, pour participer à l'inauguration de la fameuse murale de Robert Dafford, Flying Violin, *symbolisant les liens unissant les Acadiens de la France à ceux de la Louisiane. Dafford a créé, dans divers endroits du monde, plusieurs murales qui mettent en scène l'histoire acadienne, notamment celle de Nantes. Lors de la cérémonie d'inauguration sur la grand-place, on voit de gauche à droite : Jean-Louis Testud, maire adjoint de Suresnes, Michel Tauriac (mort en 2013) de France-Louisiane, Dud Lastrapes, maire de Lafayette, Philippe Gustin, directeur du Centre international de Lafayette, et Robert Dafford.*

En 1977, Michel Tauriac et deux de ses amis ont fondé un organisme — France-Louisiane — visant à promouvoir le resserrement des liens entre la France et la Louisiane. En novembre 1997, la réception soulignant le 20e anniversaire de cet organisme s'est tenue au Palais du Luxembourg à Paris. On a souligné notamment la présence de membres du Sénat français, l'ancien Consul général de France à La Nouvelle-Orléans, le secrétaire général de l'assemblée des Français de l'étranger à Paris, Michel Couthures, président de France-Louisiane, Jean Tiberi, maire de Paris, une délégation louisianaise composée de Peggy Fortier, Cathy Chasse, Beth Landry, Jean Koerner et Louis Koerner Jr, Patricia Furgeson qui représentait les Indiens Houma de la Louisiane et les Perrin. Et représentant les Acadiens de la France, Robert Piart des Amitiés acadiennes. De gauche à droite : Michel Couthures et Claude Teboul.

Dre Christelle Roux (à gauche), originaire de Tours en France, vit maintenant à Buffalo (New York). Christelle et Mary Perrin sont photographiées à la maison des Perrin. Madame Roux est venue en Louisiane en 1998 où elle a été reçue par les Perrin. Elle a obtenu son doctorat de l'University of Louisiana à Lafayette et effectue maintenant des recherches. Les hôtes ont rencontré Madame Roux pendant un voyage en France dont le but était de jumeler le Musée acadien à un musée fondé par son oncle, Michel Roux.

Le 9 novembre 1997 a eu lieu en France, une cérémonie de jumelage du Musée acadien d'Erath de la Louisiane et du Musée de Falaise-Acadie-Québec de Les Ormes, en France. Les Perrin représentaient le Musée acadien d'Erath et Michel Roux (en avant-plan sur la photo), celui de la France dont il était président. Parmi les invités de marque, on comptait notamment Christelle Roux, Guy Monjalon, maire de Les Ormes, Simone Epinet-Carrier, Michel Girault et Serge Cothet. Une délégation de France est venue au Musée acadien de la Louisiane, en 1999, pour compléter le jumelage et pour participer au Congrès mondial acadien.

À Paris en 2011, Mary Perrin (à gauche) et Karel Roynette, avocat parisien et membre de la famille élargie des Perrin. Après s'être rencontrés à la réception tenue à l'Association d'avocats, à Versailles, les Perrin ont invité Roynette à venir en Louisiane. Il y resta deux ans et travailla pour la firme d'avocats Perrin, Landry, deLaunay, Dartez et Ouellet. Pendant ce temps, il a obtenu sa maîtrise en droit à la Louisiana State University, à Baton Rouge. Roynette a contribué à la traduction française du livre de Warren Perrin, Acadian Redemption *(2005), devenu* Une saga acadienne *(2009). Par un heureux hasard, il rencontre sa future épouse, Jamie Oplt, en Louisiane. Ils se sont mariés en 2013 et résident maintenant à Paris.*

À Paris, en octobre 2012, l'étudiante Marissa Séraphin partage un souper avec les Perrin. Comme plusieurs autres étudiants français, elle est accueillie en Louisiane par la famille Perrin, pendant un été, et elle devient membre de la famille élargie des Perrin.

En juillet 2002, un jeune Français du nom de Laurent Meslier (à droite) découvre une plaque d'identité appartenant au soldat John Mack, de Centreville en Louisiane. Meslier contacte le CODOFIL, à Lafayette, et grâce aux efforts du bureau du lieutenant-gouverneur, Jay Dardenne, ils découvrent que Mack s'est enrôlé en 1942; il conduisait des camions. Il a fait partie des troupes d'invasion après le débarquement du Jour J en France. Meslier a remis cette plaque au lieutenant-gouverneur Dardenne lors d'une cérémonie au mémorial de Caen, le musée situé au cimetière américain en Normandie. La plaque a ensuite été retournée en Louisiane pour y être exposée au National World War II Museum à La Nouvelle-Orléans. Lors de la cérémonie du jour du Souvenir de 2012, la Louisiana Bicentennial Commission, dirigée par le lieutenant-général à la retraite, Russell L. Honore, la plaque d'identité a été portée au cours du plus grand défilé militaire de la Louisiane.

Le 26 avril 2013, souper organisé par l'Association du Barreau de Madrid. Sur la photo (première rangée, de gauche à droite) : Mme Bonhommo, René Diedrich, bâtonnier du Barreau du Luxembourg, Dominique Attias de l'Association nationale du Barreau de France. Deuxième rangée, de gauche à droite : Yves Bonhommo, bâtonnier de Carpentras, Warren A. Perrin, président de la section francophone de l'Association du Barreau de la Louisiane, et Dominique Borde, membre du Conseil du Barreau de Paris.

ÉTATS-UNIS

Texas

Depuis les années 1840, pour des raisons économiques, plusieurs Cadiens ont migré au Texas. Dans le sud-est du Texas, le secteur compris entre les villes de Beaumont, Port Arthur et Orange est surnommé le *Triangle d'or.* Aujourd'hui, la population de cette région se compose de quelque 30 % à 50 % de Cadiens qui y gagnent leur vie. Les 50 comtés voisins comptent jusqu'à 20 % de Cadiens. Il y a aussi une forte proportion de Cadiens dans les villes de Houston, Dallas, Austin, San Antonio, Galveston et Freeport.

En 2012, à Beaumont, au Texas, de gauche à droite : Warren A. Perrin, Brenda Mounier, professeure de français de Lafayette à la retraite, Clyde Vincent (mort en 2014), Amanda Lafleur, professeure de français à la LSU, et Sable Thibodeaux, originaire de Beaumont.

John Clyde Vincent, nommé « légende vivante » par le Musée acadien d'Erath, est un Cadien du Texas passionné par sa culture. Il est né à Port Neches, au Texas, en 1925, fils de Léonce Vincent et de Della LeBlanc, tous deux de la paroisse de Vermillon en Louisiane. Vincent a milité activement pour la langue française. Homme modeste, Vincent s'est battu pour préserver la culture et la langue cadiennes dans l'est du Texas où les Cadiens étaient méprisés par les Hollandais et attaqués par les membres du Ku Klux Klan du coin parce qu'ils parlaient français et qu'ils étaient catholiques. La région de Port Neches où Vincent est né était surnommée « Little Abbeville » en raison du grand nombre d'habitants cadiens originaires de la région d'Abbeville en Louisiane. Président du groupe « Les Acadiens du Texas » pendant 30 ans sur les 32 ans d'existence de cet organisme, il a travaillé avec zèle à garder des liens culturels avec la paroisse de Vermillion.

En 2012, Mary Perrin a rendu visite à son amie Carole Cascio (à droite), originaire de Minden en Louisiane. Elle vit maintenant à Houston, au Texas, avec son mari Frank Cascio originaire de La Nouvelle-Orléans.

Maine

La majorité des Acadiens du Maine vivent dans le comté d'Aroostook au nord-est de l'État. Ils vivent dans la Vallée Saint-Jean, la plupart d'entre eux, le long de la rivière du même nom qui sert de frontière avec le Nouveau-Brunswick.

Le 22 février 2014, devant le Musée acadien d'Erath, de gauche à droite : Gisèle Faucher, professeure au Madawaska High School dans le Maine, et les étudiants Alexis Côté, Cédric Gendreau, Alexis Cyr, Claude Gendreau, Anna Faucher (voir leur histoire à la page 145), et Mary Perrin.

Maryland

Le 28 juillet 2013, à Manokin River Park, la Maryland Historical Trust a inauguré un monument commémorant l'histoire des 860 Acadiens qui ont été déportés au Maryland, en 1755.

On voit la plaque commémorative derrière les Perrin. C'est la première plaque publique à être érigée au Maryland pour rappeler la présence acadienne dans cet État.

À l'inauguration de la plaque commémorative, de gauche à droite : Warren A. Perrin, Gregory A. Wood, auteur du livre, Acadians in Maryland *(1995), R. Martin Guidry, président de « Les Guidry d'Asteur inc. », et Harold Breaux d'Aberdeen au Maryland.*

Paul Rundquist est un Métis de sang acadien et mi'kmaw. Il effectue un contrat à la National Archives and Records Administration (NARA), ancien analyste du renseignement, diplômé de l'University of Maryland Baltimore County, en 2009. En 2014, il en est à sa première course en tant que candidat pour les élections au Congrès dans le 2e district du Maryland. Fier membre de l'Association des Acadiens-Métis Souriquois (AAMS), en Nouvelle-Écosse, Rundquist incarne l'esprit indomptable de nos ancêtres au 21e siècle.

Massachusetts

En 1755, quelque 900 Acadiens sont déportés au Massachusetts. À la suite du Traité de Paris en 1763, plusieurs retournent vers le nord d'où ils étaient venus, mais certains restent et commencent une nouvelle vie dans cette colonie britannique. De 1850 à 1930, quelque 600 000 Canadiens-français et Acadiens migrent au Massachusetts pour travailler dans l'industrie du textile et dans les usines à souliers. À ce jour, plusieurs Acadiens demeurent encore en contact avec leurs cousins du Massachusetts.

En juin 2009, M. Perrin est invité à faire une présentation sur l'histoire acadienne en faisant la promotion de son livre Une saga acadienne *(2005) au John Winslow House Museum à Marshfield, au Massachusetts. Il est le premier Acadien invité à parler à ce musée. Dans le cadre de l'événement, un groupe de la Louisiane (Mary Perrin, Phillip Andrepont et Debbie Andrepont) a préparé un repas cadien — du jambalaya — et s'est occupé de distraire les gens avec la musique de feu Bernie David.*

Louisiane et le CODOFIL

En 1968, l'État de la Louisiane crée le Conseil pour le développement du français en Louisiane (CODOFIL), un organisme important qui a contribué à développer et à renforcer les liens avec les francophones et les Acadiens du monde entier. M. Perrin a été le troisième président de l'histoire du CODOFIL, de 1994 à 2010. Il est toujours membre du conseil d'administration.

Philippe Gustin, originaire de Belgique, est venu en Louisiane où il a travaillé en tant que directeur du CODOFIL pendant les années de création du conseil. Aujourd'hui, Gustin est directeur des relations internationales et du développement du Centre international de Lafayette. En juillet 1998, on aperçoit sur la photo, Rebecca Perrin Ouellet (à gauche) et Philippe Gustin. Rebecca, qui a fréquenté l'Université Laval au Québec en 1995, a par la suite travaillé pour Gustin. Elle est la fille des Perrin et est mariée à Jean Ouellet, originaire de la ville de Québec.

Depuis 1968, le CODOFIL a recruté plusieurs enseignants de pays francophones pour enseigner dans les écoles de la Louisiane. Au cours d'une rencontre du Musée acadien à Lake Peigneur en 2002, de gauche à droite : Micheline Fleurant, native d'Haïti et professeure d'immersion française à l'école Evangeline Elementary à Lafayette, Mavely Aucoin Bouillion et sa sœur Mae Aucoin Delahoussaye, Pierrette Dugas, née à Caraquet au Nouveau-Brunswick et professeure d'immersion française à Lafayette, de 2000 à 2005.

Le 14 février 1991, les Louisiana-Maritime Provinces Cultural Accords sont signés à Baton Rouge, en Louisiane. De gauche à droite : Jean-Robert Frigault, représentant des provinces maritimes du Canada, Dr John Bertrand, président du CODOFIL et du Board of Elementary and Secondary Education, le gouverneur Edwin W. Edwards et Raymond « Lala » Lalonde, représentant de l'État.

CONGRÈS MONDIAL ACADIEN

Congrès mondial acadien de 1994 (au sud-est du Nouveau-Brunswick)

En 1994, le premier Congrès mondial acadien tenu au Nouveau-Brunswick a accueilli 300 000 Acadiens. Ils ont participé à 70 réunions de famille et à 160 conférences; plusieurs d'entre elles ont servi à préparer le 400e anniversaire de l'Acadie, en 2004. L'ouverture de l'événement a été animée par Boutros Boutros-Ghali, le secrétaire général des Nations Unies de l'époque. Dans son discours, devant une grande foule d'Acadiens, il a déclaré que le cas des Acadiens devait servir d'exemple quand on cherche à résoudre des conflits de façon pacifique.

Des Acadiens du Nouveau-Brunswick, Jean-Luc Chiasson et sa femme Jocelyne Savoie, sont allés en Louisiane en 1993. Ils y ont passé une année complète pour contribuer à la préparation du Congrès mondial acadien de 1994. En janvier 1994, Jean-Luc (à gauche) est photographié avec Warren, après une partie de chasse fructueuse.

Une grande délégation d'Acadiens de la Louisiane a participé au premier Congrès mondial acadien. L'événement, qui a connu un franc succès, était en partie organisé par Aldéa Landry, coprésidente, Michel Bastarache, président des Familles, Brigitte Robichaud et Antonine Maillet, correspondantes. Faye et Dale Broussard, d'Abbeville en Louisiane profitent d'un banquet au cours de l'événement au Nouveau-Brunswick.

Congrès mondial acadien de 1999 (au sud de la Louisiane)

En 1999, la Louisiane accueille le deuxième Congrès mondial acadien, nommé CMA-Louisiane 1999. Des Acadiens du Nouveau-Brunswick, de la Nouvelle-Écosse, de l'Île-du-Prince-Édouard, du Québec, de la France, de la Belgique et de l'Australie ont convergé vers les États-Unis pour rencontrer leurs cousins.

Le 12 août, un diner gala a lieu en l'honneur de Roméo LeBlanc, gouverneur général du Canada et de sa femme, Diana Fowler LeBlanc, dans le Mardi Gras Ballroom du Cajundome, à Lafayette. À la table principale, M. LeBlanc (à gauche) et Warren A. Perrin.

Jean-Robert Frigault, directeur de la programmation du CMA-Louisiane 1999. Frigault est né à La Nouvelle-Orléans et a grandi à Tracadie au Nouveau-Brunswick. Il a étudié à l'Université de Moncton et a ensuite travaillé pour le Globe and Mail, Le Devoir *et le* Select Newspaper *du Québec. De 1990 à 1996, il a représenté les provinces Maritimes du Canada au CODOFIL et il travaille maintenant pour le CODOFIL; il s'occupe de tout ce qui touche aux affaires francophones.*

Congrès mondial acadien de 2004 (Nouvelle-Écosse)

Une partie de l'immense foule d'Acadiens participant aux cérémonies de la Fête nationale de l'Acadie du 15 août, à Grand-Pré. Notez l'église historique dans le coin supérieur droit de la photo. L'événement célébrait les 400 ans de la fondation de l'Acadie par les explorateurs Pierre Dugua de Mons et Samuel de Champlain.

Congrès mondial acadien 2009 (au nord-est du Nouveau-Brunswick)

Lors du 15 août, Fête nationale de l'Acadie, le grand Tintamarre traditionnel de Caraquet qui rassemble des milliers d'Acadiens. Le Tintamarre consiste en un défilé où les Acadiens font le plus de bruit possible à l'aide d'objets de tous genres.

De gauche à droite : Stephen Ortego, maintenant représentant de la Louisiane, Erin Stickney, coordonnatrice du marketing et des relations publiques de Vermilionville, David Luke, Rocky McKeon, activiste cadien de Houma, en Louisiane, et Line Gigault. En arrière-plan, Chris Stafford et Émile Ancelet de Lafayette, en Louisiane.

En août 2009, sur le yacht Oceana *que Warren A. Perrin et ses amis ont conduit depuis Miami jusqu'au Congrès mondial acadien à Caraquet. De gauche à droite : Warren Perrin, Donald Arceneaux, archiviste, et Suart Smith, avocat de La Nouvelle-Orléans et propriétaire du bateau.*

Sommets de la francophonie

L'idée de tenir un Sommet bisannuel de la francophonie rassemblant les chefs d'État a germé il y a bien longtemps, avant même la tenue en 1986 du premier sommet à Paris, financé par la France. Léopold Senghor, président du Sénégal, a été parmi les premiers à promouvoir les sommets au début des années 1960. Aujourd'hui, l'organisation internationale francophone compte plus de 57 pays ayant des attaches solides avec la culture française.

Sommet de la Francophonie 1997 (Hanoi, Vietnam)

Alors qu'il participe au sommet de Hanoï, Warren Perrin rencontre Thi Hien, originaire du Viêt Nam du Nord qui vit actuellement à Paris. Elle est avocate et auteure du livre Itinéraire d'une Vietnamienne – l'étudiante insoumise *(2009). Une amitié solide s'est développée entre les deux familles. Selon Madame Tran : « C'est une honte que nos deux pays aient été en guerre à une certaine époque. Grâce à notre amitié, j'ai découvert une Amérique différente, une Amérique que j'aime. » Les Perrin ont invité Mme Tran et ses deux filles, Patricia et Marissa, à venir les visiter en Louisiane. Comme de nombreuses personnes accueillies par les Perrin, elles sont devenues membres de leur famille élargie. Patricia, avocate de profession, a travaillé pour la firme d'avocats de Perrin, de 1998 à 2000. Lors de son passage en Louisiane, elle a aussi traduit en français plusieurs des affiches du Musée acadien d'Erath. Photographiées ici à Paris, de gauche à droite : Thi Hien Tran, sa fille Patricia Rososchowitz et Mary Perrin.*

Le 16 novembre 1997, alors premier ministre du Canada, Jean Chrétien (à gauche), Liane Roy, présidente de la SNA, Warren A. Perrin, président du CODOFIL au Sommet de la francophonie à Hanoï, au Vietnam.

Sommet de la Francophonie de 1999 (Moncton, Nouveau-Brunswick)

Boutros Boutros-Ghali, premier secrétaire général de la francophonie, lors du sommet à Moncton au Nouveau-Brunswick, en 1999, en compagnie de Warren A. Perrin, représentant la Louisiane et les États-Unis. Un journaliste avait déclaré avec humour que Boutros Boutros-Ghali devrait être renommé Boudreau-Boudreau Gallant! Le thème principal du sommet portait sur la jeunesse afin de souligner l'importante contribution des jeunes à l'avenir de la francophonie et du monde.

Pendant la cérémonie, au collège Saint-Joseph de Memramcook, qui comprenait notamment un exposé du président français Jacques Chirac. De gauche à droite : Warren A. Perrin, président du CODOFIL, Roméo LeBlanc, gouverneur général du Canada, Brian Comeaux, directeur du CMA-Louisiane 1999, et Dr David Cheramie, directeur du CODOFIL.

Sommet de la francophonie 2006 (Bucarest, Roumanie)

Le Prince Albert II de Monaco (au centre) présente l'épinglette de Monaco à Warren A. Perrin. Perrin lui a donné, à son tour, une épinglette du drapeau acadien visible sur la poche de sa chemise. Le 10 septembre 2008, Warren A. Perrin et Mary Perrin (à droite) ont accueilli le prince et sa future épouse, Charlène Wittstock, à un souper à saveur cadienne à bord du yacht Oceana, *à Monte-Carlo. Le prince est un adepte de la nourriture et de la musique cadiennes.*

Sommet de la Francophonie 2008 (ville de Québec)

En 2008, au Sommet de la francophonie à Québec : Stéphane Bergeron (à gauche), représentant de la Louisiane et ensuite ministre de l'Assemblée nationale du Québec et Warren A. Perrin. Stéphane Bergeron était un fervent défenseur de la pétition.

Sommet de la Francophonie 2010 (Montreux en Suisse)

Présents au Sommet de la Francophonie de 2010 à Montreux, en Suisse, de gauche à droite : Julie Lafleur, Warren A. Perrin, Claude Teboul, Jack Montoucet, représentant de la Louisiane, Sandra Montoucet, Lynn Dural, Philippe Gustin et Joey Dural, président de la paroisse de Lafayette. Ces membres de la délégation de la Louisiane sont photographiés au pavillon de la Louisiane en compagnie de Teboul, l'ancien président de France-Louisiane.

Conclusion

Pour conclure, il faut se rappeler que l'Acadie n'existe plus depuis 1713, il y a plus de 300 ans. Pourtant, la place mythique qu'elle occupe dans nos cœurs est plus fortement ancrée que jamais. Pourquoi? Quatre siècles après l'arrivée de nos ancêtres en Amérique du Nord, nous sommes un peuple dispersé. L'ère de l'information ne nous a pas porté atteinte, nous en avons plutôt bénéficié.

Nos semblables occupent des postes dans presque toutes les sphères d'activités humaines. Plusieurs d'entre nous ont atteint la gloire et la célébrité. Nous avons trouvé notre place dans la modernité et nous avons confiance en notre avenir.

Mes expériences personnelles dans les diverses régions d'Acadie m'ont convaincu que l'évolution des cultures émergentes est accentuée par plusieurs variables, mais que l'une d'entre elles demeure constante, l'adaptation. Il semble que nous avons toujours été étrangers en notre pays, mais que nous n'avons jamais perdu les traits de caractère de nos ancêtres, notamment la détermination, la foi, la connaissance et leurs habiletés.

Comme l'a observé l'historien Carl Brasseaux, les étrangers ne réussissent pas à cerner la culture acadienne dans son ensemble et échouent à appréhender sa déroutante complexité. En revivant mes voyages en Acadie, je me suis senti, plus que jamais, fier de mon héritage acadien. Je me suis toujours senti chez moi, peu importe l'endroit où j'ai eu le privilège de m'aventurer dans cette Acadie de la diaspora. J'ai confiance que mes petits-enfants continueront à célébrer leur héritage et j'ai tout aussi confiance que les Acadies du monde continueront à s'agrandir et à resserrer les liens qui les unissent pour des années à venir.

Biographie des auteurs

Barry Jean Ancelet, auteur et professeur, est né à Church Point et habite Scott en Louisiane. Il détient un baccalauréat ès arts en français de l'Université de Louisiane, une maîtrise ès arts en folklore de l'Université d'Indiana et un doctorat en études créoles (anthropologie et linguistique) de l'Université de Provence/Aix-Marseille I en France. Il est chef du département des langues modernes à l'Université de Louisiane à Lafayette, et folkloriste et chercheur universitaire au Centre d'études louisianaises. Il est professeur titulaire de la Chaire Willis Granger et Tom Debaillon/BORSF en études francophones. Il a écrit des textes universitaires, publié de nombreux articles et livres, produit des concerts, des festivals, des disques, des expositions muséales, des documentaires, et des émissions de radio et de télévision sur divers aspects des cultures et des langues cadiennes et créoles en Louisiane. Ses autres publications comprennent *Cajun Music : Its Origins and Development* (1989); *Capitaine, Voyage Ton Flag : The Traditional Cajun Country Mardi Gras* (1989); *Cajun and Creole Folktales: The French Oral Tradition of South Louisiana* (1994) et *Cajun and Creole Music Makers : Musiciens cadiens et créoles* (1999). Il a collaboré aux publications suivantes : *One Generation at a Time: Biography of a Cajun and Creole Music Festival* (2007); *Cajun Country* (1991) et *Cadiens D'Asteur - Today's Cajuns* (1984). Sous le pseudonyme de Jean Arceneaux, il a publié *Je suis Cadien* (1994) et *Suite du loup* (1998). Il est cofondateur du *Tribute to Cajun Music* en 1974 qui est devenu les Festivals Acadiens et Créoles annuels en Louisiane. M. Ancelet a notamment été décoré de l'Ordre des Palmes académiques, de l'Ordre des Arts et des Lettres et de l'Ordre des francophones d'Amérique. Il a reçu le prix Americo Paredes et, en 2009, il a été désigné « humaniste de l'année » par le Louisiana Endowment for the Humanities.

Georges Arsenault, auteur, folkloriste, historien et communicateur, est né à Abram-Village et habite Charlottetown à l'Île-du-Prince-Édouard. Depuis 1980, il a publié de nombreux écrits sur l'histoire et les traditions acadiennes. Il appartient à la septième génération d'Acadiens de l'Île-du-Prince-Édouard. Ses dernières publications portent sur les traditions acadiennes à Noël, à la Mi-Carême et à la Chandeleur. Il est aussi l'auteur d'ouvrages bilingues : *Les Acadiens de l'Île, 1720-1980* (1989), *La Roche & Grand Ruisseau : Une histoire illustrée de Baie-Egmont et de Mont-Carmel* (2012) et *Les Acadiens de Summerside* (2013).

Michel Bastarache, avocat, homme d'affaires et juge à la retraite de la Cour suprême du Canada, est né à Québec. Il a obtenu un baccalauréat ès arts de l'Université de Moncton en 1967 et une licence d'études supérieures en droit public de l'Université de Nice, en France, en 1972. L'année suivante, il était secrétaire général de la Société des Acadiens et Acadiennes du Nouveau-Brunswick. De retour aux études, il a obtenu un baccalauréat en droit. De 1980 à 1983, il a été professeur de droit et doyen de l'École de droit à l'Université de Moncton. En 1983-1984, il a été le directeur général de la promotion des langues officielles au Secrétariat d'État du Canada. De 1984 à 1987, il a été doyen associé de la section de common law à l'Université d'Ottawa. Nommé à la Cour d'appel du Nouveau-Brunswick en 1995, il a été promu à la Cour suprême en 1997. M. Bastarache a pris sa retraite de la Cour suprême en juin 2008 et il s'est joint au cabinet d'avocats canadien Heenan Blaikie à Ottawa. En 2009, il a été nommé compagnon de l'Ordre du Canada, en reconnaissance de « son engagement tout au long de sa carrière à promouvoir la dualité linguistique et à protéger les droits des minorités, notamment à titre de professeur de droit et de juge à la Cour suprême. ».

Maurice Basque, historien, auteur et conseiller scientifique à l'Institut d'études acadiennes de l'Université de Moncton, habite Moncton au Nouveau-Brunswick. Il a publié de nombreux articles et livres sur différentes réalités de l'Acadie. Il a coécrit divers ouvrages : *Histoire de l'Université de Moncton* (2013) avec Marc Robichaud, *Histoire du drapeau acadien* (2013) avec André Duguay, *Histoire des Acadiennes et des Acadiens de la Louisiane* (2012) avec Zachary Richard et Sylvain Godin, *Histoire des Acadiens et Acadiennes du Nouveau-Brunswick* (2007) avec Sylvain Godin, *Les territoires de l'identité, perspectives acadiennes et françaises, XVIIe-XXe siècles* (2005) avec Jacques-Paul Couturier, *The Conquest of Acadia* (2004) avec John G. Reid, Elizabeth Mancke et Barry Moody, et *L'Acadie de l'Atlantique* (1999) avec Nicole Barrieau et Stéphanie Côté. À titre de coauteur, il a aussi collaboré avec le sociologue Greg Allain à trois livres portant sur les Acadiens vivant en milieux urbains anglophones, soit Saint-Jean, Miramichi et Fredericton au Nouveau-Brunswick. Il a écrit *Histoires de Tracadie-Sheila* (2010), *La Société nationale de l'Acadie* (2006) et *Des hommes de pouvoir* (1996).

Judy Doucette-Bellefontaine, fonctionnaire à la retraite, est née à Palmer Road à l'Île-du-Prince-Édouard. Elle habite maintenant Victoria en Colombie-Britannique. Membre d'une famille de 12 enfants, en 1954, elle a déménagé avec ses parents, Alice (Pitre) et John M. Doucette, à West Chezzetcook en Nouvelle-Écosse. Ayant fait ses études à l'Île, au Québec, en Nouvelle-Écosse, au Nouveau-Brunswick et en Ontario, elle a développé un engouement pour l'histoire et sa culture acadienne. Fonctionnaire au sein de divers ministères fédéraux, elle a pris sa retraite comme protectrice des employés au ministère des Affaires indiennes et du Nord canadien en 1995.

Ryan Bernard, auteur et consultant, est né à Abbeville en Louisiane. Il habite maintenant Houston au Texas. Il a fréquenté l'école Erath High School, l'Immaculata Seminary, l'Université A&M au Texas et l'Université de Louisiane à Lafayette d'où il a obtenu un baccalauréat en anglais et en journalisme. Au début de sa carrière, il a été rédacteur et réviseur de textes de revues, et chroniqueur pigiste pour des publications comme *Business Week*, *Newsweek*, *The Washington Post* et *The International Herald-Tribune*. Plus tard, il a été auteur ou prête-plume de quatre ouvrages sur les technologies de l'information et de l'Internet. Il a été consultant pour les entreprises de technologie et d'électricité Fortune 500 aux États-Unis, au Canada et en Europe de l'Ouest.

Shane K. Bernard, historien et auteur, habite New Iberia en Louisiane. Il a publié plusieurs livres dont *Cajuns and Their Acadian Ancestors: A Young Reader's History* (2008). Ce livre a été traduit en français et publié sous le titre *Les Cadiens et leurs ancêtres acadiens : l'histoire racontée aux jeunes* (2013). M. Bernard a aussi publié *Tabasco: An Illustrated History* (2007), *The Cajuns: Americanization of a People* (2003) et *Swamp Pop: Cajun and Creole Rhythm and Blues* (1996). Ses travaux ont paru dans des périodiques comme *Louisiana History, Louisiana Folklife, Louisiana Cultural Vistas* et *New Orleans Time-Picayune*. M. Bernard détient un diplôme en anglais et en histoire de l'Université de Louisiane à Lafayette et un doctorat en histoire de l'Université A&M au Texas. Il est historien et conservateur pour McIlhenny Company, le fabricant des produits Tabasco®, et pour Avery Island Inc.

Danielle Blancaneaux habite Belle-Île-en-Mer, en France. Elle est secrétaire de l'Association Belle-Île-Acadie. Elle est une descendante des familles acadiennes installées en 1765 à Belle-Île-en-Mer.

Darrell Bourque, poète et professeur, demeure dans une région rurale près de Church Point en Louisiane. Il a écrit sept recueils de poèmes : *Megan's Guitar and Other Poems from Acadie* (2013), *Holding the Notes* (2011), *In Ordinary Light: New and Selected Poems* (2010), *Call and Response* (2009), *The Blue Boat* (2004), *Burnt Water Suite* (1999) et *The Doors Between Us* (1998). Il est diplômé de l'Université de Louisiane; il détient une maîtrise et un doctorat en création littéraire de l'Université de l'État de Floride. Il est professeur émérite d'anglais à l'Université de Louisiane à Lafayette, où il a été directeur des programmes de création littéraire, et de lettres et sciences humaines interdisciplinaires. En 2007 et 2009, il a été nommé poète lauréat de la Louisiane.

Whitney Broussard III est né à Lake Charles en Louisiane. Il est chercheur scientifique à l'Institute for Coastal Ecology and Engineering de l'Université de Louisiane à Lafayette. Il a obtenu un doctorat en sciences côtières de l'Université de l'État de Louisiane pour ses recherches à l'aide de systèmes d'information géographique (SIG) visant à associer les habitudes d'utilisation des terres aux tendances sur la qualité de l'eau. Il poursuit ses travaux à l'Université de Louisiane à Lafayette pour nous aider à mieux comprendre la résilience des régions côtières et la gestion de l'eau au 21e siècle.

Joshua Clegg Caffery, musicien, producteur et professeur, est né en Louisiane et habite maintenant Bloomington en Indiana. Actuellement boursier Alan Lomax en études des traditions populaires au Centre John W. Kluge de la Bibliothèque du Congrès, il a écrit *Traditional Music in Coastal Louisiana: The 1934 Lomax Recordings*. Membre fondateur de *The Red Stick Ramblers* et membre de longue date du groupe francophone louisianais *Feufollet*, M. Caffery a été mis en nomination au Grammy en 2009 pour l'album *En couleurs*. Il a produit *Allons boire un coup* (2004), une collection de chansons à boire cadiennes et créoles très bien accueillie par la critique. Il siège actuellement au conseil de la Louisiana Folklore Society et est chercheur au Centre d'études louisianaises à l'Université de Louisiane.

Pauline Carbonneau a quitté les Îles de la Madeleine pour faire carrière dans l'enseignement sur la « grande terre ». Après avoir enseigné dans la région de Montréal, elle déménage en Gaspésie où en plus de continuer sa carrière dans le domaine de l'éducation, elle s'implique dans la communauté, surtout dans le domaine culturel. Depuis sa retraite comme chargée de cours à l'UQAM en l'an 2000, elle fait des recherches et écrit sur l'histoire de la région qui l'a vue naître. Pauline Carbonneau est auteure de *Découverte et peuplement des Îles de la Madeleine* (2009).

Herménégilde Chiasson, écrivain, poète, dramaturge, réalisateur et artiste visuel, habite près de Moncton au Nouveau-Brunswick. Il a publié plus de 25 recueils de poésie et de livres sur le théâtre, écrit une trentaine de pièces de théâtre, réalisé 15 documentaires, produit plus de 40 expositions solos en arts visuels et pris part à plus de 100 expositions collectives. Il a aussi été président ou membre fondateur de plusieurs institutions culturelles acadiennes. Il a siégé au Conseil des arts du Canada, présidé l'Association acadienne des artistes professionnel.le.s du Nouveau-Brunswick et le conseil d'administration du Centre culturel Aberdeen. Il a été lieutenant-gouverneur du Nouveau-Brunswick de 2003 à 2009. Il est présentement artiste résident à l'Université de Moncton et à l'Université Mount Allison, et professeur d'histoire de l'art à l'Université de Moncton. Les Universités de Moncton, de Mount Allison, Laurentienne, McGill et St. Thomas lui ont décerné des doctorats honorifiques. M. Chiasson est membre de l'Ordre du Nouveau-Brunswick, de l'Ordre du Canada, de l'Académie royale des arts du Canada, de la Société royale du Canada et de l'Ordre des Arts et des Lettres de France.

Phil Comeau, cinéaste et scénariste, est né à la Baie Sainte-Marie en Nouvelle-Écosse, et habite à Montréal. Il a fait des études en arts dramatiques à l'Université de Moncton et en cinéma à Paris, en France. Il a réalisé quelque 100 films documentaires, dramatiques et émissions de télévision dans près de 25 pays, dont le tiers portent sur les Acadiens. Il a remporté plus de 40 prix cinématographiques au Canada, aux États-Unis et en Europe. Il a écrit quelque 70 scénarios, publié des poèmes dans *Plumes d'icitte* et *Éloizes,* rédigé un dictionnaire acadien *Les mots acadjonnes* et des articles pour la revue montréalaise *L'Actualité*. M. Comeau a reçu l'Ordre du Canada, l'Ordre des francophones d'Amérique du Québec, l'Ordre des Arts et des Lettres de France, le prix Méritas de la Fédération acadienne du Québec et le prix Grand-Pré de la Nouvelle-Écosse en reconnaissance de sa contribution à la culture et au cinéma acadiens. L'Université Sainte-Anne et l'Université de Moncton au Canada lui ont décerné des doctorats honorifiques.

Don Cyr habite Lille dans le Maine. Il enseigne l'histoire à l'Université du Maine, à Presque Isle, et les arts au Maine School of Science and Mathematics. Il détient un baccalauréat en histoire, en arts et en anglais, ainsi qu'un doctorat en histoire. Il a fondé l'Association culturelle et historique du Mont-Carmel dont il est le président. L'Association gère le Musée culturel du Mont-Carmel à Lille. Ce musée acadien est une ancienne église catholique restaurée qui abrite une vaste collection sur la culture acadienne.

Natial Perrin d'Augereau, chanteuse et musicienne, est née à Henry près de la baie Vermilion en Louisiane. Elle est mère de cinq enfants. Pendant les fins de semaine, elle chante habituellement dans une des églises locales ou avec la troupe folklorique *Renaissance Cadienne*.

Bernice d'Entremont est née à Pubnico-Ouest en Nouvelle-Écosse. Elle est la directrice des programmes au Musée des Acadiens des Pubnicos et du centre de recherche. Elle aime promouvoir la culture et le patrimoine acadiens. Lorsqu'elle était enseignante en alphabétisation des adultes, elle a écrit un grand nombre d'histoires sur les événements de l'histoire acadienne. En 2003, elle a participé activement à l'organisation du 350e anniversaire de l'arrivée en 1653 du sieur Philippe Mius-d'Entremont, fondateur de la région. Elle a aussi organisé la rencontre de la famille Mius-d'Entremont lors du 3e Congrès mondial acadien qui a eu lieu en Nouvelle-Écosse en 2004.

Françoise Enguehard, auteure et femme d'affaires, est née aux îles françaises de Saint-Pierre et Miquelon. Établie depuis 40 ans à Saint-Jean, Terre-Neuve-et-Labrador au Canada, elle a été journaliste à la radio et à la télévision de Radio-Canada pour Terre-Neuve-et-Labrador, et présidente de la Société nationale de l'Acadie de 2006 à 2012. Elle dirige maintenant VIVAT Communications, une firme de communications et de relations publiques à Saint-Jean. Françoise Enguehard s'emploie depuis trente ans à promouvoir la francophonie canadienne et internationale.

Gisèle Dionne Faucher, enseignante, est née au Nouveau-Brunswick. Elle a grandi à Madawaska dans le Maine au sein d'une famille francophone, sa mère étant canadienne et son père, américain. Elle a fait des études à Montréal. Professeure de sciences et leader pédagogique à l'école Madawaska High School, Mme Faucher a toujours été attachée à son héritage français. Elle continue d'encourager ses élèves à apprécier et à promouvoir leur langue française et leur culture acadienne.

Martin Guidry, chimiste retraité de Dupont, habite Baton Rouge en Louisiane. Il effectue des recherches sur la culture, la langue, l'histoire et la généalogie acadiennes depuis 40 ans. Ancien président de la Fondation du Monument acadien à Saint Martinville en Louisiane, M. Guidry est président de Les Guidry d'Asteur. Il a aussi publié des articles et offert des séminaires sur des thèmes acadiens.

A. M. Hodge, le pseudonyme de l'auteure Anita Flanagan, est de Marshfield au Massachusetts. Sa famille vivait dans une ancienne maison datant de 1675, située non loin de la Maison Winslow à Marshfield, lorsque ses enfants allaient à l'école. Au cours d'une visite ultérieure à Grand-Pré, Mme Flanagan a éprouvé le sentiment de peur, de consternation et de colère semblable à celui qui a pu habiter les Acadiens retenus captifs par les troupes de Winslow qui se préparaient à les déporter. Son livre *Acadie Lost* (2012) est inspiré de ces expériences.

Richard Holledge, auteur et journaliste, est né en Angleterre. Il a été directeur en chef et cadre de plusieurs journaux nationaux au Royaume-Uni, notamment *The Times* et *The Independent.* Il est journaliste pigiste pour *The Times, Wall Street Journal, International Herald-Tribune* et *Gulf News* de Dubaï. Il a conçu l'idée d'écrire *The Scattered* (2012), un roman basé sur l'expulsion des Acadiens, lors d'une visite à l'usine Tabasco, sur Avery Island, en Louisiane. L'histoire inédite de l'exil des Acadiens en Angleterre l'a inspiré à écrire l'histoire fictive fondée sur le véritable personnage de Joseph « dit Jambo » LeBlanc.

Dean Jobb, auteur et journaliste, est le directeur associé de l'École de journalisme de l'Université de King's College à Halifax en Nouvelle-Écosse. Il enseigne aussi le journalisme d'enquete et le droit des médias. Il a écrit *The Acadians: A People's Story of Exile and Triumph*, qui a été publié aux États-Unis sous le titre *The Cajuns: A People's Story of Exile and Triumph* (2005). Parmi ses autres livres, citons *Crime Wave* (2012) et *Bluenose Justice* (2002).

A. J. B. (John) Johnston, auteur, habite Halifax en Nouvelle-Écosse. Il a écrit ou coécrit 13 livres et plus de 100 articles pour des revues, magazines et journaux scientifiques. Il a publié notamment comme livres d'histoire : *Ni'n na L'nu, The Mi'kmaq of Prince Edward Island* (2013), *Louisbourg, Past, Present, Future* (2013), *Endgame* (2007), *Storied Shores* (2004) et *Grand-Pré, Heart of Acadie* (2004). Il a aussi écrit des œuvres de fiction, dont *The Maze* (2014) et *Thomas, A Secret Life* (2012). M. Johnson a été décoré de l'Ordre des Palmes académiques de France, en reconnaissance de ses nombreuses publications sur l'histoire des Français au Canada atlantique.

Kathey King, généalogiste, est née à Freeport au Texas. Elle a obtenu un diplôme en marketing de l'Université technique du Texas en 1966. Après avoir travaillé comme acheteuse chez le détaillant Foley's à Houston, elle a déménagé à Lafayette en Louisiane, en 1976, où elle a ouvert une boutique de design d'intérieur. Venue par la suite s'établir à Woodlands au Texas, en 1986, elle a continué de gérer son entreprise de design jusqu'à sa retraite. En 1999, elle a entrepris des recherches généalogiques. Elle a écrit, entre autres, *Hudiburgh Family*, *Broussard Family* et *The Wilson Brothers of Fort Towson, Oklahoma*.

Charles Larroque, éducateur, auteur et documentariste, est né à Jeanerette et habite maintenant Lafayette en Louisiane. Il est le directeur général du Conseil pour le développement du français en Louisiane (CODOFIL) en Acadiana. Depuis 25 ans, il s'intéresse au renouveau de la culture et de la langue françaises en Louisiane. Il a été décoré de l'Ordre des Palmes académiques de France en reconnaissance de ses efforts pour sauvegarder la langue française aux États-Unis.

Gérard LeBlanc, rédacteur en chef, est né à La Hêtrière, dans la vallée de Memramcook au Nouveau-Brunswick. Il détient un diplôme en arts de l'Université Saint-Joseph et un baccalauréat en génie électrique de l'UNB, campus de Fredericton. Pendant trois ans, il a occupé le poste d'agent à la direction des télécommunications de l'Aviation royale canadienne. Il a été instructeur en technologie des systèmes de télécommunications au New Brunswick Community College, campus de Moncton. Il est membre du comité exécutif de La Société historique de la vallée de Memramcook et responsable de la publication Les Cahiers et de l'Écomusée du patrimoine.

Ronnie-Gilles LeBlanc, historien et auteur, est né à Moncton au Nouveau-Brunswick. Il détient une maîtrise ès arts en histoire de l'Université de Moncton et un doctorat en histoire de l'Université Laval. Il a travaillé comme archiviste au Centre d'études acadiennes Anselme-Chiasson à l'Université de Moncton, avant d'occuper un poste d'historien à Parcs Canada. M. LeBlanc poursuit ses recherches en études acadiennes, étant l'auteur d'un grand nombre d'études et d'articles sur l'histoire acadienne, principalement sur l'Acadie (provinces Maritimes) pendant la deuxième moitié du 18e siècle et sur le sud-est du Nouveau-Brunswick au 19e siècle.

Stanley LeBlanc, généalogiste, habite Houston au Texas. Il détient un baccalauréat en histoire de l'Université de Louisiane et il a effectué des travaux de deuxième cycle en administration publique à l'Université de North Texas et à l'Université d'Oklahoma. Il est le propriétaire d'un site Web (www.thecajuns.com) consacré à la généalogie, à l'histoire et à la culture des Acadiens et des Cadiens de la Louisiane. M. LeBlanc est membre de plusieurs sociétés de généalogie et de l'Ordre des légendes vivantes du Musée acadien d'Erath en Louisiane.

Maryvonne Le Gac habite Belle-Île-en-Mer, en France. Elle est présidente de l'association Belle-Île-Acadie. Avec son association, elle organise notamment des activités culturelles sur l'histoire acadienne, des échanges entre des étudiants acadiens au Canada et des étudiants de Belle-Île-en-Mer.

Roger Léger, auteur et éditeur, est né à Scoudouc au Nouveau-Brunswick. Il a fait ses études secondaires et universitaires au Québec et à Ottawa. Il a enseigné au Collège militaire royal de Saint-Jean-sur-Richelieu. Il a été président fondateur de la Fédération acadienne du Québec en 1987, une association qui existe toujours. Il a produit une série télévisée de treize émissions sur l'histoire du Québec. Il a publié notamment le Rapport de la Commission mondiale sur l'environnement et le développement en 1987 et il détient les droits d'édition de la version française. Il prépare actuellement la publication de quelques œuvres du frère Antoine Bernard, un grand historien acadien. En collaboration avec Guy Thériault, M. Léger a traduit et publié *Une saga acadienne* (2009) de Warren A. Perrin.

Thomas L. Linton, auteur et professeur, habite Galveston au Texas. Il a été professeur à l'Université A&M du Texas. Il détient un diplôme en biologie de l'Université Lamar, une maîtrise en zoologie de l'Université d'Oklahoma et un doctorat en gestion des ressources naturelles de l'Université du Michigan. Il est l'auteur du livre *How the Parks of Galveston County Got Their Names* (2011) et prépare deux nouveaux livres : *Cowmen & Cowboys of The Wild, Wild East* et *Parking With Brigid in Texas Parks Built By The CCC.* M. Linton a également publié trois séries d'articles dans quatre journaux.

Diane Marshall est née en Nouvelle-Écosse. Elle est auteure, analyste des politiques et chroniqueuse d'histoire à l'émission *Information Morning* de CBC Radio 2. Descendante de la lignée des Gauthereau, elle est très fière de son héritage acadien qui l'a incitée à écrire son succès de librairie *Heroes of the Acadian Resistance, The Story of Joseph Beausoleil Broussard and Pierre II Surette* (2011). Elle a écrit d'autres livres, notamment *The Spear of Destiny* (2013), *True Stories of Nova Scotia's Past* (2012), *Sly Foxes, Wolves and Men* (2010), *Manifesting the Wrought* (2010) et *Georges Island – The Keep of Halifax Harbour* (2009). Elle vient de publier un guide sur Halifax qui est un complément à son livre intitulé *Harbour Hopper's Best Halifax Stories: Hangings, Explosions, Tunnels, Romance, Politics, Riots and More!* (2013).

Jean-François Mouhot, auteur, est né en France et habite aujourd'hui Washington D.C. Il a obtenu un doctorat en histoire de l'Institut universitaire européen de Florence en 2006. Ses recherches sont axées sur les réfugiés acadiens en France, en Grande-Bretagne et en Louisiane après le Grand Dérangement. Son premier livre, *Les Réfugiés acadiens en France (1758-1785) : l'impossible réintégration?* (2009) a été réédité en 2012 et est en cours de traduction en anglais par les Presses de l'Université de Louisiane à Lafayette.

Jean-Marie Nadeau est activiste, journaliste, auteur et syndicaliste acadien. Originaire de Lac-Baker, il habite maintenant Moncton au Nouveau-Brunswick. Il est chroniqueur à l'hebdomadaire provincial *L'Étoile* et au quotidien *Telegraph Journal*, depuis 2009. Il a été rédacteur en chef et chroniqueur au quotidien *L'Acadie Nouvelle*, président de la Société de l'Acadie du Nouveau-Brunswick (SANB) (2008-2013), secrétaire général de la Société nationale de l'Acadie (1984-1989) et secrétaire provincial du Parti acadien (1974-1976). Il détient un baccalauréat en sociologie de l'ancien Collège de Bathurst et il a fait des études en sciences politiques à l'Université d'Aix-Marseille, en France. Il est le co-idéateur du Congrès mondial acadien et président fondateur de la radio communautaire CJSE. Il a écrit quatre livres dont *L'Acadie possible : la constance d'une pensée* (2009), *Que le Tintamarre commence! Lettre ouverte au peuple acadien* (1992) et *Carnets politiques* (1966). Il a remporté le prix France-Acadie et le prix A.-M.-Sormany pour deux de ses livres. Il a été décoré de l'Ordre des francophones d'Amérique et de l'Ordre national du mérite de France.

Mary Broussard Perrin, artiste, est originaire de Lake Charles en Louisiane et habite maintenant Lafayette. Artiste multimédia, elle crée des photomontages, des livres d'artiste et des performances. Elle détient un baccalauréat en beaux-arts de l'Université de Louisiane et une maîtrise en beaux-arts du Collège des Beaux-Arts du Vermont. Ses œuvres ont été exposées dans plusieurs grandes galeries comme le Musée national des femmes dans les arts à Washington D.C., le Musée d'Ogden de l'art méridional, le Musée d'art de La Nouvelle-Orléans et le Musée de l'État de Louisiane.

Warren A. Perrin, avocat et auteur, est né non loin d'Erath et habite Lafayette en Louisiane. Il détient un doctorat en jurisprudence de l'Université de l'État de Louisiane et est avocat au cabinet Perrin, Landry, deLaunay, Dartez et Ouellet. De 1994 à 2010, il a présidé le Conseil pour le développement du français en Louisiane (CODOFIL) et il a été professeur auxiliaire à l'Université de Louisiane à Lafayette. Il a été membre du conseil d'administration du Congrès mondial acadien-Louisiane 1999, président du groupe de travail du lieutenant-gouverneur sur la FrancoFête 1999 et fondateur du Musée acadien d'Erath en Louisiane. M. Perrin a représenté la Louisiane et les États-Unis aux Sommets mondiaux de la Francophonie à Hanoï au Vietnam, Moncton au Nouveau-Brunswick, Bucarest en Roumanie, Québec au Canada et Montreux en Suisse. Il a écrit six livres sur la culture française, dont *Acadian Redemption* (2004), la première biographie d'un exilé acadien qui raconte ses démarches pour obtenir des excuses de la reine d'Angleterre pour la déportation des Acadiens, démarches qui ont mené à la Proclamation royale signée le 9 décembre 2003. Le livre a été traduit en français et publié sous le titre *Une saga acadienne* (2005). En 1999, M. Perrin a été fait membre de l'Ordre national du mérite de France par le président français Jacques Chirac, et il a reçu un doctorat honorifique en droit de l'Université Sainte-Anne en Nouvelle-Écosse, au Canada. En 2007, M. Perrin a été intronisé au Louisiana Justice Hall of Fame. En 2012, il a été nommé président de la section francophone de l'Association du Barreau de l'État de Louisiane.

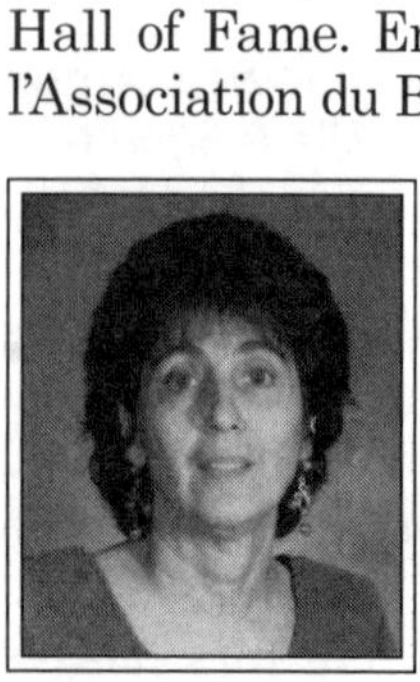

Sandra Pettipas Perro, éducatrice, est née à Tracadie en Nouvelle-Écosse. Elle habite maintenant Victoria en Colombie-Britannique. Elle détient un baccalauréat ès arts de l'Université du Manitoba et un certificat en enseignement aux personnes sourdes du Smith College de Northampton au Massachusetts. Outre sa carrière d'éducatrice auprès des personnes sourdes, elle a écrit *Getting To The Roots of My Family Tree* (1995, 2e éd. 2005), un livre retraçant les diverses lignées de ses ancêtres acadiens depuis la France jusqu'à différentes parties de l'Acadie et de la Louisiane. En 2011, Mme Perro a été nommée membre du Cercle de distinction par Les Guédry d'Asteur à Bayou Lafourche en Louisiane.

Katy Reckdahl est reportrice à La Nouvelle-Orléans. Elle collabore souvent au *New Orleans Advocate, The Times-Picayune, The New York Times, Christian Science Monitor* et *The Daily Beast.*

Zachary Richard, activiste culturel, environnementaliste, auteur-compositeur-interprète et poète, habite Scott en Louisiane et Montréal au Canada. Il a reçu des disques d'or au Canada et en France pour plusieurs disques en français parmi les vingt qu'il a déjà produits. *Cap Enragé*, son plus grand succès, lui a valu un disque double platine. Pour sa musique, il a reçu six Félix au Canada et il a été en lice pour un prix Grammy. Il a aussi réalisé, en anglais et en français, le film *Contre vents, contre marées (Against the Tide)* sur l'histoire des Cadiens de la Louisiane. Reconnu comme activiste culturel, Zachary Richard est cofondateur d'*Action Cadienne*, un organisme bénévole qui se consacre à la promotion de la langue française et de la culture cadienne de la Louisiane. Il est officier de l'Ordre des Arts et des Lettres de France, et membre de l'Ordre du Canada, de l'Ordre de La Pléiade en France et de l'Ordre des francophones d'Amérique de Québec. L'Université de Moncton au Nouveau-Brunswick, l'Université Sainte-Anne en Nouvelle-Écosse et l'Université de la Louisiane à Lafayette lui ont décerné des doctorats honorifiques. Célèbre poète ayant publié cinq recueils, il a été nommé le poète lauréat francophone de la Louisiane en 2014.

Alexandre Riopel, historien et professeur, habite Saint-Jacques, dans Lanaudière au Québec. Il détient un baccalauréat en histoire et en enseignement en études sociales. Spécialiste de la culture matérielle, il s'intéresse à la relation entre l'homme et l'objet. Son champ de compétences est vaste, allant du domaine archivistique au secteur multimédia. Soulignant l'importance des archives iconographiques de sa région, Nouvelle-Acadie dans Lanaudière, il a écrit *Saint-Alexis, Montcalm 1852-2002, La MRC Montcalm, terre fertile en histoire 1873-1964*, ainsi que *Pour rendre le monde meilleur, la Caisse populaire Desjardins de la Nouvelle-Acadie 1919-2005.*

Marie-Claude Rioux est la directrice générale de la Fédération acadienne de la Nouvelle-Écosse (FANE). Originaire de Shippagan au Nouveau-Brunswick, elle habite Halifax en Nouvelle-Écosse. Elle a enseigné le français avant d'occuper le poste de directrice générale de plusieurs organismes provinciaux, dont la Fédération des parents acadiens de la Nouvelle-Écosse, l'Association des juristes d'expression française de la Nouvelle-Écosse et de Réseau Santé – Nouvelle-Écosse. Elle a aussi été coordonnatrice de la Coalition nationale des femmes francophones. Comme bénévole, Mme Rioux a siégé aux conseils de divers organismes, notamment à titre de présidente du Conseil communautaire du Grand-Havre, présidente de Femmes Équité Atlantique, trésorière et vice-présidente de la Société de presse acadienne et de la Fédération des femmes acadiennes de la Nouvelle-Écosse.

Marc Robichaud, historien et auteur, habite Moncton au Nouveau-Brunswick. Il est chercheur principal à l'Institut d'études acadiennes de l'Université de Moncton. Il a fait ses études à l'Université de Moncton et à l'Université McGill à Montréal, où il a obtenu un doctorat en histoire. Il a publié divers articles dans *Acadiensis* et le *Bulletin canadien d'histoire de la médecine*. Il a coécrit les livres *Histoire de l'Université de Moncton* (2013) avec Maurice Basque, *Vivre sa santé en français au Nouveau-Brunswick : le parcours engagé des communautés acadiennes et francophones dans le domaine de la santé* (2011) avec Sylvie Ladouceur et en collaboration avec Maurice Basque, et *Des aboiteaux à la génomique et au-delà : histoire de la Faculté des sciences de l'Université de Moncton* (2009) avec Charles L. Bourque et en collaboration avec Christine Comeau.

Sally Ross, historienne, auteure et traductrice, est née à Halifax en Nouvelle-Écosse, où elle habite. Elle a fait ses études en France et, depuis plus de 30 ans, elle travaille dans le domaine des études acadiennes. Elle a coécrit avec Alphonse Deveau le livre primé *Les Acadiens de la Nouvelle-Écosse* (1992). Son livre intitulé *Les écoles acadiennes en Nouvelle-Écosse, 1758-2000* (2001) suit le cheminement des écoles publiques en milieu acadien, en Nouvelle-Écosse. En 2003, Mme Ross a reçu une subvention pour effectuer une étude des cimetières acadiens établis en Nouvelle-Écosse après la déportation. Elle a aussi publié plusieurs articles.

Marie Rundquist, auteure et femme d'affaires, habite Baltimore au Maryland. Diplômée de l'Université du Maryland, elle est présidente et chef de la direction de North Fork Technical Solutions. Elle a écrit *Finding Anne Marie* (2006) qui est paru en français sous le titre *À la recherche d'Anne-Marie* (2007), suivi de *Revisiting Anne Marie* (2009) et de *Cajun sous un autre nom* (2012). La proposition faite par Mme Rundquist au Maryland Historial Trust a mené à l'installation du premier marqueur historique « Acadiens au Maryland », à Baltimore, le 28 juillet 2013. Descendante d'Amérindiens et de Français, elle est administratrice bénévole du projet d'Acadie ADN sur l'ascendance amérindienne.

Marsha Sills, journaliste, est née non loin d'Alexandria en Louisiane et habite maintenant Lafayette. Elle est diplômée de l'Université de Louisiane à Lafayette. Comme reportrice du bureau Acadiana de *The Advocate*, un quotidien de la Louisiane, elle couvre l'actualité de la région depuis près de 15 ans. Jeune, elle visitait souvent ses grands-parents à Iberia Parish pendant les fins de semaine et durant l'été.

Jeannita Thériault habite Moncton au Nouveau-Brunswick. Elle est rédactrice en chef de l'hebdo *Le Moniteur acadien* et membre du conseil d'administration de la Société du Monument-Lefebvre à Memramcook au Nouveau-Brunswick. Elle a été journaliste au quotidien *Le Matin*, directrice de la salle de rédaction et journaliste à la radio CHLR Les Aboiteaux à Moncton et membre du conseil d'administration du Conseil des arts du Canada.

Joseph Yvon Thériault, auteur et professeur, est né à Caraquet au Nouveau-Brunswick et il habite à Montréal. Il est professeur de sociologie à l'Université du Québec à Montréal (UQAM) et titulaire depuis 2008 de la Chaire de recherche du Canada en mondialisation, citoyenneté et démocratie. De 1978 à 2008, il a enseigné la sociologie à l'Université d'Ottawa. Après ses études à l'Université de Moncton, campus de Bathurst, il a obtenu une maîtrise en sciences politiques de l'Université d'Ottawa et un doctorat en développement de la sociologie de l'École des hautes études en sciences sociales (EHESS) de Paris, en France. Son succès de librairie, et livre finaliste au prix du gouverneur général, *Évangeline : contes d'Amérique* (2013) a été traduit en anglais. Ces autres titres comprennent *Faire société. Société civile et espace francophone* (2007), *Critique de l'américanité : mémoire et démocratie au Québec* (2005) et *L'identité à l'épreuve de la modernité, Écrits politiques sur l'Acadie et les francophonies minoritaires* (1995). Ses écrits lui ont mérité le prix Richard-Arès et le prix France-Acadie. En 2004, M. Thériault a été fait membre de la Société royale du Canada.

Jason Theriot, auteur et historien de la culture cadienne, est né à New Iberia en Louisiane et habite Houston au Texas, avec sa femme et ses deux enfants « Cadiens du Texas ». Il détient un doctorat en histoire de l'Université de Houston. Dans son dernier livre, *American Energy, Imperiled Coast: Oil and Gas Development in Louisiana's Wetlands* (2014), il explore l'histoire de l'environnement et de l'énergie en Louisiane. En plus d'être consultant en environnement et en énergie, il a été chercheur en politique énergétique au Harvard Kennedy School of Government, étudiant les politiques environnementales et énergétiques dans le golfe du Mexique.

Michèle Touret-Bodin, directrice de théâtre, habite Loudun en France. Elle dirige La Maison de l'Acadie à La Chaussée en France et est présidente du Comité de jumelage entre Loudun et Shippagan au Nouveau-Brunswick. Productrice de spectacles théâtraux sur des thèmes acadiens, elle a réalisé *Acadie naissance d'un peuple, Les enfants de la Nouvelle France, Les engagés du Nouveau Monde* et *Les vents de la liberté*. En 2003, elle a été nommée chevalière de l'Ordre des Arts et des Lettres de France.

Alain Troubat est né en France et a fait sa scolarité à Montluçon, à Paris, et à l'École de commerce de Grenoble. À la fin des années 1950, il a été militaire en Algérie. Il intègre ensuite l'usine de peinture fondée par son grand-père. Au cours de sa vie, il a créé plusieurs entreprises de produits chimiques pour les secteurs industriels, communautaires et du bâtiment. Il est passionné par l'implantation française en Amérique du Nord.

André-Carl Vachon, auteur et enseignant, habite à Montréal. Il est un descendant des réfugiés acadiens au Québec. Il détient un baccalauréat en enseignement religieux de l'Université de Montréal et il a fait des études en histoire à l'UQAM. Depuis 2009, il est enseignant et animateur de vie communautaire au prestigieux Collège Jean-Eudes à Montréal. M. Vachon a écrit, entre autres, *Les déportations des Acadiens et leurs arrivées au Québec de 1755-1775* (2014) et *Être en société* (2008) paru en anglais sous le titre *Living in Society* (2009).

May Waggoner, auteure, chorégraphe et professeure retraitée, est née à New York et a grandi au Mississippi. Elle habite maintenant Lafayette en Louisiane. Après avoir fait des études au Newcomb College de l'Université de Tulane, elle a appris le français à Paris, en France. Elle a été professeure de français et d'études francophones à l'Université de Louisiane pendant 40 ans. Mme Waggoner a publié huit ouvrages d'érudition, éditions critiques et œuvres de création sur l'histoire et la littérature de la Louisiane. Sa poésie en français, primée, a été publiée aux États-Unis, en France et en Belgique par les presses de l'Université de l'Illinois, les Presses de l'Université de Louisiane et les Presses universitaires de Limoges en France. En tant que directrice de la troupe de folklore acadienne de la Louisiane, *Renaissance Cadienne*, elle a chorégraphié 45 danses et chants traditionnels, produit trois disques compacts et effectué des tournées aux États-Unis, au Canada, en France et en Belgique. Elle a été nommée légende vivante par le Musée acadien d'Erath et cadienne honoraire par le Conseil pour le développement du français en Louisiane (CODOFIL). Son dernier recueil de poésie s'intitule *Le chant de l'arc-en-ciel : poésies et proses.*

Gregory A. Wood, auteur, habite Olney au Maryland. Diplômé de l'Université Notre Dame d'Indiana et de l'Université Johns Hopkins de Baltimore, il a travaillé pendant quarante ans dans le domaine de l'enseignement des langues étrangères. Il a souvent collaboré à des projets historiques, recevant l'appui de la Maryland Bicentennial Commission et du National Endowment for the Humanities. Il a écrit deux œuvres historiques : *The French Presence in Maryland, 1524-1800* (1978) et *Acadians in Maryland in the Eighteenth and Nineteenth Centuries* (1995) ainsi qu'un supplément publié en 1999. Récemment, il a collaboré avec des sources canadiennes et américaines à un ouvrage sur la généalogie portant sur ses racines maternelles au Québec et en Acadie.

Remerciements

Merci à tous ceux et celles qui ont fourni des articles et des photos pour le livre, et aux personnes qui ont révisé les textes, vérifié les faits et soumis des informations, notamment Phil Comeau, rédacteur en chef, Sam Broussard, Will Bunch, Barry Ancelet, Rachelle Dugas, Jean-Robert Frigault, Thomas Guilhot, Charles Larroque, Stanley LeBlanc, Mitch Conover, Donald Arceneaux, Daniel N. Paul, C.M., O.N.S., Bruce Perrin, Odelle Pike, aînée mi'kmaw, Roger Léger, Philip Andrepont, Michelle LeBlanc, Chris Segura, Vera Petley, Évangeline Richard, André Andrepont, Christophe L. Pilut, Karel Roynette, Kermit Bouillion, May Waggoner, Kirby Jambon, David Cheramie, Chris Hodson, George Arsenault, Shane Bernard, Viola LeBreton et Carl Brasseaux. Merci tout particulièrement à Darylin Barousse qui, depuis deux ans, a coordonné les photos et les articles reçus.

Dans un effort sincère d'inclure dans ce livre toutes les communautés acadiennes, les auteurs ont dû écrire l'histoire locale de certaines régions. Si une région a été oubliée, l'erreur n'est pas intentionnelle. Pendant ce projet ambitieux et complexe qui a nécessité deux ans de préparation, nous avons dû nous en remettre à nos collaborateurs pour citer leurs sources. Toutefois, pour rendre le livre plus convivial et joindre le plus de gens possible, nous avons limité les notes en fin de texte. Les sources non mentionnées en bas de page sont souvent citées dans les articles ou incluses dans la bibliographie.

De nombreux faits mentionnés ou confirmés dans les histoires des Acadiens, avant et après la déportation, proviennent du site Web Acadian-Cajun Genealogy & History, créé par le regretté Tim Hebert de la Louisiane, qui était membre de la Société d'histoire de Terrebonne et de la Société de généalogie de Terrebonne. Il a écrit plusieurs livres sur l'histoire et la généalogie des Acadiens-Cadiens. Nous tenons aussi à mentionner les sites Web suivants comme sources de données historiques contenues dans le livre : Université de Moncton, Société historique de la vallée de Memramcook, Winslow House Museum, Acadian and French-Canadian Ancestral Home, Lucie LeBlanc Consentino et Musée acadien d'Erath en Louisiane.

La publication simultanée du livre en français et en anglais s'est avérée particulièrement ardue. Toutefois, tout s'est bien déroulé grâce à l'excellent travail de nos merveilleux traducteurs et traductrices qui sont, pour les articles de l'anglais au français : Claire LeBlanc-Lapointe, Réjean Ouellette, Colette Mallet, Anne Audet, Marie-Berthe Landry et Marc-André Haché, et pour les articles du français à l'anglais : Jo-Anne Elder, Jacquie Dinsmore, Marie Blythe et Sally Ross. Enfin, merci à Claire LeBlanc-Lapointe pour son travail de qualité et l'excellente équipe de correcteurs d'épreuve qu'elle a réunie.

Puisque le projet est de nature non commerciale, les profits de la vente du livre seront versés aux musées acadiens suivants choisis par les auteurs de ce livre: Musée acadien d'Erath (Louisiane), Monument acadien (Louisiane), Musée acadien de l'Université de Moncton (Nouveau-Brunswick), Musée acadien du Québec à Bonaventure (Québec), Maison de l'Acadie (Loudun, France), Musée acadien des Huit Maisons à Archigny (Poitou-Charentes, France), Musée acadien de la Société historique de la vallée de Memramcook (Nouveau-Brunswick), Centre d'interprétation acadien - Rendez-vous de la Baie (Nouvelle-Écosse), Musée acadien de l'Île-du-Prince-Édouard, Musée culturel du Mont-Carmel (Maine), Musée des Acadiens des Pubnicos et centre de recherche (Nouvelle-Écosse), Musée acadien de la Société du Monument Lefebvre (Nouveau-Brunswick), Association Belle-Île-Acadie (France), Acadian House Museum/L'Acadie de Chezzetcook (Nouvelle-Écosse), Chez Deslauriers à Pomquet (Nouvelle-Écosse), Bibliothèque Mikesell de l'Association française de la Vallée St-Jean (Maine), Festival acadien de la Nouvelle-Acadie (Québec), *Avon River Heritage Society Museum* (Nouvelle-Écosse), Comité historique Sœur-Antoinette-DesRoches (Île-du-Prince-Édouard) et Musée du Madawaska (Nouveau-Brunswick).

BIBLIOGRAPHIE SÉLECTIVE

TITRES FRANÇAIS

ALBERT, Thomas. *Histoire du Madawaska entre l'Acadie, le Québec et l'Amérique*, nouvelle éd., Hurtibise HMH, 1982, 607 p.

ANCELET, Barry. *Les musiciens cadiens et créoles,* Montréal, Presses de l'Université du Québec, 2011, 161 p.

ARSENAULT, Bona. *Histoire des Acadiens*, Québec, Fides, 1994, 395 p.

ARSENAULT, Georges. *Les Acadiens de l'Île 1720-1980,* Moncton, Éditions d'Acadie, 1987, 296 p.

ARSENAULT, Georges. *Les Acadiens de Summerside*, Tracadie-Sheila, Éditions La Grande Marée, 2013, 224 p.

BABIN, Basile J. *Entre le marteau et l'enclume : Pierre-Marie Dagnaud à la Pointe-de-l'Église, Nouvelle-Écosse, 1899-1908*, Charlesbourg, Québec, Maison des Eudistes, 1982, 406 p.

BASQUE, Maurice et DUGUAY, André. *Histoire du drapeau Acadien,* Éditions de la Francophonie, 2013, 152 p.

BASQUE, Maurice et ROBICHAUD, Marc. *Histoire de l'Université de Moncton,* Institut d'études acadiennes, Moncton, 2014, 383 p.

BASQUE, Maurice, GODIN, Sylvain, CHIASSON, Raymonde (directrice). *Histoire des Acadiens et des Acadiennes du Nouveau-Brunswick,* Tracadie-Sheila, La Grande Marée, 2007, 160 p.

BASQUE, Maurice. « Conflits et solidarités familiales dans l'ancienne Acadie : l'affaire Broussard de 1724 », *Société historique acadienne, Les Cahiers*, vol. 20, no 2, avril-juin 1989.

BASQUE, Maurice. « Genre et gestion du pouvoir communautaire à Annapolis Royal au 18e siècle », *Dalhousie Law Journal*, vol. 17, no 2, automne 1994.

BASQUE, Maurice. *Des hommes de pouvoir,* Société historique de Néguac, 1996, 235 p.

BERNARD, Antoine. *Le drame acadien depuis 1604,* Montréal, Les Clercs de Saint-Viateur, 1936, 459 p.

BLANCHARD, J.-Henri. *Les Acadiens de l'Île-du-Prince-Edouard,* Charlottetown, Imprimerie acadienne, 1956, 143 p.

BOUDREAU, Dennis M. *Dictionnaire généalogique des familles des Îles-de-la-Madeleine, Québec, 1760-1948*, Société de généalogie de Québec, 2001, 4 volumes

BOUDREAU, Gérald C., directeur. *Une dialectique du pouvoir en Acadie : Église et autorité,* Montréal, Fides, 1991, 239 p.

BOURASSA, Napoléon. *Jacques et Marie : souvenir d'un peuple dispersé,* Fides, 1976, 371 p.

BOURQUE, Denis et RICHARD, Chantal. *Les Conventions nationales acadiennes,* Institut d'études acadiennes, Université de Moncton, 2012, 372 p.

BRUN, Régis. *De Grand-Pré à Kouchibouguac,* Moncton, Éditions d'Acadie, 1982

BRUN, Régis. *Les Acadiens avant 1755,* Moncton, Éditeur Régis Brun, 2003, 128 p.

Centre d'études acadiennes de l'Université de Moncton. *Guide bibliographique de l'Acadie, 1976-1987,* Moncton, Centre d'études acadiennes, 1988, 508 p.

Centre d'études acadiennes de l'Université de Moncton. Inventaire général des sources documentaires sur les Acadiens, Moncton, Centre d'études acadiennes. I. : *Les Sources premières : les archives*, 1975, 526 p.; II. : *Bibliographie acadienne, liste des volumes, brochures et thèses concernant l'Acadie et les Acadiens des débuts à 1975*, 463 p.; II. : *Bibliographie acadienne -- liste des articles de périodiques concernant l'Acadie et les Acadiens des débuts à 1976*, 1977, 212 p.

CHEVRIER, Cécile. *Acadie : esquisses d'un parcours / Acadie : sketches of a journey,* Dieppe, N.B., Société Nationale de l'Acadie, 1994. 89 p.

CHIASSON, Anselme. *Chéticamp : histoire et traditions acadienne,* Moncton, Édition des Aboiteaux, 1961, 333 p.

CHIASSON, Anselme. *Les îles de la Madeleine,* Montréal, Leméac, 1981, 272 p.

CLERMONT, Ghislain et GALLANT, Janine. *La modernité en Acadie* (Chaire d'études acadiennes, Moncton, 2005).

CORMIER, Michel. *Louis J. Robichaud — Une révolution si peu tranquille,* Éditions de la Francophonie, 2004, 306 p.

CORMIER, Yves. *Les Aboiteaux en Acadie, hier et aujourd'hui,* Moncton, Chaire d'études acadiennes, 1990, 109 p.

CORMIER-BOUDREAU, Marielle. *Médecine traditionnelle en Acadie,* Moncton, Éditions d'Acadie, 1992, 290 p.

d'ENTREMONT, C.J., DAIGLE, J., THÉRIAULT, L. et CHIASSON, A. *Petit manuel d'histoire d'Acadie des débuts à 1976,* Moncton, Librairie acadienne, Université de Moncton, 1976, 150 p.

d'ENTREMONT, Clarence J. *Histoire de Pubnico* (Les régions acadiennes de la Nouvelle-Écosse, Centre Acadien, Université Sainte-Anne, 1982).

d'ENTREMONT, Clarence J. *Histoire du Cap-Sable de l'an mil au Traité de Paris 1763*, volume 1, Herbert Publications, 1981

d'ENTREMONT, Clarence J. *Joseph Brossard (Broussard) dit Beausoleil de 1741 à 1770*, Dictionnaire biographique du Canada, vol. III, Toronto, 1974.

DAIGLE, Jean, direction. *L'Acadie des Maritimes*, Moncton, Chaire d'études acadiennes, Université de Moncton, 1993, 909 p

DAIGLE, Jean. *Une force qui nous appartient : la Fédération des caisses populaires acadiennes, 1936-1986*, Moncton, Éditions d'Acadie, 1990, 208 p.

DEGRÂCE, Éloi. *Noms géographiques de l'Acadie,* Moncton, Société historique acadienne, 1974, 369 p.

DEVEAU, J. Alphonse. *Le chef des Acadiens*, Éditions Lescarbot, Yarmouth, N-E, 2e édition, 1980.

DEVEAU, J.-Alphonse. *Clare ou la ville française,* Yarmouth, Éditons Lescarbot, 1988, 192 p.

DOUCET, Alain. *La littérature orale de la Baie Sainte-Marie,* Québec, Éditions Ferland, 1965, 111 p.

DOUCETTE, Michel. *Le Congrès mondial acadien* (Éditions d'Acadie, 1996).

DUPONT, Jean-Claude. *Héritage d'Acadie,* Montréal, Leméac, 1977, 150 p.

DUPONT, Jean-Claude. *Histoires populaire de l'Acadie,* Montréal, Leméac, 1979, 440 p.

Fédération des francophones hors Québec, *Pour ne plus être sans pays,* Ottawa, 1979, 101 p.

FONTENEAU, Jean-Marie. *Les Acadiens du Canada à Belle-Ile-en-Mer* (Association Belle-Ile-Acadie, 2013).

FONTENEAU, Jean-Marie. *Les Acadiens : citoyens de l'Atlantique,* Rennes, Éditions Ouest-France, 1996, 349 p.

GALLANT, Cécile. *Le mouvement coopératif chez les Acadiens de la région Évangéline (1862-1982),* Wellington, Conseil coopératif de l'Île-du-Prince-Edouard, 1982, 283 p.

GALLANT, Janine et CLERMONT, Ghislain. *La modernité en Acadie,* Chaire d'études acadiennes, Université de Moncton, 2005, 274 p.

GAUDET, André. *D'Anagance à Whycocomagh — Ce que signifient les noms d'origine amérindienne de ces villes et villages des provinces maritimes,* Tracadie-Sheila, Éditions La Grande Marée, 1998, 82 p.

HAUTECOEUR, Jean-Paul. *L'Acadie du discours : pour une sociologie de la culture acadienne,* Québec, Presses de l'Université Laval, 1975, 351 p.

HÉBERT, Pierre-Maurice. *Les Acadiens dans Bellechasse*, La Pocatière : Société historique de la Côte-du-Sud, 1984, 131 p.

HÉBERT, Pierre-Maurice. *Les Acadiens du Québec,* Éditions de l'Écho, 1994, 379 p.

JAENEN, Cornelius J. *Les relations franco-américaines en Nouvelle-France et en Acadie,* Ottawa, Affaires indiennes et du Nord, 1985, 175 p.

JOLICOEUR, Catherine. *Les plus belles légendes acadiennes,* Montréal, Stanké, 1981, 280 p.

JORY, David. *Écoutons parler les Acadiens,* Pointe-de-l'Église, Nouvelle-Écosse, les Presses de l'Université Sainte-Anne, 1987, 150 p.

LANDRY, Nicolas et Nicole. *Histoire de l'Acadie,* Québec, Septentrion, 2001, 335 p.

LAPIERRE, Jean-William et ROY, Muriel K. *Les Acadiens (Que sais-je? 2078),* Paris, Presses universitaires de France, 1983, 127 p.

LAPIERRE, Jean-William. « Conflit ethnique et lutte de classes dans la question acadienne », *Cahiers SHA*, vol 10, no 3, 1979, p. 141-146.

LAUVRIÈRE, Émile. *La tragédie d'un peuple : histoire du peuple acadien de ses origines à nos jours,* Paris, 1922, 2 vol., 1115 p.

LEBLANC, Emery. *Les Acadiens,* Montréal, les Éditions de l'Homme, 1963, 126 p.

LEBLANC, René et LALIBERTÉ, Micheline. *Sainte-Anne, collège et université : 1890-1990,* Pointe-de-l'Église, Centre d'étude en civilisation acadienne de la Nouvelle Écosse, 1990, 495 p.

LEBLANC, Ronnie-Gilles, directeur. *Du Grand Dérangement à la Déportation : nouvelles perspectives historiques,* Chaire d'études acadiennes, Université de Moncton, 2005, 465 p.

LE BOUTHILLIER, Claude. *L'acadien reprend son pays,* Moncton, Éditions d'Acadie, 1977, 130 p.

LE BOUTHILLIER, Claude. *Complices du silence?,* Tracadie, Les éditions de La Grande Marée, 2004, 211 p.

LORD, Marie-Linda et BOURQUE, Denis. *Paysages imaginaires d'Acadie,* Institut d'études acadiennes, Université de Moncton, 2009, 139 p.

LOUDER, Dean R. et WADDELL, Eric. *Du continent perdu à l'archipel retrouvé,* Québec, Presses de l'Université Laval, 1983, 292 p.

MAGORD, André, direction. *Le fait acadien en France : histoire et temps présent,* Paris, Geste Éditions et Institut d'études acadiennes, 2010, 220 p.

MAILLET, Antonine et MOUNIER, Bernard. *Les Acadiens : piétons de l'Atlantique,* 1984, Paris, Éditions A.C.E., 1984.

MAILLET, Antonine. *Rabelais et les traditions populaires en Acadie,* Québec, Presses de l'Université Laval, 1971, 201 p.

MAILLET, Marguerite. *Bibliographie des publications d'Acadie, 1609-1990,* Moncton, Chaire d'études acadiennes, 1992, 389 p.

MARTIN, Ernest. *Les exilés acadiens en France au XVIIIe siècle et leur établissement en Poitou,* Poitiers, Brissaud, 1979, 241 p.

MARTIN-VERANKA, Nicole. *Chassés d'Acadie : les Acadiens du Sud de Montréal,* Histoire-Québec, 2003, 500 p.

MASSIGNON, Geneviève. *Les parlers français d'Acadie.* Paris, Klincksieck, 1962, 2 tomes, 975 p.

MAZEROLLE, Rodrigue. *Les acadiens réfugiés dans Bellechasse, 1756-58,* Montréal, R. Mazerolle, 1998, 79 p.

NADEAU, Jean-Marie. *Carnets politiques,* Montréal, Éditions Parti-Pris, 1996, 167 p.

NADEAU, Jean-Marie. *L'Acadie possible. La constance d'une pensée*, Éditions de la Francophonie, 2009

NADEAU, Jean-Marie. *Que le tintamarre commence,* Moncton, Éditions d'Acadie, 1992, 174 p.

OUELLETTE, Roger. *Le Parti acadien : de la fondation à la séparation, 1972-1982,* Moncton, Chaire d'études acadiennes, 1992, 119 p.

PÉRONNET, Louise. *Le parler acadien du sud-est du Nouveau-Brunswick,* New York, Peter Lang Publishing, 1989, 267 p.

PERRIN, Warren A. *Une saga acadienne 1755-2003*, Opelousas, Andrepont Publishing et Éditions Lambda, 2009, 242 p.

PHLIPPONNEAU, Catherine, éditrice. *Vers un aménagement linguistique de l'Acadie,* Centre de recherche en linguistique appliquée, Université de Moncton, 1991, 240 p.

POIRIER, Michel. *Les Acadiens aux îles Saint-Pierre et Miquelon, 1758-1828,* Moncton, Éditions d'Acadie, 1984, 527 p.

POIRIER, Pascal. *Glossaire acadien,* Moncton, Centre d'études acadiennes, Université de Moncton, 1967, 466 p.

POIRIER, Pascal. *Le parler franco-acadien et ses origines,* Québec, Imprimerie franciscaine missionnaire, 1928, 339 p.

RAMEAU DE SAINT-PIERRE, Edmé. *Une colonie féodale en Amérique : l'Acadie, 1604-1881,* Montréal, Granger, 1889, 2 vol., 790 p.

RICHARD, Louis. Transcriptions de Wilfrid Bergeron, *Les familles acadiennes de la région de Trois-Rivières*, Société de généalogie de la Mauricie et des Bois-Francs, 1990, 341 p.

RICHARD, Zachary, BASQUE, Maurice, GODIN, Sylvain. *Histoire des Acadiennes et des Acadiens de la Louisiane,* Lafayette, Action cadienne, UL Press, 2012, 130 p.

RIVIÈRE, Sylvain. *La belle embarquée,* Moncton, Lévis : Éditions de la Francophonie, 2005, 235 p.

ROBICHAUD, Armand G. *Les flibustiers de l'Acadie,* Éditions de la Francophonie, 2008, 204 p.

ROSS, Sally et DEVEAU, Alphonse-J. *Les Acadiens de la Nouvelle-Écosse,* Moncton, Éditions d'Acadie, 1995, 214 p.

ROY, Michel. *L'Acadie des origines à nos jours : essai de synthèse historique,* Montréal, Québec Amérique, 1981, 340 p.

ROY, Michel. *L'Acadie perdue,* Montréal, Montréal, Québec Amérique, 1978, 203 p.

ROY, Raymond. *La croissance démographique en Acadie de 1671 à 1763,* Université de Montréal. Mémoire de maitrise, 1975, 152 p.

RUDIN, Ronald. *L'Acadie entre le souvenir et l'oubli,* Montréal, Boréal, 2014, 445 p.

RUMILLY, Robert. *Histoire des Acadiens*, Montréal, R. Rumilly, 1955, 2 vol., 1038 p.

RUMILLY, Robert. *L'Acadie anglaise, 1713-1755*, Montréal, Fides, 1883, 253 p.

RUMILLY, Robert. *L'Acadie française, 1497-1713*, Montréal, Fides, 1881, 253 p.

RUMILLY, Robert. *Les Îles de la Madeleine*, Montréal : Les Éditions Chantecler Ltée, 1951, 200 p.

RUNTE, Hans R., BELL, Kristy, BOEHRINGER, Monika. *Entre textes et image : constructions identitaires en Acadie et au Québec*, Institut d'études acadiennes, Université de Moncton, 2010, 392 p.

RYAN, Robert. *Une analyse phonologique d'un parler acadien de la Nouvelle-Écosse,* Québec, CIRB, 1981, 183 p.

ST-LOUIS, Caroline. *Regard du Massachusetts sur l'Acadie,* Tracadie-Sheila, Éditions La Grande Marée, 2009, 149 p.

SAUVAGEAU, Robert. *Acadie, la guerre de cent ans des Français d'Amérique aux Maritimes et en Louisiane 1670-1769,* Paris, Éditions Berger-Levrault, 1987, 454 p.

SAVOIE, Alexandre J. *Un siècle de revendications scolaires au Nouveau-Brunswick, 1871-1971,* vol. 1, Edmundston, Savoie, A.J., 1978, 255 p.

SAVOIE, Donald et BEAUDIN, Maurice. *La Lutte pour le développement : le cas du Nord-Est,* Québec, Presses de l'Université du Québec, 1988, 282 p.

SÉGALEN, Jean. *Acadie en résistance,* Morlaix, Skal Vreigh-Montroules, 2002

Société historique et culturelle de Saint-Antoine-sur-Richelieu. *Acadiens et Antoniens, 1761-2006*, 2006, 45 p.

SURETTE, Paul. *Atlas de l'établissement des Acadiens aux trois rivières du Chignectou, 1660-1785*, Éditions d'Acadie, 1996.

SURETTE, Paul. *Petcoudiac : colonisation et destruction 1731-1755,* Éditions d'Acadie, 1988.

THÉRIAULT, Léon. *La question du pouvoir en Acadie,* Moncton, Éditions d'Acadie, 1981, 203 p.

THIBODEAU, Serge Patrice. *Journal de John Winslow à Grand-Pré,* Moncton, Éditions Perce-Neige, 2010, 312 p.

THOMAS, Gérald. *Les deux traditions : le conte populaire chez les Franco-Terreneuviens,* Montréal, Éditions Bellarmin, 1983, 479 p.

VACHON, André-Carl. *Les déportations des Acadiens et leur arrivée au Québec, 1755-1775*, Tracadie-Sheila, La Grande Marée, 2014, 220 p.

VERNEX, Jean-Claude. *Les francophones du Nouveau-Brunswick,* Paris, Honoré Champion, 1978, 2 vol., 1690 p.; II, 334 p.

VIAU, Robert. *Les Grands Dérangements : la déportation des Acadiens,* Québec, MNH, 1997, 381 p.

TITRES ANGLAIS

AKINS, Thomas B. *Acadian and Nova Scotia: Documents relating to the Acadian French and the First British Colonization of the Province, 1714-1758*, 2e édition (Cottonport, LA, Polyanthos, 1972).

ANCELET, Barry Jean et MORGAN, Elmore Jr. *The Makers of Cajun Music* (Austin: University of Texas Press, 1984).

ANCELET, Barry Jean, EDWARDS, Jay et PITRE, Glen. *Cajun Country* (Oxford: University Press of Mississippi, 1991).

BERNARD, Shane K. *The Cajuns: Americanization of a People* (Jackson: University Press of Mississippi, 2003).

BERNARD, Shane K., *Cajuns and Their Acadian Ancestors: A Young People's History* (Oxford: University Press of Mississippi, 2008).

BRASSEAUX, Carl A. *Acadian to Cajun: Transformation of a People, 1803-1877* (Oxford: University Press of Mississippi, 1992).

BRASSEAUX, Carl A. *In Search of Evangeline: Origins and Evolution of the Evangeline Myth* (Thibodeaux, Louisiana: Blue Heron Press, 1989).

BRASSEAUX, Carl A. *Scattered To the Wind: Dispersal and Wanderings of the Acadians, 1755-1809* (Lafayette: Center for Louisiana Studies, 1991).

BRASSEAUX, Carl A. *The Founding of New Acadia: The Beginnings of Acadian Life in Louisiana, 1765-1803* (Baton Rouge: Louisiana State University Press, 1987).

BREBNER, J. B. *New England Outpost: Acadia before the Conquest of Canada* (New York: Columbia University Press, 1927).

CHANDLER, R. E. « End of an Odyssey: Acadians Arrive in St. Gabriel, Louisiana ». *Louisiana History XIV* (1974).

CLARK, Andrew Hill. *Acadia: The Geography of Early Nova Scotia to 1760* (Madison: University of Wisconsin Press, 1968).

CLARK, George Frederick. *Expulsion of the Acadians* (Brunswick Press, 1955).

COMEAUX, Malcolm L. *Atchafalaya Swamp Life: Settlement and Folk Occupations* (Baton Rouge: Louisiana State University Press, 1972).

CONRAD, Glenn R. *The Cajuns: Essays on their History and Culture* (Lafayette: Center for Louisiana Studies, 1978).

DAIGLE, Jean. *The Acadians of the Maritimes: Thematic Studies* (Moncton: University of Moncton, 1982).

DAIGLE, Jules O. *A Dictionary of the Cajun Language* (Ann Arbor, MI: Edwards Bros., Inc. 1984).

DAIGLE, Pierre. *Tears, Love and Laughter: The Story of the Cajuns* (Ville Platte: Swallow Publications, Inc., 1987).

DAINOW, Joseph. *Civil Code of Louisiana* (St. Paul, MI: West Publishing Co., 1961).

DAVIS, Stephen A. *Peoples of the Maritimes, Mi'kmaq* (Halifax: Nimbus Publishing Ltd, 1997).

DOMENGEAUX, James H. *Native-Born Acadians and the Equality Ideal.* (Louisiana Law Review, vol. 46, no 6, juillet 1986).

DOUGHTY, Arthur G. *The Acadian Exiles* (Toronto: Brooks &Co, 1920).

DRONET, General Curney J. *A Century of Acadian Culture: The Development of a Cajun Community: Erath* (Erath: Acadian Heritage and Culture Foundation, Inc., 2000).

DUPON, Albert Leonce, *The Career of Paul Octave Hebert, Governor of Louisiana 1853-1856,* (Louisiana Historical Quarterly, XXXI)

FARAGHER, John Mack. *A Great and Noble Scheme* (New York: W.W. Norton and Co. Inc., 2005).

GENDRON, Gilbert. *The British Genocide of the Acadian People.* (The Barnes Review, vol. III, no 10, octobre 1997).

GIRAUD, Marcel. *A History of French Louisiana* (Baton Rouge: Louisiana State University Press, 1958).

GRIFFITHS, Naomi E. S. *The Acadians: Creation of a People* (Toronto, New York: McGraw-Hill Ryerson Ltd., 1973).

GRIFFITHS, Naomi E. S. *The Contexts of Acadian History, 1686-1784* (Montréal: McGill-Queen's University Press, 1976).

GRIFFITHS, Naomi E.S. *The Acadians of the British Sea-Port,* (Moncton: Acadiensis 4, 1976).

GRIFFITHS, Naomi E.S. *From Migrant to Acadian* (Montréal: McGill-Queen's University Press, 2005).

GRIFFITHS, Naomi E.S. *The Acadian Deportation: Deliberate Perfidy or Cruel Necessity?* (Toronto: Copp Clark, 1969, 165 p._

HENRY, Jacques. *From Acadien to Cajun to Cadien: Ethnic Labelization and Construction of Identity,* (Journal of American Ethnic History, vol. 17 no 4, 1998).

HERBIN, John Frederick. *The History of Grand-Pré* (St. John, N.B.: Heritage Books, Inc., 1891).

HODSON, Christopher. *The Acadian Diaspora* (Oxford: Oxford University Press, 2012).

HOFFMAN, Gilbert Bernard. *The Historical Ethnography of the Micmac of the Sixteenth and Seventeenth Centuries* (Berkeley, CA: University of California, 1955).

HOFFMAN, Paul E., éditeur. *The Louisiana Purchase and Its People* (Lafayette, LA: Louisiana Historical Association and the Center for Louisiana Studies, 2004).

HOUDLETT, Jeffery. *The Cajun Connection.* (Portland Magazine, vol. 19, no 4.)

IGNATIEFF, Michael. *Truth, Justice and Reconciliation,* (National Canadian Bar Association, vol. 5, no 7, novembre/décembre 1997).

JONES, Bill. *Louisiana Cowboys* (Gretna: Pelican Publishing Co., 2007).

LEBLANC, Dudley J. *The Acadian Miracle* (Lafayette, LA: Evangeline Publishing Company, 1966).

LEBLANC, Dudley J. *The True Story of the Acadians* (Lafayette, LA: Evangeline Publishing Company, 1927 et 1932).

LEBLANC, Robert G. *The Acadian Migration* (Canadian Geographical Journal no.81, 1970).

LEDGARD, Jonathan. *An Old British Crime: Cajuns' Belated Counter-Attack* (The Economist, 31 janvier 1998).

MAHAFFIE, Charles D. Jr. *A Land of Discord Always: Acadia from its Beginnings to the Expulsion of Its People, 1604-1755* (Camden, ME: Down East Books, 1995).

MARCANTEL, David. *The Legal Status of French in Louisiana,* (Revue des parlementaires de langue française, automne 1994).

MARSHALL, Dianne. *Georges Island: The Keep of Halifax Harbor (*Halifax: Nimbus Publishing, 2003).

MARSHALL, Dianne. *Heroes of the Acadian Resistance: The Story of Joseph Beausoleil Broussard and Pierre II Surette 1702-1765 (*Halifax: Formac, 2012).

MCCREATH, Peter L. et LEEFE, John G. *A History of Early Nova Scotia* (Tantallon: Four East Publications, 1982).

MURDOCK, Beamish. *A History of Nova Scotia or Acadie* (Halifax: James Barnes, 1865), vol. 1, vol. 2.

PARADIS, Roger. *Papers of Prudent L. Mercure Histoire du Madawaska* (Madawaska Historical Society, 1998).

PARATTE, Henri-Dominique. *Peoples of the Maritimes: Acadians* (Toronto: Nimbus Publishing, 1998).

PAUL, Daniel N. *The Confrontation of Micmac and European Civilizations* (Truro, N.É.: Confederacy of Mainland Micmacs, 1993).

PAUL, Daniel N. *We Were not Savages: A Micmac Perspective on the Collision of European and Aboriginal Civilization* (Halifax: Nimbus Publishing Ltd., 1993).

PERRIN, William Henry. *Southwest Louisiana Biographical and Historical* (Baton Rouge: The Gulf Publishing Co., 1891, réimpression par Claitor's Publishing Division, 1971).

PLANK, Geoffrey. *An Unsettled Conquest* (Philadelphia: University of Pennsylvania Press, 2001).

QUINPOOL, John. *First Things in Acadia* (Halifax: First Things Publishers Ltd, 1936).

REID, John G., BASQUE Maurice, MANCKE, Elizabeth et MOODY, Barry Moody. *The 'Conquest' of Acadia, 1710: Imperial, Colonial, and Aboriginal Constructions* (Toronto: University of Toronto Press, 2004, 297 p.)

RICHARD, Edouard. *Acadia: Missing Links of a Chapter in American History* (Montréal: J. Lovell, 1895).

ROSS, Sally et DEVEAU, Alphonse. *The Acadians of Nova Scotia: Past and Present* (Halifax: Nimbus Publishing, 1992).

RUNDQUIST, Marie. *Revisiting Anne Marie* (Pennsylvania: Infinity Publishing, 2009, 2012).

RUSHTON, William F. *The Cajuns* (New York: Farrar Strauss Giroux, 1979).

SAVOY, Ann Allen. *Cajun Music: A Reflection of a People* (Eunice, LA: Bluebird Press, 1984).

SMITH, Phillip H. *Acadia, a Lost Chapter in American History* (New York: s.n., 1884).

SMITH, Jr, Griffin. *The Cajuns: Still Loving Life.* (National Geographic Magazine, vol. 178, no 4, octobre 1999.)

TREGLE, Joseph G. Jr. *The History of Louisiana* (Baton Rouge: LSU Press, 1977).

TRENHOLM, Gladys. *A History of Fort Lawrence* (Sackville, N.B.: Sherwood Printing Ltd. 1985).

TRISCH, Joseph Le Sage. *French in Louisiana* (New Orleans: A.F. Laborde and Sons, 1959).

WARD, Roger K. *The French Language in Louisiana Law and Legal Education: A Requiem.* (Louisiana Law Review, vol. 57, no 4, 1283, été 1997).

WEBSTER, John Chance. *Acadia at the End of the 17th Century* (Saint John: Tribune Press, 1934).

WEST, Robert. *An Atlas of Louisiana Surnames of French and Spanish Origin* (Baton Rouge: Geoscience Publications, LSU, 1986).

WILBUR, Richard, *The Rise of French New Brunswick* (Halifax: Formac, 1989, 291 p.)

WILSON, Charles Regan et FERRIS, William. *Encyclopedia of Southern Culture* (Chapell Hill: University of North Carolina Press, 1989).

WINSLOW, John. *Winslow's Journals* (Collections of the Nova Scotia Historical Society, Boston, Massachusetts).

WINZERLING, Oscar W. *Acadian Odyssey* (Baton Rouge: Louisiana State University Press, 1955).

WOOD, Gregory A. *A Guide to the Acadians in Maryland* (Baltimore: Gateway Press, 1995).